中国证券期货统计年鉴

CHINA SECURITIES AND FUTURES STATISTICAL YEARBOOK

2005

中国证券监督管理委员会　编

Edited by

CHINA SECURITIES REGULATORY COMMISSION

第一财经 CBN

学林出版社

图书在版编目(CIP)数据

中国证券期货统计年鉴. 2005/中国证券监督管理委员会编. —上海:学林出版社,2005.7
ISBN 7-80668-984-2

Ⅰ.中... Ⅱ.中... Ⅲ.①证券交易-统计资料-中国-2005-年鉴 ②期货交易-统计资料-中国-2005-年鉴 Ⅳ.F832.51-66

中国版本图书馆 CIP 数据核字(2005)第 056497 号

责任编辑 严 梧
特约编辑 李 东
封面设计 周剑峰

中国证券期货统计年鉴(2005)
中国证券监督管理委员会 编
上海世纪出版集团 学林出版社出版
(上海市钦州南路 81 号 3 楼 邮政编码 200235 电话:021-64515012)
全国新华书店经销 启东市人民印刷有限公司印刷
787×1092 毫米 1/16 印张 23.5 字数 608000
2005 年 7 月第 1 版 2005 年 7 月第 1 次印刷
印数:1—3,300 册
ISBN 7-80668-984-2/Z·41 定价:120 元

编　者　说　明
Edit　Directions

一、《中国证券期货统计年鉴(2005)》(中英文)收录了2005年证券期货市场的统计数据以及与证券市场有关的部分宏观经济指标。

二、本年鉴分为8个部分:1.证券市场概况;2.股票市场;3.债券市场;4.证券投资基金;5.上市公司;6.投资者结构;7.期货市场;8.证券期货中介机构。每篇末有《主要统计指标解释》。另附上海、深圳交易所收费标准、中国证券市场大事记等。

三、本年鉴资料主要来自交易所统计报表和证监会业务部门;宏观经济数据来自中国人民银行、国家统计局等部委。

四、根据证券期货市场的发展,本年年鉴在内容上和表式上进行了扩充和调整。第三章增加了全国银行间市场债券买断式回购利率的相关内容;第五章增加了中小企业板上市公司股份结构表、中小板上市公司分行业信息汇总表以及上市公司行业、地区交叉分布表等内容;第八章增加了期货经纪公司名单和基金管理公司名单,使年鉴内容更加充实、丰富。

五、本年鉴部分数据合计数或相对数由于单位取舍不同而产生的计算误差均未作调整。

六、本年鉴各表中,度量单位均在该表上方,对表中部分指标的注解、资料来源、汇率换算标准等在该表下方。凡带续表的资料,对部分指标的注解一律在最后一张续表的下方。

中国证券监督管理委员会

2005年5月

目 录
CONTENTS

三、债券

Bonds

四、证券投资基金

Securities Investment Funds

五、上市公司
Listed Companies

六、登记结算

Securities Depository and Clearing

七、期货

Futures

八、证券期货中介机构
Securities and Futures Intermediate Institutions

附录
Appendix

2004年中国证券市场综述

Summary for Chinese Securities Market 2004

2004年,我国国民经济持续快速健康发展,宏观调控取得了阶段性成果,固定资产投资与信贷增长过快势头得到初步遏制。2004年以来,证券期货市场在党的十六大和十六届三中、四中全会精神指引下,按照国务院《若干意见》的总体部署,在发行制度改革、上市公司持续监管、规范证券公司运作、发展机构投资者、市场产品创新及维护社会公众股股东合法权益等诸多方面,推出了一系列改革措施,基本保持了市场平稳运行。

一、股市运行的外部环境

1. 2004年国民经济总体运行平稳,宏观调控初见成效

2004年我国宏观经济运行呈现"前高后低"特征,一至四季度GDP增速分别为9.8%、9.6%、9.1%和9.5%,全年实现国内生产总值136 515亿元,比上年增长9.5%,工业生产增长稳定回落,CPI下降,金融调控成效显著,为证券市场稳定健康发展奠定了坚实的基础。与前几次紧缩性调控相比,本次宏观调控措施具有前瞻性、及时性以及结构性调整的特点,调控虽然对证券市场运行造成了一定影响,但与1993年调控相比影响较小。

2. 股市政策环境良好,政策效应递减

2004年以来股票市场政策环境良好,年初国务院公布了《若干意见》,之后围绕《若干意见》证监会会同有关部门出台了一系列旨在稳定和发展资本市场的政策,包括拓宽券商融资渠道,促进保险资金和企业年金进入股市,发布《关于加强社会公众股股东权益保护的若干规定》等。以上政策的出台虽然有助于市场长期健康发展,但是短期内并未使股市摆脱低迷走势,政策效应逐渐减弱,股市的深层次问题和结构性矛盾对市场影响力增强。

二、2004年市场总体情况

1. 沪深股市出现一定幅度波动,呈现弱势运行格局

2004年一季度,沪深股市出现了一定幅度上涨,但总体仍然呈弱市格局。2004年上证综指开盘1 492.72点,最高1 783.01点,最低1 189.21点,收盘1 269.00点,较2003年底下跌了15.23%;深证综指开盘377.92点,最高472.18点,最低295.05点,收盘312.01点,较2003年底下跌了17.60%。从2004年市场运行情况看,受宏观调控、金融政策调整、历史积累风险相对集中释放等多方面因素影响,市场出现了较大波动,沪深综合指数最大波动幅度分别达到50.21 %和60.00 %;成交量变化也较大,两市成交金额最高达到474亿元,最低至50亿元,两者相差8.5倍。

2. 两市市值下降,市场规模有所扩大

截至2004年12月31日,沪深两市上市公司共计1 377家,股票市价总值37 056亿元,流通市值11 689亿元,分别比2003年年底下降12.72%和11.31%。股票、基金日均成交174.21亿元,较2003年增加30.73%。投资者账户数7 215.74万户,比2003年年底增加了2.05%。证券投资基

金 161 只,基金总规模 3 334 亿元,2004 年新发行证券投资基金 54 只,募集金额 1 854 亿元,同比增长 104.92%,基金发行规模超过了过去历年的总和。QFII 共 27 家,已获批准的投资额度 34.25 亿美元。

3. 证券市场筹资总额小幅增长,首发筹资较上年减少

股票市场筹资合计 1 510.94 亿元,比上年增加了 11.31%,其中境内 A 股市场累计筹资 835.71亿元,比上年增加了 16.21 亿元,增幅为 1.94%。其中,首发筹资 353.42 亿元,同比减少 22.07%;增发筹资 168.72 亿元,同比增长 52.55%;配股筹资 104.54 亿元,同比增长 39.80%;可转债筹资 209.03 亿元,同比增长 15.75%;H 股筹资 648.08 亿元,同比增加 21.16%;另外,B 股公司增发筹资 27.16 亿元。

4. 上市公司业绩明显转好,但增幅有所减缓

从 2004 年前三季度报告来看,上市公司前三季度加权平均每股收益 0.215 元,同比增长 43.35%,超过了 2003 年全年 0.20 元的收益,平均净资产收益率 8.01%,同比增长 31.33%。上市公司前三季度共实现主营业务收入 17.69 亿元,与去年同期相比增长 30.77%,平均净利润 1.10 亿元,同比增长 41.37%。另一方面,上市公司业绩环比已连续两个季度呈现下滑,增长势头趋缓。上市公司第三季度业绩季环比增幅为 2.8%,较第二季度 6%的增幅减少一倍多,其中供热、火电、石化、化纤、轿车、水泥、医药以及手机等行业上市公司,净利润环比出现负增长。

5. 交易所债券市场先抑后扬,成交量有所减少

年初至 4 月 29 日上证国债指数下跌了 8.21%,5 月初债市进入缓慢上涨阶段。年初至 12 月 31 日,上证国债指数开盘 99.39 点,收盘 95.61 点,较去年底收盘下跌 3.81%,国债日均成交 193.61亿元,同比减少 20.21%(国债现货日均成交 12.19 亿元,同比减少 46.6%)。截至 12 月 31 日,国债托管市值 4 338.40 亿元,未到期国债回购量 1 081.66 亿元。

6. B 股指数跌幅较深,成交低迷

2004 年上证 B 股综指开盘 104.87 点,收盘 75.65 点,与上年年底相比下跌 27.91%;深证成份 B 指开盘 2 068.16 点,收盘 1 620.22 点,与去年底相比下跌 21.78%。据上交所统计,上海 54 只股票仅 5 只上涨,日均成交 0.99 亿元,较去年同期减少 15.40%。

四、市场运行的影响因素

综合分析,影响 2004 年市场运行的因素主要有:

1. 市场规范化进程加快,深层次问题对市场制约加大

随着市场规模的扩大,以及各项法律法规制度的建立健全,市场参与主体的规范化程度逐步提高。但与此同时,仍有不少上市公司存在"重上市、轻改制,重'圈钱'、轻回报"的状况,大股东侵占上市公司资产等问题仍然普遍存在;一批证券公司法人治理结构和内部控制机制不健全,加之赢利模式单一,经营陷入困境,有的甚至违规经营,挪用客户资产,风险较大。另外,由于市场交易品种缺乏,投资者难以通过不同品种的组合投资和避险工具的运用规避市场风险,只能选择卖出股票减少损失,导致股市单边下跌。

2. 股权分置问题悬而未决,不利于形成稳定预期

2001 年 6 月国务院发布《减持国有股筹集社会保障资金管理暂行办法》后,国有股减持一直是市场讨论的热点,并成为影响市场走势的重要因素之一。同时,股权分置问题的存在,不仅严重影响上市公司治理结构的完善和质量的提高,导致市场难以形成合理的估值标准,而且对资本市场的改革和创新构成了极大制约。2004年2月1日,《国务院关于推进资本市场改革开放和稳定发展的若干意见》明确提出“积极稳妥解决股权分置问题”,并确定了解决股权分置问题的基本原则。但是,股权分置问题涉及多个利益主体,上市公司的情况又千差万别,稳妥解决股权分置问题难度较大,且不可避免地存在一些不确定性,难以形成相对稳定的市场预期。

3. 市场投资理念渐趋理性,投资者交易行为分化

随着股市市场化、国际化进程的加快,投资者理念日渐成熟,由过去“重概念、轻业绩”的投机性炒作方式,逐渐向价值投资理念回归。特别是随着证券投资基金等机构投资者的不断发展壮大,市场投机成分明显下降,基金、QFII等机构投资者大量投资于具有良好业绩的大盘股,一些问题股和庄股被大量抛售。同时,因历史积累风险的暴露,券商和一般机构今年以卖出为主,对市场运行形成了巨大压力。

4. 境内外市场比价效应对股市形成较大压力

随着我国资本项下外汇管制的逐步松动,对外开放的趋势对市场的影响将越来越广泛和深入。一方面,国内优质企业海外上市,由于国际资本市场的定价环境差别以及海外投资者对中国公司的熟悉程度有限,海外市场往往对中国企业的定价偏低,迫使A股市场的估值水平被动地向海外中国股票接轨;另一方面,目前我国股市的股价结构不尽合理,相当部分上市公司的股价存在一定程度的高估。随着国际化进程的加速,境内股价总体水平和结构性调整必然加快,压力日趋增加。

一、概　　况

Summary

1-1 证券市场概况统计表

	1992	1993	1994
境内上市公司数(A、B股)(家) Number of Listed Companies (A、B share)	53	183	291
境内上市外资股(B股)(家) Number of Listed Companies (B share)	18	41	58
境外上市公司数(H股)(家) Number of Listed Companies (H share)		6	15
股票总发行股本(亿股) Total Issued Capital	68.87	387.73	684.54
其中:流通股本(亿股) Negotiable Shares	21.18	107.88	226.04
股票市价总值(亿元) Total Market	1048.13	3531.01	3690.61
其中:股票流通市值(亿元) Negotiable Market Capitalization	—	861.62	968.89
股票成交量(百万股) Trading Volume	3795.39	23422.17	201333.91
股票成交金额(亿元) Total Turnover	681.25	3667.02	8127.63
上证综合指数(收盘) Shanghai Stock Exchange Composite index	780.39	833.80	647.87
深证综合指数(收盘) Shenzhen Stock Exchange Composite index	241.2	238.27	140.63
投资者账户数(万户) Securities Accounts (10000)	216.65	835.17	1107.76
平均市盈率 PE Ratio			
上海 Shanghai	—	42.48	23.45
深圳 Shenzhen	—	42.69	10.28
平均换手率(%) Turnover Ratio			
上海 Shanghai			1134.65
深圳 Shenzhen			583.83
国债发行额(亿元) Amount Issued of T-Bonds (100000000)	460.78	381.31	1137.55
企业债发行额(亿元) Amount Issued of Enterprise Bond (100000000)	683.71	235.84	161.75
债券成交量(万手) Bonds Transaction Volume (10000)			
债券成交额(亿元) Bonds Turnover (100000000)			
国债现货成交金额(亿元) Cash T-Bonds Turnover (100000000)	7.1276	61.02	468.37
国债回购成交金额(亿元) Repurchase T-bonds Turnover (100000000)	0.00	0.42	75.78
证券投资基金只数(只) Number of Securities Investment Funds			
证券投资基金规模(亿元) Amount Issued of Securities Investment Funds (100000000)			
证券投资基金成交金额(亿元) Turnover of Securities Investment Funds (1000000000)			
期货总成交量(万手) Futures Transaction Volume (10000)		890.69	12110.72
期货总成交额量(亿元) Futures Turnover (100000000)		5521.99	31601.41

数据来源:本书各章相关表
Source:Relative Tables followed

Summary for Securities Market

1995	1996	1997	1998	1999	2000	2001	2002	2003	2004
323	530	745	851	949	1088	1160	1224	1287	1377
70	85	101	106	108	114	112	111	111	110
18	25	42	43	46	52	60	75	93	111
848.42	1219.54	1942.67	2526.79	3088.95	3791.71	5218.01	5875.45	6428.46	7149.43
301.46	429.85	671.44	861.94	1079.65	1354.26	1813.17	2036.90	2269.92	2577.18
3474.28	9842.38	17529.24	19505.64	26471.17	48090.94	43522.20	38329.12	42457.72	37055.57
938.22	2867.03	5204.42	5745.59	8213.97	16087.52	14463.17	12484.55	13178.52	11688.64
70547.06	253314.06	256079.12	215411.00	293238.88	475840.00	315228.76	301619.49	416308.40	582773.29
4036.47	21332.16	30721.84	23544.25	31319.60	60826.65	38305.18	27990.46	32115.27	42333.95
555.29	917.01	1194.10	1146.70	1366.58	2073.48	1645.97	1357.65	1497.04	1266.50
113.24	327.45	381.29	343.85	402.18	635.73	475.94	388.76	378.62	315.81
1294.19	2422.08	3480.26	4259.88	4810.63	6123.24	6898.68	6841.84	6981.24	7215.74
15.70	31.32	39.86	34.38	38.13	58.22	37.71	34.43	36.54	24.23
9.46	35.42	41.24	32.31	37.56	56.03	39.79	36.97	36.19	24.63
528.72	913.43	701.81	453.63	471.46	492.87	269.33	214.00	250.75	288.71
254.52	1350.35	817.43	406.56	424.52	509.10	227.89	198.79	214.18	288.29
1510.86	1847.77	2411.79	3808.77	4015.00	4657.00	4884.00	5934.30	6280.10	6923.90
300.80	268.92	255.23	147.89	158.20	83.00	147.00	325.00	358.00	327.00
100660.50	174297.17	161732.38	203161.4	170716.33	197979.00	204707.68	329252.26	620194.41	504218.50
59367.61	18039.35	16476.89	21661.78	18284.12	19119.16	20417.76	33249.53	62136.36	50323.50
775.20	5029.24	3582.75	6059.95	5300.87	4157.49	4815.59	8708.68	5756.11	2966.46
1248.52	13008.64	12876.06	15540.84	12890.53	14733.68	15487.63	24419.64	52999.85	44086.61
			6	22	34	51	71	95	161
			120	510	562	804.23	1318.85	1614.67	3308.79
			555.33	1623.12	2465.79	2561.88	1166.58	682.65	728.58
63612.07	34256.77	15876.32	10445.57	7363.91	5461.07	12046.35	13943.37	27992.43	30569.76
100565	84119.16	61170.66	36967.24	22343.01	16082.29	30144.98	39490.28	108396.59	146935.32

1-2 1986—2004年国内有价证券分类发行情况

		1981—1985年	1986年	1987年	1988年	1989年	1990年	1991年
一、国债 Treasury Bond	发行额 Amount Issued	237.21	62.51	116.87	188.77	223.91	197.23	281.25
	兑付额 Amount Repayed		6.65	18.41	21.66	13.22	76.22	111.60
	期末余额 Balance	237.21	293.07	391.53	558.64	769.33	890.34	1059.99
1. 国库券 Treasury Bill	发行额 Amount Issued	237.21	62.51	62.87	92.16	56.07	93.46	199.41
	兑付额 Amount Repayed		6.65	18.41	21.66	13.22	49.59	106.65
	期末余额 Balance	237.21	293.07	337.53	408.03	450.88	494.75	587.51
2. 财政证券 Financial Bond	发行额 Amount Issued				66.07		71.09	64.63
	兑付额 Amount Repayed							
	期末余额 Balance				66.07	66.07	137.16	201.79
3. 国家建设债券 State Construction Bond	发行额 Amount Issued				30.54			
	兑付额 Amount Repayed						21.58	4.95
	期末余额 Balance				30.54	30.54	8.96	4.01
4. 国家重点建设债券 State Key Construction Bond	发行额 Amount Issued			54.00				
	兑付额 Amount Repayed						5.05	
	期末余额 Balance			54.00	54.00	54.00	48.95	48.95
5. 特种国债 Special Bond	发行额 Amount Issued					42.84	32.68	17.21
	兑付额 Amount Repayed							
	期末余额 Balance					42.84	75.52	92.73
6. 保值公债 Price Index Bond	发行额 Amount Issued					125.00		
	兑付额 Amount Repayed							
	期末余额 Balance					125.00	125.00	125.00
7. 定向债券 Special Purchase Bond	发行额 Amount Issued							
	兑付额 Amount Repayed							
	期末余额 Balance							
二、政策性金融债 Policy Financial Bond	发行额 Amount Issued							
	兑付额 Amount Repayed							
	期末余额 Balance							
三、其他金融债券 Other Financial Bond	发行额 Amount Issued		30.00	60.00	65.00	60.66	64.40	66.91
	兑付额 Amount Repayed		5.00	30.00	40.00	70.11	50.07	33.67
	期末余额 Balance		25.00	55.00	80.00	70.55	84.88	118.12

Issuing Summary of Domestic Securities by Category (1986—2004)

单位:亿元 Unit:100000000 yuan

1992年	1993年	1994年	1995年	1996年	1997年	1998年	1999年	2000年	2001年	2002年	2003年	2004年
460.78	381.31	1137.55	1510.86	1847.77	2411.79	3808.77	4015.00	4657.00	4884.00	5934.30	6280.10	6923.90
238.05	123.29	391.89	496.96	786.64	1264.29	1550.84	1238.70	2179.00	2286.00	2216.20	2755.80	3749.90
1282.72	1540.74	2286.40	3300.30	4361.43	5508.88	7765.70	10542.00	13020.00	15618.00	19336.10	22603.60	25777.60
395.64	314.77	1117.93	1486.76	1813.27	2382.44							
120.41	105.75	349.76	297.99	700.30	1192.23							
862.74	1071.76	1839.93	3028.70	4141.67	5331.88							
65.14	66.54											
0.02	9.38	0.42	126.66	65.05	65.40							
266.91	324.07	323.65	196.99	131.94	66.54							
2.25	0.90	0.29	0.45	0.09	0.03							
1.76	0.86	0.57	0.12	0.03	0.00							
			41.13	3.92	3.63							
48.95	48.95	48.95	7.82	3.90	0.27							
		39.81	30.02	17.23	3.00							
92.73	92.73	52.92	22.90	5.67	2.67							
115.37	7.26	1.61	0.71	0.05								
9.63	2.37	0.76	0.05	0.00	0.00							
		19.62	24.10	34.50	29.35							
		19.62	43.72	78.22	107.57							
				1055.60	1431.50	1950.23	1800.89	1645.00	2590.00	3075.00	4561.40	4148.00
				254.50	312.30	320.40	473.20	709.20	1438.80	1555.70	2505.30	1778.70
			1613.20	2399.70	3486.90	5121.13	6447.48	7383.28	8534.48	10054.10	11650.00	14019.30
55.00				14.60	32.00							860.70
30.00	34.29	13.54										0.00
143.12	108.83	95.29	95.29	109.89	141.90							860.70

续表

		1981—1985年	1986年	1987年	1988年	1989年	1990年	1991年
四、企业债 Enterprise Bond	发行额 Amount Issued		100.00	30.00	75.41	75.26	126.37	249.96
	兑付额 Amount Repayed		16.23	27.42	46.72	43.94	77.29	114.31
	期末余额 Balance		83.77	86.35	115.04	146.36	195.44	331.09
1. 中央企业债券 Central Entreprise Bond	发行额 Amount Issued							
	兑付额 Amount Repayed							
	期末余额 Balance							
2. 地方企业债券 Local Enterprise Bond	发行额 Amount Issued		100.00	30.00	30.00	14.83	49.33	115.25
	兑付额 Amount Repayed		16.23	27.42	46.72	15.32	22.05	25.34
	期末余额 Balance		83.77	86.35	69.63	69.14	96.42	186.33
3. 短期融资券 Enterprise Short-term Bond	发行额 Amount Issued				11.72	29.72	50.15	104.44
	兑付额 Amount Repayed					14.74	32.73	60.03
	期末余额 Balance				11.72	26.70	44.12	88.53
4. 内部债券 Internal Bond	发行额 Amount Issued				33.69	30.71	26.89	30.27
	兑付额 Amount Repayed					13.88	22.51	28.94
	期末余额 Balance				33.69	50.52	54.90	56.23
5. 住宅建设债券 House Construction Bond	发行额 Amount Issued							
	兑付额 Amount Repayed							
	期末余额 Balance							
6. 地方投资公司债券 Local Investment Company Bond	发行额 Amount Issued							
	兑付额 Amount Repayed							
	期末余额 Balance							
五、国家投资债券 State Investment Bond	发行额 Amount Issued							95.00
	兑付额 Amount Repayed							
	期末余额 Balance							95.00
六、国家投资公司债券 State Investment Company Bond	发行额 Amount Issued			30.00	90.00	22.53	6.15	2.29
	兑付额 Amount Repayed							0.83
	期末余额 Balance			30.00	120.00	142.53	148.68	150.14
债券合计 Total of Bond	发行额 Amount Issued	237.21	192.51	236.87	419.18	382.36	394.15	695.41
	兑付额 Amount Repayed	0.00	27.88	75.83	108.38	127.27	203.58	260.41
	期末余额 Balance	237.21	401.84	562.88	873.68	1128.77	1319.34	1754.34
七、股票(A股) A Shares	发行额 Amount Issued			10.00	25.00	6.62	4.28	5.00
	筹资额 Raised Capital			10.00	25.00	6.62	4.28	5.00

注:1. 国债数据,企业债券和金融债券的数据由中国人民银行提供,股票数据由中国证监会提供;
2. 兑付额指还本金额;
3. 2004年的其他金融债为次级债;
4. 1992年以前的股票按面值发行,1992年以后为溢价发行,其中1992年的筹资额为按照5倍溢价估算值;
5. 股票发行为首发IPO。

数据来源:中国人民银行、中国证监会

Source:PBC and CSRC

Continued

1992 年	1993 年	1994 年	1995 年	1996 年	1997 年	1998 年	1999 年	2000 年	2001 年	2002 年	2003 年	2004 年
683.71	235.84	161.75	300.80	268.92	255.23	147.89	158.00	83.00	147.00	325.00	358.00	327.00
192.76	255.48	282.04	336.30	317.80	219.81	105.25	56.50	0.00	0.00			
822.04	802.40	682.11	646.61	597.73	521.02	676.93	778.63	861.63	1008.63			
74.10			77.50	86.15	86.15							
					0.00							
74.10	74.10	74.10	151.60	237.75	238.00							
258.77	20.06	38.43	52.50	62.15	99.66							
37.26	79.45	91.19	152.50	43.41	101.28							
407.84	348.45	295.69	195.69	214.43	213.61							
228.53	215.78	123.32	170.80	120.62	69.42							
111.27	176.03	190.85	173.00	150.88	118.53							
205.79	245.54	178.01	175.81	145.55	69.41							
111.51												
44.23				123.51								
123.51	123.51	123.51	123.51	0.00								
6.43												
			6.43									
6.43	6.43	6.43	0.00	0.00								
4.37												
			4.37									
4.37	4.37	4.37	0.00	0.00								
60.00												
	1.50	14.11										
155.00	153.50	139.39	139.39	139.39								
8.01												
2.04	2.38	1.92	32.70									
156.11	153.73	151.81	119.11	119.11								
1267.50	617.15	1299.30	1811.66	3172.29								
462.85	416.94	703.50	865.96	1358.94								
2558.99	2759.20	3355.00	4300.70	6114.05								
10.00	42.59	10.97	5.32	38.29	105.65	86.30	98.11	145.68	93.00	134.20	83.64	54.88
50.00	194.83	49.62	22.68	224.45	655.06	409.09	497.88	812.37	534.29	516.96	453.51	353.42

1-3 股票市值与GDP的比率
Ratio of Market Capitalization to GDP

单位:亿元 Unit:100000000 yuan

	GDP	市价总值 Market Capitalization n	%	GDP	流通市值 Negotiable Market Capitalization	%
1992	26638.1	1048.13	3.93%	26638.1		
1993	34634.4	3531.01	10.20%	34634.4		
1994	46759.4	3690.62	7.89%	46759.4	964.82	2.06%
1995	58478.1	3474.00	5.94%	58478.1	937.94	1.60%
1996	67884.6	9842.37	14.50%	67884.6	2867.03	4.22%
1997	74772.4	17529.23	23.44%	74772.4	5204.43	6.96%
1998	79552.8	19505.64	24.52%	79552.8	5745.59	7.22%
1999	82054	26471.17	31.82%	82054	8213.97	9.87%
2000	89404	48090.94	53.79%	89404	16087.52	17.99%
2001	95933	43522.19	45.37%	95933	14463.16	15.08%
2002	102398	38329.12	37.43%	102398	12484.55	12.19%
2003	116694	42457.72	36.38%	116694	13178.52	11.29%
2004	136515	37055.57	27.14%	136515	11688.64	8.56%

数据来源:国家统计局、中国证监会

Source:NBSC and CSRC

市价总值与GDP的比率
Ratio of Market Capitalization to GDP

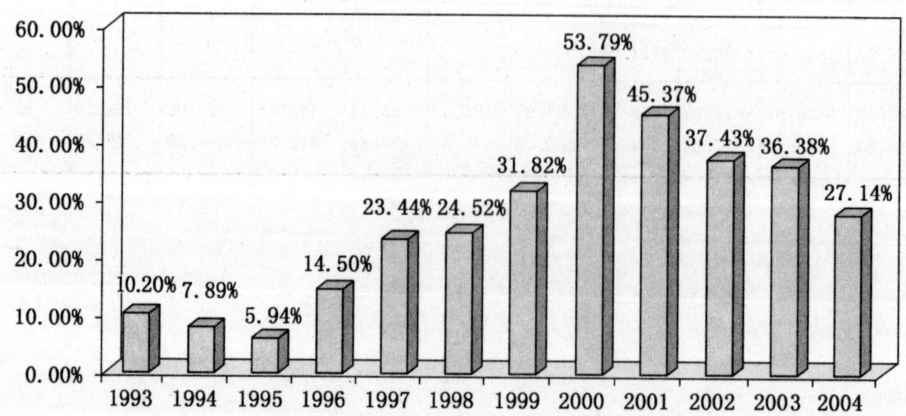

1-4 境内股票筹资和银行贷款增加额的比率

Ratio of Domestic Raised Capital in Stock Market to Amount of Loan of Bank

单位:亿元　Unit:100000000 yuan

	境内筹资额 Domestic Raised Capital	贷款增加额 Amount of Loan of Bank	%
1993	314.54	6335.40	4.96
1994	138.05	7216.62	1.91
1995	118.86	9339.82	1.27
1996	341.52	10683.33	3.20
1997	933.82	10712.47	8.72
1998	803.57	11490.94	6.99
1999	897.39	10846.36	8.27
2000	1541.02	13346.61	11.55
2001	1182.13	12439.41	9.50
2002	779.75	18979.20	4.11
2003	823.10	27702.30	2.97
2004	862.67	18367.26	4.70

注:境内筹资额为 A、B 股筹资额。

数据来源:中国人民银行、国家统计局、中国证监会

Source:PBC NBSC and CSRC

境内股票筹资和银行贷款增加额的比率

Ratio of Domestic Raised Capital in Stock Market to Amount of Loan of Bank

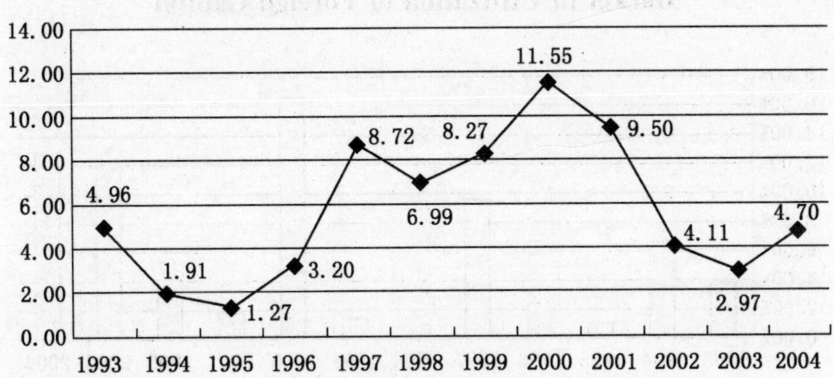

1-5 证券市场境外筹资在引进外资中的比重

Role of Security Market in Utilization of Foreign Capital

单位:亿元　Unit:100000000 yuan

	境外筹资 Foreign Raised Capital	外商直接投资总额 Total Amount of Foreign Direct Investment	%
1993	60.93	1596.16	3.82%
1994	188.73	2856.94	6.61%
1995	31.46	3114.16	1.01%
1996	83.56	3463.59	2.41%
1997	360.00	3756.58	9.58%
1998	37.95	3773.18	1.01%
1999	47.17	3338.50	1.41%
2000	562.21	3370.79	16.68%
2001	70.21	3881.66	1.81%
2002	181.99	4366.87	4.17%
2003	534.65	4430.63	12.07%
2004	648.08	5014.10	12.93%

注:境外筹资仅指H股筹资;外商直接投资为实际使用额。

数据来源:国家统计局、中国证监会

Source:NBSC and CSRC

境外筹资占引进外资中的比重

Percent of Foreign Raise Capital Through Stock Market in Utilization of Foreign Capital

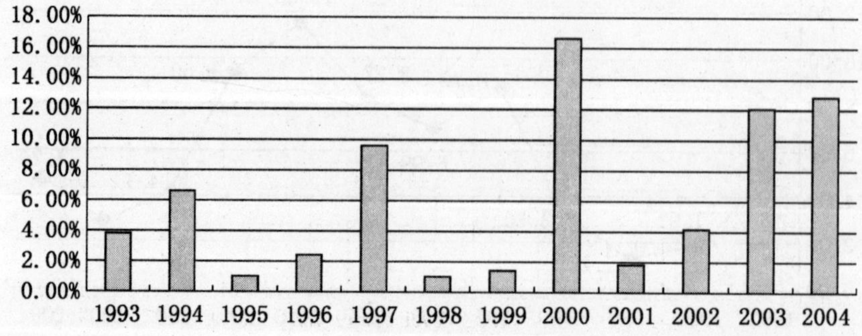

1-6　境内外股票筹资和固定资产投资额的比率

Ratio of Domestic & Foreign Raised Capital in Stock Market to Amount of Investment in Fixed-Assets

单位：亿元　Unit：100000000 yuan

	境内外筹资额 Domestic & Foreign Raised Capital	固定资产投资额 Amount of Investment in Fixed-Assets	%	境内筹资额 Domestic Raised Capital	固定资产投资 Investment in Fixed-Asset	%
1992	94.09	8080.1	1.16%	94.09	8080.1	1.16%
1993	375.47	13072.3	2.87%	314.54	13072.3	2.41%
1994	326.78	17042.1	1.92%	138.05	17042.1	0.81%
1995	150.32	20019.3	0.75%	118.86	20019.3	0.59%
1996	425.08	22913.5	1.86%	341.52	22913.5	1.49%
1997	1293.82	24941.1	5.19%	933.82	24941.1	3.74%
1998	841.52	28406.2	2.96%	803.57	28406.2	2.83%
1999	944.56	29475.15	3.16%	897.39	29475.2	3.04%
2000	2103.16	32917.7	8.68%	1541.02	32917.7	4.68%
2001	1252.28	27826.6	4.50%	1182.13	27826.6	4.25%
2002	961.75	32942	2.92%	779.75	32942.0	2.37%
2003	1357.75	55118	2.46%	823.10	55118.0	1.49%
2004	1519.94	55566.6	2.74%	862.67	55566.6	1.55%

注：境内筹资额包括A、B股筹资。
数据来源：国家统计局、中国证监会
Source：NBSC and CSRC

境内外股票筹资和固定资产投资额的比率

Ratio of Domestic & Foreign Raised Capital in Stock Market to Amount of Investment in Fixed-Assets

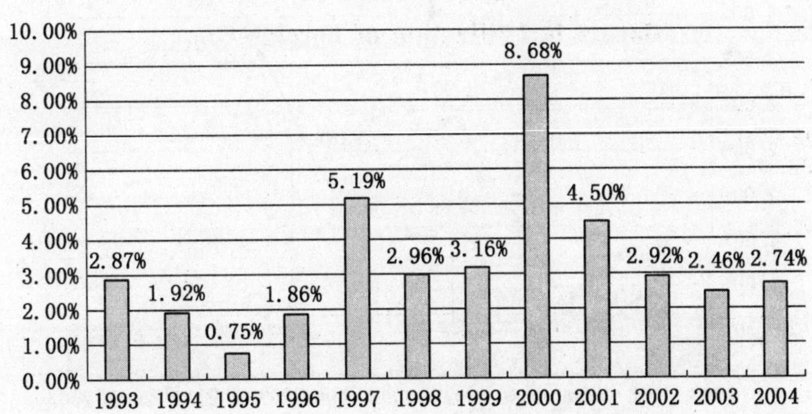

1-7 股票印花税在财政收入中的比重

Proportion of Stamp Duty In Revenue

单位:亿元 Unit:100000000 yuan

	财政收入 Revenue	股票印花税 Stamp Duty	%	中央财政收入 Central Revenue	股票印花税 Stamp Duty	%
1993	4349	22.00	0.51%	958	22.00	2.30%
1994	5248	48.77	0.93%	2907	48.77	1.68%
1995	6242	26.38	0.42%	3257	26.38	0.81%
1996	7408	127.99	1.73%	3661	127.99	3.50%
1997	8651	250.76	2.90%	4227	250.76	5.93%
1998	9853	225.75	2.29%	4885	225.75	4.62%
1999	11377	248.07	2.18%	5798	248.07	4.28%
2000	13380	485.89	3.63%	7584	485.89	6.41%
2001	16386	291.31	1.78%	8583	291.44	3.40%
2002	18914	111.95	0.59%	11020	111.95	1.02%
2003	21715	128.35	0.59%	11865	128.35	1.08%
2004	—	169.08	—	—	169.08	—

数据来源:国家统计局、中国证监会
Source:NBSC and CSRC

股票印花税在财政收入中的比重

Proportion of Stamp Duty In Revenue

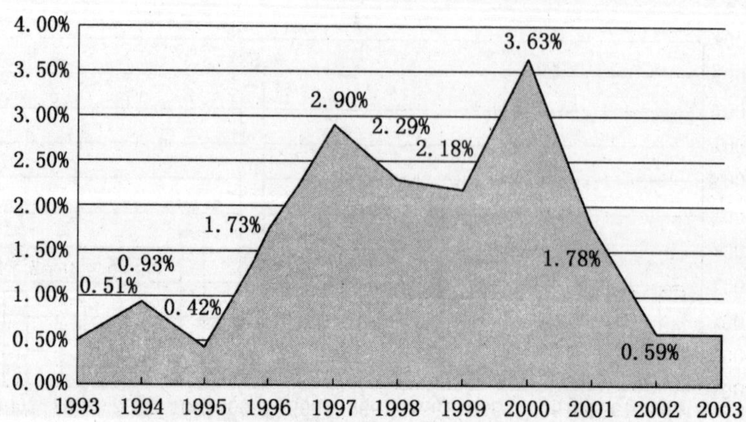

主要统计指标解释

Definition and Explanation

1. 重点建设债券(key Construction Bond)

是为筹集国家计划内重点建设资金，由财政部发行的一种用于生产性项目的专项政府国内债券。

Domestic government bond issued by Ministry of Finance (MOF) in purpose of raising funds for budgetary production projects.

2. 财政债券(Financial Bond)

是由财政部向各专业银行、综合性银行以及其他金融机构发行的一种私募公债。

Bond issued by MOF through private placement to specialized banks, comprehensive banks and other financial instiutions.

3. 国家建设债券(State Construction Bond)

同重点建设债券。

See key construction Bond.

4. 保值公债(Price Index Bond)

是一种对本金实行价格变动贴补的政府国内债券。

Domestic government bond wity index-linked principal subsidy.

5. 特种国债(Special Bond)

是由财政部向国内经济条件好的单位及对全民所有制企业职工养老基金和待业保险基金管理机构定向发行的一种公债。

Bond issued by MOF to domestic entities with sound economic conditions, pension fund and unemployment insurance fund of state-owned employees.

6. 转换债(Converse Bond)

是财政部将单位持有的当年到期的国债转换为等额新债。

Bond issued by MOF to redeem matured bond with equivalent value.

7. 定向债券(Special Pruchase Bond)

是特种国债停发以后，财政部向国内企业职工养老基金和待业保险基金管理机构发行的一种私募债券。

Bond issued by MOF through private placement, after termination the issuance of Special Bond to pension fund and unemployment fund of employees in domestic enterprises.

8. 国家投资债券(State Investment Bond)

指中国工商银行、中国建设银行发行的，有财政部担保的，用于支持国家重点建设项目投资的，约定在一定期限内还本付息的有价证券。

The State Investment Bond refers to the securities that issued by the China People's Construction Bank, guaranteed by the Ministry of Finance, used in supporting the investment of State key constrution projects and would be paid back the principals and interests within a certain appointed period.

9. 国家投资公司债券(State Investment Company Bond)

指原国家计委所属六大投资公司,即国家能源投资公司、国家原材料投资公司、国家农业投资公司、国家机电轻纺投资公司、国家交通投资公司、国家林业投资公司发行的,用于支持国家重点建设项目投资的,约定在一定期限内还本付息的有价证券。

The State Investment Company Bond refers to the securities issued by six investment companies (namely The State Energy Restment Company; The State Raw and Processed Materials Investment Company; The State Agriculture Investment Company; The Industry Investment Company of State Machinery and Texitile Industry; The State Communications Investment Company; The State Forestry Investment Company) which were formerly under the State Planning Commission.

10. 金融债券(Financial Bond)

指金融机构依照法定程序发行、约定在一定期限内还本付息的有价证券。按发行机构性质的不同,金融债券可分为政策性金融债券和一般性金融债券。前者由国家开发银行、国家进出口银行和中国农业发展银行发行,后者由商业银行及非银行金融机构发行。

The State Investment Company Bond is used to support the investment of State key projects and would be paid back the principals and interests within a certain applinted period. The Finance Bond refers to the securities issued by the financial institutes according to the legal process and would be paid back the principals and interests within a certain appointed period. According to the types of issuing institutes, the Finance Bond can be divided into the Policy Finance Bond and the General Commericial Finance Bond, while the former is issued by the State Development Bank, the State Import and Export Bank and China Agriculture Develop Bank, and the latter is issued by the Commercial Banks and Non-Banking financial instituters.

11. 企业债券(Enterprise Bond)

指企业依照法定程序发行、约定在一定期限(一年期以上)内还本付息的有价证券。不含金融债券和外币债券。

The Enterprise Bond refers to the securities issued by the enterprises and would by paid back in a certain appointed time (over one year). The Enterprise Bond excludes the financial bond and the foreign currency bond.

12. 企业短期融资券(Enterprise Short-term Note)

指企业依照法定程序发行的,约定在3、6或9个月内还本付息的,用以解决企业临时性、季节性短期资金需求的有价证券。

The Enterprise Short-term Note refers to the securities that issued by the enterprises according to legal process, paid back the principals and interests in about 3,6 or 9 months, and is used to meet the temporal and seasonal short capital needs of the enterprise.

13. 大额可转让定期存单(Certificate of Deposit)

指商业银行发行的固定面额、固定期限、可以转让的大额存款凭证。

The certificate of Deposit refers to the convertible certificates that are issued in fixed price and fixed maturity.

14. 中央财政收入和地方财政收入(Revenue of the central government and revenue of the local governments)

按财政体制划分的中央本级收入和地方本级收入。1994年分税制财政体制以后,属于中央财政的收入包括关税、海关代征消费税和增值税，消费税，中央企业所得税、地方银行和外资银行及非银行金融企业所得税，铁道、银行总行、保险总公司等集中缴纳的营业税、所得税、利润和城市维护建设税，增值税的75%部分，海洋石油资源税和证券(印花)税50%部分。属于地方财政的收入包括营业税，地方企业所得税，个人所得税，城镇土地使用税，固定资产投资方向调节税，城镇维护建设税，房产税，车船使用税，印花税，屠宰税，农牧业税，农业特产税，耕地占用税，契税，增值税25%部分，证券交易税(印花税)的50%部分和除海洋石油资源税以外的其他资源税种。

In accordance with the classification of the structure of the government finance in 1994 on the basis of the calssification of channels for collection of tax revenuse, the revenue of the central government and the revenue of the local governments have different coverage. The revenue of the central government includes tariff, consumption tax and value added tax levied by the customs, consumption tax, income tax of the enterprises subordinate to the central government, income taxes of the local banks, foreign-funded banks and non-bank financial institutions, business tax, income tax and profits of railways, head offices of banks, head office of insurance company, which are handed over to the government in a centralized way, tax on city maintenance and construction, 75% of the value added tax, tax on ocean petroleum resources, 50% of the tax on stock dealing(stamp tax). The revenue of the local governments includes business tax, income tax of the enterprises subordinate to the local government, personal income tax, tax on the use of urban land, tax on the adjustment of the investment in fixed assets, tax on town maintenance and construction, tax on real estates, tax on the use of vehicles and ships, stamp tax, slaughter tax, tax on agriculture and animal husbandry, tax on special agricultural products, tax on the occupancy of cultivated land, contract tax, 25% of the value added tax, 50% of the tax on stock dealing (stamp tax) and tax on resources other than the ocean petroleum resources.

二、股　　票

Stocks

2004年上海股票市场综述

Summary for Shanghai Stock Market 2004

一、市场概况

2004年,上交所上市公司新增总股本530.16亿股,增长12.71%,新增流通股本209.48亿股,增长18.10%。上市公司总市值、流通市值分别下跌了3790.58亿元和850.26亿元,跌幅12.72%和10.37%。2004年,上证180指数下跌466.73点,跌幅16.5%,收报2362.07点;上证综指下跌230.55点,跌幅15.4%,收报1266.5点;B股指数下跌29.29点,跌幅27.91%,收报75.65点。全年股票基金累计成交金额26719.70亿元,日均成交109.96亿元,分别比上年增加5533.4亿元和增加22.05亿元。上缴股票交易印花税105.04亿元,比上年增加23.9亿元,增幅29.25%。债券成交金额49997.74亿元,同比下跌11598.65亿元,减少18.83%。股票平均市盈率24.23倍,比上年末下跌12.31倍,其中A股平均市盈率24.29倍,B股平均市盈率20.15倍;股票加权平均价格5.53元/股,比上年末下降1.62元/股,降幅22.66%。截至2004年底,上交所上市公司总数837家,与年初相比增加57家。上市公司总股本4700.55亿股,其中流通股本1366.58亿股,总市值26014.34亿元,其中流通市值7350.88亿元,总市值占GDP比重为19.06%。

二、市场运行特点

1. 2004年市场总体表现为先强后弱,上证综指创五年以来新低,上证B指创对内开放以来新低

年初至4月初市场总体表现为放量稳步上涨,"九条意见"发表后,股指成功突破2002年"6.24"高点,创近27个月以来新高,上证综指最大涨幅达19.10%。之后受国务院出台抑制宏观经济过热措施、央行再次提高存款准备金率,并在四季度实施九年来首次加息、德隆系崩溃、券商风险集中爆发等诸多不利因素影响,市场由强转弱,总体表现为单边下跌,虽然9月中旬之后管理层不断出台利好政策,但未能扭转市场的弱势,上证综指击破1300点,创近五年以来新低,9个月累计最大跌幅达到29.36%。与上年度相比,年末上证综指、上证180指数、上证50指数收盘跌幅均超过15%。

2. 股价总体趋势表现为价值回归与结构性调整,低价股群体增加,市场自成立以来首次出现仙股,H股折价率与去年相比显著降低

全年A股下跌率高达81%,其中跌幅高于大盘水平的共501只(占61%)。有428只A股年度跌幅超过20%(占52%),与此同时有59只A股年度涨幅超过20%,占市场总体的7%。

低价股群体较2003年显著增加,市场成立15年来首次出现仙股(*ST达曼,年底股价0.91元)。年底收盘沪市5元以下的股票352只,较2003年128只增加175%,占流通市值比重34.84%,较2003年14.84%提高20个百分点。10元以上的中高价股由2003年的162只减少至81只,占流通市值比重14.52%,较2003年30.99%下降16个百分点。H股平均折价率为39%(简单平均),较2003年底47%降低8个百分点,23只H股中有5只折价率低于20%,1只股价出现倒挂。

从市盈率水平看,1—3元股票的平均市盈率水平最高,达到50倍,说明市场的结构性调整主要以业绩为依据。

2004年深圳股票市场综述

Summary for Shenzhen Stock Market 2004

2004年是中国证券市场制度完善和产品创新年。在年初国务院颁布的《若干意见》推动下，管理层推出了一系列有利于证券市场长期稳定发展的政策措施，长期存在的市场制度缺陷正在逐步解决，市场环境日益净化。6月底，中小企业板的正式推出，标志着多层次资本市场体系建设迈出了重要一步，LOF和ETF的成功发行上市，进一步丰富了市场产品和投资结构。但受宏观经济调控、央行加息、风险券商集中暴露、问题上市公司不断出现、代客理财资金大量离场等诸多因素影响，2004年证券市场总体依然呈现弱市运行格局，股价结构调整继续深化。

一、市场总体概况

2004年，深证成份指数下跌412.23点，跌幅11.85%，收报3067.57点；综合指数下跌62.82点，跌幅16.59%，收报315.81点；B股指数下跌52.24点，跌幅19.20%，收报219.80点。股票累计成交金额15863.35亿元，比上年度增加了40.49%；基金成交231.42亿元，比上年度减少27.79%；债券成交金额325.76亿元，比上年度减少39.67%。股票平均市盈率24.63倍，与上年末下降11.56倍，其中A股平均市盈率25.64倍，B股平均市盈率12.90倍。

截止2004年末，深交所上市公司总数536家，新增31家；上市公司总市值11041.23亿元，流通市值4337.76亿元，分别减少12.74%和12.85%。上市公司全年筹集资金196.71亿元，比上年增加125.56%；新增投资者开户83万户，比上年度多增加19万户。

截止2004年末，深交所中小企业板上市公司总数38家，总股本32.23亿元，流通股本9.59亿元，分别占深市上市公司总股本和流通股本的1.61%和1.17%；上市公司总市值413.43亿元，流通市值119.96亿元，分别占深市上市公司总市值和流通市值的3.74%和2.77%。2004年，中小企业板股票成交金额822.63亿元，占深市股票成交总额的5.19%。中小企业板全年累计筹资91.08亿元，占深市筹资总额的46.30%。

二、市场运行特点

2004年，市场总体呈现弱市运行格局，具有明显波段式走势特点，股价结构调整继续深化，上市公司经营业绩显著回升，机构投资者结构发生明显改变。

1. 市场总体弱市运行，具有明显波段走势特征

全年市场走势大致经历了三个阶段。第一阶段从年初至4月7日。该阶段受国民经济高速增长、上市公司业绩大幅提升、国务院发布《若干意见》等因素影响，股指稳步上扬并屡创年内新高，投资者信心明显恢复，市场交投持续活跃。深证成指从3479.80点最高上涨到4187.23点，涨幅超过20%，期间股票基金日均成交109.32亿元，为全年日均交易量最大的一个阶段。第二阶段从4月8日至9月13日。该阶段受宏观经济调控、压缩信贷规模、风险券商集中暴露等因素影响，市场再度步入单边下跌格局，指数屡创十年来新低，市场成交逐步萎缩，股价结构调整继续深化。深证成

指从4187.23最低下跌至2996.08点，跌幅达28.45%，期间股票基金日均成交45.60亿元，是全年日均交易量最小的一个阶段。第三阶段从9月14日至年底。该阶段受国务院加快落实《若干意见》工作部署、停止新股发行等因素影响，市场一度出现较大幅度反弹，深证成指在9个交易日内从2996.08点快速上涨到3649.88点，涨幅达21.82%；随后受个人债权打折收购原则影响，大批违规代客理财资金乘机离场，而投资基金仓位普遍较重且面临年底赎回压力，加之央行加息，导致市场资金面异常紧张，反弹行情夭折，市场又一次缩量阴跌，该阶段股票基金日均成交62.18亿元。

2. 股价结构性调整继续深化，市盈率差异度显著降低

2004年，股价结构性调整继续深化，市场价格中枢进一步下移。深市A股加权平均股价(按流通股本加权)由年初的6.88元/股下跌至年末的5.56元/股，跌幅达19.19%，创近九年以来的新低，仅相当于1996年550点的水平。股票加权平均市盈率从年初的35倍，下降到年底的24倍，为1996年以来的最低值，基本接近世界成熟市场水平。股价结构调整继续深化，股价分布更趋合理。2004年底深市10元以上的股票59只，平均市盈率32倍，2003年底这一组数据为71只和38倍。2004年底深市3元以下的股票44只，平均市盈率53倍，2003年底为17只和173倍。2004年底股价介于3元至6元的股票303只，平均市盈率25倍，2003年底为227只和43倍。2004年底股价介于6元至10元的股票116只，平均市盈率26倍，2003年底为175只和33倍。可以看出，剔除亏损股票后，2004年不同股价区间的市盈率差异度与2003年相比明显缩小，股价结构更趋合理。

3. 中小企业板运行基本平稳，但流动性呈逐步下降趋势

中小企业板正式推出以来，一度出现过连续大幅下跌现象，偶尔也存在齐涨齐跌的板块效应，但总体来看，中小企业板运行基本平稳。相对于主板市场，中小企业板具有市场交投活跃、上市公司业绩较好、个人投资者参与比重大等特点。2004年，中小企业板股票累计成交823亿元，占深市股票交易总额的5%，而其流通股本仅占1%的市场份额，中小企业板股票平均换手率超过600%，是同期主板市场股票平均换手率的4倍。2004年前三季度，中小企业板上市公司平均每股收益0.32元/股、平均净资产收益率7.30%、平均每股净资产4.49元/股，分别高出主板市场68%、4%和69%。从交易结构来看，中小企业板参与主体是中小投资者，其交易份额占95%，而机构投资者只有5%，其中投资基金为3%。从持股结构来看，机构投资者持股比重呈逐步增加趋势，从初期的3%增加到了年底的近18%。但中小企业板股票流动性呈逐步下降趋势，交易金额市场比重从启动初期的近20%下降到了年底的不足5%。

4. 机构投资者结构明显改变，券商市场份额迅速下降

2004年，机构投资者继续保持高速发展态势，机构规模加速扩大。全年共发行了48只投资基金，超过了前五年的总和，目前国内市场投资基金总数达156只，基金总规模3250亿份。QFII加快了进入国内股市的步伐，QFII总数达到27家，获批资金规模30.75亿美元。此外，社保基金、保险基金、企业年金纷纷加快了入市步伐，商业银行直接设立基金管理公司也获得了国务院的原则批准。与此同时，由于代客理财业务的失误，加之一批高风险券商先后被发现，证券公司的市场影响力正在逐步减弱。从机构持股市场份额来看，投资基金、QFII、社保基金市场份额稳步上升，其中投资基金从2003年底的51%上升到了目前的68%，而券商自营和一般机构市场份额在逐步下降，尤其是券商自营从30%下降到了15%，降幅近一倍。虽然机构投资者市场份额逐年增加，但当前市场仍然是以个人投资者为主的市场，个人投资者交易和持股市场份额均超过了80%，其中中小投资者比重约占一半。

5. 上市公司经营业绩显著增长，但增幅有所趋缓

2004年，深沪上市公司前三季度整体业绩较去年同期大幅攀升，加权平均每股收益和平均净利润同比增幅均超过四成，但季环比数据显示业绩增幅趋缓。深沪交易所1376家已披露第三季度报告的上市公司，1至9月加权平均每股收益0.215元，较去年同期的0.150元增长43.35%，并超过了2003年全年每股收益0.203元；加权平均净资产收益率8.01%，同比增长31.33%。同时，前三季度平均主营业务收入17.69亿元，较去年同期增长30.77%；前三季度平均净利润1.10亿元，较去年同期增长41.37%。从行业上看，煤电油运类上市公司增长势头仍然强劲，钢铁、有色金属、水泥等行业上市公司虽然受到宏观调控影响，但由于相关产品的国际价格持续高企，业绩依然优良。另一方面，上市公司业绩环比已连续两个季度呈现下滑，增长势头趋缓。上市公司第三季度业绩季环比增幅为2.8%，较第二季度6%的增幅减少一倍多，其中供热、火电、石化、化纤、轿车、水泥、医药以及手机等行业上市公司，净利润环比出现负增长。

2-1 1992—2004 年股票市场概况统计表

		1992	1993	1994	1995
境内上市公司数(A、B股)(家) Number of Listed Companies (A、B share)		53	183	291	323
其中:ST 公司数(家) Number of ST Listed Companies (A、B share)					
中小板公司数(家)					
境内上市外资股(B股)(家) Number of Listed Companies (B share)		18	41	58	70.00
其中:ST 公司数(家) Number of ST Listed Companies (B share)					
发行股数(百万股) Amount Issued (1000000)		7322.20	32867.50	63947.08	76563.11
其中:中小板发行股数 SME Board Amount lssued					
市价总值(百万元) Market Capitalization(1000000)		104814.90	354152.07	369061.68	347427.64
其中:中小板市价总值					
流通总值(百万元) Negotiable Market Capitalization(1000000)			86162.97	96890.11	93821.91
其中:中小板流通市值					
成交量(百万股)	合计 Sum	3689.78	22656.47	101333.91	70530.78
Transcation Volume(1000000)	日平均 Daily Average	14.41	87.92	402.12	283.19
	中小板 SME Board				
成交金额(百万元)	合计 Sum	68303.73	362720.32	812762.89	403645.27
Turnover (1000000)	日平均 Daily Average	266.53	1407.49	3225.25	1618.56
	中小板 SME Board				
平均换手率(%)	上海 Shanghai			1134.65	528.72
Turnover Rate (%)	深圳 Shenzhen			583.83	254.52
	中小板 SME Board				
平均市盈率	上海 Shanghai		42.48	23.45	15.70
PE Ratio	深圳 Shenzhen		42.69	10.37	9.35
	中小板 SME Board				
上证指数 Shanghai Stock Exchange Composite Index	开盘 open quotation		802.14	837.70	637.72
	最高 Highest	1429.01	1558.95	1052.94	926.41
	月日 Data	1992-05-26	1993-02-16	1994-09-13	1995-05-22
	最低 Lowest	292.76	750.46	325.89	524.43
	月日 Data	1992-01-02	1993-12-20	1994-07-29	1995-02-07
	平均 Average	668.52	1013.39	674.10	657.80
	收盘 closing quotation		833.8	647.87	555.29
深证指数 Shenzhen Stock Exchange Composite Index	开盘 open quotation	110.53	241.21	238.28	139.62
	最高 Highest	312.21	359.44	242.06	169.66
	月日 Data	1992-05-26	1993-02-22	1994-01-07	1995-05-22
	最低 Lowest	107.08	203.91	96.56	112.63
	月日 Data	1992-01-16	1993-07-21	1994-07-29	1995-12-28
	平均 Average	215.76	277.51	165.86	131.00
	收盘 closing quotation	241.21	238.28	140.63	113.25

数据来源:上海、深圳证券交易所

Source:Shanghai、Shenzhen Stock Exchange

Summary for Stock Market（1992—2004）

1996	1997	1998	1999	2000	2001	2002	2003	2004
530	745	851	949	1088	1160	1224	1287	1377
		29	56	61	47	89	99	135
								38
85	101	106	108	114	112	111	111	110
		4	11	11	7	13	14	20
111036.04	177123.19	234535.36	290885.19	361339.05	483835.69	546299.21	599794.35	671473.31
								3223.36
984238.66	1752923.70	1952181.21	2647117.52	4809094.43	4352220.39	3832912.86	4245771.60	3705556.82
								41343.14
286704.01	520442.39	574537.94	821396.38	1608751.96	1446317.01	1248455.65	1317851.70	1168863.95
								11996.09
253314.43	256001.89	215246.10	293238.88	475838.21	315228.76	301619.49	416308.40	582773.29
1025.57	1053.51	888.39	1226.94	1990.96	1313.45	1272.66	1727.40	2398.25
								5915.87
2133217.43	3072183.20	2352731.48	3131960.25	6082664.99	3830518.00	2799045.51	3211527.00	4233394.72
8636.51	12642.73	9710.80	13104.44	25450.48	15960.00	11810.32	13325.80	17421.38
								82263.06
913.43	701.81	453.63	471.46	492.87	269.33	214.00	250.75	288.71
1350.35	817.43	406.56	424.52	509.10	227.89	198.79	214.18	288.29
								617.75
31.32	39.86	34.38	38.13	58.217	37.71	34.43	36.54	24.231
35.42	39.86	30.59	36.30	56.04	39.79	36.97	36.19	24.63
								31.33
550.26	914.06	1200.95	1144.89	1368.69	2077.08	1643.49	1347.433	1492.724
1258.69	1510.18	1422.98	1756.18	2125.72	2245	1748.89	1649.6	1783.01
1996-12-11	1997-05-12	1998-06-04	1999-06-30	2000-11-23	2001-06-13	2002-06-25	2003-04-16	2004-04-07
512.83	870.18	1043.02	1047.83	1361.21	1515	1339.2	1307.4	1259.43
1996-01-19	1997-02-20	1998-08-18	1999-05-17	2000-01-04	2001-10-22	2002-01-29	2004-04-07	2004-09-13
764.65	1175.59	1261.04	1377.33	1882	1956	1567.23	1467.75	1482.85
917.02	1194.1	1146.7	1366.58	2073.48	1645.97	1357.65	1497.044	1266.496
112.85	326.33	382.85	343.29	402.71	636.62	475.14	386.61	377.93
473.02	517.91	441.04	525.14	654.37	664.85	512.38	449.42	470.55
1996-12-11	1997-05-12	1998-06-03	1999-06-29	2000-11-23	2001-06-13	2002-06-24	2003-04-15	2004-04-07
105.34	305.81	317.1	310.65	414.69	439.36	371.79	350.74	315.17
1996-01-22	1997-01-06	1998-08-18	1999-05-18	2000-01-04	2001-10-22	2002-01-22	2003-11-18	2004-09-13
224.67	388.16	384.7	407.62	579.61	580.9	455.65	404.08	379.43
327.34	381.29	343.85	402.18	635.73	475.94	388.76	378.63	315.81

2-2 1992—2004 年 A 股市场概况统计表

		1992	1993	1994	1995
境内上市 A 股公司数 Number of Listed Companies (A share)		54	177	287	311
其中:ST 公司数(家) Number of ST Listed Companies (A share)					
发行 A 股数(百万股) Amount Issued (1000000)		6101.20	30018.10	59263.27	70407.74
市价总值(百万元) Market Capitalization (1000000)		97808.98	332766.49	351603.46	331057.55
流通市值(百万元) Negotiable Market Capitalization (1000000)		15725.82	68302.71	81387.95	79093.97
成交量(百万股)	合计 Sum	3287.77	20916.50	98802.40	68106.57
Transcation Volume (1000000)	日平均 Daily Average	12.84	81.17	393.77	273.47
成交金额(百万元)	合计 Sum	65181.02	352254.70	800307.94	395858.73
Turnover (1000000)	日平均 Daily Average	254.34	1366.85	3187.19	1587.59
平均换手率(%)	上海 Shanghai			1471.48	630.32
Turnover Rate (%)	深圳 Shenzhen	351.8	464.41	638.39	268.10
平均市盈率	上海 Shanghai				
PE Ratio	深圳 Shenzhen	57.52	44.21	10.67	9.80
	开盘 open quotation	293.74	840.32	851.96	656.80
	最高 Highest	1511.27	1640.71	1092.85	972.03
上证 A 股指数	月日 Data	1992-05-26	1993-02-16	1994-09-13	1995-05-22
Shanghai Stock Exchange	最低 Lowest	292.76	765.58	321.20	539.86
Composite Index of A share	月日 Data	1992-01-02	1993-12-20	1994-07-29	1995-02-07
	平均 Average	695.64	1052.82	690.90	681.91
	收盘 closing quotation	815.80	847.75	667.77	575.19
	开盘 open quotation		255.05	245.69	142.63
	最高 Highest	285.84	379.07	249.71	176.77
深证 A 股指数	月日 Data	1992-10-04	1993-02-22	1994-01-10	1995-05-22
Shenzhen Stock Exchange	最低 Lowest	169.04	214.89	95.26	116.32
Composite Index A share	月日 Data	1992-11-23	1993-07-21	1994-07-29	1995-12-28
	平均 Average	234.21	293.37	169.96	134.85
	收盘 closing quotation	255.05	245.69	143.73	117.02

数据来源:上海、深圳证券交易所

Source:Shanghai、Shenzhen Stock Exchange

Summary for A share Stock Market(1992—2004)

1996	1997	1998	1999	2000	2001	2002	2003	2004
514	720	825	922	1060	1140	1213	1277	1363
		25	45	50	42	82	92	132
102501.93	164613.45	220396.92	275788.28	343960.38	465045.49	528364.61	580832.35	650582.37
944855.53	1715419.29	1929929.76	2616762.88	4745574.96	4224555.53	3752655.97	4152050.18	1529582.09
251401.83	485608.17	555001.76	793746.31	1552420.75	1334489.09	1171875.09	1230593.63	2996219.93
246492.91	247129.88	209250.08	280974.70	455802.07	246340.74	285949.20	399230.05	567290.76
997.95	1016.99	850.61	1175.63	1907.12	1026.42	1206.54	1656.56	2334.54
2105229.62	3029521.28	2341772.32	3104955.32	6027867.66	3324204.42	2714203.88	3126998.65	4181748.94
8523.20	12467.16	9519.40	12991.45	25221.21	13850.85	11452.34	12977.09	17208.84
1035.55	758.07	475.55	483.73	506.33	216.67	208.74	268.58	288.71
1295.32	813.95	396.09	399.09	493.58	190.30	194.37	219.74	311.78
32.65			38.14	59.14	37.59	34.50	36.64	24.23
38.88	42.66	32.31	37.56	58.75	40.76	38.22	37.43	25.64
569.77	951.80	1265.86	1217.69	1454.17	2196.23	1710.02	1408.27	1492.72
1313.92	1578.61	1508.41	1860.86	2251.89	2341.02	1825.77	1725.71	1783.01
1996-12-11	1997-05-12	1998-06-04	1999-06-30	2000-11-24	2001-01-03	2002-06-25	2003-04-16	2004-04-07
527.85	905.50	1108.91	1113.16	1446.12	1579.63	1397.01	1366.75	1259.43
1996-01-19	1997-02-20	1998-08-18	1999-05-17	2000-01-04	2001-10-22	2002-01-29	2003-11-13	2004-09-13
798.37	1230.14	1337.31	1463.83	1998.04	2046.31	1635.76	1536.19	1482.85
954.98	1258.49	1219.64	1451.90	2192.38	1712.54	1419.12	1569.13	1266.50
116.57	340.7	408.15	369.51	432.39	683.58	498.51	407.62	392.73
498.45	546.02	471.99	561.56	703.97	698.10	540.59	472.88	490.56
1996-12-11	1997-05-12	1998-06-03	1999-06-29	2000-11-23	2001-01-03	2002-06-24	2003-04-15	2004-04-06
107.93	319.25	341	333.77	445.32	461.95	391.10	364.26	328.25
1996-01-22	1997-01-06	1998-08-18	1999-05-18	2000-01-04	2001-10-22	2002-01-22	2003-11-18	2004-09-16
236.72	409.42	412.42	438.08	623.69	612.96	480.28	423.9	395.31
341.81	406.45	370.12	431.84	682.61	499.39	409.95	393.47	328.69

2-3 1992—2004 年 B 股市场概况统计表

		1992	1993	1994	1995
境内上市外资股 Number of Listed Companies (B share)		9	19	24	34
其中:ST 公司数(家) Number of ST Listed Companies (B share)					
发行 B 股数(百万股) Amount Issued (1000000)		1221.00	2849.40	4683.81	6155.37
市价总值(百万元) Market Capitalization (1000000)		7005.92	21385.58	17458.22	16370.09
流通市值(百万元) Negotiable Market Capitalization (1000000)		5123.35	17860.26	15502.16	14727.94
成交量(百万股) Transcation Volume (1000000)	合计 Sum	402.02	1739.97	2531.51	2424.20
	日平均 Daily Average	1.86	6.86	10.09	9.79
成交金额(百万元) Turnover (1000000)	合计 Sum	3122.71	10465.62	12454.97	7786.54
	日平均 Daily Average	14.53	41.30	49.69	31.48
平均换手率(%) Turnover Rate (%)	上海 Shanghai			88.04	58.34
	深圳 Shenzhen	130.91	86.8	35.13	37.28
平均市盈率 PE Ratio	上海 Shanghai				
	深圳 Shenzhen	35.56	20.11	7.02	6.01
上证 B 股指数 Shanghai Stock Exchange Composite Index of B share	开盘 open quotation	0	66.09	103.15	63
	最高 Highest	140.85	105.78	104.71	64
	月日 Data	1992-05-25	1993-12-31	1994-01-06	1995-08-29
	最低 Lowest	0	51.01	59.81	47
	月日 Data	1992-01-02	1993-07-27	1994-12-15	1995-12-25
	平均 Average	78.19	75.32	73.98	55
	收盘 closing quotation	66.22	103.15	62.8	48
深证 B 股指数 Shenzhen Stock Exchange Composite Index B share	开盘 open quotation		111.87	141.44	87
	最高 Highest	142.03	185.45	142.85	87
	月日 Data	1992-10-06	1993-02-08	1994-01-06	1995-01-05
	最低 Lowest	105.72	80.63	85.07	59
	月日 Data	1992-12-24	1993-08-06	1994-12-29	1995-12-22
	平均 Average	117.34	120.6	112.32	71
	收盘 closing quotation	111.87	141.44	86.66	59

数据来源:上海、深圳证券交易所

Source:Shanghai、Shenzhen Stock Exchange

Summary for B share Stock Market(1992—2004)

1996	1997	1998	1999	2000	2001	2002	2003	2004
43	51	54	108	114	112	111	111	110
		4	11	11	7	13	14	20
8534.11	12509.74	14138.44	15096.91	17378.67	18790.20	17934.60	18962.00	20890.94
39383.13	37504.41	20635.62	30354.62	63519.48	127664.86	80256.89	93723.42	74622.12
35302.19	34834.21	19558.43	27650.06	56331.22	111827.92	76580.56	87260.08	69017.34
6821.52	8872.02	6160.48	12264.18	20036.13	68888.02	15670.29	17080.37	15482.53
28.24	37.06	25.30	51.95	84.89	294.39	66.12	70.87	63.71
27987.82	42661.92	12653.13	27004.93	54797.34	506313.30	84841.63	84530.38	75775.34
116.15	178.55	52.05	114.64	232.23	2163.73	357.98	350.75	311.83
74.57	122.62	57.23	116.19	145.13	452.26	95.99	64.26	58.29
139.26	99.88	34.10	86.63	115.30	423.47	83.55	138.17	110.04
14.04			10.05	25.23	43.39	30.61	30.318	20.147
14.07	10.67	5.71	10.38	13.06	25.3	17.51	20.92	12.90
47.69	67.03	55.88	28.71	37.91	89.55	170.99	113.399	104.867
87.12	99.31	59.58	62.56	89.9	241.61	171.72	131.41	122.94
1996-12-11	1997-05-06	1998-03-02	1999-06-29	2000-12-26	2001-06-01	2002-01-04	2003-04-16	2004-02-19
44.8	51.93	26.17	21.25	35.47	77.62	109.98	96.23	75.46
1996-11-11	1997-12-24	1998-08-12	1999-03-10	2000-03-16	2001-02-12	2002-11-27	2003-08-20	2004-12-31
51.67	73.43	40.63	37.08	56.85	165.09	141.86	113.54	97.66
67.03	55.88	28.71	37.91	89.55	171.53	113.51	104.938	75.652
59.48	145.45	98.97	53.58	84.96	137.63	265.74	186.92	271.74
198.14	184.19	98.97	125.42	137.69	435.57	262.31	281.78	315.81
1996-12-09	1997-05-06	1998-02-10	1999-06-29	2000-12-29	2001-05-25	2002-07-05	2003-11-06	2004-04-07
58.97	92.79	49.88	41.56	75.92	124.6	185.52	184.89	212.02
1996-01-02	1997-12-23	1998-08-13	1999-03-10	2000-03-16	2001-02-13	2002-11-26	2003-01-02	2004-08-23
84.82	139.61	75.49	75.28	106	282.61	222.27	228.76	257.39
145.48	98.97	53.58	84.66	137.69	265.67	186.98	272.05	219.8

2-4 1991—2004年股票发行情况统计表

	1991	1992	1993	1994	1995
股票发行量(亿股)'Amount Issued	5	20.75	95.79	91.26	31.60
A股 A Shares	5	10.00	42.59	10.97	5.32
B股 B Shares		10.75	12.79	10.40	10.90
H股 H Shares			40.41	69.89	15.38
股票筹资额(亿元人民币) Raised Capital	5	94.09	375.47	326.78	150.32
A股 'A Shares	5	50.00	276.41	99.78	85.51
其中:首发 IPO	5	50.00	194.83	49.62	22.68
增发 Re-issue					
配股 Right Issue			81.58	50.16	62.83
可转债 CB					
B 股 B Shares		44.09	38.13	38.27	33.35
H 股 H Shares			60.93	188.73	31.46

注:1. 折算汇率　1992年　1美元=5.75元人民币　1港元=0.74元人民币
1993年　1美元=5.80元人民币　1港元=0.75元人民币
1994年　1美元=8.46元人民币　1港元=1.09元人民币
1995年　1美元=8.30元人民币　1港元=1.07元人民币
1996年　1美元=8.30元人民币　1港元=1.07元人民币
1997年　1美元=8.30元人民币　1港元=1.07元人民币
1998年　1美元=8.30元人民币　1港元=1.07元人民币
1999—2004年　1美元=8.28元人民币　1港元=1.07元人民币

2. A股发行量为IPO数量

数据来源:中国证监会
Source: CSRC

Issuing Summary for Stocks (1991—2004)

1996	1997	1998	1999	2000	2001	2002	2003	2004	合计 total
86.11	267.63	105.56	122.93	512.04	141.48	291.74	281.43	227.92	2281.24
38.29	105.65	86.30	98.11	145.68	93.00	134.20	83.64	54.88	913.63
16.05	25.10	9.90	1.77	7.10	0.00	0.00	1.00	1.53	107.29
31.77	136.88	12.86	23.05	359.26	48.48	157.54	196.79	171.51	1263.82
425.08	1293.82	841.52	944.56	2103.24	1252.34	961.75	1357.75	1510.94	11642.66
294.34	825.92	778.02	893.60	1527.03	1182.13	779.75	819.56	835.71	8452.76
224.45	655.06	409.09	497.88	812.37	534.29	516.96	453.51	353.42	4779.16
		30.46	59.75	166.70	217.21	164.68	110.66	168.72	918.18
69.89	170.86	334.97	320.97	519.46	430.63	56.61	74.79	104.54	2277.29
		3.50	15.00	28.50	0.00	41.50	180.60	209.03	478.13
47.18	107.90	25.55	3.79	13.99	0.00	0.00	3.54	27.16	382.95
83.56	360.00	37.95	47.17	562.21	70.21	181.99	534.65	648.08	2806.95

2-5 2004年A股新发行情况一览表

Issuing Summary for A Shares in 2004

公司名称 Issuer	行业分类 Industry	地区 region	发行时间 Date Issued	发行方式 Pattern	发行量(万元面值) Issued Volume	发行价(元) Issuing Price	筹资总额(万元) Raised Capital	中签率 % Ratio of Placement	主承销 Lead Underwriter	上市地点 Exchange Listed in
两面针	C4	广西	2-Jan	上网配售	6000	11.38	68280	0.081	广州证券有限责任公司	上海
TCL集团	C55	广东	7-Jan	换股,上网定价发行	99439.59	4.26	251340	1.963	中国国际	深圳
海越股份	F	浙江	2-Feb	上网配售	6000	5.20	31200	0.075	华夏证券股份有限公司	上海
国通管业	C4	安徽	4-Feb	上网配售	3000	5.03	15090	0.044	国元证券有限责任公司	上海
华发股份	J	广东	10-Feb	上网配售	6000	7.03	42180	0.070	兴业证券股份有限公司	上海
通威股份	A	四川	16-Feb	上网配售	6000	7.50	45000	0.068	西部证券股份有限公司	上海
涪陵电力	D	重庆	17-Feb	上网配售	5200	4.89	25428	0.061	天同证券有限责任公司	上海
六国化工	C4	安徽	19-Feb	上网配售	8000	4.20	33600	0.085	宏源证券股份有限公司	上海
楚天高速	F	湖北	24-Feb	上网配售	28000	3.00	84000	0.250	长江证券有限责任公司	上海
千金药业	C8	湖南	26-Feb	上网配售	1800	23.05	41490	0.028	招商证券股份有限公司	上海
浦东建设	E	上海	1-Mar	上网配售	8000	4.85	38800	0.087	中信证券股份有限公司	上海
空港股份	J	北京	3-Mar	上网配售	4000	6.00	24000	0.049	北京证券有限责任公司	上海
益佰制药	C8	贵州	8-Mar	上网配售	2000	14.40	28800	0.030	渤海证券有限责任公司	上海
莫高股份	C0	甘肃	9-Mar	上网配售	5600	5.68	31808	0.064	中国银河证券有限责任公司	上海
交大博通	G	陕西	12-Mar	上网配售	2200	8.26	18172	0.033	天一证券有限责任公司	上海
动力源	C5	北京	17-Mar	上网配售	3000	8.29	24870	0.040	国信证券有限责任公司	上海
好当家	A	山东	19-Mar	上网配售	6000	7.00	42000	0.066	平安证券有限责任公司	上海
滨州活塞	C7	山东	23-Mar	上网配售	4000	8.00	32000	0.048	天同证券有限责任公司	上海
郴电国际	D	湖南	26-Mar	上网配售	7000	5.48	38360	0.074	国海证券有限责任公司	上海
康恩贝	C8	浙江	29-Mar	上网配售	4000	8.25	33000	0.047	西南证券有限责任公司	上海
东方宝龙	C7	广东	30-Mar	上网配售	2500	9.08	22700	0.034	广东证券股份有限公司	上海
武汉健民	C8	湖北	2-Apr	上网配售	3500	11.60	40600	0.043	光大证券有限责任公司	上海
驰宏锌锗	B	云南	5-Apr	上网配售	7000	5.72	40040	0.073	广东证券股份有限公司	上海
凤竹纺织	C1	福建	6-Apr	上网配售	6000	5.25	31500	0.064	东北证券有限责任公司	上海
科达股份	E	山东	9-Apr	上网配售	3000	8.60	25800	0.037	联合证券有限责任公司	上海
华胜天成	G	北京	12-Apr	上网配售	2400	17.14	41136	0.032	渤海证券有限责任公司	上海
雷鸣科化	C4	安徽	13-Apr	上网配售	4000	5.00	20000	0.046	华安证券有限责任公司	上海
四创电子	G	安徽	16-Apr	上网配售	2000	9.79	19580	0.028	华安证券有限责任公司	上海
宁波东睦	C6	浙江	19-Apr	上网配售	4500	10.00	45000	0.052	国联证券有限责任公司	上海
北矿磁材	C5	北京	20-Apr	上网配售	3500	6.56	22960	0.044	巨田证券有限责任公司	上海
贵绳股份	C6	贵州	22-Apr	上网配售	7000	7.40	51800	0.076	长城证券有限责任公司	上海
马应龙	C8	湖北	23-Apr	上网配售	1800	16.11	28998	0.028	长江证券有限责任公司	上海

续表

公司名称 Issuer	行业分类 Industry	地区 region	发行时间 Date Issued	发行方式 Pattern	发行量（万元面值）Issued Volume	发行价（元）Issuing Price	筹资总额（万元）Raised Capital	中签率 % Ratio of Placement	主承销 Lead Underwriter	上市地点 Exchange Listed in
北方创业	C7	内蒙古	26-Apr	上网配售	5000	7.20	36000	0.058	联合证券有限责任公司	上海
龙元建设	E	浙江	30-Apr	上网配售	2800	17.08	47824	0.039	海通证券股份有限公司	上海
岳阳纸业	C3	湖南	10-May	上网配售	8000	6.69	53520	0.088	湘财证券有限责任公司	上海
晋西车轴	C7	山西	11-May	上网配售	4000	6.39	25560	0.052	中国长城资产管理公司	上海
福建南纺	C1	福建	14-May	上网配售	8000	4.40	35200	0.091	海通证券股份有限公司	上海
洪城水业	D	江西	17-May	上网配售	5000	5.50	27500	0.061	汉唐证券有限责任公司	上海
开滦股份	B	河北	18-May	上网配售	15000	7.00	105000	0.152	长城证券有限责任公司	上海
春天股份	C8	湖北	21-May	上网配售	4500	6.20	27900	0.056	宏源证券股份有限公司	上海
博汇纸业	C3	山东	24-May	上网配售	7000	11.20	78400	0.080	宏源证券股份有限公司	上海
新五丰	A	湖南	25-May	上网配售	3500	9.20	32200	0.047	华欧国际证券有限责任公司	上海
长丰汽车	C7	湖南	28-May	上网配售	7800	14.10	109980	0.091	国泰君安证券股份有限公司	上海
文山电力	D	云南	31-May	上网配售	3600	8.20	29520	0.049	东吴证券有限责任公司	上海
现代制药	C8	上海	1-Jun	上网配售	3300	8.08	26664	0.045	中信证券股份有限公司	上海
新和成	C81	浙江	2-Jun	二级市场配售	3000	13.41	40230	0.042	华西证券	深圳
江苏琼花	C49	江苏	3-Jun	二级市场配售	3000	7.32	21960	0.042	闽发证券	深圳
伟星股份	C99	浙江	4-Jun	二级市场配售	2100	7.37	15477	0.032	宏源证券	深圳
华邦制药	C81	重庆	7-Jun	二级市场配售	2200	9.60	21120	0.033	中信万通	深圳
国投中鲁	A	北京	7-Jun	上网配售	6500	4.80	31200	0.076	中银国际证券有限责任公司	上海
德豪润达	C76	广东	8-Jun	二级市场配售	2600	18.20	47320	0.038	华夏证券	深圳
金发科技	C4	广东	8-Jun	上网配售	4500	10.93	49185	0.057	广发证券股份有限公司	上海
精工科技	C73	浙江	9-Jun	二级市场配售	3000	7.72	23160	0.042	申银万国	深圳
华兰生物	C85	河南	10-Jun	二级市场配售	2200	15.74	34628	0.034	平安证券	深圳
大族激光	C73	深圳	11-Jun	二级市场配售	2700	9.20	24840	0.040	联合证券	深圳
天奇股份	G87	江苏	14-Jun	二级市场配售	2500	6.89	17225	0.039	长城证券	深圳
济南钢铁	C6	山东	14-Jun	上网配售	22000	6.36	139920	0.241	南方证券股份有限公司	上海
传化股份	C43	浙江	15-Jun	二级市场配售	2000	9.91	19820	0.033	东方证券	深圳
江苏纺织	H	江苏	15-Jun	上网配售	5000	7.20	36000	0.066	华泰证券有限责任公司	上海
盾安环境	C71	浙江	16-Jun	二级市场配售	2800	11.42	31976	0.043	国元证券	深圳
凯恩股份	C31	浙江	17-Jun	二级市场配售	3000	7.03	21090	0.046	国信证券	深圳
中航精机	C75	湖北	18-Jun	二级市场配售	2000	6.12	12240	0.034	长江巴黎	深圳
永新股份	C35	安徽	21-Jun	二级市场配售	2340	8.63	20194.2	0.038	东方证券	深圳
宁波热电	D	江苏	21-Jun	上网配售	5000	4.20	21000	0.066	泰阳证券有限责任公司	上海
霞客环保	C11	江苏	22-Jun	二级市场配售	2000	6.62	13240	0.034	国联证券	深圳
建设机械	C7	陕西	22-Jun	上网配售	4000	6.40	25600	0.056	中国华融资产管理公司	上海
威尔科技	C73	广东	23-Jun	二级市场配售	2500	7.50	18750	0.040	华欧国际	深圳

续表

公司名称 Issuer	行业分类 Industry	地区 region	发行时间 Date Issued	发行方式 Pattern	发行量(万元面值) Issued Volume	发行价(元) Issuing Price	筹资总额(万元) Raised Capital	中签率 % Ratio of Placement	主承销 Lead Underwriter	上市地点 Exchange Listed in
东信和平	G81	广东	24-Jun	二级市场配售	2500	10.43	26075	0.040	国信证券	深圳
华星化工	C43	安徽	25-Jun	二级市场配售	2000	8.55	17100	0.033	平安证券	深圳
鑫富股份	C81	浙江	28-Jun	二级市场配售	1500	12.57	18855	0.028	西北证券	深圳
福成五丰	A	河北	28-Jun	上网配售	8000	3.15	25200	0.099	南方证券股份有限公司	上海
京新药业	C81	浙江	29-Jun	二级市场配售	1760	10.05	17688	0.031	大通证券	深圳
风帆股份	C7	河北	29-Jun	上网配售	8000	5.72	45760	0.099	中国银河证券有限责任公司	上海
中捷股份	C73	浙江	30-Jun	二级市场配售	2600	9.93	25818	0.041	光大证券	深圳
科华生物	C85	上海	5-Jul	二级市场配售	1800	11.12	20016	0.033	申银万国	深圳
海特高新	F11	四川	6-Jul	二级市场配售	2400	11.88	28512	0.039	兴业证券	深圳
苏宁电器	H11	江苏	7-Jul	二级市场配售	2500	16.33	40825	0.040	天同证券	深圳
航天电器	C51	贵州	9-Jul	二级市场配售	2570	7.00	17990	0.041	申银万国	深圳
山东威达	C71	山东	12-Jul	二级市场配售	3000	8.68	26040	0.046	兴业证券	深圳
合肥三洋	C5	安徽	12-Jul	上网配售	8500	2.60	22100	0.104	平安证券有限责任公司	上海
宝胜股份	G	江苏	16-Jul	上网配售	4500	7.80	35100	0.064	光大证券有限责任公司	上海
七喜股份	G83	广州	20-Jul	二级市场配售	2900	10.56	30624	0.046	广发证券	深圳
思源电气	C76	上海	21-Jul	二级市场配售	1340	16.45	22043	0.026	巨田证券	深圳
七 匹 狼	C13	福建	22-Jul	二级市场配售	2500	7.45	18625	0.040	长江巴黎	深圳
达安基因	C85	广州	23-Jul	二级市场配售	2200	7.30	16060	0.037	广东证券	深圳
航民股份	C1	浙江	23-Jul	上网配售	8500	7.20	61200	0.104	第一创业证券有限责任公司	上海
巨轮股份	C75	广东	2-Aug	二级市场配售	3800	7.34	27892	0.056	国信证券	深圳
恒源煤电	B	安徽	2-Aug	上网配售	4400	9.99	43956	0.063	国元证券有限责任公司	上海
苏泊尔	C69	浙江	3-Aug	二级市场配售	3400	12.21	41514	0.051	兴业证券	深圳
宜华木业	C2	广东	9-Aug	上网配售	6700	6.68	44756	0.087	广发证券股份有限公司	上海
丽江旅游	K34	云南	10-Aug	二级市场配售	2500	6.90	17250	0.041	华夏证券	深圳
美欣达	C11	浙江	11-Aug	二级市场配售	2160	12.00	25920	0.037	天同证券	深圳
株冶火炬	C6	湖南	13-Aug	上网配售	12000	3.50	42000	0.143	华欧国际证券有限责任公司	上海
华帝股份	C69	广东	17-Aug	二级市场配售	2500	8.00	20000	0.042	华欧国际	深圳
宜科科技	C13	浙江	19-Aug	二级市场配售	3000	6.42	19260	0.049	国盛证券	深圳
广安爱众	D	四川	20-Aug	上网配售	6500	4.00	26000	0.090	国盛证券有限责任公司	上海
久联发展	C43	贵州	24-Aug	二级市场配售	4000	6.66	26640	0.063	汉唐证券	深圳
双鹭药业	C81	北京	25-Aug	二级市场配售	1900	12.00	22800	0.037	华林证券	深圳

数据来源:上海、深圳证券交易所

Source: Shanghai、Shenzhen Stock Exchange

2-6 2004年A股IPO发行量行业分布统计表
Industrial distribution of A Shares IPO Issued Volume in 2004

行　业 Industries	发行量(万股)Issued Volume	比例(%)
农、林、牧、副、渔业 Agriculture, Forestry, Fishing and Hunting	30000	5.40
采掘业 Mining	26400	4.75
食品、饮料 Food, Beverage	5600	1.01
纺织、服装、毛皮 Textile, Apparel, Leather	32160	5.79
木材、家俱 Wood Product	6700	1.21
造纸、印刷 Paper, Printing	27040	4.87
石油、化学、橡胶、塑料 Petroleum, Chemical Product, Plastics, Rubber	36500	6.57
电子 Electrical Equipment	117010	21.06
金属、非金属 Metal, Nonmetallic Mineral Product	51400	9.25
机械、设备、仪表 Machinery, Equipment, Meter	61640	11.10
医药、生物 Medicine, Biologic Product	37460	6.74
其他制造业 Other Manufacuring	2100	0.38
电力、蒸汽及水的生产及供应业 Electricity, Gas, Water Supply	32300	5.81
建筑业 Construction	13800	2.48
交通运输、仓储业 Transport, Storage	36400	6.55
信息技术业 Information, Technology	19000	3.42
批发和零售贸易 Wholesale and Retail Trade	7500	1.35
金融、保险业 Finance, Insurance	0	0.00
房地产业 Real Estate	10000	1.80
社会服务业 Social Services	2500	0.45
传播及文化产业 Transmission, Culture	0	0.00
综合类 Conglomerat	0	0.00

数据来源:上海、深圳证券交易所

Source: Shanghai、Shenzhen Stock Exchange

2-7 2004年A股IPO筹资额行业分布统计表
Industrial distribution of A Shares IPO Raised Capital in 2004

行　业 Industries	筹资总额 Raised Capital	
	金额(万元) Capital	(%)
农、林、牧、副、渔业 Agriculture, Forestry, Fishing and Hunting	175600	4.91
采掘业 Mining	188996	5.28
食品、饮料 Food, Beverage	31808	0.89
纺织、服装、毛皮 Textile, Apparel, Leather	204945	5.73
木材、家具 Wood Product	44756	1.25
造纸、印刷 Paper, Printing	217960	6.09
石油、化学、橡胶、塑料 Petroleum, Chemical Product, Plastics, Rubber	271675	7.59
电子 Electrical Equipment	339260	9.48
金属、非金属 Metal, Nonmetallic Mineral Product	340234	9.51
机械、设备、仪表 Machinery, Equipment, Meter	557679	15.58
医药、生物 Medicine, Biologic Product	418849	11.70
其他制造业 Other Manufacuring	15477	0.43
电力、蒸汽及水的生产及供应业 Electricity, Gas, Water Supply	167808	4.69
建筑业 Construction	112424	3.14
交通运输、仓储业 Transport, Storage	143712	4.02
信息技术业 Information, Technology	187912	5.25
批发和零售贸易 Wholesale and Retail Trade	76825	2.15
金融、保险业 Finance, Insurance	0	0.00
房地产业 Real Estate	66180	1.85
社会服务业 Social Services	17250	0.48
传播及文化产业 Transmission, Culture	0	0.00
综合类 Conglomerat	0	0.00

注:本表指A股首次发行

数据来源:上海、深圳证券交易所

Source: Shanghai、Shenzhen Stock Exchange

2-8 2004年A股IPO发行量地区分布

Regional Distribution of Issued Volume of A Shares IPO in 2004

地区 Region	发行量(万股) Issued Volume	比 例 (%)	地区 Region	发行量(万股) Issued Volume	比 例 (%)
安　徽	34240	6.24	辽　宁	0.00	0.00
北　京	21300.00	3.88	内蒙古	5000.00	0.91
福　建	16500.00	3.01	宁　夏	0.00	0.00
甘　肃	5600.00	1.02	青　海	0.00	0.00
广　东	140839.59	25.66	山　东	45000.00	8.20
广　西	6000.00	1.09	山　西	4000.00	0.73
贵　州	15570.00	2.84	陕　西	6200.00	1.13
海　南	0.00	0.00	上　海	14440.00	2.63
河　北	31000.00	5.65	四　川	14900.00	2.71
河　南	2200.00	0.40	天　津	0.00	0.00
黑龙江	0.00	0.00	西　藏	0.00	0.00
湖　北	39800.00	7.25	新　疆	0.00	0.00
湖　南	40100.00	7.31	云　南	13100.00	2.39
吉　林	0.00	0.00	浙　江	56120.00	10.23
江　苏	24500.00	4.46	重　庆	7400.00	1.35
江　西	5000.00	0.91			

数据来源:上海、深圳证券交易所

Source: Shanghai、Shenzhen Stock Exchange

2-9 2004年A股IPO筹资金额地区分布表

Regional Distribution of A Shares IPO Raised Capital in 2004

地区 Region	筹资总额 Raised Capital		地区 Region	筹资总额 Raised Capital	
	金额(万元) Capital	(%)		金额(万元) Capital	(%)
安　徽	191620	5.42	辽　宁	0.00	0.00
北　京	166966.00	4.72	内蒙古	36000.00	1.02
福　建	85325.00	2.41	宁　夏	0.00	0.00
甘　肃	31808.00	0.90	青　海	0.00	0.00
广　东	621722.00	17.59	山　东	344160.00	9.74
广　西	68280.00	1.93	山　西	25560.00	0.72
贵　州	125230.00	3.54	陕　西	43772.00	1.24
海　南	0.00	0.00	上　海	107523.00	3.04
河　北	175960.00	4.98	四　川	99512.00	2.82
河　南	34628.00	0.98	天　津	0.00	0.00
黑龙江	0.00	0.00	西　藏	0.00	0.00
湖　北	193738.00	5.48	新　疆	0.00	0.00
湖　南	317550.00	8.98	云　南	86810.00	2.46
吉　林	0.00	0.00	浙　江	519032.00	14.68
江　苏	185350.00	5.24	重　庆	46548.00	1.32
江　西	27500.00	0.78			

数据来源:上海、深圳证券交易所

Source: Shanghai、Shenzhen Stock Exchange

2-10　2004年境外股票发行情况一览表

Summary of H Shares Offering in 2004

公司简称 Issuer	发行量（百万股）No. of Shares Offered (Mil shares)	发行价（港元）Offer Price (HK$)	筹资金额（百万港元）Capital Raised (HK$ mil)	上市时间 Listing Date	筹资方式 Sort	上市地点 Listing Venue
中国铝业	550.00	5.66	3111.9	2004-1-6	增发	香港主板
天津天联	330.00	0.25	82.5	2004-1-9	IPO	香港创业板
复地集团	733.01	2.35	1722.581	2004-2-6	IPO	香港主板
浙江展望	23.00	1.33	30.59	2004-2-18	IPO	香港创业板
山东威高	264.50	0.62	163.99	2004-2-27	IPO	香港创业板
潍柴动力	126.50	10.50	1328.25	2004-3-11	IPO	香港主板
山东墨龙	138.28	0.70	96.7932	2004-4-15	IPO	香港创业板
山西长城微光	110.00	0.40	44	2004-5-18	IPO	香港创业板
中国电信	5850.00	2.30	13455	2004-5-19	增发	香港主板
魏桥纺织	57.45	11.60	666.3852	2004-5-28	增发	香港主板
北京物美	17.59	14.55	255.9345	2004-5-31	增发	香港创业板
北大青鸟环宇	80.80	0.75	60.6	2004-6-8	增发	香港创业板
南京三宝	20.40	4.15	84.66	2004-6-9	IPO	香港创业板
中海集装箱	2420.00	3.18	7683.5	2004-6-16	IPO	香港主板
平安保险	1387.89	10.33	14336.914	2004-6-24	IPO	香港主板
青浦消防	55.56	0.54	30.0024	2004-6-30	IPO	香港创业板
兖州煤业	204.00	8.30	1693.2	2004-7-7	增发	香港主板
明华澳汉	200.20	0.28	56.056	2004-7-7	IPO	香港创业板
天元铝业	350.02	0.30	105.006	2004-7-13	IPO	香港创业板
安德利果汁	178.50	0.8	142.8	2004-7-14	增发	香港创业板
联华超市	34.50	8.80	303.6	2004-10-4	增发	香港主板
骏马化纤	92.00	1.48	135.72	2004-11-25	IPO	新加坡二板
中兴通讯	160.15	22.00	3523.3	2004-12-9	IPO	香港主板
国航股份	3226.53	2.98	9615.07	2004-12-15	IPO	香港主板/伦敦
彩虹集团	485.29	1.58	766.8	2004-12-20	IPO	香港主板
北青传媒	54.90	18.95	1040	2004-12-22	IPO	香港主板

数据来源：中国证监会
Source：CSRC

2-11 1991—2004年股票市场历史交易记录一览表

年 份 Year		Y1991	Y1992	Y1993	Y1994	Y1995
日收市综合指数 Daily Closing Composite Index	最高 highest 上海 shanhai			1536.82	1033.47	897.42
	日期 date			1993-02-15	1994-09-13	1995-05-22
	深圳 shenzhen	136.94	312.21	359.44	242.06	169.66
	日期 date	1991-11-14	1992-05-26	1993-02-22	1994-01-07	1995-05-22
	最低 lowest 上海 shanghai			778.33	333.92	532.49
	日期 date			1993-10-27	1994-07-29	1995-02-07
	深圳 shenzhen	45.66	107.08	203.91	96.56	112.63
	日期 date	1991-09-06	1992-01-16	1993-07-21	1994-07-29	1995-12-28
	最大升幅 %上海 shanghai			16.44	33.46	30.99
	日期 date			1993-06-02	1994-08-01	1995-05-18
	深圳 shenzhen	19.27	12.02	12.43	31.29	28.28
	日期 date	1991-10-09	1992-04-13	1993-08-24	1994-08-01	1995-05-18
	最大跌幅%上海 shanghai			−13.08	−12.68	−16.39
	日期 date			1993-12-20	1994-08-09	1995-05-23
	深圳 shenzhen	−18.63	−10.04	−11.80	−12.66	−17.21
	日期 date	1991-11-18	1992-11-16	1993-08-17	1994-10-05	1995-05-23
日成交金额(亿元) Daily Trading Value	最大 largest 上海 shanghai			38.24	157.54	114.30
	日期 date			1993-12-07	1994-09-06	1995-05-22
	深圳 shenzhen	1.1	5.06	22.71	74.49	42.15
	日期 date	1991-11-13	1992-12-01	1993-11-18	1994-09-06	1995-05-22
	最小 shortset 上海 shanghai			0.98	1.60	1.14
	日期 date			1993-07-22	1994-07-12	1995-02-15
	深圳 shenzhen	0	0.11	0.02	0.03	0.02
	日期 date	1991-04-20	1992-02-02	1993-07-17	1994-07-07	1995-06-17
市盈率 P/E Ratio	最高 highest 上海 shanghai					
	日期 date					
	深圳 shenzhen	54.08	64.1	97.67	33.58	13.8
	日期 date	1991-01-02	1992-08-10	1993-02-22	1994-01-06	1995-05-22
	最低 lowest 上海 shanghai					
	日期 date					
	深圳 shenzhen	11.46	21.3	28.56	7.37	8.52
	日期 date	1991-09-06	1992-04-05	1993-07-21	1994-07-29	1995-05-10

数据来源:上海、深圳证券交易所

Source:Shanghai、Shenzhen Stock Exchange

Historical Summary of Stock Trading Records (1991—2004)

Y1996	Y1997	Y1998	Y1999	Y2000	Y2001	Y2002	Y2003	Y2004
1247.658	1500.398	1420	1739.205	2119.439	2242.423	1732.934	1631.47	1777.516
1996-12-09	1997-05-12	1998-06-03	1999-06-29	2000-11-23	2001-06-13	2002-07-08	2003-04-15	2004-04-06
473.02	517.91	441.04	525.14	654.37	664.85	512.38	449.42	470.55
1996-12-11	1997-05-12	1998-06-03	1999-06-29	2000-11-23	2001-06-13	2002-06-24	2003-04-15	2004-04-07
516.46	876.495	1070.41	1059.874	1406.371	1520.669	1357.654	1316.562	1260.316
1996-01-22	1997-01-06	1998-08-17	1999-05-18	2000-01-04	2001-10-22	2002-12-31	2003-11-18	2004-09-13
105.34	305.81	317.10	310.65	414.69	439.36	371.79	350.74	315.17
1996-01-22	1997-01-06	1998-08-18	1999-05-18	2000-01-04	2001-10-22	2002-01-22	2003-11-18	2004-09-13
9.83	7.58	5.11	6.59	9.05	9.86	9.25	5.81	4.22
1996-12-02	1997-02-19	1998-08-19	1999-09-09	2000-02-14	2001-10-23	2002-06-24	2003-01-14	2004-09-15
11.04	6.55	5.87	7.03	9.07	9.68	9.05	4.65	4.68
1996-04-26	1997-06-20	1998-08-19	1999-07-20	2000-02-14	2001-10-23	2002-06-24	2003-01-14	2004-09-15
−9.91	−8.91	−8.36	−7.61	−4.40	−5.27	−6.33	−3.04	−3.88
1996-12-16	1997-02-18	1998-08-17	1999-07-01	2000-03-16	2001-07-30	2002-01-28	2003-05-13	2004-10-14
−10.00	−9.75	−8.32	−7.99	−4.75	−5.50	−6.59	−2.90	−4.99
1996-12-16	1997-02-18	1998-08-17	1999-07-01	2000-03-16	2001-07-30	2002-01-28	2003-05-13	2004-10-14
192.74	159.83	119.00	404.43	472.62	234.13	494.80	330.15	28667.52
1996-12-03	1997-05-12	1998-04-09	1999-06-25	2000-02-17	2001-10-24	2002-06-24	2003-04-16	2004-09-24
189.57	215.81	101.37	353.36	408.34	187.97	325.87	189.41	185.24
1996-11-20	1997-05-07	1998-05-11	1999-06-25	2000-02-17	2001-03-23	2002-06-24	2003-04-16	2004-09-24
1.53	11.51	15.74	11.62	42.92	27.27	26.60	27.24	3166.53
1996-02-09	1997-10-14	1998-12-31	1999-01-04	2000-09-27	2001-11-15	2002-10-08	2003-01-03	2004-09-07
0.51	11.59	14.77	10.51	46.73	14.41	16.15	17.59	17.45
1996-02-07	1997-10-07	1998-12-31	1999-01-04	2000-09-25	2001-11-15	2002-12-09	2003-09-22	2004-09-07
42.784			47.391	59.997	62.347	44.402	41.242	43.196
1996-12-09			1999-06-29	2000-11-23	2001-04-17	2002-07-08	2003-04-15	2004-04-06
50.76	50.04	41.54	48.05	57.63	57.21	47.97	41.57	40.46
1996-12-11	1997-05-07	1998-01-08	1999-06-29	2000-11-23	2001-01-03	2002-06-24	2003-06-02	2004-02-20
26.952			7.797	38.005	34.98	31.29	31.776	24.081
1996-09-12			1999-04-28	2000-01-14	2001-10-22	2002-01-28	2003-11-12	2004-09-13
8.84	31.56	28.31	28.05	37.42	36.53	31.36	33.27	24.38
1996-01-22	1997-08-19	1998-08-18	1999-02-08	2000-01-04	2001-10-22	2002-01-22	2003-11-18	2004-09-13

2-12 1993—2004 年全国股票交易统计表

	1993 年	1994 年	1995 年	1996 年
交易所会员总数 Number of Members	907	1046	1085	1066
其中:异地会员 Nonlocal Members	836	967	1002	986
上市公司数(个)Number of Listed Companies	183	291	323	530
上市股票数(只) Number of Listed Stocks	218	345	381	599
其中　A 股　A Shares	177	287	311	514
B 股　B Shares	41	58	70	85
发行总股本(亿股)	328.67	639.65	765.63	1110.73
其中　A 股　A Shares	300.18	592.63	704.08	1025.23
B 股　B Shares	28.49	47.01	61.55	85.49
流通股本(亿股) Negotiable Shares	81.61	185.63	234.98	345.56
A 股　A Shares	57.13	144.40	178.98	267.14
B 股　B Shares	24.48	41.22	45.99	78.41
流通市值(亿元) Nego. Market Capitalization	861.62	968.89	938.22	2867.03
A 股　A Shares	683.03	813.87	790.94	2514.01
B 股　B Shares	178.59	155.01	147.28	353.01
市价总值(亿元)Total Market Capitalization	3531.01	3690.61	3474.28	9842.38
其中　A 股　A Shares	3318.67	3516.03	3310.57	9448.55
B 股　B Shares	212.35	174.57	163.70	394.02
成交金额(亿元)Total Turnover	3627.20	8127.62	4036.45	21332.17
其中　A 股　A Shares	3522.55	8003.08	3958.58	21052.29
B 股　B Shares	104.65	124.55	77.86	279.87
成交量(百万股)Trading Volume	22656.47	101333.91	70530.78	253314.43
其中　A 股　A Shares	20916.50	98802.40	68106.57	246492.91
B 股　B Shares	1739.97	2531.51	2424.20	6821.52
最高上证综合股价指数 High Shanghai Composite Index	1558.95	1052.94	926.41	1258.69
其中　A 股　A Shares	1640.71	1092.85	972.03	1313.92
B 股　B Shares	105.78	104.71	63.81	87.12
最低上证综合股价指数 Low Shanghai Composite Index	750.46	325.89	524.43	512.83
其中　A 股　A Shares	765.58	321.20	539.86	527.85
B 股　B Shares	51.01	59.81	47.03	44.80
最高深证综合股价指数 High Shenzhen Composite Index	359.44	242.06	169.66	473.02
其中　A 股　A Shares	379.07	249.71	176.77	498.45
B 股　B Shares	185.45	142.85	86.59	198.14
最低深证综合股价指数 Low Shenzhen Composite Index	203.91	96.56	112.63	105.34
其中　A 股　A Shares	214.89	95.26	116.32	107.93
B 股　B Shares	80.63	85.07	59.40	58.97

数据来源:上海、深圳证券交易所

Source:Shanghai、Shenzhen Stock Exchange

Trading Summary for Stock（1993—2004）

1997 年	1998 年	1999 年	2000 年	2001 年	2002 年	2003 年	2004 年
840	659	628	631	547	437	382	350
773	632	603	603	521	406	348	315
745	851	949	1088	1160	1224	1287	1377
821	931	1029	1174	1240	1310	1372	1463
720	825	921	1010	1130	1199	1261	1353
101	106	108	114	110	111	111	110
1771.42	2345.35	2908.85	3613.39	4838.35	5462.99	5997.93	6714.74
1646.13	2203.96	2757.88	3439.60	4650.45	5283.64	5808.31	6505.83
125.29	141.37	150.96	173.79	187.90	179.34	189.62	208.91
560.82	740.94	952.34	1233.32	1480.88	1679.94	1897.32	2194.15
443.24	607.01	810.45	1078.33	1315.21	1508.43	1717.93	1996.65
117.57	133.91	141.88	154.99	165.67	171.51	179.39	197.50
5204.42	5745.59	8213.96	16087.52	14463.17	12484.56	13178.52	11688.64
4856.08	5550.02	7937.46	15524.21	13344.90	11718.75	12305.92	10998.47
348.33	195.57	276.49	563.31	1118.28	765.81	872.60	690.17
17529.24	19505.64	26471.17	48090.94	43522.20	38329.13	42457.71	37055.57
17154.19	19299.29	26167.62	47455.75	42245.56	37526.56	41520.48	36309.35
375.04	206.34	303.54	635.19	1276.65	802.57	937.23	746.22
30721.83	23544.25	31319.60	60826.65	38305.18	27990.45	32115.27	42333.95
30295.21	23417.72	31049.55	60278.67	33242.04	27142.04	31269.96	41576.19
426.62	126.52	270.04	547.97	5063.13	848.41	845.30	757.76
256001.89	215410.56	293238.88	475838.21	315228.76	301619.49	416308.40	582773.29
247129.88	209250.08	280974.70	455802.07	246340.74	285949.20	399228.05	567290.76
8872.02	6160.48	12264.18	20036.13	68888.02	15670.29	17080.37	15482.53
1510.18	1422.98	1756.18	2125.72	2245.44	1748.89	1649.60	1783.01
1578.61	1508.41	1860.86	2251.89	2341.02	1825.77	1725.71	1870.01
99.31	59.58	62.56	89.90	241.61	171.72	131.41	122.94
870.18	1043.02	1047.83	1361.21	1514.86	1339.20	1307.40	1259.43
905.50	1108.91	1113.16	1446.12	1579.63	1397.01	1366.75	1321.16
51.93	26.17	21.25	35.47	77.62	109.98	96.23	75.46
517.91	441.04	525.14	654.37	664.85	512.38	449.42	470.55
546.02	471.99	561.56	703.97	698.10	540.59	472.88	490.56
184.19	98.97	125.42	137.69	435.57	262.31	281.78	315.81
305.81	317.10	310.65	414.69	439.36	371.79	350.74	315.17
319.25	341.00	333.77	445.32	461.95	391.10	364.26	328.25
92.79	49.88	41.56	75.92	124.60	185.52	184.89	212.02

2-13 1993—2004 年上海股票交易情况统计表

	1993 年	1994 年	1995 年	1996 年
交易所会员总数 Number of Members	481	550	553	524
其中:异地会员 Nonlocal Members	438	501	504	478
上市公司数(个)Number of Listed Companies	106	171	188	293
上市股票数(只) Number of Listed Stocks	123	203	220	329
其中 A股 A Shares	101	169	184	287
B股 B Shares	22	34	36	42
发行总股本(亿股)Total Issued Capital	206.62	419.06	498.25	671.19
其中 A股 A Shares	188.67	387.63	463.60	625.76
B股 B Shares	17.95	31.43	34.65	45.43
流通股本(亿股) Negotiable Shares	45.43	108.06	129.85	186.81
A股 A Shares	27.15	76.81	95.20	141.38
B股 B Shares	18.28	31.25	24.65	45.43
流通市值(亿元) Nego. Market Capitalization	423.94	586.96	587.00	1408.74
A股 A Shares	294.40	470.37	495.05	1247.06
B股 B Shares	129.54	116.59	91.95	161.68
市价总值(亿元)Total Market Capitalization	2195.69	2600.13	2525.66	5477.81
其中 A股 A Shares	2067.66	2483.54	2433.71	5316.13
B股 B Shares	128.04	116.59	91.95	161.88
成交金额(亿元)Total Turnover	2340.54	5735.07	3103.46	9114.82
其中 A股 A Shares	2261.68	5626.73	3042.63	9020.24
B股 B Shares	78.86	108.35	60.83	94.57
成交量(百万股)Trading Volume	14741.81	65676.03	51382.72	110188.37
其中 A股 A Shares	13367.93	63432.75	49449.90	107400.20
B股 B Shares	1373.88	2243.28	1932.82	2788.17
最高综合股价指数 Highest Composite Index	1558.95	1052.94	926.41	1258.69
其中 A股 A Shares	1640.71	1092.85	972.03	1313.92
B股 B Shares	105.78	104.71	63.81	87.12
最低综合股价指数 Lowest Composite Index	750.46	325.89	524.43	512.83
其中 A股 A Shares	765.58	321.20	539.86	527.85
B股 B Shares	51.01	59.81	47.03	44.80

数据来源:上海证券交易所

Source:Shanghai Stock Exchange

Trading Summary for Shanghai Stock Exchange（1993—2004）

1997年	1998年	1999年	2000年	2001年	2002年	2003年	2004年
467	330	310	305	263	200	177	161
424	318	299	293	253	186	161	144
383	438	484	572	646	715	780	837
422	477	525	614	690	759	824	881
372	425	471	559	636	705	770	827
50	52	54	55	54	54	54	54
975.57	1280.35	1580.15	2032.42	3164.44	3727.84	4170.39	4700.55
907.76	1206.11	1498.68	1947.35	3073.76	3635.49	4075.54	4600.38
67.81	74.23	81.47	85.07	90.68	92.35	94.85	100.17
285.76	379.73	494.41	648.99	837.53	992.53	1157.10	1366.58
217.95	305.49	412.94	563.92	746.85	900.18	1062.25	1266.41
67.81	74.23	81.47	85.07	90.68	92.35	94.85	100.17
2513.47	2947.45	4249.69	8481.33	8382.11	7467.30	8201.14	7350.88
2327.86	2846.92	4109.94	8146.79	7726.06	7025.00	7796.87	7050.61
185.61	100.53	139.75	334.54	656.06	442.30	404.27	300.27
9218.07	10625.91	14580.47	26930.86	27590.56	25363.72	29804.92	26014.34
9032.45	10525.38	14440.72	26596.32	26934.51	24921.42	29400.65	25714.07
185.61	100.53	139.75	334.54	656.06	442.30	404.27	300.27
13763.17	12386.11	16965.79	31373.86	22709.38	16959.09	20824.14	26470.60
13550.24	12304.23	16826.20	31029.69	19876.84	16441.71	20541.24	26229.30
212.93	81.88	139.59	344.17	2832.54	517.38	282.89	241.30
121568.19	112795.49	156038.27	243765.39	181995.43	178109.61	269272.88	360774.17
116601.27	108541.93	148825.08	231087.66	142969.11	169353.26	263263.44	355087.88
4966.92	4253.56	7213.19	12677.73	39026.32	8756.35	6009.45	5686.29
1510.18	1422.98	1756.18	2125.72	2245.44	1748.89	1649.60	1783.01
1578.61	1508.41	1860.86	2251.89	2341.02	1825.77	1725.71	1870.01
99.31	59.58	62.56	89.90	241.61	171.72	131.41	122.94
870.18	1043.02	1047.83	1361.21	1514.86	1339.20	1307.40	1259.43
905.50	1108.91	1113.16	1446.12	1579.63	1397.01	1366.75	1321.16
51.93	26.17	21.25	35.47	77.62	109.98	96.23	75.46

2-14 1993—2004年深圳股票交易情况统计表

	1993年	1994年	1995年	1996年
交易所会员总数 Number of Members	426	496	532	542
其中:异地会员 Nonlocal Members	398	466	498	508
上市公司数(个)Number of Listed Companies	77	120	135	237
上市股票数(只) Number of Listed Stocks	95	142	161	270
其中 A股 A Shares	76	118	127	227
B股 B Shares	19	24	34	43
发行总股本(亿股)Total Issued Capital	122.05	220.59	267.38	439.54
其中 A股 A Shares	111.51	205.00	240.48	399.47
B股 B Shares	10.54	15.58	26.90	40.06
流通股本(亿股) Negotiable Shares	36.18	77.57	105.13	158.75
A股 A Shares	29.98	67.59	83.78	125.76
B股 B Shares	6.20	9.97	21.34	32.98
流通市值(亿元) Nego. Market Capitalization	437.68	381.93	351.22	1458.29
A股 A Shares	388.63	343.50	295.89	1266.95
B股 B Shares	49.05	38.42	55.33	191.33
市价总值(亿元)Total Market Capitalization	1335.32	1090.48	948.62	4364.57
其中 A股 A Shares	1251.01	1032.49	876.86	4132.42
B股 B Shares	84.31	57.98	71.75	232.14
成交金额(亿元)Total Turnover	1286.66	2392.55	932.99	12217.35
其中 A股 A Shares	1260.87	2376.35	915.95	12032.05
B股 B Shares	25.79	16.20	17.03	185.30
成交量(百万股)Trading Volume	7914.66	35657.88	19148.06	143126.06
其中 A股 A Shares	7548.57	35369.65	18656.67	139092.71
B股 B Shares	366.09	288.23	491.38	4033.35
最高综合股价指数 Highest Composite Index	359.44	242.06	169.66	473.02
其中 A股 A Shares	379.07	249.71	176.77	498.45
B股 B Shares	185.45	142.85	86.59	198.14
最低综合股价指数 Lowest Composite Index	203.91	96.56	112.63	105.34
其中 A股 A Shares	214.89	95.26	116.32	107.93
B股 B Shares	80.63	85.07	59.40	58.97

数据来源:深圳证券交易所

Source:Shenzhen Stock Exchange

Trading Summary for Shenzhen Stock Exchange (1993—2004)

1997年	1998年	1999年	2000年	2001年	2002年	2003年	2004年
373	329	318	326	284	237	205	189
349	314	304	310	268	220	187	171
362	413	465	516	514	509	507	540
399	454	504	560	550	551	548	582
348	400	450	451	494	494	491	526
51	54	54	59	56	57	57	56
795.85	1065.00	1328.70	1580.97	1673.91	1735.15	1827.54	2014.19
738.37	997.85	1259.20	1492.25	1576.69	1648.15	1732.77	1905.45
57.48	67.14	69.49	88.72	97.22	86.99	94.77	108.74
275.06	361.21	457.93	584.33	643.35	687.41	740.22	827.57
225.29	301.52	397.51	514.41	568.36	608.25	655.68	730.24
49.76	59.68	60.41	69.92	74.99	79.16	84.54	97.33
2690.95	2798.14	3964.27	7606.19	6081.06	5017.26	4977.38	4337.76
2528.22	2703.10	3827.52	7377.42	5618.84	4693.75	4509.05	3947.86
162.72	95.04	136.74	228.77	462.22	323.51	468.33	389.90
8311.17	8879.73	11890.70	21160.08	15931.64	12965.41	12652.79	11041.23
8121.74	8773.91	11726.90	20859.43	15311.05	12605.14	12119.83	10595.28
189.43	105.81	163.79	300.65	620.59	360.27	532.96	445.95
16958.66	11158.14	14353.81	29452.79	15595.80	11031.36	11291.13	15863.35
16744.97	11113.49	14223.35	29248.98	13365.20	10700.33	10728.72	15346.89
213.69	44.64	130.45	203.80	2230.59	331.03	562.41	516.46
134433.70	102615.07	137200.61	232072.82	133233.33	123509.88	147035.52	221999.12
130528.61	100708.15	132149.62	224714.41	103371.63	116595.94	135964.61	212202.88
3905.10	1906.92	5050.99	7358.40	29861.70	6913.94	11070.92	9796.24
517.91	441.04	525.14	654.37	664.85	512.38	449.42	470.55
546.02	471.99	561.56	703.97	698.10	540.59	472.88	490.56
184.19	98.97	125.42	137.69	435.57	262.31	281.78	315.81
305.81	317.10	310.65	414.69	439.36	371.79	350.74	315.17
319.25	341.00	333.77	445.32	461.95	391.10	364.26	328.25
92.79	49.88	41.56	75.92	124.60	185.52	184.89	212.02

2-15 2004 年全国股票每日成交量、成交额

日期 Date	1月 Jan.		2月 Feb.		3月 Mar.		4月 Apr.		5月 May		6月 Jun.	
	成交额 Turnover	成交量 Volume	成交额 Turnover	成交量 Volume	成交额 Turnover	成交量 Volume	成交额 Turnover	成交量 Volume	成交额 Turnover	成交量 Volume	成交额 Turnover	成交量 Volume
1					284.03	33961522.87	267.77	31141934.42			168.06	20721430.53
2	169.00	22845956.61	408.59	52877930.39	288.64	34680464.31	308.04	35774117.53			175.37	21653585.62
3			327.01	42383080.58	255.09	31136864.72					142.43	18433870.10
4			414.23	52554959.05	238.31	29169993.56					129.28	17450398.09
5	300.23	40394621.18	411.78	52902596.31	220.26	26897673.98	342.28	39093096.06				
6	332.56	45526607.05	424.53	55271824.70			334.97	38500522.43				
7	326.22	43865182.92					336.02	38428693.25			110.74	14971892.63
8	314.99	41189269.54			205.83	25483201.33	327.73	36737583.17			114.95	15374658.07
9	354.74	46294290.88	342.62	43092849.87	196.15	25214710.28	349.44	39629197.10			132.31	18167301.05
10			380.51	48266694.16	201.51	25239700.68			100.73	13507485.45	116.67	16177756.13
11			336.13	43838196.27	259.80	31364067.91			97.48	12836757.59	118.13	16320993.55
12	257.41	32547512.80	346.16	44715061.21	215.48	26081874.35	259.85	30140555.77	136.62	18233539.88		
13	289.98	37535726.68	299.90	38271292.40			272.77	31758443.16	114.59	14783151.97		
14	227.01	30065405.24					273.24	32380693.30	116.09	15634894.30	111.42	15861499.66
15	217.14	28585410.31			340.88	40261377.88	210.40	25350215.45			106.62	15322150.21
16	244.13	31248155.73	301.37	36516669.05	301.07	35506895.12	237.47	29403304.23			115.77	16760979.71
17			396.94	47036461.92	271.85	32199203.26			99.72	13268670.06	101.37	14528134.46
18			411.53	48497335.78	287.95	34416460.76			143.57	18283838.64	109.97	15578128.74
19			377.75	45020881.52	243.16	29558577.63	192.60	23197837.58	150.69	20348771.15		
20			331.72	40037376.86			180.14	21544323.57	110.05	14757434.13		
21							199.68	25011040.87	96.27	13152279.78	83.73	11540339.81
22					251.33	30201757.75	164.67	20672044.86			123.45	16419126.00
23			388.45	47879856.62	251.40	30309321.37	160.21	20664082.29			93.08	12339754.46
24			347.25	43763328.55	246.77	29333966.20			93.03	12202340.23	103.82	14263358.34
25			321.63	39791347.10	221.23	26374059.18			109.64	14899625.38	139.49	16069333.89
26			296.38	37899270.11	237.36	26904892.62	136.20	17275520.70	87.50	12176689.61		
27			264.68	32172580.48			169.19	21247214.66	147.45	19868481.52		
28							163.12	20466921.67	109.72	14744345.25	92.01	13256314.37
29	229.66	29279882.75			234.09	27141111.87	170.57	21267028.01			115.48	16868189.69
30	326.12	42761488.40			201.26	22941077.50	159.27	20524922.11			99.95	13976857.95
31					243.72	28318616.73			88.10	11888332.07		

数据来源:上海、深圳证券交易所

Source:Shanghai、Shenzhen Stock Exchange

Daily Trading Volume and Value for Stocks in 2004

成交额:亿元;成交量:手

7月 Jul.		8月 Aug.		9月 Sep.		10月 Oct.		11月 Nov.		12月 Dec.	
成交额 Turnover	成交量 Volume	成交额 Turnover	成交量 Volume	成交额 Turnover	成交量 Volume	成交额 Turnover	成交量 Volume	成交额 Turnover	成交量 Volume	成交额 Turnover	成交量 Volume
151.98	22254559.80			60.87	10484599.65			119.10	19341368.47	98.99	16244766.24
119.29	17298761.56	78.45	11228133.72	76.24	13433902.03			112.45	18305224.35	129.50	21422558.98
		89.25	12092514.68	67.47	12396155.41			137.27	21581555.37	137.30	22476406.94
		162.51	24801203.70					142.81	22422988.99		
90.96	13016820.44	108.83	16349626.13					103.31	16273336.91		
129.94	18748339.26	99.24	14450964.73	50.94	9179826.32					105.27	18171695.32
86.39	12548393.79			49.12	8885885.96					104.26	18280825.33
81.07	11628837.98			63.15	12094672.99	158.52	21927502.92	74.28	12152189.42	88.79	16203502.46
80.60	11392502.93	85.41	12520128.44	71.98	12970335.84			72.92	12096064.91	137.80	24993825.01
		72.04	10623235.09	56.11	10035547.62			227.27	37013174.91	107.45	19178349.06
		78.39	11871546.03			282.03	38000054.60	278.04	44389904.97		
91.11	13438809.09	86.65	13812664.37			194.16	28189233.37	158.01	25619254.20		
77.07	11109027.85	83.35	12668666.63	63.95	11460408.75	166.64	24085065.53			83.06	14462404.26
106.18	16076625.87			110.54	20004057.63	196.17	28589595.86			72.02	12310362.49
134.70	19491581.09			270.20	46926555.53	152.67	22515686.47	145.85	22911833.27	106.29	18397714.71
231.55	33801118.75	84.80	13149734.51	225.17	38338293.34			142.90	22839529.36	80.90	14238642.21
		75.77	11383948.23	306.13	50167094.83			126.59	20062898.90	67.09	12004122.34
		82.35	12109451.77			122.22	17719243.78	122.79	19154239.22		
144.77	20407081.97	84.74	13721189.43			143.71	21779745.17	143.10	23263548.40		
131.71	18966496.03	81.06	13425703.75	414.20	65481607.47	127.07	19630615.25			71.98	12531830.72
119.00	16097245.84			371.14	57168850.14	175.41	26832706.90			58.83	10931239.74
140.22	20385186.12			313.59	48125127.71	188.36	29132919.77	167.19	27470741.42	115.44	20263222.99
112.51	16723429.01	63.55	10258505.66	235.87	35506942.02			163.96	27461539.89	80.34	13883467.24
		88.63	15800536.75	471.92	65891410.61			160.44	26761232.69	65.88	11091840.67
		65.72	11512893.69			191.35	28553669.04	129.31	22102546.69		
92.29	13498695.17	59.46	10043869.38			173.76	26974074.76	99.63	17150588.95		
98.44	14906128.28	66.00	11229252.67	213.03	31880142.74	209.59	32710103.43			60.19	10442629.49
100.33	15425239.40			162.20	23875281.89	202.56	31855490.95			69.71	12297862.85
119.81	17953698.08			141.56	21016228.56	189.14	30417523.95	98.19	16351652.47	75.11	13434657.85
96.83	14268918.83	55.62	9527602.28	141.00	21152787.47			91.35	15296345.07	75.97	13412124.42
		112.65	19258167.89							77.44	13892659.07

2-16 2004 年上海股票每日成交量、成交额

日期 Date	1月 Jan.		2月 Feb.		3月 Mar.		4月 Apr.		5月 May		6月 Jun.	
	成交额 Turnover	成交量 Volume	成交额 Turnover	成交量 Volume	成交额 Turnover	成交量 Volume	成交额 Turnover	成交量 Volume	成交额 Turnover	成交量 Volume	成交额 Turnover	成交量 Volume
1					170.93	19990178.16	160.85	17968146.18			110.35	12991531.79
2	125.32	16680527.00	270.06	34588300.95	173.87	20507503.97	189.00	21285401.38			116.97	13664552.00
3			211.64	26584224.90	159.51	19239974.94					92.17	11297773.53
4			266.12	32564901.61	147.07	17885429.46					81.51	10476024.20
5	214.64	28573006.17	263.37	32630049.72	132.61	16075569.57	216.46	23761206.56				
6	240.71	32698229.05	268.41	33895954.11			207.84	23055705.77				
7	230.82	30530408.27					204.74	22372671.77			70.67	9125217.86
8	221.09	28440593.35			128.39	15639185.33	206.56	22368848.09			77.90	10048240.94
9	250.30	32068668.86	213.66	26179743.46	126.79	16222457.38	221.71	24414060.47			87.57	11315240.28
10			222.59	27465357.50	131.86	16554574.56			63.21	8180914.14	77.39	10254900.11
11			209.43	26577917.59	156.92	18503378.34			61.18	7744398.05	77.72	10370525.26
12	185.16	22984141.15	217.18	27122353.01	135.84	15975439.89	163.16	18443419.11	86.84	10985571.81		
13	205.96	25933632.93	185.80	22697762.83			168.18	19175091.28	72.99	8865662.29		
14	156.58	20499875.62					168.35	19527414.10	73.40	9411454.65	75.93	10371316.86
15	145.41	18761966.07			216.71	25200172.88	129.62	15138684.65			72.24	9947545.77
16	161.91	20528933.84	194.21	22991106.51	191.79	22176250.38	144.67	17515443.87			78.45	10870802.87
17			258.84	29754209.13	164.77	19090615.40			64.91	8401339.05	67.84	9221102.65
18			254.88	29218375.45	176.64	20991205.67			97.72	12053320.48	73.44	9926429.68
19			236.40	27338781.39	148.78	17721259.41	117.31	13859061.96	95.89	12488554.47		
20			199.54	23409159.50			110.79	12861664.74	70.64	9150006.85		
21							122.94	15247235.59	63.57	8438086.59	58.46	7607222.44
22					149.75	17585868.43	102.42	12550463.50			83.17	10669819.02
23			238.86	28562975.37	158.78	18483605.31	98.02	12261552.24			65.06	8293680.60
24			219.55	26999381.51	155.01	17821554.81			59.81	7460342.21	69.36	9118140.25
25			202.21	24586205.85	138.18	16185441.42			70.48	9189448.48	70.64	9442829.01
26			182.67	23111684.30	145.93	16391962.66	82.96	10212564.47	55.33	7406569.66		
27			164.62	19713403.54			104.13	12739215.34	92.68	12268552.06		
28							101.69	12500215.36	67.43	8647743.43	56.21	7945725.59
29	149.18	18479304.79			143.59	16430881.23	109.90	13425744.22			68.48	10211618.81
30	190.62	24062130.18			123.00	13746278.83	99.50	12418380.42			55.68	8200829.17
31					141.87	16144043.24			55.86	7318381.37		

数据来源:上海证券交易所

Source:Shanghai Stock Exchange

Daily Trading Volume and Value of Shanghai Stock Exchange in 2004

成交额:亿元;成交量:手

7月 Jul.		8月 Aug.		9月 Sep.		10月 Oct.		11月 Nov.		12月 Dec.	
成交额 Turnover	成交量 Volume	成交额 Turnover	成交量 Volume	成交额 Turnover	成交量 Volume	成交额 Turnover	成交量 Volume	成交额 Turnover	成交量 Volume	成交额 Turnover	成交量 Volume
93.89	13822167.80			36.39	6246394.87			72.21	11964915.87	57.97	9553429.79
72.60	10672663.09	47.35	6983136.78	48.13	8533068.39			67.17	10969368.79	77.15	12804483.36
		54.37	7601923.11	40.57	7472102.76			84.40	13327704.04	82.01	13505016.88
		108.32	17093990.31					87.54	13974384.91		
54.23	8143382.12	68.01	10701468.24					62.58	9996360.06		
82.70	12081793.12	58.98	9024727.32	31.94	5787304.40					63.27	10664785.77
53.36	7824621.88			31.67	5652813.08					59.61	10236805.60
46.47	6905350.64			40.48	8213186.20	93.85	13813984.87	43.98	7376656.67	49.30	8593358.97
49.04	7126978.35	50.68	7951967.39	44.22	8085837.94			42.70	7111640.72	83.34	15257911.61
		45.07	6816904.66	33.69	6111113.15			141.02	23319738.08	62.81	11072386.71
		48.06	7560427.64			164.34	23214829.83	168.03	27429895.39		
56.51	8381892.61	51.37	8295607.65			115.73	17089837.94	94.91	15744105.43		
45.73	6994804.54	53.53	8261617.73	38.13	6862240.78	97.90	14284111.87			48.59	8549453.57
65.65	10120781.87			69.66	12611247.11	116.61	17247771.71			46.54	8050982.28
83.79	12346540.40			170.22	29312772.73	89.60	13543168.72	89.29	14230535.56	65.16	11410089.85
145.22	22002645.22	46.73	7490381.30	134.89	23024920.83			86.16	14165607.44	50.75	9077585.97
		47.04	6928650.09	188.42	31085640.59			75.93	12234261.70	42.51	7704403.44
		51.02	7447630.88			68.08	10124136.23	73.16	11589095.66		
89.18	12884180.95	50.99	8098587.14			84.75	13079243.38	86.70	14107904.22		
82.68	12119942.16	49.27	8028861.89	262.91	41888155.58	76.06	11864561.08			46.05	8058707.10
65.25	9319153.59			223.92	34776485.28	106.73	16436469.94			37.36	7004529.82
87.37	12780094.44			194.97	30185382.88	116.19	17925061.35	102.74	16667439.18	73.71	13339675.39
69.24	10478622.95	39.23	6193750.34	147.01	22352342.31			100.39	16328520.10	49.17	8476088.95
		54.33	9464832.63	286.68	40855305.89			97.64	16355434.94	42.83	7180521.97
		38.11	6560994.50			118.09	17566033.77	77.58	13425338.71		
53.00	8098879.87	34.97	5831030.17			109.65	17069712.96	61.22	10434933.34		
58.18	8967885.91	40.34	6752246.31	129.05	19749738.28	129.62	20768242.71			41.73	7231149.86
61.77	9864954.43			92.89	14188970.16	122.44	19593829.91			43.22	7761625.48
73.28	11691217.74			86.77	13179544.66	112.39	17928471.96	60.80	10083151.20	47.68	8713987.69
58.72	8997295.46	34.10	5921050.18	82.35	12959049.36			54.75	9277245.06	50.16	8819157.92
		68.73	11652732.41							46.98	8310149.60

2-17 2004年深圳股票每日成交量、成交额

日期 Date	1月 Jan.		2月 Feb.		3月 Mar.		4月 Apr.		5月 May		6月 Jun.	
	成交额 Turnover	成交量 Volume	成交额 Turnover	成交量 Volume	成交额 Turnover	成交量 Volume	成交额 Turnover	成交量 Volume	成交额 Turnover	成交量 Volume	成交额 Turnover	成交量 Volume
1					113.10	13971344.71	106.92	13173788.24			57.71	7729898.74
2	43.68	6165429.61	138.53	18289629.44	114.77	14172960.34	119.04	14488716.15			58.40	7989033.62
3			115.37	15798855.68	95.58	11896889.78					50.26	7136096.57
4			148.11	19990057.44	91.24	11284564.10					47.77	6974373.89
5	85.59	11821615.01	148.41	20272546.59	87.65	10822104.41	125.82	15331889.50				
6	91.85	12828378.00	156.12	21375870.59			127.13	15444816.66				
7	95.40	13334774.65					131.28	16056021.48			40.07	5846674.77
8	93.90	12748676.19			77.44	9844016.00	121.17	14368735.08			37.05	5326417.13
9	104.44	14225622.02	128.96	16913106.41	69.36	8992252.90	127.73	15215136.63			44.74	6852060.77
10			157.92	20801336.66	69.65	8685126.12			37.52	5326571.31	39.28	5922856.02
11			126.70	17260278.68	102.88	12860689.57			36.30	5092359.54	40.41	5950468.29
12	72.25	9563371.65	128.98	17592708.20	79.64	10106434.46	96.69	11697136.66	49.78	7247968.07		
13	84.02	11602093.75	114.10	15573529.57			104.59	12583351.88	41.60	5917489.68		
14	70.43	9565529.62					104.89	12853279.20	42.69	6223439.65	35.49	5490182.80
15	71.73	9823444.24			124.17	15061205.00	80.78	10211530.80			34.38	5374604.44
16	82.22	10719221.89	107.16	13525562.54	109.28	13330644.74	92.80	11887860.36			37.32	5890176.84
17			138.10	17282252.79	107.08	13108587.86			34.81	4867331.01	33.53	5307031.81
18			156.65	19278960.33	111.31	13425255.09			45.85	6230518.16	36.53	5651699.06
19			141.35	17682100.13	94.38	11837318.22	75.29	9338775.62	54.80	7860216.68		
20			132.18	16628217.36			69.35	8682658.83	39.41	5607427.28		
21							76.74	9763805.28	32.70	4714193.19	25.27	3933117.37
22					101.58	12615889.32	62.25	8121581.36			40.28	5749306.98
23			149.59	19316881.25	92.62	11825716.06	62.19	8402530.05			28.02	4046073.86
24			127.70	16763947.04	91.76	11512411.39			33.22	4741998.02	34.46	5145218.09
25			119.42	15205141.25	83.05	10188617.76			39.16	5710176.90	68.85	6626504.88
26			113.71	14787585.81	91.43	10512929.96	53.24	7062956.23	32.17	4770119.95		
27			100.06	12459176.94			65.06	8507999.32	54.77	7599929.46		
28							61.43	7966706.31	42.29	6096601.82	35.80	5310588.78
29	80.48	10800577.96			90.50	10710230.64	60.67	7841283.79			47.00	6656570.88
30	135.50	18699358.22			78.26	9194798.67	59.77	8106541.69			44.27	5776028.78
31					101.85	12174573.49			32.24	4569950.70		

数据来源：深圳证券交易所

Source: Shenzhen Stock Exchange

Daily Trading Volume and Value of Shenzhen Stock Exchange in 2004

成交额:亿元;成交量:手

7月 Jul.		8月 Aug.		9月 Sep.		10月 Oct.		11月 Nov.		12月 Dec.	
成交额 Turnover	成交量 Volume	成交额 Turnover	成交量 Volume	成交额 Turnover	成交量 Volume	成交额 Turnover	成交量 Volume	成交额 Turnover	成交量 Volume	成交额 Turnover	成交量 Volume
58.09	8432392.00			24.48	4238204.78			46.89	7376452.60	41.02	6691336.45
46.69	6626098.47	31.10	4244996.94	28.11	4900833.64			45.28	7335855.56	52.35	8618075.62
		34.88	4490591.57	26.90	4924052.65			52.87	8253851.33	55.29	8971390.06
		54.19	7707213.39					55.27	8448604.08		
36.73	4873438.32	40.82	5648157.89					40.73	6276976.85		
47.24	6666546.14	40.26	5426237.41	19.00	3392521.92					42.00	7506909.55
33.03	4723771.91			17.45	3233072.88					44.65	8044019.73
34.60	4723487.34			22.67	3881486.79	64.67	8113518.05	30.30	4775532.75	39.49	7610143.49
31.56	4265524.58	34.73	4568161.05	27.76	4884497.90			30.22	4984424.19	54.46	9735913.40
		26.97	3806330.43	22.42	3924434.47			86.25	13693436.83	44.64	8105962.35
		30.33	4311118.39			117.69	14785224.77	110.01	16960009.58		
34.60	5056916.48	35.28	5517056.72			78.43	11099395.43	63.10	9875148.77		
31.34	4114223.31	29.82	4407048.90	25.82	4598167.97	68.74	9800953.66			34.47	5912950.69
40.53	5955844.00			40.88	7392810.52	79.56	11341824.15			25.48	4259380.21
50.91	7145040.69			99.98	17613782.80	63.07	8972517.75	56.56	8681297.71	41.13	6987624.86
86.33	11798473.53	38.07	5659353.21	90.28	15313372.51			56.74	8673921.92	30.15	5161056.24
		28.73	4455298.14	117.71	19081454.24			50.66	7828637.20	24.58	4299718.90
		31.33	4661820.89			54.14	7595107.55	49.63	7565143.56		
55.59	7522901.02	33.75	5622602.29			58.96	8700501.79	56.40	9155644.18		
49.03	6846553.87	31.79	5396841.86	151.29	23593451.89	51.01	7766054.17			25.93	4473123.62
53.75	6778092.25			147.22	22392364.86	68.68	10396236.96			21.47	3926709.92
52.85	7605091.68			118.62	17939744.83	72.17	11207858.42	64.45	10803302.24	41.73	6923547.60
43.27	6244806.06	24.32	4064755.32	88.86	13154599.71			63.57	11133019.79	31.17	5407378.29
		34.30	6335704.12	185.24	25036104.72			62.80	10405797.75	23.05	3911318.70
		27.61	4951899.19			73.26	10987635.27	51.73	8677207.98		
39.29	5399815.30	24.49	4212839.21			64.11	9904361.80	38.41	6715655.61		
40.26	5938242.37	25.66	4477006.36	83.98	12130404.46	79.97	11941860.72			18.46	3211479.63
38.56	5560284.97			69.31	9686311.73	80.12	12261661.04			26.49	4536237.37
46.53	6262480.34			54.79	7836683.90	76.75	12489051.99	37.39	6268501.27	27.43	4720670.16
38.11	5271623.37	21.52	3606552.10	58.65	8193738.11			36.60	6019100.01	25.81	4592966.50
		43.92	7605435.48							30.46	5582509.47

2-18 2004 年全国 A 股每日成交量、成交额

日期 Date	1月 Jan.		2月 Feb.		3月 Mar.		4月 Apr.		5月 May		6月 Jun.	
	成交额 Turnover	成交量 Volume	成交额 Turnover	成交量 Volume	成交额 Turnover	成交量 Volume	成交额 Turnover	成交量 Volume	成交额 Turnover	成交量 Volume	成交额 Turnover	成交量 Volume
1					280.47	33306293.09	263.16	30358564.77			164.74	20119182.97
2	163.98	21899784.00	400.04	51266847.88	284.76	33964660.47	302.04	34793933.78			172.84	21229562.09
3			320.84	41141754.72	251.02	30397917.80					140.32	18046584.08
4			404.56	50520066.54	234.36	28446721.31					127.37	17084165.30
5	291.99	38777633.84	403.18	51097117.60	217.36	26411818.48	338.76	38458474.90				
6	320.66	43245095.66	412.74	52816664.61			329.12	37551765.20				
7	318.11	42309033.12					329.17	37294428.53			108.49	14524422.66
8	302.15	38747152.48			202.11	24807660.30	323.29	35976562.63			112.71	14981771.70
9	343.48	44091189.48	336.12	41774033.51	192.86	24617593.00	344.28	38717436.55			130.10	17713954.99
10			371.27	46341539.39	198.66	24712687.87			97.24	12898005.29	114.49	15669845.30
11			329.95	42526647.79	255.80	30651516.96			94.74	12322161.09	115.28	15716562.35
12	251.46	31450898.08	340.13	43493307.80	212.79	25613688.05	256.28	29536133.22	133.71	17658683.53		
13	284.39	36404047.34	294.90	37254955.05			268.62	31036008.41	112.10	14276601.90		
14	222.67	29205278.85					269.43	31704993.26	113.90	15214247.62	107.63	14985941.04
15	213.27	27795568.97			336.72	39507126.73	207.08	24817184.39			104.10	14709750.80
16	238.51	30162153.68	295.98	35523929.21	297.52	34886292.43	227.90	27929036.67			113.78	16323384.11
17			390.37	45870572.06	268.72	31636815.83			97.62	12874356.05	99.02	14006217.32
18			403.21	46965092.87	284.99	33854455.86			141.19	17848709.10	106.92	14891074.68
19			371.80	43855442.02	240.39	29002145.73	187.59	22405518.52	148.09	19859795.79		
20			325.74	38842664.23			175.44	20812820.78	108.82	14539270.65		
21							196.15	24361817.44	94.64	12904734.14	82.38	11207922.89
22					248.32	29595698.56	160.57	19956737.73			121.59	15962397.22
23			380.65	46365707.51	248.18	29677259.41	156.09	19965556.06			91.83	12038274.22
24			340.38	42418407.03	243.52	28721908.10			91.56	11942812.13	101.96	13843118.17
25			316.45	38818424.93	217.74	25720749.02			107.96	14594852.90	137.71	15666157.97
26			291.64	36945532.45	235.00	26511771.05	132.26	16638523.83	86.49	11972326.68		
27			261.09	31568051.38			165.14	20546145.38	144.14	19276497.43		
28							158.80	19746226.15	107.69	14378761.31	90.43	12903137.86
29	222.38	28072563.89			231.88	26761474.70	165.91	20469582.41			113.49	16390661.19
30	319.07	41425392.61			198.39	22438631.15	155.63	19894297.05			97.22	13411532.26
31					238.78	27491853.92			86.02	11528187.78		

数据来源:上海、深圳证券交易所

Source:Shanghai、Shenzhen Stock Exchange

Daily Trading Volume and Value of A Shares in 2004

成交额:亿元;成交量:手

7月 Jul.		8月 Aug.		9月 Sep.		10月 Oct.		11月 Nov.		12月 Dec.	
成交额 Turnover	成交量 Volume	成交额 Turnover	成交量 Volume	成交额 Turnover	成交量 Volume	成交额 Turnover	成交量 Volume	成交额 Turnover	成交量 Volume	成交额 Turnover	成交量 Volume
148.68	21517323.06			59.94	10251979.55			116.54	18689716.04	97.35	15871958.66
117.24	16880191.14	77.24	10983215.22	74.81	13064228.88			110.63	17831343.34	127.50	20975166.74
		87.84	11786809.90	66.57	12143045.10			135.09	21091453.07	135.59	22059969.94
		159.65	24166614.44					140.88	21979434.43		
88.56	12515074.51	107.46	16033129.55					102.08	15979413.55		
127.57	18238545.05	98.35	14253489.35	50.19	8982982.66					104.21	17868577.49
84.73	12199122.12			48.39	8698543.52					103.09	17998518.65
80.11	11418544.51			62.30	11914986.44	155.64	21361960.99	73.31	11897162.94	87.88	15951956.07
79.43	11127925.30	84.37	12240635.37	70.75	12671466.10			71.65	11744963.27	135.58	24388154.36
		71.01	10378047.49	55.11	9802084.86			223.69	36097117.69	106.08	18820623.30
		77.23	11603783.90			276.84	36929798.93	274.58	43481213.26		
89.52	13072120.99	84.88	13413736.41			190.50	27407077.75	156.18	25162243.48		
75.88	10831359.05	81.97	12364482.70	63.00	11238470.82	163.69	23410182.75			81.43	14109860.14
104.03	15597434.01			108.85	19564954.05	193.21	27907915.57			70.69	11986770.96
131.45	18852250.29			264.60	45489294.69	149.31	21809044.39	142.97	22280042.14	104.81	18012123.84
226.16	32644945.60	82.95	12720862.20	221.75	37471904.52			140.67	22226423.18	79.05	13736879.37
		74.30	11055308.38	301.67	49010321.38			124.79	19600257.83	65.64	11623987.58
		81.32	11861903.05			120.14	17278029.15	120.87	18675151.36		
142.15	19883522.29	82.91	13252818.88			141.25	21221791.11	140.54	22615272.62		
129.72	18556824.66	78.86	12856090.34	407.53	63905404.20	125.51	19244175.59			70.84	12251107.88
117.31	15726828.31			365.76	55853625.59	173.21	26281171.66			57.95	10724419.50
138.04	19889927.76			309.66	47163764.34	185.44	28510932.32	163.93	26611872.04	113.98	19909575.22
110.40	16301653.17	62.48	9992968.96	232.19	34703032.83			161.91	26950322.14	79.41	13669529.68
		87.36	15451526.82	464.18	64335189.57			158.53	26268207.36	65.04	10882740.35
		64.77	11258299.21			188.17	27781460.19	127.90	21729565.42		
90.92	13198767.09	58.57	9830953.20			171.90	26473563.57	98.32	16841857.19		
96.72	14502379.58	65.07	10974072.37	210.14	31257780.84	207.31	32168782.92			59.60	10281061.53
98.67	15078897.98			160.01	23428211.59	199.91	31178573.52			68.72	12052075.79
118.48	17659972.08			140.13	20695109.35	186.04	29686270.24	96.89	16030038.23	74.12	13216226.14
95.48	13974307.75	54.91	9349106.22	138.66	20633994.68			90.26	15031986.21	75.08	13194503.67
		110.16	18601736.90							74.74	13261527.43

2-19　2004年上海A股每日成交量、成交额

日期 Date	1月 Jan.		2月 Feb.		3月 Mar.		4月 Apr.		5月 May		6月 Jun.	
	成交额 Turnover	成交量 Volume	成交额 Turnover	成交量 Volume	成交额 Turnover	成交量 Volume	成交额 Turnover	成交量 Volume	成交额 Turnover	成交量 Volume	成交额 Turnover	成交量 Volume
1					169.91	19796019.80	160.08	17823046.75			109.54	12818066.23
2	123.65	16332957.31	267.54	34032150.68	172.96	20328175.43	187.39	21014385.12			116.37	13537932.91
3			209.75	26141278.41	158.58	19051207.20					91.48	11146277.17
4			262.70	31758130.94	145.23	17533166.29					80.66	10293902.16
5	211.48	27874534.40	260.18	31866990.75	131.58	15873546.67	215.70	23623085.68				
6	234.88	31537891.59	264.55	32980361.99			206.63	22834966.63				
7	227.96	29906136.85					203.43	22141155.89			69.68	8886402.93
8	215.19	27178804.96			127.23	15411089.43	205.71	22203350.09			77.27	9901546.10
9	245.20	30868723.99	211.42	25686962.97	125.59	15979786.27	220.52	24155742.56			86.83	11150347.14
10			219.48	26750325.11	130.68	16307576.72			62.19	7966565.12	76.41	10013256.29
11			207.37	26085873.46	155.51	18211390.29			60.41	7568380.57	76.39	10071867.83
12	183.11	22517299.93	215.70	26770474.68	134.85	15784899.56	162.43	18293402.99	86.07	10790477.73		
13	203.53	25383370.42	184.23	22376232.71			167.57	19049195.23	71.94	8615882.39		
14	154.80	20105035.65					167.57	19357354.74	72.86	9288181.32	74.08	9890824.16
15	143.98	18445876.49			215.21	24879907.67	129.09	15030419.31			70.90	9569195.94
16	159.71	20074671.79	192.54	22638854.66	190.61	21949128.00	143.89	17343169.33			77.73	10671201.02
17			256.27	29307907.04	163.78	18880734.21			64.15	8241713.77	67.10	9018577.02
18			251.39	28581794.87	175.73	20794355.88			97.17	11930831.82	72.57	9657149.57
19			233.77	26800179.76	147.92	17537608.78	116.66	13733483.48	95.24	12339561.46		
20			197.03	22878175.07			109.54	12616093.77	70.32	9078041.96		
21							121.92	15023274.65	63.22	8356992.15	57.96	7453430.88
22					148.64	17351609.48	101.09	12253043.90			82.39	10441671.16
23			236.27	28011556.88	157.24	18169524.57	97.11	12070585.79			64.62	8163956.03
24			216.64	26382992.86	153.80	17602081.06			59.31	7354195.99	68.77	8944858.13
25			200.41	24197847.55	136.90	15939928.59			69.96	9069848.39	70.13	9292194.73
26			180.65	22692719.16	144.95	16226282.73	82.00	10017693.87	54.91	7309339.16		
27			163.13	19474295.61			103.01	12518131.12	91.66	12052901.99		
28							100.71	12298532.31	66.83	8526978.62	55.80	7843427.75
29	147.12	18082941.18			142.91	16307168.67	108.76	13179399.95			67.95	10071640.53
30	188.23	23564274.36			122.43	13642103.26	98.36	12195823.18			55.07	8059249.01
31					141.02	15998526.13			55.22	7185862.08		

数据来源：上海证券交易所

Source：Shanghai Stock Exchange

Daily Trading Volume and Value of A Shares in Shanghai Stock Exchange in 2004

成交额：亿元；成交量：手

7月 Jul.		8月 Aug.		9月 Sep.		10月 Oct.		11月 Nov.		12月 Dec.	
成交额 Turnover	成交量 Volume	成交额 Turnover	成交量 Volume	成交额 Turnover	成交量 Volume	成交额 Turnover	成交量 Volume	成交额 Turnover	成交量 Volume	成交额 Turnover	成交量 Volume
92.98	13572741.89			36.19	6191207.01			71.01	11620687.62	57.36	9417965.70
72.04	10526196.55	47.05	6911319.74	47.84	8450844.46			66.39	10729476.54	76.44	12647439.12
		53.95	7478848.25	40.37	7416639.74			83.76	13131280.51	81.35	13336491.70
		107.25	16813520.31					86.98	13809023.43		
53.41	7951144.16	67.50	10562027.00					62.20	9869637.29		
81.78	11851247.83	58.70	8948570.81	31.75	5732654.50					62.82	10520576.60
52.68	7662162.18			31.48	5597504.69					59.33	10149901.97
46.10	6810695.35			40.32	8165807.53	92.92	13589622.36	43.67	7262782.45	49.00	8486320.77
48.66	7030569.11	50.19	7781557.92	43.82	7973942.09			42.40	6995529.16	82.84	15095211.51
		44.66	6692208.34	33.27	5998495.83			139.67	22916535.24	62.47	10973500.24
		47.58	7429922.64			162.45	22798406.76	166.78	27052803.79		
55.95	8229093.90	50.90	8156748.51			114.49	16791139.87	94.35	15585107.51		
45.33	6888144.70	53.16	8146713.93	37.83	6775167.76	96.75	13981764.94			48.23	8426626.04
65.20	9992835.28			69.09	12441765.20	115.39	16934894.91			46.25	7964751.14
83.20	12192081.92			168.22	28714009.56	88.88	13341480.36	88.74	14079201.65	64.85	11310430.76
143.42	21540304.37	46.32	7361029.86	133.66	22688352.68			85.56	13906395.73	50.44	8981963.02
		46.57	6803974.62	186.96	30669183.37			75.45	12074146.63	42.25	7615795.50
		50.77	7376972.27			67.52	9985816.07	72.55	11421282.17		
88.54	12714223.53	50.62	7998654.99			83.89	12864495.41	86.28	13981061.43		
81.92	11938907.52	48.83	7910056.80	260.68	41256217.18	75.47	11711187.22			45.69	7962727.35
64.71	9171451.29			222.16	34281529.38	105.97	16238861.18			37.12	6936471.01
86.69	12579345.56			193.55	29800292.75	115.16	17658702.02	102.15	16495617.95	73.29	13206294.80
68.71	10325177.02	38.91	6106916.22	145.92	22063565.84			99.93	16189920.77	48.89	8397967.90
		53.94	9343974.46	284.56	40322766.86			97.19	16214680.12	42.58	7114215.04
		37.90	6497335.07			117.12	17304636.22	77.27	13317375.44		
52.59	7988206.10	34.69	5758158.54			108.94	16853785.73	60.91	10349049.62		
57.64	8820625.59	40.10	6673880.29	128.12	19515630.94	128.83	20551136.29			41.53	7175547.62
61.45	9774748.83			92.30	14033684.65	121.62	19357049.86			43.00	7698934.62
72.86	11576441.20			86.30	13046058.45	111.31	17633274.75	60.35	9957641.20	47.47	8657385.14
58.33	8898156.63	33.92	5870374.85	81.63	12758436.12			54.41	9187587.63	49.94	8752976.44
		68.10	11468351.30							46.24	8095355.96

2-20 2004年深圳A股每日成交量、成交额

日期 Date	1月 Jan.		2月 Feb.		3月 Mar.		4月 Apr.		5月 May		6月 Jun.	
	成交额 Turnover	成交量 Volume	成交额 Turnover	成交量 Volume	成交额 Turnover	成交量 Volume	成交额 Turnover	成交量 Volume	成交额 Turnover	成交量 Volume	成交额 Turnover	成交量 Volume
1					110.56	13510273.29	103.08	12535518.02			55.20	7301116.74
2	40.33	5566826.69	132.50	17234697.20	111.80	13636485.04	114.65	13779548.66			56.47	7691629.18
3			111.09	15000476.31	92.44	11346710.60					48.84	6900306.91
4			141.86	18761935.60	89.13	10913555.02					46.71	6790263.14
5	80.51	10903099.44	143.00	19230126.85	85.78	10538271.81	123.06	14835389.22				
6	85.78	11707204.07	148.19	19836302.62			122.49	14716798.57				
7	90.15	12402896.27					125.74	15153272.64			38.81	5638019.73
8	86.96	11568347.52			74.88	9396570.87	117.58	13773212.54			35.44	5080225.60
9	98.28	13222465.49	124.70	16087070.54	67.27	8637806.73	123.76	14561693.99			43.27	6563607.85
10			151.79	19591214.28	67.98	8405111.15			35.05	4931440.17	38.08	5656589.01
11			122.58	16440774.33	100.29	12440126.67			34.33	4753780.52	38.89	5644694.52
12	68.35	8933598.15	124.43	16722833.12	77.94	9828788.49	93.85	11242730.23	47.64	6868205.80		
13	80.86	11020676.92	110.67	14878722.34			101.05	11986813.18	40.16	5660719.51		
14	67.87	9100243.20					101.86	12347638.52	41.04	5926066.30	33.55	5095116.88
15	69.29	9349692.48			121.51	14627219.06	77.99	9786765.08			33.20	5140554.86
16	78.80	10087481.89	103.44	12885074.55	106.91	12937164.43	84.01	10585867.34			36.05	5652183.09
17			134.10	16562665.02	104.94	12756081.62			33.47	4632642.28	31.92	4987640.30
18			151.82	18383298.00	109.26	13060099.98			44.02	5917877.28	34.35	5233925.11
19			138.03	17055262.26	92.47	11464536.95	70.93	8672035.04	52.85	7520234.33		
20			128.71	15964489.16			65.90	8196727.01	38.50	5461228.69		
21							74.23	9338542.79	31.42	4547741.99	24.42	3754492.01
22					99.68	12244089.08	59.48	7703693.83			39.20	5520726.06
23			144.38	18354150.63	90.94	11507734.84	58.98	7894970.27			27.21	3874318.19
24			123.74	16035414.17	89.72	11119827.04			32.25	4588616.14	33.19	4898260.04
25			116.04	14620577.38	80.84	9780820.43			38.00	5525004.51	67.58	6373963.24
26			110.99	14252813.29	90.05	10285488.32	50.26	6620829.96	31.58	4662987.52		
27			97.96	12093755.77			62.13	8028014.26	52.48	7223595.44		
28							58.09	7447693.84	40.86	5851782.69	34.63	5059710.11
29	75.26	9989622.71			88.97	10454306.03	57.15	7290182.46			45.54	6319020.66
30	130.84	17861118.25			75.96	8796527.89	57.27	7698473.87			42.15	5352283.25
31					97.76	11493327.79			30.80	4342325.70		

数据来源:深圳证券交易所

Source:Shenzhen Stock Exchange

Daily Trading Volume and Value of A Shares in Shenzhen Stock Exchange in 2004

成交额:亿元;成交量:手

7月 Jul.		8月 Aug.		9月 Sep.		10月 Oct.		11月 Nov.		12月 Dec.	
成交额 Turnover	成交量 Volume	成交额 Turnover	成交量 Volume	成交额 Turnover	成交量 Volume	成交额 Turnover	成交量 Volume	成交额 Turnover	成交量 Volume	成交额 Turnover	成交量 Volume
55.70	7944581.17			23.75	4060772.54			45.53	7069028.42	39.99	6453992.96
45.20	6353994.59	30.19	4071895.48	26.97	4613384.42			44.24	7101866.80	51.06	8327727.62
		33.89	4307961.65	26.20	4726405.36			51.33	7960172.56	54.24	8723478.24
		52.40	7353094.13					53.90	8170411.00		
35.15	4563930.35	39.96	5471102.55					39.88	6109776.26		
45.79	6387297.22	39.65	5304918.54	18.44	3250328.16					41.39	7348000.89
32.05	4536959.94			16.91	3101038.83					43.76	7848616.68
34.01	4607849.16			21.98	3749178.91	62.72	7772338.63	29.64	4634380.49	38.88	7465635.30
30.77	4097356.19	34.18	4459077.45	26.93	4697524.01			29.25	4749434.11	52.74	9292942.85
		26.35	3685839.15	21.84	3803589.03			84.02	13180582.45	43.61	7847123.06
		29.65	4173861.26			114.39	14131392.17	107.80	16428409.47		
33.57	4843027.09	33.98	5256987.90			76.01	10615937.88	61.83	9577135.97		
30.55	3943214.35	28.81	4217768.77	25.17	4463303.06	66.94	9428417.81			33.20	5683234.10
38.83	5604598.73			39.76	7123188.85	77.82	10973020.66			24.44	4022019.82
48.25	6660168.37			96.38	16775285.13	60.43	8467564.03	54.23	8200840.49	39.96	6701693.08
82.74	11104641.23	36.63	5359832.34	88.09	14783551.84			55.11	8320027.45	28.61	4754916.35
		27.73	4251333.76	114.71	18341138.01			49.34	7526111.20	23.39	4008192.08
		30.55	4484930.78			52.62	7292213.08	48.32	7253869.19		
53.61	7169298.76	32.29	5254163.89			57.36	8357295.70	54.26	8634211.19		
47.80	6617917.14	30.03	4946033.54	146.85	22649187.02	50.04	7532988.37			25.15	4288380.53
52.60	6555377.02			143.60	21572096.21	67.24	10042310.48			20.83	3787948.49
51.35	7310582.20			116.11	17363471.59	70.28	10852230.30	61.78	10116254.09	40.69	6703280.42
41.69	5976476.15	23.57	3886052.74	86.27	12639466.99			61.98	10760401.37	30.52	5271561.78
		33.42	6107552.36	179.62	24012422.71			61.34	10053527.24	22.46	3768525.31
		26.87	4760964.14			71.05	10476823.97	50.63	8412189.98		
38.33	5210560.99	23.88	4072794.66			62.96	9619777.84	37.41	6492807.57		
39.08	5681753.99	24.97	4300192.08	82.02	11742149.90	78.48	11617646.63			18.07	3105513.91
37.22	5304149.15			67.71	9394526.94	78.29	11821523.66			25.72	4353141.17
45.62	6083530.88			53.83	7649050.90	74.73	12052995.49	36.54	6072397.03	26.65	4558841.00
37.15	5076151.12	20.99	3478731.37	57.03	7875558.56			35.85	5844398.58	25.14	4441527.23
		42.06	7133385.60							28.50	5166171.47

2-21 2004年全国B股每日成交量、成交额

日期 Date	1月 Jan.		2月 Feb.		3月 Mar.		4月 Apr.		5月 May		6月 Jun.	
	成交额 Turnover	成交量 Volume	成交额 Turnover	成交量 Volume	成交额 Turnover	成交量 Volume	成交额 Turnover	成交量 Volume	成交额 Turnover	成交量 Volume	成交额 Turnover	成交量 Volume
1					3.55	655229.78	4.61	783369.65			3.33	602247.56
2	5.02	946172.61	8.55	1611082.51	3.88	715803.84	5.99	980183.75			2.53	424023.53
3			6.17	1241325.86	4.06	738946.92					2.11	387286.02
4			9.67	2034892.51	3.95	723272.25					1.91	366232.79
5	8.24	1616987.34	8.60	1805478.71	2.90	485855.50	3.52	634621.16				
6	11.91	2281511.39	11.79	2455160.09			5.85	948757.23				
7	8.11	1556149.80					6.85	1134264.72			2.25	447469.97
8	12.85	2442117.06			3.72	675541.03	4.43	761020.54			2.24	392886.37
9	11.26	2203101.40	6.50	1318816.36	3.31	597117.28	5.15	911760.55			2.21	453346.06
10			9.23	1925154.77	2.84	527012.81			3.49	609480.16	2.19	507910.83
11			6.18	1311548.48	4.00	712550.95			2.75	514596.50	2.85	604431.20
12	5.96	1096614.72	6.03	1221753.41	2.69	468186.30	3.57	604422.55	2.91	574856.35		
13	5.59	1131679.34	5.00	1016337.35			4.15	722434.75	2.48	506550.07		
14	4.34	860126.39					3.81	675700.04	2.20	420646.68	3.79	875558.62
15	3.87	789841.34			4.16	754251.15	3.31	533031.06			2.53	612399.41
16	5.62	1086002.05	5.38	992739.84	3.55	620602.69	9.57	1474267.56			2.00	437595.60
17			6.57	1165889.86	3.13	562387.43			2.09	394314.01	2.35	521917.14
18			8.32	1532242.91	2.98	562004.90			2.38	435129.54	3.05	687054.06
19			5.95	1165439.50	2.77	556431.90	5.00	792319.06	2.60	488975.36		
20			5.97	1194712.63			4.70	731502.79	1.21	218163.48		
21							3.52	649223.43	1.63	247545.64	1.35	332416.92
22					3.01	606059.19	4.11	715307.13			1.86	456728.78
23			7.80	1514149.11	3.22	632061.96	4.13	698526.23			1.24	301480.24
24			6.88	1344921.52	3.25	612058.10			1.48	259528.10	1.85	420240.17
25			5.18	972922.17	3.49	653310.16			1.68	304772.48	1.78	403175.92
26			4.74	953737.66	2.36	393121.57	3.94	636996.87	1.02	204362.93		
27			3.59	604529.10			4.05	701069.28	3.31	591984.09		
28							4.32	720695.52	2.03	365583.94	1.57	353176.51
29	7.28	1207318.86			2.21	379637.17	4.66	797445.60			1.99	477528.50
30	7.05	1336095.79			2.88	502446.35	3.63	630625.06			2.73	565325.69
31					4.96	826762.81			2.07	360144.29		

数据来源:上海、深圳证券交易所

Source:Shanghai、Shenzhen Stock Exchange

Daily Trading Volume and Value of B Shares in 2004

成交额:亿元;成交量:手

7月 Jul.		8月 Aug.		9月 Sep.		10月 Oct.		11月 Nov.		12月 Dec.	
成交额 Turnover	成交量 Volume	成交额 Turnover	成交量 Volume	成交额 Turnover	成交量 Volume	成交额 Turnover	成交量 Volume	成交额 Turnover	成交量 Volume	成交额 Turnover	成交量 Volume
3.30	737236.74			0.93	232620.10			2.55	651652.43	1.64	372807.58
2.05	418570.42	1.21	244918.50	1.43	369673.15			1.83	473881.01	1.99	447392.24
		1.41	305704.78	0.90	253110.31			2.19	490102.30	1.72	416437.00
		2.87	634589.26					1.94	443554.56		
2.39	501745.93	1.37	316496.58					1.23	293923.36		
2.37	509794.21	0.90	197475.38	0.76	196843.66					1.06	303117.83
1.66	349271.67			0.72	187342.44					1.17	282306.68
0.96	210293.47			0.85	179686.55	2.88	565541.93	0.97	255026.48	0.91	251546.39
1.17	264577.63	1.05	279493.07	1.22	298869.74			1.26	351101.64	2.22	605670.65
		1.04	245187.60	1.00	233462.76			3.58	916057.22	1.36	357725.76
		1.16	267762.13			5.19	1070255.67	3.45	908691.71		
1.59	366688.10	1.77	398927.96			3.66	782155.62	1.83	457010.72		
1.19	277668.80	1.38	304183.93	0.95	221937.93	2.95	674882.78			1.63	352544.12
2.15	479191.86			1.69	439103.58	2.96	681680.29			1.31	323591.53
3.25	639330.80			5.61	1437260.84	3.36	706642.08	2.89	631791.13	1.50	385590.87
5.39	1156173.15	1.85	428872.31	3.42	866388.82			2.24	613106.18	1.85	501762.84
		1.48	328639.85	4.46	1156773.45			1.81	462641.07	1.45	380134.76
		1.03	247548.72			2.07	441214.63	1.93	479087.86		
2.63	523559.68	1.83	468370.55			2.45	557954.06	2.56	648275.78		
1.99	409671.37	2.20	569613.41	6.67	1576203.27	1.57	386439.66			1.13	280722.84
1.69	370417.53			5.38	1315224.55	2.22	551535.24			0.88	206820.24
2.18	495258.36			3.93	961363.37	2.93	621987.45	3.26	858869.38	1.46	353647.77
2.11	421775.84	1.07	265536.70	3.67	803909.19			2.04	511217.75	0.92	213937.56
		1.27	349009.93	7.74	1556221.04			1.90	493025.33	0.84	209100.32
		0.94	254594.48			3.18	772208.85	1.41	372981.27		
1.37	299928.08	0.90	212916.18			1.87	500511.19	1.31	308731.76		
1.73	403748.70	0.92	255180.30	2.90	622361.90	2.28	541320.51			0.60	161567.96
1.66	346341.42			2.20	447070.30	2.65	676917.43			1.00	245787.06
1.34	293726.00			1.43	321119.21	3.09	731253.71	1.31	321614.24	0.98	218431.71
1.35	294611.08	0.72	178496.06	2.34	518792.79			1.08	264358.86	0.89	217620.75
		2.49	656430.99							2.71	631131.64

2-22 2004年上海B股每日成交量、成交额

日期 Date	1月 Jan.		2月 Feb.		3月 Mar.		4月 Apr.		5月 May		6月 Jun.	
	成交额 Turnover	成交量 Volume	成交额 Turnover	成交量 Volume	成交额 Turnover	成交量 Volume	成交额 Turnover	成交量 Volume	成交额 Turnover	成交量 Volume	成交额 Turnover	成交量 Volume
1					1.02	194158.36	0.77	145099.43			0.81	173465.56
2	1.67	347569.69	2.51	556150.27	0.91	179328.54	1.61	271016.26			0.60	126619.09
3			1.89	442946.49	0.92	188767.74					0.69	151496.36
4			3.42	806770.67	1.84	352263.17					0.85	182122.04
5	3.16	698471.77	3.19	763058.97	1.03	202022.90	0.76	138120.88				
6	5.84	1160337.46	3.86	915592.12			1.21	220739.14				
7	2.86	624271.42					1.31	231515.88			0.99	238814.93
8	5.90	1261788.39			1.16	228095.90	0.85	165498.00			0.63	146694.84
9	5.10	1199944.87	2.24	492780.49	1.21	242671.11	1.18	258317.91			0.74	164893.14
10			3.11	715032.39	1.18	246997.84			1.02	214349.02	0.99	241643.82
11			2.07	492044.13	1.41	291988.05			0.77	176017.48	1.33	298657.43
12	2.06	466841.22	1.48	351878.33	0.99	190540.33	0.73	150016.12	0.77	195094.08		
13	2.44	550262.51	1.57	321530.12			0.61	125896.05	1.04	249779.90		
14	1.78	394839.97					0.78	170059.36	0.55	123273.33	1.85	480492.70
15	1.43	316089.58			1.50	320265.21	0.53	108265.34			1.34	378349.83
16	2.20	454262.05	1.66	352251.85	1.18	227122.38	0.78	172274.54			0.72	199601.85
17			2.57	446302.09	0.99	209881.19			0.75	159625.28	0.74	202525.63
18			3.50	636580.58	0.92	196849.79			0.55	122488.66	0.87	269280.11
19			2.63	538601.63	0.86	183650.63	0.64	125578.48	0.65	148993.01		
20			2.51	530984.43			1.25	245570.97	0.31	71964.89		
21							1.02	223960.94	0.35	81094.44	0.50	153791.56
22					1.11	234258.95	1.33	297419.60			0.78	228147.86
23			2.59	551418.49	1.54	314080.74	0.92	190966.45			0.44	129724.57
24			2.92	616388.65	1.21	219473.75			0.51	106146.22	0.58	173282.12
25			1.80	388358.30	1.28	245512.83			0.52	119600.09	0.51	150634.28
26			2.02	418965.14	0.98	165679.93	0.96	194870.60	0.42	97230.50		
27			1.49	239107.93			1.12	221084.22	1.02	215650.07		
28							0.98	201683.05	0.60	120764.81	0.41	102297.84
29	2.06	396363.61			0.68	123712.56	1.14	246344.27			0.53	139978.28
30	2.39	497855.82			0.58	104175.57	1.14	222557.24			0.61	141580.16
31					0.86	145517.11			0.64	132519.29		

数据来源:上海证券交易所

Source:Shanghai Stock Exchange

Daily Trading Volume and Value of B Shares in Shanghai Stock Exchange in 2004

成交额:亿元;成交量:手

7月 Jul.		8月 Aug.		9月 Sep.		10月 Oct.		11月 Nov.		12月 Dec.	
成交额 Turnover	成交量 Volume	成交额 Turnover	成交量 Volume	成交额 Turnover	成交量 Volume	成交额 Turnover	成交量 Volume	成交额 Turnover	成交量 Volume	成交额 Turnover	成交量 Volume
0.91	249425.91			0.20	55187.86			1.20	344228.25	0.61	135464.09
0.56	146466.54	0.30	71817.04	0.29	82223.93			0.78	239892.25	0.70	157044.24
		0.41	123074.86	0.19	55463.02			0.64	196423.53	0.67	168525.18
		1.07	280470.00					0.56	165361.48		
0.81	192237.96	0.51	139441.24					0.38	126722.77		
0.92	230545.29	0.28	76156.51	0.19	54649.90					0.45	144209.17
0.68	162459.70			0.18	55308.39					0.28	86903.63
0.37	94655.29			0.16	47378.67	0.93	224362.51	0.31	113874.22	0.30	107038.20
0.38	96409.24	0.49	170409.47	0.40	111895.85			0.30	116111.56	0.50	162700.10
		0.41	124696.32	0.42	112617.32			1.35	403202.84	0.33	98886.47
		0.48	130505.00			1.89	416423.07	1.25	377091.60		
0.56	152798.71	0.47	138859.14			1.24	298698.07	0.56	158997.92		
0.40	106659.84	0.37	114903.80	0.30	87073.02	1.15	302346.93			0.36	122827.53
0.45	127946.59			0.57	169481.91	1.22	312876.80			0.28	86231.14
0.59	154458.48			2.01	598763.17	0.72	201688.36	0.56	151333.91	0.32	99659.09
1.80	462340.85	0.41	129351.44	1.24	336568.15			0.61	259211.71	0.31	95622.95
		0.47	124675.47	1.46	416457.22			0.48	160115.07	0.26	88607.94
		0.25	70658.61			0.55	138320.16	0.61	167813.49		
0.65	169957.42	0.36	99932.15			0.86	214747.97	0.42	126842.79		
0.76	181034.64	0.44	118805.09	2.23	631938.40	0.59	153373.86			0.36	95979.75
0.54	147702.30			1.76	494955.90	0.77	197608.76			0.24	68058.81
0.68	200748.88			1.41	385090.13	1.04	266359.33	0.59	171821.23	0.42	133380.59
0.53	153445.93	0.31	86834.12	1.09	288776.47			0.46	138599.33	0.28	78121.05
		0.39	120858.17	2.12	532539.03			0.45	140754.82	0.25	66306.93
		0.20	63659.43			0.97	261397.55	0.31	107963.27		
0.41	110673.77	0.29	72871.63			0.72	215927.23	0.31	85883.72		
0.54	147260.32	0.24	78366.02	0.93	234107.34	0.79	217106.42			0.20	55602.24
0.32	90205.60			0.60	155285.51	0.82	236780.05			0.22	62690.86
0.42	114776.54			0.47	133486.21	1.07	295197.21	0.45	125510.00	0.20	56602.55
0.39	99138.83	0.19	50675.33	0.72	200613.24			0.34	89657.43	0.22	66181.48
		0.63	184381.11							0.74	214793.64

2-23 2004年深圳B股每日成交量、成交额

日期 Date	1月 Jan.		2月 Feb.		3月 Mar.		4月 Apr.		5月 May		6月 Jun.	
	成交额 Turnover	成交量 Volume	成交额 Turnover	成交量 Volume	成交额 Turnover	成交量 Volume	成交额 Turnover	成交量 Volume	成交额 Turnover	成交量 Volume	成交额 Turnover	成交量 Volume
1					2.53	461071.42	3.84	638270.22			2.52	428782.00
2	3.35	598602.92	6.04	1054932.24	2.97	536475.30	4.38	709167.49			1.93	297404.44
3			4.28	798379.37	3.14	550179.18					1.42	235789.66
4			6.25	1228121.84	2.11	371009.08					1.06	184110.75
5	5.08	918515.57	5.41	1042419.74	1.87	283832.60	2.76	496500.28				
6	6.07	1121173.93	7.93	1539567.97			4.64	728018.09				
7	5.25	931878.38					5.54	902748.84			1.26	208655.04
8	6.95	1180328.67			2.56	447445.13	3.58	595522.54			1.61	246191.53
9	6.16	1003156.53	4.26	826035.87	2.10	354446.17	3.97	653442.64			1.47	288452.92
10			6.12	1210122.38	1.66	280014.97			2.47	395131.14	1.20	266267.01
11			4.11	819504.35	2.59	420562.90			1.98	338579.02	1.52	305773.77
12	3.90	629773.50	4.55	869875.08	1.70	277645.97	2.84	454406.43	2.14	379762.27		
13	3.15	581416.83	3.43	694807.23			3.54	596538.70	1.44	256770.17		
14	2.56	465286.42					3.03	505640.68	1.65	297373.35	1.94	395065.92
15	2.44	473751.76			2.66	433985.94	2.78	424765.72			1.19	234049.58
16	3.42	631740.00	3.72	640487.99	2.37	393480.31	8.79	1301993.02			1.28	237993.75
17			4.00	719587.77	2.14	352506.24			1.34	234688.73	1.61	319391.51
18			4.82	895662.33	2.06	365155.11			1.83	312640.88	2.18	417773.95
19			3.32	626837.87	1.91	372781.27	4.36	666740.58	1.95	339982.35		
20			3.46	663728.20			3.45	485931.82	0.90	146198.59		
21							2.50	425262.49	1.28	166451.20	0.85	178625.36
22					1.90	371800.24	2.78	417887.53			1.08	228580.92
23			5.21	962730.62	1.68	317981.22	3.21	507559.78			0.80	171755.67
24			3.96	728532.87	2.04	392584.35			0.97	153381.88	1.27	246958.05
25			3.38	584563.87	2.21	407797.33			1.16	185172.39	1.27	252541.64
26			2.72	534772.52	1.38	227441.64	2.98	442126.27	0.60	107132.43		
27			2.10	365421.17			2.93	479985.06	2.29	376334.02		
28							3.34	519012.47	1.43	244819.13	1.16	250878.67
29	5.22	810955.25			1.53	255924.61	3.52	551101.33			1.46	337550.22
30	4.66	838239.97			2.30	398270.78	2.49	408067.82			2.12	423745.53
31					4.10	681245.70			1.43	227625.00		

数据来源:深圳证券交易所

Source: Shenzhen Stock Exchange

Daily Trading Volume and Value of B Shares in Shenzhen Stock Exchange in 2004

成交额:亿元;成交量:手

7月 Jul.		8月 Aug.		9月 Sep.		10月 Oct.		11月 Nov.		12月 Dec.	
成交额 Turnover	成交量 Volume	成交额 Turnover	成交量 Volume	成交额 Turnover	成交量 Volume	成交额 Turnover	成交量 Volume	成交额 Turnover	成交量 Volume	成交额 Turnover	成交量 Volume
2.39	487810.83			0.73	177432.24			1.35	307424.18	1.03	237343.49
1.49	272103.88	0.91	173101.46	1.14	287449.22			1.05	233988.76	1.29	290348.00
		1.00	182629.92	0.71	197647.29			1.55	293678.77	1.05	247911.82
		1.80	354119.26					1.38	278193.08		
1.58	309507.97	0.86	177055.34					0.85	167200.59		
1.45	279248.92	0.62	121318.87	0.57	142193.76					0.61	158908.66
0.98	186811.97			0.54	132034.05					0.89	195403.05
0.59	115638.18			0.69	132307.88	1.95	341179.42	0.66	141152.26	0.61	144508.19
0.79	168168.39	0.56	109083.60	0.82	186973.89			0.96	234990.08	1.72	442970.55
		0.63	120491.28	0.58	120845.44			2.23	512854.38	1.03	258839.29
		0.68	137257.13			3.30	653832.60	2.20	531600.11		
1.03	213889.39	1.30	260068.82			2.42	483457.55	1.27	298012.80		
0.79	171008.96	1.01	189280.13	0.65	134864.91	1.80	372535.85			1.27	229716.59
1.70	351245.27			1.12	269621.67	1.74	368803.49			1.03	237360.39
2.66	484872.32			3.60	838497.67	2.64	504953.72	2.33	480457.22	1.18	285931.78
3.59	693832.30	1.44	299520.87	2.18	529820.67			1.63	353894.47	1.54	406139.89
		1.01	203964.38	3.00	740316.23			1.33	302526.00	1.19	291526.82
		0.78	176890.11			1.52	302894.47	1.32	311274.37		
1.98	353602.26	1.47	368438.40			1.59	343206.09	2.14	521432.99		
1.23	228636.73	1.76	450808.32	4.44	944264.87	0.98	233065.80			0.77	184743.09
1.15	222715.23			3.62	820268.65	1.45	353926.48			0.64	138761.43
1.50	294509.48			2.52	576273.24	1.89	355628.12	2.67	687048.15	1.04	220267.18
1.58	268329.91	0.76	178702.58	2.58	515132.72			1.58	372618.42	0.64	135816.51
		0.88	228151.76	5.62	1023682.01			1.45	352270.51	0.59	142793.39
		0.74	190935.05			2.21	510811.30	1.10	265018.00		
0.96	189254.31	0.61	140044.55			1.15	284583.96	1.00	222848.04		
1.19	256488.38	0.68	176814.28	1.97	388254.56	1.49	324214.09			0.40	105965.72
1.34	256135.82			1.60	291784.79	1.83	440137.38			0.78	183096.20
0.92	178949.46			0.96	187633.00	2.02	436056.50	0.86	196104.24	0.78	161829.16
0.96	195472.25	0.53	127820.73	1.62	318179.55			0.74	174701.43	0.67	151439.27
		1.86	472049.88							1.97	416338.00

2-24 2004年全国股票分行业成交量、成交额

Trading Volume and Value for Stocks in 2004 (Categorized by Industries)

行 业 Industry	成交数量 Transaction Volume(10000)		成交金额 Turnover(10000)	
	数量(万股)Volume	(%)	金额(万元)	(%)
合计 Total	58277328.80	100	423339472.19	100
其中:15000万股以上	53534712.04	91.86	378033499.65	89.30
5000万股—15000万股	4707092.50	8.08	45174411.90	10.67
5000万股以下	35524.75	0.06	131560.65	0.03
农、林、牧、副、渔业 Agriculture, Forestry, Fishing and Hunting	1206012.01	2.07	7407071.30	1.75
采掘业 Mining	1905578.84	3.27	15503635.42	3.66
食品、饮料 Food, Beverage	2502467.44	4.29	17323514.75	4.09
纺织、服装、毛皮 Textile, Apparel, Leather	1989887.24	3.41	12570356.40	2.97
木材、家俱 Wood Product	53392.30	0.09	283858.16	0.07
造纸、印刷 Paper, Printing	847301.06	1.45	5278365.29	1.25
石油、化学、橡胶、塑料 Petroleum, Chemical Product, Plastics, Rubber	5122149.47	8.79	35924434.82	8.49
电子 Electrical Equipment	2764749.94	4.74	23547823.33	5.56
金属、非金属 Metal, Nonmetallic Mineral Product	7392541.70	12.69	52063357.60	12.30
机械、设备、仪表 Machinery, Equipment, Meter	7135783.70	12.24	52818333.85	12.48
医药、生物 Medicine, Biologic Product	2634938.89	4.52	18583575.26	4.39
其他制造业 Other Manufacuring	629216.82	1.08	4445599.45	1.05
电力、蒸汽及水的生产及供应业 Electricity, Gas, Water Supply	3190511.73	5.47	26451610.38	6.25
建筑业 Construction	655901.60	1.13	4691213.39	1.11
交通运输、仓储业 Transport, Storage	3085871.12	5.30	23999751.31	5.67
信息技术业 Information, Technology	5556746.77	9.54	38804154.31	9.17
批发和零售贸易 Wholesale and Retail Trade	2693629.11	4.62	18474679.59	4.36
金融、保险业 Finance, Insurance	2076216.49	3.56	17548620.60	4.15
房地产业 Real Estate	1713203.58	2.94	11746620.46	2.77
社会服务业 Social Services	1181592.07	2.03	7961563.08	1.88
传播及文化产业 Transmission, Culture	425310.81	0.73	4376119.52	1.03
综合类 Conglomerat	3514326.58	6.03	23535213.93	5.56

数据来源:上海、深圳证券交易所

Source:Shanghai、Shenzhen Stock Exchange

2-25　2004年上海股票分行业成交量、成交额

Trading Volume and Value of Shanghai Stock Exchange in 2004
(Categorized by Industries)

行　业 Industry	成交数量 Transaction Volume(10000)		成交金额 Turnover(10000)	
	数量(万股)Volume	(%)	金额(万元)	(%)
合计	36077416.80	100	264705965.04	100
其中:15000万股以上	33257712.86	92.18	236327340.93	89.28
5000万股—15000万股	2811004.42	7.79	28344427.81	10.71
5000万股以下	8699.52	0.02	34196.31	0.01
农、林、牧、副、渔业 Agriculture, Forestry, Fishing and Hunting	898133.66	2.49	5677272.22	2.14
采掘业 Mining	1366241.52	3.79	10302049.37	3.89
食品、饮料 Food, Beverage	1622704.13	4.50	10882886.34	4.11
纺织、服装、毛皮 Textile, Apparel, Leather	1304726.70	3.62	8433120.96	3.19
木材、家俱 Wood Product	25220.24	0.07	184668.06	0.07
造纸、印刷 Paper, Printing	494483.30	1.37	3153145.02	1.19
石油、化学、橡胶、塑料 Petroleum, Chemical Product, Plastics, Rubber	2581336.24	7.15	19585489.64	7.40
电子 Electrical Equipment	1420559.75	3.94	13002972.26	4.91
金属、非金属 Metal, Nonmetallic Mineral Product	4386573.52	12.16	30425787.73	11.49
机械、设备、仪表 Machinery, Equipment, Meter	3490098.74	9.67	27527105.91	10.40
医药、生物 Medicine, Biologic Product	1273908.32	3.53	10722954.80	4.05
其他制造业 Other Manufacuring	518289.48	1.44	3430658.09	1.30
电力、蒸汽及水的生产及供应业 Electricity, Gas, Water Supply	2223218.06	6.16	18974063.36	7.17
建筑业 Construction	492883.21	1.37	3709915.13	1.40
交通运输、仓储业 Transport, Storage	2501330.84	6.93	19334082.23	7.30
信息技术业 Information, Technology	4275787.86	11.85	27025297.66	10.21
批发和零售贸易 Wholesale and Retail Trade	1828586.16	5.07	12822261.82	4.84
金融、保险业 Finance, Insurance	1742240.26	4.83	14887236.68	5.62
房地产业 Real Estate	651458.24	1.81	4448646.53	1.68
社会服务业 Social Services	613543.14	1.70	4499799.23	1.70
传播及文化产业 Transmission, Culture	264201.25	0.73	2630934.77	0.99
综合类 Conglomerat	2101892.16	5.83	13045617.24	4.93

数据来源:上海证券交易所

Source:Shanghai Stock Exchange

2-26 2004年深圳股票分行业成交量、成交额

Trading Volume and Value of Shenzhen Stock Exchange in 2004 (Categorized by Industries)

行 业 Industry	成交数量 Transaction Volume(10000)		成交金额 Turnover(10000)	
	数量(万股)Volume	(%)	金额(万元)	(%)
合计	22199912.00	100	158633507.15	100
其中:15000万股以上	20276999.18	91.34	141706158.72	89.33
5000万股—15000万股	1896088.08	8.54	16829984.09	10.61
5000万股以下	26825.23	0.12	97364.34	0.06
农、林、牧、副、渔业 Agriculture, Forestry, Fishing and Hunting	307878.35	1.39	1729799.08	1.09
采掘业 Mining	539337.32	2.43	5201586.05	3.28
食品、饮料 Food, Beverage	879763.31	3.96	6440628.41	4.06
纺织、服装、毛皮 Textile, Apparel, Leather	685160.54	3.09	4137235.44	2.61
木材、家俱 Wood Product	28172.06	0.13	99190.10	0.06
造纸、印刷 Paper, Printing	352817.76	1.59	2125220.27	1.34
石油、化学、橡胶、塑料 Petroleum, Chemical Product, Plastics, Rubber	2540813.23	11.45	16338945.18	10.30
电子 Electrical Equipment	1344190.19	6.05	10544851.07	6.65
金属、非金属 Metal, Nonmetallic Mineral Product	3005968.18	13.54	21637569.87	13.64
机械、设备、仪表 Machinery, Equipment, Meter	3645684.96	16.42	25291227.94	15.94
医药、生物 Medicine, Biologic Product	1361030.57	6.13	7860620.46	4.96
其他制造业 Other Manufacuring	110927.34	0.50	1014941.36	0.64
电力、蒸汽及水的生产及供应业 Electricity, Gas, Water Supply	967293.67	4.36	7477547.02	4.71
建筑业 Construction	163018.39	0.73	981298.26	0.62
交通运输、仓储业 Transport, Storage	584540.28	2.63	4665669.08	2.94
信息技术业 Information, Technology	1280958.91	5.77	11778856.65	7.43
批发和零售贸易 Wholesale and Retail Trade	865042.95	3.90	5652417.77	3.56
金融、保险业 Finance, Insurance	333976.23	1.50	2661383.92	1.68
房地产业 Real Estate	1061745.34	4.78	7297973.93	4.60
社会服务业 Social Services	568048.93	2.56	3461763.85	2.18
传播及文化产业 Transmission, Culture	161109.56	0.73	1745184.75	1.10
综合类 Conglomerat	1412434.42	6.36	10489596.69	6.61

数据来源:深圳证券交易所

Source: Shenzhen Stock Exchange

2-27　2004年股票成交金额地区分布

Regional Distribution of Stock Turnover in 2004

成交额：百万元；(1000000)

地区 Region	总成交额 Turnover	比例(%)
安　徽	95538.54	2.26
北　京	483440.48	11.42
福　建	100531.83	2.37
甘　肃	42010.55	0.99
广　东	369554.13	8.73
广　西	26482.65	0.63
贵　州	21343.18	0.50
海　南	19791.80	0.47
河　北	64439.15	1.52
河　南	79681.16	1.88
黑龙江	65807.47	1.55
湖　北	126314.68	2.98
湖　南	62720.17	1.48
吉　林	56031.64	1.32
江　苏	189305.41	4.47
江　西	57228.99	1.35
辽　宁	105449.15	2.49
内蒙古	43719.88	1.03
宁　夏	8217.06	0.19
青　海	8464.19	0.20
山　东	171816.23	4.06
山　西	56396.52	1.33
陕　西	52091.47	1.23
上　海	656487.25	15.51
四　川	97604.09	2.31
天　津	56116.47	1.33
西　藏	6092.21	0.14
新　疆	56387.07	1.33
云　南	28443.94	0.67
浙　江	189366.67	4.47
重　庆	34528.91	0.82
境外及其他	8824.25	0.21
合　计	4233394.69	100.00

数据来源：上海、深圳证券交易所

Source：Shanghai、Shenzhen Stock Exchange

2-28 2004年全国A股按成交量排序前50名

Top 50 of A Share Trading Volume in 2004

序号 No.	代码 Code	股票简称 Shares	年成交量(百万股) Trading Volume(1000000)	交易所 Exchange
1	600050	中国联通	21689.91	上海
2	600028	中国石化	8820.88	上海
3	600019	宝钢股份	6122.73	上海
4	600900	长江电力	5850.35	上海
5	000100	TCL 集团	5091.21	深圳
6	600005	武钢股份	4585.25	上海
7	600036	招商银行	4499.84	上海
8	600029	南方航空	4034.75	上海
9	600016	民生银行	3889.93	上海
10	000898	鞍钢新轧	3785.39	深圳
11	000518	四环生物	3779.16	深圳
12	000549	湘火炬 A	3709.48	深圳
13	600797	浙大网新	3697.10	上海
14	600808	马钢股份	3619.89	上海
15	600015	华夏银行	3271.82	上海
16	600688	上海石化	3063.73	上海
17	000002	万 科 A	3032.35	深圳
18	000503	海虹控股	2677.63	深圳
19	600737	ST 屯 河	2406.57	上海
20	600653	申华控股	2241.63	上海
21	000629	新 钢 钒	2207.41	深圳
22	600030	中信证券	2190.05	上海
23	600839	四川长虹	2066.34	上海
24	000800	一汽轿车	2029.15	深圳
25	000717	韶钢松山	1979.58	深圳
26	600104	上海汽车	1921.32	上海
27	600705	北亚集团	1908.46	上海
28	000633	合金投资	1844.17	深圳
29	000001	深发展 A	1783.41	深圳
30	600601	方正科技	1781.62	上海
31	000858	五 粮 液	1777.25	深圳
32	000682	东方电子	1691.28	深圳
33	600895	张江高科	1674.11	上海
34	600002	齐鲁石化	1625.98	上海
35	600186	莲花味精	1601.84	上海
36	600812	华北制药	1577.73	上海
37	600000	浦发银行	1564.38	上海
38	600602	广电电子	1543.14	上海
39	000720	鲁能泰山	1491.63	深圳
40	600609	金杯汽车	1478.59	上海
41	600569	安阳钢铁	1463.16	上海
42	600110	中科英华	1437.70	上海
43	000825	太钢不锈	1434.44	深圳
44	600217	秦岭水泥	1406.19	上海
45	000027	深能源 A	1392.08	深圳
46	600643	爱建股份	1390.25	上海
47	600004	白云机场	1387.18	上海
48	600210	紫江企业	1371.44	上海
49	600121	郑州煤电	1359.06	上海
50	000510	金路集团	1332.68	深圳

数据来源:上海、深圳证券交易所

Source:Shanghai、Shenzhen Stock Exchange

2-29　2004年上海A股按成交量排序前50名

Top 50 of Shanghai Stock Exchange A Share Trading Volume in 2004

序号 No.	代码 Code	股票简称 Shares	年成交量(百万股) Trading Volume(1000000)	年成交金额(百万元) Turnover (1000000)
1	600050	中国联通	21689.91	86389.45
2	600028	中国石化	8820.88	44884.72
3	600019	宝钢股份	6122.73	42038.71
4	600900	长江电力	5850.35	52625.85
5	600005	武钢股份	4585.25	26322.42
6	600036	招商银行	4499.84	45695.92
7	600029	南方航空	4034.75	21682.42
8	600016	民生银行	3889.93	34622.51
9	600797	浙大网新	3697.1	19987.85
10	600808	马钢股份	3619.89	18423.53
11	600015	华夏银行	3271.82	22006.23
12	600688	上海石化	3063.73	19090.14
13	600737	ST 屯 河	2406.57	9881.6
14	600653	申华控股	2241.63	8755.97
15	600030	中信证券	2190.05	17679.65
16	600839	四川长虹	2066.34	15452.98
17	600104	上海汽车	1921.32	19677.01
18	600705	北亚集团	1908.46	8290.88
19	600601	方正科技	1781.62	12520.61
20	600895	张江高科	1674.11	13876.52
21	600002	齐鲁石化	1625.98	14921.92
22	600186	莲花味精	1601.84	6791.51
23	600812	华北制药	1577.73	8956.67
24	600000	浦发银行	1564.38	15497.52
25	600602	广电电子	1543.14	16919.3
26	600609	金杯汽车	1478.59	8232.2
27	600569	安阳钢铁	1463.16	8724.8
28	600110	中科英华	1437.7	10880.7
29	600217	秦岭水泥	1406.19	8457.91
30	600643	爱建股份	1390.25	10409.59
31	600004	白云机场	1387.18	12980.13
32	600210	紫江企业	1371.44	8466.47
33	600121	郑州煤电	1359.06	8743.75
34	600868	梅雁股份	1300.07	5515.29
35	600350	山东基建	1283.15	6261.86
36	600026	中海发展	1234.92	11432.84
37	600642	申能股份	1212.27	12817.45
38	600035	楚天高速	1202.25	6724.53
39	600231	凌钢股份	1180.98	9055.39
40	600171	上海贝岭	1170.87	13275.25
41	600500	中化国际	1167.73	11185.7
42	600362	江西铜业	1154.39	8922.55
43	600020	中原高速	1152.74	8865.59
44	600009	上海机场	1135.24	13874.87
45	600086	多佳股份	1110.94	5639.33
46	600205	山东铝业	1108.55	15703.22
47	600591	上海航空	1099.62	8733.21
48	600780	通宝能源	1089.92	7872.73
49	600060	海信电器	1072.46	8118.55
50	600073	上海梅林	1066.3	12035.56

数据来源：上海、深圳证券交易所

Source：Shanghai、Shenzhen Stock Exchange

2-30 2004年深圳A股按成交量排序前50名

Top 50 of Shenzhen Stock Exchange A Share Trading Volume in 2004

序号 No.	代码 Code	股票简称 Shares	年成交量(百万股) Trading Volume(1000000)	年成交金额(百万元) Turnover (1000000)
1	000100	TCL 集团	5091.21	35549.15
2	000898	鞍钢新轧	3785.39	21334.87
3	000518	四环生物	3779.16	12503.48
4	000549	湘火炬 A	3709.48	16221.68
5	000002	万 科 A	3032.35	20265.94
6	000503	海虹控股	2677.63	40572.01
7	000629	新 钢 钒	2207.41	15922.24
8	000800	一汽轿车	2029.15	15808.41
9	000717	韶钢松山	1979.58	20225.37
10	000633	合金投资	1844.17	9110.56
11	000001	深发展 A	1783.41	17012.47
12	000858	五 粮 液	1777.25	15929.42
13	000682	东方电子	1691.28	8008.06
14	000720	鲁能泰山	1491.63	9575.62
15	000825	太钢不锈	1434.44	7505.30
16	000027	深能源 A	1392.08	13844.66
17	000510	金路集团	1332.68	6266.35
18	000866	扬子石化	1313.37	15499.74
19	000009	深宝安 A	1303.12	6745.01
20	000688	朝华集团	1273.69	9142.03
21	000787	创智科技	1268.24	9381.17
22	000708	大冶特钢	1259.40	9298.29
23	000557	ST 银广夏	1246.38	2935.37
24	000061	农 产 品	1217.67	7344.88
25	000927	一汽夏利	1160.15	6526.99
26	000875	吉电股份	1114.67	6217.83
27	000850	华茂股份	1057.97	4663.79
28	000932	华菱管线	1057.51	6187.40
29	000562	宏源证券	1054.91	7025.05
30	000401	冀东水泥	1019.28	5858.09
31	000625	长安汽车	1017.61	9367.56
32	000789	江西水泥	1013.43	7773.38
33	000920	南方汇通	995.69	13448.45
34	000680	山推股份	945.12	6927.56
35	000410	沈阳机床	940.73	8615.51
36	000817	辽河油田	919.70	8847.87
37	000983	西山煤电	911.28	11181.36
38	000039	中集集团	903.36	18630.67
39	000031	深宝恒 A	891.73	8027.15
40	000583	ST 托 普	883.54	4248.97
41	000627	百科药业	879.01	3767.51
42	000619	海螺型材	874.90	5839.09
43	000066	长城电脑	870.64	9826.96
44	000532	力合股份	867.23	6511.58
45	000005	ST 星 源	860.59	2696.03
46	000823	超声电子	859.24	5629.00
47	000839	中信国安	856.60	13223.96
48	000956	中原油气	838.98	9121.16
49	000540	世纪中天	833.81	4465.59
50	000636	风华高科	831.89	6435.63

数据来源:上海、深圳证券交易所

Source:Shanghai、Shenzhen Stock Exchange

2-31　2004 年全国 A 股按成交额排序前 50 名

Top 50 of A Share Turnover in 2004

序号 No.	代码 Code	股票简称 Shares	年成交额(百万元) Tutnover(1000000)	交易所 Exchange
1	600050	中国联通	86389.45	上海
2	600900	长江电力	52625.85	上海
3	600036	招商银行	45695.92	上海
4	600028	中国石化	44884.72	上海
5	600019	宝钢股份	42038.71	上海
6	000503	海虹控股	40572.01	深圳
7	000100	TCL 集团	35549.15	深圳
8	600016	民生银行	34622.51	上海
9	600005	武钢股份	26322.42	上海
10	600015	华夏银行	22006.23	上海
11	600029	南方航空	21682.42	上海
12	000898	鞍钢新轧	21334.87	深圳
13	000002	万 科 A	20265.94	深圳
14	000717	韶钢松山	20225.37	深圳
15	600797	浙大网新	19987.85	上海
16	600104	上海汽车	19677.01	上海
17	600688	上海石化	19090.14	上海
18	000039	中集集团	18630.67	深圳
19	600808	马钢股份	18423.53	上海
20	600030	中信证券	17679.65	上海
21	000001	深发展 A	17012.47	深圳
22	600602	广电电子	16919.30	上海
23	000549	湘火炬 A	16221.68	深圳
24	000858	五 粮 液	15929.42	深圳
25	000629	新 钢 钒	15922.24	深圳
26	000800	一汽轿车	15808.41	深圳
27	600205	山东铝业	15703.22	上海
28	000866	扬子石化	15499.74	深圳
29	600000	浦发银行	15497.52	上海
30	600839	四川长虹	15452.98	上海
31	600100	清华同方	15402.71	上海
32	000063	中兴通讯	15263.98	深圳
33	600002	齐鲁石化	14921.92	上海
34	600018	上港集箱	14051.34	上海
35	600895	张江高科	13876.52	上海
36	600009	上海机场	13874.87	上海
37	000027	深能源 A	13844.66	深圳
38	000920	南方汇通	13448.45	深圳
39	600171	上海贝岭	13275.25	上海
40	000839	中信国安	13223.96	深圳
41	600004	白云机场	12980.13	上海
42	600642	申能股份	12817.45	上海
43	600601	方正科技	12520.61	上海
44	600011	华能国际	12515.20	上海
45	000518	四环生物	12503.48	深圳
46	600832	东方明珠	12054.40	上海
47	600073	上海梅林	12035.56	上海
48	600026	中海发展	11432.84	上海
49	600500	中化国际	11185.70	上海
50	000983	西山煤电	11181.36	深圳

数据来源：上海、深圳证券交易所

Source：Shanghai、Shenzhen Stock Exchange

2-32 2004年上海A股按成交额排序前50名

Top 50 of Shanghai Stock Exchange A Share Turnover in 2004

序号 No.	代码 Code	股票简称 Shares	年成交额(百万元) Tutnover(1000000)	年成交量(百万股) Trading Volume (1000000)
1	600050	中国联通	86389.45	21689.91
2	600900	长江电力	52625.85	5850.35
3	600036	招商银行	45695.92	4499.84
4	600028	中国石化	44884.72	8820.88
5	600019	宝钢股份	42038.71	6122.73
6	600016	民生银行	34622.51	3889.93
7	600005	武钢股份	26322.42	4585.25
8	600015	华夏银行	22006.23	3271.82
9	600029	南方航空	21682.42	4034.75
10	600797	浙大网新	19987.85	3697.10
11	600104	上海汽车	19677.01	1921.32
12	600688	上海石化	19090.14	3063.73
13	600808	马钢股份	18423.53	3619.89
14	600030	中信证券	17679.65	2190.05
15	600602	广电电子	16919.30	1543.14
16	600205	山东铝业	15703.22	1108.55
17	600000	浦发银行	15497.52	1564.38
18	600839	四川长虹	15452.98	2066.34
19	600100	清华同方	15402.71	921.00
20	600002	齐鲁石化	14921.92	1625.98
21	600018	上港集箱	14051.34	958.34
22	600895	张江高科	13876.52	1674.11
23	600009	上海机场	13874.87	1135.24
24	600171	上海贝岭	13275.25	1170.87
25	600004	白云机场	12980.13	1387.18
26	600642	申能股份	12817.45	1212.27
27	600601	方正科技	12520.61	1781.62
28	600011	华能国际	12515.20	985.34
29	600832	东方明珠	12054.40	797.68
30	600073	上海梅林	12035.56	1066.30
31	600026	中海发展	11432.84	1234.92
32	600500	中化国际	11185.70	1167.73
33	600110	中科英华	10880.70	1437.70
34	600643	爱建股份	10409.59	1390.25
35	600737	ST 屯 河	9881.60	2406.57
36	600887	伊利股份	9871.47	840.37
37	600021	上海电力	9627.39	969.00
38	600717	天 津 港	9334.92	928.45
39	600770	综艺股份	9264.38	647.72
40	600879	火箭股份	9136.57	855.43
41	600408	安泰集团	9063.59	993.59
42	600231	凌钢股份	9055.39	1180.98
43	600198	大唐电信	9030.17	779.33
44	600812	华北制药	8956.67	1577.73
45	600362	江西铜业	8922.55	1154.39
46	600795	国电电力	8867.42	971.58
47	600020	中原高速	8865.59	1152.74
48	600997	开滦股份	8757.52	827.18
49	600653	申华控股	8755.97	2241.63
50	600121	郑州煤电	8743.75	1359.06

数据来源:上海证券交易所

Source:Shanghai Stock Exchange

2-33　2004年深圳A股按成交额排序前50名

Top 50 of Shenzhen Stock Exchange A Share Turnover in 2004

序号 No.	代码 Code	股票简称 Shares	年成交额(百万元) Tutnover(1000000)	年成交量(百万股) Trading Volume (1000000)
1	000503	海虹控股	40572.01	2677.63
2	000100	TCL集团	35549.15	5091.21
3	000898	鞍钢新轧	21334.87	3785.39
4	000002	万　科　A	20265.94	3032.35
5	000717	韶钢松山	20225.37	1979.58
6	000039	中集集团	18630.67	903.36
7	000001	深发展A	17012.47	1783.41
8	000549	湘火炬A	16221.68	3709.48
9	000858	五　粮　液	15929.42	1777.25
10	000629	新　钢　钒	15922.24	2207.41
11	000800	一汽轿车	15808.41	2029.15
12	000866	扬子石化	15499.74	1313.37
13	000063	中兴通讯	15263.98	607.07
14	000027	深能源A	13844.66	1392.08
15	000920	南方汇通	13448.45	995.69
16	000839	中信国安	13223.96	856.60
17	000518	四环生物	12503.48	3779.16
18	000983	西山煤电	11181.36	911.28
19	000088	盐田港A	10236.05	661.97
20	000066	长城电脑	9826.96	870.64
21	000720	鲁能泰山	9575.62	1491.63
22	000787	创智科技	9381.17	1268.24
23	000625	长安汽车	9367.56	1017.61
24	000708	大冶特钢	9298.29	1259.40
25	000688	朝华集团	9142.03	1273.69
26	000956	中原油气	9121.16	838.98
27	000633	合金投资	9110.56	1844.17
28	000817	辽河油田	8847.87	919.70
29	000410	沈阳机床	8615.51	940.73
30	000693	聚友网络	8405.08	646.66
31	000031	深宝恒A	8027.15	891.73
32	000682	东方电子	8008.06	1691.28
33	000789	江西水泥	7773.38	1013.43
34	000068	赛格三星	7666.37	709.74
35	000825	太钢不锈	7505.30	1434.44
36	000061	农　产　品	7344.88	1217.67
37	000725	京东方A	7278.39	626.50
38	000562	宏源证券	7025.05	1054.91
39	000680	山推股份	6927.56	945.12
40	000089	深圳机场	6833.22	637.46
41	000630	铜都铜业	6780.01	744.43
42	000009	深宝安A	6745.01	1303.12
43	000402	金　融　街	6690.76	665.03
44	000927	一汽夏利	6526.99	1160.15
45	000532	力合股份	6511.58	867.23
46	000636	风华高科	6435.63	831.89
47	000510	金路集团	6266.35	1332.68
48	000021	深科技A	6260.31	488.30
49	000875	吉电股份	6217.83	1114.67
50	000932	华菱管线	6187.40	1057.51

数据来源：深圳证券交易所

Source：Shenzhen Stock Exchange

2-34　2004年全国B股按成交量排序前50名

Top 50 of B Share Trading Volume in 2004

序号 No.	代码 Code	股票简称 Shares	年成交量(百万股) Trading Volume(1000000)	交易所 Exchange
1	200725	京东方B	1169.67	深圳
2	200539	粤电力B	607.43	深圳
3	200625	长　安　B	590.81	深圳
4	200488	晨　鸣　B	560.2	深圳
5	900919	ST大江B	490.81	深圳
6	900949	东电B股	436.3	深圳
7	200012	南　玻　B	387.56	深圳
8	200761	本钢板B	382.32	深圳
9	200039	中　集　B	296.21	深圳
10	200002	万　科　B	291.96	深圳
11	200017	ST中华B	260.7	深圳
12	200058	深赛格B	235.56	深圳
13	200429	粤高速B	228.62	深圳
14	900910	海立B股	225.53	上海
15	900936	鄂绒B股	219	上海
16	900948	伊泰B股	216.01	上海
17	200160	帝　贤　B	207.18	深圳
18	900937	华电B股	205.65	上海
19	200057	*ST大洋B	201.87	深圳
20	900947	振华B股	200.21	上海
21	900932	陆家B股	196.8	上海
22	200512	闽灿坤B	178.27	深圳
23	900901	上电B股	176.27	上海
24	200771	杭汽轮B	172.67	深圳
25	200029	深深房B	171.08	深圳
26	900908	氯碱B股	169.76	上海
27	200726	鲁　泰　B	167.62	深圳
28	200550	江　铃　B	162.94	深圳
29	200055	方　大　B	161.3	深圳
30	200770	武　锅　B	152.75	深圳
31	200613	ST东海B	148.11	深圳
32	900920	上柴B股	146.15	上海
33	900938	*ST天海B	138.82	上海
34	200152	山　航　B	137.06	深圳
35	200553	沙隆达B	136.85	深圳
36	900952	锦港B股	133.57	上海
37	900924	上工B股	132.66	上海
38	200016	深康佳B	132.22	深圳
39	900953	凯马B股	131.42	上海
40	200992	*ST中鲁B	129.42	深圳
41	900925	机电B股	127.89	上海
42	200521	皖美菱B	124.86	深圳
43	900902	二纺B股	121.13	深圳
44	200413	宝　石　B	120.82	深圳
45	200869	张　裕　B	119.27	深圳
46	200037	深南电B	119.27	深圳
47	200570	苏常柴B	117.67	深圳
48	200054	ST建摩B	117.42	深圳
49	900909	轮胎B股	114.25	上海
50	200022	深赤湾B	113.89	深圳

数据来源：上海、深圳证券交易所

Source：Shanghai、Shenzhen Stock Exchange

2-35　2004年上海B股按成交量排序前50名

Top 50 of Shanghai Stock Exchange B Share Trading Volume in 2004

序号 No.	代码 Code	股票简称 Shares	年成交量(百万股) Trading Volume(1000000)	年成交金额(百万元) Turnover (1000000)
1	900919	ST大江B	490.81	914.76
2	900949	东电B股	436.3	2817.89
3	900910	海立B股	225.53	905.35
4	900936	鄂绒B股	219	726.57
5	900948	伊泰B股	216.01	1461.74
6	900937	华电B股	205.65	1017.46
7	900947	振华B股	200.21	1747.02
8	900932	陆家B股	196.8	1068.22
9	900901	上电B股	176.27	980.02
10	900908	氯碱B股	169.76	573.98
11	900920	上柴B股	146.15	780.69
12	900938	*ST天海B	138.82	328.24
13	900952	锦港B股	133.57	590.59
14	900924	上工B股	132.66	397.31
15	900953	凯马B股	131.42	332.18
16	900925	机电B股	127.89	871.43
17	900902	二纺B股	121.13	339.48
18	900909	轮胎B股	114.25	407.78
19	900941	*ST东信B	96.83	352.4
20	900946	ST轻骑B	91.53	136.33
21	900921	*ST大盈B	89.76	223.9
22	900950	新城B股	89.71	273.38
23	900923	友谊B股	85.3	523.33
24	900903	大众B股	84.45	479.79
25	900940	华源B股	83.48	280.41
26	900951	*ST大化B	80.32	192.69
27	900911	金桥B股	77.32	332.43
28	900906	中纺B股	77.28	218.79
29	900918	耀皮B股	77.09	383.1
30	900917	海欣B股	76.17	345.36
31	900926	宝　信　B	76	374.2
32	900933	华新B股	73.52	362.17
33	900916	凤凰B股	68.72	203.86
34	900928	ST自仪B	65.04	150.74
35	900914	锦投B股	61.73	234.35
36	900905	中铅B股	58.94	173.31
37	900934	锦江B股	58.71	237.66
38	900930	邮通B股	57.48	262.88
39	900957	凌云B股	53.78	168.89
40	900935	阳晨B股	52.08	240.55
41	900912	外高B股	49.22	210.91
42	900913	*ST联华B	47.69	114.46
43	900956	东贝B股	46.64	126.95
44	900915	ST永久B	46.18	137.8
45	900945	海航B股	44.17	200.7
46	900942	黄山B股	36.79	135.84
47	900927	物贸B股	35.2	130.06
48	900922	三毛B股	32.01	114.48
49	900904	*ST永生B	29.87	98.31
50	900939	汇丽B股	26.03	80.35

数据来源：上海证券交易所

Source: Shanghai Stock Exchange

2-36 2004年深圳B股按成交量排序前50名

Top 50 of Shenzhen Stock Exchange B Share Trading Volume in 2004

序号 No.	代码 Code	股票简称 Shares	年成交量(百万股) Trading Volume(1000000)	年成交金额(百万元) Turnover (1000000)
1	200725	京东方B	1169.67	6286.2
2	200539	粤电力B	607.43	3690.56
3	200625	长 安 B	590.81	4024.43
4	200488	晨 鸣 B	560.2	3557.15
5	200012	南 玻 B	387.56	2168.43
6	200761	本钢板B	382.32	1443.11
7	200039	中 集 B	296.21	4310.09
8	200002	万 科 B	291.96	1727.19
9	200017	ST中华B	260.7	492.04
10	200058	深赛格B	235.56	893.2
11	200429	粤高速B	228.62	822.33
12	200160	帝 贤 B	207.18	885.62
13	200057	*ST大洋B	201.87	311.04
14	200512	闽灿坤B	178.27	584.73
15	200771	杭汽轮B	172.67	1320.85
16	200029	深深房B	171.08	583.43
17	200726	鲁 泰 B	167.62	1150.82
18	200550	江 铃 B	162.94	885.12
19	200055	方 大 B	161.3	744.66
20	200770	武 锅 B	152.75	675.24
21	200613	ST东海B	148.11	218.7
22	200152	山 航 B	137.06	530.73
23	200553	沙隆达B	136.85	446.15
24	200016	深康佳B	132.22	637.12
25	200992	*ST中鲁B	129.42	250.71
26	200521	皖美菱B	124.86	411.15
27	200413	宝 石 B	120.82	374.09
28	200869	张 裕 B	119.27	929.02
29	200037	深南电B	119.27	1123.39
30	200570	苏常柴B	117.67	374.4
31	200054	ST建摩B	117.42	291.24
32	200022	深赤湾B	113.89	1719.91
33	200020	ST华发B	108.72	370.22
34	200168	雷 伊 B	108	379.04
35	200513	丽 珠 B	106.7	571.97
36	200986	粤华包B	104.49	433.05
37	200024	招商局B	97.11	784.95
38	200418	小天鹅B	96.81	364.96
39	200011	ST物业B	83.5	275.77
40	200468	宁通信B	78.12	346.34
41	200056	深国商B	72.88	260.77
42	200581	苏威孚B	72.13	566.6
43	200030	ST盛润B	68.59	135.86
44	200530	大 冷 B	68.17	289.25
45	200053	深基地B	64.25	437.43
46	200025	ST特力B	63.79	244.23
47	200541	粤照明B	63.15	613.34
48	200028	一 致 B	62.36	261.62
49	200505	ST珠江B	59.57	112.55
50	200045	深纺织B	53.26	310.9

数据来源:深圳证券交易所

Source: Shenzhen Stock Exchange

2-37　2004年全国B股按成交额排序前50名

Top 50 of B Share Turnover in 2004

序号 No.	代码 Code	股票简称 Shares	年成交额(百万元) Turnover(1000000)	交易所 Exchange
1	200725	京东方B	6286.20	深圳
2	200039	中　集　B	4310.09	深圳
3	200625	长　安　B	4024.43	深圳
4	200539	粤电力B	3690.56	深圳
5	200488	晨　鸣　B	3557.15	深圳
6	900949	东电B股	2817.89	上海
7	200012	南　玻　B	2168.43	深圳
8	900947	振华B股	1747.02	上海
9	200002	万　科　B	1727.19	深圳
10	200022	深赤湾B	1719.91	深圳
11	900948	伊泰B股	1461.74	上海
12	200761	本钢板B	1443.11	深圳
13	200771	杭汽轮B	1320.85	深圳
14	200726	鲁　泰　B	1150.82	深圳
15	200037	深南电B	1123.39	深圳
16	900932	陆家B股	1068.22	上海
17	900937	华电B股	1017.46	上海
18	900901	上电B股	980.02	上海
19	200869	张　裕　B	929.02	深圳
20	900919	ST大江B	914.76	上海
21	900910	海立B股	905.35	上海
22	200058	深赛格B	893.20	深圳
23	200160	帝　贤　B	885.62	深圳
24	200550	江　铃　B	885.12	深圳
25	900925	机电B股	871.43	上海
26	200429	粤高速B	822.33	深圳
27	200024	招商局B	784.95	深圳
28	900920	上柴B股	780.69	上海
29	200055	方　大　B	744.66	深圳
30	900936	鄂绒B股	726.57	上海
31	200770	武　锅　B	675.24	深圳
32	200016	深康佳B	637.12	深圳
33	200541	粤照明B	613.34	深圳
34	900952	锦港B股	590.59	上海
35	200512	闽灿坤B	584.73	深圳
36	200029	深深房B	583.43	深圳
37	900908	氯碱B股	573.98	上海
38	200513	丽　珠　B	571.97	深圳
39	200581	苏威孚B	566.60	深圳
40	200152	山　航　B	530.73	深圳
41	900923	友谊B股	523.33	上海
42	200017	ST中华B	492.04	深圳
43	900903	大众B股	479.79	上海
44	200553	沙隆达B	446.15	深圳
45	200053	深基地B	437.43	深圳
46	200986	粤华包B	433.05	深圳
47	200521	皖美菱B	411.15	深圳
48	900909	轮胎B股	407.78	上海
49	900924	上工B股	397.31	上海
50	900918	耀皮B股	383.10	上海

数据来源：上海、深圳证券交易所

Source：Shanghai、Shenzhen Stock Exchange

2-38　2004年上海B股按成交额排序前50名

Top 50 of Shanghai Stock Exchange B Share Trading Volume in 2004

序号 No.	代码 Code	股票简称 Shares	年成交额(百万元) Turnover(1000000)	年成交量(百万股) Trading Volume(1000000)
1	900949	东电B股	2817.89	436.3
2	900947	振华B股	1747.02	200.21
3	900948	伊泰B股	1461.74	216.01
4	900932	陆家B股	1068.22	196.8
5	900937	华电B股	1017.46	205.65
6	900901	上电B股	980.02	176.27
7	900919	ST大江B	914.76	490.81
8	900910	海立B股	905.35	225.53
9	900925	机电B股	871.43	127.89
10	900920	上柴B股	780.69	146.15
11	900936	鄂绒B股	726.57	219
12	900952	锦港B股	590.59	133.57
13	900908	氯碱B股	573.98	169.76
14	900923	友谊B股	523.33	85.3
15	900903	大众B股	479.79	84.45
16	900909	轮胎B股	407.78	114.25
17	900924	上工B股	397.31	132.66
18	900918	耀皮B股	383.10	77.09
19	900926	宝　信　B	374.20	76
20	900933	华新B股	362.17	73.52
21	900941	*ST东信B	352.40	96.83
22	900917	海欣B股	345.36	76.17
23	900902	二纺B股	339.48	121.13
24	900911	金桥B股	332.43	77.32
25	900953	凯马B股	332.18	131.42
26	900938	*ST天海B	328.24	138.82
27	900940	华源B股	280.41	83.48
28	900950	新城B股	273.38	89.71
29	900930	邮通B股	262.88	57.48
30	900935	阳晨B股	240.55	52.08
31	900934	锦江B股	237.66	58.71
32	900914	锦投B股	234.35	61.73
33	900921	*ST大盈B	223.90	89.76
34	900906	中纺B股	218.79	77.28
35	900912	外高B股	210.91	49.22
36	900916	凤凰B股	203.86	68.72
37	900945	海航B股	200.70	44.17
38	900951	*ST大化B	192.69	80.32
39	900905	中铅B股	173.31	58.94
40	900957	凌云B股	168.89	53.78
41	900928	ST自仪B	150.74	65.04
42	900915	ST永久B	137.80	46.18
43	900946	ST轻骑B	136.33	91.53
44	900942	黄山B股	135.84	36.79
45	900927	物贸B股	130.06	35.2
46	900907	发展B股	129.17	25.12
47	900956	东贝B股	126.95	46.64
48	900922	三毛B股	114.48	32.01
49	900913	*ST联华B	114.46	47.69
50	900943	开开B股	104.03	24.62

数据来源:上海证券交易所

Source:Shanghai Stock Exchange

2-39　2004年深圳B股按成交额排序前50名

Top 50 of Shenzhen Stock Exchange B Share Turnover in 2004

序号 No.	代码 Code	股票简称 Shares	年成交额(百万元) Turnover(1000000)	年成交量(百万股) Trading Volume(1000000)
1	200725	京东方B	6286.20	1169.67
2	200039	中　集　B	4310.09	296.21
3	200625	长　安　B	4024.43	590.81
4	200539	粤电力B	3690.56	607.43
5	200488	晨　鸣　B	3557.15	560.2
6	200012	南　玻　B	2168.43	387.56
7	200002	万　科　B	1727.19	291.96
8	200022	深赤湾B	1719.91	113.89
9	200761	本钢板B	1443.11	382.32
10	200771	杭汽轮B	1320.85	172.67
11	200726	鲁　泰　B	1150.82	167.62
12	200037	深南电B	1123.39	119.27
13	200869	张　裕　B	929.02	119.27
14	200058	深赛格B	893.20	235.56
15	200160	帝　贤　B	885.62	207.18
16	200550	江　铃　B	885.12	162.94
17	200429	粤高速B	822.33	228.62
18	200024	招商局B	784.95	97.11
19	200055	方　大　B	744.66	161.3
20	200770	武　锅　B	675.24	152.75
21	200016	深康佳B	637.12	132.22
22	200541	粤照明B	613.34	63.15
23	200512	闽灿坤B	584.73	178.27
24	200029	深深房B	583.43	171.08
25	200513	丽　珠　B	571.97	106.7
26	200581	苏威孚B	566.60	72.13
27	200152	山　航　B	530.73	137.06
28	200017	ST中华B	492.04	260.7
29	200553	沙隆达B	446.15	136.85
30	200053	深基地B	437.43	64.25
31	200986	粤华包B	433.05	104.49
32	200521	皖美菱B	411.15	124.86
33	200168	雷　伊　B	379.04	108
34	200570	苏常柴B	374.40	117.67
35	200413	宝　石　B	374.09	120.82
36	200020	ST华发B	370.22	108.72
37	200418	小天鹅B	364.96	96.81
38	200468	宁通信B	346.34	78.12
39	200057	*ST大洋B	311.04	201.87
40	200045	深纺织B	310.90	53.26
41	200054	ST建摩B	291.24	117.42
42	200530	大　冷　B	289.25	68.17
43	200011	ST物业B	275.77	83.5
44	200028	一　致　B	261.62	62.36
45	200056	深国商B	260.77	72.88
46	200992	*ST中鲁B	250.71	129.42
47	200025	ST特力B	244.23	63.79
48	200613	ST东海B	218.70	148.11
49	200706	瓦　轴　B	212.66	51.63
50	200596	古井贡B	195.11	41.74

数据来源：深圳证券交易所

Source: Shenzhen Stock Exchange

2-40 2004 年上海证券交易所每日收市指数
Daily Closing Composite Index of Shanghai Stock Exchange in 2004

日期 Date	1月 Jan.	2月 Feb.	3月 Mar.	4月 Apr.	5月 May	6月 Jun.	7月 Jul.	8月 Aug.	9月 Sep.	10月 Oct.	11月 Nov.	12月 Dec.
1			1689.76	1758.15		1579.66	1441.07		1321.46		1305.29	1334.94
2	1517.19	1623.88	1687.28	1768.65		1567.07	1441.19	1373.22	1327.93		1301.53	1333.09
3		1649.28	1661.81			1543.53		1366.26	1327.12		1326.75	1337.20
4		1685.16	1668.87			1542.09		1404.51			1304.78	
5	1568.35	1693.43	1662.10	1766.48			1444.59	1389.04			1305.13	
6	1574.52	1679.19		1777.52			1450.50	1390.46	1321.47			1339.64
7	1587.20			1774.55		1517.15	1438.40		1324.29			1323.75
8	1610.13		1637.14	1770.28		1493.81	1439.78		1309.33	1422.93	1304.23	1326.44
9	1581.47	1703.53	1637.10	1727.35		1468.07	1430.65	1395.85	1284.31		1307.43	1338.81
10		1691.01	1678.07		1560.22	1468.34		1400.77	1287.08		1354.39	1317.72
11		1677.76	1691.64		1568.06	1472.07		1384.96		1413.15	1347.07	
12	1618.52	1663.83	1694.74	1722.99	1603.77		1397.15	1368.20		1384.44	1352.22	
13	1612.68	1658.54		1715.14	1597.57		1399.46	1368.45	1260.32	1386.72		1309.70
14	1592.42			1697.16	1562.69	1438.74	1403.76		1300.36	1332.94		1307.55
15	1586.49		1736.22	1679.08		1463.78	1421.54		1355.23	1330.52	1370.05	1313.05
16	1600.43	1696.83	1745.54	1693.86		1475.42	1456.13	1354.51	1371.20		1370.39	1305.02
17		1703.77	1745.10		1539.96	1445.50		1360.20	1414.70		1356.14	1290.49
18		1717.10	1717.26		1555.44	1427.30		1358.22		1335.39	1367.83	
19		1717.02	1747.87	1675.89	1558.29		1457.54	1340.45		1337.62	1379.96	
20		1721.75		1669.42	1549.06		1447.94	1341.74	1463.22	1330.58		1275.46
21				1651.58	1558.33	1433.47	1448.04		1448.56	1310.55		1275.17
22			1755.69	1657.79		1450.68	1407.44		1420.15	1329.36	1383.02	1307.57
23		1681.65	1741.70	1635.50		1440.73	1407.40	1325.41	1464.78		1371.24	1282.72
24		1682.30	1740.05		1550.35	1427.75		1344.63	1435.56		1359.13	1285.04
25		1647.38	1736.48		1518.05	1401.11		1339.78		1311.15	1358.33	
26		1654.90	1734.05	1635.50	1524.44		1387.67	1334.42		1324.78	1356.73	
27		1675.07		1611.86	1557.18		1384.13	1320.61	1427.40	1342.80		1280.27
28				1606.80	1548.72	1385.18	1388.81		1435.59	1341.74		1278.94
29	1628.84		1719.67	1579.45		1408.69	1407.33		1420.01	1320.54	1337.43	1274.31
30	1590.73		1724.28	1595.59		1399.16	1386.20	1319.41	1396.70		1340.77	1273.71
31			1741.62		1555.91			1342.06				1266.50

数据来源：上海、深圳证券交易所

Source：Shanghai、Shenzhen Stock Exchange

2-41　2004年上海证券交易所每日收市A股指数

Daily Closing A Share Composite Index of Shanghai Stock Exchange in 2004

日期 Date	1月 Jan.	2月 Feb.	3月 Mar.	4月 Apr.	5月 May	6月 Jun.	7月 Jul.	8月 Aug.	9月 Sep.	10月 Oct.	11月 Nov.	12月 Dec.
1			1770.98	1843.91		1656.72	1512.79		1386.40		1370.46	1401.53
2	1590.28	1701.61	1768.40	1854.90		1643.55	1512.91	1440.64	1393.14		1366.42	1399.70
3		1728.50	1741.65			1618.95		1433.26	1392.34		1392.76	1403.92
4		1766.08	1749.27			1617.71		1473.52			1369.64	
5	1644.63	1774.69	1742.25	1852.61			1516.39	1457.17			1370.06	
6	1651.31	1760.02		1864.13			1522.51	1458.71	1386.35			1406.51
7	1664.54			1860.99		1591.68	1509.87		1389.36			1389.68
8	1687.60		1716.09	1856.54		1566.95	1511.32		1373.45	1492.49	1369.24	1392.49
9	1657.15	1785.58	1716.08	1811.33		1540.02	1501.91	1464.55	1347.15		1372.51	1405.51
10		1772.34	1759.07		1636.45	1540.69		1469.83	1350.26		1421.76	1383.28
11		1758.51	1773.33		1644.76	1544.82		1453.20		1482.33	1414.03	
12	1696.48	1743.61	1776.87	1806.67	1682.20		1466.82	1435.57		1452.29	1419.46	
13	1690.19	1738.08		1798.45	1675.86		1469.08	1435.80	1322.11	1454.90		1374.94
14	1668.93			1779.47	1639.08	1511.02	1473.61		1364.23	1398.41		1372.77
15	1662.69		1820.41	1760.44		1537.43	1492.28		1421.57	1395.87	1438.27	1378.54
16	1677.29	1778.35	1830.30	1776.08		1549.73	1528.38	1421.31	1438.45		1438.63	1370.12
17		1785.52	1829.79		1615.22	1518.33		1427.43	1484.28		1423.67	1354.81
18		1799.39	1800.49		1631.44	1499.59		1425.29		1400.86	1436.12	
19		1799.32	1832.81	1757.00	1634.27		1529.88	1406.67		1403.15	1448.91	
20		1804.59		1750.47	1624.57		1519.71	1408.06	1535.18	1395.81		1339.05
21				1731.64	1634.28	1505.83	1519.82		1519.68	1374.70		1338.75
22			1841.20	1738.18		1523.55	1477.06		1489.87	1394.61	1452.11	1372.81
23		1762.09	1826.34	1714.89		1513.09	1477.01	1390.93	1536.82		1439.63	1346.58
24		1762.69	1824.71		1625.80	1498.98		1411.12	1506.14		1426.93	1349.02
25		1725.94	1820.94		1591.74	1470.91		1405.97		1375.46	1426.10	
26		1734.14	1818.43	1715.04	1598.52		1456.26	1400.39		1389.79	1424.38	
27		1755.43		1690.16	1632.89		1452.33	1385.77	1497.58	1408.81		1344.01
28				1684.76	1624.00	1454.08	1457.18		1506.14	1407.74		1342.60
29	1706.92		1803.31	1656.31		1478.68	1476.68		1489.72	1385.67	1404.22	1337.73
30	1666.69		1808.22	1673.41		1468.84	1454.30	1384.38	1465.19		1407.72	1337.16
31			1826.50		1631.66			1408.13				1330.19

数据来源：上海、深圳证券交易所

Source：Shanghai、Shenzhen Stock Exchange

2-42 2004年上海证券交易所每日收市B股指数

Daily Closing B Share Composite Index of Shanghai Stock Exchange in 2004

日期 Date	1月 Jan.	2月 Feb.	3月 Mar.	4月 Apr.	5月 May	6月 Jun.	7月 Jul.	8月 Aug.	9月 Sep.	10月 Oct.	11月 Nov.	12月 Dec.
1			119.15	117.92		105.88	89.68		86.31		80.24	82.40
2	106.17	116.10	118.87	118.71		104.87	89.71	89.94	86.92		80.47	81.71
3		116.58	117.39			102.85		89.91	86.63		82.72	82.39
4		119.21	116.80			101.43		91.73			81.57	
5	106.23	120.08	115.94	118.67			90.33	91.32			81.37	
6	105.63	117.88		119.65			91.13	91.20	86.56			82.45
7	106.82			119.61		99.13	90.09		86.56			82.20
8	113.13		114.21	119.16		98.82	90.16		86.61	94.73	80.73	82.41
9	113.13	119.30	114.06	117.17		96.78	88.75	90.65	85.18		81.36	83.01
10		119.00	116.68		104.02	94.94		90.38	84.41		84.49	82.12
11		117.80	117.49		104.09	94.13		89.58		93.62	84.26	
12	113.30	118.26	116.28	117.29	106.54		86.28	88.66		91.30	84.47	
13	113.74	117.80		116.72	105.39		87.26	88.87	83.01	90.40		81.23
14	112.48			116.14	103.98	86.22	87.42		85.07	87.19		80.70
15	112.14		118.88	115.24		87.18	88.53		89.75	87.06	85.12	81.03
16	113.17	119.82	118.93	115.58		87.53	91.71	87.32	90.23		85.15	80.49
17		120.87	119.14		102.56	85.66		86.96	92.10		84.25	79.88
18		122.25	117.77		103.71	82.71		87.09		88.02	84.08	
19		122.18	118.79	115.46	104.60		91.67	85.82		88.35	84.57	
20		121.01		113.84	104.13		91.52	85.73	95.29	87.69		78.85
21				113.20	104.78	84.26	91.52		94.92	86.82		78.83
22			118.35	113.46		87.01	89.66		93.07	87.18	84.85	80.60
23		120.50	118.34	111.58		86.44	89.68	84.68	95.37		84.71	79.73
24		120.92	117.77		104.77	88.01		85.79	93.59		83.84	79.86
25		119.18	117.63		103.49	86.88		85.78		86.24	83.76	
26		118.14	117.26	110.86	103.53		88.69	85.25		86.99	83.83	
27		118.87		109.67	105.61		89.51	84.99	93.04	87.61		79.61
28				109.78	105.14	86.37	90.11		93.75	87.33		79.57
29	115.85		116.55	106.82		88.24	90.95		93.09	85.09	82.18	79.38
30	114.59		116.45	107.02		86.85	90.61	85.51	91.96		82.38	79.02
31			117.16		105.02			87.08				75.65

数据来源:上海、深圳证券交易所

Source: Shanghai、Shenzhen Stock Exchange

2-43　2004 年上海证券交易所每日收市 180 指数

Daily Closing 180 Shares Index of Shanghai Stock Exchange in 2004

日期 Date	1月 Jan.	2月 Feb.	3月 Mar.	4月 Apr.	5月 May	6月 Jun.	7月 Jul.	8月 Aug.	9月 Sep.	10月 Oct.	11月 Nov.	12月 Dec.
1			3166.72	3246.99		2865.60	2608.68		2439.21		2424.47	2481.77
2	2854.88	3083.45	3164.89	3266.30		2833.48	2615.41	2529.42	2451.01		2418.94	2476.58
3		3117.57	3106.64			2791.18		2512.74	2446.19		2466.27	2481.97
4		3185.28	3121.18			2790.55		2587.99			2418.44	
5	2953.86	3195.33	3104.43	3252.39			2621.88	2552.33			2421.34	
6	2983.83	3179.67		3273.26			2631.86	2554.38	2435.85			2490.10
7	3015.59			3265.70		2753.90	2606.19		2439.49			2463.13
8	3061.36		3050.68	3254.50		2715.13	2616.75		2414.31	2637.04	2424.48	2466.21
9	3015.39	3221.37	3047.44	3176.63		2667.62	2602.83	2569.26	2370.43		2429.35	2491.80
10		3195.09	3126.40		2834.49	2672.04		2583.87	2377.24		2522.63	2453.37
11		3168.78	3150.75		2849.15	2675.05		2552.58		2618.49	2512.52	
12	3093.78	3138.16	3156.10	3157.98	2907.99		2547.61	2529.32		2561.92	2521.83	
13	3079.73	3138.69		3137.71	2895.66		2553.48	2531.87	2324.03	2563.25		2439.61
14	3034.00			3101.99	2832.62	2621.78	2562.09		2395.22	2468.52		2432.64
15	3016.99		3234.56	3070.11		2666.61	2596.24		2493.35	2473.63	2550.08	2444.04
16	3042.72	3210.93	3247.25	3104.03		2682.49	2657.69	2512.02	2522.85		2550.43	2433.84
17		3222.39	3249.63		2795.67	2623.43		2526.36	2605.69		2522.72	2406.92
18		3243.88	3191.21		2825.86	2585.51		2524.94		2480.64	2541.68	
19		3230.69	3241.97	3059.99	2824.46		2664.38	2495.13		2486.09	2557.58	
20		3240.13		3041.02	2812.81		2644.23	2497.11	2699.49	2475.72		2373.85
21				3016.15	2831.99	2589.72	2643.58		2675.20	2442.40		2371.82
22			3253.03	3029.59		2615.51	2570.00		2621.09	2480.40	2562.23	2432.36
23		3158.09	3228.94	2986.20		2596.97	2579.98	2459.40	2712.00		2536.33	2388.65
24		3155.17	3219.13		2815.11	2571.73		2485.92	2659.11		2521.34	2393.54
25		3092.89	3218.44		2769.32	2529.85		2478.68		2449.81	2521.39	
26		3108.60	3217.36	2991.85	2782.70		2545.96	2469.61		2474.29	2515.54	
27		3140.53		2957.37	2837.99		2539.71	2445.38	2641.58	2499.89		2384.19
28				2944.41	2817.77	2506.47	2549.78		2656.29	2496.17		2382.43
29	3099.15		3186.00	2892.04		2543.82	2584.83		2626.79	2452.73	2485.55	2370.14
30	3019.04		3186.74	2912.81		2528.44	2548.49	2440.18	2591.00		2490.29	2369.50
31			3213.48		2828.69			2479.16				2362.07

数据来源：上海、深圳证券交易所

Source：Shanghai、Shenzhen Stock Exchange

2-44 2004年深圳证券交易所每日收市综合指数

Daily Closing Composite Index of Shenzhen Stock Exchange in 2004

日期 Date	1月 Jan.	2月 Feb.	3月 Mar.	4月 Apr.	5月 May	6月 Jun.	7月 Jul.	8月 Aug.	9月 Sep.	10月 Oct.	11月 Nov.	12月 Dec.
1			448.97	461.98		407.66	365.86		328.62		331.42	340.46
2	380.41	413.35	447.17	464.82		405.47	365.83	348.60	332.06		329.85	341.45
3		418.50	440.64			398.47		346.92	331.41		336.34	343.17
4		427.28	443.99			398.41		355.72			328.29	
5	386.31	431.61	440.97	466.50			365.58	351.29			328.38	
6	386.91	426.72		470.38			368.09	350.07	331.03			343.12
7	391.15			470.55		392.37	364.42		331.45			337.65
8	396.32		430.54	468.76		387.90	364.92		329.33	365.75	329.30	338.56
9	392.81	435.75	427.80	457.70		378.05	362.30	350.16	322.56		330.77	341.31
10		437.52	437.51		397.57	377.85		351.24	322.98		343.61	334.12
11		437.80	443.18		399.20	378.04		346.73		366.09	341.65	
12	398.05	437.38	442.68	458.30	410.08		352.97	341.68		359.02	342.40	
13	400.23	432.93		455.78	408.64		353.82	342.12	315.17	359.55		332.68
14	398.41			446.89	399.50	367.44	352.18		325.12	341.61		331.68
15	397.26		451.54	441.14		374.20	356.51		340.34	339.52	346.95	332.00
16	400.55	442.48	454.01	442.74		376.35	367.22	336.90	344.58		346.33	328.71
17		447.41	454.89		397.04	368.38		337.44	355.77		343.34	325.37
18		451.89	446.98		402.41	365.32		336.43		341.60	347.92	
19		452.25	454.14	437.70	403.37		367.75	330.99		341.74	350.03	
20		454.71		433.34	399.58		365.57	330.95	369.35	340.66		321.80
21				429.44	402.10	369.13	365.57		368.51	336.06		322.09
22			456.28	431.53		373.51	357.16		361.60	337.93	352.16	330.93
23		446.38	453.77	424.08		369.80	358.17	328.20	372.45		350.44	324.43
24		444.18	453.51		399.05	367.42		333.88	364.64		346.36	324.79
25		435.93	454.13		389.25	359.78		331.80		333.03	344.89	
26		436.12	454.91	422.92	391.01		353.18	329.41		337.11	346.05	
27		442.14		418.24	400.86		350.45	325.96	361.43	342.11		323.86
28				416.60	398.94	353.90	353.18		364.80	341.15		322.42
29	410.88		451.39	407.01		357.13	357.61		360.98	334.81	340.87	320.40
30	404.63		452.65	407.56		354.51	351.92	326.83	355.19		341.96	319.70
31			458.49		400.62			333.33				315.81

数据来源:上海、深圳证券交易所

Source:Shanghai、Shenzhen Stock Exchange

2-45　2004年深圳证券交易所每日收市A股综合指数
Daily Closing A Share Composite Index of Shenzhen Stock Exchange in 2004

日期 Date	1月 Jan.	2月 Feb.	3月 Mar.	4月 Apr.	5月 May	6月 Jun.	7月 Jul.	8月 Aug.	9月 Sep.	10月 Oct.	11月 Nov.	12月 Dec.
1			468.11	482.04		425.02	380.61		342.60		345.41	354.18
2	395.62	429.77	466.29	484.97		422.82	380.56	362.77	346.21		343.71	355.24
3		435.32	459.45			415.56		361.06	345.53		350.53	357.07
4		444.48	463.06			415.56		370.27			342.05	
5	401.44	449.34	459.79	486.70			380.41	365.68			342.05	
6	401.72	444.66		490.56			383.03	364.34	345.04			357.01
7	406.18			490.46		408.99	379.21		345.53			351.23
8	411.40		449.10	488.63		404.26	379.71		343.17	380.87	343.07	352.17
9	407.89	454.07	446.19	476.94		393.87	376.96	364.36	336.09		344.56	355.04
10		456.09	456.40		415.84	393.55		365.56	336.50		357.89	347.39
11		456.31	462.31		417.53	394.01		360.80		381.17	355.86	
12	413.51	455.70	461.95	477.48	428.49		367.13	355.71		373.89	356.50	
13	415.96	450.89		475.03	426.98		367.99	356.20	328.25	374.41		345.77
14	414.11			465.57	417.64	383.15	366.47		338.78	355.60		344.66
15	412.81		471.15	459.57		390.22	371.16		354.51	353.83	361.19	344.95
16	416.25	460.96	473.79	461.50		392.45	382.28	351.16	359.00		360.53	341.71
17		466.21	474.69		415.20	384.34		351.83	370.59		357.51	338.27
18		471.00	466.31		420.92	381.43		350.65		355.76	362.31	
19		471.42	473.88	455.84	421.68		382.83	345.18		355.99	364.45	
20		474.12		451.21	417.65		380.55	345.42	384.77	354.79		334.51
21				447.14	420.13	385.35	380.60		384.03	349.98		334.75
22			476.34	449.68		389.85	371.75		376.80	351.72	366.76	344.01
23		465.37	473.82	441.99		385.86	372.98	342.58	388.03		364.91	337.14
24		462.97	473.43		416.74	383.10		348.38	379.80		360.63	337.49
25		454.19	474.07		406.35	374.92		346.23		346.85	359.00	
26		454.35	474.91	441.07	408.09		367.69	343.63		351.04	360.16	
27		460.76		436.00	418.28		364.87	339.89	376.57	356.35		336.49
28				434.72	416.15	368.61	367.61		380.10	355.40		335.01
29	427.10		471.16	424.95		371.73	372.36		376.07	348.81	354.74	332.82
30	420.52		472.49	425.59		368.82	366.31	340.71	369.88		355.86	332.13
31			478.48		417.74			347.54				328.69

数据来源：上海、深圳证券交易所

Source：Shanghai、Shenzhen Stock Exchange

2-46 2004年深圳证券交易所每日收市B股综合指数

Daily Closing B Share Composite Index of Shenzhen Stock Exchange in 2004

日期 Date	1月 Jan.	2月 Feb.	3月 Mar.	4月 Apr.	5月 May	6月 Jun.	7月 Jul.	8月 Aug.	9月 Sep.	10月 Oct.	11月 Nov.	12月 Dec.
1			299.21	302.41		271.75	256.99		219.45		223.33	239.68
2	268.69	293.72	297.20	304.74		269.07	257.15	243.05	221.27		223.27	239.96
3		294.52	293.36			263.72		241.35	220.79		226.79	240.31
4		300.22	293.73			262.66		246.62			222.69	
5	277.73	297.72	293.53	306.09			255.42	243.27			224.11	
6	283.58	288.21		311.66			257.11	243.47	222.13			240.59
7	285.83			315.81		263.13	254.39		221.63			238.09
8	291.77		283.88	314.18		261.11	255.15		222.56	251.25	223.91	238.90
9	287.14	294.20	282.82	309.26		256.51	253.62	244.73	218.32		225.58	240.66
10		292.79	287.98		244.63	258.07		244.22	219.09		235.03	238.21
11		294.14	291.68		245.84	254.02		242.12		252.54	233.52	
12	288.26	296.51	289.03	310.97	258.92		249.00	235.93		246.20	236.13	
13	286.94	296.08		306.46	258.00		250.06	235.78	215.56	247.27		239.16
14	284.88			303.51	249.12	244.01	245.95		219.74	237.06		239.51
15	285.83		295.54	299.62		248.30	246.16		232.19	228.88	240.12	240.48
16	287.98	300.75	296.06	296.54		249.83	253.95	225.85	233.96		239.88	235.29
17		302.41	296.91		245.55	241.65		224.66	242.66		236.41	232.39
18		303.56	293.65		247.29	235.27		225.84		234.09	239.18	
19		303.03	297.04	299.28	251.70		254.43	219.12		232.87	241.43	
20		302.69		297.66	250.29		252.92	214.40	251.24	233.24		230.67
21				295.23	254.24	238.56	252.16		248.49	230.60		231.73
22			295.01	291.03		242.43	248.02		244.27	235.10	241.39	237.10
23		298.27	291.77	284.94		241.87	245.86	212.02	252.81		241.23	234.13
24		298.26	293.33		255.38	244.59		218.05	249.22		238.99	234.72
25		295.54	293.90		251.55	242.81		216.09		228.22	239.46	
26		296.21	294.02	279.65	254.07		243.89	216.45		231.73	240.94	
27		298.10		279.60	261.87		241.61	216.47	244.99	233.73		234.68
28				271.99	262.60	241.74	245.14		247.01	232.16		233.33
29	293.49		292.80	262.00		247.57	245.91		245.34	227.66	237.84	233.28
30	290.23		293.47	261.31		248.76	244.05	218.63	243.94		238.88	232.28
31			298.89		266.20			222.07				219.80

数据来源:上海、深圳证券交易所

Source:Shanghai、Shenzhen Stock Exchange

2-47　2004 年深圳证券交易所每日收市成份指数

Daily Closing Composite Component Index of Shenzhen Stock Exchange in 2004

日期 Date	1月 Jan.	2月 Feb.	3月 Mar.	4月 Apr.	5月 May	6月 Jun.	7月 Jul.	8月 Aug.	9月 Sep.	10月 Oct.	11月 Nov.	12月 Dec.
1			3967.70	4092.69		3632.46	3384.89		3127.06		3182.13	3210.45
2	3501.87	3774.88	3933.79	4132.55		3597.30	3391.76	3257.66	3141.73		3159.00	3196.90
3		3797.99	3897.86			3533.87		3228.00	3126.20		3195.28	3205.48
4		3866.90	3934.49			3522.89		3318.50			3112.34	
5	3623.03	3844.55	3908.56	4126.70			3381.21	3268.33			3122.28	
6	3672.28	3822.20		4157.82			3398.19	3274.43	3125.03			3202.84
7	3725.91			4170.28		3479.41	3364.87		3130.78			3172.19
8	3764.46		3827.85	4147.82		3440.72	3369.69		3109.12	3548.41	3122.19	3177.01
9	3696.42	3899.51	3822.17	4051.96		3387.17	3345.85	3298.30	3044.73		3136.05	3219.65
10		3892.23	3902.79		3476.99	3401.38		3304.76	3059.29		3254.46	3195.87
11		3876.08	3952.79		3492.97	3381.69		3270.68		3531.12	3223.20	
12	3765.57	3850.03	3948.44	4047.27	3596.38		3277.31	3227.52		3435.69	3227.44	
13	3748.02	3842.03		3995.65	3575.91		3298.01	3245.81	2997.88	3446.76		3195.82
14	3712.32			3922.58	3489.90	3302.53	3296.37		3077.43	3312.28		3185.99
15	3706.61		4050.48	3903.61		3366.33	3341.81		3210.31	3301.23	3267.85	3212.51
16	3729.34	3924.06	4061.16	3941.07		3396.89	3442.07	3217.07	3238.41		3274.23	3190.17
17		3940.19	4078.36		3460.20	3306.04		3226.62	3347.07		3236.83	3157.35
18		3984.70	3999.70		3487.12	3263.70		3233.85		3313.51	3284.36	
19		3966.42	4058.96	3898.28	3503.30		3444.34	3190.34		3325.62	3300.32	
20		3986.66		3854.48	3475.29		3417.28	3185.72	3473.00	3330.72		3104.70
21				3819.88	3514.22	3290.96	3414.82		3460.25	3291.92		3097.92
22			4072.22	3827.85		3326.52	3338.91		3405.17	3334.59	3305.27	3169.32
23		3898.54	4027.23	3782.71		3299.14	3334.69	3151.74	3530.30		3273.48	3123.05
24		3896.66	4030.79		3499.85	3290.20		3182.53	3494.21		3255.06	3125.50
25		3833.05	4043.81		3436.69	3255.60		3165.07		3246.03	3253.24	
26		3892.96	4061.53	3770.25	3469.20		3297.95	3156.98		3284.26	3259.94	
27		3919.92		3754.59	3561.86		3275.02	3115.25	3467.78	3296.69		3123.60
28				3702.80	3548.69	3230.78	3303.24		3512.32	3292.50		3117.03
29	3816.88		4008.08	3600.05		3288.66	3329.12		3477.88	3216.35	3225.07	3110.41
30	3716.87		4009.14	3613.17		3275.85	3283.37	3122.10	3453.91		3226.01	3112.43
31			4060.14		3577.65			3175.79				3067.57

数据来源：上海、深圳证券交易所

Source：Shanghai、Shenzhen Stock Exchange

2-48 2004年深圳证券交易所每日收市成份A股指数

Daily Closing A Share Composite Component Index of Shenzhen Stock Exchange in 2004

日期 Date	1月 Jan.	2月 Feb.	3月 Mar.	4月 Apr.	5月 May	6月 Jun.	7月 Jul.	8月 Aug.	9月 Sep.	10月 Oct.	11月 Nov.	12月 Dec.
1			4193.41	4338.07		3844.06	3578.31		3339.96		3402.01	3402.87
2	3656.97	3947.60	4158.50	4377.40		3810.14	3585.51	3444.73	3355.80		3374.11	3385.31
3		3977.98	4121.99			3744.37		3411.20	3335.74		3412.17	3395.33
4		4054.07	4165.18			3734.62		3507.27			3320.85	
5	3779.42	4038.20	4130.87	4367.24			3578.79	3453.03			3327.91	
6	3827.16	4038.34		4391.91			3595.51	3458.65	3328.41			3390.36
7	3891.11			4391.90		3677.25	3561.24		3336.87			3356.65
8	3928.14		4055.97	4369.03		3637.45	3563.69		3308.17	3773.73	3330.07	3359.82
9	3853.96	4122.02	4051.01	4263.90		3583.09	3538.14	3484.20	3239.59		3341.73	3408.00
10		4119.54	4140.58		3740.24	3594.17		3492.50	3255.17		3463.06	3381.61
11		4093.30	4194.96		3758.04	3584.03		3454.42		3749.02	3428.79	
12	3937.90	4052.65	4196.98	4255.63	3845.11		3465.13	3414.55		3647.54	3428.17	
13	3924.29	4041.53		4204.78	3821.25		3486.71	3436.73	3189.93	3659.52		3376.49
14	3886.18			4119.66	3740.60	3513.00	3495.03		3281.17	3517.89		3363.51
15	3876.35		4302.90	4107.46		3580.25	3553.88		3414.26	3534.46	3466.78	3395.04
16	3900.05	4133.26	4312.54	4162.78		3613.73	3656.74	3424.75	3447.50		3476.31	3381.08
17		4149.97	4331.31		3713.67	3522.97		3440.23	3561.29		3441.62	3348.22
18		4202.23	4239.87		3744.38	3488.43		3446.62		3531.95	3494.46	
19		4178.41	4309.41	4092.22	3749.30		3656.63	3409.40		3548.94	3511.65	
20		4209.75		4043.42	3714.80		3628.69	3417.46	3693.25	3551.90		3288.13
21				4007.10	3749.42	3511.19	3625.90		3683.63	3512.77		3276.50
22			4333.16	4034.88		3547.11	3540.96		3623.86	3551.25	3518.40	3352.65
23		4111.41	4289.36	3991.63		3514.10	3542.55	3379.42	3758.32		3477.27	3301.61
24		4107.27	4285.56		3723.75	3493.83		3404.31	3715.96		3459.55	3302.62
25		4032.87	4299.31		3654.68	3453.01		3391.21		3462.89	3456.13	
26		4103.90	4320.68	3992.38	3687.16		3499.27	3381.28		3501.33	3459.81	
27		4136.17		3971.30	3782.93		3475.85	3329.90	3694.06	3514.22		3299.55
28				3933.26	3762.97	3426.20	3496.23		3742.53	3512.14		3292.67
29	3987.80		4258.62	3834.09		3486.07	3525.99		3704.18	3432.90	3424.50	3283.19
30	3879.09		4258.46	3858.10		3469.38	3475.32	3332.77	3677.12		3423.21	3287.32
31			4309.30		3789.60			3394.11				3270.86

数据来源:上海、深圳证券交易所

Source:Shanghai、Shenzhen Stock Exchange

2-49　2004年深圳证券交易所每日收市成份B股指数
Daily Closing B Share Composite Component Index of Shenzhen Stock Exchange in 2004

日期 Date	1月 Jan.	2月 Feb.	3月 Mar.	4月 Apr.	5月 May	6月 Jun.	7月 Jul.	8月 Aug.	9月 Sep.	10月 Oct.	11月 Nov.	12月 Dec.
1			2183.72	2218.56		1989.06	1865.14		1632.80		1658.13	1746.71
2	2046.87	2190.61	2162.53	2248.10		1961.22	1869.08	1791.67	1639.97		1654.06	1747.37
3		2187.33	2138.74			1922.75		1780.95	1641.81		1674.79	1749.72
4		2216.48	2146.75			1911.58		1829.75			1638.20	
5	2129.36	2183.38	2151.28	2255.68			1851.62	1805.28			1652.36	
6	2168.74	2107.28		2295.14			1864.22	1810.79	1658.72			1753.74
7	2177.31			2337.79		1919.08	1843.36		1655.55			1740.12
8	2209.08		2078.72	2323.05		1894.90	1852.96		1658.95	1898.96	1646.65	1747.61
9	2178.27	2144.55	2072.74	2280.67		1859.22	1840.74	1823.13	1624.77		1661.82	1763.31
10		2126.49	2105.31		1748.60	1877.82		1822.82	1632.31		1736.71	1753.37
11		2142.30	2128.66		1755.11	1839.19		1809.42		1905.60	1722.55	
12	2185.08	2163.30	2108.34	2287.08	1867.51		1804.42	1770.58		1854.52	1737.68	
13	2161.33	2166.07		2248.59	1861.78		1816.61	1773.18	1599.29	1859.92		1766.03
14	2142.83			2229.81	1788.88	1762.54	1789.36		1624.31	1784.45		1767.11
15	2150.59		2169.74	2198.07		1798.22	1786.05		1718.55	1707.33	1770.24	1772.95
16	2163.97	2197.64	2180.09	2173.55		1811.98	1849.34	1709.12	1724.15		1766.78	1736.43
17		2207.46	2187.93		1761.42	1748.19		1700.27	1787.31		1734.00	1713.76
18		2217.89	2167.15		1770.56	1698.25		1707.52		1753.00	1753.72	
19		2220.04	2181.04	2213.26	1809.89		1857.07	1660.54		1749.18	1761.71	
20		2204.20		2195.42	1806.73		1840.41	1620.78	1859.99	1758.06		1695.85
21				2175.80	1844.43	1729.01	1839.56		1842.63	1731.96		1703.29
22			2161.93	2131.85		1752.94	1809.82		1816.33	1772.12	1760.63	1740.98
23		2169.79	2127.02	2095.88		1748.46	1791.92	1608.09	1879.61		1761.96	1720.79
24		2174.62	2149.47		1863.75	1771.95		1647.10	1870.97		1747.45	1726.11
25		2159.03	2156.65		1834.98	1764.03		1622.05		1710.13	1750.19	
26		2171.10	2159.27	2054.25	1858.00		1783.13	1621.54		1736.13	1762.42	
27		2175.70		2056.97	1915.00		1768.39	1619.30	1840.15	1743.61		1727.74
28				1986.79	1923.48	1751.83	1808.25		1861.06	1735.41		1723.95
29	2224.95		2144.98	1906.72		1787.22	1816.32		1847.22	1690.28	1739.30	1726.54
30	2177.97		2148.98	1888.62		1788.40	1797.08	1635.64	1838.61		1745.55	1722.65
31			2185.39		1949.79			1652.21				1620.22

数据来源：上海、深圳证券交易所

Source: Shanghai、Shenzhen Stock Exchange

2-50 2004年上海证券交易所A股平均市盈率、换手率
P/E Ratio and Turnover Velocity of A Shares in Shanghai Stock Exchange in 2004

年 份	市盈率 P/E		换手率 (%) Turnover Velocity
年份 Year	发行股数平均 Total Shares	流通股数平均 Negotiable Shares	流通股平均换手率 Negotiable Shares
1992			
1993			
1994			
1995	16.32	13.66	519.41
1996	32.65	31.13	760.05
1997	43.43	42.44	534.99
1998	34.36	33.66	355.30
1999	38.13	36.59	421.55
2000	59.14	58.63	504.07
2001	37.59	41.39	216.67
2002	34.50	37.44	208.74
2003	36.64	37.22	268.58
2004	24.29	26.20	308.31

数据来源:上海、深圳证券交易所
Source:Shanghai、Shenzhen Stock Exchange

2-51 2004年深圳证券交易所A股平均市盈率、换手率
P/E Ratio and Turnover Velocity of A Shares in Shenzhen Stock Exchange in 2004

年 份	市盈率 P/E		换手率 (%) Turnover Velocity
年份 Year	发行股数平均 Total Shares	流通股数平均 Negotiable Shares	流通股平均换手率 Negotiable Shares
1992	36.44	34.68	265.45
1993	35.94	37.90	324.44
1994	10.56	10.38	691.79
1995	9.97	9.39	309.56
1996	38.88	38.52	949.68
1997	42.66	42.38	662.32
1998	32.31	32.18	411.14
1999	37.56	38.28	371.61
2000	58.75	59.62	396.47
2001	40.76	41.02	189.97
2002	38.22	38.75	200.65
2003	37.43	37.55	216.97
2004	25.64	26.51	311.78

数据来源:上海、深圳证券交易所
Source:Shanghai、Shenzhen Stock Exchange

2-52　2004年上海证券交易所B股平均市盈率、换手率

P/E Ratio and Turnover Velocity of B Shares in Shanghai Stock Exchange in 2004

年　份	市盈率 P/E		换手率（%）Turnover Velocity
年份 Year	发行股数平均 Total Shares	流通股数平均 Negotiable Shares	流通股平均换手率 Negotiable Shares
1992			
1993			
1994			
1995	8.00	8.00	56.26
1996	14.04	14.04	61.58
1997	11.99	11.99	74.60
1998	6.04	6.04	57.30
1999	10.05	10.05	92.59
2000	25.23	25.23	151.24
2001	43.39	43.39	452.26
2002	30.61	30.61	95.99
2003	30.32	30.32	64.26
2004	20.15	20.15	58.29

数据来源：上海、深圳证券交易所
Source：Shanghai、Shenzhen Stock Exchange

2-53　2004年深圳证券交易所B股平均市盈率、换手率

P/E Ratio and Turnover Velocity of B Shares in Shenzhen Stock Exchange in 2004

年　份	市盈率 P/E		换手率（%）Turnover Velocity
年份 Year	发行股数平均 Total Shares	流通股数平均 Negotiable Shares	流通股平均换手率 Negotiable Shares
1992	35.56	17.76	124.28
1993	20.11	16.24	52.58
1994	7.02	6.97	42.16
1995	6.01	5.86	30.79
1996	14.07	12.54	96.85
1997	10.66	10.71	131.32
1998	5.71	5.82	45.88
1999	10.38	10.39	95.40
2000	13.06	13.50	89.09
2001	25.30	25.59	417.47
2002	17.51	18.34	89.98
2003	20.92	21.57	133.87
2004	12.90	12.60	110.04

数据来源：上海、深圳证券交易所
Source：Shanghai、Shenzhen Stock Exchange

2-54 2004年上海证券交易所A股按行业平均市盈率、换手率
P/E Ratio and Turnover Velocity of A Shares in Shanghai Stock Exchange Classified by Industries in 2004

行业 Industries	市盈率 P/E 发行股数平均 Total Shares	市盈率 P/E 流通股数平均 Negotiable Shares	换手率(%) Turnover Velocity 流通股换手率 Negotiable Shares
农、林、牧、副、渔业 Agriculture, Forestry, Fishing and Hunting	27.89	28.87	384.21
采掘业 Mining	21.28	25.49	339.04
食品、饮料 Food, Beverage	32.41	30.91	337.43
纺织、服装、毛皮 Textile, Apparel, Leather	23.78	23.37	264.73
木材、家俱 Wood Product	22.98	23.24	267.95
造纸、印刷 Paper, Printing	30.96	29.03	292.56
石油、化学、橡胶、塑料 Petroleum, Chemical Product, Plastics, Rubber	32.33	30.73	298.45
电子 Electrical Equipment	23.89	24.16	340.12
金属、非金属 Metal, Nonmetallic Mineral Product	14.64	15.89	361.64
机械、设备、仪表 Machinery, Equipment, Meter	23.60	22.89	260.80
医药、生物 Medicine, Biologic Product	27.83	26.02	238.90
其他制造业 Other Manufacuring	40.47	39.58	328.11
电力、蒸汽及水的生产及供应业 Electricity, Gas, Water Supply	24.08	26.91	256.93
建筑业 Construction	27.34	27.57	209.37
交通运输、仓储业 Transport, Storage	32.57	34.99	282.90
信息技术业 Information, Technology	31.50	33.11	391.79
批发和零售贸易 Wholesale and Retail Trade	31.08	31.32	263.51
金融、保险业 Finance, Insurance	22.29	21.89	296.55
房地产业 Real Estate	25.18	25.38	154.35
社会服务业 Social Services	30.43	30.31	184.07
传播及文化产业 Transmission, Culture	47.18	45.67	492.05
综合类 Conglomerat	41.25	39.33	222.48

数据来源：上海、深圳证券交易所
Source: Shanghai、Shenzhen Stock Exchange

2-55　2004年深圳证券交易所A股按行业平均市盈率、换手率

P/E Ratio and Turnover Velocity of A Shares in Shenzhen Stock Exchange Classified by Industries in 2004

行　业 Industries	市盈率 P/E 发行股数平均 Total Shares	市盈率 P/E 流通股数平均 Negotiable Shares	换手率(%) Turnover Velocity 流通股换手率 Negotiable Shares
农、林、牧、副、渔业 Agriculture, Forestry, Fishing and Hunting	30.80	33.96	262.18
采掘业 Mining	24.46	25.54	331.15
食品、饮料 Food, Beverage	28.43	27.70	293.09
纺织、服装、毛皮 Textile, Apparel, Leather	36.80	37.37	316.65
木材、家具 Wood Product	0.00	0.00	337.62
造纸、印刷 Paper, Printing	20.64	19.74	285.52
石油、化学、橡胶、塑料 Petroleum, Chemical Product, Plastics, Rubber	29.30	31.42	304.88
电子 Electrical Equipment	23.54	22.92	437.07
金属、非金属 Metal, Nonmetallic Mineral Product	16.24	17.16	314.34
机械、设备、仪表 Machinery, Equipment, Meter	20.54	20.91	340.25
医药、生物 Medicine, Biologic Product	31.13	31.33	347.82
其他制造业 Other Manufacuring	40.91	39.61	416.88
电力、蒸汽及水的生产及供应业 Electricity, Gas, Water Supply	17.56	18.95	251.92
建筑业 Construction	42.07	40.55	245.78
交通运输、仓储业 Transport, Storage	29.90	30.62	194.04
信息技术业 Information, Technology	39.99	41.95	402.94
批发和零售贸易 Wholesale and Retail Trade	43.64	45.54	298.87
金融、保险业 Finance, Insurance	46.99	44.25	189.62
房地产业 Real Estate	28.22	24.71	297.45
社会服务业 Social Services	38.53	36.19	252.74
传播及文化产业 Transmission, Culture	73.59	70.98	577.22
综合类 Conglomerat	67.43	70.79	311.28

数据来源：上海、深圳证券交易所

Source: Shanghai、Shenzhen Stock Exchange

主要统计指标解释
Definition and Explanation

1. 成交金额和成交数量(Trading Volume and Value)

成交金额和成交数量为买卖单方计算。

Trading volume and value counted on a one-way basis.

2. 上市公司(Listed Companies)

上市公司为向社会公开发行股票且股票在交易所上市的公司。

A pubic, limited-liability company with issued shares that are listed on an Exchange.

3. 上市股票数(Number of Listed Stocks)

上市股票数是指在交易所上市的A股、B股的总数目。

The figure of Number of listed stocks refers to the total number of A and B shares listed on an Exchange.

4. 市价总值(Total Market Capitalization)

指在交易所上市的证券在某一时点按市价与发行数量计算的总金额。

∑(市价×发行数量)

This figure represents the aggregate taken at a given time of the market price the listed volume for each security in the market.

∑(Marked Price×Negotiable Volume)

5. 流通市值(Negotiable Market Capitalization)

指在交易所上市的证券在某一时点按市价与上市流通量计算的总金额。

∑(市价×可流通量)

This figure represents the aggregate taken at a given time of the market price the negotiable volume for each security in the market.

∑(Marked Price×Negotiable Volume)

6. 流通数量(Total Negotiable Volume)

指在交易所上市的证券中可以流通的数量。

The total negotiable volume of all listed securities at certain time.

7. 数量单位(Trading Unit)

· 股:A股、B股均使用1元人民币面额为一股。对历史曾出现的大于1元面额的股票,在本年报的成交或交易股数指标中均已被换算到当前面额。

· 手:国债现货和国债回购品种均以1000元人民币面额为一手。

· 口:上海证券交易所国债期货以20000元国债面额为一口,深圳证券交易所国债期货以10000元国债面额为一口。

· 份:基金以1元面额为一份。

· Par value for both A and B share is calculated at 1.00 RMB. Trading volume of stocks whose actuarial par value is greater than 1.00 RMB has been converted correspondingly.

- For Bonds and T-Bond repurchase each block consists of 1000 RMB par value.
- For t-Bond Futures each block consists of 20000 RMB par value in Shanghai Stock Exchange, and is Shenzhen stock Exchange each block consists of 10000 RMB par Value.
- Par value of Investment Fund is 1.00 RMB par share.

8. 市盈率(Price-to-Earning Ratio (P/E Ratio)

$$\text{市盈率} = \frac{\text{股价}}{\text{每股盈利}}$$

$$\text{P/E Ratio} = \frac{\text{Stock Price}}{\text{Earnings Per Share}}$$

三、债　　券

Bonds

2004 年债券市场综述

Summary for Chinese Bonds Market 2004

2004 年是债券市场充分发展,逐渐走向成熟的一年。市场基础设施建设加强;新的债券产品和新的交易机制不断推出;作为资本市场一个重要组成部分,债券市场的长远发展规划明确列入了"国九条"中。

一、市场规模

2004 年,除国债发行规模有所增加外,其他债券发行规模均有所减少。其中,国债累计发行 6923.90 亿元,比去年增加了 9%;金融债累计发行 4148 亿元,较上年减少 10%;企业债 327 亿元,较上年减少 9%。此外,2004 年还发行了次级债 860.7 亿元。

2004 年,交易所交易的国债品种进一步增加,截至年底,在交易所交易的债券共 155 只,比 2003 年增加了 40 只。其中,国债 83 只,企业债 40 只,可转债 32 只,分别为 2003 年底的 1.36、1.29和 1.39 倍。

2004 年,虽然交易所上市的数目增加,但交易的各种债券较 2003 年均有所减少,累计成交 50323 亿元,比 2003 年减少 19%。其中,国债现货成交 2966 亿元,比 2003 年减少了 48%;国债回购成交 44087 亿元,比 2003 年减少 17%;企业债成交 2633 亿元,比上年减少了 3%;可转债成交 637 亿元,比上年减少 4%。

5 月 20 日,买断式回购在银行间债券市场率先推出。这是债券流通市场在交易机制设计上所取得的一次历史性的突破,首次使债券交易具备了做空功能,在升息预期环境下投资者终于有了规避利率风险工具。12 月 7 日,交易所债券市场开始在大宗交易系统试运行买断式回购。至此,买断式回购覆盖了整个债券市场。

二、二级市场运行

2004 年,债券二级市场出现了三次规模较大的下跌。其中,以 4 月 11 日,央行宣布再度上调 0.5%个百分点的存款准备金率后的下跌幅度为最大。在这一轮下跌过程中,一方面因存款准备金率上调紧缩了市场银根,另一方面由于这一政策又被市场理解为中央进一步加强宏观调控的信号,引发了强烈的加息预期。债券市场的暴跌使交易所市场回购风险浮出水面,三重因素的叠加使得上证国债指数在短短 20 多个交易日内跌幅达到了 6.25%,探底至 91.1 点,创下了历史最低点。此后,债券市场迎来了数次反弹,但在利空因素的交替作用下,无法扭转颓势,下半年再度分别出现了两轮整体下跌。截至 12 月 23 日,国债市场收益率曲线整体上移了 120 至 140 个基点。其中,流动性较好的 7 年期和 3 年期国债品种,分别上升了 135.39bp 和 134.76bp。

与年初相比,上证国债指数跌幅达到了 3.65%。涵盖交易所市场和银行间市场的中国债券总指数则下跌 3.87%。若以托管的总市值 4.97 万亿元计,债券市场市值缩水约 1500 亿元左右,比去年扩大了近一倍。

2004年,交易所和银行间市场的总交易量合计为16亿元,比去年下降了22%。其中,在银行间现券市场,国债、金融债分别较去年大幅下降了约40%和20%。然而,由于2004年央行票据的滚动发行量达创记录的1.43万亿元,央行票据在债券市场中的地位显著上升,成交量反较去年上升2.6%,并且在下半年超过金融债,成为银行间债券市场头号交易品种。到目前为止,央行票据在银行间债券市场交易量累计达到9400亿元,在银行间市场现券交易量中的占比高达39%。

3-1 历年全国债券发行情况汇总表(1990—2004)

Issuing Summary of Bonds (1990—2004)

单位:亿元 Unit:100000000 yuan

时期 Year	国债 T-Bonds			金融债 Financial Bonds			次级债			企业债 Enterprise Bonds		
	发行额 Amounts Issued	兑付额 Amounts Repayed	期末余额 Balance	发行额 Amounts Issued	兑付额 Amounts Repayed	期末余额 Balance	发行额 Amounts Issued	兑付额 Amounts Repayed	期末余额 Balance	发行额 Amounts Issued	兑付额 Amounts Repayed	期末余额 Balance
1990年	197.23	76.22	890.34	64.40	50.07	84.88				126.37	77.29	195.44
1991年	281.25	111.60	1059.99	66.91	33.67	118.12				249.96	114.31	331.09
1992年	460.78	238.05	1282.72	55.00	30.00	143.12				683.71	192.76	822.04
1993年	381.31	123.29	1540.74		34.29	108.83				235.84	255.48	802.40
1994年	1137.55	391.89	2286.40		13.54	95.29				161.75	282.04	682.11
1995年	1510.86	496.96	3300.30			1708.49				300.80	336.30	646.61
1996年	1847.77	786.64	4361.43	1055.60	254.50	2509.59				268.92	317.80	597.73
1997年	2411.79	1264.29	5508.93	1431.50	312.30	3628.80				255.23	219.81	521.02
1998年	3808.77	2060.86	7765.70	1950.23	320.40	5121.13				147.89	105.25	676.93
1999年	4015.00	1238.70	10542.00	1800.89	473.20	6447.48				158.20	56.50	778.63
2000年	4657.00	2179.00	13020.00	1645.00	709.20	7383.28				83.00	0.00	861.63
2001年	4884.00	2286.00	15618.00	2590.00	1438.80	8534.48				147.00		
2002年	5934.30	2216.20	19336.10	3075.00	1555.70	10054.10				325.00		
2003年	6280.10	2755.80	22603.60	4561.40	2505.30	11650.00				358.00		
2004年	6923.90	3749.90	25777.60	4148.00	1778.70	14019.30	860.70	0.00	860.70	327.00		

数据来源:中国人民银行

Source:The People's Bank of China

3-2 主要存款项目利率表(1996—2004)

Interest Rates of Major Saving Deposite (1996—2004)

项 目	Item	1996-05-01 May. 1 1996	1996-08-23 Aug. 23 1996	1997-10-23 Oct. 23 1997	1998-03-25 Mar. 25 1998	1998-07-01 Jul. 1 1998	1998-12-07 Dec. 7 1998	1999-06-10 Jun. 10 1999	2002-02-21 Feb. 21 2002	2004.10.29 Oct. 29 2004
个人人民币储蓄存款	Household Saving Deposits									
活期	Demand	2.97	1.98	1.71	1.71	1.44	1.40	0.99	0.72	0.72
定期	Time									
3个月	3 Months	4.86	3.33	2.88	2.88	2.79	2.79	1.98	1.71	1.71
6个月	6 Months	7.20	5.40	4.14	4.14	3.96	3.33	2.16	1.89	2.07
1年	1 Year	9.18	7.47	5.67	5.22	4.77	3.78	2.25	1.98	2.25
2年	2 Years	9.90	7.92	5.94	5.58	4.86	3.96	2.43	2.25	2.70
3年	3 Years	10.80	8.28	6.21	6.21	4.95	4.14	2.70	2.52	3.24
5年	5 Years	12.06	9.00	6.66	6.66	5.22	4.50	2.88	2.79	3.60
企业单位	Enterprise Deposits									
活期	Demand	2.97	1.98	1.71	1.71	1.44	1.44	0.99	0.72	0.72
定期	Time									
3个月	3 Months	4.86	3.33	2.88	2.88	2.79	2.79	1.98	1.71	1.71
6个月	6 Months	7.20	5.40	4.14	4.14	3.96	3.33	2.16	1.89	2.07
1年	1 Year	9.18	7.47	5.67	5.22	4.77	3.78	2.25	1.98	2.25
2年	2 Years	9.90	7.92	5.94	5.58	4.86	3.96			2.70
3年	3 Years	10.80	8.28	6.21	6.21	4.95	4.14			3.24
5年	5 Years	12.06	9.00	6.66	6.66	5.22	4.50			3.60
大额可转让定期存单	CDs									
1个月	1 Months	3.96	2.70							
3个月	3 Months	4.86	3.33	2.88	2.88	2.79	2.79	1.98		
6个月	6 Months	7.20	5.40	4.14	4.14	3.96	3.33	2.16		
9个月	9 Months	8.19	6.66							
12个月	12 Months	9.18	7.47	5.67	5.22	4.77	3.78	2.25		

注:2003年存款利率没有调整

数据来源:中国人民银行

Source:The People's Bank of China

3-3 2004 年全国银行间同业拆借利率统计表

Interbank Offer Rates in 2004

单位:%

时期	隔夜	7 天内	8～14 天内	15～20 天内	21～30 天内	31～60 天内	61～90 天内	91～120 天内
1 月	2.17	2.36	2.59	2.91	3.22	2.79	3.99	4.32
2 月	2.09	2.27	2.27	2.19	2.47	3.00	2.85	3.58
3 月	1.90	2.08	2.19	2.11	2.76	2.42	3.34	3.92
4 月	2.05	2.31	2.33	2.45	2.62	2.66	3.62	3.51
5 月	1.99	2.24	2.34	2.33	2.76	3.75	4.22	4.45
6 月	2.24	2.41	2.48	2.64	2.98	3.91	3.22	3.89
7 月	2.18	2.33	2.44	2.51	2.91	3.20	3.21	3.59
8 月	2.27	2.34	2.32	2.60	3.34	3.17	3.61	3.82
9 月	2.23	2.26	2.36	2.44	3.34	3.09	3.47	3.37
10 月	2.16	2.21	2.29	2.38	3.03	3.55	3.20	4.05
11 月	2.09	2.21	2.23	2.28	3.36	3.60	2.76	3.64
12 月	1.88	2.09	2.10	2.63	2.31	3.89	3.07	0.00

注:表中利率为加权平均利率

数据来源:中国人民银行

Source: The People's Bank of China

3-4 2004 年全国银行间市场债券质押式回购利率统计表

Interbank Bonds Repurchase Rate in 2004

单位:%

时期	1 天	7 天	14 天	21 天	1 个月	2 个月	3 个月	4 个月	6 个月	9 个月	一年
1 月	2.20	2.29	2.74	2.66	2.78	2.59	2.84	2.96	3.25	0.00	0.00
2 月	2.20	2.22	2.27	2.42	2.30	2.30	2.33	2.42	2.54	0.00	0.00
3 月	1.90	1.91	1.96	2.00	2.17	2.20	2.27	2.27	2.48	2.75	2.93
4 月	1.95	2.06	2.35	2.58	2.62	2.63	2.61	2.71	2.68	2.68	0.00
5 月	2.05	2.18	2.25	2.36	2.70	2.70	2.81	0.00	2.55	0.00	2.66
6 月	2.24	2.41	2.54	2.68	3.04	3.14	3.11	0.00	3.55	2.50	2.62
7 月	2.26	2.33	2.40	2.47	2.84	2.92	3.03	2.91	3.60	0.00	0.00
8 月	2.26	2.28	2.36	2.46	2.78	2.95	3.00	0.00	0.00	0.00	3.81
9 月	2.10	2.12	2.35	2.55	2.72	2.83	2.93	2.72	3.10	0.00	0.00
10 月	2.12	2.14	2.18	2.30	2.48	2.75	2.94	2.80	0.00	0.00	0.00
11 月	2.02	2.09	2.22	2.31	2.44	2.68	2.91	3.33	0.00	2.90	0.00
12 月	1.81	1.87	1.92	1.99	2.11	2.68	2.73	3.25	3.57	0.00	0.00

注:表中利率为加权平均利率

数据来源:中国人民银行

Source: The People's Bank of China

3-5　2004 年全国银行间市场债券买断式回购利率统计表

Interbank Bonds Repurchase Rate in 2004

单位:%

时期	1天	7天	14天	21天	1个月	2个月	3个月
1月							
2月							
3月							
4月							
5月	2.19	2.15	2.21	0.00	2.80	2.99	0.00
6月	2.35	2.46	2.62	0.00	2.92	2.96	0.00
7月	2.41	2.36	2.39	0.00	2.76	2.70	2.63
8月	0.00	2.31	2.28	2.92	2.72	2.95	2.87
9月	0.00	2.05	2.40	2.54	2.26	2.91	2.83
10月	2.51	2.16	2.08	2.47	2.42	2.86	3.12
11月	2.10	2.15	2.26	2.30	2.53	2.67	
12月	1.86	1.95	2.08	2.25	2.45	3.01	3.23

注:表中利率为加权平均利率

数据来源:中国人民银行

Source:The People's Bank of China

3-6　2004 年货币市场 7 天品种利率统计表

Rates for 7-days Items in Money Market in 2004

金额单位:亿元

时期 Month	银行间同业拆借市场信用拆借 Interbank Offer		银行间债券市场债券回购 Interbank Bonds Repurchase	
	交易额 Trading Value	利率 Rate (%)	交易额 Trading Value	利率 Rate (%)
1月	1032.68	2.36	3648.30	2.29
2月	870.60	2.27	5984.09	2.22
3月	1124.23	2.08	4740.92	1.91
4月	815.03	2.31	3550.45	2.06
5月	698.97	2.24	3526.30	2.18
6月	1149.67	2.41	4919.40	2.41
7月	846.94	2.33	5196.57	2.33
8月	742.56	2.34	4762.07	2.28
9月	836.47	2.26	4522.91	2.12
10月	544.75	2.21	3855.52	2.14
11月	820.01	2.21	4946.40	2.09
12月	932.17	2.09	4555.66	1.87

注:表中利率为加权平均利率

数据来源:中国人民银行

Source:The People's Bank of China

3-7 2004年国债发行统计表

Issuing Summary for T-Bond In 2004

单位:亿元 Unit:100000000

	发行对象 Issue Target	偿还期限 Maturity	发行利率(%) Interest Rate	累计发行额 Total Amount Issued
一、当期国债发行与兑付				6923.90
(一)凭证式国债 Certificate TB.				2510.00
1. 凭证式国债(1) Certificate TB. (1)				
三年期 3 Years	个人投资者	3	2.52	315.00
五年期 5 Years	个人投资者	5	2.83	135.00
2. 凭证式国债(2) Certificate TB. (2)				
三年期 3 Years	个人投资者	3	2.52	682.40
五年期 5 Years	个人投资者	5	2.83	287.40
3. 凭证式国债(3) Certificate TB. (3)				
二年期 2 Years	个人投资者	2	2.40	237.00
4. 凭证式国债(4) Certificate TB. (4)				
三年期 3 Years	个人投资者	3	2.65	350.00
五年期 5 Years	个人投资者	5	3.00	150.00
5. 凭证式国债5期	个人投资者	2	2.40	157.9
6. 凭证式国债6期				
三年期	个人投资者	3	2.65	70.00
五年期	个人投资者	5	3	30.00
三年期	个人投资者	3	3.37	70.00
五年期	个人投资者	5	3.81	30.00
(二)记账式国债 Bookentry TB.				4413.90
1. 记账式国债一期 Bookentry TB. (1)	银行间/交易所	1	2.35	381.60
2. 记账式国债二期 Bookentry TB. (2)	银行间	3	3.20	267.60
3. 记账式国债三期 Bookentry TB. (3)	银行间/交易所	5	4.42	304.60
4. 记账式国债四期 Bookentry TB. (4)	银行间/交易所	7	4.89	367.50
5. 记账式国债五期 Bookentry TB. (5)	银行间/交易所	2	3.27	332.30
2001年五期(续发行)	银行间	7	3.71	270.00
三期(续发行)	银行间/交易所	5	4.42	320.00
三期(追加发行)	银行间/交易所	5	4.42	17.00
六期	银行间	10	4.86	242.40
七期	银行间/交易所/柜台	7	4.71	372.90
五期(续发行)	银行间/交易所	2	3.27	303.00
八期	银行间/交易所	5	4.30	336.10
九期	银行间	3个月	3.02	253.20
十期	银行间/交易所/柜台	7	4.86	389.10
十一期	银行间/交易所	2	2.98	256.60
二、特种定向国债				
三、以前国债发行与兑付				38984.40
四、当前累计 Total				45908.30

数据来源:中国人民银行

Source:The People's Bank of China

3-8 1990—2004 年国债余额一览表

The Balance of T-Bond(1990—2004)

单位:亿元　Unit: 100000000 yuan

年份 Year	年底余额 Balance at the end of the year
1990	890.34
1991	1059.99
1992	1282.72
1993	1540.74
1994	2286.40
1995	3300.30
1996	4361.43
1997	5508.93
1998	7765.70
1999	10542.00
2000	13020.00
2001	15618.00
2002	19336.10
2003	22603.60
2004	25777.60

数据来源:中国人民银行

Source: The People's Bank of China

3-9 1995—2004年全国债券交易情况汇总表

		1995年	1996年	1997年
年末上市数目合计	Listed Numbers	62	43	42
金融债	Financial Bonds	4	2	0
企业债	Enterprise Bonds	13	6	7
企业债现货	Enterprise Bonds Cash	13	6	7
企业债回购	Enterprise Bonds Repurchase			
可转换债券	Converse Bonds	1	0	0
国债	T-Bonds	44	35	35
现货	T-Bond Cash	12	18	18
期货	T-Bond Futures	12	0	0
回购	T-Bond Repurchase	20	17	17
成交数量(万手/口)	Transaction Volume	100660.50	174297.17	161732.38
金融债	Financial Bonds			
企业债(万手)	Enterprise Bonds	29.35	38.00	356.12
企业债现货	Enterprise Bonds Cash	29.35	38.00	356.12
企业债回购	Enterprise Bonds Repurchase			
可转换债券(万手)	Converse Bonds	70905.00	0.00	0.00
国债(万手)	T-Bond	29726.15	174259.17	161376.26
现货(万手)	T-Bond Cash	6105.57	44172.76	32615.20
期货(万口)	T-Bond Future	21151.63	0.00	0.00
回购(万手)	T-Bond Repurchase	2468.95	130086.41	128761.06
成交金额(百万元)	Transaction Turnover	5936760.69	1803934.55	1647689.03
金融债	Financial Bonds	0.03	0.05	0.00
企业债	Enterprise Bonds	84.10	146.09	1808.10
企业债现货	Enterprise Bonds Cash	84.10	146.09	1808.10
企业债回购	Enterprise Bonds Repurchase			
可转换债券	Converse Bonds	676.85	0.00	0.00
国债	T-Bond	5935999.71	1803788.41	1645880.93
现货	T-Bond Cash	77520.01	502924.30	358274.52
期货	T-Bond Future	5733628.12	0.00	0.00
回购	T-Bond Repurchase	124851.58	1300864.12	1287606.41
成交笔数合计(万笔)	Transaction Turnover	3941177	2546422	1535030
金融债	Financial Bonds	2	4	2
企业债	Enterprise Bonds	6288	13400	51350
企业债现货	Enterprise Bonds Cash	6288	13400	51350
企业债回购	Enterprise Bonds Repurchase			
可转换债券	Converse Bonds	36721	0	0
国债	T-Bond	3898166	2533018	1483678
现货	T-Bond Cash	629531	1832141	1118563
期货	T-Bond Future	3185378	0	0
回购	T-Bond Repurchase	83257	700877	365115

数据来源:上海、深圳证券交易所

Source:Shanghai、Shenzhen Stock Exchange

Summary for Bonds Trading (1995—2004)

1998年	1999年	2000年	2001年	2002年	2003年	2004年
39	43	46	54	74	115	155
0	0	0	0	0	0	0
7	12	12	13	15	31	40
7	12	12	13	15	24	33
					7	7
1	2	3	3	9	23	32
31	29	31	38	50	61	83
14	12	14	21	33	41	57
0	0	0	0	0	0	0
17	17	17	17	17	20	26
203161.40	170716.33	197979.00	204707.68	329252.26	620194.41	504218.50
						0.00
946.39	471.12	906.15	672.13	639.81	26973.40	26356.20
946.39	471.12	906.15	672.13	639.81	3439.33	1158.24
					23534.07	25197.96
833.45	3133.54	11717.48	3684.55	688.29	5830.70	5633.34
201381.56	167111.67	185355.37	200351.00	328152.15	587390.31	472228.96
45973.57	38206.39	38018.57	45474.64	83955.76	57391.85	31362.82
0.00	0.00	0.00	0.00	0.00	0.00	0.00
155407.99	128905.28	147336.80	154876.36	244196.39	529998.46	440866.14
2166177.72	1828412.24	1911915.83	2041776.34	3324952.62	6213635.97	5032349.66
0.00	0.00	0.00	0.00	0.00	0.00	0.00
4068.57	4799.48	9292.27	6884.31	7033.09	271701.63	263316.09
4068.57	4799.48	9292.27	6884.31	7033.09	36360.93	11336.49
					235340.7	251979.6
2030.17	4473.35	13506.68	4568.04	7369.70	66338.72	63726.37
2160078.98	1819139.41	1889116.88	2030323.99	3312831.83	5875595.62	4705307.19
605994.78	530086.53	415748.83	481560.35	870867.90	575610.99	296645.79
0.00	0.00	0.00	0.00	0.00	0.00	0.00
1554084.00	1289052.88	1473368.05	1548763.64	2441963.93	5299984.63	4408661.40
1700434	1586663	1937637	1161774	2136984	4789412	4719995
0	0	0	0	0	0	0
310499	233767	434395	173256	120462	333915	273821
310499	233767	434395	173256	120462	207187	140237
					126728	133584
172571	513702	827248	208841	191200	665889	736253
1217364	839194	675994	779677	1902951	3789608	3709921
796406	536532	385348	476656	1105316	1299017	1576217
0	0	0	0	0	0	0
420958	302662	290646	303021	797635	2490591	2133704

3-10 1995—2004年上海债券交易情况统计表

		1995年	1996年	1997年
年末上市数目合计	Listed Numbers	47	24	22
金融债	Financial Bonds	4	2	0
企业债	Enterprise Bonds	12	5	5
企业债现货	Enterprise Bonds Cash	12	5	5
企业债回购	Enterprise Bonds Repurchase			
可转换债券	Converse Bonds			
国债	T-Bonds	31	17	17
现货	T-Bond Cash	6	9	9
期货	T-Bond Futures	12	0	0
回购	T-Bond Repurchase	13	8	8
成交数量(万手/口)	Transaction Volume	24246.06	167937.07	150768.00
金融债	Financial Bonds			
企业债(万手)	Enterprise Bonds	5.51	9.76	128.00
企业债现货	Enterprise Bonds Cash	5.51	9.76	128.00
企业债回购	Enterprise Bonds Repurchase			
可转换债券(万手)	Converse Bonds			
国债(万手)	T-Bond	24240.55	167927.31	150640.00
现货(万手)	T-Bond Cash	6004.60	43535.71	31518.00
期货(万口)	T-Bond Future	16520.00	0.00	0.00
回购(万手)	T-Bond Repurchase	1715.95	124391.60	119122.00
成交金额(百万元)	Transaction Turnover	5162822.95	1740269.88	1539606.07
金融债	Financial Bonds	0.03	0.05	0.00
企业债	Enterprise Bonds	61.06	116.12	1550.32
企业债现货	Enterprise Bonds Cash	61.06	116.12	1550.32
企业债回购	Enterprise Bonds Repurchase			
可转换债券	Converse Bonds			
国债	T-Bond	5162761.86	1740153.71	1538055.75
现货	T-Bond Cash	76444.46	496237.71	346839.95
期货	T-Bond Future	4969157.90	0.00	0.00
回购	T-Bond Repurchase	117159.50	1243916.00	1191215.80
成交笔数合计(万笔)	Transaction Turnover	2992638	2502405	1501749
金融债	Financial Bonds	2	4	2
企业债	Enterprise Bonds	4442	11032	49205
企业债现货	Enterprise Bonds Cash	4442	11032	49205
企业债回购	Enterprise Bonds Repurchase			
可转换债券	Converse Bonds			
国债	T-Bond	2988194	2491369	1452542
现货	T-Bond Cash	622155	1805154	1096789
期货	T-Bond Future	2287468	0	0
回购	T-Bond Repurchase	78571	686215	355753

数据来源:上海、深圳证券交易所

Source:Shanghai、Shenzhen Stock Exchange

Summary for Bonds Trading in Shanghai Stock Exchange (1995—2004)

1998 年	1999 年	2000 年	2001 年	2002 年	2003 年	2004 年
20	23	25	31	39	65	90
0	0	0	0	0	0	0
5	9	10	12	11	22	27
5	9	10	12	11	19	24
					3	3
				3	13	19
15	14	15	19	25	30	44
7	6	7	11	17	21	29
0	0	0	0	0	0	0
8	8	8	8	8	9	15
197912.00	159528.81	165336.68	195274.87	305478.71	615065.44	501277.76
						0.00
170.00	300.44	790.26	610.45	454.99	26523.60	26134.06
170.00	300.44	790.26	610.45	454.99	2992.22	978.10
					23531.38	25155.96
				228.00	3888.19	2971.42
197742.00	159228.37	164546.42	194664.42	305023.72	584653.65	472172.28
45857.00	37987.20	33074.28	41234.63	60831.83	54838.27	31310.10
0.00	0.00	0.00	0.00	0.00	0.00	0.00
151885.00	121241.17	131472.14	153429.79	244191.89	529815.38	440862.18
2126655.84	1744673.41	1689582.58	1979403.51	3085105.73	6159638.70	4999773.72
0.00	0.00	0.00	0.00	0.00	0.00	0.00
3131.84	4584.47	9155.65	6799.92	5103.67	266918.03	261147.37
3131.84	4584.47	9155.65	6799.92	5103.67	31604.23	9587.77
					235313.8	251559.6
				2282.00	44531.21	33854.71
2123524.00	1740088.94	1680426.93	1972603.59	3080002.06	5848189.46	4704771.64
604669.80	527677.24	365705.53	438305.69	638083.16	550035.66	296149.84
0.00	0.00	0.00	0.00	0.00	0.00	0.00
1518854.00	1212411.70	1314721.40	1534297.90	2441918.90	5298153.80	4408621.80
1509904	1054994	1047980	914158	1899455	4474444	4329965
0	0	0	0	0	0	0
304452	225834	427365	169902	104113	311351	257219
304452	225834	427365	169902	104113	184647	123677
					126704	133542
				77629	414286	388584
1205452	829160	620615	744256	1795342	3748807	3684162
787783	531248	347069	443748	997717	1258530	1550466
0	0	0	0	0	0	0
417669	297912	273546	300508	797625	2490277	2133696

3-11 1995—2004 年深圳债券交易情况统计表

		1995 年	1996 年	1997 年
年末上市数目合计	Listed Numbers	15	19	20
金融债	Financial Bonds			
企业债	Enterprise Bonds	1	1	2
企业债现货	Enterprise Bonds Cash	1	1	2
企业债回购	Enterprise Bonds Repurchase			
可转换债券	Converse Bonds	1		
国债	T-Bonds	13	18	18
现货	T-Bond Cash	6	9	9
期货	T-Bond Futures			
回购	T-Bond Repurchase	7	9	9
成交数量(万手/口)	Transaction Volume	76414.44	6360.10	10964.38
金融债	Financial Bonds			
企业债(万手)	Enterprise Bonds	23.84	28.24	228.12
企业债现货	Enterprise Bonds Cash	23.84	28.24	228.12
企业债回购	Enterprise Bonds Repurchase			
国债(万手)	T-Bonds	70905.00		
可转换债券(万手)	Converse Bonds	5485.60	6331.86	10736.26
现货(万手)	T-Bond Cash	100.97	637.05	1097.20
期货(万口)	T-Bond Future	4631.63		
回购(万手)	T-Bond Repurchase	753.00	5694.81	9639.06
成交金额(百万元)	Transaction Turnover	773937.74	63664.67	108082.96
金融债	Financial Bonds			
企业债	Enterprise Bonds	23.04	29.97	257.78
企业债现货	Enterprise Bonds Cash	23.04	29.97	257.78
企业债回购	Enterprise Bonds Repurchase			
可转换债券	Converse Bonds	676.85		
国债	T-Bond	773237.85	63634.70	107825.18
现货	T-Bond Cash	1075.55	6686.59	11434.57
期货	T-Bond Future	764470.22		
回购	T-Bond Repurchase	7692.08	56948.12	96390.61
成交笔数合计(万笔)	Transaction Turnover	948539	44017	33281
金融债	Financial Bonds			
企业债	Enterprise Bonds	1846	2368	2145
企业债现货	Enterprise Bonds Cash	1846	2368	2145
企业债回购	Enterprise Bonds Repurchase			
可转换债券	Converse Bonds	36721		
国债	T-Bond	909972	41649	31136
现货	T-Bond Cash	7376	26987	21774
期货	T-Bond Future	897910		
回购	T-Bond Repurchase	4686	14662	9362

数据来源:上海、深圳证券交易所

Source:Shanghai、Shenzhen Stock Exchange

Summary for Bonds Trading in Shenzhen Stock Exchange (1995—2004)

1998年	1999年	2000年	2001年	2002年	2003年	2004年
19	20	21	23	35	50	65
				0	0	0
2	3	2	1	4	9	13
2	3	2	1	4	5	9
					4	4
1	2	3	3	6	10	13
16	15	16	19	25	31	39
7	6	7	10	16	20	28
				0	0	0
9	9	9	9	9	11	11
5249.40	11187.52	32642.32	9432.81	23773.55	5128.97	2940.74
					0.00	0.00
776.39	170.68	115.89	61.68	184.82	449.80	222.14
776.39	170.68	115.89	61.68	184.82	447.11	180.14
					2.69	42
833.45	3133.54	11717.48	3684.55	460.29	1942.51	2661.92
3639.56	7883.30	20808.95	5686.58	23128.43	2736.66	56.68
116.57	219.19	4944.29	4240.01	23123.93	2553.58	52.72
						0.00
3522.99	7664.11	15864.66	1446.57	4.50	183.08	3.96
39521.88	83738.83	222333.25	62372.83	239846.89	53997.27	32575.94
				0.00	0.00	0.00
936.73	215.01	136.62	84.39	1929.42	4783.60	2168.72
936.73	215.01	136.62	84.39	1929.42	4756.7	1748.72
					26.9	420
2030.17	4473.35	13506.68	4568.04	5087.70	21807.51	29871.66
36554.98	79050.47	208689.95	57720.40	232829.77	27406.16	535.55
1324.98	2409.29	50043.30	43254.66	232784.74	25575.33	495.95
					0.00	0.00
35230.00	76641.18	158646.65	14465.74	45.03	1830.83	39.60
190530	531669	889657	247616	237529	314968	390030
				0	0	0
6047	7933	7030	3354	16349	22564	16602
6047	7933	7030	3354	16349	22540	16560
					24	42
172571	513702	827248	208841	113571	251603	347669
11912	10034	55379	35421	107609	40801	25759
8623	5284	38279	32908	107599	40487	25751
					0	0
3289	4750	17100	2513	10	314	8

3-12 2004年全国国债现货每日成交量、成交额

日期 Date	1月 Jan.		2月 Feb.		3月 Mar.		4月 Apr.		5月 May		6月 Jun.	
	成交额 Turnover	成交量 Volume	成交额 Turnover	成交量 Volume	成交额 Turnover	成交量 Volume	成交额 Turnover	成交量 Volume	成交额 Turnover	成交量 Volume	成交额 Turnover	成交量 Volume
1					279.36	27947939	305.86	30627214			150.75	15183978
2	246.72	24678012	252.29	25190345	154.22	15435475	183.77	18391781			138.76	13948117
3			129.92	12952685	165.95	16609306					213.49	21456229
4			129.51	12892389	301.12	30131971					140.79	14204085
5	293.37	29307753	319.28	31920839	185.06	18497311	266.16	26576013				
6	286.64	28628642	187.71	18735575			163.72	16362794				
7	337.50	33647323					181.38	18177823			313.98	31486215
8	175.87	17590707			268.98	26925055	288.55	28839632			185.02	18634326
9	201.36	20069714	268.64	26861004	159.46	15981647	178.64	17884370			177.01	17769166
10			151.85	15171243	152.58	15275020			444.31	44550822	272.10	27283183
11			153.92	15390260	316.27	31624739			238.24	23917072	169.10	16998888
12	269.72	26910861	322.07	32208648	182.92	18317778	267.13	26722321	171.56	17255141		
13	207.25	20660051	190.39	19034514			162.59	16287929	262.77	26412797		
14	204.74	20460013					194.61	19490434	154.24	15518693	273.74	27444058
15	209.44	20925148			273.89	27417755	269.09	26970279			156.36	15671869
16	130.31	13024323	256.78	25664344	155.87	15623393	188.21	18862758			198.06	19872193
17			141.98	14174938	173.84	17381064			283.60	28476660	308.42	30916759
18			136.36	13595106	309.41	30971725			160.49	16168811	188.42	18913544
19			296.30	29597357	181.86	18189845	267.02	26795272	178.96	18034862		
20			171.46	17138675			156.92	15783579	252.41	25329919		
21							171.83	17327881	154.95	15575943	309.16	30992914
22					249.99	25031387	288.62	29009018			181.16	18183492
23			276.90	27697713	167.30	16792806	210.72	21204607			194.21	19503707
24			148.71	14887134	181.45	18210700			300.07	30101362	273.13	27385813
25			159.52	16032637	307.27	30818376			173.30	17458146	201.68	20266239
26			347.58	34800937	196.87	19767669	271.70	27293341	162.58	16424008		
27			203.31	20329309			201.63	20308436	250.23	25132273		
28							195.63	19741422	178.93	17972608	315.25	31634570
29	547.72	54734352			315.07	31553932	293.06	29509647			215.48	21631661
30	162.15	16211880			193.28	19414690	125.74	12714293			164.67	16524413
31					179.04	17974519			258.88	25937063		

数据来源:上海、深圳证券交易所
Source:Shanghai、Shenzhen Stock Exchange

Daily Trading of T-Bonds Cash in 2004

成交额:亿元;成交量:手

7月 Jul.		8月 Aug.		9月 Sep.		10月 Oct.		11月 Nov.		12月 Dec.	
成交额 Turnover	成交量 Volume	成交额 Turnover	成交量 Volume	成交额 Turnover	成交量 Volume	成交额 Turnover	成交量 Volume	成交额 Turnover	成交量 Volume	成交额 Turnover	成交量 Volume
233.79	23449729			156.76	15731928			204.88	20553762	120.93	12131193
160.73	16132245	277.08	27761452	246.57	24732547			128.53	12930441	182.74	18344288
		153.95	15427569	145.37	14604507			118.31	11902708	193.40	19398273
		159.12	15956567					161.78	16250657		
266.02	26664825	238.70	23932724					229.55	23036396		
179.77	18064535	165.66	16615380	272.93	27379557					240.00	24144102
185.39	18646660			157.14	15788785					179.18	18030248
276.46	27732089			141.80	14270386	319.58	31979063	259.18	26006012	151.69	15243537
166.39	16710134	263.98	26424246	217.55	21840933			234.70	23514335	178.04	17869717
		179.78	18018985	152.33	15289432			170.54	17133859	181.00	18179720
		176.78	17726212			229.57	22985891	158.80	15936488		
255.34	25632479	223.27	22397236			167.10	16764954	173.86	17416309		
169.29	17033595	148.96	14935901	240.23	24105054	139.32	13971892			193.69	19449609
166.97	16788615			176.87	17749189	178.90	17943327			159.36	16020313
263.90	26442404			155.35	15587705	186.73	18706309	202.14	20246981	124.14	12482059
165.52	16572625	249.08	25018119	241.78	24234985			160.58	16088222	209.27	20993480
		148.44	14878560	175.78	17631591			117.49	11790049	208.59	20934489
		142.37	14305305			225.55	22612468	178.02	17851192		
279.37	27948432	235.67	23625649			137.24	13775498	195.10	19567042		
162.75	16299123	150.74	15133325	234.95	23528445	121.37	12174167			229.29	22989274
209.03	20998537			169.53	17009464	187.52	18778816			173.20	17415349
246.45	24671747			163.89	16435551	232.18	23256747	225.34	22624660	150.75	15125609
164.98	16573016	242.04	24266227	256.83	25716283			152.62	15306462	206.01	20658408
		178.74	17947342	183.11	18336163			142.81	14333855	178.00	17862554
		152.45	15309385			257.60	25811933	166.32	16662884		
250.95	25167790	227.85	22842414			149.09	14984193	175.11	17564600		
157.22	15776455	134.98	13561738	275.54	27593794	131.33	13177311			238.75	23978943
168.69	16914197			204.26	20502327	183.52	18421299			174.72	17594372
264.35	26513869			191.12	19162905	180.80	18200387	243.71	24338136	177.97	17883269
165.56	16586252	264.11	26450450	117.94	11826874			156.98	15739631	191.90	19262227
		156.62	15707748							102.20	10283620

3-13 2004年上海国债现货每日成交量、成交额

日期 Date	1月 Jan.		2月 Feb.		3月 Mar.		4月 Apr.		5月 May		6月 Jun.	
	成交额 Turnover	成交量 Volume	成交额 Turnover	成交量 Volume	成交额 Turnover	成交量 Volume	成交额 Turnover	成交量 Volume	成交额 Turnover	成交量 Volume	成交额 Turnover	成交量 Volume
1					279.35	27946376	305.85	30626171			150.74	15182676
2	246.71	24676981	252.28	25189138	154.21	15434067	183.76	18390420			138.73	13945239
3			129.91	12951790	165.91	16605521					213.47	21453896
4			129.48	12889095	301.10	30129852					140.76	14200343
5	293.36	29307095	318.70	31859554	185.05	18496145	266.14	26574249				
6	286.63	28627837	187.69	18733269			163.70	16360897				
7	337.49	33646315					181.32	18171605			313.93	31481119
8	175.87	17590204			268.97	26924166	288.52	28835983			185.00	18631907
9	201.35	20068174	268.63	26859910	159.45	15980672	178.60	17879687			176.98	17766320
10			151.83	15169327	152.57	15274077			444.29	44548033	272.09	27281908
11			153.90	15388602	316.27	31624222			238.22	23914743	169.07	16996133
12	269.71	26910175	322.04	32205839	182.91	18317149	267.12	26721381	171.55	17254104		
13	207.24	20659436	190.37	19032715			162.55	16283211	262.76	26411302		
14	204.73	20458538					194.58	19487115	154.20	15514810	273.73	27443314
15	209.43	20923863			273.88	27416797	269.03	26964013			156.35	15670702
16	130.30	13023420	256.77	25663471	155.86	15622563	188.18	18859915			198.04	19869812
17			141.97	14173777	173.83	17380110			283.59	28475565	308.40	30914950
18			136.25	13583773	309.39	30970064			160.48	16167166	188.41	18912643
19			296.29	29596682	181.85	18189128	267.00	26793454	178.92	18030807		
20			171.45	17137803			156.91	15782063	252.38	25326877		
21							171.82	17326168	154.92	15573183	309.14	30991173
22					249.93	25024969	288.60	29006838			181.14	18181898
23			276.89	27696832	167.29	16791669	210.71	21203608			194.20	19502186
24			148.70	14886145	181.43	18209080			300.06	30100220	273.07	27379620
25			159.51	16031130	307.25	30816283			173.28	17456049	201.66	20263866
26			347.58	34800420	196.86	19767120	271.69	27291810	162.54	16419787		
27			203.30	20327934			201.61	20306474	250.20	25129085		
28							195.60	19738464	178.91	17969995	315.23	31633002
29	547.71	54733051			315.06	31552325	293.04	29507215			215.46	21629198
30	162.14	16211092			193.27	19413607	125.73	12712867			164.66	16523273
31					179.03	17973254			258.87	25936043		

数据来源：上海证券交易所
Source：Shanghai Stock Exchange

Daily Trading of T-Bonds Cash in Shanghai Stock Exchange in 2004

成交额:亿元;成交量:手

7月 Jul.		8月 Aug.		9月 Sep.		10月 Oct.		11月 Nov.		12月 Dec.	
成交额 Turnover	成交量 Volume	成交额 Turnover	成交量 Volume	成交额 Turnover	成交量 Volume	成交额 Turnover	成交量 Volume	成交额 Turnover	成交量 Volume	成交额 Turnover	成交量 Volume
233.31	23398523			156.75	15730659			204.86	20551805	120.92	12129973
160.72	16131702	277.07	27760009	246.55	24730892			128.52	12929002	182.73	18343429
		153.94	15426629	145.36	14603111			118.30	11901751	193.38	19396458
		159.10	15954994					161.77	16249884		
266.01	26663655	238.69	23931903					229.54	23035646		
179.75	18062716	165.65	16613970	272.92	27378087					239.98	24142166
185.38	18645732			157.12	15786864					179.16	18028320
276.45	27731128			141.79	14269718	319.57	31977551	259.17	26004957	151.68	15242157
166.37	16708458	263.97	26423264	217.53	21839229			234.69	23513549	178.02	17867886
		179.77	18017502	152.31	15287647			170.53	17133019	180.99	18179066
		176.77	17725345			229.55	22984051	158.76	15931878		
255.33	25631933	223.25	22395036			167.07	16761873	173.85	17415455		
169.28	17032879	148.95	14934610	240.22	24103858	139.29	13968499			193.67	19447629
166.96	16787082			176.86	17747670	178.89	17942133			159.35	16019026
263.89	26440938			155.34	15586481	186.72	18705533	202.12	20244976	124.13	12480693
165.50	16570860	249.07	25016828	241.77	24233795			160.57	16087515	209.25	20991509
		148.43	14877246	175.77	17630065			117.48	11788841	208.58	20933110
		142.36	14303796			225.53	22610587	178.01	17850650		
279.36	27947059	235.66	23624342			137.23	13774104	195.10	19566576		
162.74	16297857	150.73	15131762	234.93	23526823	121.36	12173250			229.27	22987396
209.02	20997102			169.52	17007869	187.51	18777807			173.18	17413461
246.44	24670573			163.88	16434185	232.17	23255535	225.33	22624002	150.74	15124403
164.96	16570843	242.03	24265085	256.82	25714848			152.62	15305953	205.99	20656744
		178.72	17945593	183.03	18328027			142.80	14332941	177.98	17860406
		152.44	15308276			257.59	25810833	166.31	16662265		
250.93	25166225	227.84	22840962			149.08	14982910	175.11	17564083		
157.21	15775583	134.97	13560931	275.53	27592447	131.32	13176067			238.73	23976354
168.68	16913326			204.25	20501142	183.49	18417812			174.69	17590880
264.34	26512945			191.10	19160816	180.78	18198025	243.70	24337391	177.95	17880923
165.55	16585270	264.09	26448772	117.93	11825834			156.97	15738994	191.89	19260795
		156.61	15706786							102.18	10281868

3-14 2004年深圳国债现货每日成交量、成交额

日期 Date	1月 Jan.		2月 Feb.		3月 Mar.		4月 Apr.		5月 May		6月 Jun.	
	成交额 Turnover	成交量 Volume	成交额 Turnover	成交量 Volume	成交额 Turnover	成交量 Volume	成交额 Turnover	成交量 Volume	成交额 Turnover	成交量 Volume	成交额 Turnover	成交量 Volume
1					0.01	1563	0.01	1043			0.01	1302
2	0.01	1031	0.01	1207	0.01	1408	0.01	1361			0.03	2878
3			0.01	895	0.04	3785					0.02	2333
4			0.03	3294	0.02	2119					0.03	3742
5	0.01	658	0.58	61285	0.01	1166	0.02	1764				
6	0.01	805	0.02	2306			0.02	1897				
7	0.01	1008					0.06	6218			0.05	5096
8	0.00	503			0.01	889	0.03	3649			0.02	2419
9	0.01	1540	0.01	1094	0.01	975	0.04	4683			0.03	2846
10			0.02	1916	0.01	943			0.02	2789	0.01	1275
11			0.02	1658	0.00	517			0.02	2329	0.03	2755
12	0.01	686	0.03	2809	0.01	629	0.01	940	0.01	1037		
13	0.01	615	0.02	1799			0.04	4718	0.01	1495		
14	0.01	1475					0.03	3319	0.04	3883	0.01	744
15	0.01	1285			0.01	958	0.06	6266			0.01	1167
16	0.01	903	0.01	873	0.01	830	0.03	2843			0.02	2381
17			0.01	1161	0.01	954			0.01	1095	0.02	1809
18			0.11	11333	0.02	1661			0.01	1645	0.01	901
19			0.01	675	0.01	717	0.02	1818	0.04	4055		
20			0.01	872			0.01	1516	0.03	3042		
21							0.01	1713	0.03	2760	0.02	1741
22					0.06	6418	0.02	2180			0.02	1594
23			0.01	881	0.01	1137	0.01	999			0.01	1521
24			0.01	989	0.02	1620			0.01	1142	0.06	6193
25			0.01	1507	0.02	2093			0.02	2097	0.02	2373
26			0.00	517	0.01	549	0.01	1531	0.04	4221		
27			0.01	1375			0.02	1962	0.03	3188		
28							0.03	2958	0.02	2613	0.02	1568
29	0.01	1301			0.01	1607	0.02	2432			0.02	2463
30	0.01	788			0.01	1083	0.01	1426			0.01	1140
31					0.01	1265			0.01	1020		

数据来源:深圳证券交易所

Source: Shenzhen Stock Exchange

Daily Trading of T-Bonds Cash in Shenzhen Stock Exchange in 2004

成交额:亿元;成交量:手

7月 Jul.		8月 Aug.		9月 Sep.		10月 Oct.		11月 Nov.		12月 Dec.	
成交额 Turnover	成交量 Volume	成交额 Turnover	成交量 Volume	成交额 Turnover	成交量 Volume	成交额 Turnover	成交量 Volume	成交额 Turnover	成交量 Volume	成交额 Turnover	成交量 Volume
0.48	51206			0.01	1269			0.02	1957	0.01	1220
0.01	543	0.01	1443	0.02	1655			0.01	1439	0.01	859
		0.01	940	0.01	1396			0.01	957	0.02	1815
		0.02	1573					0.01	773		
0.01	1170	0.01	821					0.01	750		
0.02	1819	0.01	1410	0.01	1470					0.02	1936
0.01	928			0.02	1921					0.02	1928
0.01	961			0.01	668	0.01	1512	0.01	1055	0.01	1380
0.02	1676	0.01	982	0.02	1704			0.01	786	0.02	1831
		0.01	1483	0.02	1785			0.01	840	0.01	654
		0.01	867			0.02	1840	0.04	4610		
0.01	546	0.02	2200			0.03	3081	0.01	854		
0.01	716	0.01	1291	0.01	1196	0.03	3393			0.02	1980
0.01	1533			0.01	1519	0.01	1194			0.01	1287
0.01	1466			0.01	1224	0.01	776	0.02	2005	0.01	1366
0.02	1765	0.01	1291	0.01	1190			0.01	707	0.02	1971
		0.01	1314	0.01	1526			0.01	1208	0.01	1379
		0.01	1509			0.02	1881	0.01	542		
0.01	1373	0.01	1307			0.01	1394	0.00	466		
0.01	1266	0.01	1563	0.02	1622	0.01	917			0.02	1878
0.01	1435			0.01	1595	0.01	1009			0.02	1888
0.01	1174			0.01	1366	0.01	1212	0.01	658	0.01	1206
0.02	2173	0.01	1142	0.01	1435			0.00	509	0.02	1664
		0.02	1749	0.08	8136			0.01	914	0.02	2148
		0.01	1109			0.01	1100	0.01	619		
0.02	1565	0.01	1452			0.01	1283	0.00	517		
0.01	872	0.01	807	0.01	1347	0.01	1244			0.02	2589
0.01	871			0.01	1185	0.03	3487			0.03	3492
0.01	924			0.02	2089	0.02	2362	0.01	745	0.02	2346
0.01	982	0.02	1678	0.01	1040			0.01	637	0.01	1432
		0.01	962							0.02	1752

3-15 2004年全国国债回购每日成交量、成交额

日期 Date	1月 Jan.		2月 Feb.		3月 Mar.		4月 Apr.		5月 May		6月 Jun.	
	成交额 Turnover	成交量 Volume	成交额 Turnover	成交量 Volume	成交额 Turnover	成交量 Volume	成交额 Turnover	成交量 Volume	成交额 Turnover	成交量 Volume	成交额 Turnover	成交量 Volume
1					14.39	1487071	12.00	1257226			12.16	1337037
2	9.66	992583	9.72	1001115	12.69	1325440	9.66	1016644			9.34	1019112
3			8.91	912532	9.75	1015359					11.35	1265144
4			7.02	722839	11.00	1142032					12.51	1377385
5	14.57	1500021	9.54	982878	12.96	1319119	11.83	1237239				
6	9.50	967938	8.75	907329			12.65	1310025				
7	18.10	1840247					15.03	1579766			15.94	1692604
8	11.23	1144374			8.60	898596	7.57	798971			19.72	2113060
9	9.55	966680	11.80	1209246	11.39	1186186	10.32	1089299			12.26	1299860
10			8.15	834958	9.36	973028			13.33	1459205	13.22	1408093
11			10.25	1054113	14.72	1528133			11.31	1234228	12.14	1311036
12	10.26	1052232	7.90	818673	9.97	1039069	7.62	799031	11.44	1265034		
13	11.63	1192916	7.58	775737			10.34	1092694	14.54	1594118		
14	12.30	1256568					10.57	1123981	11.63	1271286	9.79	1053050
15	20.31	2075784			13.68	1427212	15.82	1694202			8.72	912365
16	10.63	1092555	5.23	537434	10.09	1057878	10.44	1107959			12.83	1357339
17			6.81	705896	9.51	985735			12.15	1341499	10.74	1149846
18			7.43	753274	14.70	1537743			15.96	1727139	10.09	1080883
19			9.94	1016826	10.78	1119056	16.28	1746426	17.76	1925380		
20			11.26	1165493			11.99	1312061	11.83	1277076		
21							15.28	1676899	9.53	1035602	9.14	993767
22					11.61	1220449	20.88	2257610			10.22	1095716
23			15.01	1544112	16.86	1770967	18.12	1965791			12.54	1336261
24			12.60	1295899	20.76	2157216			10.85	1182964	11.71	1249521
25			28.25	2926814	25.27	2645696			14.83	1618078	15.50	1649416
26			15.11	1580256	17.20	1811307	15.39	1674983	16.44	1812860		
27			14.38	1491629			22.82	2445801	13.54	1470487		
28							20.59	2268206	17.64	1880915	19.28	2040748
29	7.81	793402			14.69	1532517	25.93	2851986			14.11	1497106
30	10.06	1022267			20.61	2162241	16.49	1813695			9.64	1023471
31					17.69	1851559			11.00	1169625		

数据来源:上海、深圳证券交易所

Source: Shanghai、Shenzhen Stock Exchange

Daily Trading Volume and Value of T-Bonds Repurchase in 2004

成交额:亿元;成交量:手

7月 Jul.		8月 Aug.		9月 Sep.		10月 Oct.		11月 Nov.		12月 Dec.	
成交额 Turnover	成交量 Volume	成交额 Turnover	成交量 Volume	成交额 Turnover	成交量 Volume	成交额 Turnover	成交量 Volume	成交额 Turnover	成交量 Volume	成交额 Turnover	成交量 Volume
9.53	1024427			11.52	1209791			12.69	1341242	9.04	946139
9.75	1038209	7.70	825224	13.47	1426003			12.59	1336285	11.68	1243081
		6.87	722408	8.92	961950			13.16	1407679	11.90	1252741
		9.66	1017116					11.31	1212240		
13.98	1463396	10.52	1117539					9.70	1055011		
14.24	1524206	9.97	1050062	20.75	2162879					18.43	1991975
13.80	1490221			10.25	1101092					14.74	1587279
10.13	1101759			13.74	1467556	5.44	572089	11.28	1219088	17.32	1807555
9.93	1066732	5.97	623851	15.13	1600408			9.39	986998	12.25	1293452
		8.12	852844	13.65	1424646			12.94	1380160	14.49	1522927
		9.45	995669			9.01	951348	10.34	1093633		
12.86	1387466	12.98	1371078			12.45	1301341	6.91	724467		
13.20	1429996	6.56	699714	14.94	1579054	11.44	1189733			13.50	1429965
11.32	1229532			10.67	1133108	17.82	1836329			15.37	1620615
12.62	1322886			15.61	1622092	8.07	839705	6.94	730995	15.18	1586434
9.22	967547	21.29	2245758	12.91	1353889			6.63	697279	12.35	1304422
		5.34	567148	11.82	1242484			8.63	907359	12.25	1301202
		8.00	867916			11.99	1257263	13.30	1382908		
7.93	834476	10.00	1059723			7.32	787102	11.48	1208813		
7.78	814072	9.00	961166	10.70	1138439	5.53	594175			13.16	1378354
9.59	1056532			13.24	1395448	6.93	727743			13.25	1421570
6.38	670646			13.36	1401917	9.46	993800	14.63	1556164	9.96	1047048
18.60	1944699	13.35	1396485	9.58	1006012			9.31	976034	14.28	1488302
		13.38	1409491	10.64	1116018			9.85	1041319	16.72	1735179
		10.30	1095337			11.31	1187621	7.50	785262		
10.41	1117100	9.75	1035547			12.66	1343467	9.34	991454		
9.37	997287	10.48	1117058	10.25	1077004	8.90	940325			21.71	2274670
8.73	920795			12.12	1299338	14.91	1565994			24.08	2527338
12.77	1365383			10.25	1079120	24.31	2552587	7.63	802578	19.53	2033446
6.75	715903	6.80	720806	8.10	846451			9.58	1008587	15.33	1606192
		9.00	950460							13.80	1447121

3-16 2004 年上海国债回购每日成交量、成交额

日期 Date	1月 Jan.		2月 Feb.		3月 Mar.		4月 Apr.		5月 May		6月 Jun.	
	成交额 Turnover	成交量 Volume	成交额 Turnover	成交量 Volume	成交额 Turnover	成交量 Volume	成交额 Turnover	成交量 Volume	成交额 Turnover	成交量 Volume	成交额 Turnover	成交量 Volume
1					14.39	1487071	12.00	1257226			12.16	1337037
2	9.66	992583	9.72	1001115	12.69	1325440	9.66	1016644			9.34	1019112
3			8.91	912532	9.75	1015359					11.35	1265144
4			7.02	722839	11.00	1142032					12.51	1377385
5	14.57	1500021	9.54	982878	12.96	1319119	11.83	1237239				
6	9.50	967938	8.75	907329			12.65	1310025				
7	18.10	1840247					15.03	1579766			15.94	1692604
8	11.23	1144374			8.60	898596	7.57	798971			19.72	2113060
9	9.55	966680	11.80	1209246	11.39	1186186	10.32	1089299			12.26	1299860
10			8.15	834958	9.36	973028			13.33	1459205	13.22	1408093
11			10.25	1054113	14.72	1528133			11.31	1234228	12.14	1311036
12	10.26	1052232	7.90	818673	9.97	1039069	7.62	799031	11.44	1265034		
13	11.63	1192916	7.58	775737			10.34	1092694	14.54	1594118		
14	12.30	1256568					10.57	1123981	11.63	1271286	9.79	1053050
15	20.31	2075784			13.68	1427212	15.82	1694202			8.72	912365
16	10.63	1092555	5.23	537434	10.09	1057878	10.44	1107959			12.83	1357339
17			6.81	705896	9.51	985735			12.15	1341499	10.74	1149846
18			7.03	713674	14.70	1537743			15.96	1727139	10.09	1080883
19			9.94	1016826	10.78	1119056	16.28	1746426	17.76	1925380		
20			11.26	1165493			11.99	1312061	11.83	1277076		
21							15.28	1676899	9.53	1035602	9.14	993767
22					11.61	1220449	20.88	2257610			10.22	1095716
23			15.01	1544112	16.86	1770967	18.12	1965791			12.54	1336261
24			12.60	1295899	20.76	2157216			10.85	1182964	11.71	1249521
25			28.25	2926814	25.27	2645696			14.83	1618078	15.50	1649416
26			15.11	1580256	17.20	1811307	15.39	1674983	16.44	1812860		
27			14.38	1491629			22.82	2445801	13.54	1470487		
28							20.59	2268206	17.64	1880915	19.28	2040748
29	7.81	793402			14.69	1532517	25.93	2851986			14.11	1497106
30	10.06	1022267			20.61	2162241	16.49	1813695			9.64	1023471
31					17.69	1851559			11.00	1169625		

数据来源:上海证券交易所

Source:Shanghai Stock Exchange

Daily Trading Volume and Value of T-Bonds Repurchase in Shanghai in 2004

成交额:亿元;成交量:手

7月 Jul.		8月 Aug.		9月 Sep.		10月 Oct.		11月 Nov.		12月 Dec.	
成交额 Turnover	成交量 Volume	成交额 Turnover	成交量 Volume	成交额 Turnover	成交量 Volume	成交额 Turnover	成交量 Volume	成交额 Turnover	成交量 Volume	成交额 Turnover	成交量 Volume
9.53	1024427			11.52	1209791			12.69	1341242	9.04	946139
9.75	1038209	7.70	825224	13.47	1426003			12.59	1336285	11.68	1243081
		6.87	722408	8.92	961950			13.16	1407679	11.90	1252741
		9.66	1017116					11.31	1212240		
13.98	1463396	10.52	1117539					9.70	1055011		
14.24	1524206	9.97	1050062	20.75	2162879					18.43	1991975
13.80	1490221			10.25	1101092					14.74	1587279
10.13	1101759			13.74	1467556	5.44	572089	11.28	1219088	17.32	1807555
9.93	1066732	5.97	623851	15.13	1600408			9.39	986998	12.25	1293452
		8.12	852844	13.65	1424646			12.94	1380160	14.49	1522927
		9.45	995669			9.01	951348	10.34	1093633		
12.86	1387466	12.98	1371078			12.45	1301341	6.91	724467		
13.20	1429996	6.56	699714	14.94	1579054	11.44	1189733			13.50	1429965
11.32	1229532			10.67	1133108	17.82	1836329			15.37	1620615
12.62	1322886			15.61	1622092	8.07	839705	6.94	730995	15.18	1586434
9.22	967547	21.29	2245758	12.91	1353889			6.63	697279	12.35	1304422
		5.34	567148	11.82	1242484			8.63	907359	12.25	1301202
		8.00	867916			11.99	1257263	13.30	1382908		
7.93	834476	10.00	1059723			7.32	787102	11.48	1208813		
7.78	814072	9.00	961166	10.70	1138439	5.53	594175			13.16	1378354
9.59	1056532			13.24	1395448	6.93	727743			13.25	1421570
6.38	670646			13.36	1401917	9.46	993800	14.63	1556164	9.96	1047048
18.60	1944699	13.35	1396485	9.58	1006012			9.31	976034	14.28	1488302
		13.38	1409491	10.64	1116018			9.85	1041319	16.72	1735179
		10.30	1095337			11.31	1187621	7.50	785262		
10.41	1117100	9.75	1035547			12.66	1343467	9.34	991454		
9.37	997287	10.48	1117058	10.25	1077004	8.90	940325			21.71	2274670
8.73	920795			12.12	1299338	14.91	1565994			24.08	2527338
12.77	1365383			10.25	1079120	24.31	2552587	7.63	802578	19.53	2033446
6.75	715903	6.80	720806	8.10	846451			9.58	1008587	15.33	1606192
		9.00	950460							13.80	1447121

3-17 2004年深圳国债回购每日成交量、成交额

日期 Date	1月 Jan.		2月 Feb.		3月 Mar.		4月 Apr.		5月 May		6月 Jun.	
	成交额 Turnover	成交量 Volume	成交额 Turnover	成交量 Volume	成交额 Turnover	成交量 Volume	成交额 Turnover	成交量 Volume	成交额 Turnover	成交量 Volume	成交额 Turnover	成交量 Volume
1					0.00	0	0.00	0			0.00	0
2	0.00	0	0.00	0	0.00	0	0.00	0			0.00	0
3			0.00	0	0.00	0					0.00	0
4			0.00	0	0.00	0					0.00	0
5	0.00	0	0.00	0	0.00	0	0.00	0				
6	0.00	0	0.00	0			0.00	0				
7	0.00	0					0.00	0			0.00	0
8	0.00	0			0.00	0	0.00	0			0.00	0
9	0.00	0	0.00	0	0.00	0	0.00	0			0.00	0
10			0.00	0	0.00	0			0.00	0	0.00	0
11			0.00	0	0.00	0			0.00	0	0.00	0
12	0.00	0	0.00	0	0.00	0	0.00	0	0.00	0		
13	0.00	0	0.00	0			0.00	0	0.00	0		
14	0.00	0					0.00	0	0.00	0	0.00	0
15	0.00	0			0.00	0	0.00	0			0.00	0
16	0.00	0	0.00	0	0.00	0	0.00	0			0.00	0
17			0.00	0	0.00	0			0.00	0	0.00	0
18			0.40	39600	0.00	0			0.00	0	0.00	0
19			0.00	0	0.00	0	0.00	0	0.00	0		
20			0.00	0			0.00	0	0.00	0		
21							0.00	0	0.00	0	0.00	0
22					0.00	0	0.00	0			0.00	0
23			0.00	0	0.00	0	0.00	0			0.00	0
24			0.00	0	0.00	0			0.00	0	0.00	0
25			0.00	0	0.00	0			0.00	0	0.00	0
26			0.00	0	0.00	0	0.00	0	0.00	0	0.00	0
27			0.00	0			0.00	0	0.00	0		
28							0.00	0	0.00	0		
29	0.00	0			0.00	0	0.00	0			0.00	0
30	0.00	0			0.00	0	0.00	0			0.00	0
31					0.00	0			0.00	0		

数据来源:深圳证券交易所

Source:Shenzhen Stock Exchange

Daily Trading Volume and Value of T-Bonds Repurchase in Shenzhen in 2004

成交额:亿元;成交量:手

7月 Jul.		8月 Aug.		9月 Sep.		10月 Oct.		11月 Nov.		12月 Dec.	
成交额 Turnover	成交量 Volume	成交额 Turnover	成交量 Volume	成交额 Turnover	成交量 Volume	成交额 Turnover	成交量 Volume	成交额 Turnover	成交量 Volume	成交额 Turnover	成交量 Volume
0.00	0			0.00	0			0.00	0	0.00	0
0.00	0	0.00	0	0.00	0			0.00	0	0.00	0
		0.00	0	0.00	0			0.00	0	0.00	0
		0.00	0					0.00	0		
0.00	0	0.00	0					0.00	0		
0.00	0	0.00	0	0.00	0					0.00	0
0.00	0			0.00	0					0.00	0
0.00	0			0.00	0	0.00	0	0.00	0	0.00	0
0.00	0	0.00	0	0.00	0			0.00	0	0.00	0
		0.00	0	0.00	0			0.00	0	0.00	0
		0.00	0			0.00	0	0.00	0		
0.00	0	0.00	0			0.00	0	0.00	0		
0.00	0	0.00	0	0.00	0	0.00	0			0.00	0
0.00	0			0.00	0	0.00	0			0.00	0
0.00	0			0.00	0	0.00	0	0.00	0	0.00	0
0.00	0	0.00	0	0.00	0			0.00	0	0.00	0
		0.00	0	0.00	0			0.00	0	0.00	0
		0.00	0			0.00	0	0.00	0		
0.00	0	0.00	0			0.00	0	0.00	0		
0.00	0	0.00	0	0.00	0	0.00	0			0.00	0
0.00	0			0.00	0	0.00	0			0.00	0
0.00	0			0.00	0	0.00	0	0.00	0	0.00	0
0.00	0	0.00	0	0.00	0			0.00	0	0.00	0
		0.00	0	0.00	0			0.00	0	0.00	0
		0.00	0			0.00	0	0.00	0		
0.00	0	0.00	0			0.00	0	0.00	0		
0.00	0	0.00	0	0.00	0	0.00	0			0.00	0
0.00	0			0.00	0	0.00	0			0.00	0
0.00	0			0.00	0	0.00	0	0.00	0	0.00	0
0.00	0	0.00	0	0.00	0			0.00	0	0.00	0
		0.00	0							0.00	0

3-18 2004年全国企业债现货每日成交量、成交额

日期 Date	1月 Jan.		2月 Feb.		3月 Mar.		4月 Apr.		5月 May		6月 Jun.	
	成交额 Turnover	成交量 Volume	成交额 Turnover	成交量 Volume	成交额 Turnover	成交量 Volume	成交额 Turnover	成交量 Volume	成交额 Turnover	成交量 Volume	成交额 Turnover	成交量 Volume
1					0.92	94102	0.53	54994			0.42	43874
2	0.27	27059	0.60	60615	1.77	180121	0.15	14963			0.26	27148
3			0.15	15070	0.56	55954					0.28	28544
4			0.25	24932	0.39	39068					0.50	55724
5	0.42	41388	0.32	31603	0.21	21065	1.21	121639				
6	0.29	28252	0.54	55035			1.25	125898				
7	0.45	45557					1.39	145886			0.05	5888
8	0.42	43009			0.25	25161	0.58	60262			0.20	20892
9	0.19	19225	0.40	40955	0.23	23434	0.50	51221			0.19	18486
10			0.73	73225	0.36	37004			0.19	19711	0.17	17046
11			0.25	25948	0.24	23717			0.17	18452	0.16	16000
12	0.24	23550	1.01	100218	0.55	55391	0.45	43666	0.08	8935		
13	0.43	43109	0.70	70833			0.28	28860	0.09	9510		
14	1.19	120768					0.16	16925	0.08	8210	0.16	16513
15	0.47	46746			2.59	268307	0.38	39375			0.47	46021
16	0.56	55767	1.25	127332	2.16	227253	0.15	15260			0.23	24726
17			0.73	75065	2.28	227198			0.05	5543	0.34	38827
18			0.43	43721	0.47	48435			0.18	19616	0.22	24244
19			0.61	62364	3.04	300821	0.35	36119	0.70	67620		
20			0.38	38752			4.51	451025	0.84	80460		
21							3.62	375050	0.31	30555	0.51	52757
22					0.71	73377	2.38	238911			0.17	18288
23			1.16	117124	1.90	194039	0.18	18456			0.64	70175
24			0.63	64624	0.80	80667			0.22	22108	0.20	22321
25			0.70	73206	1.69	166426			0.49	48251	0.35	37118
26			1.20	122597	0.81	79648	0.18	18040	0.28	28953		
27			1.31	125802			0.11	11572	0.12	12477		
28							0.15	16744	0.26	27095	0.06	7065
29	0.23	23590			0.65	64954	0.10	12029			0.12	13798
30	0.55	56969			0.55	54654	0.16	18552			0.08	8023
31					0.38	38999			0.30	31284		

数据来源:上海、深圳证券交易所

Source: Shanghai、Shenzhen Stock Exchange

Daily Trading Volume and Value of Enterprise Bonds Cash in 2004

成交额:亿元;成交量:手

7月 Jul.		8月 Aug.		9月 Sep.		10月 Oct.		11月 Nov.		12月 Dec.	
成交额 Turnover	成交量 Volume	成交额 Turnover	成交量 Volume	成交额 Turnover	成交量 Volume	成交额 Turnover	成交量 Volume	成交额 Turnover	成交量 Volume	成交额 Turnover	成交量 Volume
0.34	37251			0.26	26409			0.20	21265	0.10	10347
0.04	3619	0.55	54921	0.24	25399			0.64	65931	0.59	62019
		0.19	19998	0.21	20687			0.39	40401	0.13	13961
		0.18	17661					0.39	39857		
0.25	25311	0.14	14638					0.21	21398		
0.24	23983	0.21	21502	0.37	36920					0.25	27481
0.14	12990			0.34	34448					0.27	29897
0.09	9140			0.36	34779	0.43	44514	0.15	15832	0.25	26460
0.05	4579	0.23	23272	0.38	38287			0.32	32977	0.34	37459
		0.37	37930	0.49	48789			0.43	47051	0.49	57267
		0.22	22370			0.40	42260	0.23	25671		
0.20	21373	0.25	24831			0.44	46730	0.32	33338		
0.16	16025	0.24	24677	0.38	36243	0.34	35362			0.25	26292
0.15	15342			0.48	47128	0.47	49791			0.30	32595
0.22	22476			0.49	48312	0.54	57608	0.37	38880	0.50	52424
0.14	14134	0.23	22183	0.55	53627			0.55	55901	0.69	68395
		0.33	35409	0.49	48743			0.61	59808	0.30	30616
		0.21	21990			0.28	28850	0.55	57370		
0.19	18996	0.15	16198			0.34	34879	0.38	38704		
0.19	19214	0.15	16209	0.63	62908	0.74	75748			0.23	24660
0.19	19848			0.85	81140	0.54	57320			0.40	41814
0.25	25914			0.86	80132	0.29	29869	0.87	90066	1.28	131539
0.10	8747	0.19	20405	0.48	46311			0.44	45400	0.50	49670
		0.52	56412	0.52	47253			0.23	23874	1.05	120976
		0.09	9035			0.26	26930	0.27	27506		
0.35	35518	0.20	20167			0.33	34673	0.34	32556		
0.20	20085	0.21	21099	0.59	54362	0.25	26457			0.64	68193
0.18	18381			1.22	113551	0.51	50255			0.77	85437
0.19	18232			0.05	5907	0.41	42874	0.28	31088	0.72	83849
0.25	22559	0.22	20217	0.35	36007			0.65	75394	0.28	32049
		0.15	13880							0.36	37057

3-19 2004年上海企业债现货每日成交量、成交额

日期 Date	1月 Jan.		2月 Feb.		3月 Mar.		4月 Apr.		5月 May		6月 Jun.	
	成交额 Turnover	成交量 Volume	成交额 Turnover	成交量 Volume	成交额 Turnover	成交量 Volume	成交额 Turnover	成交量 Volume	成交额 Turnover	成交量 Volume	成交额 Turnover	成交量 Volume
1					0.85	87116	0.46	47506			0.40	41443
2	0.23	23202	0.54	54389	1.34	135189	0.10	9974			0.25	26052
3			0.12	12248	0.49	48899					0.27	27340
4			0.22	21493	0.37	37340					0.47	52179
5	0.23	22526	0.28	27634	0.18	18175	1.20	120455				
6	0.22	21495	0.41	41755			1.23	123498				
7	0.39	38789					1.38	144695			0.05	5369
8	0.28	28181			0.20	20375	0.57	59659			0.20	20576
9	0.12	11971	0.36	36442	0.15	14848	0.47	48271			0.18	17820
10			0.64	64590	0.23	23189			0.19	19383	0.15	15272
11			0.15	15689	0.23	23149			0.16	17491	0.16	15602
12	0.23	22287	0.88	87546	0.55	54891	0.33	32260	0.07	8167		
13	0.40	40475	0.56	55542			0.26	26681	0.08	8694		
14	0.69	70552					0.14	14334	0.07	7381	0.16	16266
15	0.32	31798			2.40	248276	0.35	36615			0.46	45338
16	0.52	51644	1.12	113169	2.11	221820	0.13	12994			0.21	22391
17			0.59	60036	2.16	215347			0.05	5011	0.33	37409
18			0.41	41950	0.43	43882			0.05	5221	0.21	23441
19			0.57	58435	2.88	284401	0.34	34728	0.33	32806		
20			0.35	35299			0.11	12036	0.49	47195		
21							1.30	143886	0.30	29798	0.49	51040
22					0.64	66088	0.11	12155			0.17	18067
23			1.12	113142	1.62	165903	0.07	7873			0.63	68938
24			0.56	57473	0.60	60504			0.22	21869	0.15	16281
25			0.58	60125	1.62	158845			0.48	47265	0.31	32380
26			1.17	119476	0.72	70944	0.17	17106	0.23	22991		
27			1.26	120318			0.11	11167	0.11	11464		
28							0.14	15775	0.22	22622	0.05	5692
29	0.20	20891			0.42	42450	0.09	10536			0.05	5689
30	0.46	47694			0.32	32103	0.15	16936			0.03	2760
31					0.27	27491			0.27	27397		

数据来源:上海证券交易所

Source:Shanghai Stock Exchange

Daily Trading Volume and Value of Enterprise Bonds Cash in Shanghai in 2004

成交额:亿元;成交量:手

7月 Jul.		8月 Aug.		9月 Sep.		10月 Oct.		11月 Nov.		12月 Dec.	
成交额 Turnover	成交量 Volume	成交额 Turnover	成交量 Volume	成交额 Turnover	成交量 Volume	成交额 Turnover	成交量 Volume	成交额 Turnover	成交量 Volume	成交额 Turnover	成交量 Volume
0.13	14253			0.25	25469			0.16	16906	0.10	9854
0.03	2615	0.52	51876	0.21	21732			0.64	65728	0.58	60563
		0.17	17776	0.20	19858			0.38	39049	0.12	13289
		0.17	16947					0.39	39392		
0.24	24784	0.14	14337					0.20	20640		
0.19	19111	0.21	21005	0.36	35650					0.24	26468
0.13	12441			0.34	33998					0.27	29572
0.09	8862			0.36	34645	0.42	43715	0.14	14787	0.20	21198
0.04	3895	0.20	20036	0.37	37367			0.32	32730	0.28	30913
		0.35	35651	0.49	48533			0.42	45738	0.47	55577
		0.21	21798			0.39	40762	0.22	24365		
0.20	21013	0.23	23183			0.42	44034	0.32	33040		
0.16	15667	0.24	24607	0.37	35683	0.33	33954			0.24	25289
0.15	15086			0.48	46725	0.37	38502			0.29	31626
0.15	15428			0.41	40362	0.51	54325	0.37	38381	0.50	51990
0.14	13705	0.23	21789	0.54	53024			0.42	43627	0.67	66592
		0.33	35282	0.49	48254			0.29	30062	0.29	29915
		0.21	21810			0.24	25016	0.55	57066		
0.19	18838	0.15	15734			0.28	28887	0.37	37541		
0.19	19114	0.15	15730	0.61	61108	0.62	63248			0.22	23433
0.19	19699			0.85	80632	0.52	54848			0.39	41056
0.25	25608			0.80	73991	0.26	26890	0.86	89479	1.02	105018
0.09	7968	0.18	19038	0.46	43831			0.43	44609	0.38	38921
		0.51	54959	0.51	46684			0.22	23222	0.17	19080
		0.09	8824			0.25	26066	0.25	25447		
0.34	34615	0.20	20019			0.33	34317	0.33	31878		
0.20	19732	0.19	18884	0.59	54033	0.24	24966			0.41	41955
0.18	18102			0.80	74099	0.42	42011			0.40	43366
0.18	17052			0.05	5716	0.39	40570	0.28	30823	0.46	52640
0.25	22154	0.21	19718	0.34	35478			0.64	74557	0.14	15255
		0.14	13272							0.36	36671

3-20 2004年深圳企业债现货每日成交量、成交额

日期 Date	1月 Jan.		2月 Feb.		3月 Mar.		4月 Apr.		5月 May		6月 Jun.	
	成交额 Turnover	成交量 Volume	成交额 Turnover	成交量 Volume	成交额 Turnover	成交量 Volume	成交额 Turnover	成交量 Volume	成交额 Turnover	成交量 Volume	成交额 Turnover	成交量 Volume
1					0.07	6986	0.07	7488			0.02	2431
2	0.04	3857	0.06	6226	0.43	44932	0.05	4989			0.01	1096
3			0.03	2822	0.07	7055					0.01	1204
4			0.03	3439	0.02	1728					0.03	3545
5	0.19	18862	0.04	3969	0.03	2890	0.01	1184				
6	0.07	6757	0.13	13280			0.02	2400				
7	0.06	6768					0.01	1191			0.00	519
8	0.14	14828			0.05	4786	0.01	603			0.00	316
9	0.07	7254	0.04	4513	0.08	8586	0.03	2950			0.01	666
10			0.09	8635	0.13	13815			0.00	328	0.02	1774
11			0.10	10259	0.01	568			0.01	961	0.00	398
12	0.01	1263	0.13	12672	0.00	500	0.12	11406	0.01	768		
13	0.03	2634	0.14	15291			0.02	2179	0.01	816		
14	0.50	50216					0.02	2591	0.01	829	0.00	247
15	0.15	14948			0.19	20031	0.03	2760			0.01	683
16	0.04	4123	0.13	14163	0.05	5433	0.02	2266			0.02	2335
17			0.14	15029	0.12	11851			0.00	532	0.01	1418
18			0.02	1771	0.04	4553			0.13	14395	0.01	803
19			0.04	3929	0.16	16420	0.01	1391	0.37	34814		
20			0.03	3453			4.40	438989	0.35	33265		
21							2.32	231164	0.01	757	0.02	1717
22					0.07	7289	2.27	226756			0.00	221
23			0.04	3982	0.28	28136	0.11	10583			0.01	1237
24			0.07	7151	0.20	20163			0.00	239	0.05	6040
25			0.12	13081	0.07	7581			0.01	986	0.04	4738
26			0.03	3121	0.09	8704	0.01	934	0.05	5962		
27			0.05	5484			0.00	405	0.01	1013		
28							0.01	969	0.04	4473	0.01	1373
29	0.03	2699			0.23	22504	0.01	1493			0.07	8109
30	0.09	9275			0.23	22551	0.01	1616			0.05	5263
31					0.11	11508			0.03	3887		

数据来源:深圳证券交易所

Source:Shenzhen Stock Exchange

Daily Trading Volume and Value of Enterprise Bonds Cash in Shenzhen in 2004

成交额:亿元;成交量:手

7月 Jul.		8月 Aug.		9月 Sep.		10月 Oct.		11月 Nov.		12月 Dec.	
成交额 Turnover	成交量 Volume	成交额 Turnover	成交量 Volume	成交额 Turnover	成交量 Volume	成交额 Turnover	成交量 Volume	成交额 Turnover	成交量 Volume	成交额 Turnover	成交量 Volume
0.21	22998			0.01	940			0.04	4359	0.00	493
0.01	1004	0.03	3045	0.03	3667			0.00	203	0.01	1456
		0.02	2222	0.01	829			0.01	1352	0.01	672
		0.01	714					0.00	465		
0.01	527	0.00	301					0.01	758		
0.05	4872	0.00	497	0.01	1270					0.01	1013
0.01	549			0.00	450					0.00	325
0.00	278			0.00	134	0.01	799	0.01	1045	0.05	5262
0.01	684	0.03	3236	0.01	920			0.00	247	0.06	6546
		0.02	2279	0.00	256			0.01	1313	0.02	1690
		0.01	572			0.01	1498	0.01	1306		
0.00	360	0.02	1648			0.02	2696	0.00	298		
0.00	358	0.00	70	0.01	560	0.01	1408			0.01	1003
0.00	256			0.00	403	0.10	11289			0.01	969
0.07	7048			0.08	7950	0.03	3283	0.00	499	0.00	434
0.00	429	0.00	394	0.01	603			0.13	12274	0.02	1803
		0.00	127	0.00	489			0.32	29746	0.01	701
		0.00	180			0.04	3834	0.00	304		
0.00	158	0.00	464			0.06	5992	0.01	1163		
0.00	100	0.00	479	0.02	1800	0.12	12500			0.01	1227
0.00	149			0.00	508	0.02	2472			0.01	758
0.00	306			0.06	6141	0.03	2979	0.01	587	0.26	26521
0.01	779	0.01	1367	0.02	2480			0.01	791	0.12	10749
		0.01	1453	0.01	569			0.01	652	0.88	101896
		0.00	211			0.01	864	0.02	2059		
0.01	903	0.00	148			0.00	356	0.01	678		
0.00	353	0.02	2215	0.00	329	0.01	1491			0.23	26238
0.00	279			0.42	39452	0.09	8244			0.37	42071
0.01	1180			0.00	191	0.02	2304	0.00	265	0.26	31209
0.00	405	0.01	499	0.01	529			0.01	837	0.14	16794
		0.01	608							0.00	386

3-21 2004年全国企业债回购每日成交量、成交额

日期 Date	1月 Jan.		2月 Feb.		3月 Mar.		4月 Apr.		5月 May		6月 Jun.	
	成交额 Turnover	成交量 Volume	成交额 Turnover	成交量 Volume	成交额 Turnover	成交量 Volume	成交额 Turnover	成交量 Volume	成交额 Turnover	成交量 Volume	成交额 Turnover	成交量 Volume
1					12.71	1271000	28.27	2827100			11.78	1177700
2	16.08	1607500	10.21	1021000	7.58	757600	8.49	849000			7.70	769500
3			5.71	570900	3.86	386300					14.22	1422000
4			2.17	216500	19.68	1968400					8.59	859300
5	11.76	1176100	24.55	2455000	9.79	978600	11.50	1150300				
6	15.54	1554400	13.26	1325900			8.19	819300				
7	17.89	1788600					14.04	1403600			18.54	1853600
8	8.58	858300			9.73	973300	27.46	2745700			12.99	1298900
9	10.09	1009000	11.25	1124700	8.54	854300	7.42	742100			12.70	1270100
10			7.07	707000	4.59	458600			26.42	2641500	24.86	2486200
11			3.82	381700	18.64	1864400			8.13	812600	8.26	825500
12	20.69	2069300	21.15	2115400	9.61	960900	9.70	969700	7.83	783100		
13	11.04	1104200	12.80	1279600			7.23	722600	21.60	2160000		
14	9.81	980800					14.96	1496100	5.51	551300	17.74	1773500
15	10.30	1030000			11.67	1167100	24.93	2492900			9.29	928800
16	14.88	1487900	12.31	1231400	8.02	802400	7.65	764500			8.72	871900
17			10.01	1000600	3.00	300400			16.12	1612400	27.82	2781500
18			2.60	259700	23.52	2352400			6.38	638000	13.36	1336100
19			23.83	2382500	8.81	881200	12.09	1208600	6.07	606500		
20			10.92	1092200			10.37	1037100	15.65	1565200		
21							7.24	724400	4.31	431100	23.19	2318900
22					10.98	1097600	22.01	2201000			8.67	866600
23			18.73	1873200	7.96	796400	7.43	743000			6.93	692900
24			5.76	576100	3.68	368300			17.66	1766300	20.64	2064200
25			1.82	181700	19.88	1988300			9.51	950700	8.33	833400
26			24.53	2452600	10.21	1021200	11.36	1136300	6.69	669000		
27			10.22	1022300			7.87	787100	12.49	1249300		
28							7.15	714500	4.93	492500	21.38	2138100
29	41.62	4162300			10.70	1069900	15.25	1524700			8.80	880100
30	10.32	1032300			10.72	1071700	7.84	783500			4.96	495800
31					4.51	451000			19.98	1997600		

数据来源:上海证券交易所

Source:Shanghai Stock Exchange

Enterprise Bonds Repurchase Daily Trading in 2004

成交额:亿元;成交量:手

7月 Jul.		8月 Aug.		9月 Sep.		10月 Oct.		11月 Nov.		12月 Dec.	
成交额 Turnover	成交量 Volume	成交额 Turnover	成交量 Volume	成交额 Turnover	成交量 Volume	成交额 Turnover	成交量 Volume	成交额 Turnover	成交量 Volume	成交额 Turnover	成交量 Volume
6.79	678700			1.99	198900			12.62	1262100	2.13	213300
6.49	649200	13.47	1347200	11.50	1150100			6.39	639100	12.33	1233200
		7.95	795400	4.57	457300			1.28	128000	8.36	836200
		5.33	532900					9.40	939500		
16.89	1689000	8.85	884700					13.20	1319800		
7.67	766500	5.78	577700	12.85	1285400					12.48	1247500
2.92	291700			9.74	974200					4.78	478400
13.98	1398400			6.16	616200	22.88	2288400	13.86	1385800	1.55	155100
5.15	514800	12.51	1251100	9.56	956200			10.67	1066700	9.23	922500
		10.40	1040100	5.41	540600			5.20	520400	8.02	802100
		6.56	655500			10.67	1066500	5.80	579500		
13.48	1348400	8.83	883300			4.51	451300	8.62	861800		
8.24	823500	6.76	675500	12.18	1217500	1.17	117000			13.54	1353700
1.89	188800			8.04	803500	7.60	759500			5.35	535400
16.20	1620400			3.89	389200	16.67	1667400	11.98	1198000	2.00	199900
6.44	644100	14.67	1466600	8.11	811000			6.53	653100	6.37	636800
		9.60	960200	8.50	849700			4.12	412400	6.87	686600
		3.83	383100			10.93	1093000	10.40	1039600		
13.20	1320000	10.64	1064400			4.04	404400	7.76	776400		
7.74	774100	4.31	430500	14.83	1483200	1.65	165300			14.19	1418800
4.25	425200			7.99	798500	6.93	693300			5.41	540500
14.55	1455300			2.94	293800	17.18	1717500	11.53	1152900	3.75	375300
4.43	443400	13.02	1301700	6.11	611300			5.25	525400	7.04	704200
		7.79	778600	4.61	460500			1.15	114800	7.13	712500
		2.53	253400			13.76	1375800	9.45	945100		
14.17	1417000	10.07	1007200			8.63	863400	8.29	828700		
7.41	741000	4.71	470600	15.77	1577400	4.63	463300			14.01	1401000
6.88	688100			7.66	766200	10.69	1068600			9.05	905200
9.85	985300			7.18	717700	13.52	1352300	17.06	1705700	9.69	969100
6.77	677100	13.15	1314700	7.39	739000			5.29	528600	9.89	988600
		7.87	787000							7.48	747700

3-22 2004年上海企业债回购每日成交量、成交额

日期 Date	1月 Jan.		2月 Feb.		3月 Mar.		4月 Apr.		5月 May		6月 Jun.	
	成交额 Turnover	成交量 Volume	成交额 Turnover	成交量 Volume	成交额 Turnover	成交量 Volume	成交额 Turnover	成交量 Volume	成交额 Turnover	成交量 Volume	成交额 Turnover	成交量 Volume
1					12.71	1271000	28.27	2827100			11.78	1177700
2	16.08	1607500	10.21	1021000	7.58	757600	8.49	849000			7.70	769500
3			5.71	570900	3.86	386300					14.22	1422000
4			2.17	216500	19.68	1968400					8.59	859300
5	11.76	1176100	24.55	2455000	9.79	978600	11.50	1150300				
6	15.54	1554400	13.26	1325900			8.19	819300				
7	17.89	1788600					14.04	1403600			18.54	1853600
8	8.58	858300			9.73	973300	27.46	2745700			12.99	1298900
9	10.09	1009000	11.25	1124700	8.54	854300	7.42	742100			12.70	1270100
10			7.07	707000	4.59	458600			26.42	2641500	24.86	2486200
11			3.82	381700	18.64	1864400			8.13	812600	8.26	825500
12	20.69	2069300	21.15	2115400	9.61	960900	9.70	969700	7.83	783100		
13	11.04	1104200	12.80	1279600			7.23	722600	21.60	2160000		
14	9.81	980800					14.96	1496100	5.51	551300	17.74	1773500
15	10.30	1030000			11.67	1167100	24.93	2492900			9.29	928800
16	14.88	1487900	12.31	1231400	8.02	802400	7.65	764500			8.72	871900
17			10.01	1000600	3.00	300400			16.12	1612400	27.82	2781500
18			2.60	259700	23.52	2352400			6.38	638000	13.36	1336100
19			23.83	2382500	8.81	881200	12.09	1208600	6.07	606500		
20			10.92	1092200			8.27	827100	15.65	1565200		
21							5.14	514400	4.31	431100	23.19	2318900
22					10.98	1097600	22.01	2201000			8.67	866600
23			18.73	1873200	7.96	796400	7.43	743000			6.93	692900
24			5.76	576100	3.68	368300			17.66	1766300	20.64	2064200
25			1.82	181700	19.88	1988300			9.51	950700	8.33	833400
26			24.53	2452600	10.21	1021200	11.36	1136300	6.69	669000		
27			10.22	1022300			7.87	787100	12.49	1249300		
28							7.15	714500	4.93	492500	21.38	2138100
29	41.62	4162300			10.70	1069900	15.25	1524700			8.80	880100
30	10.32	1032300			10.72	1071700	7.84	783500			4.96	495800
31					4.51	451000			19.98	1997600		

数据来源:上海证券交易所

Source:Shanghai Stock Exchange

Enterprise Bonds Repurchase Daily Trading in Shanghai in 2004

成交额:亿元;成交量:手

7月 Jul.		8月 Aug.		9月 Sep.		10月 Oct.		11月 Nov.		12月 Dec.	
成交额 Turnover	成交量 Volume	成交额 Turnover	成交量 Volume	成交额 Turnover	成交量 Volume	成交额 Turnover	成交量 Volume	成交额 Turnover	成交量 Volume	成交额 Turnover	成交量 Volume
6.79	678700			1.99	198900			12.62	1262100	2.13	213300
6.49	649200	13.47	1347200	11.50	1150100			6.39	639100	12.33	1233200
		7.95	795400	4.57	457300			1.28	128000	8.36	836200
		5.33	532900					9.40	939500		
16.89	1689000	8.85	884700					13.20	1319800		
7.67	766500	5.78	577700	12.85	1285400					12.48	1247500
2.92	291700			9.74	974200					4.78	478400
13.98	1398400			6.16	616200	22.88	2288400	13.86	1385800	1.55	155100
5.15	514800	12.51	1251100	9.56	956200			10.67	1066700	9.23	922500
		10.40	1040100	5.41	540600			5.20	520400	8.02	802100
		6.56	655500			10.67	1066500	5.80	579500		
13.48	1348400	8.83	883300			4.51	451300	8.62	861800		
8.24	823500	6.76	675500	12.18	1217500	1.17	117000			13.54	1353700
1.89	188800			8.04	803500	7.60	759500			5.35	535400
16.20	1620400			3.89	389200	16.67	1667400	11.98	1198000	2.00	199900
6.44	644100	14.67	1466600	8.11	811000			6.53	653100	6.37	636800
		9.60	960200	8.50	849700			4.12	412400	6.87	686600
		3.83	383100			10.93	1093000	10.40	1039600		
13.20	1320000	10.64	1064400			4.04	404400	7.76	776400		
7.74	774100	4.31	430500	14.83	1483200	1.65	165300			14.19	1418800
4.25	425200			7.99	798500	6.93	693300			5.41	540500
14.55	1455300			2.94	293800	17.18	1717500	11.53	1152900	3.75	375300
4.43	443400	13.02	1301700	6.11	611300			5.25	525400	7.04	704200
		7.79	778600	4.61	460500			1.15	114800	7.13	712500
		2.53	253400			13.76	1375800	9.45	945100		
14.17	1417000	10.07	1007200			8.63	863400	8.29	828700		
7.41	741000	4.71	470600	15.77	1577400	4.63	463300			14.01	1401000
6.88	688100			7.66	766200	10.69	1068600			9.05	905200
9.85	985300			7.18	717700	13.52	1352300	17.06	1705700	9.69	969100
6.77	677100	13.15	1314700	7.39	739000			5.29	528600	9.89	988600
		7.87	787000							7.48	747700

3-23 2004年深圳企业债回购每日成交量、成交额

日期 Date	1月 Jan.		2月 Feb.		3月 Mar.		4月 Apr.		5月 May		6月 Jun.	
	成交额 Turnover	成交量 Volume	成交额 Turnover	成交量 Volume	成交额 Turnover	成交量 Volume	成交额 Turnover	成交量 Volume	成交额 Turnover	成交量 Volume	成交额 Turnover	成交量 Volume
1					0.00	0	0.00	0			0.00	0
2	0.00	0	0.00	0	0.00	0	0.00	0			0.00	0
3			0.00	0	0.00	0					0.00	0
4			0.00	0	0.00	0					0.00	0
5	0.00	0	0.00	0	0.00	0	0.00	0				
6	0.00	0	0.00	0			0.00	0				
7	0.00	0					0.00	0			0.00	0
8	0.00	0			0.00	0	0.00	0			0.00	0
9	0.00	0	0.00	0	0.00	0	0.00	0			0.00	0
10			0.00	0	0.00	0			0.00	0	0.00	0
11			0.00	0	0.00	0			0.00	0	0.00	0
12	0.00	0	0.00	0	0.00	0	0.00	0	0.00	0		
13	0.00	0	0.00	0			0.00	0	0.00	0		
14	0.00	0					0.00	0	0.00	0	0.00	0
15	0.00	0			0.00	0	0.00	0			0.00	0
16	0.00	0	0.00	0	0.00	0	0.00	0			0.00	0
17			0.00	0	0.00	0			0.00	0	0.00	0
18			0.00	0	0.00	0			0.00	0	0.00	0
19			0.00	0	0.00	0	0.00	0	0.00	0		
20			0.00	0			2.10	210000	0.00	0		
21							2.10	210000	0.00	0	0.00	0
22					0.00	0	0.00	0			0.00	0
23			0.00	0	0.00	0	0.00	0			0.00	0
24			0.00	0	0.00	0			0.00	0	0.00	0
25			0.00	0	0.00	0			0.00	0	0.00	0
26			0.00	0	0.00	0	0.00	0	0.00	0		
27			0.00	0			0.00	0	0.00	0		
28							0.00	0	0.00	0	0.00	0
29	0.00	0			0.00	0	0.00	0			0.00	0
30	0.00	0			0.00	0	0.00	0			0.00	0
31					0.00	0			0.00	0		

数据来源:深圳证券交易所

Source:Shenzhen Stock Exchange

Enterprise Bonds Repurchase Daily Trading in Shenzhen in 2004

成交额:亿元;成交量:手

7月 Jul.		8月 Aug.		9月 Sep.		10月 Oct.		11月 Nov.		12月 Dec.	
成交额 Turnover	成交量 Volume	成交额 Turnover	成交量 Volume	成交额 Turnover	成交量 Volume	成交额 Turnover	成交量 Volume	成交额 Turnover	成交量 Volume	成交额 Turnover	成交量 Volume
0.00	0			0.00	0			0.00	0	0.00	0
0.00	0	0.00	0	0.00	0			0.00	0	0.00	0
		0.00	0	0.00	0			0.00	0	0.00	0
		0.00	0					0.00	0		
0.00	0	0.00	0					0.00	0		
0.00	0	0.00	0	0.00	0					0.00	0
0.00	0			0.00	0					0.00	0
0.00	0			0.00	0	0.00	0	0.00	0	0.00	0
0.00	0	0.00	0	0.00	0			0.00	0	0.00	0
		0.00	0	0.00	0			0.00	0	0.00	0
		0.00	0			0.00	0	0.00	0		
0.00	0	0.00	0			0.00	0	0.00	0		
0.00	0	0.00	0	0.00	0	0.00	0			0.00	0
0.00	0			0.00	0	0.00	0			0.00	0
0.00	0			0.00	0	0.00	0	0.00	0	0.00	0
0.00	0	0.00	0	0.00	0			0.00	0	0.00	0
		0.00	0	0.00	0			0.00	0	0.00	0
		0.00	0			0.00	0	0.00	0		
0.00	0	0.00	0			0.00	0	0.00	0		
0.00	0	0.00	0	0.00	0	0.00	0			0.00	0
0.00	0			0.00	0	0.00	0			0.00	0
0.00	0			0.00	0	0.00	0	0.00	0	0.00	0
0.00	0	0.00	0	0.00	0			0.00	0	0.00	0
		0.00	0	0.00	0			0.00	0	0.00	0
		0.00	0			0.00	0	0.00	0		
0.00	0	0.00	0			0.00	0	0.00	0		
0.00	0	0.00	0	0.00	0	0.00	0			0.00	0
0.00	0			0.00	0	0.00	0			0.00	0
0.00	0			0.00	0	0.00	0	0.00	0	0.00	0
0.00	0	0.00	0	0.00	0			0.00	0	0.00	0
		0.00	0							0.00	0

3-24 2004年全国可转债每日成交量、成交额

日期 Date	1月 Jan.		2月 Feb.		3月 Mar.		4月 Apr.		5月 May		6月 Jun.	
	成交额 Turnover	成交量 Volume	成交额 Turnover	成交量 Volume	成交额 Turnover	成交量 Volume	成交额 Turnover	成交量 Volume	成交额 Turnover	成交量 Volume	成交额 Turnover	成交量 Volume
1					4.92	410607	2.13	178675			1.36	119211
2	4.47	417153	6.66	548889	3.33	273846	3.93	320205			1.29	112875
3			4.92	396520	3.89	333807					3.31	303767
4			6.38	504491	2.02	167983					0.99	88584
5	6.38	542276	6.08	498508	4.46	394120	5.02	393572				
6	5.31	456242	7.08	587051			3.48	273024				
7	11.09	934880					2.82	221618			1.47	129516
8	3.41	311442			1.56	130381	4.10	323187			1.38	123456
9	6.68	568914	3.60	290345	1.53	128416	2.61	207475			0.79	71374
10			5.10	415956	2.91	245022			0.76	67222	2.94	270153
11			4.67	386881	4.78	394038			1.04	90523	1.16	104744
12	5.44	438651	7.88	630062	2.52	215059	2.29	184684	1.99	171885		
13	6.06	484093	3.62	315737			2.02	158488	0.91	81675		
14	3.76	311417					3.60	293924	1.25	108559	0.74	68851
15	4.68	374892			3.87	320248	3.24	258846			0.89	81206
16	4.81	418666	2.67	223737	3.03	254701	1.78	143352			1.76	155539
17			4.40	370937	4.30	352156			1.20	108594	0.85	78657
18			3.85	317975	3.52	291052			2.07	185773	0.63	57756
19			4.59	387083	3.35	272492	1.75	138294	2.33	212701		
20			3.11	249012			1.76	144262	0.71	63351		
21							1.75	144508	0.79	72272	0.62	55861
22					2.46	199471	1.59	129868			1.04	93160
23			7.91	657825	2.26	184948	1.33	109916			1.08	94889
24			3.64	310129	3.81	309082			0.42	37670	1.03	89423
25			4.04	341697	2.68	221965			0.95	84988	0.63	58628
26			3.55	301314	1.63	134845	1.04	85936	0.57	49703		
27			4.67	393409			1.26	104191	1.29	114097		
28							2.24	185963	4.34	392695	0.80	74843
29	5.22	449112			1.94	159612	6.21	551410			0.98	90895
30	4.20	367141			1.74	146037	3.25	285312			0.78	71977
31					2.02	170979			2.34	208130		

数据来源:上海、深圳证券交易所

Source: Shanghai、Shenzhen Stock Exchange

Daily Trading Volume and Value of Converse Bonds in 2004

成交额:亿元;成交量:手

7月 Jul.		8月 Aug.		9月 Sep.		10月 Oct.		11月 Nov.		12月 Dec.	
成交额 Turnover	成交量 Volume	成交额 Turnover	成交量 Volume	成交额 Turnover	成交量 Volume	成交额 Turnover	成交量 Volume	成交额 Turnover	成交量 Volume	成交额 Turnover	成交量 Volume
1.46	136696			0.48	45444			0.99	91746	1.57	149236
1.11	100249	0.80	74253	0.91	85879			1.48	137554	2.94	280603
		10.99	1070957	0.34	30213			4.85	456185	3.53	337927
		2.33	220691					1.73	161668		
0.66	59527	1.95	185029					1.79	164490		
2.27	202797	0.84	79329	0.26	24441					2.71	251845
1.23	115154			0.42	39867					1.47	141644
0.79	72392			0.23	22447	1.85	168604	1.68	157434	1.59	152498
1.14	105496	0.59	56079	0.41	38870			2.29	216706	2.77	267935
		1.10	101588	0.64	60800			3.11	287372	1.45	140617
		1.22	117929			4.19	373015	2.58	243520		
1.46	131116	1.15	109868			2.15	199098	2.44	232986		
0.75	65818	1.57	147779	1.16	110496	2.30	214520			0.81	78677
1.35	121482			1.94	186380	3.04	282343			0.88	85235
1.61	147248			3.71	355706	1.68	156130	1.93	177503	1.62	156721
3.05	269560	4.74	451372	2.08	199439			2.17	202014	1.42	137625
		0.50	47482	3.11	290526			2.74	255261	1.22	117935
		0.77	73776			5.02	467024	2.83	263175		
9.29	887353	0.51	47974			3.05	282437	2.03	185228		
2.72	250357	0.52	49341	5.26	480645	2.16	201234			1.72	163812
2.44	215852			3.27	307431	3.05	277247			1.83	176745
1.70	153761			3.64	338183	3.06	276287	1.35	122352	2.43	229744
2.22	205138	0.53	50539	5.57	513063			1.21	112894	1.69	162239
		1.24	116136	6.16	540750			1.29	119926	1.63	157564
		0.49	47164			2.76	250427	2.27	218616		
1.97	176800	3.05	292100			2.70	250787	1.26	119627		
2.48	220777	1.06	99630	1.94	173631	3.26	296059			1.77	171808
1.28	124606			1.90	177928	3.13	285851			0.99	95787
1.90	173877			1.70	157306	3.07	284576	18.73	1793412	1.00	97994
2.10	199510	0.38	36312	7.02	637960			5.36	507022	2.81	273681
		1.04	98514							3.16	291137

3-25 2004年上海可转债每日成交量、成交额

日期 Date	1月 Jan.		2月 Feb.		3月 Mar.		4月 Apr.		5月 May		6月 Jun.	
	成交额 Turnover	成交量 Volume	成交额 Turnover	成交量 Volume	成交额 Turnover	成交量 Volume	成交额 Turnover	成交量 Volume	成交额 Turnover	成交量 Volume	成交额 Turnover	成交量 Volume
1					2.11	172289	0.93	75139			1.01	87496
2	3.44	323296	3.47	277734	2.27	182538	1.71	134402			0.95	81575
3			2.90	229810	1.62	136263					2.94	271012
4			3.61	280863	1.21	98080					0.79	70979
5	4.08	336548	2.01	161342	2.15	182951	4.13	318955				
6	3.52	298704	3.65	296785			2.31	176974				
7	6.90	556279					1.93	148444			0.94	82746
8	2.06	186849			0.67	54995	2.62	201953			0.95	84971
9	5.05	427323	1.81	147922	0.62	49838	1.68	128617			0.52	46640
10			2.22	187679	1.06	85660			0.65	57345	1.45	130743
11			1.99	168200	3.21	261440			0.75	63124	0.85	76895
12	4.23	337256	1.71	145220	0.94	78189	1.22	95290	1.59	135703		
13	4.34	339445	1.20	99536			1.35	103336	0.49	43490		
14	2.40	198018					1.88	149300	1.01	87143	0.52	48298
15	3.00	235381			1.76	137209	2.41	188096			0.60	55699
16	2.01	165521	1.58	127568	1.16	92865	0.92	68962			0.89	79582
17			3.16	266745	1.76	138828			1.03	93155	0.58	52895
18			2.74	221549	1.93	155439			1.43	131306	0.34	31019
19			3.31	275221	1.58	125271	1.07	81700	1.08	97321		
20			2.03	156111			1.19	95766	0.36	32406		
21							0.95	75683	0.12	10883	0.52	46966
22					1.22	92932	1.21	97273			0.71	64815
23			1.92	156378	1.39	112199	1.19	97244			0.56	50087
24			1.29	107973	0.72	57560			0.29	26387	0.60	52518
25			1.40	116491	1.22	97642			0.62	55706	0.49	45870
26			1.69	140188	0.52	42169	0.70	56121	0.24	20536		
27			2.73	222787			0.96	76906	0.54	46834		
28							1.70	137583	3.93	354358	0.36	33862
29	3.30	279058			0.94	76358	5.08	451093			0.41	38003
30	1.62	141631			0.85	69863	1.97	169636			0.33	31042
31					0.78	64604			2.06	183921		

数据来源:上海证券交易所

Source: Shanghai Stock Exchange

Daily Trading Volume and Value of Converse Bonds in Shanghai in 2004

成交额：亿元；成交量：手

7月 Jul.		8月 Aug.		9月 Sep.		10月 Oct.		11月 Nov.		12月 Dec.	
成交额 Turnover	成交量 Volume	成交额 Turnover	成交量 Volume	成交额 Turnover	成交量 Volume	成交额 Turnover	成交量 Volume	成交额 Turnover	成交量 Volume	成交额 Turnover	成交量 Volume
0.72	67143			0.26	23599			0.67	61257	1.17	112580
0.54	49778	0.45	42909	0.58	54557			0.66	63589	2.17	210585
		0.37	34145	0.22	18903			4.16	394723	2.54	248728
		0.81	74731					1.38	129252		
0.43	39775	0.44	41327					0.87	81995		
1.37	124699	0.33	29503	0.13	12058					1.70	162923
0.50	47170			0.23	21174					1.22	118869
0.36	32807			0.13	12617	0.81	72547	0.90	85982	1.32	128604
0.33	30731	0.32	30377	0.18	16754			1.25	121021	2.11	205021
		0.23	21407	0.42	40568			1.30	120821	0.95	92462
		0.70	66778			1.40	116641	1.06	100080		
0.44	39754	0.65	61575			0.66	61698	1.01	97548		
0.49	43916	1.00	93989	0.26	24721	0.86	78612			0.59	58175
0.64	57064			0.81	77337	0.57	54602			0.69	67785
1.07	98224			1.36	128127	0.53	50903	0.65	59200	1.15	112969
2.26	201508	0.76	70381	0.85	80882			1.08	103109	0.83	80795
		0.45	42716	1.12	105127			0.88	84520	1.04	100893
		0.25	23470			0.53	51208	0.98	92576		
8.42	811645	0.26	24385			0.89	84015	0.93	87822		
2.13	199571	0.34	31666	2.95	260576	0.83	77627			0.75	71709
0.62	58471			1.42	130989	0.95	84616			1.01	97635
0.86	80219			1.72	157977	1.04	93545	0.73	67459	1.22	118737
1.45	135276	0.19	17962	1.18	105205			0.59	56310	0.89	86121
		0.40	38343	2.08	185125			0.78	74100	1.08	105747
		0.23	22215			0.79	73646	1.88	183256		
0.54	52110	0.32	29296			1.24	119226	0.86	82251		
1.00	94364	0.65	59989	0.72	64710	1.23	116176			1.17	115529
0.72	69129			0.64	58805	0.93	86707			0.65	63876
1.21	112210			0.73	68380	0.64	60468	18.25	1749490	0.69	68237
1.21	113413	0.09	8248	0.67	62305			4.33	414250	1.30	126648
		0.41	37354							0.90	86076

3-26　2004 年深圳可转债每日成交量、成交额

日期 Date	1月 Jan.		2月 Feb.		3月 Mar.		4月 Apr.		5月 May		6月 Jun.	
	成交额 Turnover	成交量 Volume	成交额 Turnover	成交量 Volume	成交额 Turnover	成交量 Volume	成交额 Turnover	成交量 Volume	成交额 Turnover	成交量 Volume	成交额 Turnover	成交量 Volume
1					2.81	238318	1.20	103536			0.35	31715
2	1.03	93857	3.19	271155	1.06	91308	2.22	185803			0.34	31300
3			2.02	166710	2.27	197544					0.37	32755
4			2.77	223628	0.81	69903					0.20	17605
5	2.30	205728	4.07	337166	2.31	211169	0.89	74617				
6	1.79	157538	3.43	290266			1.17	96050				
7	4.19	378601					0.89	73174			0.53	46770
8	1.35	124593			0.89	75386	1.48	121234			0.43	38485
9	1.63	141591	1.79	142423	0.91	78578	0.93	78858			0.27	24734
10			2.88	228277	1.85	159362			0.11	9877	1.49	139410
11			2.68	218681	1.57	132598			0.29	27399	0.31	27849
12	1.21	101395	6.17	484842	1.58	136870	1.07	89394	0.40	36182		
13	1.72	144648	2.42	216201			0.67	55152	0.42	38185		
14	1.36	113399					1.72	144624	0.24	21416	0.22	20553
15	1.68	139511			2.11	183039	0.83	70750			0.29	25507
16	2.80	253145	1.09	96169	1.87	161836	0.86	74390			0.87	75957
17			1.24	104192	2.54	213328			0.17	15439	0.27	25762
18			1.11	96426	1.59	135613			0.64	54467	0.29	26737
19			1.28	111862	1.77	147221	0.68	56594	1.25	115380		
20			1.08	92901			0.57	48496	0.35	30945		
21							0.80	68825	0.67	61389	0.10	8895
22					1.24	106539	0.38	32595			0.33	28345
23			5.99	501447	0.87	72749	0.14	12672			0.52	44802
24			2.35	202156	3.09	251522			0.13	11283	0.43	36905
25			2.64	225206	1.46	124323			0.33	29282	0.14	12758
26			1.86	161126	1.11	92676	0.34	29815	0.33	29167		
27			1.94	170622			0.30	27285	0.75	67263		
28							0.54	48380	0.41	38337	0.44	40981
29	1.92	170054			1.00	83254	1.13	100317			0.57	52892
30	2.58	225510			0.89	76174	1.28	115676			0.45	40935
31					1.24	106375			0.28	24209		

数据来源：深圳证券交易所
Source：Shenzhen Stock Exchange

Daily Trading Volume and Value of Converse Bonds in Shenzhen in 2004

成交额:亿元;成交量:手

7月 Jul.		8月 Aug.		9月 Sep.		10月 Oct.		11月 Nov.		12月 Dec.	
成交额 Turnover	成交量 Volume	成交额 Turnover	成交量 Volume	成交额 Turnover	成交量 Volume	成交额 Turnover	成交量 Volume	成交额 Turnover	成交量 Volume	成交额 Turnover	成交量 Volume
0.74	69553			0.22	21845			0.32	30489	0.40	36656
0.57	50471	0.35	31344	0.33	31322			0.82	73965	0.77	70018
		10.62	1036812	0.12	11310			0.69	61462	0.99	89199
		1.52	145960					0.35	32416		
0.23	19752	1.51	143702					0.92	82495		
0.90	78098	0.51	49826	0.13	12383					1.01	88922
0.73	67984			0.19	18693					0.25	22775
0.43	39585			0.10	9830	1.04	96057	0.78	71452	0.27	23894
0.81	74765	0.27	25702	0.23	22116			1.04	95685	0.66	62914
		0.87	80181	0.22	20232			1.81	166551	0.50	48155
		0.52	51151			2.79	256374	1.52	143440		
1.02	91362	0.50	48293			1.49	137400	1.43	135438		
0.26	21902	0.57	53790	0.90	85775	1.44	135908			0.22	20502
0.71	64418			1.13	109043	2.47	227741			0.19	17450
0.54	49024			2.35	227579	1.15	105227	1.28	118303	0.47	43752
0.79	68052	3.98	380991	1.23	118557			1.09	98905	0.59	56830
		0.05	4766	1.99	185399			1.86	170741	0.18	17042
		0.52	50306			4.49	415816	1.85	170599		
0.87	75708	0.25	23589			2.16	198422	1.10	97406		
0.59	50786	0.18	17675	2.31	220069	1.33	123607			0.97	92103
1.82	157381			1.85	176442	2.10	192631			0.82	79110
0.84	73542			1.92	180206	2.02	182742	0.62	54893	1.21	111007
0.77	69862	0.34	32577	4.39	407858			0.62	56584	0.80	76118
		0.84	77793	4.08	355625			0.51	45826	0.55	51817
		0.26	24949			1.97	176781	0.39	35360		
1.43	124690	2.73	262804			1.46	131561	0.40	37376		
1.48	126413	0.41	39641	1.22	108921	2.03	179883			0.60	56279
0.56	55477			1.26	119123	2.20	199144			0.34	31911
0.69	61667			0.97	88926	2.43	224108	0.48	43922	0.31	29757
0.89	86097	0.29	28064	6.35	575655			1.03	92772	1.51	147033
		0.63	61160							2.26	205061

四、证券投资基金

Securities Investment Funds

2004年证券投资基金市场综述

Summary for Securities Investment Funds Market 2004

2004年,我国基金业取得巨大的发展。基金规模不断扩大,品种逐渐丰富;基金销售渠道与交易方式创新取得突破;基金管理公司的管理经验、投资运作水平有了一定程度的提高,内部控制、风险管理得到了普遍加强。

一、证券投资基金规模不断扩大,品种逐渐丰富

截至2004年12月底,共有161只基金,基金总规模为3334亿份,基金净值为3238亿元。其中封闭式基金54只,总规模为817亿份;开放式基金107只,规模为2527亿份。已经开业的基金管理公司共有45家,其中管理基金的公司有38家。托管银行共12家。2004年,共完成募集54只基金,总募集规模1854亿元,占目前基金总规模的55.6%。据统计,截至2004年12月底,基金净值占沪深两市流通市值的比例为28%,持股市值占流通市值的比重为13%。

2004年,基金产品创新向多元化方向发展。债券基金、货币市场基金、保本基金、ETF等各种创新产品不断涌现,基金市场出现了百花齐放的局面,为投资者提供了广阔的选择空间。截至年底,股票型基金、混合型基金、债券型基金、货币市场基金四大基金类别的产品已悉数登场,保本基金、指数基金、伞形基金、上市开放式基金等一些特殊基金产品也相继面世,国际上主流的基金品种均已经出现。

二、基金销售渠道与交易方式创新取得突破

2004年,深沪证券交易所分别推出的LOF和ETF,是在基金业的快速发展过程中,开放式基金发行交易体系一次大改革。这既是基金产品中商业模式的创新,也是基金继封闭式和开放式之后的第三种基本模式,被市场称为"基金业的革命性创新"。

三、对外开放取得了较快的进展

2002年末,首家合资基金管理公司成立。在两年多的时间里,中外合资基金管理公司,数量迅速增加,市场份额不断上升,目前外资方已经涵盖了来自美国、法国、荷兰、英国、加拿大、德国、比利时等国际上著名的资产管理机构,给中国的资本市场带来了一些新的投资理念、公司文化和管理经验,促进了中国基金业的发展。截至2004年12月底,我国共有11家合资基金管理公司,已占到国内基金管理公司总数的28%。由合资基金管理公司管理的基金数量有34只,占国内基金总数的20.7%。基金资产管理规模达705.5亿元人民币,占市场份额的19.8%。

截止2004年底,共有QFII机构27家,资产规模为37亿美元,托管银行11家。QFII证券资产162亿,占总资产的66%。其中,A股投资约71亿,占证券资产的44%;基金投资22亿,占13%;可转债投资33亿,占20%,国债投资37亿,占23%。QFII制度的推行,提高了中国资本市场的国际影响力,促进了市场信心的提升,推动了中国资本市场的发育和制度完善。中国资本市场

已经吸引了越来越多的境外投资者，成为全球资本市场重要的组成部分。

四、法规体系和监管体系不断完善

2004 年，中国证监会建立并不断完善以《基金法》为核心，以基金管理公司设立、基金运作、基金销售、公司治理、内部控制、信息披露、人员资格审核等配套规则为辅助的多层次的基金监管法律法规体系，并建立了以证监会为监管和协调中心、以地方派出机构授权协同监管相配合、以证券交易所为一线监管、以证券业协会自律监管为补充的体系，促进了基金业的规范发展。

4-1 封闭式基金概况

List of Close Securities Investment Funds

序号 No.	基金简称 Investment Funds	发行时间 Date Issued	上市时间 Date Listed	基金存续期 Duration	基金规模(亿) Manage Capital	基金总资产净值(亿元) Net Asset	基金管理公司 Manager	基金托管银行 Castodian	上市地点 Exchange Listed in
1	基金开元	1998-03-27	1998-04-07	15	20	20.65	南方	工行	深圳
2	基金金泰	1998-03-27	1998-04-07	15	20	20.72	国泰	工行	上海
3	基金兴华	1998-04-28	1998-05-08	15	20	23.13	华夏	建行	上海
4	基金安信	1998-06-22	1998-06-26	15	20	20.35	华安	工行	上海
5	基金裕阳	1998-07-25	1998-07-30	15	20	21.00	博时	农行	上海
6	基金普惠	1999-01-06	1999-01-27	15	20	18.83	鹏华	交行	深圳
7	基金泰和	1999-04-08	1999-04-20	15	20	19.87	嘉实	建行	上海
8	基金同益	1999-04-08	1999-04-21	15	20	19.17	长盛	工行	深圳
9	基金景宏	1999-05-05	1999-05-18	15	20	17.34	大成	中行	深圳
10	基金汉盛	1999-05-10	1999-05-18	15	20	19.84	富国	农行	上海
11	基金安顺	1999-06-15	1999-06-22	15	30	30.33	华安	交行	上海
12	基金裕隆	1999-06-15	1999-06-24	15	30	28.97	博时	农行	深圳
13	基金兴和	1999-07-14	1999-07-30	15	30	29.16	华夏	建行	上海
14	基金普丰	1999-07-14	1999-07-30	15	30	26.60	鹏华	工行	深圳
15	基金天元	1999-08-26	1999-09-20	15	30	31.53	南方	工行	深圳
16	基金景阳	1999-09-17	1999-10-22	15	10	9.76	大成	农行	上海
17	基金景博	1999-09-22	1999-10-22	15	10	9.07	大成	农行	深圳
18	基金裕元	1999-09-21	1999-10-28	15	15	16.56	博时	工行	上海
19	基金金鑫	1999-10-21	1999-11-26	15	30	29.53	国泰	建行	上海
20	基金同盛	1999-11-05	1999-11-26	15	30	27.17	长盛	中行	深圳
21	基金景福	1999-12-30	2000-01-10	15	30	27.46	大成	农行	深圳
22	基金汉兴	1999-12-30	2000-01-10	15	30	26.45	富国	交行	上海
23	基金裕华	2000-07-14	2000-02-24	15	5	5.29	博时	交行	深圳
24	基金同智	2000-07-21	2000-05-15	15	5	5.44	长盛	中行	深圳
25	基金裕泽	2000-07-14	2000-05-17	15	5	5.99	博时	工行	深圳
26	基金金盛	2000-09-08	2000-06-30	15	5	5.10	国泰	建行	深圳
27	基金金元	2000-09-08	2000-07-11	15	5	4.77	南方	工行	上海

续表

序号 No.	基金简称 Investment Funds	发行时间 Date Issued	上市时间 Date Listed	基金存续期 Duration	基金规模(亿) Manage Capital	基金总资产净值(亿元) Net Asset	基金管理公司 Manager	基金托管银行 Castodian	上市地点 Exchange Listed in
28	基金兴科	2000-08-25	2000-07-18	15	5	5.17	华夏	交行	深圳
29	基金金鼎	2000-10-20	2000-08-04	15	5	4.71	国泰	建行	上海
30	基金汉鼎	2000-10-27	2000-08-17	15	5	4.46	富国	工行	上海
31	基金兴安	2000-11-10	2000-09-20	15	5	4.97	华夏	中行	深圳
32	基金汉博	2000-11-24	2000-10-17	15	5	4.58	富国	建行	上海
33	基金隆元	2000-12-01	2000-10-18	15	5	4.34	南方	工行	深圳
34	基金科讯	2001-07-12	2001-06-20	10	8	9.17	易方达	交行	上海
35	基金科汇	2001-07-12	2001-06-20	10	8	11.22	易方达	交行	深圳
36	基金科翔	2001-07-12	2001-06-20	10	8	10.00	易方达	工行	深圳
37	基金兴业	2000-08-18	2001-07-27	10	5	4.25	华夏	农行	上海
38	基金同德	2001-09-04	2001-08-01	10	5	5.43	长盛	农行	上海
39	基金天华	2001-09-04	2001-08-08	10	25	21.25	银华	农行	深圳
40	基金普华	2001-10-19	2001-08-29	10	5	3.68	鹏华	工行	深圳
41	基金安瑞	2001-11-03	2001-08-30	15	5	4.53	华安	工行	上海
42	基金安久	2000-07-04	2001-08-31	10	5	4.35	华安	交行	深圳
43	基金普润	2001-10-25	2001-09-04	10	5	4.48	鹏华	工行	上海
44	基金通宝	2001-10-23	2001-09-06	10	5	4.67	融通	建行	深圳
45	基金通乾	2001-08-29	2001-09-21	15	20	20.56	融通	建行	上海
46	基金鸿飞	2001-05-18	2001-11-28	10	5	4.95	宝盈	交行	深圳
47	基金鸿阳	2001-12-10	2001-12-18	15	20	19.01	宝盈	农行	深圳
48	基金景业	2000-08-16	2001-12-19	10	5	4.27	大成	农行	上海
49	基金科瑞	2002-03-12	2002-03-20	15	30	34.00	易方达	交行	上海
50	基金丰和	2002-03-22	2002-04-04	15	30	30.65	嘉实	交行	深圳
51	基金久富	2001-12-27	2002-04-18	10	5	4.85	长城	交行	深圳
52	基金久嘉	2002-07-05	2002-08-27	15	20	20.40	长城	农行	深圳
53	基金融鑫	2002-08-09	2002-09-02	15	8	9.38	中融	工行	深圳
54	基金银丰	2002-08-15	2002-09-10	15	30	30.30	银河	建行	上海
合计					817	809.71	—	—	—

数据来源：中国证监会

Source：CSRC

4-2 开放式基金概况

List of Open Securities Investment Funds

序号 No.	基金简称 Investment Funds	基金性质 Sort	成立时间 Date Founded	基金规模(亿元) Manage Capital	基金总资产净值(亿元) Net Asset	基金管理公司 Manager	基金托管银行 Castodian
1	华安创新	开放式、契约型	2001.9.21	24.31	23.12	华安	交行
2	南方稳健成长	开放式、契约型	2001.9.28	34.51	35.43	南方	工行
3	华夏成长	开放式、契约型	2001.12.18	27.66	28.02	华夏	建行
4	国泰金鹰增长	开放式、契约型	2002.5.9	9.16	9.31	国泰	交行
5	鹏华行业成长	开放式、契约型	2002.5.24	14.74	12.48	鹏华	工行
6	富国动态平衡	开放式、契约型	2002.8.16	11.59	11.7	富国	农行
7	易方达平稳增长	开放式、契约型	2002.8.23	22.62	25.27	易方达	中行
8	融通新蓝筹	开放式、契约型	2002.9.13	12.41	11.85	融通	建行
9	长盛成长价值	开放式、契约型	2002.9.18	14.11	13.84	长盛	农行
10	南方宝元债券型	开放式、契约型	2002.9.20	11.31	11.61	南方	工行
11	宝盈鸿利收益	开放式、契约型	2002.10.8	6.46	5.83	宝盈	农行
12	博时价值增长	开放式、契约型	2002.10.9	24.91	26.77	博时	建行
13	华夏债券	开放式、契约型	2002.10.23	11.36	11.22	华夏	交行
14	嘉实成长收益	开放式、契约型	2002.11.5	16.64	17.32	嘉实	中行
15	华安上证180指数增强型	开放式、契约型	2002.11.8	17.86	15.91	华安	工行
16	大成价值增长	开放式、契约型	2002.11.11	12.05	11.78	大成	农行
17	银华优势企业	开放式、契约型	2002.11.13	13.41	13.32	银华	中行
18	天同180指数	开放式、契约型	2003.3.15	9.73	8.45	天同	中行
19	融华债券型	开放式、契约型	2003.4.16	5.13	4.97	中融	光大
20	湘财成长类行业	开放式、契约型		4.24	4.38		
21	湘财周期类行业	开放式、契约型	2003.4.26	2.64	2.69	湘财合丰	交行
22	湘财稳定类行业	开放式、契约型		4.07	4.08		
23	安泰股票	开放式、契约型		22.79	23.15		
24	安泰平衡型	开放式、契约型	2003.4.28	3.57	3.5	招商	招行
25	安泰债券	开放式、契约型		3.45	3.45		
26	大成债券投资	开放式、契约型	2003.6.12	2.85	2.8	大成	农行
27	金鹰成分股优选	开放式、契约型	2003.6.16	4.37	3.98	金鹰	中行
28	南方避险增值	开放式、契约型	2003.6.27	32.99	33.18	南方	工行
29	嘉实稳健	开放式、契约型		9.43	9.57		
30	嘉实债券	开放式、契约型	2003.7.9	1.31	1.22	嘉实	中行
31	嘉实增长	开放式、契约型		10.88	11.93		
32	普天收益	开放式、契约型	2003.7.12	3.22	3.21	鹏华	交行
33	普天债券	开放式、契约型		1.08	0.98		
34	宝康消费品	开放式、契约型		12.97	13.84		
35	宝康灵活配置	开放式、契约型	2003.7.15	7.92	7.97	华宝兴业	建行
36	宝康债券	开放式、契约型		6.73	6.83		

续表

序号 No.	基金简称 Investment Funds	基金性质 Sort	成立时间 Date Founded	基金规模(亿元) Manage Capital	基金总资产净值(亿元) Net Asset	基金管理公司 Manager	基金托管银行 Castodian
37	银河稳健	开放式、契约型	2003.8.4	7.28	6.89	银河	农行
38	银河收益	开放式、契约型		2	1.91		
39	德盛稳健	开放式、契约型	2003.8.8	16.85	16.37	国联安	工行
40	海富通精选	开放式、契约型	2003.8.22	27.34	28.16	海富通	交行
41	博时裕富指数	开放式、契约型	2003.8.26	39.24	35.51	博时	建行
42	华夏回报	开放式、契约型	2003.9.5	30.59	29.86	华夏	中行
43	融通蓝筹成长	开放式、契约型	2003.9.30	7.27	6.87	融通	工行
44	融通深证100	开放式、契约型		10.55	8.59		
45	融通债券	开放式、契约型		3.79	3.73		
46	景顺长城优选股票	开放式、契约型	2003.10.24	10.06	10.78	景顺长城	中行
47	景顺长城恒丰债券	开放式、契约型		0.83	0.84		
48	景顺长城动力平衡	开放式、契约型		2.51	2.59		
49	中信全债指数增强型	开放式、契约型	2003.10.25	3.41	3.41	长盛	农行
50	长城久恒平衡型	开放式、契约型	2003.10.31	8.53	8.14	长城	建行
51	富国天利增长债券	开放式、契约型	2003.12.2	4.2	4.06	富国	工行
52	广发聚富	开放式、契约型	2003.12.3	13.43	13.4	广发	工行
53	金龙行业精选	开放式、契约型	2003.12.5	5.18	5.05	国泰	浦发
54	金龙债券	开放式、契约型		0.85	0.83		
55	易方达策略成长	开放式、契约型	2003.12.9	13.67	14.29	易方达	中行
56	华安现金富利	开放式、契约型	2003.12.30	166.13	166.13	华安	工行
57	招商现金增值	开放式、契约型	2004.1.15	94.58	94.58	招商	招行
58	博时现金收益	开放式、契约型	2004.1.16	45.7	45.7	博时	交行
59	泰信天天收益	开放式、契约型	2004.2.10	31.66	31.66	泰信	中行
60	银华保本增值	开放式、契约型	2004.3.2	57.79	57.55	银华	建行
61	南方现金增利	开放式、契约型	2004.3.5	192.02	192.02	南方	工行
62	海富通收益增长	开放式、契约型	2004.3.12	114.01	107.71	海富通	中行
63	中信经典配置	开放式、契约型	2004.3.15	106.23	100.43	中信	招商
64	长信利息收益	开放式、契约型	2004.3.19	32.25	32.25	长信	农行
65	易方达50指数	开放式、契约型	2004.3.22	50.65	44.42	易方达	交行
66	巨田基础行业	开放式、契约型	2004.3.26	18.45	17.23	巨田	光大
67	银河银泰	开放式、契约型	2004.3.30	55.29	50.32	银河	工行
68	嘉实服务增值行业	开放式、契约型	2004.4.1	84.89	79.25	嘉实	中行
69	华夏现金增利	开放式、契约型	2004.4.7	47.72	47.72	华夏	建行
70	申万巴黎盛利精选	开放式、契约型	2004.4.9	60.54	57.71	申万巴黎	工行
71	德盛小盘	开放式、契约型	2004.4.12	76.85	71.84	国联安	工行
72	中融景气行业	开放式、契约型	2004.4.29	18.28	17.36	中融	光大
73	融通行业景气	开放式、契约型	2004.4.29	18.8	18.01	融通	交行

续表

序号 No.	基金简称 Investment Funds	基金性质 Sort	成立时间 Date Founded	基金规模 (亿元) Manage Capital	基金总资产 净值(亿元) Net Asset	基金管理公司 Manager	基金托管银行 Castodian
74	华宝兴业多策略增长	开放式、契约型	2004.5.11	42.65	41.26	华宝兴业	建行
75	兴业可转债	开放式、契约型	2004.5.11	26.06	25.27	兴业	工行
76	鹏华中国50	开放式、契约型	2004.5.12	19.65	18.71	鹏华	交行
77	长盛动态精选	开放式、契约型	2004.5.21	30.26	29.14	长盛	农行
78	长城久泰	开放式、契约型	2004.5.21	19.78	17.96	长城	招行
79	诺安平衡型	开放式、契约型	2004.5.21	16.37	16.37	诺安	工行
80	金鹰中小盘精选	开放式、契约型	2004.5.27	3.83	3.61	金鹰	交行
81	招商先锋	开放式、契约型	2004.6.1	17.42	17.16	招商	中行
82	大成蓝筹稳健	开放式、契约型	2004.6.3	12.33	12.01	大成	中行
83	富国天益价值	开放式、契约型	2004.6.15	4.59	4.78	富国	交行
84	国泰金马稳健	开放式、契约型	2004.6.18	9.77	9.44	国泰	建行
85	博时精选	开放式、契约型	2004.6.22	61.1	61.24	博时	工行
86	景顺长城内需增长	开放式、契约型	2004.6.25	16.12	16.47	景顺长城	农行
87	泰信先行策略	开放式、契约型	2004.6.28	5.81	5.47	泰信	光大
88	天治财富增长	开放式、契约型	2004.6.29	2.91	2.79	天治	浦发
89	湘财荷银行业精选	开放式、契约型	2004.7.10	19.53	19.31	湘财荷银	中行
90	广发稳健	开放式、契约型	2004.7.26	14.94	14.86	广发	工行
91	华夏大盘精选	开放式、契约型	2004.8.11	11.57	11.61	华夏	中行
92	银华-道琼斯88精选	开放式、契约型	2004.8.11	8.26	8.03	银华	建行
93	华安宝利配置	开放式、契约型	2004.8.24	5.96	5.97	华安	交行
94	光大保德信量化核心	开放式、契约型	2004.8.28	20.35	19.17	光大保德信	光大
95	易方达积极成长	开放式、契约型	2004.9.9	11.64	11.64	易方达	中行
96	中国优势	开放式、契约型	2004.9.16	13.96	13.85	上投摩根	建行
97	国联优质成长	开放式、契约型	2004.9.28	8.28	8.05	国联	交行
98	天同保本	开放式、契约型	2004.9.29	20.71	20.86	天同	农行
99	南方积极配置	开放式、契约型	2004.10.14	27.71	27.26	南方	工行
100	国泰金象	开放式、契约型	2004.11.10	6.56	6.58	国泰	中行
101	东方龙混合型	开放式、契约型	2004.11.25	8.61	8.63	东方	建行
102	申万配置	开放式、契约型	2004.11.29	6.9	6.91	申万巴黎	工行
103	嘉实浦安保本	开放式、契约型	2004.12.1	12.96	12.98	嘉实	浦发
104	诺安货币	开放式、契约型	2004.12.6	15.24	15.24	诺安	工行
105	大成精选	开放式、契约型	2004.12.15	13.67	13.68	大成	农行
106	银河银富	开放式、契约型	2004.12.20	8.04	8.04	银河	交行
107	华夏50ETF	开放式、契约型	2004.12.30	54.35	54.15	华夏	工行
合计				2491.79	2436.63		

数据来源:中国证监会

Source:CSRC

4-3 历年全国基金交易情况汇总表（1994—2004）

Trading Summary of Funds in Recent Years（1994—2004）

年月 Data	基金数量(只) Number of Funds	成交数量(亿单位) Trading Volume(1000000000)	成交金额(亿元) Turnover(100000000)
1994 年	20	237.89	357.50
1995 年	22	241.80	510.19
1996 年	25	474.30	1566.50
1997 年	25	228.72	807.91
1998 年	29	555.33	1016.89
1999 年	42	1623.12	2485.48
2000 年	36	2180.62	2801.84
2001 年	48	2208.62	2561.88
2002 年	54	1218.60	1166.62
2003 年	54	849.18	682.65
2004 年	54	589.72	479.47

注:2000 年以前数据中包括非证券投资基金

数据来源:上海、深圳证券交易所

Source:Shanghai、Shenzhen Stock Exchange

4-4 历年上海基金交易情况汇总表（1994—2004）

Trading Summary of Funds in Shanghai Stock Exchange(1994—2004)

年月 Data	基金数量(只) Number of Funds	成交数量(亿单位) Trading Volume(1000000000)	成交金额(亿元) Turnover(100000000)
1994 年	12	56.73	117.34
1995 年	12	107.21	305.67
1996 年	15	128.01	497.38
1997 年	15	55.57	219.53
1998 年	19	329.58	605.28
1999 年	26	827.95	1365.82
2000 年	18	995.32	1334.18
2001 年	23	1148.35	1348.92
2002 年	25	573.69	556.77
2003 年	25	441.62	362.16
2004 年	25	297.78	249.10

注:2000 年以前数据中包括非证券投资基金

数据来源:上海证券交易所

Source:Shenzhen Stock Exchange

4-5 历年深圳基金交易情况汇总表(1994—2004)

Trading Summary of Funds in Shenzhen Stock Exchange(1994—2004)

年月 Data	基金数量(只) Number of Funds	成交数量(亿单位) Trading Volume(1000000000)	成交金额(亿元) Turnover(100000000)
1994年	8	181.16	240.16
1995年	10	134.59	204.52
1996年	10	346.29	1069.12
1997年	10	173.15	588.38
1998年	10	225.75	411.61
1999年	16	795.17	1119.66
2000年	18	1185.30	1467.66
2001年	25	1060.27	1212.96
2002年	29	644.91	609.85
2003年	29	407.56	320.49
2004年	29	291.94	230.37

注:2000年以前数据中包括非证券投资基金

数据来源:深圳证券交易所

Source:Shenzhen Stock Exchange

4-6 2004年全国基金成交概况

Trading Summary of Funds in 2004

		本年	上年	增减(%)
交易日数(天)	No. of Dates	243	241	0.83
基金上市品种(个)	Variety	54	54	0.00
基金成交金额(亿元)	Turnover (100000000)	479.47	682.65	−29.76
其中:证券投资基金	Securities Investment Funds	479.47	682.65	−29.76
非证券投资基金		0	0	0.00
基金日均成交金额(亿元)	Average Turnover (100000000)	1.98	2.83	−30.04
基金成交股数(亿股)	Transcation Volume(100000000)	589.72	849.18	−30.55
其中:证券投资基金	Securities Investment Funds	589.72	849.18	−30.55
非证券投资基金		0	0	0.00
基金成交笔数(百万笔)		3.9	4.34	−10.14
其中:证券投资基金	Securities Investment Funds	3.9	4.34	−10.14
非证券投资基金		0	0	0.00
上证基金指数开市	Opening Composite Index of Shanghai Stock Exchange	1012.374	933.964	8.40
上证基金指数最高	Highest	1101.875	1057.463	4.20
上证基金指数最低	Lowest	836.81	889.808	−5.96
上证基金指数收市	Closing	872.012	1016.957	−14.25
深证基金指数开市	Opening Composite Index of Shenzhen Stock Exchange	935.33	864.76	8.16
深证基金指数最高	Highest	999.95	975.31	2.53
深证基金指数最低	Lowest	742.81	824.25	−9.88
深证基金指数收市	Closing	771.25	938.47	−17.82

数据来源:上海、深圳证券交易所

Source:Shanghai、Shenzhen Stock Exchange

4-7 2004年上海证券交易所基金成交概况

Trading Summary of Securities Investment Funds in Shanghai Stock Exchange in 2004

		本年	上年	增减(%)
交易日数(天)	No. of Dates	243	241	0.83
基金上市品种(个)	Variety	25	25	0.00
基金成交金额(亿元)	Turnover (100000000)	249.1	362.16	−31.22
其中:证券投资基金	Securities Investment Funds	249.1	362.16	−31.22
非证券投资基金		0	0	0.00
基金日均成交金额(亿元)	Average Turnover (100000000)	1.03	1.5	−31.33
基金成交股数(亿股)	Transcation Volume(100000000)	297.78	441.62	−32.57
其中:证券投资基金	Securities Investment Funds	297.78	441.62	−32.57
非证券投资基金		0	0	0.00
基金成交笔数(百万笔)		1.81	2.27	−20.26
其中:证券投资基金	Securities Investment Funds	1.81	2.27	−20.26
非证券投资基金		0	0	0.00
上证基金指数开市	Opening Composite Index of Shanghai Stock Exchange	1012.374	933.964	8.40
上证基金指数最高	Highest	1101.875	1057.463	4.20
上证基金指数最低	Lowest	836.81	889.808	−5.96
上证基金指数收市	Closing	872.012	1016.957	−14.25

数据来源:上海、深圳证券交易所

Source:Shanghai、Shenzhen Stock Exchange

4-8 2004年深圳证券交易所基金成交概况

Trading Summary of Securities Investment Funds in Shenzhen Stock Exchange in 2004

		本年	上年	增减(%)
交易日数(天)	No. of Dates	243	241	0.83
基金上市品种(个)	Variety	29	29	0.00
基金成交金额(亿元)	Turnover (100000000)	230.37	320.49	−28.12
其中:证券投资基金	Securities Investment Funds	230.37	320.49	−28.12
非证券投资基金		0	0	0.00
基金日均成交金额(亿元)	Average Turnover (100000000)	0.95	1.33	−28.71
基金成交股数(亿股)	Transcation Volume(100000000)	291.94	407.56	−28.37
其中:证券投资基金	Securities Investment Funds	291.94	407.56	−28.37
非证券投资基金		0	0	0.00
基金成交笔数(百万笔)		2.09	2.07	1.21
其中:证券投资基金	Securities Investment Funds	2.09	2.07	1.21
非证券投资基金		0	0	0.00
深证基金指数开市	Opening Composite Index of Shanghai Stock Exchange	935.33	864.76	8.16
深证基金指数最高	Highest	999.95	975.31	2.53
深证基金指数最低	Lowest	742.81	824.25	−9.88
深证基金指数收市	Closing	771.25	938.47	−17.82

数据来源:上海、深圳证券交易所

Source:Shanghai、Shenzhen Stock Exchange

4-9 基金管理公司概况

序号 No.	基金管理公司全称 Company	注册资本(万元) Registered Capital	注册地点 Registered in	成立时间 Date Founded	法定代表人 corporation	总经理 Manager
1	国泰基金管理有限公司	11000	上海市	1998-03	陈勇胜	李春平
2	南方基金管理有限公司	10000	深圳市	1998-03	吴万善	高良玉
3	华夏基金管理有限公司	13800	北京市	1998-04	凌新源	范勇宏
4	华安基金管理有限公司	15000	上海市	1998-05	杜建国	韩方河
5	博时基金管理有限公司	10000	深圳市	1998-07	吴雄伟	肖　风
6	鹏华基金管理有限公司	10000	深圳市	1998-12	孙　枫	孙翌扬
7	长盛基金管理有限公司	10000	深圳 市	1999-03	王其华	蒋月勤
8	嘉实基金管理有限公司	6000	北京市	1999-03	王忠民	赵学军
9	大成基金管理有限公司	10000	深圳市	1999-04	胡学光	于　华
10	富国基金管理有限公司	10000	上海市	1999-04	陈　敏	李建国
11	易方达基金管理有限公司	12000	珠海市	2001-04	梁　棠	叶俊英
12	宝盈基金管理有限公司	10000	深圳市	2001-05	郭　伟	金　旭
13	融通基金管理有限公司	12500	深圳市	2001-05	孟立坤	吕秋梅
14	银华基金管理有限公司	10000	深圳市	2001-05	彭　越	尚　健
15	长城基金管理有限公司	10000	深圳市	2001-11	杨光裕	
16	银河基金管理有限公司	10000	上海市	2002-05	刘澎湃	谭庆中
17	湘财荷银基金管理公司	10000	上海市	2002-06	张嘉玉	林伟萌
18	中融基金管理公司	10000	深圳市	2002-06	武铁锁	万朝领
19	天同基金管理公司	10000	深圳市	2002-08	柳亚男	马志刚
20	金鹰基金管理公司	10000	广州市	2002-12	吴　张	林金腾

Summary of Securities Investment Funds Management Corp.

管理基金只数 No. of Funds Managed	管理基金规模（亿份）Manage Capital	管理基金名称 Funds Managed
9	91.52	国泰金鹰增长、基金金泰、基金金鑫、基金金盛、基金金鼎、国泰金龙系列(金龙行业、金龙债券)金马、金象
9	358.55	南方稳健成长、基金开元、基金天元、基金金元、基金隆元、南方宝元债券型、南方避险增值、现金增利、南方积极配置
11	248.25	华夏成长、基金兴华、基金兴和、基金兴科、基金兴安、基金兴业、华夏债券、华夏回报、现金增利、大盘精选、50ETF
8	274.26	华安创新、基金安信、基金安顺、基金安瑞、基金安久、华安 180 指数增强型、华安现金富利、宝利配置
9	245.95	基金裕阳、基金裕隆、基金裕元、基金裕华、基金裕泽、博时价值增长、博时裕富指数、现金收益、精选
8	98.69	鹏华行业成长、基金普惠、基金普丰、基金普华、基金普润、鹏华普天系列基金、中国 50
7	107.78	基金同益、基金同盛、基金同智、基金同德、长盛成长价值、中信全债指数增强型、动态精选
8	186.11	基金泰和、基金丰和、嘉实成长收益、嘉实理财通系列基金、嘉实服务增值行业
9	115.9	基金景宏、基金景阳、基金景博、基金景福、基金景业、大成价值增长、大成债券投资、蓝筹、大成精选
7	80.38	富国动态平衡、基金汉盛、基金汉兴、基金汉鼎、基金汉博、天利债券、富国天益
8	152.58	易方达平稳增长、基金科讯、基金科汇、基金科翔、基金科瑞、策略成长、50 指数、易方达积极成长
3	31.46	基金鸿飞 、基金鸿阳、宝盈鸿利收益
7	77.82	基金通宝、基金通乾、融通新蓝筹、融通通利系列基金(包括蓝筹成长、深证 180、融通债券)、融通行业景气
4	104.46	基金天华、银华优势企业、保本增长、道琼斯-88
4	53.31	基金久富、基金久嘉、久恒平衡型、久泰
5	102.61	基金银丰、银河稳健系列基金、银河银泰、银富
4	30.48	湘财合丰系列行业基金(包括湘财成长类行业、湘财稳定类行业、湘财周期类行业)、精选
3	31.41	基金融鑫、融华债券型、中融景气行业
2	30.44	天同 180 指数保本增值
2	8.2	金鹰成分股优选、金鹰中小盘精选

续表

序号 No.	基金管理公司全称 Company	注册资本(万元) Registered Capital	注册地点 Registered in	成立时间 Date Founded	法定代表人 corporation	总经理 Manager
21	招商基金管理公司	10000	深圳市	2002-12	牛冠兴	成保良
22	华宝兴业基金管理公司	10000	上海市	2003-01	郑安国	裴长江
23	巨田基金管理公司	10000	深圳市	2003-03	王一楠	许　明
24	国联安基金管理公司	10000	上海市	2003-03	金建栋	先　江
25	海富通基金管理公司	10000	上海市	2003-04	邵国有	田仁灿
26	长信基金管理公司	9000	上海市	2003-04	田　丹	陈永青
27	泰信基金管理公司	10000	上海市	2003-05	朱崇利	高清海
28	天治基金管理公司	10000	上海市	2003-05	赵玉彪	祖　煜
29	景顺长城基金管理公司	10000	深圳市	2003-06	徐　英	梁华栋
30	广发基金管理公司	10000	珠海市	2003-07	董正青	林传辉
31	兴业基金管理公司	10000	上海市	2003-09	郑苏芬	杨　东
32	中信基金管理公司	10000	深圳市	2003-09	王东明	吕　涛
33	诺安基金管理公司	11000	深圳市	2003-12	刘德树	姜永凯
34	申万巴黎基金管理公司	10000	深圳市	2003-12	姜国芳	唐熹明
35	国联基金管理公司	10000	上海市	2004-03	华伟荣	雷建辉
36	光大保德信基金管理公司	10000	上海市	2004-03	周立群	汤　臣
37	华富基金管理公司	12000	上海市	2004-03	盛　群	周志德
38	上投摩根富林明基金管理公司	15000	上海市	2004-04	周有道	王鸿嫔
39	东方基金管理公司	10000	北京市	2004-06	李维维	王国斌
40	中银国际基金管理公司	10000	上海市	2004-06	平　岳	陈　儒
41	东吴	10000	上海市	2004-08	王彦国	徐建平
42	国海富兰克林	10000	南宁市	2004-09	张雅锋	林伟杰
43	天弘	10000	天津	2004-10	李宗唐	楚义芳
44	友邦华泰	10000	上海市	2004-11	齐　亮	傅德修
45	新世纪	10000	重庆市	2004-11	蒋　钢	孙枝来

续表

管理基金只数 No. of Funds Managed	管理基金规模 (亿份) Manage Capital	管理基金名称 Funds Managed
5	141.81	招商安泰系列基金(包括安泰股票基金、安泰平衡型基金、安泰债券基金)、现金增值、招商先锋
4	70.27	华宝兴业宝康系列基金、多策略增长
1	18.45	基础行业
2	93.7	国联安德盛稳健、德盛小盘
2	141.35	海富通精选、收益增长
1	32.25	长信利息收益
2	37.47	泰信天天收益、先行策略
1	2.91	财富增长
4	29.52	景顺长城景系列基金(包括优选股票、恒丰债券、动力平衡)、内需增长
2	28.37	广发聚富、稳健
1	26.06	可转债
1	106.23	经典配置
2	31.61	诺安平衡型、诺安货币
2	67.44	申万巴黎盛利精选、盛利配置
1	8.28	优质成长
1	20.35	光大保德信量化核心
1	13.96	中国优势
1	8.61	东方龙混合型

数据来源:中国证监会
Source:CSRC

4-10 基金托管人概况

Summary of Securities Investment Funds Custodian

序号	托管人名称	注册地点	取得托管资格时间	托管基金只数	托管基金名称	月末托管基金总规模（亿份）	月末托管基金资产净值（亿元）
No.	Custodian	Registered in	Founding Date	No. of Funds Custodied	Funds Custodied	Volume	Net Asset
1	工商银行	北京市	1998-2-24	40	基金开元、基金天元、基金隆元、基金金元、基金安信、基金安瑞、基金裕元、基金裕泽、基金普丰、基金普华、基金普润、基金同益、基金金泰、基金科翔、基金汉鼎、基金融鑫、南方稳健成长、鹏华行业成长、南方宝元债券型、华安180指数增强型、南方避险增值、国联安德盛稳健、融通通利系列基金、富国天利增长债券、广发聚富、华安现金富利、南方现金增利、银河银泰、申万巴黎盛利精选、德盛小盘、诺安平衡型、兴业可转债、博时精选、广发稳健、南方积极配置、申万配置、诺安货币、华夏50ETF	1147.02	1128.19
2	建设银行	北京市	1998-3-18	26	基金鸿飞、基金金盛、基金通宝、基金泰和、基金兴华、基金金鑫、基金兴和、基金金鼎、基金汉博、基金通乾、基金银丰、华夏成长、融通新蓝筹、博时价值增长、华宝兴业宝康系列基金、博时裕富指数、长城久恒平衡型、银华保本增值、华夏现金增利、华宝兴业多策略增长、国泰金马、银华-道琼斯-88、中国优势、东方龙混合型	504.13	501.97
3	农业银行	北京市	1998-5-29	26	基金裕隆、基金景博、基金景福、基金天华、基金丰和、基金鸿阳、基金汉盛、基金裕阳、基金景阳、基金景业、基金兴业、基金同德、基金久嘉、富国动态平衡、宝盈鸿利收益、长盛成长价值、大成价值增长、大成债券投资、银河稳健系列基金、长盛中信全债指数增强型、长信利息收益、长盛动态精选、景顺长城内需增长、天同保本、大成精选	402.76	391.92

续表

序号 No.	托管人名称 Custodian	注册地点 Registered in	取得托管资格时间 Founding Date	托管基金只数 No. of Funds Custodied	托管基金名称 Funds Custodied	月末托管基金总规模（亿份） Volume	月末托管基金资产净值（亿元） Net Asset
4	交通银行	上海市	1998-7-3	28	基金裕华、基金久富、基金汉兴、基金安久、基金安顺、基金兴科、基金普惠、基金科汇、基金科讯、基金科瑞、国泰金鹰增长、华安创新、华夏债券、湘财合丰系列行业基金、鹏华普天系列基金、海富通精选、博时现金收益、易方达50指数、融通行业景气、鹏华中国50、金鹰中小盘精选、富国天益、华安宝利配置、优质成长、银河银富	398.92	394.1
5	中国银行	北京市	1998-7-7	26	基金景宏、基金同盛、基金同智、基金兴安、易方达平稳增长、银华优势企业、嘉实成长收益、天同180指数、金鹰成分股优选、嘉实理财通系列基金、华夏回报、景顺长城景系列、易方达策略成长、泰信天天收益、海富通收益增长、嘉实服务增值行业、招商先锋、大成蓝筹、湘财荷银行业精选、易方达积极成长、国泰金象	515.66	501.27
6	中国光大银行	北京市	2002-10-23	5	融华债券型、巨田基础行业、中融景气行业、泰信先行策略、光大保德信量化核心	68.02	64.2
7	招商银行	深圳市	2002-11-6	6	招商安泰系列基金、招商现金增值、中信经典配置、长城久泰	250.4	243.07
8	浦发银行	上海市	2003-9-10	4	国泰金龙系列、天治财富增长、嘉实浦安保本	21.9	21.65
	民生银行	北京市	2004-7-9	0	—	0	0
	中信银行	北京市	2004-8-18	0	—	0	0

数据来源：中国证监会

Source：CSRC

4-11　2004年全国证券投资基金每日成交量、成交额

日期 Date	1月 Jan.		2月 Feb.		3月 Mar.		4月 Apr.		5月 May		6月 Jun.	
	成交额 Turnover	成交量 Volume	成交额 Turnover	成交量 Volume	成交额 Turnover	成交量 Volume	成交额 Turnover	成交量 Volume	成交额 Turnover	成交量 Volume	成交额 Turnover	成交量 Volume
1					2.21	2649091.24	2.16	2364980.48			2.08	2573352.09
2	4.07	4742885.37	9.77	11080831.26	2.03	2379408.68	3.18	3421842.46			1.28	1581956.22
3			2.56	3006266.30	2.07	2463245.47					0.75	944493.37
4			5.50	6370528.46	2.52	2897079.15					1.37	1716330.49
5	6.80	7753688.18	5.88	6666663.72	3.57	4081585.29	4.54	4963651.71				
6	5.90	6686164.32	4.81	5501075.47			4.38	5055418.26				
7	6.09	6849615.79					4.09	4659579.35			1.09	1361423.83
8	5.66	6442991.71			13.64	15604377.42	3.38	3835555.21			1.16	1458472.16
9	6.02	6907826.67	4.55	5256478.48	4.72	5431752.95	3.94	4442917.33			1.66	2141789.54
10			4.91	5688322.43	3.97	4483331.30			0.86	1053712.68	1.94	2478239.04
11			4.54	5223794.51	3.59	4087538.92			0.84	1040635.52	1.04	1336150.66
12	5.50	6296155.91	3.42	4005249.40	4.10	4691653.19	3.10	3497957.57	1.34	1649107.30		
13	4.29	4927778.42	2.53	2975460.38			2.89	3276961.26	0.93	1132002.46		
14	3.44	3971929.43					3.29	3840912.90	0.99	1218518.00	1.30	1727070.15
15	2.22	2578302.47			6.35	7210908.28	2.20	2510586.24			1.18	1548618.85
16	2.44	2837437.46	3.96	4575359.27	4.94	5631024.01	2.50	2936579.26			1.30	1682709.16
17			3.87	4463091.42	4.22	4852298.96			0.74	930767.22	0.82	1100988.69
18			3.14	3637834.14	4.48	5031805.31			0.89	1132772.63	0.90	1210316.51
19			2.90	3427009.03	4.26	4848788.88	1.58	1849347.95	1.16	1457810.79		
20			5.35	6202950.57			1.38	1634833.32	2.16	2648449.81		
21							1.10	1302603.69	2.66	3262601.07	0.76	1026303.18
22					4.86	5365083.74	1.48	1758890.15			0.70	931776.33
23			3.63	4247615.12	3.83	4272359.59	1.84	2178721.03			0.54	728761.45
24			3.66	4358419.04	3.75	4033670.63			2.90	3534860.8	0.51	693172.76
25			3.08	3656929.55	3.33	3637818.05			1.51	1865356.73	0.64	865172.74
26			3.39	4060991.42	2.91	3226807.67	1.20	1445209.29	0.96	1202071.62		
27			2.52	3029480.64			1.08	1318509.42	1.82	2244499.21		
28							1.20	1474683.50	1.35	1684048.30	0.62	846677.25
29	2.65	3110713.57			2.48	2793669.62	1.30	1575854.53			0.71	964990.86
30	3.70	4294733.16			2.70	3004181.70	0.96	1188294.25			0.63	898654.95
31					2.66	2853424.92			1.31	1644352.08		

数据来源:上海、深圳证券交易所
Source:Shanghai、Shenzhen Stock Exchange

Daily Trading Volume and Value of Securities Investment Funds in 2004

成交量:手;成交额:亿元

7月 Jul.		8月 Aug.		9月 Sep.		10月 Oct.		11月 Nov.		12月 Dec.	
成交额 Turnover	成交量 Volume	成交额 Turnover	成交量 Volume	成交额 Turnover	成交量 Volume	成交额 Turnover	成交量 Volume	成交额 Turnover	成交量 Volume	成交额 Turnover	成交量 Volume
1.10	1466180.50			0.70	988354.58			0.82	1217718.93	1.09	1476620.39
0.72	985573.70	0.41	566885.21	1.00	1404542.82			0.74	1095945.40	1.17	1603771.02
		0.36	508060.55	0.87	1183938.22			0.85	1233121.35	0.88	1202408.69
		1.05	1458558.09					0.84	1211422.18		
0.41	549677.16	0.56	779985.79					0.73	1052934.63		
0.78	1043128.09	0.36	500071.14	0.41	582565.94					0.74	1044006.62
0.47	635261.89			0.72	988334.65					0.76	1052138.86
0.36	497044.83			0.54	764990.56	1.33	1796033.07	0.60	871470.24	0.71	1017112.93
0.62	850761.90	0.40	561907.89	0.81	1151993.98			0.67	983335.59	1.34	1844756.65
		0.43	596593.41	0.58	834849.61			1.63	2358456.72	0.90	1247350.17
		0.59	824235.07			1.88	2499767.61	1.65	2343602.31		
0.77	1031545.40	0.72	1030400.65			1.18	1607787.41	0.82	1191564.34		
0.50	698226.40	0.45	630033.68	0.61	891346.96	1.03	1422918.39			0.72	987407.04
0.64	888663.52			0.87	1257163.51	1.51	2100217.39			1.14	1585182.89
0.77	1050499.74			2.68	3810159.36	1.07	1561298.68	0.97	1405601.40	1.78	2523391.80
1.78	2375470.21	0.80	1158057.84	1.63	2317729.87			0.84	1200076.14	1.70	2297328.55
		0.88	1240682.44	3.00	4141876.28			0.69	985081.35	1.05	1404155.18
		0.69	991763.10			0.82	1188544.94	0.89	1248341.42		
1.00	1330971.47	0.98	1394300.05			1.02	1456210.68	1.52	2153584.32		
0.61	803383.16	1.26	1768717.92	4.36	5882187.39	0.78	1144253.37			1.08	1491093.97
0.60	811695.02			6.57	8448880.71	0.97	1406228.60			0.66	935719.64
0.74	997052.75			3.40	4544345.86	1.18	1671054.72	3.07	4260530.26	1.27	1700648.89
0.76	1047671.98	0.98	1359659.79	2.07	2756811.44			2.59	3544818.92	0.78	1087197.33
		1.46	2079471.8	4.38	5772000.48			1.45	1958969.05	0.83	1114133.77
		0.62	901011.53			1.35	1900872.48	1.36	1898644.92		
0.56	790358.04	0.52	752090.81			1.13	1614873.4	1.41	1894370.60		
0.70	983641.48	0.57	805298.77	2.17	2900768.99	1.25	1768148.73			0.91	1278601.55
0.85	1184165.91			1.26	1710679.51	1.39	1977720.20			1.13	1549346.08
0.66	931484.20			1.23	1650121.81	1.29	1855484.91	2.78	3625727.73	0.68	941141.04
0.59	833822.62	0.51	723047.22	1.14	1540347.94			1.51	2004360.73	1.02	1435410.99
1.29	1780919.22									2.57	4051955.30

4-12 2004年上海证券投资基金每日成交量、成交额

日期 Date	1月 Jan.		2月 Feb.		3月 Mar.		4月 Apr.		5月 May		6月 Jun.	
	成交额 Turnover	成交量 Volume	成交额 Turnover	成交量 Volume	成交额 Turnover	成交量 Volume	成交额 Turnover	成交量 Volume	成交额 Turnover	成交量 Volume	成交额 Turnover	成交量 Volume
1					1.25	1468456.16	1.26	1344026.60			1.17	1394948.15
2	2.02	2297561.07	5.14	5721587.76	1.26	1451698.82	1.87	1925670.33			0.72	858078.44
3			1.42	1611060.60	1.11	1301793.37					0.40	487501.88
4			3.09	3475024.15	1.21	1369809.50					1.03	1270311.21
5	3.77	4211960.30	3.39	3713744.25	1.82	2057847.76	2.43	2589851.88				
6	3.62	4005344.66	2.61	2867930.95			2.12	2365928.34				
7	3.64	3952564.39					2.11	2344409.81			0.70	850694.18
8	3.24	3572634.47			6.32	7127296.81	1.90	2099118.51			0.61	741017.63
9	3.46	3889622.01	2.34	2645398.64	2.27	2569588.27	2.18	2414768.61			0.85	1052529.46
10			2.49	2819373.69	2.17	2397729.36			0.45	537423.78	0.86	1082174.62
11			2.41	2710830.50	1.94	2147452.84			0.39	463677.46	0.56	715814.55
12	2.81	3172355.83	1.79	2034344.20	2.16	2415278.16	1.67	1849951.61	0.74	889395.85		
13	2.23	2500924.95	1.14	1327973.82			1.41	1536617.17	0.58	701674.15		
14	2.00	2263325.73					1.75	2003044.88	0.55	661315.76	0.71	924343.23
15	1.33	1523808.86			3.50	3864918.85	1.24	1368473.09			0.61	778541.45
16	1.28	1457010.35	2.20	2475624.13	2.68	2972528.67	1.33	1514452.79			0.72	916331.92
17			1.98	2221801.33	1.93	2153920.30			0.39	471803.21	0.47	626422.68
18			1.67	1879798.93	2.39	2586797.22			0.45	556550.7	0.46	594031.9
19			1.38	1592914.82	2.24	2472262.09	0.85	967011.97	0.59	723251.42		
20			2.77	3143449.92			0.70	808592.65	1.16	1409505.9		
21							0.53	618704.16	1.42	1711454.56	0.47	614012.40
22					2.75	2904942.40	0.71	832571.19			0.36	471550.60
23			1.76	2003880.00	2.05	2245542.82	1.03	1202378.41			0.32	419376.68
24			2.00	2306300.18	2.30	2411516.92			1.55	1855394.77	0.29	388758.22
25			1.47	1699629.91	1.81	1937620.93			0.76	921832.11	0.31	411316.41
26			1.68	1974164.09	1.44	1580020.07	0.62	731648.86	0.56	686143.16		
27			1.37	1607879.09			0.54	637263.40	1.05	1260642.63		
28							0.64	760283.00	0.81	999159.37	0.27	368032.83
29	1.26	1431088.64			1.24	1369052.91	0.69	805220.70			0.33	442382.13
30	2.15	2438406.15			1.31	1421238.89	0.48	571671.28			0.36	508870.45
31					1.48	1551320.17			0.64	774045.84		

数据来源:上海证券交易所

Source:Shanghai Stock Exchange

Daily Trading Volume and Value of Securities Investment Funds in Shanghai Stock Exchange in 2004

成交量:手;成交额:亿元

7月 Jul.		8月 Aug.		9月 Sep.		10月 Oct.		11月 Nov.		12月 Dec.	
成交额 Turnover	成交量 Volume	成交额 Turnover	成交量 Volume	成交额 Turnover	成交量 Volume	成交额 Turnover	成交量 Volume	成交额 Turnover	成交量 Volume	成交额 Turnover	成交量 Volume
0.58	757931.42			0.38	512299.37			0.43	628764.60	0.52	690193.63
0.30	396103.51	0.22	288363.39	0.49	674752.46			0.40	588278.80	0.51	698347.35
		0.14	190541.97	0.55	734167.76			0.45	652089.10	0.43	580146.96
		0.46	615093.41					0.43	613620.76		
0.20	255514.26	0.26	341778.71					0.39	555851.11		
0.39	497710.71	0.16	210757.90	0.22	298159.05					0.33	450378.17
0.22	286128.34			0.49	655694.73					0.37	506060.22
0.19	253144.75			0.28	387310.86	0.67	899420.45	0.34	498008.83	0.34	467851.43
0.23	291751.24	0.20	272851.57	0.42	581701.61			0.35	498378.56	0.64	869096.32
		0.26	345768.04	0.29	401025.13			0.75	1067044.94	0.41	547614
		0.29	387651.96			0.86	1134285.61	0.82	1150262.69		
0.42	548242.54	0.33	459738.79			0.61	807381.51	0.38	535220.92		
0.27	363822.44	0.24	330433.54	0.31	431074.51	0.50	678197.51			0.37	510689.56
0.29	386128.95			0.42	586749.23	0.81	1102803.55			0.61	823261.77
0.32	424614.30			1.23	1651670.89	0.58	818449.24	0.53	750353.88	0.88	1185211.43
0.73	933298.18	0.46	631225.73	0.76	1028685.25			0.44	611134.16	0.99	1276639.04
		0.47	648288.73	1.46	1933063.82			0.37	515561.89	0.58	758293.82
		0.39	532889.46			0.39	539504.42	0.46	642963.61		
0.48	608881.72	0.39	525085.87			0.53	739208.51	0.76	1059233.21		
0.26	327629.08	0.59	807005.86	2.36	3052691.59	0.38	535142.03			0.59	813345.95
0.25	324892.83			2.81	3626937.46	0.47	665579.67			0.39	540408.87
0.36	455246.51			1.56	2053542.55	0.58	801277.64	1.61	2188438.87	0.57	770882.93
0.39	518986.39	0.42	576671.01	1.07	1392592.51			1.36	1845540.72	0.37	497102.35
		0.51	701554.94	2.04	2620322.42			0.79	1077528.50	0.37	493741.51
		0.23	318261.21			0.64	882506.84	0.69	949533.65		
0.26	345532.04	0.19	253244.56			0.59	813149.77	0.66	882170.43		
0.40	540212.81	0.28	374233.22	1.03	1349458.70	0.64	893808.13			0.42	584510.63
0.43	557338.44			0.68	905144.22	0.72	1003541.57			0.57	796826.21
0.32	428868.22			0.65	857028.16	0.61	871874.81	1.28	1697615.9	0.36	508052.29
0.24	314468.76	0.27	368373.08	0.55	720974.64			0.71	941795.50	0.59	810447.19
0.71	939620.13									0.61	914501.19

4-13 2004年深圳证券投资基金每日成交量、成交额

日期 Date	1月 Jan.		2月 Feb.		3月 Mar.		4月 Apr.		5月 May		6月 Jun.	
	成交额 Turnover	成交量 Volume	成交额 Turnover	成交量 Volume	成交额 Turnover	成交量 Volume	成交额 Turnover	成交量 Volume	成交额 Turnover	成交量 Volume	成交额 Turnover	成交量 Volume
1					0.96	1180635.08	0.90	1020953.88			0.91	1178403.94
2	2.05	2445324.3	4.63	5359243.50	0.77	927709.86	1.31	1496172.13			0.56	723877.78
3			1.14	1395205.70	0.96	1161452.10					0.35	456991.49
4			2.41	2895504.31	1.31	1527269.65					0.34	446019.28
5	3.03	3541727.88	2.49	2952919.47	1.75	2023737.53	2.11	2373799.83				
6	2.28	2680819.66	2.2	2633144.52			2.26	2689489.92				
7	2.45	2897051.40					1.98	2315169.54			0.39	510729.65
8	2.42	2870357.24			7.32	8477080.61	1.48	1736436.70			0.55	717454.53
9	2.56	3018204.66	2.21	2611079.84	2.45	2862164.68	1.76	2028148.72			0.81	1089260.08
10			2.42	2868948.74	1.80	2085601.94			0.41	516288.9	1.08	1396064.42
11			2.13	2512964.01	1.65	1940086.08			0.45	576958.06	0.48	620336.11
12	2.69	3123800.08	1.63	1970905.2	1.94	2276375.03	1.43	1648005.96	0.60	759711.45		
13	2.06	2426853.47	1.39	1647486.56			1.48	1740344.09	0.35	430328.31		
14	1.44	1708603.70					1.54	1837868.02	0.44	557202.24	0.59	802726.92
15	0.89	1054493.61			2.85	3345989.43	0.96	1142113.15			0.57	770077.4
16	1.16	1380427.11	1.76	2099735.14	2.26	2658495.34	1.17	1422126.47			0.58	766377.24
17			1.89	2241290.09	2.29	2698378.66			0.35	458964.01	0.35	474566.01
18			1.47	1758035.21	2.09	2445008.09			0.44	576221.93	0.44	616284.61
19			1.52	1834094.21	2.02	2376526.79	0.73	882335.98	0.57	734559.37		
20			2.58	3059500.65			0.68	826240.67	1.00	1238943.91		
21							0.57	683899.53	1.24	1551146.51	0.29	412290.78
22					2.11	2460141.34	0.77	926318.96			0.34	460225.73
23			1.87	2243735.12	1.78	2026816.77	0.81	976342.62			0.22	309384.77
24			1.66	2052118.86	1.45	1622153.71			1.35	1679466.03	0.22	304414.54
25			1.61	1957299.64	1.52	1700197.12			0.75	943524.62	0.33	453856.33
26			1.71	2086827.33	1.47	1646787.6	0.58	713560.43	0.40	515928.46		
27			1.15	1421601.55			0.54	681246.02	0.77	983856.58		
28							0.56	714400.50	0.54	684888.93	0.35	478644.42
29	1.39	1679624.93			1.24	1424616.71	0.61	770633.83			0.38	522608.73
30	1.55	1856327.01			1.39	1582942.81	0.48	616622.97			0.27	389784.5
31					1.18	1302104.75			0.67	870306.24		

数据来源:深圳证券交易所

Source:Shenzhen Stock Exchange

Daily Trading Volume and Value of Securities Investment Funds in Shenzhen Stock Exchange in 2004

成交量:手;成交额:亿元

7月 Jul.		8月 Aug.		9月 Sep.		10月 Oct.		11月 Nov.		12月 Dec.	
成交额 Turnover	成交量 Volume	成交额 Turnover	成交量 Volume	成交额 Turnover	成交量 Volume	成交额 Turnover	成交量 Volume	成交额 Turnover	成交量 Volume	成交额 Turnover	成交量 Volume
0.52	708249.08			0.32	476055.21			0.39	588954.33	0.57	786426.76
0.42	589470.19	0.19	278521.82	0.51	729790.36			0.34	507666.60	0.66	905423.67
		0.22	317518.58	0.32	449770.46			0.40	581032.25	0.45	622261.73
		0.59	843464.68					0.41	597801.42		
0.21	294162.90	0.30	438207.08					0.34	497083.52		
0.39	545417.38	0.20	289313.24	0.19	284406.89					0.41	593628.45
0.25	349133.55			0.23	332639.92					0.39	546078.64
0.17	243900.08			0.26	377679.70	0.66	896612.62	0.26	373461.41	0.37	549261.5
0.39	559010.66	0.20	289056.32	0.39	570292.37			0.32	484957.03	0.70	975660.33
		0.17	250825.37	0.29	433824.48			0.88	1291411.78	0.49	699736.17
		0.30	436583.11			1.02	1365482	0.83	1193339.62		
0.35	483302.86	0.39	570661.86			0.57	800405.90	0.44	656343.42		
0.23	334403.96	0.21	299600.14	0.30	460272.45	0.53	744720.88			0.35	476717.48
0.35	502534.57			0.45	670414.28	0.70	997413.84			0.53	761921.12
0.45	625885.44			1.45	2158488.47	0.49	742849.44	0.44	655247.52	0.90	1338180.37
1.05	1442172.03	0.34	526832.11	0.87	1289044.62			0.40	588941.98	0.71	1020689.51
		0.41	592393.71	1.54	2208812.46			0.32	469519.46	0.47	645861.36
		0.30	458873.64			0.43	649040.52	0.43	605377.81		
0.52	722089.75	0.59	869214.18			0.49	717002.17	0.76	1094351.11		
0.35	475754.08	0.67	961712.06	2.00	2829495.80	0.40	609111.34			0.49	677748.02
0.35	486802.19			3.76	4821943.25	0.50	740648.93			0.27	395310.77
0.38	541806.24			1.84	2490803.31	0.60	869777.08	1.46	2072091.39	0.70	929765.96
0.37	528685.59	0.56	782988.78	1.00	1364218.93			1.23	1699278.20	0.41	590094.98
		0.95	1377916.86	2.34	3151678.06			0.66	881440.55	0.46	620392.26
		0.39	582750.32			0.71	1018365.64	0.67	949111.27		
0.30	444826.00	0.33	498846.25			0.54	801723.63	0.75	1012200.17		
0.30	443428.67	0.29	431065.55	1.14	1551310.29	0.61	874340.60			0.49	694090.92
0.42	626827.47			0.58	805535.29	0.67	974178.63			0.56	752519.87
0.34	502615.98			0.58	793093.65	0.68	983610.10	1.50	1928111.83	0.32	433088.75
0.35	519353.86	0.24	354674.14	0.59	819373.30			0.80	1062565.23	0.43	624963.8
		0.58	841299.09							1.96	3137454.11

4-14 2004年上海证券交易所每日收市基金指数

Daily Closing B-Share Composite Index of Shanghai Stock Exchange in 2004

日期 Date	1月 Jan.	2月 Feb.	3月 Mar.	4月 Apr.	5月 May	6月 Jun.	7月 Jul.	8月 Aug.	9月 Sep.	10月 Oct.	11月 Nov.	12月 Dec.
1			1033.42	1085.19		1019.44	947.00		899.46		845.19	885.25
2	1017.81	1053.08	1032.52	1092.87		1008.79	944.91	910.01	897.45		840.57	876.95
3		1053.27	1028.88			998.86		909.26	895.96		847.92	881.74
4		1063.94	1032.08			1008.65		922.27			841.50	
5	1041.07	1068.75	1042.93	1096.54			943.57	914.52			841.64	
6	1046.93	1061.99		1098.50			942.19	914.41	895.35			880.12
7	1054.42			1101.57		1001.08	938.26		897.04			874.53
8	1050.64		1058.94	1097.81		994.57	938.17		894.96	917.04	840.97	876.74
9	1028.04	1065.66	1049.84	1083.05		983.67	937.45	914.64	884.21		842.99	885.73
10		1057.62	1062.38		994.22	973.12		916.34	879.41		860.98	878.71
11		1045.68	1064.10		994.46	971.94		910.47		913.05	858.63	
12	1044.77	1043.95	1071.08	1083.56	1006.39		925.96	900.78		901.32	858.43	
13	1038.53	1042.74		1078.11	1002.38		923.41	900.64	865.68	899.31		879.14
14	1026.12			1071.94	990.55	951.98	921.87		876.17	874.09		881.03
15	1023.13		1083.25	1061.01		954.70	925.29		903.23	871.66	863.46	884.64
16	1030.96	1054.97	1085.22	1062.35		964.74	943.97	899.46	904.47		862.80	885.79
17		1055.35	1084.46		982.51	954.29		899.99	925.62		858.23	882.24
18		1052.68	1080.75		987.23	940.21		900.95		872.76	861.97	
19		1050.93	1088.88	1052.85	988.03		942.36	897.12		875.67	871.88	
20		1058.28		1046.30	992.93		938.22	903.33	945.09	872.42		871.74
21				1039.05	1012.22	943.57	938.84		946.98	867.50		871.67
22			1098.56	1037.32		946.32	926.04		920.13	872.49	892.72	880.50
23		1046.99	1094.78	1026.97		941.24	923.28	897.83	935.07		890.61	872.63
24		1041.01	1090.24		1012.88	939.34		904.16	926.51		888.43	873.87
25		1032.60	1090.23		998.88	932.85		902.07		866.58	886.88	
26		1025.27	1088.23	1021.65	1000.04		916.52	899.75		863.38	891.94	
27		1030.47		1017.40	1012.78		915.38	898.36	923.76	865.53		872.16
28				1013.97	1007.47	925.15	916.86		929.00	864.73		865.79
29	1042.03		1074.72	1004.62		930.94	919.23		921.45	853.16	891.52	865.21
30	1032.76		1074.81	1009.20		931.42	915.01	896.83	909.81		891.31	866.39
31			1079.95		1013.20			907.37				872.01

数据来源:上海证券交易所

Source:Shanghai Stock Exchange

4-15 2004年深圳证券交易所每日收市基金指数

Daily Closing B-Share Composite Index of Shenzhen Stock Exchange in 2004

日期 Date	1月 Jan.	2月 Feb.	3月 Mar.	4月 Apr.	5月 May	6月 Jun.	7月 Jul.	8月 Aug.	9月 Sep.	10月 Oct.	11月 Nov.	12月 Dec.
1	0	0.00	940.67	983.55	0.00	917.02	837.68	0.00	788.52	0.00	747.70	785.43
2	938.46	958.13	939.15	989.09	0.00	907.88	835.62	793.77	788.66	0.00	747.14	776.63
3	0.00	958.46	934.77	0.00	0.00	898.70	0.00	793.80	787.54	0.00	755.32	780.11
4	0.00	968.90	938.22	0.00	0.00	902.95	0.00	805.79	0.00	0.00	747.62	0.00
5	954.26	972.86	948.79	991.72	0.00	0.00	832.95	798.36	0.00	0.00	748.11	0.00
6	953.88	968.64	0.00	994.71	0.00	0.00	832.54	798.41	787.03	0.00	0.00	778.67
7	960.57	0.00	0.00	997.37	0.00	894.41	828.02	0.00	787.96	0.00	0.00	773.71
8	962.71	0.00	966.01	992.12	0.00	885.27	827.83	0.00	785.45	805.97	748.28	774.66
9	942.54	971.01	954.15	975.97	0.00	880.40	826.59	798.56	776.38	0.00	748.51	781.83
10	0.00	964.20	964.61	0.00	895.22	876.04	0.00	800.72	772.07	0.00	764.68	775.63
11	0.00	953.80	965.88	0.00	894.72	870.85	0.00	794.87	0.00	802.83	762.21	0.00
12	958.21	949.14	973.65	972.14	906.68	0.00	815.73	784.07	0.00	790.52	761.91	0.00
13	951.93	947.32	0.00	968.23	902.92	0.00	814.75	783.53	757.51	788.68	0.00	773.60
14	940.55	0.00	0.00	958.17	892.41	852.47	812.26	0.00	768.53	766.28	0.00	777.37
15	938.60	0.00	985.67	951.36	0.00	853.53	813.72	0.00	792.46	759.66	766.88	781.39
16	944.77	956.99	986.81	952.89	0.00	856.02	830.17	780.75	793.60	0.00	765.48	782.14
17	0.00	957.03	986.30	0.00	885.72	844.80	0.00	781.53	813.56	0.00	759.83	778.06
18	0.00	956.66	983.21	0.00	889.64	830.08	0.00	782.86	0.00	760.50	763.51	0.00
19	0.00	956.20	992.73	942.67	892.54	0.00	828.74	782.25	0.00	762.01	772.75	0.00
20	0.00	964.21	0.00	937.50	897.84	0.00	824.39	790.08	831.10	757.17	0.00	770.49
21	0.00	0.00	0.00	931.56	914.78	830.56	822.96	0.00	831.92	750.27	0.00	770.27
22	0.00	0.00	999.27	931.16	0.00	833.90	810.12	0.00	808.81	755.67	788.49	777.40
23	0.00	954.03	995.60	920.04	0.00	828.03	807.84	783.94	822.33	0.00	788.33	770.87
24	0.00	949.13	991.58	0.00	913.90	827.66	0.00	793.33	816.00	0.00	785.23	769.92
25	0.00	942.13	991.03	0.00	900.61	823.89	0.00	792.12	0.00	753.02	781.50	0.00
26	0.00	937.22	988.72	917.58	900.65	0.00	801.01	789.41	0.00	753.67	787.53	0.00
27	0.00	940.21	0.00	913.82	911.18	0.00	798.77	786.66	812.67	760.41	0.00	763.53
28	0.00	0.00	0.00	912.46	906.75	818.54	800.66	0.00	816.23	759.73	0.00	758.32
29	951.58	0.00	975.28	902.63	0.00	823.57	802.76	0.00	810.09	751.56	789.97	758.98
30	939.54	0.00	976.11	907.53	0.00	823.44	798.09	785.23	799.58	0.00	791.43	759.49
31	0.00	0.00	980.53	0.00	911.95	0.00	0.00	794.46	0.00	0.00	0.00	771.25

数据来源：上海、深圳证券交易所

Source: Shanghai、Shenzhen Stock Exchange

五、上 市 公 司

Listed Companies

2004年上市公司综述

Summary for Listed Companies 2004

一、上市公司基本情况

1. 上市公司数量突破千家

截至2004年底，在沪深两个证券交易所挂牌上市的公司共有1377家，其中，在上交所上市的公司有837家，在深交所上市的公司有540家。在1377家公司中发行A股公司有1353家；在1353家发行A股公司中有30家公司还发行了H股，有86家公司还发行了B股；另外有24家公司仅发行了B股，发行B股的共有110家公司。

2. 公司股本规模进一步扩大

据统计，1996年底，股本总额在5亿股以上的上市公司仅35家，到2004年底为269家。1996年末总股本10亿元以上的特大型企业10家，到2004年底为96家。2003年底上市公司总股本6427.19亿股。上市公司平均总股本及流通股本达到4.99亿股和1.76亿股。2004年底上市公司总股本达7149亿股。上市公司平均总股本及流通股本达到5.19亿股和1.87亿股。

上市公司股本规模不断扩大。据统计，1996年末上市公司总股本1219.54亿股，其中，股本超过10亿股以上的特大型企业10家，股本总额292.62亿股，占上市公司总股本的比重为23.99%。截至2004年底，上市公司股本7149.43亿股。其中，总股本10亿股以上的特大型企业96家，股本规模3332.69亿股，占上市公司总股本的比重为46.61%。1996年上市公司平均总股本及流通股本为2.30亿股和0.81亿股，2004年底已分别达到5.19亿股和1.87亿股。市价总值37056亿元，流通市值11689亿元，市价总值占GDP比例为27%。

但是，从整体上看，上市公司的规模还普遍偏小，除96家特大型公司外的1281家上市公司股本总额仅占全部上市公司股本总额的53.39%，影响了证券市场功能的发挥。

3. 国有控股的上市公司占全部上市公司比重较大

截至2004年底，上市公司第一大股东为国资局或国有控股企业的上市公司共有987家，占全部上市公司的71.68%；集体企业控股的上市公司37家，占全部上市公司的2.69%，民营企业控股上市公司251家，占全部上市公司比例为18.23%。外资控股公司13家，占全部上市公司比例为0.94%，有限公司等控股的上市公司89家，占全部上市公司比例为6.46%。

4. 地区、行业布局更加合理

上市公司已经遍布我国除台湾省外的各个省市，上海、江苏、北京、深圳为多，分别有146家、87家、82家、77家，西藏、青海、宁夏等西部少数民族地区也分别有8家、9家、12家上市公司。产业结构正由以往的以工业、商业和综合类为主转向以钢铁、冶金、港口、化工、电子、汽车、电力、能源等基础产业、支柱产业为主导的新格局。2004年底，我国工业类上市公司占上市公司总数的比例由1994年的55.7%上升至67.17%，商业、地产类公司所占比重则由1994年的14.4%和7.38%下降至6.90%和2.54%。上市公司的产业比例进一步合理化。

二、上市公司业绩出现了与宏观经济同步增长的趋势

在整个宏观经济环境持续向好，保持稳定高速增长的情况下，上市公司的盈利水平达到了近年来的最高点。从统计数据上看，上市公司2003年度主要经济指标均比上年同期有大幅提高，加权平均的每股收益0.197元、净资产收益率7.42%、每股净资产2.65元，分别比上年同期上升33.29%、28.1%、4.09%。亏损公司数量与亏损公司比例同比略有下降，亏损公司152家，下降11.62%，亏损公司比例为11.58%，较上年下降了2.26个百分点。

根据上市公司行业分类标准，将上市公司划分为22个行业（制造业以二级行业划分），2003年报显示，其中15个行业净利润同比增长，机械设备制造、石油化工、金属非金属、纺织服装业分别增长121.9%、115%、79%、71%，增幅均在50%以上。有色金属、石油化工、电力、汽车行业是推动整个市场业绩上升的主要动力，四个行业的利润增长占上市公司利润增长的67.9%。这和拉动本轮经济增长的主要动力是符合的。

2004年上半年上市公司整体业绩延续了去年以来稳步增长的态势，今年披露半年报的1370家公司中有1230家盈利，140家亏损。上市公司整体业绩大幅提升，业绩增长速度高于GDP的增长速度。

三、上市公司平均盈利能力高于大中型工业企业的平均水平

1. 与国有大中型控股企业相比，上市公司竞争优势明显

据国家统计局数据，我国10915家国有大中型控股企业2003年产品销售收入和利润总额分别为51678亿元和3603亿元，比2002年分别增长23.02%和43.38%，而同期上市公司这两项指标均为28%和34.13%。2003年上市公司平均每家盈利14594万元，是国有大中型控股企业的4.42倍。可见，作为中国经济发展重要组成部分的上市公司，与整个国有大中型控股企业的经营状况相比，仍然具有明显的发展优势和竞争优势，是各行业的排头兵和优秀企业的代表。

2. 与所有上市公司相比，国有控股上市公司竞争优势明显

我国1277家上市公司中国有控股上市公司有958家，占所有上市公司总数的75%。这些国有控股上市公司截至2003年底总资产规模44442亿元，2003年实现净利润总额1753亿元，分别占到所有上市公司总额的84%和91%。可以看出，国有控股上市公司作为我国证券市场的中坚力量，其平均资产规模和盈利能力明显高于其他经济类型的上市公司，成为推动上市公司整体业绩上升的重要因素。

3. 与国有大中型控股企业相比，国有控股上市公司竞争优势明显

2003年958家国有控股上市公司数量占10915家国有大中型控股企业的比例为8.78%，而其总资产规模达到国有大中型控股企业的53.07%，实现的利润总额达到国有大中型控股企业的48.65%，平均每家国有控股上市公司的资产规模和盈利能力分别是国有大中型控股公司的6.05倍和5.54倍。

2003年GDP增长速度达到9.1%，而上市公司同期每股净利润的增速达到了33%，如果用这一数字除以去年我国GDP增速9.1%，得出3.65倍，意味着去年上市公司总体业绩上升幅度是我国国民经济发展速度的3.65倍。

4. 主营业务不断突出，竞争优势明显加强，蓝筹公司效果显现，业绩更加真实，上市公司质量稳步提升

2003年总股本10亿股以上的上市公司共82家，占上市公司总数的6.25%，这些公司总体盈利水平均有较大幅度的提升，平均每股收益0.28元、平均净资产收益率11.19%、平均每股经营活动净现金流量0.82元，均高于同期上市公司平均值。这82家大型上市公司在整个市场所占比重也不断提高，主营业务收入和净利润占所有上市公司比重分别达到43%和64%，我国证券市场以这些大型上市公司为主体的蓝筹公司群体已经形成。(中国证监会上市公司监管部)

5-1 1990—2004 年上市公司数量变化

Changes of Listed Companies(1990—2004)

年份 Year	全国 National	上交所 Shanghai Stock Exchange	深交所 Shenzhen Stock Exchange
1990 年	10	8	2
1991 年	14	8	6
1992 年	53	29	24
1993 年	183	106	77
1994 年	291	171	120
1995 年	323	188	135
1996 年	530	293	237
1997 年	745	383	362
1998 年	851	438	413
1999 年	949	484	465
2000 年	1088	572	516
2001 年	1160	646	514
2002 年	1224	715	509
2003 年	1287	780	507
2004 年	1377	837	540

数据来源：上海、深圳证券交易所
Source：Shanghai、Shenzhen Stock Exchange

5-2 2004 年上市公司行业分类

Industrial Distribution of Listed Companies in 2004

行业 Industries	全国合计 Total		上交所 Shanghai Stock Exchange		深交所 Shenzhen Stock Exchange	
	公司数量 No. of Listed Companies	占总额 (%)	公司数量 No. of Listed Companies	占总额 (%)	公司数量 No. of Listed Companies	占总额 (%)
农、林、牧、副、渔业 Agriculture，Forestry，Fishing and Hunting	37	2.69	25	2.99	12	2.22
采掘业 Mining	23	1.67	13	1.55	10	1.85
制造业 Manufacuring	805	58.46	475	56.75	330	61.11
食品、饮料 Food，Beverage	59	4.28	37	4.42	22	4.07
纺织、服装、毛皮 Textile，Apparel，Leather	64	4.65	39	4.66	25	4.63
木材、家具 Wood Product	3	0.22	2	0.24	1	0.19
造纸、印刷 Paper，Printing	29	2.11	19	2.27	10	1.85
石油、化学、橡胶、塑料 Petroleum，Chemical Product，Plastics，Rubber	150	10.89	80	9.56	70	12.96
电子 Electrical Equipment	45	3.27	28	3.35	17	3.15
金属、非金属 Metal，Nonmetallic Mineral Product	126	9.15	76	9.08	50	9.26
机械、设备、仪表 Machinery，Equipment，Meter	219	15.90	126	15.05	93	17.22
医药、生物 Medicine，Biologic Product	91	6.61	55	6.57	36	6.67
其他制造业 Other Manufacuring	19	1.38	13	1.55	6	1.11
电力、蒸汽及水的生产及供应业 Electricity，Gas，Water Supply	58	4.21	38	4.54	20	3.70
建筑业 Construction	27	1.96	21	2.51	6	1.11
交通运输、仓储业 Transport，Storage	59	4.28	40	4.78	19	3.52
信息技术业 Information，Technology	84	6.10	53	6.33	31	5.74
批发和零售贸易 Wholesale and Retail Trade	94	6.83	64	7.65	30	5.56
金融、保险业 Finance，Insurance	10	0.73	7	0.84	3	0.56
房地产业 Real Estate	50	3.63	27	3.23	23	4.26
社会服务业 Social Services	41	2.98	21	2.51	20	3.70
传播及文化产业 Transmission，Culture	11	0.80	8	0.96	3	0.56
综合类 Conglomerat	78	5.66	45	5.38	33	6.11
合计 Total	1377	100	837	100	540	100

数据来源：上海、深圳证券交易所
Source：Shanghai、Shenzhen Stock Exchange

5-3 2004年新上市公司行业分类

Industrial Distribution of New Listed Companies in 2004

行 业 Industries	全国合计 Total		上交所 Shanghai Stock Exchange		深交所 Shenzhen Stock Exchange	
	公司数量 No. of Listed Companies	占总额 (%)	公司数量 No. of Listed Companies	占总额 (%)	公司数量 No. of Listed Companies	占总额 (%)
农、林、牧、副、渔业 Agriculture, Forestry, Fishing and Hunting	7	7.00	7	11.48	0	0
采掘业 Mining	3	3.00	3	4.92	0	0
制造业 Manufacuring	68	68.00	33	54.10	35	89.74
食品、饮料 Food, Beverage	1	1.00	1	1.64	0	0
纺织、服装、毛皮 Textile, Apparel, Leather	7	7.00	3	4.92	4	10
木材、家具 Wood Product	1	1.00	1	1.64	0	0
造纸、印刷 Paper, Printing	3	3.00	2	3.28	1	3
石油、化学、橡胶、塑料 Petroleum, Chemical Product, Plastics, Rubber	12	12.00	5	8.20	7	18
电子 Electrical Equipment	6	6.00	3	4.92	3	8
金属、非金属 Metal, Nonmetallic Mineral Product	7	7.00	4	6.56	3	8
机械、设备、仪表 Machinery, Equipment, Meter	16	16.00	7	11.48	9	23
医药、生物 Medicine, Biologic Product	13	13.00	7	11.48	6	15
其他制造业 Other Manufacuring	2	2.00	0	0.00	2	5
电力、蒸汽及水的生产及供应业 Electricity, Gas, Water Supply	6	6.00	6	9.84		0.00
建筑业 Construction	3	3.00	3	4.92		0
交通运输、仓储业 Transport, Storage	3	3.00	2	3.28	1	3
信息技术业 Information, Technology	5	5.00	4	6.56	1	3
批发和零售贸易 Wholesale and Retail Trade	2	2.00	1	1.64	1	3
金融、保险业 Finance, Insurance	0	0.00	0	0.00		0
房地产业 Real Estate	2	2.00	2	3.28		0
社会服务业 Social Services	1	1.00	0	0.00	1	3
传播及文化产业 Transmission, Culture	0	0.00	0	0.00		0
综合类 Conglomerat	0	0.00	0	0.00		0
合计 Total	100	100.00	61	100.00	39	100.00

数据来源：上海、深圳证券交易所

Source: Shanghai、Shenzhen Stock Exchange

5-4 1994—2004年全国按股份类别划分的上市公司年末数量变化

Changes of Listed Companies by Shares Categories(1994—2004)

年 份 Year	1994	1995	1996	1997	1998	1999	2000	2001	2002	2003	2004
仅发A股 Only A Shares	227	242	431	627	727	822	955	1025	1085	1146	1236
发A、H股 A&H Shares	6	11	14	17	18	19	19	23	28	30	31
发A、B股 A&B Shares	54	58	69	76	80	82	86	88	87	87	86
仅发B股 Only B Shares	4	12	16	25	26	26	28	24	24	24	24
合 计 Total	291	324	530	745	851	949	1088	1160	1224	1287	1377
A股合计 Total of A Shares	287	311	514	720	825	923	1060	1136	1200	1263	1353
B股合计 Total of B Shares	58	70	85	101	106	108	114	112	111	111	110

数据来源：上海、深圳证券交易所
Source：Shanghai、Shenzhen Stock Exchange

按股份类别划分的上市公司年末数量构成(2004)

Number of Listed Companies by Shares Categories in 2004

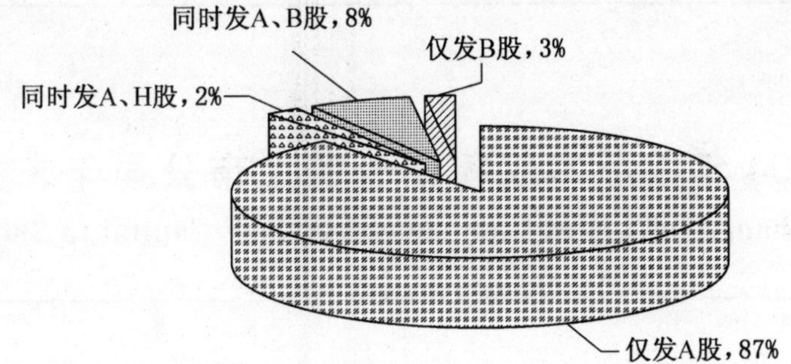

5-5 上交所按股份类别划分的上市公司年末数量变化

Changes of Listed Companies by Shares Categories(Shanghai Stock Exchange)

年 份 Year	1994	1995	1996	1997	1998	1999	2000	2001	2002	2003	2004
仅发A股 Only A Shares	131	142	240	321	373	417	504	573	639	702	759
发A、H股 A&H Shares	6	10	11	12	13	13	13	19	22	24	24
发A、B股 A&B Shares	32	32	36	39	39	41	42	44	44	44	44
仅发B股 Only B Shares	2	4	6	11	13	13	13	10	10	10	10
合 计 Total	171	189	293	383	438	484	572	646	715	780	837
A股合计 Total of A Shares	169	184	287	372	425	471	559	636	705	770	827
B股合计 Total of B Shares	34	36	42	50	52	54	55	54	54	54	54

数据来源：上海证券交易所
Source：Shanghai Stock Exchange

5-6 深交所按股份类别划分的上市公司年末数量变化

Changes of Listed Companies by Shares Categories(Shenzhen Stock Exchange)

年份 Year	1994	1995	1996	1997	1998	1999	2000	2001	2002	2003	2004
仅发 A 股 Only A Shares	96	100	191	306	354	405	451	452	446	444	477
发 A、H 股 A&H Shares	0	1	3	5	5	6	6	4	6	6	7
发 A、B 股 A&B Shares	22	26	33	37	41	41	44	44	43	43	42
仅发 B 股 Only B Shares	2	8	10	14	13	13	15	14	14	14	14
合计 Total	120	135	237	362	413	465	516	514	509	507	540
A 股合计 Total of A Shares	118	127	227	348	400	452	501	500	495	493	526
B 股合计 Total of B Shares	24	34	43	51	54	54	59	58	57	57	56

数据来源：深圳证券交易所

Source：Shenzhen Stock Exchange

5-7 2004 年按股本规模划分的上市公司年末数量变化

Changes of Listed Companies by Stock Capital in 2004

股本规模 Stock Capital	上海 Shanghai	深圳 Shenzhen	合计 Total
1 亿以下	51	48	99
1—2 亿	250	133	383
2—3 亿	181	129	310
3—5 亿	191	125	316
5—10 亿	98	75	173
10 亿以上	66	30	96
合计 Total	837	540	1377

数据来源：上海、深圳证券交易所

Source：Shanghai、Shenzhen Stock Exchange

5-8 1992—2004 年全国上市公司总体股份的历年年末数量
Capital Structure Figures(1992—2004)

单位:亿股,每股面值一元

年 份 Year	1992	1993	1994	1995	1996	1997	1998	1999	2000	2001	2002	2003	2004
国家股 State-owned Shares	29	190.22	296.47	328.67	432.01	612.28	865.51	1116.07	1475.13	2410.61	2773.43	3046.53	3344.20
发起法人股 Sponsor's Legal Person's Shares	9.05	34.97	73.87	135.18	224.63	439.91	528.06	590.51	642.54	663.17	664.51	699.95	757.32
外资法人股 Foreign Legal Person's Shares	2.8	4.09	7.52	11.84	14.99	26.07	35.77	40.51	46.20	45.80	53.26	59.23	70.30
定向募集法人股 Private Placement of Legal Person's Shares	6.49	41.06	72.82	61.93	91.82	130.48	152.34	190.10	214.20	245.25	299.70	309.71	345.02
内部职工股 Staff Shares	0.85	9.32	6.72	3.07	14.64	39.62	51.7	36.71	24.29	23.75	15.62	10.97	8.94
其他(转配股、基金配售股份、战略投资者配售股份) Others	0	0.19	1.1	6.27	11.6	22.87	31.47	33.20	35.07	16.28	32.02	34.36	46.45
A股 A Shares	10.93	61.34	143.76	179.94	267.32	442.68	608.03	813.18	1078.16	1318.13	1509.22	1714.73	1992.53
B股 B Shares	10.25	24.7	41.46	56.52	78.65	117.31	133.96	141.92	151.56	163.10	167.61	175.35	197.01
H股 H Shares	0	21.84	40.82	65	83.88	111.45	119.95	124.54	124.54	331.94	360.07	377.62	387.64
合计 Total Shares	68.87	387.73	684.54	848.42	1219.54	1942.67	2526.79	3088.95	3791.71	5218.01	5875.45	6428.46	7149.43

数据来源:上海、深圳证券交易所
Source:Shanghai、Shenzhen Stock Exchange

5-9 2004 年中小板上市公司股份结构
Capital Structure Figures of SME Board in 2004

单位:百万 (1000000)

股份结构 Capital Structure	股份数量 Number
发起人股 Sponsor's Shares	1866.40
国家股 State-owned Shares	420.27
发起人法人股 Sponsor's Legal Person's Shares	994.56
境外法人股 Foreign Legal Person's Shares	128.00
定向募集法人股 Private Placement of Legal Person's Shares	50.44
其他 Others Sponsor's Shares	374.01
其他未流通股 Other Nonnegotiable Shares	347.81
尚未流通股份合计 Total Nonnegotiable Shares	2264.66
境内上市人民币普通股 A Shares	958.70
境内上市外资股 B Shares	0.00
境外上市外资股 H Shares	0.00
其他已流通股 Other Negotiable Shares	0.00
已流通股份合计 Negotiable Shares	958.70
股份总数 Total Shares	3223.36

数据来源:深圳证券交易所
Source:Shenzhen Stock Exchange

5-10 2004年中小板上市公司分行业信息汇总

Summary for SME Board Categorized by Industries in 2004

	家数 Number	总股本(万股) Total Shares	流通股本(万股) Negotiable Shares	总市值(万元) Market Capitalization	流通市值(万元) Negotiable Capitalization	成交金额(万元) Tureover	市盈率 PE Ratio	换手率(%) Turnover Rate	平均价格(元) Average Price	筹资总额(万元) Rasied Capital
农、林、牧、副、渔业 Agriculture, Forestry, Fishing and Hunting	0	0	0	0	0	0	—	—	—	0
采掘业 Mining	0	0	0	0	0	0	—	—	—	0
食品、饮料 Food, Beverage	0	0	0	0	0	0	—	—	—	0
纺织、服装、毛皮 Textile, Apparel, Leather	4	28615	9659.8	273911.66	92226.96	625539.0954	26.0316	593.96	9.547	77045
木材、家具 Wood Product	0	0	0	0	0	0	—	—	—	0
造纸、印刷 Paper, Printing	1	10821.6277	3000	192624.9731	53400	277575.1982	50.8571	556.56	17.8	41284.2
石油、化学、橡胶、塑料 Petroleum, Chemical Product, Plastics, Rubber	7	60662	17839.87	679120.42	195379.7899	1584133.278	26.9626	702.06	10.951	85520
电子 Electrical Equipment	2	18701.6	5270	345369.76	97225.3	889594.0773	56.1518	833.66	18.448	17990
金属、非金属 Metal, Nonmetallic Mineral Product	3	30405	8900	271325.5	78506	334946.611	19.3638	378.7	8.82	61514
机械、设备、仪表 Machinery, Equipment, Meter	9	69481.9767	23138.97	759687.0348	242556.7394	1909020.565	28.4759	625.91	10.482	260079
医药、生物 Medicine, Biologic Product	6	48805	13159.82	607568.1	166772.8686	1131071.61	31.9139	566.24	12.672	191397
其他制造业 Other Manufacuring	2	16558.3433	4600	205482.6757	57024	503019.4821	35.9165	789.28	12.396	15477
电力、蒸汽及水的生产及供应业 Electricity, Gas, Water Supply	0	0	0	0	0	0	—	—	—	0
建筑业 Construction	0	0	0	0	0	0	—	—	—	0
交通运输、仓储业 Transport, Storage	1	7839.1484	2399.76	134127.8291	41059.8936	191235.0424	41.0312	477.43	17.11	28512
信息技术业 Information, Technology	1	11197.5969	2900	121269.9744	31407	224106.0384	21.5308	631.24	10.83	73924
批发和零售贸易 Wholesale and Retail Trade	1	9316	2500	430399.2	115500	311070.623	43.5028	327.75	46.2	40825
金融、保险业 Finance, Insurance	0	0	0	0	0	0	—	—	—	0
房地产业 Real Estate	0	0	0	0	0	0	—	—	—	0
社会服务业 Social Services	1	9932.3048	2500	113426.9208	28550	244994.8475	55.7073	840.8	11.42	17250
传播及文化产业 Transmission, Culture	0	0	0	0	0	0	—	—	—	0
综合类 Conglomerat	0	0	0	0	0	0	—	—	—	0

数据来源:上海、深圳证券交易所

Source:Shanghai、Shenzhen Stock Exchange

5-11 2004 年上市公司地区分布

Regional Distribution of Listed Companies in 2004

地区 Area	上市公司家数 Listed Companies		
	上交所 Shanghai	深交所 Shenzhen	全国合计 National
安 徽	27	17	44
北 京	59	23	82
福 建	28	17	45
甘 肃	11	8	19
广 东	26	46	72
广 西	10	12	22
贵 州	10	7	17
海 南	7	14	21
河 北	19	16	35
河 南	19	12	31
黑龙江	24	9	33
湖 北	34	29	63
湖 南	20	24	44
吉 林	19	14	33
江 苏	62	26	88
江 西	16	8	24
辽 宁	25	28	53
内蒙古	16	5	21
宁 夏	4	7	11
青 海	6	3	9
山 东	48	28	76
山 西	13	10	23
陕 西	16	11	27
上 海	144	3	147
深 圳	7	72	79
四 川	35	30	65
天 津	16	7	23
西 藏	6	2	8
新 疆	21	6	27
云 南	13	9	22
浙 江	62	22	84
重 庆	14	15	29
总 计	837	540	1377

数据来源：上海、深圳证券交易所

Source：Shanghai、Shenzhen Stock Exchange

5-12 2004年上市公司行业、地区交叉分布

	安徽	北京	福建	甘肃	广东	广西	贵州	海南	河北	河南	黑龙江	湖北	湖南
农、林、牧、副、渔业 Agriculture, Forestry, Fishing and Hunting	1	4	1	2	2	0	0	1	1	0	1	1	5
采掘业 Mining	1	1	0	0	0	0	1	0	2	2	0	0	0
食品、饮料 Food, Beverage	3	3	1	4	1	2	1	1	2	3	2	1	3
纺织、服装、毛皮 Textile, Apparel, Leather	1	2	3	1	4	0	0	1	2	1	0	4	1
木材、家具 Wood Product	0	0	0	0	1	0	0	0	0	0	1	0	0
造纸、印刷 Paper, Printing	1	0	2	0	2	0	0	0	0	1	3	0	1
石油、化学、橡胶、塑料 Petroleum, Chemical Product, Plastics, Rubber	9	4	1	2	6	4	4	0	9	3	6	12	5
电子 Electrical Equipment	2	3	4	0	3	0	2	0	1	1	0	2	1
金属、非金属 Metal, Nonmetallic Mineral Product	5	3	3	4	5	0	2	1	9	7	2	6	4
机械、设备、仪表 Machinery, Equipment, Meter	12	8	8	2	15	2	4	1	5	6	5	11	8
医药、生物 Medicine, Biologic Product	1	5	1	0	6	3	1	1	1	4	2	5	3
其他制造业 Other Manufacuring	1	3	0	0	1	0	0	1	0	0	0	1	1
电力、蒸汽及水的生产及供应业 Electricity, Gas, Water Supply	1	3	1	1	7	1	0	0	2	2	2	4	2
建筑业 Construction	1	3	1	0	0	0	0	0	0	0	1	1	0
交通运输、仓储业 Transport, Storage	2	3	4	0	5	2	0	3	0	1	1	1	1
信息技术业 Information, Technology	1	14	4	1	3	1	0	0	0	0	2	2	2
批发和零售贸易 Wholesale and Retail Trade	1	8	3	2	1	1	0	1	0	1	1	7	2
金融、保险业 Finance, Insurance	0	2	0	0	0	0	0	0	0	0	0	0	0
房地产业 Real Estate	0	4	1	0	3	1	1	2	1	0	0	0	0
社会服务业 Social Services	1	7	0	0	2	2	0	1	0	0	1	0	3
传播及文化产业 Transmission, Culture	0	2	0	0	0	0	0	0	0	0	0	1	1
综合类 Conglomerat	0	0	7	0	5	3	1	7	0	0	3	4	1
合计	44	82	45	19	72	22	17	21	35	31	33	63	44

数据来源:上海、深圳证券交易所

Source:Shanghai、Shenzhen Stock Exchange

Industries-Region Distribution of Listed Companies in 2004

吉林	江苏	江西	辽宁	内蒙古	宁夏	青海	山东	山西	陕西	上海	深圳	四川	天津	西藏	新疆	云南	浙江	重庆	总计
1	0	1	1	0	0	0	3	0	1	1	0	3	0	0	6	1	0	0	37
0	0	0	1	2	0	0	3	4	0	1	1	0	2	1	0	1	0	0	23
2	2	0	0	4	0	0	4	1	0	4	2	5	0	1	3	1	2	1	59
0	10	0	2	2	1	1	3	0	0	9	3	3	0	0	1	0	9	0	64
0	0	0	0	0	0	0	0	0	0	0	0	0	0	0	1	0	0	0	3
2	1	1	1	0	1	0	3	0	1	2	0	3	0	0	1	1	2	0	29
3	14	3	6	4	2	2	14	5	0	11	0	6	1	0	1	3	7	3	150
1	1	1	1	0	0	0	2	0	2	3	7	4	0	0	0	0	4	0	45
2	3	4	7	3	3	2	9	5	3	6	4	9	1	0	4	5	4	1	126
4	20	8	8	3	2	1	13	3	7	24	4	9	3	1	1	2	12	7	219
5	6	2	2	1	1	2	5	1	1	6	5	2	3	1	0	2	8	5	91
1	0	0	0	0	0	0	0	0	1	2	2	0	1	0	0	0	4	0	19
2	1	2	4	2	0	0	1	2	0	4	2	5	0	0	1	1	2	3	58
1	0	0	1	0	0	0	1	0	0	5	3	3	0	0	2	0	3	1	27
2	2	2	3	0	0	0	1	0	0	7	7	1	4	1	0	0	3	3	59
1	10	0	2	0	0	0	4	1	2	7	11	3	1	0	0	1	9	2	84
3	8	0	5	0	1	1	3	1	3	15	4	4	1	1	4	1	10	1	94
0	0	0	0	0	0	0	0	0	1	3	3	0	0	0	1	0	0	0	10
2	4	0	4	0	0	0	0	0	0	9	11	1	2	0	1	1	1	1	50
0	2	0	1	0	0	0	1	0	3	6	2	1	3	2	0	1	1	1	41
0	0	0	0	0	0	0	0	0	1	3	0	2	0	0	0	0	1	0	11
1	4	0	4	0	0	0	5	0	1	19	8	1	1	0	0	1	2	0	78
33	88	24	53	21	11	9	76	23	27	147	79	65	23	8	27	22	84	29	1377

5-13 2004年分行业股本结构统计表

行 业 Industries	国家股 State-owned Shares	发起法人股 Sponsor's Legal Person's Shares	外资法人股 Foreign Legal Person's Shares	个人发起人股	募集法人股 Private Placement of Legal Person's Shares
农、林、牧、副、渔业 Agriculture, Forestry, Fishing and Hunting	39.99	20.88	0.00	0.10	7.92
采掘业 Mining	734.09	33.27	0.51	0.00	2.13
制造业 Manufacuring	96.25	73.45	4.79	0.99	11.22
食品、饮料 Food, Beverage	49.56	62.55	3.95	0.50	10.41
纺织、服装、毛皮 Textile, Apparel, Leather	0.19	2.52	1.02	0.00	0.26
木材、家俱 Wood Product	28.02	20.75	0.00	0.00	2.55
造纸、印刷 Paper, Printing	226.45	201.23	3.51	7.55	23.26
石油、化学、橡胶、塑料 Petroleum, Chemical Product, Plastics, Rubber	76.29	65.06	1.95	4.06	5.67
电子 Electrical Equipment	497.13	189.62	12.53	0.01	16.74
金属、非金属 Metal, Nonmetallic Mineral Product	290.27	200.75	14.94	0.76	32.26
机械、设备、仪表 Machinery, Equipment, Meter	81.25	67.33	2.57	1.72	13.77
医药、生物 Medicine, Biologic Product	13.03	14.92	3.06	0.02	4.19
其他制造业 Other Manufacuring	301.76	99.99	1.14	0.00	25.33
电力、蒸汽及水的生产及供应业 Electricity, Gas, Water Supply	39.07	13.06	0.00	2.97	3.06
建筑业 Construction	244.24	100.22	4.49	0.00	20.25
交通运输、仓储业 Transport, Storage	202.70	59.90	2.58	2.78	20.44
信息技术业 Information, Technology	101.44	38.47	0.24	0.00	30.50
批发和零售贸易 Wholesale and Retail Trade	113.95	12.28	3.71	0.00	54.88
金融、保险业 Finance, Insurance	66.08	43.81	4.71	0.00	12.87
房地产业 Real Estate	86.03	47.29	1.03	0.00	8.98
社会服务业 Social Services	6.70	7.95	0.00	0.00	3.73
传播及文化产业 Transmission, Culture	49.74	69.45	3.54	0.00	34.64
综合类 Conglomerat	3344.20	1444.76	70.30	21.47	345.02

数据来源:深圳证券交易所
Source:Shenzhen Stock Exchange

Capital Structure Categorized by Industries in 2004

单位:亿 (100000000)

内部职工股 Staff Shares	转配股 Trans-Rights Issue Shares	基金配售股份 Issued to Funds	战略投资者配售股份	其他未流通股 Other	A股 A Share	B股 B Share	H股 H Share	股份总数 Total
0.20	0.00	0.11	0.00	0.92	40.07	0.00	0.00	104.00
0.00	0.00	0.00	0.00	0.60	55.95	2.26	180.04	985.20
0.16	0.00	0.00	0.00	3.57	78.41	6.12	4.07	233.96
1.26	0.00	0.13	0.00	0.19	68.15	12.96	0.00	187.54
0.00	0.00	0.00	0.00	0.00	2.36	0.00	0.00	6.36
0.97	0.00	0.00	0.00	0.34	27.38	5.99	0.00	74.27
0.22	0.00	0.23	0.00	1.45	170.55	11.78	46.95	621.14
1.10	0.00	0.00	0.00	1.15	67.57	16.09	0.00	201.41
1.10	0.00	0.00	0.00	0.43	237.63	23.00	35.00	890.73
0.11	0.09	0.06	0.00	2.17	235.78	48.14	13.90	737.36
0.33	0.00	0.00	0.00	0.95	100.01	1.93	4.70	245.14
0.00	0.00	0.00	0.00	0.04	19.00	1.60	0.00	51.92
1.22	0.00	0.00	4.00	0.25	124.30	18.96	30.55	557.48
0.26	0.00	0.00	0.00	0.16	28.66	2.72	0.00	84.65
0.50	0.00	0.00	0.00	0.54	124.29	10.97	65.00	534.97
0.00	0.05	0.00	0.00	0.00	153.45	4.63	4.02	427.21
0.76	0.00	0.00	0.00	0.69	102.60	3.02	0.00	251.99
0.00	0.00	0.00	0.00	0.00	82.16	0.00	0.00	264.13
0.58	0.00	0.00	0.00	0.00	73.85	17.75	0.00	197.59
0.00	0.00	0.00	0.00	1.15	50.30	7.78	3.40	186.89
0.00	0.00	0.00	0.00	0.00	8.29	0.46	0.00	26.04
0.15	0.00	0.00	0.00	0.00	141.77	0.88	0.00	279.46
8.94	0.14	0.52	0.00	14.62	1992.53	197.01	387.64	7149.43

5-14 2004年分地区股本结构统计表

Capital Structure Figures Categorized by Industries in 2004

单位:亿 (100000000)

地区 Area	国家股 State-owned Shares	发起法人股 Sponsor's Legal Person's Shares	外资法人股 Foreign Legal Person's Shares	募集法人股 Private Placement of Legal Person's Shares	内部职工股 Staff Shares	其他(基金配售、转配股等) Other	A股 A Share	B股 B Share	H股 H Share	股份总数 Total
安 徽	74.79	32.37	0.98	3.09	0.00	24.17	48.27	2.77	25.87	192.77
北 京	791.32	95.72	1.00	43.89	0.00	334.80	235.84	7.44	199.36	1661.09
福 建	35.45	37.25	11.84	9.14	0.01	5.33	46.99	2.73	0.00	130.95
甘 肃	9.78	9.12	0.00	3.33	0.00	15.06	25.73	0.00	0.00	58.62
广 东	93.79	119.78	7.87	17.32	1.46	32.23	123.57	15.03	20.11	367.74
广 西	13.88	13.57	0.00	5.72	0.15	9.33	20.73	0.00	0.00	53.84
贵 州	7.29	9.28	0.00	2.08	0.00	9.95	14.19	0.00	0.00	38.65
海 南	6.96	24.14	0.06	15.56	0.39	2.02	31.46	3.31	0.00	78.41
河 北	87.05	53.97	0.00	4.90	0.54	10.45	54.09	1.00	0.00	162.23
河 南	49.03	31.82	0.64	0.64	0.25	23.56	44.87	0.00	2.50	135.79
黑龙江	34.26	17.28	0.00	14.13	0.00	12.54	54.23	4.32	0.00	130.94
湖 北	39.47	49.50	0.00	16.78	0.12	92.30	85.74	5.19	0.00	261.92
湖 南	22.61	53.48	0.00	3.47	0.27	19.07	49.27	0.00	0.00	127.07
吉 林	24.02	51.54	0.00	4.60	1.17	10.50	48.71	0.00	9.65	141.71
江 苏	64.22	103.73	3.64	23.01	0.37	37.52	96.46	5.50	28.64	347.69
江 西	16.03	18.30	0.32	1.33	0.32	28.10	24.26	3.44	11.56	92.29
辽 宁	67.59	83.00	0.94	9.83	0.00	33.95	75.06	18.02	2.58	240.10
内蒙古	12.89	26.32	0.92	3.39	0.00	22.12	29.50	5.86	0.00	96.35
宁 夏	7.97	7.71	0.05	1.15	0.00	1.55	10.55	0.00	0.00	23.27
青 海	4.34	5.42	0.00	2.58	0.00	6.55	7.86	0.00	0.00	23.27
山 东	98.32	56.59	1.45	17.86	2.30	55.24	116.00	9.42	17.81	341.71
山 西	22.82	32.60	0.00	2.64	0.00	18.94	36.47	0.00	1.81	96.82
陕 西	15.92	17.01	0.12	6.50	0.00	7.98	26.93	0.00	0.00	64.40
上 海	369.64	85.04	19.17	55.24	0.00	131.40	267.25	67.81	51.93	1046.71
深 圳	94.31	167.98	17.05	16.53	0.01	64.43	144.12	28.78	9.08	446.30
四 川	86.77	69.17	0.00	18.23	0.13	13.91	80.04	0.00	1.70	214.13
天 津	47.79	29.94	0.00	5.95	0.00	14.14	36.68	1.80	4.40	118.09
西 藏	1.77	3.48	0.00	0.00	0.00	3.39	4.62	0.00	0.00	12.05
新 疆	7.53	20.17	2.87	3.97	0.03	22.38	32.51	0.00	0.00	83.62
云 南	18.67	20.73	0.00	3.33	0.00	2.51	19.31	0.00	0.65	53.51
浙 江	21.25	71.35	0.83	22.03	1.39	31.70	76.09	9.20	0.00	225.68
重 庆	33.63	27.42	0.54	6.80	0.00	6.68	25.15	5.40	0.00	81.73

数据来源:上海、深圳证券交易所

Source:Shanghai、Shenzhen Stock Exchange

5-15 1992—2004年上市公司主要财务指标一览表

Summary of Financial Figures for Listed Companies (1992—2004)

年份 Year	资产总额(亿元) Total Assets (100,000,000)	净资产额(亿元) Net Assets (100,000,000)	主营收入(亿元) Accrued Revernue (100,000,000)	利润总额(亿元) Total Profit (100,000,000)	净利润(亿元) Net Profit (100,000,000)	资产负债率(%) Debt Ratio	净资产收益率(%) Net Asset Ratio	每股净资产(元) Net Asset Per Share	每股收益(元) EPS
1992年	481.00	168.27	225.55	31.64	24.03	65.02	14.28	2.44	0.35
1993年	1821.00	933.00	954.00	157.00	137.00	48.76	14.68	2.44	0.36
1994年	3309.00	1628.00	1680.00	256.00	214.12	50.80	13.15	2.39	0.31
1995年	4295.00	1958.00	2204.00	256.00	211.00	54.41	10.78	2.31	0.25
1996年	6352.00	2940.00	3235.00	344.00	282.00	53.72	9.59	2.41	0.23
1997年	9660.58	4824.77	5076.51	577.33	467.76	50.06	9.69	2.47	0.24
1998年	12407.52	6266.76	6269.71	614.40	466.97	49.49	7.45	2.48	0.19
1999年	16107.36	7639.35	7974.56	806.31	628.88	52.57	8.23	2.48	0.20
2000年	21673.88	10079.77	10783.87	1007.43	769.22	53.49	7.63	2.66	0.20
2001年	29257.03	12975.66	15475.80	1016.48	694.22	55.65	5.35	2.49	0.13
2002年	41526.17	14636.98	19001.97	1298.89	826.95	64.75	5.65	2.49	0.14
2003年	53246.30	17044.80	25047.16	1890.11	1256.83	67.99	7.37	2.39	0.19
2004年	63472.40	19261.59	34064.44	2671.98	1757.06	69.65	9.12	2.71	0.25

数据来源:中国证监会

Source:CSRC

5-16 2004年报上市公司分地区主要财务指标

Regional Summary of Financial Figures for Listed Companies 2004

	总资产 (亿元) Total Assets	股东权益 (亿元) Stockholders' Equtiy	净利润 (亿元) Net Profit	每股收益 (元) EPS	净资产收益率(%) Net Profit Ratio	资产负债率 (%) Debt Ratio	每股净资产 (元) Net Asset Per Share
安　徽	1156.80	552.47	60.94	0.32	11.03	52.24	2.89
北　京	15329.53	3608.57	508.31	0.35	14.09	76.46	2.50
福　建	836.75	336.45	13.65	0.10	4.06	59.79	2.51
甘　肃	383.84	172.28	6.24	0.11	3.62	55.12	2.97
广　东	2890.13	1062.27	69.99	0.20	6.59	63.24	2.97
广　西	390.85	166.72	13.09	0.24	7.85	57.34	3.11
贵　州	259.90	145.16	12.51	0.34	8.61	44.15	3.90
海　南	534.89	138.80	1.43	0.02	1.03	74.05	1.69
河　北	1196.31	495.25	49.26	0.30	9.95	58.60	3.05
河　南	767.19	422.60	39.15	0.29	9.27	44.92	3.09
黑龙江	699.84	283.16	−4.02	−0.03	−1.42	59.54	1.98
湖　北	1356.75	632.37	42.41	0.16	6.71	53.39	2.40
湖　南	1063.99	407.62	8.94	0.07	2.19	61.69	3.19
吉　林	776.38	365.15	22.81	0.16	6.25	52.97	2.60
江　苏	2164.68	1023.88	97.21	0.28	9.49	52.70	2.90
江　西	515.21	243.79	22.57	0.25	9.26	52.68	2.67
辽　宁	1574.38	657.76	55.63	0.23	8.46	58.22	2.72
内蒙古	744.10	300.64	22.20	0.23	7.38	59.60	3.05
宁　夏	126.87	40.93	−5.07	−0.22	−12.39	67.74	1.78
青　海	150.34	50.74	3.33	0.13	6.56	66.25	1.94
山　东	2493.71	1177.78	120.05	0.30	10.19	52.77	2.97
山　西	706.09	302.73	36.09	0.37	11.92	57.13	3.13
陕　西	290.80	141.12	2.15	0.04	1.52	51.47	2.65
上　海	11636.16	3244.04	348.25	0.28	10.74	72.12	2.61
深　圳	10453.86	1253.97	129.43	0.29	10.32	88.00	2.78
四　川	1275.07	567.58	−12.99	−0.06	−2.29	55.49	2.65
天　津	595.02	247.49	17.74	0.16	7.17	58.41	2.19
西　藏	54.30	22.38	−0.01	0.00	−0.04	58.79	1.83
新　疆	622.05	177.95	−4.85	−0.06	−2.72	71.39	2.15
云　南	360.30	147.86	14.03	0.27	9.49	58.96	2.79
浙　江	1511.06	666.11	59.19	0.27	8.89	55.92	3.00
重　庆	555.26	206.18	7.39	0.09	3.58	62.87	2.42

数据来源：中国证监会
Source：CSRC

5-17 2004年报上市公司分行业主要财务指标

Industry Summary of Financial Figures for Listed Companies 2004

	总资产（亿元）Total Assets	股东权益（亿元）Stockholders' Equtiy	净利润（亿元）Net Profit	每股收益（元）EPS	净资产收益率（%）Net Profit Ratio	资产负债率（%）Debt Ratio	每股净资产（元）Net Asset Per Share
农、林、牧、副、渔业 Agriculture，Forestry，Fishing and Hunting	569.72	255.76	4.63	0.05	1.81	55.11	2.53
采掘业 Mining	5383.07	2369.25	404.92	0.41	17.09	55.99	2.40
食品、饮料 Food，Beverage	1250.49	613.01	28.97	0.13	4.73	0.05	1.81
纺织、服装、毛皮 Textile，Apparel，Leather	1083.55	481.68	−6.87	−0.04	−1.43	55.55	2.53
木材、家具 Wood Product	29.44	17.14	1.25	0.20	7.28	41.79	2.72
造纸、印刷 Paper，Printing	592.88	202.50	−0.45	−0.01	−0.22	65.84	2.26
石油、化学、橡胶、塑料 Petroleum，Chemical Product，Plastics，Rubber	3423.35	1646.31	180.42	0.29	10.96	51.91	2.61
电子 Electrical Equipment	1565.97	646.44	−9.55	−0.05	−1.48	58.72	3.24
金属、非金属 Metal，Nonmetallic Mineral Product	5909.14	2775.93	419.08	0.47	15.10	53.02	3.11
机械、设备、仪表 Machinery，Equipment，Meter	4602.07	1888.92	128.00	0.17	6.78	58.96	2.55
医药、生物 Medicine，Biologic Product	1510.99	670.61	26.02	0.11	3.88	55.62	2.81
其他制造业 Other Manufacuring	272.82	99.68	5.15	0.10	5.17	63.46	1.99
电力、蒸汽及水的生产及供应业 Electricity，Gas，Water Supply	3801.52	1782.50	190.54	0.31	10.69	53.11	2.92
建筑业 Construction	806.34	261.42	8.95	0.11	3.42	67.58	3.07
交通运输、仓储业 Transport，Storage	3322.20	1407.69	131.39	0.25	9.33	57.63	2.65
信息技术业 Information，Technology	2986.92	1130.04	27.28	0.06	2.41	62.17	2.63
批发和零售贸易 Wholesale and Retail Trade	1890.04	654.09	38.91	0.15	5.95	65.39	2.60
金融、保险业 Finance，Insurance	20367.14	699.86	80.32	0.30	11.48	96.56	2.63
房地产业 Real Estate	1485.11	567.97	42.75	0.22	7.53	61.76	2.87
社会服务业 Social Services	966.23	459.95	38.98	0.21	8.47	52.40	2.49
传播及文化产业 Transmission，Culture	142.61	66.76	2.72	0.12	4.08	53.18	3.05
综合类 Conglomerat	1510.80	564.29	13.66	0.05	2.42	62.65	2.01

注：净资产收益率、每股净资产、每股收益、资产负债率为总股本加权的

数据来源：上海、深圳证券交易所

Source：Shanghai、Shenzhen Stock Exchange

5-18　2004年报上市公司分行业每股收益分布

EPS of Listed Companies by Industries 2004

	1.00元以上	0.80—1.00	0.50—0.80	0.30—0.50	0.20—0.30	0.10—0.20	0.05—0.10	0.05—0.00	亏损	合计	扭亏
农、林、牧、副、渔业 Agriculture, Forestry, Fishing and Hunting	0	0	0	7	6	4	5	7	7	36	2
采掘业 Mining	2	3	3	3	1	1	1	0	0	14	1
食品、饮料 Food, Beverage	2	1	4	5	7	7	4	9	8	47	0
纺织、服装、毛皮 Textile, Apparel, Leather	0	0	5	9	7	9	8	6	15	59	5
木材、家具 Wood Product	0	0	1	3	2	2	0	0	4	12	0
造纸、印刷 Paper, Printing	0	1	4	4	1	10	6	9	9	44	1
石油、化学、橡胶、塑料 Petroleum, Chemical Product, Plastics, Rubber	0	2	9	14	18	19	14	14	8	98	1
电子 Electrical Equipment	0	0	2	4	4	10	3	6	2	31	1
金属、非金属 Metal, Nonmetallic Mineral Product	4	4	11	13	12	11	13	8	6	82	1
机械、设备、仪表 Machinery, Equipment, Meter	2	0	8	24	22	28	9	24	11	128	0
医药、生物 Medicine, Biologic Product	1	2	5	10	8	15	7	7	6	61	0
其他制造业 Other Manufacuring	0	1	2	4	1	8	7	6	3	32	0
电力、蒸汽及水的生产及供应业 Electricity, Gas, Water Supply	1	0	4	12	9	18	8	2	4	58	3
建筑业 Construction	1	0	2	3	8	11	7	9	10	51	2
交通运输、仓储业 Transport, Storage	1	1	8	17	19	26	8	18	12	110	7
信息技术业 Information, Technology	5	2	10	16	6	15	20	13	16	103	5
批发和零售贸易 Wholesale and Retail Trade	0	2	7	20	11	15	14	17	12	98	7
金融、保险业 Finance, Insurance	0	0	3	8	7	1	2	5	4	30	5
房地产业 Real Estate	1	0	4	8	10	7	7	10	10	57	5
社会服务业 Social Services	0	0	0	8	10	10	5	7	1	41	6
传播及文化产业 Transmission, Culture	0	0	1	3	3	11	9	7	7	41	4
综合类 Conglomerat	1	2	10	14	9	35	19	27	21	138	11

注：各区间包括下限不包括上限

数据来源：上海、深圳证券交易所

Source: Shanghai、Shenzhen Stock Exchange

5-19 2004年报上市公司分行业每股净资产分布
Net Asset Per Share of Listed Companies by Industries 2004

	5元以上	3—5元	2—3元	1—2元	0.5—1元	0—0.5元	小于0元	合计	扭亏
农、林、牧、副、渔业 Agriculture, Forestry, Fishing and Hunting	2	15	6	10	0	2	0	35	1
采掘业 Mining	2	9	3	1	0	0	0	15	1
食品、饮料 Food, Beverage	6	13	15	8	1	3	1	47	0
纺织、服装、毛皮 Textile, Apparel, Leather	2	25	14	11	2	5	0	59	5
木材、家具 Wood Product	2	3	4	1	1	0	1	12	0
造纸、印刷 Paper, Printing	4	12	10	12	1	0	4	43	1
石油、化学、橡胶、塑料 Petroleum, Chemical Product, Plastics, Rubber	7	33	34	18	4	1	0	97	1
电子 Electrical Equipment	3	15	7	5	0	1	0	31	1
金属、非金属 Metal, Nonmetallic Mineral Product	7	30	22	16	1	2	1	79	0
机械、设备、仪表 Machinery, Equipment, Meter	9	43	38	31	4	5	0	130	1
医药、生物 Medicine, Biologic Product	7	32	7	11	0	0	3	60	0
其他制造业 Other Manufacuring	3	13	9	7	0	0	0	32	0
电力、蒸汽及水的生产及供应业 Electricity, Gas, Water Supply	4	24	21	15	4	0	2	70	2
建筑业 Construction	4	15	11	8	1	0	1	40	2
交通运输、仓储业 Transport, Storage	2	43	29	32	2	0	1	109	5
信息技术业 Information, Technology	13	35	23	28	2	0	1	102	0
批发和零售贸易 Wholesale and Retail Trade	5	33	24	29	2	3	2	98	2
金融、保险业 Finance, Insurance	2	8	9	7	2	1	1	30	3
房地产业 Real Estate	3	26	9	13	2	0	4	57	4
社会服务业 Social Services	1	14	15	19	2	1	2	54	2
传播及文化产业 Transmission, Culture	1	5	8	11	0	0	2	27	3
综合类 Conglomerat	7	28	43	41	6	5	7	137	9
合　计	96	474	361	334	37	29	33	1364	43

注：各区间包括下限不包括上限

数据来源：上海、深圳证券交易所

Source: Shanghai、Shenzhen Stock Exchange

5-20 2004年报上市公司分行业净资产收益率分布

Net Asset Ratio of Listed Companies by Industries 2004

	100%以上	60%—100%	40%—60%	30%—40%	20%—30%	10%—20%	5%—10%	0%—5%	小于0	合计	扭亏
农、林、牧、副、渔业 Agriculture, Forestry, Fishing and Hunting	0	0	0	0	0	3	11	15	6	35	2
采掘业 Mining	0	0	0	0	3	8	4	0	0	15	1
食品、饮料 Food, Beverage	0	0	0	0	1	11	12	16	7	47	0
纺织、服装、毛皮 Textile, Apparel, Leather	0	0	0	0	2	9	16	17	15	59	5
木材、家具 Wood Product	0	0	0	0	0	3	3	2	3	12	0
造纸、印刷 Paper, Printing	1	0	0	0	0	4	15	16	6	43	1
石油、化学、橡胶、塑料 Petroleum, Chemical Product, Plastics, Rubber	0	0	0	1	7	19	22	41	7	97	1
电子 Electrical Equipment	0	0	0	0	0	4	11	14	2	31	1
金属、非金属 Metal, Nonmetallic Mineral Product	0	0	0	2	10	21	21	22	5	82	0
机械、设备、仪表 Machinery, Equipment, Meter	0	0	2	0	3	33	39	43	10	130	1
医药、生物 Medicine, Biologic Product	0	0	0	0	0	13	19	21	4	57	0
其他制造业 Other Manufacuring	0	0	0	0	1	7	3	18	3	32	0
电力、蒸汽及水的生产及供应业 Electricity, Gas, Water Supply	0	0	0	0	2	15	28	10	3	59	3
建筑业 Construction	0	0	0	0	2	4	12	23	8	51	2
交通运输、仓储业 Transport, Storage	0	0	2	0	4	23	36	33	10	109	7
信息技术业 Information, Technology	0	0	0	1	2	25	24	35	14	102	5
批发和零售贸易 Wholesale and Retail Trade	0	0	1	2	5	16	32	31	10	98	7
金融、保险业 Finance, Insurance	0	0	1	0	2	5	4	15	7	37	6
房地产业 Real Estate	0	0	0	0	2	13	17	12	5	50	4
社会服务业 Social Services	0	0	0	0	2	9	17	20	4	54	5
传播及文化产业 Transmission, Culture	0	0	0	0	0	4	12	8	2	27	4
综合类 Conglomerat	0	1	1	2	4	16	40	52	15	137	12
合 计	1	1	7	8	52	265	398	464	146	1364	67

注:各区间包括下限不包括上限

数据来源:上海、深圳证券交易所

Source:Shanghai、Shenzhen Stock Exchange

5-21 2004年报上市公司每股未分配利润分布

Returned Profit Per Share of Listed Companies by Industries 2004

	3.00元以上	2.50—3.00	2.00—2.50	1.50—2.00	1.00—1.50	0.50—1.00	0.00—0.50	小于0	合计
农、林、牧、副、渔业 Agriculture, Forestry, Fishing and Hunting	0	0	0	0	1	7	19	8	35
采掘业 Mining	0	0	1	2	5	7	8	1	24
食品、饮料 Food, Beverage	0	1	0	0	3	10	23	21	58
纺织、服装、毛皮 Textile, Apparel, Leather	0	0	0	0	6	7	29	21	63
木材、家具 Wood Product	0	0	0	0	0	0	2	1	3
造纸、印刷 Paper, Printing	0	0	0	3	3	2	11	9	28
石油、化学、橡胶、塑料 Petroleum, Chemical Product, Plastics, Rubber	0	0	1	1	9	31	78	30	150
电子 Electrical Equipment	0	0	0	1	2	16	17	9	45
金属、非金属 Metal, Nonmetallic Mineral Product	0	0	2	7	9	32	55	21	126
机械、设备、仪表 Machinery, Equipment, Meter	0	1	0	4	9	40	106	57	217
医药、生物 Medicine, Biologic Product	0	0	2	4	4	24	41	14	89
其他制造业 Other Manufacuring	0	0	0	0	0	1	13	4	18
电力、蒸汽及水的生产及供应业 Electricity, Gas, Water Supply	0	0	0	0	4	12	41	3	60
建筑业 Construction	0	0	1	0	0	10	11	5	27
交通运输、仓储业 Transport, Storage	0	0	0	0	5	16	28	9	58
信息技术业 Information, Technology	0	2	0	1	5	19	33	22	82
批发和零售贸易 Wholesale and Retail Trade	1	0	0	1	2	13	49	27	93
金融、保险业 Finance, Insurance	0	0	0	0	0	1	5	4	10
房地产业 Real Estate	0	0	0	1	3	18	15	13	50
社会服务业 Social Services	0	0	0	0	1	2	29	9	41
传播及文化产业 Transmission, Culture	0	0	0	0	0	2	4	4	10
综合类 Conglomerat	0	0	0	0	1	8	42	26	77
合计	1	4	7	25	72	278	659	318	1364

注：各区间包括下限不包括上限

数据来源：上海、深圳证券交易所

Source: Shanghai、Shenzhen Stock Exchange

5-22 2004年报上市公司每股经营活动现金分布

Operating Cash Flow Per Share of Listed Companies by Industries 2004

	3.00元以上	2.50—3.00	2.00—2.50	1.50—2.00	1.00—1.50	0.50—1.00	0.00—0.50	小于0	合计
农、林、牧、副、渔业 Agriculture, Forestry, Fishing and Hunting	0	0	1	1	1	1	17	14	35
采掘业 Mining	0	0	2	7	5	6	3	1	24
食品、饮料 Food, Beverage	1	0	1	0	2	11	30	13	58
纺织、服装、毛皮 Textile, Apparel, Leather	0	0	0	3	3	14	30	13	63
木材、家具 Wood Product	0	0	0	0	0	0	2	1	3
造纸、印刷 Paper, Printing	0	0	1	1	3	5	16	2	28
石油、化学、橡胶、塑料 Petroleum, Chemical Product, Plastics, Rubber	0	0	1	3	10	35	75	26	150
电子 Electrical Equipment	0	1	0	0	0	7	23	14	45
金属、非金属 Metal, Nonmetallic Mineral Product	0	1	0	5	16	22	54	28	126
机械、设备、仪表 Machinery, Equipment, Meter	3	1	2	2	5	33	120	51	217
医药、生物 Medicine, Biologic Product	0	0	0	0	4	15	57	13	89
其他制造业 Other Manufacuring	0	0	0	0	1	3	12	2	18
电力、蒸汽及水的生产及供应业 Electricity, Gas, Water Supply	1	0	0	2	4	23	23	7	60
建筑业 Construction	0	0	2	0	2	4	7	12	27
交通运输、仓储业 Transport, Storage	1	0	2	0	5	20	23	7	58
信息技术业 Information, Technology	0	0	0	1	3	12	42	24	82
批发和零售贸易 Wholesale and Retail Trade	2	0	2	6	12	20	38	13	93
金融、保险业 Finance, Insurance	3	0	0	0	0	2	0	5	10
房地产业 Real Estate	3	0	1	3	1	10	12	20	50
社会服务业 Social Services	0	0	0	0	1	10	23	7	41
传播及文化产业 Transmission, Culture	0	0	0	1	0	0	7	2	10
综合类 Conglomerat	0	0	0	2	5	9	39	22	77
合 计	14	3	15	37	83	262	653	297	1364

注:各区间包括下限不包括上限

数据来源:上海、深圳证券交易所

Source:Shanghai、Shenzhen Stock Exchange

5-23 2004年上市公司配股情况一览表

Summary for Rights Issuing of Listed Companies in 2004

序号 No.	股权登记日 Record Data	交易所 Exchange	股票代码 Code	公司简称 Companied	配股比例 Percent	配股价 Price	配股前总股本 Shares Befor Issue	配股后总股本 Shares After Issue	筹资总额 (万元) Raised Capital	增加股本 Shares Changed
1	2004-1-15	深交所	000088	盐 田 港	3.00	19.62	547500000	585000000	73575.00	37500000
2	2004-2-3	深交所	000401	冀东水泥	3.00	4.61	800800486	881785550	37334.12	80985064
3	2004-2-9	上交所	600720	祁 连 山	3.00	3.63	346954252	395902332	17768.15	48948080
4	2004-3-15	深交所	000970	中科三环	2.00	10.70	216000000	234900000	20223.00	18900000
5	2004-3-29	深交所	000973	佛塑股份	3.00	6.19	338531290	373450600	21615.06	34919310
6	2004-4-2	深交所	000860	顺鑫农业	3.00	6.50	276850000	304150000	17745.00	27300000
7	2004-5-28	深交所	000528	桂 柳 工	3.00	9.38	291645756	327536793	33665.79	35891037
8	2004-6-7	深交所	000680	山推股份	3.00	7.32	228324000	282720000	39817.87	54396000
9	2004-6-11	深交所	000601	韶能股份	3.00	6.57	338887856	390380528	33830.68	51492672
10	2004-7-29	深交所	000850	华茂股份	2.31	4.72	418585915	455519966	17432.87	36934051
11	2004-10-11	深交所	000888	峨 眉 山	3.00	8.53	106660000	118660000	10236.00	12000000
12	2004-10-18	深交所	000911	南宁糖业	3.00	7.55	218960000	240800000	16489.20	21840000
13	2004-10-22	深交所	000422	湖北宜化	3.00	6.17	181225261	213880370	20148.21	32655109
14	2004-3-8	上交所	600717	天 津 港	3.00	9.50	659853799	724420221	61338.10	64566422
15	2004-4-12	上交所	600628	新 世 界	2.50	5.58	318903367	355718575	20542.89	36815208
16	2004-7-6	上交所	600050	中国联通	3.00	3.00	19696596395	21196596395	450000.00	1500000000
17	2004-9-16	上交所	600556	北生药业	5.00	6.37	126000000	172746000	29777.20	46746000
18	2004-9-22	上交所	600085	同 仁 堂	3.00	11.00	331799933	361684915	32873.48	29884982
19	2004-9-27	上交所	600280	南京中商	3.00	5.87	121260884	143541859	13078.93	22280975
20	2004-9-29	上交所	600089	特变电工	3.00	8.18	259490176	298614976	32004.09	39124800
21	2004-12-2	上交所	600756	浪潮软件	3.00	8.35	165220800	185831520	17209.95	20610720

数据来源：上海、深圳证券交易所

Source：Shanghai、Shenzhen Stock Exchange

5-24 2004年上市公司送转股情况一览表

Summary for Bonus Shares of Listed Companies in 2004

序号 No.	交易所 Exchange	股票代码 Code	公司简称 Companies	送转股比例 Percent	股权登记日期 Record Data	送转股上市交易日 Date	送转股前总股本 Previous Shares	送股股本数 Bonus Shares 1	转股股本数 Bonus Shares 2	送转股后总股本 Shares Now
1	深交所	000402	金融街	3	2004-2-20	2004-2-23	294712800	0	88413840	383126640
2	上交所	600553	太行水泥	1	2004-3-1	2004-3-3	190000000	76000000	114000000	380000000
3	上交所	600458	时代新材	1	2004-3-2	2004-3-4	85148000	17029600	68118400	170296000
4	深交所	000157	中联重科	3	2004-3-17	2004-3-18	390000000	0	117000000	507000000
5	上交所	600205	山东铝业	0.2	2004-3-23	2004-3-25	560000000	112000000	0	672000000
6	上交所	600210	紫江企业	0.6	2004-3-24	2004-3-26	641400071	0	384840043	1026240113
7	上交所	600406	国电南瑞	0.5	2004-4-1	2004-4-5	109000000	0	54500000	163500000
8	上交所	600510	黑牡丹	1	2004-4-1	2004-4-5	146123600	0	146123600	292247200
9	上交所	600529	山东药玻	0.5	2004-4-2	2004-4-6	123611172	37083352	24722234	185416759
10	深交所	000988	华工科技	3	2004-4-5	2004-4-6	230000000	23000000	46000000	299000000
11	深交所	000895	双汇发展	5	2004-4-6	2004-4-7	342370000	0	171185000	513555000
12	上交所	600197	伊力特	1	2004-4-7	2004-4-9	220500000	0	220500000	441000000
13	上交所	600795	国电电力	0.6	2004-4-7	2004-4-9	1407384922	0	844430953	2251815875
14	上交所	600880	博瑞传播	0.4	2004-4-7	2004-4-9	130180050	39054015	13018005	182252070
15	深交所	000637	茂化实华	3	2004-4-7	2004-4-8	289785595	28978559	57957119	376721273
16	深交所	000416	健特生物	3	2004-4-8	2004-4-9	314038371	94211511	0	408249882
17	上交所	600616	第一食品	0.6	2004-4-9	2004-4-13	190395613	47598903	66638465	304632981
18	深交所	000858	五粮液	10	2004-4-12	2004-4-13	1355702400	1084561920	271140480	2711404800
19	上交所	600780	通宝能源	0.5	2004-4-13	2004-4-20	581960652	116392130	174588196	872940978
20	上交所	600066	宇通客车	0.5	2004-4-14	2004-4-16	136723661	0	68361831	205085492
21	上交所	600177	雅戈尔	0.7	2004-4-15	2004-4-19	619406313	0	433584419	1052990732
22	上交所	600502	安徽水利	0.3	2004-4-15	2004-4-19	120000000	12000000	24000000	156000000
23	上交所	600016	民生银行	0.35	2004-4-16	2004-4-20	3834654638	766930928	575198196	5176783762
24	上交所	600656	华源制药	0.15	2004-4-16	2004-4-20	130505823	19575873	0	150081697
25	上交所	600217	秦岭水泥	0.6	2004-4-19	2004-4-21	413000000	82600000	165200000	660800000
26	深交所	000623	吉林敖东	5	2004-4-22	2004-4-23	233664600	0	116832300	350496900
27	深交所	000793	燃气股份	10	2004-4-22	2004-4-23	340033145	68006628	272026515	680066288
28	上交所	600460	士兰微	1	2004-4-23	2004-4-27	101020000	0	101020000	202040000
29	上交所	600477	杭萧钢构	1	2004-4-23	2004-4-27	77366823	0	77366823	154733646
30	上交所	600500	中化国际	0.5	2004-4-23	2004-4-27	558975000	111795000	167692500	838462500
31	上交所	600636	三爱富	0.3	2004-4-28	2004-4-30	186782029	56034609	0	242816638
32	上交所	600521	华海药业	0.8	2004-4-29	2004-5-10	100000000	0	80000000	180000000
33	上交所	600557	康缘药业	0.7	2004-4-29	2004-5-10	91800000	0	64260000	156060000
34	深交所	000897	津滨发展	5	2004-4-29	2004-4-30	452999699	0	226499849	679499548
35	上交所	600320	振华港机	1	2004-4-30	2004-5-11	346500000	138600000	207900000	693000000
36	上交所	600036	招商银行	0.2	2004-5-10	2004-5-12	5706818030	0	1141363606	6848181636
37	上交所	600125	铁龙物流	0.3	2004-5-10	2004-5-12	221008800	0	66302640	287311440
38	上交所	600331	宏达股份	0.6	2004-5-10	2004-5-12	130000000	0	78000000	208000000

续表 1 Continued 1

序号 No.	交易所 Exchange	股票代码 Code	公司简称 Companies	送转股比例 Percent	股权登记日期 Record Data	送转股上市交易日 Date	送转股前总股本 Previous Shares	送股股本数 Bonus Shares 1	转股股本数 Bonus Shares 2	送转股后总股本 Shares Now
39	上交所	600352	浙江龙盛	1	2004-5-10	2004-5-12	227000000	0	227000000	454000000
40	深交所	000806	银河科技	1.5	2004-5-11	2004-5-12	303436047	45515407	0	348951454
41	深交所	000917	电广传媒	3	2004-5-11	2004-5-12	258400000	0	77520000	335920000
42	深交所	000918	亚华种业	6	2004-5-11	2004-5-12	170002000	0	102001200	272003200
43	深交所	000989	九芝堂	2	2004-5-11	2004-5-12	218208218	0	43641643	261849861
44	上交所	600327	大厦股份	1	2004-5-12	2004-5-14	108689961	43475984	65213977	217379922
45	上交所	600530	交大昂立	0.2	2004-5-12	2004-5-14	200000000	0	40000000	240000000
46	上交所	900947	振华B股	1	2004-5-12	2004-5-14	110000000	44000000	66000000	220000000
47	上交所	600309	烟台万华	0.7	2004-5-14	2004-5-18	384000000	76800000	192000000	652800000
48	上交所	600583	海油工程	0.2	2004-5-14	2004-5-18	275000000	27500000	27500000	330000000
49	上交所	600705	北亚集团	0.5	2004-5-14	2004-5-18	653137440	0	326568720	979706160
50	上交所	600755	厦门国贸	0.8	2004-5-14	2004-5-18	198120000	0	158496000	356615998
51	深交所	200168	雷伊B	2	2004-5-17	2004-5-21	101475000	26550000	26550000	154575000
52	上交所	600375	星马汽车	0.5	2004-5-19	2004-5-21	83325000	0	41662500	124987500
53	上交所	600518	康美药业	0.5	2004-5-19	2004-5-21	70800000	7080000	28320000	106200000
54	上交所	600588	用友软件	0.2	2004-5-19	2004-5-21	120000000	0	24000000	144000000
55	上交所	600796	钱江生化	0.8	2004-5-19	2004-5-21	117094850	0	93675880	210770730
56	上交所	600868	梅雁股份	0.1	2004-5-19	2004-5-21	1158113898	115811390	0	1273925288
57	深交所	000807	云铝股份	5	2004-5-19	2004-5-20	364000000	0	182000000	546000000
58	上交所	600015	华夏银行	0.2	2004-5-20	2004-5-24	3500000000	0	700000000	4200000000
59	上交所	600367	红星发展	0.6	2004-5-20	2004-5-24	182000000	54600000	54600000	291200000
60	上交所	600439	瑞贝卡	0.1	2004-5-20	2004-5-24	90000000	9000000	0	99000000
61	上交所	600485	中创信测	1	2004-5-20	2004-5-24	68316000	0	68316000	136632000
62	上交所	600792	马龙产业	0.5	2004-5-20	2004-5-24	76500000	15300000	22950000	114750000
63	上交所	600866	星湖科技	0.6	2004-5-20	2004-5-24	325689081	32568908	162844541	521102530
64	上交所	600894	广钢股份	0.5	2004-5-20	2004-5-24	686180000	0	343090000	1029270000
65	上交所	600011	华能国际	1	2004-5-21	2004-5-25	6027671200	3013835600	3013835600	10527671200
66	上交所	600584	长电科技	0.6	2004-5-21	2004-5-25	182870000	0	109722000	292592000
67	上交所	600590	泰豪科技	0.5	2004-5-21	2004-5-25	133056828	26611366	39917048	199585242
68	深交所	000607	华立控股	6	2004-5-21	2004-5-24	223722157	0	134233294	357955451
69	上交所	600081	东风科技	0.3	2004-5-24	2004-5-26	241200000	0	72360000	313560000
70	上交所	600328	兰太实业	0.6	2004-5-24	2004-5-26	224448769	0	134669261	359118030
71	上交所	600351	亚宝药业	0.5	2004-5-24	2004-5-26	115000000	0	57500000	172500000
72	深交所	000063	中兴通讯	2	2004-5-24	2004-5-25	667296000	133459200	0	800755200
73	深交所	000830	鲁西化工	2	2004-5-24	2004-5-25	260010683	0	52002136	312012819
74	深交所	000002	万科A	5	2004-5-25	2004-5-26	1272241643	127224164	508896656	1908362463
75	深交所	000625	长安汽车	2	2004-5-25	2004-5-26	876666000	175333200	0	1051999200
76	深交所	000997	新大陆	10	2004-5-25	2004-5-26	116000000	0	116000000	232000000
77	深交所	200002	万科B	5	2004-5-25	2004-5-31	243510273	24351027	97404108	365265408
78	深交所	200625	长安B	2	2004-5-25	2004-5-31	350000000	70000000	0	420000000
79	上交所	600067	冠城大通	0.6	2004-5-26	2004-5-28	168018653	33603731	67207461	268829845
80	上交所	600296	兰州铝业	0.3	2004-5-26	2004-5-28	417174291	0	125152287	542326578

续表 2 Continued 2

序号 No.	交易所 Exchange	股票代码 Code	公司简称 Companies	送转股比例 Percent	股权登记日期 Record Data	送转股上市交易日 Date	送转股前总股本 Previous Shares	送股股本数 Bonus Shares 1	转股股本数 Bonus Shares 2	送转股后总股本 Shares Now
81	上交所	600396	金山股份	0.7	2004-5-26	2004-5-28	130000000	26000000	65000000	221000000
82	上交所	600316	洪都航空	0.2	2004-5-27	2004-5-31	210000000	42000000	0	252000000
83	上交所	600361	华联综超	1	2004-5-27	2004-5-31	125572900	0	125572900	251145800
84	深交所	000050	深天马 A	10	2004-5-27	2004-5-28	132770000	0	132770000	265540000
85	深交所	000796	宝商集团	2	2004-5-27	2004-5-28	160341951	16034195	16034195	192410341
86	上交所	600560	金自天正	0.3	2004-5-28	2004-6-1	76460000	22938000	0	99398000
87	上交所	600581	八一钢铁	0.2	2004-5-28	2004-6-1	491313420	0	98262684	589576104
88	深交所	000503	海虹控股	10	2004-5-28	2004-5-31	374509253	112352775	262156476	749018504
89	上交所	600582	天地科技	0.6	2004-5-31	2004-6-2	97500000	0	58500000	156000000
90	上交所	600596	新安股份	0.7	2004-5-31	2004-6-2	134110363	0	93877254	227987617
91	上交所	600662	强生控股	0.35	2004-5-31	2004-6-2	309034440	108162054	0	417196494
92	深交所	000024	招商局 A	2	2004-5-31	2004-6-1	327161510	65432302	0	392593812
93	深交所	000792	盐湖钾肥	5	2004-5-31	2004-6-1	511700000	0	255850000	767550000
94	深交所	000939	凯迪电力	3	2004-5-31	2004-6-1	216300000	0	64890000	281190000
95	深交所	200024	招商局 B	2	2004-5-31	2004-6-4	188524050	37704810	0	226228860
96	上交所	600033	福建高速	0.2	2004-6-2	2004-6-4	822000000	164400000	0	986400000
97	上交所	600389	江山股份	0.1	2004-6-2	2004-6-4	180000000	0	18000000	198000000
98	深交所	000039	中集集团	6	2004-6-2	2004-6-3	291646672	0	174988003	466634675
99	深交所	200039	中 集 B	6	2004-6-2	2004-6-8	338655424	0	203193254	541848678
100	上交所	600108	亚盛集团	0.5	2004-6-3	2004-6-7	625045200	0	312522600	937567800
101	上交所	600401	江苏申龙	1	2004-6-3	2004-6-7	76311001	15262200	61048801	143359802
102	上交所	600552	方兴科技	0.3	2004-6-3	2004-6-7	90000000	9000000	18000000	117000000
103	上交所	900935	阳晨 B 股	0.2	2004-6-3	2004-6-7	185300000	0	37060000	222360000
104	深交所	000632	三木集团	6	2004-6-3	2004-6-4	210615574	0	126369344	336984918
105	上交所	600270	外运发展	0.5	2004-6-4	2004-6-8	548776800	0	274388400	823165200
106	上交所	600039	四川路桥	0.2	2004-6-7	2004-6-9	250000000	0	50000000	300000000
107	上交所	600571	信 雅 达	0.6	2004-6-7	2004-6-9	58460000	0	35076000	93536000
108	上交所	600104	上海汽车	0.3	2004-6-8	2004-6-10	2519999300	755999790	0	3275999090
109	上交所	600537	海通集团	0.4	2004-6-8	2004-6-10	164310000	0	65724000	230034000
110	上交所	600660	福耀玻璃	1	2004-6-8	2004-6-10	500746583	175261304	325485279	1001493166
111	深交所	000407	胜利股份	2	2004-6-8	2004-6-9	239588758	0	47917751	287506509
112	深交所	000725	京东方 A	5	2004-6-8	2004-6-9	480064800	0	240032400	720097200
113	深交所	000757	方向光电	6	2004-6-8	2004-6-9	152417137	0	91450282	243867419
114	深交所	200725	京东方 B	5	2004-6-8	2004-6-14	495800000	0	247900000	743700000
115	上交所	600269	赣粤高速	1	2004-6-9	2004-6-11	389222493	194611247	194611247	778444986
116	上交所	600589	广东榕泰	0.2	2004-6-9	2004-6-11	160000000	0	32000000	192000000
117	上交所	600708	海博股份	0.5	2004-6-9	2004-6-11	237934848	71380454	47586970	356902274
118	上交所	600898	三联商社	0.1	2004-6-9	2004-6-11	197470757	19747076	0	217217833
119	上交所	600006	东风汽车	1	2004-6-10	2004-6-14	1000000000	300000000	700000000	2000000000
120	上交所	600287	江苏舜天	1	2004-6-10	2004-6-14	218398037	0	218398037	436796074
121	上交所	600597	光明乳业	0.6	2004-6-10	2004-6-14	651182850	0	390709710	1041892560
122	深交所	000616	亿城股份	5	2004-6-10	2004-6-11	188942000	0	94471000	283413000

续表 3　Continued 3

序号 No.	交易所 Exchange	股票代码 Code	公司简称 Companies	送转股比例 Percent	股权登记日期 Record Data	送转股上市交易日 Date	送转股前总股本 Previous Shares	送股股本数 Bonus Shares 1	转股股本数 Bonus Shares 2	送转股后总股本 Shares Now
123	深交所	000720	鲁能泰山	8	2004-6-10	2004-6-11	479700000	95940000	287820000	863460000
124	深交所	000869	张 裕 A	3	2004-6-10	2004-6-11	206400000	0	61920000	268320000
125	深交所	200869	张 裕 B	3	2004-6-10	2004-6-16	105600000	0	31680000	137280000
126	上交所	600055	万东医疗	0.3	2004-6-11	2004-6-15	111000000	11100000	22200000	144300000
127	上交所	600642	申能股份	0.5	2004-6-11	2004-6-15	1793087769	358617554	537926331	2689631654
128	深交所	000421	南京中北	3	2004-6-11	2004-6-14	197183005	39436601	19718300	256337906
129	深交所	000602	金马集团	5	2004-6-11	2004-6-14	100500000	20100000	30150000	150750000
130	上交所	600101	明星电力	0.2	2004-6-14	2004-6-16	169805417	16980542	16980542	203766500
131	上交所	600201	金宇集团	1	2004-6-14	2004-6-16	109213250	0	109213250	218426500
132	上交所	600569	安阳钢铁	0.5	2004-6-14	2004-6-16	1345490259	0	672745130	2018235389
133	上交所	600692	亚通股份	0.2	2004-6-14	2004-6-16	166846936	16684694	16684694	200216324
134	上交所	600747	大显股份	0.2	2004-6-14	2004-6-16	588934568	117786914	0	706721482
135	上交所	600797	浙大网新	0.7	2004-6-14	2004-6-16	478260879	95652176	239130440	813043495
136	上交所	600831	广电网络	0.1	2004-6-14	2004-6-16	122417237	12241724	0	134658961
137	上交所	600082	海泰发展	0.8	2004-6-15	2004-6-17	148980785	29796157	89388471	268165413
138	上交所	600250	南纺股份	0.3	2004-6-15	2004-6-17	198994200	0	59698260	258692460
139	上交所	600257	洞庭水殖	1	2004-6-15	2004-6-17	73000000	0	73000000	146000000
140	上交所	600526	菲达环保	0.4	2004-6-15	2004-6-17	100000000	0	40000000	140000000
141	上交所	600619	海立股份	0.2	2004-6-15	2004-6-17	201120269	0	40224054	241344324
142	深交所	000936	华 西 村	8	2004-6-15	2004-6-16	168192824	33637654	100912962	302743440
143	深交所	200512	闽灿坤 B	1.5	2004-6-15	2004-6-21	879328125	87932812	43966406	1011227343
144	深交所	000423	东阿阿胶	5	2004-6-16	2004-6-17	272474367	54494873	81742309	408711549
145	上交所	600289	亿阳信通	1	2004-6-17	2004-6-21	105890000	0	105890000	211780000
146	深交所	000538	云南白药	3	2004-6-17	2004-6-18	185817976	0	55745392	241563368
147	上交所	600220	江苏阳光	1	2004-6-18	2004-6-22	442784624	0	442784624	912899096
148	上交所	600251	冠农股份	0.5	2004-6-18	2004-6-22	120000000	0	60000000	180000000
149	上交所	600423	柳化股份	0.3	2004-6-18	2004-6-22	146786000	0	44035800	190821800
150	上交所	600595	中孚实业	0.3	2004-6-18	2004-6-22	175867536	0	52760261	228627797
151	上交所	900910	海立 B 股	0.2	2004-6-18	2004-6-22	179400005	0	35880001	215280006
152	上交所	600070	浙江富润	0.2	2004-6-21	2004-6-23	85593002	17118600	0	102711602
153	上交所	600321	国栋建设	0.3	2004-6-21	2004-6-23	175200000	17520000	35040000	227760000
154	深交所	000022	深赤湾 A	3	2004-6-21	2004-6-22	275070000	0	82521000	357591000
155	深交所	200022	深赤湾 B	3	2004-6-21	2004-6-25	106447000	0	31934100	138381100
156	上交所	600256	广汇股份	0.2	2004-6-22	2004-6-24	721717704	144343541	0	866061245
157	上交所	600153	建发股份	0.6	2004-6-23	2004-6-25	386000000	0	231600000	617600000
158	上交所	600196	复星医药	1	2004-6-23	2004-6-25	408912329	0	408912329	817824658
159	上交所	600549	厦门钨业	1	2004-6-23	2004-6-25	120000000	24000000	96000000	240000000
160	上交所	600591	上海航空	0.5	2004-6-23	2004-6-25	721000000	0	360500000	1081500000
161	上交所	600837	都市股份	0.6	2004-6-23	2004-6-25	156587810	31317562	62635124	250540496
162	上交所	600084	新天国际	1	2004-6-28	2004-6-30	235180400	23518040	211662360	470360800
163	深交所	000417	合肥百货	2	2004-6-28	2004-6-29	157699804	0	31539960	189239764
164	上交所	600176	中国玻纤	0.2	2004-6-29	2004-7-1	356160000	35616000	35616000	427392000

续表 4　Continued 4

序号 No.	交易所 Exchange	股票代码 Code	公司简称 Companies	送转股比例 Percent	股权登记日期 Record Data	送转股上市交易日 Date	送转股前总股本 Previous Shares	送股股本数 Bonus Shares 1	转股股本数 Bonus Shares 2	送转股后总股本 Shares Now
165	上交所	600519	贵州茅台	0.3	2004-6-30	2004-7-2	302500000	0	90750000	393250000
166	上交所	600986	科达股份	0.3	2004-6-30	2004-7-2	107458240	32237472	0	139695712
167	上交所	600353	旭光股份	0.15	2004-7-1	2004-7-5	82600494	0	12390074	94990568
168	上交所	600827	友谊股份	0.3	2004-7-1	2004-7-5	204474297	0	61342289	265816586
169	上交所	600835	上海机电	0.2	2004-7-5	2004-7-7	560072431	0	112014486	672086917
170	深交所	000652	泰达股份	3	2004-7-5	2004-7-6	810754865	162150972	81075486	1053981323
171	上交所	600540	新赛股份	0.2	2004-7-7	2004-7-9	150000000	0	30000000	180000000
172	上交所	600568	潜江制药	0.5	2004-7-7	2004-7-9	72860000	0	36430000	109290000
173	上交所	600889	南京化纤	0.2	2004-7-7	2004-7-9	161547393	16154739	16154739	193856871
174	上交所	900923	友谊B股	0.3	2004-7-7	2004-7-9	125677061	0	37703118	163380179
175	深交所	000767	漳泽电力	5	2004-7-7	2004-7-8	565500000	0	282750000	848250000
176	深交所	000975	科 学 城	8	2004-7-7	2004-7-8	296000000	0	236800000	532800000
177	上交所	900925	机电B股	0.2	2004-7-8	2004-7-12	150163200	0	30032640	180195840
178	深交所	000045	深纺织A	5	2004-7-8	2004-7-9	130416000	0	65208000	195624000
179	深交所	200045	深纺织B	5	2004-7-8	2004-7-14	33000000	0	16500000	49500000
180	上交所	600690	青岛海尔	0.5	2004-7-9	2004-7-13	797648282	159529656	239294485	1196472423
181	上交所	600819	耀皮玻璃	0.5	2004-7-9	2004-7-13	362500053	0	181250027	543750080
182	上交所	600739	辽宁成大	0.8	2004-7-12	2004-7-14	276915600	0	221532480	498448080
183	深交所	000982	圣 雪 绒	10	2004-7-12	2004-7-13	74000000	0	74000000	148000000
184	上交所	600038	哈飞股份	0.3	2004-7-13	2004-7-15	259500000	77850000	0	337350000
185	上交所	600428	中远航运	0.3	2004-7-13	2004-7-15	360000000	0	108000000	468000000
186	上交所	600811	东方集团	0.2	2004-7-13	2004-7-15	631495425	0	126299085	757794510
187	深交所	000046	光彩建设	2	2004-7-13	2004-7-14	244084341	24408434	24408434	292901209
188	上交所	600601	方正科技	1	2004-7-14	2004-7-16	485223514	145567054	339656460	970447028
189	上交所	900918	耀皮B股	0.5	2004-7-14	2004-7-16	125000001	0	62500001	187500002
190	深交所	000758	中色股份	5	2004-7-14	2004-7-15	387200000	0	193600000	580800000
191	上交所	600408	安泰集团	0.7	2004-7-15	2004-7-19	230000000	46000000	115000000	391000000
192	上交所	600381	白唇鹿	1	2004-7-16	2004-7-20	110000000	0	110000000	220000000
193	上交所	600532	华阳科技	0.3	2004-7-16	2004-7-20	90000000	0	27000000	117000000
194	上交所	600699	辽源得亨	0.016	2004-7-16	2004-7-20	182798927	2924783	0	185723709
195	上交所	600730	中国高科	0.4	2004-7-16	2004-7-20	174600000	0	69840000	244440001
196	上交所	600843	上工股份	0.15	2004-7-16	2004-7-20	178211328	0	26731699	204943027
197	深交所	000088	盐田港A	10	2004-7-19	2004-7-20	622500000	0	622500000	1245000000
198	上交所	600422	昆明制药	0.6	2004-7-20	2004-7-22	98180000	0	58908000	157088000
199	上交所	900924	上工B股	0.15	2004-7-21	2004-7-23	212125000	0	31818750	243943750
200	深交所	000099	中信海直	10	2004-7-21	2004-7-22	256800000	0	256800000	513600000
201	上交所	600654	飞乐股份	0.3	2004-7-22	2004-7-26	484002022	48400202	96800404	629202628
202	上交所	600817	宏盛科技	0.2	2004-7-23	2004-7-27	82517991	0	16503598	99021589
203	深交所	000659	珠海中富	6	2004-7-27	2004-7-28	430184750	0	258110850	688295600
204	深交所	000877	天山股份	2	2004-7-27	2004-7-28	173352000	0	34670400	208022400
205	上交所	600777	新潮实业	0.3	2004-7-28	2004-7-30	264869500	26486950	52973900	344330350
206	上交所	600277	亿利科技	0.1	2004-7-30	2004-8-3	158000000	15800000	0	173800000

续表 5　Continued 5

序号 No.	交易所 Exchange	股票代码 Code	公司简称 Companies	送转股比例 Percent	股权登记日期 Record Data	送转股上市交易日 Date	送转股前总股本 Previous Shares	送股股本数 Bonus Shares 1	转股股本数 Bonus Shares 2	送转股后总股本 Shares Now
207	上交所	600608	上海科技	0.4	2004-8-2	2004-8-4	180374523	18037452	54112357	252524332
208	上交所	600661	交大南洋	0.2	2004-8-11	2004-8-13	144730688	28946138	0	173676825
209	上交所	600664	哈药集团	0.3	2004-8-12	2004-8-16	955388825	0	286616648	1242005473
210	上交所	600247	物华股份	0.8	2004-8-13	2004-8-17	132000000	0	105600000	237600000
211	上交所	600468	特精股份	0.6	2004-8-13	2004-8-17	110000000	0	66000000	176000000
212	深交所	000919	金陵药业	2	2004-8-16	2004-8-17	280000000	56000000	0	336000000
213	上交所	600358	国旅联合	0.8	2004-8-24	2004-8-26	240000000	0	192000000	432000000
214	上交所	600829	三精制药	0.5	2004-8-24	2004-8-26	257728265	0	128864133	386592398
215	上交所	600403	欣网视讯	0.8	2004-9-7	2004-9-9	70815000	0	56652000	127467000
216	深交所	000584	舒卡股份	5	2004-9-7	2004-9-8	202235077	0	101117538	303352615
217	深交所	000970	中科三环	10	2004-9-21	2004-9-22	253800000	50760000	203040000	507600000
218	上交所	600210	紫江企业	0.4	2004-9-22	2004-9-24	1026240113	0	410496045	1436736158
219	深交所	000617	石油济柴	6	2004-9-24	2004-9-27	104000000	20800000	41600000	166400000
220	上交所	600161	天坛生物	0.5	2004-9-27	2004-9-29	217000000	0	108500000	325500000
221	上交所	600786	东方锅炉	0.9	2004-9-27	2004-9-29	211271200	0	190144080	401415244
222	上交所	600267	海正药业	0.8	2004-9-28	2004-9-30	249600000	0	199680000	449280000
223	上交所	600886	国投电力	1	2004-9-29	2004-10-8	281745826	0	281745826	563491652
224	上交所	600717	天 津 港	1	2004-10-11	2004-10-13	724420221	434652133	289768088	1448840442
225	深交所	000680	山推股份	6	2004-10-12	2004-10-13	337116000	67423200	134846400	539385600
226	上交所	600357	承德钒钛	1	2004-10-13	2004-10-15	380333520	0	380333520	760667040
227	上交所	600406	国电南瑞	0.3	2004-10-13	2004-10-15	163500000	0	49050000	212550000
228	上交所	600337	美克股份	0.8	2004-10-14	2004-10-18	110496000	0	88396800	198892800
229	上交所	600491	龙元建设	0.5	2004-10-14	2004-10-18	108000000	0	54000000	162000000
230	深交所	000630	铜都铜业	5	2004-10-14	2004-10-15	555934267	55544796	222179187	833658250
231	深交所	000559	万向钱潮	10	2004-10-14	2004-10-18	366281202	0	366281202	732562404
232	上交所	600005	武钢股份	1	2004-10-15	2004-10-19	3919000000	0	3919000000	7838000000
233	上交所	600676	交运股份	1	2004-10-15	2004-10-19	168961856	0	168961856	337923712
234	上交所	600787	中储股份	1	2004-10-15	2004-10-19	310338891	0	310338891	620677782
235	深交所	000960	锡业股份	5	2004-10-15	2004-10-18	357904000	0	178952000	536856000
236	深交所	002004	华邦制药	5	2004-10-15	2004-10-18	88000000	0	44000000	132000000
237	上交所	600260	凯乐科技	0.5	2004-10-18	2004-10-20	175880000	0	87940000	263820000
238	上交所	600252	中恒集团	0.3	2004-10-19	2004-10-21	167267232	16726723	33453446	217447402
239	上交所	600292	九龙电力	1	2004-10-19	2004-10-21	167250000	0	167250000	334500000
240	上交所	600823	世茂股份	0.5	2004-10-19	2004-10-21	236444777	0	118222389	354667166
241	深交所	000829	赣南果业	6	2004-10-19	2004-10-20	157500000	15749999	78749999	251999998
242	上交所	600058	五矿发展	0.5	2004-10-20	2004-10-22	551315323	0	275657662	826972985
243	上交所	600561	江西长运	1	2004-10-20	2004-10-22	92862000	0	92862000	185724000
244	深交所	000528	桂柳工 A	3	2004-10-20	2004-10-21	363427830	0	109028349	472456179
245	深交所	000850	华茂股份	2.776	2004-10-20	2004-10-21	492454017	22775998	113879991	629110006
246	上交所	600418	江淮汽车	0.8	2004-10-27	2004-10-29	230001620	0	184001296	414002916
247	上交所	600160	巨化股份	0.5	2004-10-28	2004-11-1	371200000	0	185600000	556800000
248	深交所	000608	阳光股份	4	2004-10-28	2004-10-29	208600200	62580060	20860020	292040280

续表 6 Continued 6

序号 No.	交易所 Exchange	股票代码 Code	公司简称 Companies	送转股比例 Percent	股权登记日期 Record Data	送转股上市交易日 Date	送转股前总股本 Previous Shares	送股股本数 Bonus Shares 1	转股股本数 Bonus Shares 2	送转股后总股本 Shares Now
249	深交所	000920	南方汇通	10	2004-11-8	2004-11 9	211000000	0	211000000	422000000
250	上交所	600096	云 天 化	0.3	2004-11-12	2004-11-16	384856534	115456960	0	500313494
251	深交所	000930	丰原生化	2	2004-11-18	2004-11-19	326578129	65314592	0	391892721
252	上交所	600331	宏达股份	1	2004-12-2	2004-12-6	208000000	0	208000000	416000000
253	上交所	600716	耀华玻璃	0.6	2004-12-2	2004-12-6	348300001	0	208980001	557280002
254	深交所	000677	山东海龙	10	2004-12-29	2004-12-30	205674488	41134897	164539589	411348974

数据来源:上海、深圳证券交易所

Source:Shanghai、Shenzhen Stock Exchange

5-25 2004 年上市公司红利分配一览表

Summary for Dividend Distributions of Listed Companies in 2004

序号 No.	年月 Month	交易所 Exchange	公司代码 Code	公司简称 Companies	红利派发日 Data	每股现金红利	现金分配合计(万元) Total Dividend
1	200401	上交所	600812	华北制药	2004-1-13	0.05	5846.97
2	200402	深交所	000402	金 融 街	2004-2-23	0.30	8841.38
3	200403	上交所	600553	太行水泥	2004-3-2	0.10	1900.00
4	200403	上交所	600458	时代新材	2004-3-3	0.05	425.74
5	200403	深交所	000157	中联重科	2004-3-18	0.03	975.00
6	200403	深交所	000860	顺鑫农业	2004-3-18	0.10	3041.50
7	200403	深交所	000973	佛塑股份	2004-3-19	0.21	7842.46
8	200403	深交所	000937	金牛能源	2004-3-23	0.13	5312.50
9	200403	上交所	600205	山东铝业	2004-3-24	0.10	5600.00
10	200403	上交所	600317	营 口 港	2004-3-24	0.03	750.00
11	200403	上交所	600884	杉杉股份	2004-3-24	0.10	4108.58
12	200403	上交所	600126	杭钢股份	2004-3-25	0.35	22586.81
13	200403	上交所	600210	紫江企业	2004-3-25	0.30	19242.00
14	200403	上交所	600282	南钢股份	2004-3-30	0.30	15120.00
15	200403	上交所	600383	金地集团	2004-3-30	0.30	8100.00
16	200404	上交所	600580	卧龙科技	2004-4-1	0.12	2094.80
17	200404	上交所	600406	国电南瑞	2004-4-2	0.20	2180.00
18	200404	上交所	600510	黑 牡 丹	2004-4-2	0.50	7306.18
19	200404	上交所	600529	山东药玻	2004-4-5	0.10	1236.11
20	200404	深交所	000988	华工科技	2004-4-6	0.10	2300.00
21	200404	深交所	000895	双汇发展	2004-4-7	0.70	23965.90
22	200404	深交所	000637	茂化实华	2004-4-8	0.10	2897.86
23	200404	上交所	600197	伊 力 特	2004-4-8	0.28	6085.80
24	200404	上交所	600527	江南高纤	2004-4-8	0.08	640.00
25	200404	上交所	600795	国电电力	2004-4-8	0.04	5629.54
26	200404	上交所	600880	博瑞传播	2004-4-8	0.08	976.35
27	200404	深交所	000416	健特生物	2004-4-9	0.12	3768.46
28	200404	深交所	000888	峨眉山 A	2004-4-9	0.18	2135.88
29	200404	上交所	600897	厦门机场	2004-4-9	0.40	10800.00
30	200404	深交所	000825	太钢不锈	2004-4-12	0.20	25828.08
31	200404	深交所	000911	南宁糖业	2004-4-12	0.21	5056.80
32	200404	上交所	600200	江苏吴中	2004-4-12	0.06	2494.80

续表1 Continued 1

序号 No.	年月 Month	交易所 Exchange	公司代码 Code	公司简称 Companies	红利派发日 Data	每股现金红利	现金分配合计(万元) Total Dividend
33	200404	上交所	600302	标准股份	2004-4-12	0.20	6380.20
34	200404	上交所	600729	重庆百货	2004-4-12	0.15	3060.00
35	200404	深交所	000858	五 粮 液	2004-4-13	0.20	27114.05
36	200404	上交所	600098	广州控股	2004-4-13	0.35	43848.00
37	200404	上交所	600298	安琪酵母	2004-4-14	0.35	4749.50
38	200404	上交所	600066	宇通客车	2004-4-15	0.40	5468.95
39	200404	深交所	000932	华菱管线	2004-4-16	0.10	17653.75
40	200404	上交所	600177	雅 戈 尔	2004-4-16	0.50	30970.32
41	200404	上交所	600502	安徽水利	2004-4-16	0.06	720.00
42	200404	上交所	600016	民生银行	2004-4-19	0.12	46015.86
43	200404	上交所	600106	重庆路桥	2004-4-19	0.10	3100.00
44	200404	上交所	600152	维科精华	2004-4-19	0.05	1467.47
45	200404	上交所	600556	北生药业	2004-4-19	0.10	1260.00
46	200404	上交所	600567	山鹰纸业	2004-4-19	0.06	963.26
47	200404	上交所	600656	华源制药	2004-4-19	0.04	522.02
48	200404	上交所	600780	通宝能源	2004-4-19	0.05	2909.80
49	200404	深交所	000559	万向钱潮	2004-4-20	0.20	7325.62
50	200404	上交所	600102	莱钢股份	2004-4-20	0.50	46113.65
51	200404	上交所	600217	秦岭水泥	2004-4-20	0.05	2065.00
52	200404	上交所	600711	雄震集团	2004-4-20	0.05	301.80
53	200404	上交所	600855	航天长峰	2004-4-20	0.02	320.16
54	200404	上交所	600219	南山实业	2004-4-21	0.10	2570.00
55	200404	上交所	600517	置信电气	2004-4-21	0.10	798.30
56	200404	上交所	600005	武钢股份	2004-4-22	0.23	57697.25
57	200404	深交所	000504	赛迪传媒	2004-4-23	0.03	934.72
58	200404	深交所	000793	燃气股份	2004-4-23	0.07	2380.23
59	200404	深交所	000903	云内动力	2004-4-23	0.35	6993.00
60	200404	上交所	600460	士 兰 微	2004-4-26	0.20	2020.40
61	200404	上交所	600477	杭萧钢构	2004-4-26	0.15	1160.50
62	200404	上交所	600500	中化国际	2004-4-26	0.13	6987.19
63	200404	上交所	600756	浪潮软件	2004-4-26	0.05	826.10
64	200404	深交所	000513	丽珠集团	2004-4-27	0.10	1837.28
65	200404	深交所	000612	焦作万方	2004-4-27	0.10	4801.76
66	200404	上交所	600418	江淮汽车	2004-4-27	0.48	11040.00
67	200404	深交所	000990	诚志股份	2004-4-29	0.07	1254.75
68	200404	上交所	600237	铜峰电子	2004-4-29	0.10	2000.00
69	200404	上交所	600238	海南椰岛	2004-4-29	0.07	1162.00
70	200404	上交所	600378	天科股份	2004-4-29	0.10	1955.73
71	200404	上交所	600636	三 爱 富	2004-4-29	0.10	1867.82
72	200404	深交所	000155	川化股份	2004-4-30	0.12	5640.00
73	200404	深交所	000897	津滨发展	2004-4-30	0.03	1359.00
74	200404	深交所	000958	东方热电	2004-4-30	0.06	2062.35
75	200404	深交所	200513	丽 珠 B	2004-4-30	0.10	1223.06
76	200404	上交所	600357	承德钒钛	2004-4-30	0.05	1901.67
77	200404	上交所	600521	华海药业	2004-4-30	0.20	2000.00
78	200404	上交所	600525	长园新材	2004-4-30	0.10	995.40
79	200404	上交所	600557	康缘药业	2004-4-30	0.10	918.00
80	200405	深交所	000962	东方钽业	2004-5-10	0.04	1425.60
81	200405	上交所	600320	振华港机	2004-5-10	0.20	6930.00
82	200405	上交所	900947	振华B股	2004-5-10	0.02	265.78
83	200405	上交所	600031	三一重工	2004-5-11	0.50	12000.00
84	200405	上交所	600036	招商银行	2004-5-11	0.09	52502.73

续表 2 Continued 2

序号 No.	年月 Month	交易所 Exchange	公司代码 Code	公司简称 Companies	红利派发日 Data	每股现金红利	现金分配合计(万元) Total Dividend
85	200405	上交所	600125	铁龙物流	2004-5-11	0.10	2210.09
86	200405	上交所	600331	宏达股份	2004-5-11	0.10	1300.00
87	200405	上交所	600352	浙江龙盛	2004-5-11	0.20	4540.00
88	200405	深交所	000806	银河科技	2004-5-12	0.05	1517.18
89	200405	深交所	000917	电广传媒	2004-5-12	0.10	2584.00
90	200405	深交所	000989	九 芝 堂	2004-5-12	0.20	4364.16
91	200405	上交所	600071	凤凰光学	2004-5-12	0.10	2374.72
92	200405	上交所	600230	沧州大化	2004-5-12	0.08	2074.65
93	200405	上交所	600563	法拉电子	2004-5-12	0.30	4500.00
94	200405	深交所	000605	四环药业	2004-5-13	0.02	148.50
95	200405	深交所	000819	岳阳兴长	2004-5-13	0.10	1651.34
96	200405	上交所	600327	大厦股份	2004-5-13	0.10	1086.90
97	200405	上交所	600391	成发科技	2004-5-13	0.15	2100.00
98	200405	上交所	600530	交大昂立	2004-5-13	0.21	4200.00
99	200405	深交所	000667	名流置业	2004-5-14	0.10	2450.28
100	200405	上交所	600400	红豆股份	2004-5-14	0.10	1795.23
101	200405	上交所	600481	双良股份	2004-5-14	0.30	9180.00
102	200405	深交所	000923	河北宣工	2004-5-17	0.03	412.50
103	200405	深交所	000972	新 中 基	2004-5-17	0.10	1245.89
104	200405	上交所	600231	凌钢股份	2004-5-17	0.15	7858.50
105	200405	上交所	600309	烟台万华	2004-5-17	0.20	7680.00
106	200405	上交所	600310	桂东电力	2004-5-17	0.30	4702.50
107	200405	上交所	600583	海油工程	2004-5-17	0.10	2750.00
108	200405	上交所	600755	厦门国贸	2004-5-17	0.15	2971.80
109	200405	深交所	000831	关铝股份	2004-5-18	0.10	3630.00
110	200405	深交所	000848	承德露露	2004-5-18	0.20	5185.00
111	200405	深交所	000933	神火股份	2004-5-18	0.28	7000.00
112	200405	深交所	000422	湖北宜化	2004-5-19	0.10	2138.80
113	200405	深交所	000525	红 太 阳	2004-5-19	0.06	1681.43
114	200405	深交所	000729	燕京啤酒	2004-5-19	0.18	12014.01
115	200405	深交所	000731	四川美丰	2004-5-19	0.35	8598.30
116	200405	深交所	000789	江西水泥	2004-5-19	0.08	2724.00
117	200405	深交所	000811	烟台冰轮	2004-5-19	0.10	1753.77
118	200405	上交所	600135	乐凯胶片	2004-5-19	0.50	17100.00
119	200405	深交所	000807	云铝股份	2004-5-20	0.30	10920.00
120	200405	上交所	600000	浦发银行	2004-5-20	0.11	43065.00
121	200405	上交所	600160	巨化股份	2004-5-20	0.15	5568.00
122	200405	上交所	600303	曙光股份	2004-5-20	0.30	4860.00
123	200405	上交所	600330	天通股份	2004-5-20	0.13	2868.38
124	200405	上交所	600375	星马汽车	2004-5-20	0.35	2916.38
125	200405	上交所	600380	健 康 元	2004-5-20	0.19	11588.67
126	200405	上交所	600470	六国化工	2004-5-20	0.15	2820.00
127	200405	上交所	600518	康美药业	2004-5-20	0.03	177.00
128	200405	上交所	600588	用友软件	2004-5-20	0.38	4500.00
129	200405	上交所	600611	大众交通	2004-5-20	0.20	7918.03
130	200405	上交所	600868	梅雁股份	2004-5-20	0.03	2895.28
131	200405	上交所	600874	创业环保	2004-5-20	0.08	10640.00
132	200405	上交所	900903	大众 B 股	2004-5-20	0.02	490.05
133	200405	深交所	000014	沙河股份	2004-5-21	0.03	286.87
134	200405	上交所	600015	华夏银行	2004-5-21	0.01	3500.00
135	200405	上交所	600292	九龙电力	2004-5-21	0.30	5017.50
136	200405	上交所	600301	南化股份	2004-5-21	0.13	2406.93

续表 3 Continued 3

序号 No.	年月 Month	交易所 Exchange	公司代码 Code	公司简称 Companies	红利派发日 Data	每股现金红利	现金分配合计(万元) Total Dividend
137	200405	上交所	600367	红星发展	2004-5-21	0.10	1820.00
138	200405	上交所	600439	瑞 贝 卡	2004-5-21	0.40	3600.00
139	200405	上交所	600485	中创信测	2004-5-21	0.20	1366.32
140	200405	上交所	600536	中国软件	2004-5-21	0.25	2525.18
141	200405	上交所	600558	大 西 洋	2004-5-21	0.12	1440.00
142	200405	上交所	600866	星湖科技	2004-5-21	0.15	4885.34
143	200405	上交所	600894	广钢股份	2004-5-21	0.27	18526.86
144	200405	深交所	000520	中国凤凰	2004-5-24	0.10	5191.69
145	200405	深交所	000601	韶能股份	2004-5-24	0.10	3903.81
146	200405	深交所	000607	华立控股	2004-5-24	0.10	2237.22
147	200405	深交所	000676	思达高科	2004-5-24	0.08	2516.69
148	200405	上交所	600011	华能国际	2004-5-24	0.50	301383.56
149	200405	上交所	600171	上海贝岭	2004-5-24	0.05	3062.76
150	200405	上交所	600227	赤 天 化	2004-5-24	0.20	3400.00
151	200405	上交所	600280	南京中商	2004-5-24	0.10	1212.61
152	200405	上交所	600340	国祥股份	2004-5-24	0.20	2000.00
153	200405	上交所	600425	青松建化	2004-5-24	0.13	2404.06
154	200405	上交所	600432	吉恩镍业	2004-5-24	0.20	3800.00
155	200405	上交所	600449	赛马实业	2004-5-24	0.12	1476.00
156	200405	上交所	600508	上海能源	2004-5-24	0.38	15257.38
157	200405	上交所	600531	豫光金铅	2004-5-24	0.10	2282.69
158	200405	上交所	600548	深 高 速	2004-5-24	0.19	41433.30
159	200405	上交所	600565	迪马股份	2004-5-24	0.45	3600.00
160	200405	上交所	600584	长电科技	2004-5-24	0.05	914.35
161	200405	上交所	600590	泰豪科技	2004-5-24	0.05	665.28
162	200405	上交所	600740	山西焦化	2004-5-24	0.40	8114.00
163	200405	上交所	600785	新华百货	2004-5-24	0.20	2057.85
164	200405	深交所	000063	中兴通讯	2004-5-25	0.30	20018.88
165	200405	深交所	000687	保定天鹅	2004-5-25	0.20	6416.00
166	200405	深交所	000812	陕西金叶	2004-5-25	0.10	2370.08
167	200405	深交所	000963	华东医药	2004-5-25	0.07	2660.00
168	200405	上交所	600056	中技贸易	2004-5-25	0.10	2085.60
169	200405	上交所	600226	升华拜克	2004-5-25	0.15	4055.49
170	200405	上交所	600267	海正药业	2004-5-25	0.15	3744.00
171	200405	上交所	600351	亚宝药业	2004-5-25	0.18	2070.00
172	200405	上交所	600486	扬农化工	2004-5-25	0.22	2200.00
173	200405	上交所	600499	科达机电	2004-5-25	0.30	2986.20
174	200405	上交所	600507	长力股份	2004-5-25	0.05	625.00
175	200405	上交所	600575	芜 湖 港	2004-5-25	0.15	1779.00
176	200405	上交所	600666	西南药业	2004-5-25	0.04	595.17
177	200405	上交所	600782	新华股份	2004-5-25	0.10	1932.20
178	200405	深交所	000002	万 科 A	2004-5-26	0.05	6361.21
179	200405	深交所	000401	冀东水泥	2004-5-26	0.10	9627.71
180	200405	深交所	000625	长安汽车	2004-5-26	0.25	21916.65
181	200405	深交所	000822	山东海化	2004-5-26	0.10	4587.00
182	200405	上交所	600459	贵研铂业	2004-5-26	0.03	257.85
183	200405	深交所	000912	泸 天 化	2004-5-27	0.26	15210.00
184	200405	深交所	000913	钱江摩托	2004-5-27	0.45	20409.12
185	200405	深交所	000978	桂林旅游	2004-5-27	0.05	885.00
186	200405	上交所	600067	冠城大通	2004-5-27	0.05	840.09
187	200405	上交所	600299	星新材料	2004-5-27	0.20	4800.00
188	200405	上交所	600370	三 房 巷	2004-5-27	0.15	2373.90

续表 4 Continued 4

序号 No.	年月 Month	交易所 Exchange	公司代码 Code	公司简称 Companies	红利派发日 Data	每股现金红利	现金分配合计(万元) Total Dividend
189	200405	上交所	600396	金山股份	2004-5-27	0.05	650.00
190	200405	上交所	600547	山东黄金	2004-5-27	0.20	3200.00
191	200405	上交所	600561	江西长运	2004-5-27	0.15	1392.93
192	200405	深交所	000726	鲁 泰 A	2004-5-28	0.38	9757.22
193	200405	深交所	000796	宝商集团	2004-5-28	0.03	400.85
194	200405	上交所	600276	恒瑞医药	2004-5-28	0.10	2550.72
195	200405	上交所	600316	洪都航空	2004-5-28	0.05	1050.00
196	200405	上交所	600361	华联综超	2004-5-28	0.20	2511.46
197	200405	上交所	600436	片 仔 癀	2004-5-28	0.42	5880.00
198	200405	上交所	600509	天富热电	2004-5-28	0.20	5072.55
199	200405	上交所	600621	上海金陵	2004-5-28	0.15	7861.24
200	200405	深交所	000055	方 大 A	2004-5-31	0.03	453.10
201	200405	深交所	000503	海虹控股	2004-5-31	0.10	3745.09
202	200405	深交所	000959	首钢股份	2004-5-31	0.30	69300.00
203	200405	深交所	200002	万 科 B	2004-5-31	0.05	1217.67
204	200405	深交所	200625	长 安 B	2004-5-31	0.25	8749.87
205	200405	上交所	600130	波导股份	2004-5-31	0.40	6400.00
206	200405	上交所	600253	天方药业	2004-5-31	0.05	2100.00
207	200405	上交所	600278	东方创业	2004-5-31	0.12	3840.00
208	200405	上交所	600487	亨通光电	2004-5-31	0.12	1513.44
209	200405	上交所	600546	中油化建	2004-5-31	0.10	1100.00
210	200405	上交所	600560	金自天正	2004-5-31	0.15	1146.90
211	200405	上交所	600581	八一钢铁	2004-5-31	0.20	9826.27
212	200406	深交所	000024	招商地产	2004-6-1	0.10	3271.62
213	200406	深交所	000060	中金岭南	2004-6-1	0.10	4320.00
214	200406	深交所	000792	盐湖钾肥	2004-6-1	0.20	10234.00
215	200406	深交所	000939	凯迪电力	2004-6-1	0.10	2163.00
216	200406	上交所	600008	首创股份	2004-6-1	0.32	34650.00
217	200406	上交所	600300	维维股份	2004-6-1	0.20	6600.00
218	200406	上交所	600596	新安股份	2004-6-1	0.12	1609.32
219	200406	上交所	600824	益民百货	2004-6-1	0.15	2904.74
220	200406	上交所	600900	长江电力	2004-6-1	0.09	70704.00
221	200406	上交所	900935	阳晨 B 股	2004-6-1	0.01	148.24
222	200406	上交所	900949	东电 B 股	2004-6-1	0.03	6070.80
223	200406	深交所	000817	辽河油田	2004-6-2	0.40	44000.00
224	200406	深交所	000968	煤 气 化	2004-6-2	0.02	592.79
225	200406	深交所	200726	鲁 泰 B	2004-6-2	0.38	6084.06
226	200406	上交所	600063	皖维高新	2004-6-2	0.15	3793.50
227	200406	上交所	600235	民丰特纸	2004-6-2	0.15	3951.00
228	200406	上交所	600362	江西铜业	2004-6-2	0.12	31968.46
229	200406	上交所	600750	江中药业	2004-6-2	0.10	1461.12
230	200406	深交所	000039	中集集团	2004-6-3	0.38	11082.57
231	200406	深交所	200055	方 大 B	2004-6-3	0.03	436.18
232	200406	上交所	600033	福建高速	2004-6-3	0.15	12330.00
233	200406	上交所	600191	华资实业	2004-6-3	0.05	1515.41
234	200406	上交所	600356	恒丰纸业	2004-6-3	0.20	2800.00
235	200406	上交所	600389	江山股份	2004-6-3	0.10	1800.00
236	200406	上交所	600416	湘电股份	2004-6-3	0.15	2925.00
237	200406	深交所	000786	北新建材	2004-6-4	0.08	4601.20
238	200406	深交所	000938	清华紫光	2004-6-4	0.10	2060.80
239	200406	深交所	000987	广州友谊	2004-6-4	0.11	2632.36
240	200406	深交所	200024	招商局 B	2004-6-4	0.10	1885.29

续表 5 Continued 5

序号 No.	年月 Month	交易所 Exchange	公司代码 Code	公司简称 Companies	红利派发日 Data	每股现金红利	现金分配合计(万元) Total Dividend
241	200406	上交所	600262	北方股份	2004-6-4	0.07	1190.00
242	200406	上交所	600354	敦煌种业	2004-6-4	0.10	1859.66
243	200406	上交所	600401	江苏申龙	2004-6-4	0.05	381.56
244	200406	上交所	600476	湘邮科技	2004-6-4	0.05	516.25
245	200406	上交所	600489	中金黄金	2004-6-4	0.15	4200.00
246	200406	上交所	600552	方兴科技	2004-6-4	0.10	900.00
247	200406	上交所	600570	恒生电子	2004-6-4	0.43	2924.00
248	200406	上交所	600736	苏州高新	2004-6-4	0.12	5489.64
249	200406	上交所	600830	大 红 鹰	2004-6-4	0.10	2627.20
250	200406	上交所	600028	中国石化	2004-6-7	0.06	520214.63
251	200406	上交所	600270	外运发展	2004-6-7	0.10	5487.77
252	200406	上交所	600533	栖霞建设	2004-6-7	0.35	4900.00
253	200406	深交所	000920	南方汇通	2004-6-8	0.20	4220.00
254	200406	深交所	200039	中 集 B	2004-6-8	0.38	12868.90
255	200406	上交所	600010	钢联股份	2004-6-8	0.25	31250.00
256	200406	上交所	600039	四川路桥	2004-6-8	0.05	1250.00
257	200406	上交所	600571	信 雅 达	2004-6-8	0.30	1753.80
258	200406	上交所	600853	龙建股份	2004-6-8	0.01	266.20
259	200406	深交所	000407	胜利股份	2004-6-9	0.05	1197.94
260	200406	深交所	000609	燕化高新	2004-6-9	0.10	1296.07
261	200406	深交所	000715	中兴商业	2004-6-9	0.11	2360.82
262	200406	深交所	000725	京东方 A	2004-6-9	0.01	480.06
263	200406	深交所	000969	安泰科技	2004-6-9	0.17	4101.89
264	200406	上交所	600104	上海汽车	2004-6-9	0.15	37799.99
265	200406	上交所	600268	国电南自	2004-6-9	0.12	1416.00
266	200406	上交所	600271	航天信息	2004-6-9	0.90	14580.00
267	200406	上交所	600537	海通集团	2004-6-9	0.18	2957.58
268	200406	上交所	600602	广电电子	2004-6-9	0.05	3476.57
269	200406	上交所	600660	福耀玻璃	2004-6-9	0.30	15022.40
270	200406	上交所	600798	宁波海运	2004-6-9	0.13	6654.38
271	200406	上交所	900901	上电 B 股	2004-6-9	0.01	140.10
272	200406	深交所	000037	深南电 A	2004-6-10	0.47	14419.00
273	200406	深交所	000090	深 天 健	2004-6-10	0.08	1875.40
274	200406	上交所	600236	桂冠电力	2004-6-10	0.30	20260.89
275	200406	上交所	600258	首旅股份	2004-6-10	0.15	3471.00
276	200406	上交所	600269	赣粤高速	2004-6-10	0.20	7784.45
277	200406	上交所	600295	鄂尔多斯	2004-6-10	0.10	6120.00
278	200406	上交所	600376	天鸿宝业	2004-6-10	0.15	2598.00
279	200406	上交所	600444	国通管业	2004-6-10	0.10	700.00
280	200406	上交所	600585	海螺水泥	2004-6-10	0.10	11834.80
281	200406	上交所	600589	广东榕泰	2004-6-10	0.25	4000.00
282	200406	上交所	600898	三联商社	2004-6-10	0.03	493.68
283	200406	上交所	900936	鄂绒 B 股	2004-6-10	0.01	507.44
284	200406	深交所	000522	白云山 A	2004-6-11	0.03	1123.03
285	200406	深交所	000616	亿城股份	2004-6-11	0.02	377.88
286	200406	深交所	000629	新 钢 钒	2004-6-11	0.20	26136.91
287	200406	深交所	000690	宝 丽 华	2004-6-11	0.12	2532.60
288	200406	深交所	000720	鲁能泰山	2004-6-11	0.05	2398.50
289	200406	深交所	000869	张 裕 A	2004-6-11	0.10	2064.00
290	200406	深交所	000916	华北高速	2004-6-11	0.10	10900.00
291	200406	深交所	000949	新乡化纤	2004-6-11	0.10	4905.71
292	200406	上交所	600006	东风汽车	2004-6-11	0.20	20000.00

续表 6 Continued 6

序号 No.	年月 Month	交易所 Exchange	公司代码 Code	公司简称 Companies	红利派发日 Data	每股现金红利	现金分配合计(万元) Total Dividend
293	200406	上交所	600007	中国国贸	2004-6-11	0.16	12400.00
294	200406	上交所	600030	中信证券	2004-6-11	0.11	27296.50
295	200406	上交所	600057	厦新电子	2004-6-11	0.32	13754.88
296	200406	上交所	600085	同 仁 堂	2004-6-11	0.24	7963.20
297	200406	上交所	600195	中牧股份	2004-6-11	0.06	2340.00
298	200406	上交所	600287	江苏舜天	2004-6-11	0.25	5459.95
299	200406	上交所	600319	亚星化学	2004-6-11	0.10	3155.94
300	200406	上交所	600333	长春燃气	2004-6-11	0.15	6097.97
301	200406	上交所	600409	三友化工	2004-6-11	0.10	3500.00
302	200406	上交所	600419	新疆天宏	2004-6-11	0.05	400.80
303	200406	上交所	600488	天药股份	2004-6-11	0.20	5036.50
304	200406	上交所	600511	国药股份	2004-6-11	0.10	1330.00
305	200406	上交所	600512	腾达建设	2004-6-11	0.10	1597.35
306	200406	上交所	600597	光明乳业	2004-6-11	0.20	13023.66
307	200406	深交所	000100	TCL 集团	2004-6-14	0.08	20690.65
308	200406	深交所	000421	南京中北	2004-6-14	0.05	985.92
309	200406	深交所	000531	穗恒运 A	2004-6-14	0.25	6663.03
310	200406	深交所	000550	江铃汽车	2004-6-14	0.15	7788.21
311	200406	深交所	000602	金马集团	2004-6-14	0.05	502.50
312	200406	深交所	000960	锡业股份	2004-6-14	0.04	1431.62
313	200406	深交所	000961	大连金牛	2004-6-14	0.02	601.06
314	200406	深交所	200725	京东方 B	2004-6-14	0.01	495.81
315	200406	上交所	600055	万东医疗	2004-6-14	0.12	1332.00
316	200406	上交所	600058	五矿发展	2004-6-14	0.12	6615.78
317	200406	上交所	600089	特变电工	2004-6-14	0.10	2594.90
318	200406	上交所	600339	天利高新	2004-6-14	0.12	4284.00
319	200406	上交所	600382	广东明珠	2004-6-14	0.15	2563.10
320	200406	上交所	600456	宝钛股份	2004-6-14	0.25	5002.00
321	200406	上交所	600475	华光股份	2004-6-14	0.10	1600.00
322	200406	上交所	600642	申能股份	2004-6-14	0.30	53792.63
323	200406	上交所	900929	锦旅 B 股	2004-6-14	0.01	128.12
324	200406	深交所	200037	深南电 B	2004-6-15	0.47	11225.80
325	200406	上交所	600101	明星电力	2004-6-15	0.03	509.42
326	200406	上交所	600183	生益科技	2004-6-15	0.12	7656.19
327	200406	上交所	600398	凯诺科技	2004-6-15	0.10	2366.59
328	200406	上交所	600435	北方天鸟	2004-6-15	0.10	900.00
329	200406	上交所	600569	安阳钢铁	2004-6-15	0.25	33637.26
330	200406	上交所	600747	大显股份	2004-6-15	0.05	2944.67
331	200406	上交所	600789	鲁抗医药	2004-6-15	0.06	2470.53
332	200406	上交所	600797	浙大网新	2004-6-15	0.05	2391.30
333	200406	上交所	600831	广电网络	2004-6-15	0.03	367.25
334	200406	上交所	600896	中海海盛	2004-6-15	0.06	1903.70
335	200406	深交所	000900	现代投资	2004-6-16	0.10	3991.66
336	200406	深交所	000936	华 西 村	2004-6-16	0.05	840.94
337	200406	深交所	000983	西山煤电	2004-6-16	0.20	16160.00
338	200406	深交所	200869	张 裕 B	2004-6-16	0.10	1056.00
339	200406	上交所	600082	海泰发展	2004-6-16	0.05	744.90
340	200406	上交所	600184	新 华 光	2004-6-16	0.10	700.00
341	200406	上交所	600232	金鹰股份	2004-6-16	0.10	2188.52
342	200406	上交所	600250	南纺股份	2004-6-16	0.05	994.97
343	200406	上交所	600263	路桥建设	2004-6-16	0.03	1224.40
344	200406	上交所	600360	华微电子	2004-6-16	0.10	1180.00

续表 7　Continued 7

序号 No.	年月 Month	交易所 Exchange	公司代码 Code	公司简称 Companies	红利派发日 Data	每股现金红利	现金分配合计(万元) Total Dividend
345	200406	上交所	600744	华银电力	2004-6-16	0.03	1779.12
346	200406	上交所	600761	安徽合力	2004-6-16	0.15	4604.32
347	200406	深交所	000423	东阿阿胶	2004-6-17	0.05	1362.37
348	200406	深交所	000837	秦川发展	2004-6-17	0.02	511.45
349	200406	深交所	200550	江 铃 B	2004-6-17	0.15	5160.02
350	200406	上交所	600051	宁波联合	2004-6-17	0.16	4838.40
351	200406	上交所	600110	中科英华	2004-6-17	0.02	668.25
352	200406	上交所	600123	兰花科创	2004-6-17	0.15	5568.75
353	200406	上交所	600323	南海发展	2004-6-17	0.20	4170.28
354	200406	上交所	600363	联创光电	2004-6-17	0.08	1977.64
355	200406	深交所	000538	云南白药	2004-6-18	0.45	8361.81
356	200406	深交所	000702	正虹科技	2004-6-18	0.07	1979.63
357	200406	深交所	000717	韶钢松山	2004-6-18	0.30	25146.00
358	200406	深交所	000839	中信国安	2004-6-18	0.10	6600.00
359	200406	上交所	600002	齐鲁石化	2004-6-18	0.10	19500.00
360	200406	上交所	600012	皖通高速	2004-6-18	0.06	9951.66
361	200406	上交所	600189	吉林森工	2004-6-18	0.20	6210.00
362	200406	上交所	600289	亿阳信通	2004-6-18	0.50	5294.50
363	200406	上交所	600426	华鲁恒升	2004-6-18	0.15	2505.00
364	200406	上交所	600808	马钢股份	2004-6-18	0.21	135561.30
365	200406	深交所	000679	大连友谊	2004-6-21	0.05	1188.00
366	200406	深交所	000709	唐钢股份	2004-6-21	0.35	68424.26
367	200406	上交所	600019	宝钢股份	2004-6-21	0.25	312800.00
368	200406	上交所	600021	上海电力	2004-6-21	0.02	2501.61
369	200406	上交所	600026	中海发展	2004-6-21	0.15	49890.00
370	200406	上交所	600037	歌华有线	2004-6-21	0.15	5265.00
371	200406	上交所	600087	南京水运	2004-6-21	0.10	5136.90
372	200406	上交所	600168	武汉控股	2004-6-21	0.06	2646.90
373	200406	上交所	600251	冠农股份	2004-6-21	0.20	2400.00
374	200406	上交所	600337	美克股份	2004-6-21	0.10	1104.96
375	200406	上交所	600423	柳化股份	2004-6-21	0.15	2201.79
376	200406	上交所	600429	三元股份	2004-6-21	0.02	952.50
377	200406	上交所	600478	力元新材	2004-6-21	0.15	1855.46
378	200406	上交所	600592	龙溪股份	2004-6-21	0.20	3000.00
379	200406	上交所	600595	中孚实业	2004-6-21	0.20	3517.35
380	200406	上交所	600627	上电股份	2004-6-21	0.03	1553.90
381	200406	上交所	600676	交运股份	2004-6-21	0.20	3379.24
382	200406	上交所	600728	新太科技	2004-6-21	0.10	2081.80
383	200406	上交所	600810	神马实业	2004-6-21	0.05	2831.40
384	200406	上交所	600895	张江高科	2004-6-21	0.06	7294.01
385	200406	深交所	000022	深赤湾 A	2004-6-22	0.50	13643.47
386	200406	深交所	000541	佛山照明	2004-6-22	0.46	12693.62
387	200406	上交所	600070	浙江富润	2004-6-22	0.15	1283.90
388	200406	上交所	600079	人福科技	2004-6-22	0.05	1016.65
389	200406	上交所	600132	重庆啤酒	2004-6-22	0.20	5126.16
390	200406	上交所	600229	青岛碱业	2004-6-22	0.13	3836.64
391	200406	上交所	600321	国栋建设	2004-6-22	0.03	438.00
392	200406	上交所	600395	盘江股份	2004-6-22	0.10	3713.00
393	200406	上交所	600528	中铁二局	2004-6-22	0.15	6150.00
394	200406	上交所	600801	华新水泥	2004-6-22	0.06	986.40
395	200406	上交所	900933	华新 B 股	2004-6-22	0.01	118.70
396	200406	深交所	000534	汕电力 A	2004-6-23	0.10	2082.61

续表 8 Continued 8

序号 No.	年月 Month	交易所 Exchange	公司代码 Code	公司简称 Companies	红利派发日 Data	每股现金红利	现金分配合计(万元) Total Dividend
397	200406	上交所	600128	弘业股份	2004-6-23	0.05	997.24
398	200406	上交所	600155	宝硕股份	2004-6-23	0.10	4125.00
399	200406	上交所	600256	广汇股份	2004-6-23	0.05	3608.59
400	200406	上交所	600288	大恒科技	2004-6-23	0.10	2100.00
401	200406	深交所	000012	南 玻 A	2004-6-24	0.18	6802.61
402	200406	深交所	000539	粤电力 A	2004-6-24	0.25	49851.60
403	200406	上交所	600153	建发股份	2004-6-24	0.50	19300.00
404	200406	上交所	600196	复星医药	2004-6-24	0.20	8178.25
405	200406	上交所	600246	先锋股份	2004-6-24	0.15	1380.00
406	200406	上交所	600345	长江通信	2004-6-24	0.05	990.00
407	200406	上交所	600348	国阳新能	2004-6-24	0.10	4810.00
408	200406	上交所	600368	五洲交通	2004-6-24	0.10	4420.00
409	200406	上交所	600549	厦门钨业	2004-6-24	0.05	600.00
410	200406	上交所	600591	上海航空	2004-6-24	0.03	2163.00
411	200406	上交所	600686	厦门汽车	2004-6-24	0.13	1969.73
412	200406	上交所	600704	中大股份	2004-6-24	0.10	2882.69
413	200406	上交所	600837	都市股份	2004-6-24	0.05	782.94
414	200406	深交所	000096	广聚能源	2004-6-25	0.13	6600.00
415	200406	深交所	000564	西安民生	2004-6-25	0.10	2020.07
416	200406	深交所	200022	深赤湾 B	2004-6-25	0.50	5279.80
417	200406	深交所	200541	粤照明 B	2004-6-25	0.46	3795.04
418	200406	上交所	600050	中国联通	2004-6-25	0.04	68938.09
419	200406	上交所	600216	浙江医药	2004-6-25	0.03	1350.18
420	200406	上交所	600332	广州药业	2004-6-25	0.06	4865.40
421	200406	深交所	000527	美的电器	2004-6-28	0.12	5818.68
422	200406	深交所	000549	湘火炬 A	2004-6-28	0.02	1872.57
423	200406	上交所	600820	隧道股份	2004-6-28	0.05	2955.64
424	200406	深交所	200012	南 玻 B	2004-6-29	0.18	5382.97
425	200406	深交所	200539	粤电力 B	2004-6-29	0.25	16633.45
426	200406	上交所	600084	新天国际	2004-6-29	0.03	587.95
427	200406	上交所	600350	山东基建	2004-6-29	0.04	13455.20
428	200406	深交所	000428	华天酒店	2004-6-30	0.15	2592.60
429	200406	深交所	000651	格力电器	2004-6-30	0.33	17719.02
430	200406	深交所	000898	鞍钢新轧	2004-6-30	0.20	41456.89
431	200406	深交所	200770	武 锅 B	2004-6-30	0.04	1187.88
432	200406	上交所	600075	新疆天业	2004-6-30	0.10	2268.00
433	200406	上交所	600176	中国玻纤	2004-6-30	0.05	1780.80
434	200406	上交所	600392	太工天成	2004-6-30	0.15	1080.00
435	200406	上交所	600469	风神股份	2004-6-30	0.30	7650.00
436	200406	上交所	600742	一汽四环	2004-6-30	0.05	1057.62
437	200407	深交所	000021	深科技 A	2004-7-1	0.10	7329.32
438	200407	深交所	000429	粤高速 A	2004-7-1	0.10	9083.68
439	200407	上交所	600397	安源股份	2004-7-1	0.14	3080.00
440	200407	上交所	600519	贵州茅台	2004-7-1	0.30	9075.00
441	200407	上交所	600559	裕丰股份	2004-7-1	0.10	1400.00
442	200407	上交所	600655	豫园商城	2004-7-1	0.08	3722.67
443	200407	上交所	600697	欧亚集团	2004-7-1	0.20	2844.22
444	200407	上交所	600986	科达股份	2004-7-1	0.20	2149.16
445	200407	深交所	000852	江钻股份	2004-7-2	0.20	6160.00
446	200407	上交所	600353	旭光股份	2004-7-2	0.05	413.00
447	200407	上交所	600433	冠豪高新	2004-7-2	0.15	2400.00
448	200407	上交所	600513	联环药业	2004-7-2	0.05	300.00

续表 9　Continued 9

序号 No.	年月 Month	交易所 Exchange	公司代码 Code	公司简称 Companies	红利派发日 Data	每股现金红利	现金分配合计(万元) Total Dividend
449	200407	上交所	600827	友谊股份	2004-7-2	0.10	2044.74
450	200407	上交所	600865	百大集团	2004-7-2	0.06	1618.24
451	200407	上交所	900923	友谊 B 股	2004-7-2	0.01	151.84
452	200407	上交所	600105	永鼎光缆	2004-7-5	0.10	2721.10
453	200407	上交所	600162	香江控股	2004-7-5	0.03	527.67
454	200407	上交所	600207	安彩高科	2004-7-5	0.30	13200.00
455	200407	上交所	600388	龙净环保	2004-7-5	0.10	1670.00
456	200407	上交所	600490	中科合臣	2004-7-5	0.15	1140.00
457	200407	上交所	600562	高淳陶瓷	2004-7-5	0.10	840.89
458	200407	上交所	600635	大众公用	2004-7-5	0.15	8192.72
459	200407	深交所	000652	泰达股份	2004-7-6	0.05	4053.77
460	200407	深交所	000761	本钢板材	2004-7-6	0.20	14720.00
461	200407	深交所	000875	吉电股份	2004-7-6	0.10	6300.00
462	200407	深交所	000908	天一科技	2004-7-6	0.04	1120.00
463	200407	深交所	000985	大庆华科	2004-7-6	0.06	690.00
464	200407	深交所	200429	粤高速 B	2004-7-6	0.10	3487.33
465	200407	上交所	600059	古越龙山	2004-7-6	0.20	4656.00
466	200407	上交所	600223	万杰高科	2004-7-6	0.15	8043.75
467	200407	上交所	600688	上海石化	2004-7-6	0.08	57600.00
468	200407	上交所	600835	上海机电	2004-7-6	0.10	5600.72
469	200407	上交所	900925	机电 B 股	2004-7-6	0.01	181.43
470	200407	深交所	000516	陕解放 A	2004-7-7	0.22	2868.32
471	200407	深交所	000630	铜都铜业	2004-7-7	0.10	5427.44
472	200407	深交所	000957	中通客车	2004-7-7	0.10	2385.05
473	200407	上交所	600315	上海家化	2004-7-7	0.15	4050.00
474	200407	上交所	600707	彩虹股份	2004-7-7	0.10	4211.49
475	200407	深交所	000301	丝绸股份	2004-7-8	0.07	3275.50
476	200407	深交所	000739	普洛药业	2004-7-8	0.05	728.75
477	200407	深交所	000767	漳泽电力	2004-7-8	0.26	14703.00
478	200407	深交所	000948	南天信息	2004-7-8	0.07	980.00
479	200407	深交所	000956	中原油气	2004-7-8	0.20	17493.00
480	200407	深交所	000975	科 学 城	2004-7-8	0.02	592.00
481	200407	深交所	000976	春晖股份	2004-7-8	0.10	4211.46
482	200407	深交所	200771	杭汽轮 B	2004-7-8	0.19	4399.97
483	200407	上交所	600241	辽宁时代	2004-7-8	0.05	530.00
484	200407	上交所	600281	太化股份	2004-7-8	0.02	610.14
485	200407	上交所	600540	新赛股份	2004-7-8	0.10	1500.00
486	200407	上交所	600633	白猫股份	2004-7-8	0.07	1064.36
487	200407	上交所	600809	山西汾酒	2004-7-8	0.07	3030.47
488	200407	上交所	600854	春兰股份	2004-7-8	0.05	2597.29
489	200407	上交所	600857	工大首创	2004-7-8	0.02	384.58
490	200407	上交所	600889	南京化纤	2004-7-8	0.03	484.64
491	200407	上交所	900948	伊泰 B 股	2004-7-8	0.01	530.63
492	200407	深交所	000043	深南光 A	2004-7-9	0.10	1393.25
493	200407	深交所	000045	深纺织 A	2004-7-9	0.18	2347.49
494	200407	深交所	000420	吉林化纤	2004-7-9	0.10	3782.57
495	200407	深交所	000821	京山轻机	2004-7-9	0.10	3452.39
496	200407	深交所	000890	法 尔 胜	2004-7-9	0.05	1460.16
497	200407	深交所	000899	赣能股份	2004-7-9	0.10	5480.32
498	200407	深交所	000999	三九医药	2004-7-9	0.05	4405.05
499	200407	深交所	200761	本钢板 B	2004-7-9	0.20	7999.87
500	200407	上交所	600020	中原高速	2004-7-9	0.50	52500.00

续表 10 Continued 10

序号 No.	年月 Month	交易所 Exchange	公司代码 Code	公司简称 Companies	红利派发日 Data	每股现金红利	现金分配合计(万元) Total Dividend
501	200407	上交所	600100	清华同方	2004-7-9	0.10	5746.12
502	200407	上交所	600188	兖州煤业	2004-7-9	0.16	47068.00
503	200407	上交所	600505	西昌电力	2004-7-9	0.10	2970.00
504	200407	上交所	600598	北 大 荒	2004-7-9	0.22	32339.12
505	200407	上交所	600861	北京城乡	2004-7-9	0.07	2840.17
506	200407	深交所	000027	深能源 A	2004-7-12	0.30	36074.86
507	200407	深交所	000966	长源电力	2004-7-12	0.12	4441.70
508	200407	上交所	600158	中体产业	2004-7-12	0.01	253.65
509	200407	上交所	600283	钱江水利	2004-7-12	0.05	1426.65
510	200407	上交所	600377	宁沪高速	2004-7-12	0.15	73047.34
511	200407	上交所	600379	宝光股份	2004-7-12	0.10	1580.00
512	200407	上交所	600690	青岛海尔	2004-7-12	0.05	3988.24
513	200407	上交所	600819	耀皮玻璃	2004-7-12	0.24	8700.00
514	200407	上交所	900918	耀皮 B 股	2004-7-12	0.03	362.46
515	200407	深交所	000711	天伦置业	2004-7-13	0.03	321.80
516	200407	深交所	000982	圣 雪 绒	2004-7-13	0.05	370.00
517	200407	上交所	600004	白云机场	2004-7-13	0.10	10000.00
518	200407	上交所	600018	上港集箱	2004-7-13	0.15	27066.00
519	200407	上交所	600322	天房发展	2004-7-13	0.04	1694.83
520	200407	上交所	600739	辽宁成大	2004-7-13	0.10	2769.16
521	200407	深交所	000046	光彩建设	2004-7-14	0.03	610.21
522	200407	深交所	000425	徐工科技	2004-7-14	0.10	5450.88
523	200407	深交所	000636	风华高科	2004-7-14	0.05	2651.65
524	200407	深交所	000759	武汉中百	2004-7-14	0.08	1676.33
525	200407	深交所	200045	深纺织 B	2004-7-14	0.18	594.02
526	200407	上交所	600038	哈飞股份	2004-7-14	0.10	2595.00
527	200407	上交所	600148	长春一东	2004-7-14	0.08	1132.13
528	200407	上交所	600279	重庆港九	2004-7-14	0.07	1598.74
529	200407	上交所	600498	烽火通信	2004-7-14	0.12	4920.00
530	200407	上交所	600535	天 士 力	2004-7-14	0.30	8550.00
531	200407	深交所	000151	中成股份	2004-7-15	0.10	2959.80
532	200407	深交所	000758	中色股份	2004-7-15	0.06	2323.20
533	200407	深交所	001896	豫能控股	2004-7-15	0.05	2150.00
534	200407	上交所	600151	航天机电	2004-7-15	0.20	9356.80
535	200407	上交所	600346	冰山橡塑	2004-7-15	0.05	525.00
536	200407	上交所	600607	上实联合	2004-7-15	0.30	9195.37
537	200407	上交所	600841	上柴股份	2004-7-15	0.15	3949.64
538	200407	上交所	600887	伊利股份	2004-7-15	0.33	12911.74
539	200407	上交所	900920	上柴 B 股	2004-7-15	0.02	393.27
540	200407	深交所	000530	大冷股份	2004-7-16	0.10	2350.15
541	200407	深交所	000543	皖能电力	2004-7-16	0.25	19325.22
542	200407	深交所	000668	武汉石油	2004-7-16	0.10	1468.42
543	200407	深交所	000967	上风高科	2004-7-16	0.05	683.93
544	200407	深交所	200986	粤华包 B	2004-7-16	0.10	4834.59
545	200407	上交所	600202	哈 空 调	2004-7-16	0.05	1228.66
546	200407	上交所	600408	安泰集团	2004-7-16	0.05	1150.00
547	200407	上交所	600757	华源发展	2004-7-16	0.05	2360.72
548	200407	深交所	000666	经纬纺机	2004-7-19	0.07	3045.60
549	200407	深交所	000685	公用科技	2004-7-19	0.02	450.85
550	200407	上交所	600545	新疆城建	2004-7-19	0.10	1605.41
551	200407	上交所	600576	庆丰股份	2004-7-19	0.10	1940.93
552	200407	上交所	600637	广电信息	2004-7-19	0.10	8198.12

续表 11 Continued 11

序号 No.	年月 Month	交易所 Exchange	公司代码 Code	公司简称 Companies	红利派发日 Data	每股现金红利	现金分配合计(万元) Total Dividend
553	200407	上交所	600682	南京新百	2004-7-19	0.15	3453.12
554	200407	上交所	600699	辽源得亨	2004-7-19	0.02	292.48
555	200407	上交所	600754	锦江酒店	2004-7-19	0.06	2683.44
556	200407	上交所	600860	北人股份	2004-7-19	0.08	3376.00
557	200407	上交所	900934	锦江 B 股	2004-7-19	0.01	113.08
558	200407	深交所	000058	深 赛 格	2004-7-20	0.11	5578.77
559	200407	深交所	000088	盐田港 A	2004-7-20	1.00	62250.00
560	200407	上交所	600372	昌河股份	2004-7-20	0.10	4100.00
561	200407	上交所	600663	陆 家 嘴	2004-7-20	0.06	8148.50
562	200407	上交所	600726	华电能源	2004-7-20	0.07	4861.49
563	200407	上交所	600871	仪征化纤	2004-7-20	0.03	10000.00
564	200407	上交所	900932	陆家 B 股	2004-7-20	0.01	369.41
565	200407	上交所	900937	华电 B 股	2004-7-20	0.01	365.34
566	200407	深交所	200530	大 冷 B	2004-7-21	0.10	1150.06
567	200407	上交所	600170	上海建工	2004-7-21	0.13	8991.23
568	200407	上交所	600178	东安动力	2004-7-21	0.15	6931.20
569	200407	上交所	600422	昆明制药	2004-7-21	0.25	2454.50
570	200407	上交所	600815	厦工股份	2004-7-21	0.10	4494.14
571	200407	深交所	000099	中信海直	2004-7-22	0.20	5136.00
572	200407	上交所	600009	上海机场	2004-7-22	0.10	18498.80
573	200407	上交所	600120	浙江东方	2004-7-22	0.10	5054.73
574	200407	上交所	600255	鑫科材料	2004-7-22	0.10	950.00
575	200407	上交所	600326	西藏天路	2004-7-22	0.15	2700.00
576	200407	上交所	600329	中新药业	2004-7-22	0.15	5544.82
577	200407	上交所	600336	澳 柯 玛	2004-7-22	0.05	1705.18
578	200407	深交所	000551	创元科技	2004-7-23	0.10	2417.26
579	200407	深交所	000712	锦龙股份	2004-7-23	0.05	761.56
580	200407	深交所	000906	南方建材	2004-7-23	0.02	356.25
581	200407	深交所	200058	深赛格 B	2004-7-23	0.11	2554.04
582	200407	上交所	600074	中达股份	2004-7-23	0.10	3412.80
583	200407	上交所	600386	北京巴士	2004-7-23	0.16	4032.00
584	200407	上交所	600462	石岘纸业	2004-7-23	0.04	681.20
585	200407	深交所	000998	隆平高科	2004-7-26	0.14	1470.00
586	200407	上交所	600600	青岛啤酒	2004-7-26	0.20	21200.00
587	200407	上交所	600675	中华企业	2004-7-26	0.10	6974.55
588	200407	上交所	600741	巴士股份	2004-7-26	0.05	3630.58
589	200407	上交所	600668	尖峰集团	2004-7-27	0.10	3440.84
590	200407	上交所	600834	申通地铁	2004-7-27	0.10	4339.84
591	200407	深交所	000877	天山股份	2004-7-28	0.05	866.76
592	200407	深交所	200053	深基地 B	2004-7-28	0.25	2736.58
593	200407	上交所	600308	华泰股份	2004-7-28	0.30	9007.75
594	200407	深交所	000400	许继电气	2004-7-29	0.12	4539.26
595	200407	深交所	000610	西安旅游	2004-7-29	0.02	335.20
596	200407	深交所	000677	山东海龙	2004-7-29	0.03	617.02
597	200407	深交所	000926	福星科技	2004-7-29	0.10	2666.95
598	200407	上交所	600272	开开实业	2004-7-29	0.06	978.00
599	200407	上交所	600620	天宸股份	2004-7-29	0.02	640.26
600	200407	上交所	600777	新潮实业	2004-7-29	0.03	794.61
601	200407	上交所	600832	东方明珠	2004-7-29	0.21	20228.04
602	200407	上交所	600851	海欣股份	2004-7-29	0.10	4022.00
603	200407	上交所	900917	海欣 B 股	2004-7-29	0.01	243.25
604	200407	上交所	900943	开开 B 股	2004-7-29	0.01	57.99

续表 12 Continued 12

序号 No.	年月 Month	交易所 Exchange	公司代码 Code	公司简称 Companies	红利派发日 Data	每股现金红利	现金分配合计(万元) Total Dividend
605	200407	深交所	000062	深圳华强	2004-7-30	0.10	2704.00
606	200407	上交所	600606	金丰投资	2004-7-30	0.10	2549.43
607	200408	深交所	000663	永安林业	2004-8-2	0.06	1003.40
608	200408	上交所	600277	亿利科技	2004-8-2	0.05	790.00
609	200408	深交所	000756	新华制药	2004-8-3	0.04	1229.25
610	200408	上交所	600748	上实发展	2004-8-3	0.05	2937.71
611	200408	上交所	600812	华北制药	2004-8-3	0.03	3508.18
612	200408	上交所	600649	原水股份	2004-8-4	0.05	9421.98
613	200408	深交所	000066	长城电脑	2004-8-6	0.10	4584.92
614	200408	深交所	000581	威孚高科	2004-8-6	0.20	6959.32
615	200408	深交所	000878	云南铜业	2004-8-6	0.10	7986.89
616	200408	深交所	000042	深长城 A	2004-8-9	0.06	1436.78
617	200408	上交所	600652	爱使股份	2004-8-9	0.05	1947.56
618	200408	深交所	000032	深桑达 A	2004-8-10	0.12	2328.64
619	200408	深交所	000488	晨鸣纸业	2004-8-10	0.10	5260.63
620	200408	深交所	200581	苏威孚 B	2004-8-11	0.20	1767.98
621	200408	上交所	600273	华芳纺织	2004-8-11	0.05	1075.00
622	200408	深交所	000798	中水渔业	2004-8-12	0.05	1260.00
623	200408	上交所	600233	大连创世	2004-8-12	0.10	1650.00
624	200408	上交所	600285	羚锐股份	2004-8-12	0.08	802.88
625	200408	深交所	000532	力合股份	2004-8-13	0.10	2839.10
626	200408	深交所	200488	晨 鸣 B	2004-8-13	0.10	3716.71
627	200408	上交所	600664	哈药集团	2004-8-13	0.10	9553.89
628	200408	上交所	600249	两 面 针	2004-8-16	0.35	5250.00
629	200408	上交所	600307	酒钢宏兴	2004-8-16	0.21	15288.00
630	200408	上交所	600578	京能热电	2004-8-16	0.18	10033.80
631	200408	上交所	600626	申达股份	2004-8-16	0.10	3382.11
632	200408	深交所	000031	深宝恒 A	2004-8-17	0.20	9326.05
633	200408	深交所	000919	金陵药业	2004-8-17	0.15	4200.00
634	200408	深交所	000700	模塑科技	2004-8-18	0.18	5562.78
635	200408	上交所	600638	新 黄 浦	2004-8-19	0.10	5611.64
636	200408	深交所	000800	一汽轿车	2004-8-20	0.10	16275.00
637	200408	深交所	200706	瓦 轴 B	2004-8-20	0.03	989.98
638	200408	上交所	600483	福建南纺	2004-8-20	0.08	1442.42
639	200408	上交所	600694	大商股份	2004-8-20	0.10	2670.17
640	200408	上交所	600849	上海医药	2004-8-20	0.09	4268.80
641	200408	深交所	000866	扬子石化	2004-8-23	0.30	69900.00
642	200408	上交所	600641	中远发展	2004-8-23	0.10	4478.66
643	200408	上交所	600802	福建水泥	2004-8-23	0.04	989.86
644	200408	深交所	000617	石油济柴	2004-8-24	0.10	1040.00
645	200408	上交所	600639	浦东金桥	2004-8-24	0.03	1628.06
646	200408	上交所	900911	金桥 B 股	2004-8-24	0.00	81.54
647	200408	深交所	000158	常山股份	2004-8-26	0.09	3870.00
648	200408	上交所	600713	南京医药	2004-8-26	0.05	971.30
649	200408	深交所	000971	湖北迈亚	2004-8-27	0.13	2337.50
650	200409	上交所	600640	中卫国脉	2004-9-2	0.03	1204.11

续表 13 Continued 13

序号 No.	年月 Month	交易所 Exchange	公司代码 Code	公司简称 Companies	红利派发日 Data	每股现金红利	现金分配合计(万元) Total Dividend
651	200409	上交所	600555	茉 织 华	2004-9-8	0.15	4867.50
652	200409	上交所	900955	茉织华 B	2004-9-8	0.02	199.35
653	200409	上交所	600028	中国石化	2004-9-21	0.04	346809.76
654	200409	深交所	000970	中科三环	2004-9-22	0.12	3045.60
655	200409	上交所	600003	东北高速	2004-9-24	0.05	6066.00
656	200409	深交所	000617	石油济柴	2004-9-27	0.05	520.00
657	200409	上交所	600161	天坛生物	2004-9-28	0.05	1085.00
658	200410	上交所	600717	天 津 港	2004-10-12	0.15	10866.30
659	200410	深交所	000680	山推股份	2004-10-13	0.22	7416.55
660	200410	深交所	000630	铜都铜业	2004-10-15	0.03	1388.62
661	200410	深交所	002004	华邦制药	2004-10-18	0.20	1760.00
662	200410	深交所	000829	赣南果业	2004-10-20	0.03	393.75
663	200410	上交所	600252	中恒集团	2004-10-20	0.03	418.17
664	200410	上交所	600823	世茂股份	2004-10-20	0.10	2364.45
665	200410	深交所	000528	桂柳工 A	2004-10-21	0.20	7268.56
666	200410	深交所	000850	华茂股份	2004-10-21	0.01	683.53
667	200410	上交所	600301	南化股份	2004-10-21	0.19	3517.81
668	200410	上交所	600718	东软股份	2004-10-21	0.60	16887.10
669	200410	上交所	600577	精达股份	2004-10-22	0.10	1080.00
670	200410	深交所	000968	煤 气 化	2004-10-25	0.38	15017.22
671	200410	上交所	600001	邯郸钢铁	2004-10-25	0.30	44599.81
672	200410	深交所	000608	阳光股份	2004-10-29	0.08	1564.50
673	200411	上交所	600475	华光股份	2004-11-2	0.10	1600.00
674	200411	深交所	002011	盾安环境	2004-11-3	0.25	1779.55
675	200411	上交所	600976	武汉健民	2004-11-11	0.10	766.99
676	200411	上交所	600096	云 天 化	2004-11-15	0.08	2886.42
677	200411	上交所	600166	福田汽车	2004-11-18	0.12	5480.39
678	200411	深交所	000930	丰原生化	2004-11-19	0.05	1632.86
679	200411	深交所	002023	海特高新	2004-11-19	0.40	3135.66
680	200412	上交所	600716	耀华玻璃	2004-12-3	0.03	1044.90
681	200412	上交所	600037	歌华有线	2004-12-9	0.30	10530.00
682	200412	深交所	000677	山东海龙	2004-12-30	0.05	1028.37

数据来源:上海、深圳证券交易所

Source:Shanghai、Shenzhen Stock Exchange

5-26 2004年上市公司增发一览表

Summary for Re-Issuing of Listed Companies in 2004

序号 No.	交易所 Exchage	股票代码 Code	公司简称 Companies	增发公告日 Record Data	流通股上市日 Data of listed	主承销商 Lead Underwriter	增发总股数 Shares Changed	每股增发价格 Price	筹资总额 Rised Capital
1	上交所	600296	兰州铝业	2004-1-2	2004-1-16	南方证券股份有限公司	122169811	8.48	1035999997
2	深交所	200725	京东方B	2004-1-10	2004-4-16	南方证券股份有限公司	316400000	6.32	2135067200
3	上交所	600415	小商品城	2004-3-17	2004-4-1	南方证券股份有限公司	20938628	16.62	347999997
4	上交所	600825	华联超市	2004-6-16	2004-7-5	中国科技证券有限责任公司	64581612	9.68	625150004
5	上交所	600005	武钢股份	2004-6-17	2004-7-5	中信证券股份有限公司	1410424000	6.38	8998505120
6	上交所	600130	波导股份	2004-7-14	2004-8-3	中国银河证券有限责任公司	32000000	14.28	456960000
7	深交所	200160	帝 贤 B	2004-7-15	2004-10-22	南方证券股份有限公司	150000000	3.32	533000000
8	上交所	600098	广州控股	2004-8-2	2004-8-18	中信证券股份有限公司	120000000.00	8.20	984000000
9	深交所	000625	长安汽车	2004-8-18	2004-9-6	西南证券有限责任公司	148850000.00	7.39	1100001500
10	上交所	600400	红豆股份	2004-9-2	2004-9-23	华龙证券有限责任公司	35800000.00	8.20	293560000
11	上交所	600567	山鹰纸业	2004-12-1	2004-12-16	江南证券有限责任公司	98834499.00	4.29	424000001
12	深交所	000402	金 融 街	2004-12-2	2004-12-22	国泰君安证券股份有限公司	76000000.00	9.30	706800000
13	上交所	600320	振华港机	2004-12-16	2004-12-31	华欧国际证券有限责任公司	114280000.00	8.75	999950000
14	上交所	600383	金地集团	2004-12-23	2005-1-6	南方证券股份有限公司	100000000.00	8.98	898000000

数据来源:上海、深圳证券交易所
Source:Shanghai、Shenzhen Stock Exchange

5-27 2004年上市公司职工股上市一览表

Summary for Staff Shares of Listed Companies in 2004

年月 Month	交易所 Exchange	公司代码 Code	公司简称 Companies	上市日期 Data	上市内部职工股数 Negotiable Staff Shares	总股本 Total Shares	未流通股本 Non-Negotiable Shares	已流通股合计 Negotiable Shares
200402	上交所	600250	南纺股份	02-05-04	2912400	198994200	113581800	85412400
200403	上交所	600272	开开实业	03-01-04	15000000	243000000	103000000	140000000
200403	上交所	600321	国栋建设	03-16-04	12500000	175200000	92700000	82500000
200404	深交所	000725	京 东 方	04-16-04	316400000	397924800	577940000	975864800
200404	上交所	600568	潜江制药	04-23-04	948000	72860000	36912000	35948000
200405	上交所	600329	中新药业	05-10-04	22950000	369654360	206704360	162950000
200407	上交所	600556	北生药业	07-26-04	119000	126000000	62433000	63567000
200408	上交所	600569	安阳钢铁	08-02-04	300000000	2018235389	1305735389	712500000
200408	上交所	600322	天房发展	08-06-04	73781500	423707417	228925917	194781500
200408	上交所	600596	新安股份	08-06-04	28356000	227987617	124831617	103156000
200412	上交所	600331	宏达股份	12-06-04	3200000	416000000	249600000	166400000

数据来源:上海、深圳证券交易所
Source:Shanghai、Shenzhen Stock Exchange

5-28 上海证券交易所上市公司名录
List of Listed Companies in Shanghai Stock Exchange

代码 Code	公司全称 Companies	主营业务范围 Fields	行业代码 Industries Code	董事长 Board Chairman	地 址 Address	电话 Telephone Number
600000	上海浦东发展银行股份有限公司	金融与信托投资业务	I01	张广生	上海市浦东南路500号	021-63611226
600001	邯郸钢铁股份有限公司	黑色金属产冶炼及压延加工	C65	刘如军	河北省邯郸市复兴路232号	0310-6075599
600002	中国石化齐鲁股份有限公司	石油加工及炼焦	C41	张瑞生	山东省淄博高新技术产业开发区	0533-3583728
600003	东北高速公路股份有限公司	公路开发、建设、养护、经营	F11	张晓光	长春市高新开发区硅谷大街4000号	0431-4622168
600004	广州白云国际机场股份有限公司	航空过港服务	F11	刘子静	广州市机场路282号	020-86122361
600005	武汉钢铁股份有限公司	冶金产品及副产品	C65	刘本仁	武汉市青山区沿港路3号	027-86306023
600006	东风汽车股份有限公司	汽车、汽车发动机及其零部件、铸件	C75	苗 圩	湖北省襄樊市高新技术产业开发区春园西路4号	0710-3396805
600007	中国国际贸易中心股份有限公司	宾馆、楼宇出租经营	K39	杨文生	北京市建国门外大街1号	010-65052288
600008	北京首创股份有限公司	公用基础设施的投资及投资管理	K01	刘晓光	北京市北三环东路8号静安中心7层	010-64689035
600009	上海国际机场股份有限公司	航空过港服务	F11	俞吾炎	上海市浦东启航路900号	021-68341609
600010	内蒙古包钢钢联股份有限公司	冶金产品及副产品	C65	曹中魁	包头市昆区河西工业区	0472-2189515
600011	华能国际电力股份有限公司	投资、建设、经营管理电厂及其他相关企业	D01	李小鹏	北京市复兴门南大街丙2号(天银大厦C段西区)	010-66491009
600012	安徽皖通高速公路股份有限公司	高速公路投资、开发	F11	王 水	安徽省合肥市长江西路669号	0551-5338681
600015	华夏银行股份有限公司	银行业	I01	刘海燕	北京市东城区建国门内大街22号	010-85238888
600016	中国民生银行股份有限公司	银行业	I01	经叔平	北京市西城区复兴门内大街2号	010-58560807
600018	上海港集装箱股份有限公司	集装箱储运	F11	陈戌源	上海市港华路	021-56441469
600019	宝山钢铁股份有限公司	钢铁冶炼	C65	谢企华	上海市宝山区富锦路果园	021-26647000
600020	河南中原高速公路股份有限公司	高等级公路、桥梁投资、经营	F11	宋春雷	郑州市中原路93号	0371-67717696
600021	上海电力股份有限公司	电力、热力的生产、经营	D01	丁中智	上海市浦东南路1888号	021-51171078
600022	济南钢铁股份有限公司	钢铁冶炼生产销售	C67	陈启祥	济南市工业北路21号	0531-8865480
600026	中海发展股份有限公司	沿海、远洋货物运输、船舶买卖等	F07	李绍德	上海市浦东源深路168号	021-65967160
600028	中国石油化工股份有限公司	石油、天然气开采销售	B03	陈同海	北京市朝阳区惠新东街甲六号	010-64990482
600029	中国南方航空股份有限公司	航空客货运输	F09	刘绍勇	广东省广州市经济技术开发区	020-86124737
600030	中信证券股份有限公司	证券业务	I21	王东明	深圳市罗湖区湖贝路1030号海龙王大厦	010-84864818
600031	三一重工股份有限公司	建筑工程机械、通用设备、机电设备等	C75	梁稳根	湖南省长沙经济技术开发区	0731-4031555
600033	福建发展高速公路股份有限公司	开发经营公路等	F03	唐建辉	福州市杨桥东路118号宏杨新城2座	0591-7077366
600035	湖北楚天高速公路股份有限公司	对公路、桥梁和其他交通基础设施的投资经营	F11	贺长松	武汉市汉阳区龙阳大道9号	027-84863942
600036	招商银行股份有限公司	存款、贷款;结算、票据;代理发行、代理兑付	I01	秦 晓	深圳市福田区深南大道7088号	0755-83195105
600037	北京歌华有线电视网络股份有限公司	有线电视网络开发经营	L20	张 淼	北京市海淀区花园北路35号东门	010-82085826
600038	哈飞航空工业股份有限公司	航空产品及零部件的开发、设计研制、生产和销售等	C75	王 斌	哈尔滨市高新技术开发区集中开发区34号楼	0451-8528350
600039	四川路桥建设股份有限公司	公路、桥梁、隧道工程施工	E01	孙 云	成都高朋大道11号科技工业园F-59号	028-85076365
600050	中国联合通信股份有限公司	电信业的投资	G85	常小兵	上海市世纪大道88号金茂大厦40楼	021-50473188
600051	宁波联合集团股份有限公司	能源、交通、通讯及市政基础设施	M	何大元	宁波开发区	0574-86222320
600052	浙江广厦股份有限公司	房地产开发、销售、水电开发	J01	楼江跃	东阳市振兴路1号	0571-87969988
600053	江西纸业股份有限公司	纸及纸制品、纸浆、造纸机械、造纸原料	C31	宗伟民	江西南昌市董家窑112号	0791-8624842

续表 1　Continued 1

代码 Code	公司全称 Companies	主营业务范围 Fields	行业代码 Industries Code	董事长 Board Chairman	地　址 Address	电话 Telephone Number
600054	黄山旅游发展股份有限公司	旅游服务,旅游资源开发等	K34	江　山	安徽黄山市黄山风景区温泉	0559-5561113
600055	北京万东医疗装备股份有限公司	各类医疗器械的生产和销售	C73	许家驹	北京市酒仙桥路5号	010-85892598
600056	中技贸易股份有限公司	经营商品和技术进出口,国际招标采购	H21	韩本毅	北京市西三环北路21号久凌大厦公寓楼	010-67121157
600057	夏新电子股份有限公司	声像电子产品及其他机械电子产品、房地产等	C55	柳学宏	厦门市体育路45号	0592-5058123
600058	五矿发展股份有限公司	进出口贸易、国内贸易、仓储、酒店等	H21	周中枢	北京市海淀区三里河路5号	010-68494208
600059	浙江古越龙山绍兴酒股份有限公司	绍兴黄酒的生产和销售	C05	傅建伟	浙江绍兴市北海桥	0575-5158435
600060	青岛海信电器股份有限公司	电视机、广播电视设备及电子计算机	C55	于淑珉	山东青岛经济技术开发区团结路18号	0532-3889556
600061	中纺投资发展股份有限公司	纺织原材料、跨行业新材料	C47	常俊传	上海浦东商城路219号胜康廖市大厦	021-62818888
600062	北京双鹤药业股份有限公司	医药制造	C81	卫华诚	北京市望京利泽东二路1号	010-64742227
600063	安徽皖维高新材料股份有限公司	高档化纤纺织面料	C47	陈信生	安徽省巢湖市皖维路56号	0565-2317280
600064	南京新港高科技股份有限公司	高新技术产业投资、开发;市政基础设施建设等	J01	徐益民	南京经济技术开发区内	025-85800728
600065	大庆联谊石化股份有限公司	石油炼制、石油开采、石油化工等产品及国内商业	C41	李秀军	黑龙江省大庆市大同区林源南街5号	0459-6717944
600066	郑州宇通客车股份有限公司	客车及配件、附件制造,机械加工;汽车及其配件、附件销售等	C75	汤玉祥	郑州市高新技术产业开发区重阳街70号	0371-66806316
600067	冠城大通股份有限公司	电磁线、高低压架空线、电缆、信息传输线的生产与销售,房地产开发等	C76	韩国龙	福州市开发区快安延伸区创新楼	0591-3350029
600068	葛洲坝股份有限公司	建筑工程承包施工和水泥生产等	E01	杨继学	武汉市解放大道558号葛洲坝大酒店15层	027-83777626
600069	河南银鸽实业投资股份有限公司	纸张、纸浆及其深加工产品、电、房地产等	C31	杨松贺	河南省漯河市人民东路95号	0395-2355611
600070	浙江富润股份有限公司	纺织原料及药品等	C11	赵林中	浙江省诸暨市	0575-7016551
600071	凤凰光学股份有限公司	光学镜头、照相器材、光学加工、机械加工	C78	王熙晏	江西省上饶市光学路1号	0793-8259547
600072	江南重工股份有限公司	生产钢结构、压力容器、港口设备等	C73	陈金海	上海市上川路361号	021-53023456
600073	上海梅林正广和股份有限公司	资产经营、电子商务、食品、食品用原辅料	C03	俞友涌	上海浦东川桥路1501号	021-65419725
600074	江苏中达新材料集团股份有限公司	双向拉伸聚酯薄膜、双向拉伸聚丙烯膜、聚乙烯薄膜等	C49	石纪闵	南京经济技术开发区高新技术工业园	025-6684039
600075	新疆天业股份有限公司	农膜、农用塑料管材、PVC食品与烟草包装膜等	A01	郭庆人	新疆石河子北一路西	0993-2623118
600076	潍坊北大青鸟华光科技股份有限公司	电子出版系统及光机电一体化设备、计算机及应用系统、程控交换机等	G81	周燕军	山东省潍坊市高新技术产业开发区北宫东街6号	0536-2991601
600077	辽宁国能集团(控股)股份有限公司	电子通讯产品;半导体材料及半导体制冷产品;核能检测设备;干燥设备等	G81	刘树元	沈阳市和平区三好街55号沈阳信息大厦1707号	024-22702620
600078	江苏澄星磷化工股份有限公司	化工原料及化工产品生产销售	C43	周忠明	江苏省江阴市花山路208号	0510-6281316
600079	武汉人福高科技产业股份有限公司	化工、生物工程、电子、通信、新材料、光机电一体化等技术及产品的开发、研制	M	艾路明	武汉市武昌洪山区鲁磨路369号当代科技大厦	027-87597232
600080	金花企业(集团)股份有限公司	生物制药、旅游开发、影视及软件开发等	C81	吴一坚	西安高新技术产业开发区高新3路(710075)	029-88404118
600081	东风电子科技股份有限公司	研究、开发、制造发动机电喷系统部件、ABS防抱死制动系统部件等汽车电子系统产品	C75	欧阳洁	浦东新金桥路828号	021-62033003
600082	天津海泰科技发展股份有限公司	商品进出口;中外合资经营、三来一补业务	J01	王卫东	天津市华苑产业区物华道2号海泰火炬创业园C座	022-23078897

续表 2 Continued 2

代码 Code	公司全称 Companies	主营业务范围 Fields	行业代码 Industries Code	董事长 Board Chairman	地 址 Address	电话 Telephone Number
600083	成都博讯数码技术股份有限公司	电子元器件和通信设备生产经营	C51	刘国真	成都市科华北路58号亚太广场5楼	0769-2906116
600084	新天国际经贸股份有限公司	国内外工程承包等	H21	贾伯炜	新疆乌鲁木齐市红山路40号	0991-8871867
600085	北京同仁堂股份有限公司	制造、销售中成药、西药饮片、中药材、保健品、化妆品等	C81	殷顺海	北京市宏达北路10号商务大楼	010-67054601
600086	湖北多佳股份有限公司	纺织品、服装、百货、建筑材料等	C13	赵兴龙	湖北省鄂州市武昌大道298号	027-87592157
600087	南京水运实业股份有限公司	石油及制品、化学制品及其他货物仓储运输	F07	刘锡汉	南京经济技术开发区	025-83283904
600088	中视传媒股份有限公司	影视基地的开发和经营，影视设备租赁，旅游商品销售等	L10	高建民	上海浦东福山路450号新国际大厦17层A座	021-68765168
600089	特变电工股份有限公司	变压器、电线电缆	C76	张 新	新疆昌吉市延安南路52号	0994-2724766
600090	新疆啤酒花股份有限公司	啤酒花、啤酒花制品	C01	艾克拉木艾沙由夫	乌鲁木齐市民主路81号	0991-2835219
600091	包头明天科技股份有限公司	基础化工原料产品，信息产业，远程网络教育，环保设备	C43	程东胜	包头稀土高新技术产业开发区曙光路22号	0472-2207068
600092	陕西精密合金股份有限公司	金属材料及元器件的生产、加工、销售；国内贸易	C67	赵岗	西安高新技术产业开发区高新1路19号(710075)	029-84610536
600093	四川禾嘉股份有限公司	农产品种植、加工、销售；食品加工机械的生产服务等	A01	夏朝嘉	四川省成都市高新技术开发区九兴大道3号	028-85150688
600094	上海华源股份有限公司	化学纤维开发、生产	C47	吴云生	上海市陆家嘴东路161号招商局大厦31楼	021-58787570/58799888
600095	哈尔滨高科技(集团)股份有限公司	高新技术产品开发、生产、销售	C01	杨登瑞	哈尔滨开发区迎宾路集中区天平路2号	0451-84348141
600096	云南云天化股份有限公司	化肥、化工产品、化工原料的生产、销售等	C43	李如岗	云南省水富县云富镇	0870-8663006
600097	浙江华立科技股份有限公司	电力自动化系统设备开发生产；农业投资	C76	汪力成	海南省海口市国贸大道45号银通大厦	0571-88471777
600098	广州发展实业控股集团股份有限公司	基础设施项目投资经营	D01	杨丹地	广州市东风中路509号建银大厦27、29楼	020-83606539
600099	林海股份有限公司	摩托车发动机、摩托车、小型汽油机和林业机械	C75	陆海民	江苏省泰州市泰九路14号	0523-6551888
600100	清华同方股份有限公司	计算机及信息技术；精细化工生物制药等	G87	荣泳霖	北京市海淀区清华园清华同方大厦	010-82399888
600101	四川明星电力股份有限公司	电力工程、线路及设备安装，自来水生产，宾馆服务等	D01	周益明	四川省遂宁市明月路88号	0825-2210076
600102	莱芜钢铁股份有限公司	金属冶炼及压延加工	C65	李名岷	山东省莱芜市钢城	0634-6820601
600103	福建省青山纸业股份有限公司	造纸及纸制品生产销售	C31	刘天金	福建省福州市马尾经济技术开发区君竹路	0598-5658918
600104	上海汽车股份有限公司	机动车整车、总成及零部件	C75	胡茂元	上海市张江高科技园区碧波路25号	021-50803808
600105	江苏永鼎股份有限公司	通信电缆、通信光缆及其他通信设备、铜丝的制造、销售	G81	莫林弟	江苏省吴江市芦墟镇	0512-63272395
600106	重庆路桥股份有限公司	大桥经营维护管理，桥梁建设和基础设施建设等	F11	江 津	重庆南坪经济技术开发区丹龙路1号	023-62803632
600107	湖北美尔雅股份有限公司	服装及其他纤维制品制造；办公自动化设备	C13	杨闻孙	湖北省黄石市消防路29号	0714-6360299
600108	甘肃亚盛实业(集团)股份有限公司	高科技农业新技术、新产品开发	A01	周长生	甘肃省兰州市张掖路219号基隆大厦20层	0931-8856389
600109	成都城建投资发展股份有限公司	日用百货、针纺织品、五金交电、办公机械等	H01	张思冰	成都市青羊区小河街12号	028-86139010
600110	中科英华高技术股份有限公司	热缩材料、高分子材料、电线电缆、电工器材	C99	陈 远	吉林省长春市高新技术开发区火炬路286号	0431-51610882

续表 3 Continued 3

代码 Code	公司全称 Companies	主营业务范围 Fields	行业代码 Industries Code	董事长 Board Chairman	地 址 Address	电话 Telephone Number
600111	内蒙古包钢稀土高科技股份有限公司	稀土精矿、稀土深加工产品、稀土新材料的生产、销售	C67	崔 臣	内蒙古包头市稀土高新技术产业开发区	0472-2207525
600112	贵州长征电器股份有限公司	高低压电器成套装置、高低压电器元件	C76	潘 琦	贵州省遵义市上海路100号	0852-8622952
600113	浙江东日股份有限公司	玻璃钢大口径管道、管接头、管配件生产和灯具市场的租赁经营	C99	郑念鸿	浙江省温州市矮凳桥92号	0577-88852188
600114	宁波东睦新材料股份有限公司	铁基、铜基机械设备零部件制造,合金粉末技术咨询服务	C69	芦德宝	宁波市江东南路147号	0574-87841061
600115	中国东方航空股份有限公司	航空运输业务及延伸服务;航空器维修、代理	F09	叶毅干	上海市浦东国际机场机场大道66号	62686268-30920
600116	重庆三峡水利电力(集团)股份有限公司	发电、供电、供水、水产养殖	D01	胡成培	重庆市万州区鸽子沟72号	023-63801161
600117	西宁特殊钢股份有限公司	特殊钢冶炼及压延、机械设备制造,科技咨询服务等	C65	李 全	青海省西宁市	0971-5299089
600118	中国天地卫星股份有限公司	卫星及相关产品研发、制造、销售,旅游项目投资	C99	芮晓武	北京市海淀区阜成路16号	010-68768890;68371188
600119	长发集团长江投资实业股份有限公司	实业投资、国内贸易、房地产、信息咨询服务	M	居 亮	上海市浦东世纪大道1500号	021-68407009
600120	浙江东方集团股份有限公司	进出口贸易、进口商品的国内销售、仓储、运输,实业投资开发	H21	刘宁生	浙江省杭州市广春路199号	0571-87215009
600121	郑州煤电股份有限公司	煤炭生产及销售、发电、输变电以及煤炭、电力机械设备安装等	D01	李国安	河南郑州航海西路金苑小区	0371-6591159
600122	江苏宏图高科技股份有限公司	计算机软件、系统集成及网络设备等	G81	张 琉	南京市浦口高新区03栋2楼	025-83274691
600123	山西兰花科技创业股份有限公司	煤炭、型煤、型焦、化工产品、建筑材料的生产、销售	B01	贺贵元	山西省晋城市泽州路181号	0356-2040123
600125	中铁铁龙集装箱物流股份有限公司	铁、公、水路运输服务;仓储;旅游等	F01	郭敏杰	大连高新技术产业园区七贤岭产业化基地高新街3号	0411-82810881
600126	杭州钢铁股份有限公司	钢铁及其压延产品的生产和销售	C65	童云芳	浙江杭州市半山路178号	0571-88132917
600127	湖南金健米业股份有限公司	开发、生产、销售粮油及制品、饲料、新型食品、食品包装材料,旅游	C01	梁宋模	湖南常德市德山经济科技开发区崇德路	0736-7308643
600128	江苏弘业股份有限公司	工艺品等商品的进出口业务,承办中外合资业务等	H21	刘绥芝	南京市中华路50号	025-52308738
600129	重庆太极实业(集团)股份有限公司	医药制造、包装制品、医疗器械产销及中药材、药用包装的进出口业务	C81	白礼西	重庆市涪陵区太极大道1号	023-89886719
600130	宁波波导股份有限公司	电子通讯产品、计算机及配件、现代办公设备和太阳能电源	G81	徐立华	浙江省奉化市城山路99号	0574-88918855
600131	四川岷江水利电力股份有限公司	供水、发电、售电、水产养殖等	D01	何源森	四川省汶川县下索桥	028-87731485
600132	重庆啤酒股份有限公司	啤酒生产、销售等	C05	华正兴	重庆市石桥铺石杨路16号	023-68629476
600133	武汉东湖高新集团股份有限公司	高新技术产品、技术服务;科技工业园开发及管理	M	何世虎	武汉市洪山区华光大道1号东湖高新大楼	027-87172003
600135	乐凯胶片股份有限公司	感光材料产品的生产、科研、销售及相关业务	C43	杜昌焘	河北省保定市朝阳大街68号	0312-7922838
600136	武汉道博股份有限公司	生物制品、电子及环境工程的研究、开发、生产与销售	M	刘家清	武汉市汉南区纱帽镇汉南大道367号	027-87513248
600137	四川长江包装控股股份有限公司	造纸及纸制品生产,一类汽车修理、造纸机械安装	C31	杨盛奎	四川省宜宾市马鞍石	0831-7115013
600138	中青旅控股股份有限公司	旅游、高科技、风险投资、证券行业的投资	K34	张 骏	北京市知春路128号泛亚大厦八层	010-65679900-7303

续表 4　Continued 4

代码 Code	公司全称 Companies	主营业务范围 Fields	行业代码 Industries Code	董事长 Board Chairman	地　址 Address	电话 Telephone Number
600139	绵阳高新发展(集团)股份有限公司	电工专用设备、金属制品、普通机械、汽车配件	G83	王　勇	四川省绵阳高新区火炬大厦B区	0816-8090030
600141	湖北兴发化工集团股份有限公司	磷化工系列产品、化学制品、百货、副食品等	C43	牛　涛	湖北省宜昌市兴山县古夫镇昭君路昭君山庄	0717-2587999
600143	广州金发科技股份有限公司	塑料、化工产品、日用机械、金属制品新材料开发、生产	C49	袁志敏	广州市天河北路890号国际科贸中心12楼	020-87011288
600145	重庆四维瓷业(集团)股份有限公司	制造和销售陶瓷产品、装修材料等	E05	王兴国	重庆市江津油溪镇	023-61088888
600146	宁夏大元化工股份有限公司	燃料油、液化气、重油、石脑油、氢氧化钾、聚丙烯等	C41	徐　斌	银川经济开发区经天东路南侧8号	0951-6199875
600148	长春一东离合器股份有限公司	生产和销售汽车离合器、农用车离合器	C75	姜成颜	吉林省长春市繁荣路17-1号	0431-5173591
600149	华夏建通科技开发股份有限公司	各类轧辊、大型铸、锻件、机械设备	C71	何　强	河北省邢台市新兴西路1号	0319-2116168
600150	沪东重机股份有限公司	船用柴油机及备配件、铸锻件、陆用电站、冶金设备、工程机械等	C73	周建能	上海市浦东大道2851号	021-58461891
600151	上海航天汽车机电股份有限公司	汽车零部件、机械加工及设备、电子电器、航天产品等	C75	曲　雁	上海市浦东榕桥路661号	021-64827176
600152	宁波维科精华集团股份有限公司	纺织产品生产销售	C11	周正一	宁波市和义路99号	0574-87341480
600153	厦门建发股份有限公司	进出口贸易、港口贸易配套服务	H21	王宪榕	厦门市鹭江道52号海滨大厦六楼	0592-2132319
600155	河北宝硕股份有限公司	塑料制品、塑料管材等	C49	周　山	河北省保定国家高新技术产业开发区朝阳北路176号	0312-3109607
600156	湖南华升益鑫泰股份有限公司	苎麻纺织品、服装及维尼纶系列产品的生产、销售与出口	C11	徐春生	湖南省长沙市芙蓉中路三段420号	0731-5237877
600157	泰安鲁润股份有限公司	润滑油、油脂添加剂;液化气;装饰装璜、房地产开发	M	王振宣	山东省泰安市青年路111号	0538-8201817
600158	中体产业集团股份有限公司	体育产品、体育场馆设施、开发、经营、贸易等	K99	魏纪中	天津市武清开发区3号路	010-65536158-121
600159	内蒙古宁城老窖生物科技股份有限公司	酒类、天然保健饮品、饲料生产与销售	C05	尹殿增	内蒙古赤峰市宁城县八里罕镇	0476-4800167
600160	浙江巨化股份有限公司	化工原料及后续产品和化肥、农药的生产与销售	C43	叶志翔	浙江省衢州市柯城区	0570-3091704
600161	北京天坛生物制品股份有限公司	生物制品、体外诊断试剂	C85	刘开勇	北京市海淀区紫竹院南路17号	010-65762911
600162	山东香江控股股份有限公司	专用设备生产与销售	C73	翟美卿	山东省临沂市金雀山路17号	0539-8308809
600163	福建省南纸股份有限公司	造纸及副产品	C31	黄国英	福建省南平市滨江北路177号	0599-8808806
600165	宁夏恒力钢丝绳股份有限公司	钢丝制品	C69	苑尔卓	宁夏银川市	0952-3671240
600166	北汽福田汽车股份有限公司	农用车、柴油汽车、摩托车、机械电器设备	C75	安庆衡	北京市昌平区沙河镇沙阳路	010-80716459
600167	沈阳新区开发建设股份有限公司	服装、纺织品生产	J01	赵家祯	沈阳市浑南新区世纪路1号	024-23904434
600168	武汉三镇实业控股股份有限公司	城市基础设施的投资、建设和经营	D05	陈莉茜	武汉经济技术开发区联发大厦	027-85600546
600169	太原重工股份有限公司	专用设备制造	C73	岳普煜	山西太原高新技术产业开发区	0351-6361155
600170	上海建工股份有限公司	建设工程总承包、设计、施工等	E01	徐　征	上海市浦东新区福山路33号	021-68872178
600171	上海贝岭股份有限公司	电子元器件设计、制造、销售与技术服务	C51	方培琦	上海市宜山路810号	021-64853333
600172	河南黄河旋风股份有限公司	金刚石制品,建筑、装修磨削机具	C61	乔秋生	河南省长葛市人民路200号	0374-6165530
600173	黑龙江省牡丹江新材料科技股份有限公司	硅酸盐水泥、特种水泥及水泥制品	C61	王奎廷	黑龙江省牡丹江市温春镇	0453-6497427
600175	美都控股股份有限公司	旅游业及相关产品开发	K32	闻掌华	杭州市湖墅南路古河巷56号	0571-88301605
600176	中国玻纤股份有限公司	玻璃纤维及其制品,建筑功能材料	C43	曹江林	北京市海淀区紫竹院南路2号	010-88412266
600177	雅戈尔集团股份有限公司	服装服饰产品的设计、制造、销售及进出口贸易等	C13	李如成	浙江宁波雅戈尔大道1号	0574-87425136

续表 5 Continued 5

代码 Code	公司全称 Companies	主营业务范围 Fields	行业代码 Industries Code	董事长 Board Chairman	地 址 Address	电话 Telephone Number
600178	哈尔滨东安汽车动力股份有限公司	汽车发动机、变速器、零部件	C75	刘洪德	哈尔滨市南岗区高新技术开发区13栋	0451-86528173
600179	黑龙江黑化股份有限公司	石油加工和焦化产品	C41	阎树忠	黑龙江省齐齐哈尔市富拉基尔区向阳大街2号	0452-8927411
600180	山东九发食用菌股份有限公司	食用菌产品、生物制品的生产销售	A01	蒋绍庆	山东烟台南大街248号	0535-6623880
600181	云大科技股份有限公司	农药、植物生长调节剂及生化制品等	C43	冯兆一	昆明市国家高新技术产业开发区科医路	0871-8350069
600182	桦林轮胎股份有限公司	轮胎、轮胎原辅材料及橡胶制品	C48	吴庆荣	黑龙江省牡丹江市桦林镇	021-63353000-116
600183	广东生益科技股份有限公司	仪器仪表及电子产品	C76	李 锦	广东省东莞市万江工业开发区	0769-2271828
600184	湖北新华光信息材料股份有限公司	光学玻璃及光电子材料	C61	詹祖盛	湖北省襄樊市长虹北路129号	0710-3349838
600185	西安海星现代科技股份有限公司	计算机相关设备制造	K10	荣 海	陕西省高新技术产业开发区科技二路62号	029-82307605
600186	河南莲花味精股份有限公司	味精及其副产品的生产与销售	C03	郑献锋	河南省项城市莲花大道18号	0394-4298666
600187	黑龙江黑龙股份有限公司	造纸和冰雪运动器材的生产与销售	C31	张伟东	黑龙江省齐齐哈尔市龙沙区长青路27号	0452-5982436
600188	兖州煤业股份有限公司	煤炭的开采、洗选和销售	B01	王 信	山东省邹城市凫山路40号	0537-5382319
600189	吉林森林工业股份有限公司	森林采伐和运输,林化产品加工和销售、进出口贸易	A03	田树华	吉林长春人民大街114号	0431-8912969
600190	锦州港股份有限公司	港务管理经营	F11	关国亮	锦州经济技术开发区锦港大街一段1号	0416-3586462
600191	包头华资实业股份有限公司	食品加工、电子元器件、制糖机械设备	C01	张洪新	包头市国家稀土高新技术产业开发区南路	0472-4190473
600192	兰州长城电工股份有限公司	电器元件、电器机城生产和销售	C76	张晓喜	兰州市城关区农民巷125号	0931-8415912
600193	厦门创兴科技股份有限公司	水产品、饲料加工、养殖,蔬果冷冻、保鲜,进出口贸易	M	陈榕生	厦门市杏林区莞亭区89号	0592-5311857
600195	中牧实业股份有限公司	食品加工及进出口	C01	区仲生	北京市丰台区星火路1号	01083607506;83607777
600196	上海复星实业股份有限公司	生物医药、试剂、医疗器械等	C81	郭广昌	上海市曹杨路510号9楼	021-63325070
600197	新疆伊力特实业股份有限公司	白酒、农业综合开发,农副产品	C05	徐勇辉	新疆新源县肖尔布拉克	0991-3667490
600198	大唐电信科技股份有限公司	通信设备和系统	G81	周 寰	北京市海淀区学院路40号	010-62302130
600199	安徽金牛实业股份有限公司	黄牛繁育、饲料、生化制品等	C05	锁炳勋	安徽省阜阳市河滨路302号	0558-2210568
600200	江苏吴中实业股份有限公司	服装、贸易、房地产、原料药、注射剂等	M	赵唯一	江苏省苏州市吴中区宝带东路388号	0512-65626898
600201	内蒙古金宇集团股份有限公司	生物药品、毛织品、高新技术开发等	C81	张翀宇	内蒙古呼和浩特市鄂尔多斯大街26号	0471-5972266
600202	哈尔滨空调股份有限公司	空气冷却冷凝设备、环保除尘设备、散热器	C76	贾剑涛	哈尔滨市南岗区高新技术产业开发区嵩山路26号	0451-84644521
600203	福建福日电子股份有限公司	电视机、多媒体电子信息产品、通讯设备	C55	刘捷明	福州开发区科技园区快安大道创新楼	0591-83315984
600205	山东铝业股份有限公司	有色金属冶炼及压延加工	C67	刘兴亮	山东省淄博市淄博高新技术产业开发区柳泉路北首	0533-2930136
600206	有研半导体材料股份有限公司	单晶硅、锗,化合物半导体材料及其制品	C99	敖 宏	北京市海淀区北三环中路43号	010-62355380
600207	河南安彩高科股份有限公司	显像管、显示器玻壳、节能灯、电子玻璃管等	C51	李留恩	河南省安阳市铁西区中州路南段	0372-3932916
600208	中宝科控投资股份有限公司	珠宝、黄金饰品加工与销售;矿产地质勘查	C99	沈建伟	浙江省嘉兴市禾兴路366号	021-68765150
600209	罗顿发展股份有限公司	酒店经营、装饰工程、油品经营、网络设备及通信业	M	李 维	海南省海口市人民大道68号	0898-66266364
600210	上海紫江企业集团股份有限公司	PET瓶及瓶坯等容器包装、标签和其他新型包装材料	C99	李 彧	上海市莘庄工业区申富路618号	62377118-810

续表 6 Continued 6

代码 Code	公司全称 Companies	主营业务范围 Fields	行业代码 Industries Code	董事长 Board Chairman	地 址 Address	电话 Telephone Number
600211	西藏诺迪康药业股份有限公司	医药和天然药物制剂、保健品	C81	陈达彬	拉萨市北京中路93号	028-86653915
600212	山东江泉实业股份有限公司	陶瓷制品、搪瓷制品、建筑材料的生产销售	C61	王廷宝	临沂市罗庄区罗庄镇龙潭路东	0539-8246243
600213	扬州亚星客车股份有限公司	汽车零部件的开发、制造、销售及维修	C75	顾雏军	扬州市经济开发区扬子江中路188号	0514-7850400
600215	长春经开(集团)股份有限公司	开发区基础设施、房地产开发建设与经营	J01	江 才	吉林省长春市自由大路5188号	0431-4644225
600216	浙江医药股份有限公司	医药制造和销售	C81	李春波	浙江省杭州市中河路司马渡巷60号	0571-87213883
600217	陕西秦岭水泥(集团)股份有限公司	水泥及水泥深加工产品	C61	兰建文	陕西省耀县县城东郊	0919-6233649
600218	安徽全柴动力股份有限公司	柴油机生产和销售	C71	肖正海	安徽省全椒县襄河镇建设东路70号	0550-5011156
600219	山东南山实业股份有限公司	毛纺织品、服装、铝材、板材等	C67	宋建波	山东省龙口市东江镇前宋村	0535-8616188
600220	江苏阳光股份有限公司	纺织品、服装、纺织机械及配件制造、销售	C11	陈丽芬	江苏省江阴市新桥镇马嘶桥	0510-6121688
600221	海南航空股份有限公司	航空客货运输	F09	陈 峰	海南省海口市机场路168号	0898-66739996
600222	河南竹林众生制约股份有限公司	中成药和西药生产和销售	C81	李景亮	郑州高新技术产业开发区金梭路3号	0371-67982194
600223	山东万杰高科技股份有限公司	化纤新材料、医疗器械、保健用品等	M	孙 峰	山东省淄博市高新技术产业开发区	0533-3585809
600225	华通天香集团股份有限公司	油脂业及农业产品的生产、销售	A01	薛仕成	上海市张江高科技园区郭守敬路351号2号楼6楼A座	021-63372066
600226	浙江升华拜克生物股份有限公司	生物农药、兽药原料药及制剂产品	C43	吴梦根	浙江省湖州市经济技术开发区	0572-8402738
600227	贵州赤天化股份有限公司	尿素的生产及销售	C43	郑才友	贵州省贵阳市新添大道310号	0852-2878518
600228	江西昌九生物化工股份有限公司	尿素、合成氨等化肥化工原料的生产与销售	C43	肖建国	南昌市高新区高新一路创业大厦	0791-8504560
600229	青岛碱业股份有限公司	纯碱、肥料、农药及其他化工产品	C43	罗方辉	青岛市四流北路78号	0532-4822574
600230	河北沧州大化股份有限公司	化肥、化工产品	C43	杨 立	河北省沧州市北环中路66号	0317-3556808
600231	凌源钢铁股份有限公司	黑色金属冶炼和压延加工	C65	高益荣	辽宁省凌源市钢铁路3号	0421-6838259
600232	浙江金鹰股份有限公司	机械、纺织品、黑色及有色金属、机电及机配件等	C11	傅国定	浙江省舟山市	0580-8021228
600233	大连大杨创世股份有限公司	服装、商业贸易,进出口业务	C13	石祥麟	大连市杨树房经济开发小区	0411-87610778
600234	太原天龙集团股份有限公司	食品、针纺织品、百货、五金交电、化工产品	H21	田家俊	太原市迎泽大街291号	0351-4040922
600235	民丰特种纸股份有限公司	造纸及造纸设备	C31	吕士林	浙江省嘉兴市用里街70号	0573-2812992
600236	广西桂冠电力股份有限公司	电力生产与经营	K01	杨庆	广西南宁市民主北四里6号	0771-5697128
600237	安徽铜峰电子股份有限公司	电子元器件生产、销售	C76	陈升斌	安徽省铜陵市石城路168号	0562-2819178
600238	海南椰岛股份有限公司	药酒、饮料、啤酒、医疗保健品、营养食品	C01	张春昌	海南省海口市龙华路43号	0898-66532989
600239	云南红河光明股份有限公司	啤酒、饮料、饲料、建筑材料等	C05	王劲松	云南省开远市西南路120号	0873-7123420
600240	内蒙古仕奇实业股份有限公司	服装、面料的生产销售	C11	丁 澍	呼和浩特市诺和木勒大街54号	0471-5920636
600241	辽宁时代服装进出口股份有限公司	服装、面料辅料的进出口和代理业务	C13	范晓远	大连市中山区港湾街7号	0411-82798317
600242	广东华龙集团股份有限公司	海洋渔业加工生产	A07	岑长篇	广东省阳江市上坑路七号之一	020-85596568
600243	青海华鼎实业股份有限公司	高科技机械产品开发、制造	C71	于世光	青海省西宁市柴达木西路101号	0971-6249618
600246	北京万通先锋置业股份有限公司	农副产品、粮油制品、饲料	J01	张 研	北京市海淀区苏州街29号	010-51737536
600247	吉林物华集团股份有限公司	场地出租、办公自动化设备及配件、废旧物资及闲置物资的经销	H21	成卫文	吉林省吉林市怀德街29号	0432-2491247
600248	杨凌秦丰农业科技股份有限公司	农作物种子及种畜的培育、农业新技术及野生植物资源的研究开发等	A01	庄 峰	杨凌农业高新技术产业示范区新桥北路2号	029-86522223
600249	柳州两面针股份有限公司	口腔卫生用品、妇女卫生用品和洗涤用品等	C43	梁英奇	广西柳州市柳北区长风路2号	0772-2506005
600250	南京纺织品进出口股份有限公司	纺织品进出口	H21	单晓钟	南京市鼓楼区云南北路77号	025-83331629
600251	新疆冠农果茸股份有限公司	果业种植、仓储、加工及销售;农业综合开发;马鹿养殖;机电设备等	A09	王 平	新疆库尔勒市人民西路	0996-2038156
600252	广西梧州中恒集团股份有限公司	城市基础设施的建设和经营	M	黄葆源	广西梧州市蝶山一路3号	0774-5830828
600253	河南天方药业股份有限公司	医药及原料药生产销售	C81	崔晓峰	河南省驻马店市光明路2号	0396-3823517

续表7 Continued 7

代码 Code	公司全称 Companies	主营业务范围 Fields	行业代码 Industries Code	董事长 Board Chairman	地 址 Address	电话 Telephone Number
600255	安徽鑫科新材料股份有限公司	特种材料生产销售	C99	周瑞庭	安徽省芜湖市经济技术开发区珠江路23号	0553-5847323
600256	新疆广汇实业股份有限公司	花岗岩、钢门窗、房地产等	J01	杨铁军	乌鲁木齐市经济技术开发区上海路6号	0991-3719668
600257	湖南洞庭水殖股份有限公司	水产品、水禽养殖、生物工程等	A09	罗祖亮	湖南省常德市建设东路348号桃林酒店三号楼	0736-7223888
600258	北京首都旅游股份有限公司	旅游业经营管理	K32	杨 华	北京市西城区复兴门内大街51号	010-66014466
600259	海南兴业聚酯股份有限公司	化学纤维制造	C13	刘明贵	海南省海口市港澳工业区	0898-68669470
600260	湖北凯乐新材料科技股份有限公司	塑料制品、合成材料、新型建材装饰材料	C49	朱弟雄	湖北省公安县斗湖堤镇城关	0716-5209491
600261	浙江阳光集团股份有限公司	节能电光源、照明电器、仪器设备	C55	陈森洁	浙江省上虞市凤山路485号	0575-2027721
600262	内蒙古北方重型汽车股份有限公司	非公路自卸汽车和铲运机、装载机等工程机械	C73	陈树清	包头稀土高新技术产业开发区	0472-2207888
600263	路桥集团国际建设股份有限公司	公路、桥梁、机场、隧道等土木工程建设	E01	马国栋	北京市海淀区三里河路15号	010-64181166
600265	云南景谷林业股份有限公司	林产化工产品、森林资源培育、木材采运等	A03	马春华	云南省景谷县振兴路83号	0879-5224784
600266	北京城建投资发展股份有限公司	公共建筑等工程建设	E01	刘龙华	北京市海淀区学院南路62号	010-82275516
600267	浙江海正药业股份有限公司	化学原料药、生物医药、中药	C81	白 骅	浙江省台州市椒江区外沙路46号	0571-85278141 \ 68827809
600268	国电南京自动化股份有限公司	电力设备及调度自动化系统	C73	江自生	南京市江宁高新技术开发区中新路	025-83410173
600269	江西赣粤高速公路股份有限公司	交通基础设施投资、管理	F03	吴绍明	南昌高新技术开发区火炬大街998号高新大厦	0791-6504265
600270	中外运空运发展股份有限公司	航空货运、物流	F09	张 斌	北京市西三环北路21号久凌大厦	010-68405606
600271	航天信息股份有限公司	电子及通信设备、计算机应用服务	G83	夏国洪	北京市中关村南大街二号北京科技会展中心写字楼30层	82513232-366
600272	上海开开实业股份有限公司	服装鞋帽、五金家电等	C13	江玉森	上海市万航渡路888号	86-21-62127558
600273	华芳纺织股份有限公司	纺织品、服装制造、出口业务	C11	黄兴如	张家港市塘桥镇人民南路1号	0512-58438202
600275	湖北武昌鱼股份有限公司	水产品养殖、蔬菜种植	A07	傅小安	湖北省鄂州市鄂城区南浦南路特一号	0711-3200331
600276	江苏恒瑞医药股份有限公司	医药制造	C81	孙飘扬	江苏连云港经济技术开发区黄河路38号	0518-5465745
600277	内蒙古亿利科技实业股份有限公司	无机化学品、医药产品生产、销售	C43	王瑞丰	内蒙古鄂尔多斯市鄂尔多斯西街亿利科技大厦	0477-8372708
600278	东方国际创业股份有限公司	商品及技术进出口业务	H21	蔡鸿生	上海市浦东陆家嘴路166号	021-62785489
600279	重庆港九股份有限公司	内河货物运输、船舶修理	F11	张延礼	重庆市九龙坡区盘龙镇盘龙五村113-13号	023-63100830
600280	南京中央商场股份有限公司	百货、食品、服装、五金交电化工等商品的零售等	H11	胡晓军	南京市白下区中山南路79号	025-84728470
600281	太原化工股份有限公司	化学原料及化工产品制造	C43	余乾元	太原市学府西街高科技园区Ⅵ-5区	0351-5638123
600282	南京钢铁股份有限公司	黑色金属冶炼及压延加工	C65	肖同友	江苏省南京市六合区卸甲甸	025-57052160，7072486
600283	钱江水利开发股份有限公司	水力发电、水利资源开发	D01	何中辉	浙江省杭州市天目山路166号	0571-87974386
600284	上海浦东路桥建设股份有限公司	基础设施施工，设备安装	E01	葛培健	上海浦东佳林路1028号	58206677-208
600285	河南羚锐制药股份有限公司	中药生产和销售	C81	熊维政	河南省新县向阳路232号	0397-2989188
600286	湖南国光瓷业集团股份有限公司	陶瓷产品生产销售	C61	陈旭光	株洲市高新技术产业开发区创业服务中心A1栋3层	0731-4330333
600287	江苏舜天股份有限公司	纺织服装产品的生产、加工和进出口贸易	H21	董启彬	江苏省南京市建邺路98号	025-84208688
600288	大恒新纪元科技股份有限公司	光学、激光、红外元器件及设备、办公自动化设备、医疗器械	G81	张家林	北京市中关村大街22号中科大厦十一层	010-62628443

续表8 Continued 8

代码 Code	公司全称 Companies	主营业务范围 Fields	行业代码 Industries Code	董事长 Board Chairman	地 址 Address	电话 Telephone Number
600289	亿阳信通股份有限公司	计算机软、硬件技术及应用系统集成;通讯技术等	G87	张小红	哈尔滨市南岗区嵩山路高科技开发区1号楼	010-82666789
600290	苏福马股份有限公司	林业机械、木工机械、柴油发动机的制造、销售	C73	蒋祖辉	江苏省苏州市新区何山路378号	0512-67513621
600291	内蒙古西水创业股份有限公司	水泥、熟料的制造、销售,计算机硬件销售及软件开发	C61	胡佃平	内蒙古呼和浩特	0473-4661666
600292	重庆九龙电力股份有限公司	电力生产,机电设备,电子元件等	D01	田 勇	重庆市高新技术产业开发区九龙园区盘龙村113号	023-68637303
600293	湖北三峡新型建材股份有限公司	建材的科研、开发与生产销售	C99	徐 麟	湖北省当阳市经济技术开发区	0717-3280108
600295	内蒙古鄂尔多斯羊绒制品股份有限公司	羊绒制品的生产和销售	C13	王林祥	内蒙古鄂尔多斯市东胜区达拉特南路102号	0477-8543509
600296	兰州铝业股份有限公司	铝冶炼、铝材加工	C67	冯诗伟	兰州市城关区东岗西路316号	0931-7549414
600297	大连美罗药业股份有限公司	原料药、生化药、保健品生产和销售	C81	张成海	大连高新技术产业园区七贤岭敬贤街29号	0411-3631991
600298	安琪酵母股份有限公司	酵母及深加工产品、生物制品、食品添加剂等	C01	俞学锋	湖北省宜昌市中南路24号	0717-6369865
600299	蓝星化工新材料股份有限公司	有机硅单体及相关产品;化学合成材料、化工产品	C43	文亚非	北京市花园东路30号花园饭店6201室	010-64421553
600300	徐州维维食品饮料股份有限公司	食品、饮料制造销售	C05	胡云峰	江苏省徐州市建国东路205号	0516-3290169
600301	南宁化工股份有限公司	氯碱化工产品,农药,消毒剂的生产和销售等	C43	陈载华	广西南宁市亭洪路80号	0771-4835135
600302	西安标准工业股份有限公司	缝制设备、机电一体化产品	C73	赵新庆	西安市太白南路335号	029-88279352
600303	辽宁曙光汽车集团股份有限公司	汽车零配件制造、加工	C75	李进巅	丹东市振安区曙光路50号	0415-4146825
600305	江苏恒顺醋业股份有限公司	食品调味料生产销售	C03	叶有伟	镇江市中山西路84号	0511-5233758
600306	沈阳商业城股份有限公司	国内商品贸易	H11	张殿华	沈阳市沈河区中街路212号	024-24865838
600307	甘肃酒钢集团宏兴钢铁股份有限公司	钢铁压延加工	C65	秦治庚	甘肃省嘉峪关市雄关东路12号	0937-6715370
600308	山东华泰纸业股份有限公司	造纸及纸料加工等	C31	李建华	山东省东营市广饶县大王镇	0546-6871957
600309	烟台万华聚氨酯股份有限公司	化学原料及制品,房地产开发	C43	丁建生	烟台市幸福南路7号	0535-6837888
600310	广西桂东电力股份有限公司	电力投资开发,交通、基础设施开发	D01	温昌伟	广西贺州市平安西路12号	0774-5297881
600311	甘肃荣华实业(集团)股份有限公司	食品加工,农业及农副产品	C01	张严德	甘肃省武威市东关街荣华路1号	0935-6151222
600312	河南平高电气股份有限公司	电器设备及配件	C73	韩海林	河南省平顶山市南环东路22号	0375-3804031
600313	中垦农业资源开发股份有限公司	农、林、牧、渔生产加工	A01	李小平	北京市丰台区科学城10D地块2号楼	010-83607371
600315	上海家化联合股份有限公司	日用化学制品、化妆品	C43	葛文耀	上海市保定路527号	65456400
600316	江西洪都航空工业股份有限公司	基础教练机、通用飞机、其他航空产品及零部件	C75	田 民	南昌市高新区	0791-8467456
600317	营口港务股份有限公司	港口装卸、堆存、运输服务	F11	高宝玉	辽宁省营口市鲅鱼圈区新港大路1号	0417-6268507
600318	安徽巢东水泥股份有限公司	水泥及相关产品、新型建材产品	C61	朱德金	安徽省巢湖市健康路238号	0565-2391720
600319	潍坊亚星化学股份有限公司	化工产品及延伸产品	C43	董顺兴	山东省潍坊潍市奎文区鸢飞路899号	0536-8667941
600320	上海振华港口机械(集团)股份有限公司	大型港口设备、工程船舶以及大型金属结构	C73	刘怀远	上海市浦东南路3470号	021-58395000
600321	四川国栋建设股份有限公司	建材机械设备	C61	王春鸣	四川省成都市双流板桥	028-85805811
600322	天津市房地产发展(集团)股份有限公司	房地产开发与及商品房销售	J01	张连选	天津市和平区常德道80号	022-23317192
600323	南海发展股份有限公司	自来水生产和供应	D05	何向明	广东佛山市桂城南海大道建行大厦	0757-86284278
600325	珠海华发实业股份有限公司	房地产开发与经营	J01	袁小波	广东珠海市拱北丽景花园华发楼	0756-8282111
600326	西藏天路交通股份有限公司	公路、桥梁建设等	F03	扎西江措	西藏拉萨市夺底路14号	0891-6835200

续表 9 Continued 9

代码 Code	公司全称 Companies	主营业务范围 Fields	行业代码 Industries Code	董事长 Board Chairman	地 址 Address	电话 Telephone Number
600327	无锡商业大厦股份有限公司	国内贸易,商业服务等	H11	潘霄燕	江苏省无锡市中山路 343 号	0510-2702093
600328	内蒙古兰太实业股份有限公司	化学制品、生物产品	C43	王 刚	内蒙古阿拉善左旗吉兰泰镇	0473-3443696
600329	天津中新药业集团股份有限公司	医药、保健品	C81	詹原竞	天津市南开区白堤路 17 号	022-27020892
600330	浙江天通电子股份有限公司	磁性材料、电子元器件	C51	潘广通	浙江省海宁市郭店镇建设路 11 号	0573-7230878
600331	四川宏达股份有限公司	化品制品	C43	刘沧龙	四川省什邡市民主镇	028-86141081
600332	广州药业股份有限公司	医药、生物制品、保健品	C81	杨荣明	广州市沙面北街 45 号	020-81218084
600333	长春燃气股份有限公司	煤气、天然气生产销售	D03	王 振	长春市朝阳区延安大路 421 号	0431-5954615
600335	鼎盛天工工程机械股份有限公司	工程建设机械及配套设备	C71	李鹤鹏	天津市华苑产业区火炬大厦 410 室	022-24935580
600336	青岛澳柯玛股份有限公司	制冷设备和电子器具	C76	鲁群生	青岛经济技术开发区前湾港路 315 号	0532-6765129
600337	美克国际家具股份有限公司	家具生产销售	C25	寇卫平	新疆乌鲁木齐经济技术开发区迎宾南路 15 号	0991-3836028
600338	西藏珠峰工业股份有限公司	摩托车及零部件生产销售	C75	旦 增	西藏拉萨市北京中路 65 号	028-85885216
600339	新疆独山子天利高新技术股份有限公司	塑料、化工、合成材料	C41	付德新	新疆独山子区大庆东路 2 号	0992-3655959
600340	浙江国祥制冷工业股份有限公司	空调设备生产销售	C55	陈天麟	浙江省上虞市百官镇中塘	0575-2158818
600343	陕西航天动力高科技股份有限公司	航天机械、仪器仪表、机电产品	C71	王新敏	西安高新技术产业开发区高新一路 17 号	029-85208628
600345	武汉长江通信产业集团股份有限公司	通信及相关产品	G81	熊瑞忠	武昌珞瑜路 546 号东湖新技术开发区管理大楼 16—17 层	027-67880329
600346	大连冰山橡塑股份有限公司	橡胶、塑料工业机械专用设备	C73	穆传江	大连市甘井子区周水子广场 1 号	0411-6641378
600348	山西国阳新能股份有限公司	煤炭生产、洗选加工销售,电力生产、销售	B01	石盛奎	山西省工商局	03537078728
600350	山东基建股份有限公司	公路、桥梁、隧道基础设施的投资、管理	K01	孙 亮	济南市经十路 71 号山东大学科技园创业中心	0531-2662922
600351	山西亚宝药业集团股份有限公司	原料药、保健用品、卫生材料	C81	任武贤	山西省芮城县富民路 43 号	0359-3088178
600352	浙江龙盛集团股份有限公司	化工产品、化工机械	C43	阮水龙	浙江省上虞市道墟镇	0575-2048616
600353	成都旭光电子股份有限公司	电子通信产品、电子元器件、集成电路等	C51	何 琼	四川省成都市新都区新都镇电子路 172 号	028-83967182
600354	甘肃省敦煌种业股份有限公司	农作物种子的繁育、生产;棉花收购、加工及副产品经营	A01	王大和	甘肃省酒泉市盘旋东路 16 号	0937-2663938
600355	武汉精伦电子股份有限公司	电子、通信、产品	C57	张学阳	武汉市洪山区卓豹路双塘小区 6 栋 6221 号	027-87921111
600356	牡丹江恒丰纸业股份有限公司	造纸及纸制品	C31	徐 祥	黑龙江省牡丹江市阳明区造纸路 11 号	0453-6331111
600357	承德新新钒钛股份有限公司	有色金属产品生产销售	C65	晋心翠	河北省承德市双滦区	0314-4073574
600358	国旅联合股份有限公司	旅游产业投资、开发	K34	李禄安	南京汉中路 89 号金鹰国际商城 18 层 A 座	025-84700026
600359	新疆塔里木农业综合开发股份有限公司	棉花、粮食的生产销售	A01	李 兵	新疆阿拉尔南口镇迎宾路 1 号	0997-2134018
600360	吉林华微电子股份有限公司	电子产品、电气设备、应用软件	C51	夏增文	吉林市高新区深圳街 99 号	0432-4678411
600361	北京华联综合超市股份有限公司	商业零售等	H11	陈耀东	北京阜外大街 1 号四川经贸大厦负 2 层 3 号	010-88363718
600362	江西铜业股份有限公司	有色金属冶炼、压延加工	C67	何昌明	江西省贵溪市冶金大道 15 号	0701-3777735
600363	江西联创光电科技股份有限公司	光电子元器件,通信产品等	C51	程德保	江西南昌高新开发区火炬大街 125 号	0791-8161878
600365	通化葡萄酒股份有限公司	葡萄酒、果酒生产销售	C03	王 鹏	吉林通化市前兴路 28 号	0435-3530506
600366	宁波韵升股份有限公司	八音琴、工艺礼品及玩具	C78	竺韵德	浙江宁波市江东民安路 348 号	0574-87776804
600367	贵州红星发展股份有限公司	化工原料及化工产品	C43	姜志光	贵州安顺市镇宁县丁旗镇	0853-6780066

续表 10 Continued 10

代码 Code	公司全称 Companies	主营业务范围 Fields	行业代码 Industries Code	董事长 Board Chairman	地 址 Address	电话 Telephone Number
600368	广西五洲交通股份有限公司	公路、桥梁、码头等基础设施建设	F03	周 文	广西南宁市新民路48号	0771-5522858
600369	重庆长江水运股份有限公司	水上运输,船舶制造	F07	陈建威	重庆市涪陵区中山东路2号	023-63819926
600370	江苏三房巷实业股份有限公司	化纤原料及制品、纺织品、服装生产与销售	C11	卞平刚	江苏江阴市周庄镇三房巷村	0510-6229867
600371	黑龙江华冠科技股份有限公司	农副产品深加工	C01	管大源	哈尔滨市南岗区玉山路18号	0451-82368408
600372	江西昌河汽车股份有限公司	汽车及汽车零部件	C75	刘洪德	江西省景德镇市东郊	0798-8462778
600373	江西鑫新实业股份有限公司	客车制造、发动机及有色金属材料制品	C69	温显来	江西上饶市南环路2号	0793-8231052
600375	安徽星马汽车股份有限公司	专用汽车、汽车配件、建材等	C75	沈伟良	安徽马鞍山经济技术开发区	0555-8323012
600376	北京天鸿宝业房地产股份有限公司	房地产开发销售	J01	潘刚升	北京市安定门外大街183号京宝花园二层	010-64401653
600377	江苏宁沪高速公路股份有限公司	高速公路建设经营	F11	沈长全	南京市石鼓路69号江苏交通大厦	8625-84469332
600378	四川天一科技股份有限公司	化学原料及化工产品	C43	古共伟	成都市高新区高朋大道5号	028-85963417
600379	陕西宝光真空电器股份有限公司	电子元器件、器材	C76	张荣华	陕西省宝鸡市高新技术开发区英达路五号	0917-3561507
600380	健康元药业集团股份有限公司	中成药、保健品	C81	朱保国	深圳市罗湖区深南东路5002号地王商业大厦23层	0755-82478586
600381	青海白唇鹿股份有限公司	纺织品、纺织机械	C13	黄贤优	青海西宁市小桥大街36号	0971-8018897
600382	广东明珠集团股份有限公司	专用设备制造,商业百货	C73	张坚力	广东兴宁市兴城镇赤巷口	0753-3338549
600383	金地(集团)股份有限公司	房地产开发经营	J01	凌 克	深圳市福田区福强路金地商业大楼5—6楼	0755-83844359
600385	山东金泰集团股份有限公司	化学原料药	C81	黄俊钦	山东济南市山大北路56号	0531-8902341
600386	北京巴士股份有限公司	城市公共交通服务	F19	张国光	北京市紫竹院路32号	010-68477383
600387	浙江海越股份有限公司	基础设施的投资开发;石油、液化气销售	F11	吕小奎	浙江诸暨市西施大街59号	0575-7016161
600388	福建龙净环保股份有限公司	环保设备制造	C73	周苏华	福建龙岩市新罗区陵园路81号	0597-2210288
600389	南通江山农药化工股份有限公司	化学农药、有机化学品	C43	蔡建国	江苏南通市姚港路35号	0513-3517961
600390	金瑞新材料科技股份有限公司	金属材料、电子材料等	C99	王晓梅	湖南长沙市岳麓区麓山南路966号	0731-8657400
600391	四川成发航空科技股份有限公司	航空发动机及零部件、燃气轮机、机械设备等	C75	赵桂斌	成都高新区高朋大道11号科技工业园区	028-84509005
600392	太原理工天成科技股份有限公司	计算机应用及服务	G87	杜文广	太原市迎泽西大街79号	0351-3182809
600393	广州东华实业股份有限公司	房地产开发与经营	J01	杨树坪	广州市寺右新马路170号第四层	020-87393488
600395	贵州盘江精煤股份有限公司	煤炭采造及加工	B01	郑 华	贵州六盘水市红果经济开发区	0858-3703046
600396	沈阳金山热电股份有限公司	电力生产及供应	D01	肖 文	沈阳市苏家屯区迎春街2号	024-23229022
600397	安源实业股份有限公司	煤矸石综合开发利用,煤炭生产、客车空调及其他制冷设备	C75	徐绍芳	江西萍乡市昭萍东路3号	0799-6581388
600398	凯诺科技股份有限公司	服装及其他纤维品制造	C11	叶惠丽	江苏江阴市新桥镇	0510-6121388
600399	抚顺特殊钢股份有限公司	金属冶炼及压延加工	C65	赵明远	辽宁抚顺市望花区鞍山路东段8号	0413-6678441
600400	江苏红豆实业股份有限公司	服装及其他纤维制造	C13	周海江	江苏无锡市锡山区港下镇	0510-8358278
600401	江苏申龙高科集团股份有限公司	新型包装材料、塑料制品、通讯设备等	C49	陆建平	江苏江阴市申港镇申圩路	0510-6620263
600403	南京欣网视讯科技股份有限公司	计算机应用及服务	G87	周 易	南京市南京高新开发区软件园2号楼	025-84669999
600405	北京动力源科技股份有限公司	商品及技术的进出口业务等	C57	何振亚	北京市学院南路68号	010-83681321
600406	国电南瑞科技股份有限公司	电力控制系统设备;计算机及通信设备	G87	闵 涛	南京市高新技术产业开发区D10幢	025-83092327
600408	山西安泰集团股份有限公司	焦炭及副产品、钢材、水泥等	C41	李安民	山西介休市义安镇	0354-7531034
600409	唐山三友化工股份有限公司	化学原料及制品	C43	么志义	河北省唐山市南堡开发区	03158517040
600410	北京华胜天成科技股份有限公司	通讯软件的技术开发及应用	G87	胡联奎	北京市海淀区北四环中路229号	021-64448399
600415	浙江中国小商品城集团股份有限公司	商品零售	H01	傅日高	浙江义乌市宾王路158号	0579-5544419

续表 11 Continued 11

代码 Code	公司全称 Companies	主营业务范围 Fields	行业代码 Industries Code	董事长 Board Chairman	地 址 Address	电话 Telephone Number
600416	湘潭电机股份有限公司	电器机械及器材	C71	周建雄	湖南湘潭市下摄司街302号	0732-8595089
600418	安徽江淮汽车股份有限公司	汽车底盘、配件的开发、制造	C75	左延安	安徽合肥市东流路176号	0551-2296835
600419	新疆天宏纸业股份有限公司	造纸及纸制品	C31	王世超	新疆石河子市西三路	0993-7526008
600420	上海现代制药股份有限公司	药品、保健品制造	C81	朱宝泉	上海浦东新区建陆路378号	021-62899111
600421	武汉春天生物工程股份有限公司	生物制品的生产、销售	C81	闫作利	武汉市武昌武珞路628号亚洲贸易广场B座	027-87654767
600422	昆明制药集团股份有限公司	中西药原料、制剂和保健品	C81	汪 诚	云南省昆明市国家高新技术开发区金鼎科技园	0871-8321828
600423	柳州化工股份有限公司	化学原料及化学制品	C43	廖能成	广西壮族自治区柳州市北雀路67号	0772-2516580
600425	新疆青松建材化工股份有限公司	汽车运输、机械维修等	C61	甘 军	新疆阿克苏市林园	0097-2811282
600426	山东华鲁恒升化工股份有限公司	化学原料及化学制品	C43	王春涛	德州市德城区天衢西路24号	0534-2465426
600428	中远航运股份有限公司	远洋运输及沿海运输	F07	陈洪生	广州市保税区东江大道282号康胜大厦	020-62621008
600429	北京三元食品股份有限公司	食品制造	C03	包宗业	北京市西二旗中路29号	010-84033634
600432	吉林吉恩镍业股份有限公司	镍、铜、钴、硫冶炼及副产品加工	C67	柴连志	吉林省磐石市红旗岭镇	0432-5610629
600433	广东冠豪高新技术股份有限公司	专业用纸生产销售	C31	韩晓进	广东省湛江市经济技术开发区高新技术区昌平路	0759-3399898
600435	北京北方天鸟智能科技股份有限公司	专业自动化成套设备及零配件	C73	陈济民	北京市丰台区科学城星火路7号	010-83682722
600436	漳州片仔癀药业股份有限公司	中成药的生产和经营	C81	何建文	福建省漳州市芗城区上街	0596-2305239
600438	通威股份有限公司	饲料及饲料添加剂、成品兽药等	A09	刘汉元	成都市创业路2号奇力新峰大楼10楼	028-85171943
600439	河南瑞贝卡发制品股份有限公司	发制品生产销售	C14	郑有全	河南许昌市文峰南路288号	0374-5136699
600444	安徽国通高新管业股份有限公司	塑料管材、管件生产销售	C49	肖 衡	安徽合肥市长江西路665号	0551-3817388
600446	深圳市金证科技股份有限公司	计算机应用系统及配套设备	G87	杜 宣	深圳市福田区福华路322号文蔚大厦20—22楼	0755-82955524
600448	华纺股份有限公司	纺织品、服装生产、销售	C11	邹鹏宏	山东滨州市黄河二路819号	0543-3288255
600449	宁夏赛马实业股份有限公司	水泥、塑料管材、石膏制造销售	C61	李永进	银川市西夏区新小线二公里处	0951-2085256
600452	重庆涪陵电力实业股份有限公司	电力资源开发生产	D01	何福俊	重庆市涪陵区人民东路17号	023-72286349
600455	西安交大博通资讯股份有限公司	应用软件及计算机系统集成等	G87	雷锦录	西安市高新区东区火炬路3号楼10层	029-82666819
600456	宝鸡钛业股份有限公司	稀有金属材料、金属复合材料生产、加工	C67	胡清熊	宝鸡市钛城路1号	0917-3382636
600458	株洲时代新材料科技股份有限公司	橡塑元件开发、机械零配件生产加工	C48	廖 斌	株洲市高新技术开发区珠江南路21号	0733-2837718
600459	贵研铂业股份有限公司	贵金属功能材料、开发生产	C67	唐 俊	昆明二环北路核桃箐	0871-5133828
600460	杭州士兰微电子股份有限公司	电子元器件及其他电子产品	C51	陈向东	杭州市黄姑山路4号	0571-88212980
600461	江西洪城水业股份有限公司	自来水生产和供应	D05	郑明坦	江西南昌市沿江南路292号	0791-5210336
600462	延边石岘白麓纸业股份有限公司	造纸及纸制品	C31	王相阁	吉林省图们市石岘镇	0433-3810015
600463	北京空港科技园区股份有限公司	高新技术的开发、土地开发、仓储	J01	刘进奎	北京市顺义区天竺空港工业区A区	010-80489306
600466	四川迪康科技药业股份有限公司	医药制造、保健用品	C81	孙继林	成都市二环路南四段十一号	028-85123856
600467	山东好当家海洋发展股份有限公司	海水养殖及加工、销售	A07	李鹏程	荣成市虎山镇沙咀子	0631-7438073
600468	天津特精液压股份有限公司	机床电器设备制造生产	C71	张文利	天津市南开区南泥湾路8号	022-83963876
600469	风神轮胎股份有限公司	轮胎生产及出口业务	C75	曹朝阳	河南焦作市焦东南路48号	0391-3999006
600470	安徽六国化工股份有限公司	化学肥料、磷石膏生产、销售	C43	袁菊兴	安徽铜陵市	0562-3801728
600475	无锡华光锅炉股份有限公司	电站锅炉、工业锅炉、水处理设备等	C73	万冠清	无锡市开发区26#-G地块7、8幢	0510-5215556
600476	湖南湘邮科技股份有限公司	计算机网络、无线通信工程	G87	阎洪生	长沙市开福区上大垅东风二村	0731-8998688

续表 12 Continued 12

代码 Code	公司全称 Companies	主营业务范围 Fields	行业代码 Industries Code	董事长 Board Chairman	地 址 Address	电话 Telephone Number
600477	浙江杭萧钢构股份有限公司	钢结构工程设计施工	E01	单银木	杭州市萧山经济技术开发区	0571-87246788
600478	长沙力元新材料股份有限公司	电池及相关材料的生产、销售	C51	张世明	长沙市经济技术开发区星沙南路6号	0731-4019421
600479	株洲千金药业股份有限公司	医药制造	C81	朱飞锦	株洲高新技术开发区炎帝广场商业街13栋	0733-2493927
600480	凌云工业股份有限公司	管道系统统计施工	C49	李喜增	河北省涿州市松林店镇	0312-3951002
600481	江苏双良空调设备股份有限公司	空调产品及零部件的制造销售	C76	缪志强	江苏江阴市利港镇	0510-6632358
600482	风帆股份有限公司	车用蓄电池	C76	陈孟礼	河北保定市国家高新技术产业开发区朝阳北路206号	0312-3208529
600483	福建南纺股份有限公司	纺织品生产有进出口	C11	陈军华	福建省南平市安丰桥	0599-8813015
600485	北京中创信测科技股份有限公司	通信及相关设备开发	G81	张春光	北京市学院南路四道口一号	021-62125566
600486	江苏扬农化工股份有限公司	卫生用、农用杀虫剂	C43	戚明珠	江苏扬州市文峰路39号	0514-7813243
600487	江苏亨通光电股份有限公司	光纤光缆、电力电缆、特种通信线缆、通信设备等	G81	崔根良	江苏吴江市七都镇	0512-63802858
600488	天津天药药业股份有限公司	化学原料药、中药、保健品等	C81	刘永和	天津市南开区新技术产业园区华苑产业区中济科园B座414号	022-24160861
600489	中金黄金股份有限公司	黄金生产及副产品加工	B07	宋 鑫	天津保税区海滨路28号	022-66293576
600490	上海中科合臣股份有限公司	医用原料、特种高分子新材料等	C43	宋 晶	上海市普陀区真北路552号	021-68419588
600491	龙元建设集团股份有限公司	土木工程建设	E01	赖振元	浙江象山县丹城新丰路19号	021-65615689
600493	福建凤竹纺织科技股份有限公司	纺织品、服装	C11	陈澄清	福建晋江市青阳凤竹工业区	0595-85656506
600495	晋西车轴股份有限公司	火车轴、精密锻造产品	C75	牛建国	太原市高新技术开发区长治路436号科祥大厦	0351-6628286
600496	长江精工钢结构(集团)股份有限公司	农机产品生产、销售	C73	方朝阳	安徽六安市经济技术开发区长江精工工业园	0564-3630909
600497	云南驰宏锌锗股份有限公司	铅、锌、锗等系列产品的开采、加工	B07	朱崇仁	云南曲靖市经济技术开发区	0874-8966699
600498	烽火通信科技股份有限公司	光纤通信设备及系统	G81	江廷林	武汉市洪山区邮科院路88号	027-87693931
600499	广东科达机电股份有限公司	建材机械设备制造	C73	卢 勤	广东佛山市顺德区容桂高新技术产业开发园桥东路8号	0757-23833869
600500	中化国际贸易股份有限公司	化工原料、化工产品的进出口贸易及仓储运输	H21	施国梁	上海市浦东世纪大道88号金茂大厦三区18层	021-50495988
600501	南京航天晨光股份有限公司	交通运输设备及配件制造	C75	杜 尧	南京市江宁经济技术开发区天元中路188号	025-52441167
600502	安徽水利开发股份有限公司	水利水电工程施工、水资源综合开发	E01	王世才	安徽省蚌埠市黑虎山路21号	0552-3950270
600503	宏智科技股份有限公司	计算机技术服务	G87	张念民	福州市工业路548号福州市创业大厦3层	0591-87383916
600505	四川西昌电力股份有限公司	生产销售电力产品	D01	张 斌	四川省西昌市老西门街13号	0834-3830505
600506	新疆库尔勒香梨股份有限公司	农业、林业、果业的种植	A01	冯国胜	新疆库尔勒市圣果路圣果名苑	0996-8851716
600507	江西长力汽车弹簧股份有限公司	汽车弹簧及弹簧专用设备	C75	李其祥	南昌市高新技术产业开发区火炬大道31号	0791-8394025、8394075
600508	上海大屯能源股份有限公司	煤炭的开采、洗选加工等	B01	刘雨忠	上海市浦东桃林路18号	021-68865597
600509	新疆天富热电股份有限公司	电力开发与生产	D01	成 锋	新疆石河子市红星路	0993-2902860
600510	黑牡丹(集团)股份有限公司	针纺织品、服装的制造	C13	曹德法	江苏常州市和平南路47号	0519-8166510
600511	国药集团药业股份有限公司	药品生产化学原料药、销售	H01	付明仲	北京市崇文区永外三元西巷甲12号	010-67262920
600512	腾达建设集团股份有限公司	市政工程、公路工程施工	E01	叶洋友	浙江台州市路桥区路桥大道东1号	021-56983912
600513	江苏联环药业股份有限公司	化学原料药、化学药制剂、有机中间体的制造	C81	姚兴田	江苏扬州市文峰路21号	0514-7813082
600515	第一投资招商股份有限公司	商品零售及旅游	H11	蒋会成	海口市滨海大道南洋大厦15层	0898-68512252

续表 13 Continued 13

代码 Code	公司全称 Companies	主营业务范围 Fields	行业代码 Industries Code	董事长 Board Chairman	地址 Address	电话 Telephone Number
600516	兰州海龙新材料科技股份有限公司	石墨及碳素制品的生产加工	C61	谢信跃	甘肃兰州市红古区海石湾镇2号街坊354号	0931-6239218
600517	上海置信电气股份有限公司	电气产品开发生产	C76	徐锦鑫	上海市虹桥路2239号	021-62623388
600518	广东康美药业股份有限公司	医药、保健品	C81	马兴田	广东普宁市流沙镇长春路中段	0663-2913819
600519	贵州茅台酒股份有限公司	茅台酒系列产品的生产与销售	C05	袁仁国	贵州仁怀市茅台镇	0852-2386002
600520	铜陵三佳科技股份有限公司	精密工装模具、化学建材模具等	C76	黄明玖	安徽铜陵经济技术开发区	0562-2627520
600521	浙江华海药业股份有限公司	原料药、医药中间体制造	C81	陈保华	浙江临海市汛桥镇经济开发区	0576-5016009
600522	江苏中天科技股份有限公司	光纤、光缆、电缆材料及附件	G81	薛济萍	江苏如东县河口镇赵港村	0513-3599505
600523	贵州贵航汽车零部件股份有限公司	汽车、摩托车零部件制造、销售	C75	张　军	贵阳市小河区清水江路1号	0851-8317556
600525	深圳市长园新材料股份有限公司	高分子热缩材料、功能材料、生物材料等	C99	许晓文	深圳南山区科技工业园科技路30-4栋	0755-26717828
600526	浙江菲达环保科技股份有限公司	环保专用设备设计生产	C73	舒英钢	浙江诸暨市望云路88号	0575-7385602
600527	江苏江南高纤股份有限公司	涤纶产品生产、销售	C47	陶国平	江苏苏州市相城区黄埭镇	0512-65481181
600528	中铁二局股份有限公司	土木工程施工	E01	唐志成	成都高新区高新大厦10楼	028-87684612
600529	山东省药用玻璃股份有限公司	药用玻璃制造	C61	柴　文	山东淄博市沂源县城药玻路	0533-3242312
600530	上海交大昂立股份有限公司	生物制品、保健用品等	C85	许晓鸣	上海市松江镇环城路117号	021-62810808
600531	河南豫光金铅股份有限公司	有色金属、化工原料的生产、销售	C67	杨安国	河南济源市济水大街中段525号	0391-6665836
600532	山东华阳科技股份有限公司	农药及农药中间体、制造销售	C43	封照波	山东省工商行政管理局	0538-5826209
600533	南京栖霞建设股份有限公司	房地产开发建设	J01	陈兴汉	南京市和燕路251号	025-85633668
600535	天津天士力制药股份有限公司	医药制造	C81	闫希军	天津市北辰科技园区	022-26736699
600536	中国软件与技术服务股份有限公司	应用软件和系统集成开发服务	G87	唐　敏	北京市昌平区昌盛路18号	010-51508699
600537	海通食品集团股份有限公司	食品、饮料制造加工	C01	陈龙海	浙江慈溪市海通路528号	0574-63039922
600538	北海国发海洋生物产业股份有限公司	海洋生物系列产品生产销售	C85	王世全	广西北海市北京路西侧9号	0779-3200619
600539	太原狮头水泥股份有限公司	水泥、新型墙体材料的生产销售	C61	邓守信	太原市万柏林区开城街一号	0351-2857006
600540	新疆赛里木现代农业股份有限公司	棉花及相关副产品销售	A01	王成耀	新疆博乐市红星路158号	0909-2268156
600543	甘肃莫高实业发展股份有限公司	莫高系列葡萄酒类生产、批发	C01	王哲生	兰州市城关区高新技术产业开发区一号园区	0931-8433356
600545	新疆城建股份有限公司	市政工程建设和市政设施的开发利用	E01	刘　军	新疆乌鲁木齐市红山路51号	0991-8883975
600546	中油吉林化建工程股份有限公司	化工石油工程、市政公用工程等	E01	杜钟灵	吉林市龙潭区遵义东路31号	0432-3993300
600547	山东黄金矿业股份有限公司	黄金开采、选冶	B07	张万青	山东济南市解放路16号	0531-8562816
600548	深圳高速公路股份有限公司	收费公路的经营及管理	F11	陈　潮	深圳市滨河路北5022号联合广场A座19楼1901-1913号	0755-82945608
600549	厦门钨业股份有限公司	钨及有色金属冶炼、加工	C67	陈维铉	厦门市湖滨南路619号16层	0592-5363891
600550	保定天威保变电气股份有限公司	输变电设备及辅助设备等	C76	丁　强	保定国家高新技术产业开发区竞秀街28号	0312-3308501
600551	科大创新股份有限公司	高科技产品及设备	C57	王东进	安徽省合肥市长江西路669号	0551-5321668
600552	安徽方兴科技股份有限公司	玻璃深加工制品及新型材料的开发生产	C61	孙东兴	安徽省蚌埠市涂山路767号	0552-4077780
600553	河北太行水泥股份有限公司	水泥生产与销售	C61	王里顺	河北邯郸市峰峰矿区建国路2号	0310-5062986
600555	上海茉织华股份有限公司	服装、服饰制品	C13	李勤夫	上海市浦东商城路618号良友大厦2217室	021-62883080
600556	广西北生药业股份有限公司	医药制造、保健品	C85	何玉良	广西北海市北海大道168号	0779-3226233
600557	江苏康缘药业股份有限公司	中成药、保健品	C81	肖　伟	连云港市经济技术开发区泰山北路58号	0518-5521990
600558	四川大西洋焊接材料股份有限公司	焊接材料开发生产	C69	余大全	四川自贡市大安区马冲口街2号	0813-5100549
600559	河北裕丰实业股份有限公司	畜禽养殖、饲料、白酒	C05	张新广	河北衡水市人民东路39号	0318-2122755

续表 14 Continued 14

代码 Code	公司全称 Companies	主营业务范围 Fields	行业代码 Industries Code	董事长 Board Chairman	地 址 Address	电话 Telephone Number
600560	北京金自天正智能控制股份有限公司	计算机控制系统软硬件及网络产品	C73	张剑武	北京丰台科学城富丰路6号	010-83671666
600561	江西长运股份有限公司	公路客货运输、仓储等	F03	张 平	江西南昌市广场南路118号	0791-6298107
600562	江苏高淳陶瓷股份有限公司	日用陶瓷、窑具制造	C61	孔德双	南京市高淳县固城镇	025-57377918
600563	厦门法拉电子股份有限公司	薄膜电容器及其金属化镀膜材料的制造	C51	曾福生	厦门市金桥路101号	0592-5114116
600565	重庆市迪马实业股份有限公司	特种车及零部件	C75	陈鸿增	重庆市南岸区白鹤路108号	023-89021877，89021876
600566	湖北洪城通用机械股份有限公司	阀门、水工环保设备的生产销售	C71	王洪运	湖北荆州市红门路3号	0716-8221198
600567	安徽山鹰纸业股份有限公司	造纸及纸制品	C31	王德贤	安徽马鞍山市勤俭路3号	0555-2826275
600568	湖北潜江制药股份有限公司	医药制造、保健饮料	C81	叶继革	湖北省潜江市横堤路特18号	027-59409632
600569	安阳钢铁股份有限公司	冶金产品和副产品	C65	王子亮	河南安阳市殷都区梅元庄	0372-3120175
600570	杭州恒生电子股份有限公司	金融行业应用软件	G87	黄大成	杭州市文三路259号昌地火炬B9楼	0571-28829702
600571	杭州信雅达系统工程股份有限公司	软件技术开发及其咨询服务	G87	郭华强	杭州市文三路252号伟星大厦6楼	0571-56686501
600572	浙江康恩贝制药股份有限公司	化学原料药、化学药剂、中成药、营养食品等	C81	胡季强	浙江兰溪市丹溪大道151号	0571-87774710
600573	福建省燕京惠泉啤酒股份有限公司	啤酒、饮料制造	C05	李秉骥	福建惠安县螺城镇建设大街157号	0595-87389018
600575	芜湖港储运股份有限公司	货物装卸、仓储、中转服务	F11	孙新华	芜湖经济技术开发区内	0553-5840528
600576	无锡庆丰股份有限公司	纺织品、服装及其他缝纫制品	C11	许鲁平	江苏无锡市新区长江路34号地块科技创业园四区一楼101号	0510-2353065
600577	铜陵精达特种电磁线股份有限公司	漆包电磁线、裸铜线、电线电缆	C76	王世根	安徽铜陵市芜铜路(经济技术开发区内)	0562-2809086
600578	北京京能热电股份有限公司	电力、热力生产销售	D01	刘海峡	北京市石景山区广宁路10号	010-88992758
600579	青岛黄海橡胶股份有限公司	橡胶轮胎的制造销售	C48	高巨谦	山东青岛市沧安路1号	0532-4678085
600580	浙江卧龙科技股份有限公司	电机、发电机及机组，电动车、自动化办公设备等	C76	陈永苗	浙江上虞市经济开发区	0575-2176504
600581	新疆八一钢铁股份有限公司	钢铁冶炼及压延加工	C65	沈东新	新疆乌鲁木齐市头屯河区新钢路	0991-3890166
600582	天地科技股份有限公司	电子产品、环保设备、矿山机电产品等	C73	李延江	北京市朝阳区将台路2号北京爱都大厦	010-84262803
600583	海洋石油工程股份有限公司	石油天然气工程施工	B50	周守为	天津新技术产业园区华苑产业区中济科园A座248号	022-25215068
600584	江苏长电科技股份有限公司	半导体、电子元件、专用电子电气装置	C51	王新潮	江苏江阴市滨江中路275号	0510-6851811
600585	安徽海螺水泥股份有限公司	水泥及辅料、机械设备等	C61	郭文叁	安徽芜湖市人民路209号	0553-3118668
600586	山东金晶科技股份有限公司	浮法玻璃、在线镀膜玻璃和超白玻璃	C61	朱永强	淄博市高新技术开发区宝石镇王庄	0533-3586666
600587	山东新华医疗股份有限公司	医用设备、环保设备的生产销售	C73	赵毅新	淄博高新技术产业开发区新华医疗科技园	0533-3587735
600588	北京用友软件股份有限公司	企业应用软件开发服务	G87	王文京	北京市海淀区上地信息产业基地开拓路15号	010-62986688
600589	广东榕泰实业股份有限公司	化学原料及制品	C61	杨启昭	广东揭阳市榕城区新兴东二路1号	0663-8676616
600590	泰豪科技股份有限公司	计算机及软件产品、空调机组、发电机组、输变电配套设备等	C76	陆致成	江西南昌高新开发区清华泰豪大楼	0791-8110590
600591	上海航空股份有限公司	国内、国际和地区航空客、货、邮运输及代理	F09	周 赤	上海市浦东国际机场内机场大道100号	021-62552072，62558888
600592	福建龙溪轴承(集团)股份有限公司	轴承，汽车零部件等	C71	陈福胜	福建漳州市延安北路	0596-2072091
600593	大连圣亚海洋世界股份有限公司	水族馆、海洋探险人造景观等	K34	栗东生	大连市沙河区中山路608-6号	0411-84685225
600594	贵州益佰制药股份有限公司	中西药品、保健品、生物制品	C81	窦启玲	贵州贵阳市白云大道220-1号	0851-4705590
600595	河南中孚实业股份有限公司	电解铝及铝型材的生产、销售	C67	张洪恩	河南巩义市新华路31号	0371-4381551
600596	浙江新安化工集团股份有限公司	化工原料及产品、化工机械、农药、化肥等	C43	王 伟	浙江建德市新安江镇大桥路93号	0571-64715693

续表 15 Continued 15

代码 Code	公司全称 Companies	主营业务范围 Fields	行业代码 Industries Code	董事长 Board Chairman	地 址 Address	电话 Telephone Number
600597	光明乳业股份有限公司	乳和乳制品等	C01	王佳芬	上海市吴中路 578 号	021-64658100
600598	黑龙江北大荒农业股份有限公司	粮食作物的生产加工	A01	孙勇才	哈尔滨市香坊区红旗大街 175 号	0451-55195980
600599	湖南浏阳花炮股份有限公司	销售烟花鞭炮及其原材料;提供烟花鞭炮燃放服务	C43	郭汉华	湖南浏阳市金沙北路 369 号	0731-3620966
600600	青岛啤酒股份有限公司	啤酒的生产与销售	C05	李桂荣	青岛市登州路 56 号	0532-5713831
600601	方正科技集团股份有限公司	文化办公用品及材料、电子计算机及配件	G83	方中华	上海市南京西路 1515 号嘉里中心九楼	021-58407668
600602	上海广电电子股份有限公司	真空电子器件及其应用产品、配件等	C51	顾培柱	上海市新闸路 1378 弄 17 号	021-62980202
600603	上海兴业房产股份有限公司	房地产开发经营	J01	唐相道	上海市四川南路 38 号	021-63187549
600604	上海二纺机股份有限公司	纺织机械、电子电器	C73	郑元湖	上海市场中路 265 号	021-65318888
600605	上海轻工机械股份有限公司	轻工机械及成套设备的制造、销售	C71	郑树昌	上海市康桥路 1100 号 370 室	021-62566022
600606	上海金丰投资股份有限公司	纺织产品的生产与销售等	M	阮人旦	上海市浦东松林路 111 号	021-62496858
600607	上海实业联合集团股份有限公司	在境内外投资兴办各类企业	M	丁忠德	上海市浦东郭守敬路 351 号海泰楼 2 号 628 室	021-64331098, 64379933
600608	上海宽频科技股份有限公司	电子及通信设备、金属型材等	G81	张 杰	上海龙华东路 839 号	021-68865313
600609	金杯汽车股份有限公司	汽车及汽车配件	C75	何国华	沈阳市万柳塘路 38 号	024-23745246
600610	中国纺织机械股份有限公司	纺织机械、通用机械等	C73	钱建忠	上海市长阳路 1687 号	021-65432970-512
600611	大众交通(集团)股份有限公司	汽车出租	K01	杨国平	上海南京西路 920 号 16 楼	021-64289129
600612	中国第一铅笔股份有限公司	笔类制品和笔类产品表面处理材料等	C99	胡书刚	上海东汉阳路 296 号	021-58543307
600613	上海永生数据科技股份有限公司	城市地理数据的采集、处理	L20	张芝庭	上海市浦东上川路 995 号	021-68552575
600614	上海三九科技发展股份有限公司	胶带、橡胶制品、胶鞋、化工产品、化工原料	C48	于继武	上海市浦东世纪大道 1600 号浦项商务广场 19 楼	021-50813939
600615	上海丰华(集团)股份有限公司	圆珠笔、活动铅笔、水性笔、自来水笔、彩色水笔等	C03	李 杰	上海浦东东方路 3601 号	021-58736840
600616	上海市第一食品商店股份有限公司	副食品、粮油、百货等	H11	吴顺宝	上海市浦东张杨路 579 号(三鑫大厦内)	021-58352625
600617	上海联华合纤股份有限公司	聚酯切片、合成纤维及其深加工产品	C47	李建华	上海市嘉定西门徐塘桥	021-63674481
600618	上海氯碱化工股份有限公司	烧碱、氯、氟和聚氯乙烯系列化工原料及加工产品	C43	周 波	上海市龙吴路 4747 号	021-64340601
600619	上海海立(集团)股份有限公司	冰箱压缩机、空调压缩机、制冷设备等	C76	顾惠龙	上海市浦东金桥出口加工区 26 号地块	021-65660000, 65696628
600620	上海市天宸股份有限公司	实业投资、国内贸易、信息网络安全产品、房地产	M	叶茂菁	上海市茂名北路 58 号	021-64458781
600621	上海金陵股份有限公司	网络工程和网络产品、电度表和微型电机等	G85	佘宝庆	上海市浦东杨高南路 475-483 号	021-63222658
600622	上海嘉宝实业(集团)股份有限公司	激光、光电、精密仪器、照明电器等	M	钱 明	上海市嘉定区清河路 55 号嘉宝商厦 6-7F	021-59529711
600623	上海轮胎橡胶(集团)股份有限公司	轮胎、橡胶制品	C48	范 宪	上海四川中路 63 号	021-63390372
600624	上海复旦复华科技股份有限公司	电脑系统、应用软件、通讯设备、自动化仪表、生物技术等	M	陈苏阳	上海市浦东金张路 1167 号	021-63872288
600626	上海申达股份有限公司	各类纺织品、服装、设备及技术进出口	C11	席时平	上海北京西路 1700 号 721 室	021-62319898
600627	上海输配电股份有限公司	电站网络成套设备	C76	黄迪南	上海市东方路 428 号	021-62102651
600628	上海新世界股份有限公司	零售、商业贸易	H11	顾振奋	上海市南京西路 2 号-88 号	021-63587734
600629	上海棱光实业股份有限公司	硅多晶、硅单晶、石英玻璃、工业气体、出租车	C61	文德芳	上海市龙吴路 4900 号	021-51161618
600630	上海龙头(集团)股份有限公司	纺织品、实业投资、进出口贸易	C11	朱 勇	上海杨树浦路 2866 号	021-34061116
600631	上海百联集团股份有限公司	综合百货、广告、进出口贸易、商业咨询等	H11	张新生	上海浦东南路 1111 号 1908 室	021-63229537

续表 16 Continued 16

代码 Code	公司全称 Companies	主营业务范围 Fields	行业代码 Industries Code	董事长 Board Chairman	地 址 Address	电话 Telephone Number
600633	上海白猫股份有限公司	各类电器、整容器具、保健器具、机电产品	C76	马立行	上海市常德路774号	021-32023251
600634	上海海鸟企业发展股份有限公司	激光电子产品、房地产	J01	唐海根	上海市余姚路317号	021-62983583
600635	上海大众公用事业(集团)股份有限公司	高新技术、海洋生物、新药和保健品、通讯网络等	M	杨国平	上海浦东商城路518号	021-64288888
600636	上海三爱富新材料股份有限公司	有机氟材料及其制品	C43	周云鹤	上海市闵行区龙吴路4411号	021-64823552
600637	上海广电信息产业股份有限公司	电子产品、通讯办公设备	C55	蒋松涛	上海市田林路140号	021-54424453
600638	上海新黄浦置业股份有限公司	危旧房改造、房地产经营、物业管理	J01	吴明烈	上海市北京东路668号西楼32层	021-63238888
600639	上海金桥出口加工区开发股份有限公司	房地产开发经营、土地使用权投资及投资兴办企业	J01	俞 标	上海市浦东新金桥路28号	021-50307702
600640	中卫国脉通信股份有限公司	通信产品、通信系统设计、开通等	L20	倪翼丰	上海市张江高科技园区郭守敬路498号10号楼	021-62762171
600641	中远发展股份有限公司	实业投资、资产经营、房地产开发、国内贸易等	J01	李建红	上海市浦东南路2161号	021-50367717
600642	申能股份有限公司	电力、能源、节能、资源综合利用	D01	杨祥海	上海银城东路139号10楼	021-63900153
600643	上海爱建股份有限公司	实业投资、房地产开发、金融信托、商业贸易	I31	顾 青	上海市浦东新区云桥路848号	021-64396600
600644	乐山电力股份有限公司	电力开发和调度、房地产	D01	刘虎廷	乐山市市中区嘉定北路46号	0833-2445800
600645	上海望春花(集团)股份有限公司	平绒系列产品、平绒制品等	C11	韩旭东	上海市北翟路1168号	021-52171679
600647	上海同达创业投资股份有限公司	实业投资及管理、国内贸易、房地产开发经营等	M	陈玉华	上海市浦东金新路58号银桥大厦25楼	021-50318073
600648	上海外高桥保税区开发股份有限公司	房地产、工程承包、综合性商业、保税仓储、国际业务等	J01	刘新民	上海市浦东杨高北路889号	021-58682208
600649	上海市原水股份有限公司	原水供应、自来水开发	D05	刘 强	上海市北艾路1540号	021-63564432
600650	上海锦江国际实业投资股份有限公司	宾馆、物业管理、房地产开发经营等	K32	沈懋兴	上海市浦东大道1号	021-63218800
600651	上海飞乐音响股份有限公司	IC智能卡、音视频类工程、音响设备等	M	唐 岷	上海市江苏路61号	021-53020606
600652	上海爱使股份有限公司	石油制品、防腐材料、饮料等	M	韩 飞	上海市石门二路333弄3号	021-64710022
600653	上海申华控股股份有限公司	客运业、酒店、房地产等	M	吴小安	上海市宁波路1号	021-63372010;63372011
600654	上海飞乐股份有限公司	IC卡智能终端设备、有无线通信、音响设备	G81	郁建福	上海市浦东新金桥路201号	021-62512629
600655	上海豫园旅游商城股份有限公司	日用百货、餐饮服务等	H11	吴 平	上海市文昌路19号	021-63559999
600656	上海华源制药股份有限公司	化妆品、合成洗涤剂等	C43	丁公才	上海市张江高科技园区郭守敬路351号	021-52915533
600657	北京天桥北大青鸟科技股份有限公司	计算机应用、商业百货	G87	徐祗祥	北京市崇文区永内大街1号	010-82615888-3357
600658	北京兆维科技股份有限公司	移动通讯、网络等	G81	赵炳弟	北京市朝阳区酒仙桥路14号	010-84567922
600659	福建闽越花雕股份有限公司	纺织原料贸易、进出口贸易、房地产开发等	M	纪金华	福州市省府路一号金皇大厦17层	0591-3739283
600660	福耀玻璃工业集团股份有限公司	工业技术玻璃	C61	曹德旺	福建福清市福耀工业村	0591-5381042
600661	上海交大南洋股份有限公司	生产销售	M	许晓鸣	上海市浦东金桥纬七路17号杉达大厦	021-62814035
600662	上海强生控股股份有限公司	汽车出租、小公共汽车班线营运	K01	张同恩	上海市浦东浦建路145号	021-62151181
600663	上海陆家嘴金融贸易区开发股份有限公司	房地产、市政基础设施、仓储运输、旅游	J01	杨小明	上海市浦东大道981号	021-58878888
600664	哈药集团股份有限公司	医药、医疗器械、制药机械	C81	郝伟哲	哈尔滨市南岗区昆仑商城隆顺街2号	0451-84856695
600665	天地源股份有限公司	钢材及延伸制品	C65	柳 政	上海市浦东张扬路500号华润时代广场10楼	021-58367718
600666	西南药业股份有限公司	原料药、中西药制剂	C81	陈吉庆	重庆市沙坪坝区天星桥21号	023-89855126

续表 17 Continued 17

代码 Code	公司全称 Companies	主营业务范围 Fields	行业代码 Industries Code	董事长 Board Chairman	地址 Address	电话 Telephone Number
600667	无锡市太极实业股份有限公司	化纤产品、精纺呢绒、针织绒等	C47	吴惠明	无锡市锡北路 321 号	0510-5419120
600668	浙江尖峰集团股份有限公司	药品、建材的制造与销售	C61	杜自弘	浙江金华市婺江东路 88 号	0579-2320582
600671	杭州天目山药业股份有限公司	医药、营养补品、钟表螺钉零件	C81	钱永涛	浙江临安市锦城街道安阁弄 3 号	0571-63722229
600672	广东英豪科技教育投资股份有限公司	高科技农业和教育产业	A01	陈忠联	广州市从化新温泉旅游度假区英豪宾馆三楼	020-87841356
600673	成都阳之光实业股份有限公司	量具、刃具、量仪	C78	郭京平	成都市二环路东一段 14 号	0769-5370219
600674	四川川投能源股份有限公司	铁合金生产、铁路、交通系统自动化	C65	黄顺福	四川峨眉山市九里镇	028-82996861
600675	中华企业股份有限公司	房地产开发、旧房改造	J01	徐林宝	上海市浦东大道 1700 弄 17 号	021-62170088
600676	上海交运股份有限公司	工程、汽车机械配件制造销售	C75	刘世才	上海市浦东南路 2304 号	021-62116002
600677	航天通信控股集团股份有限公司	轻纺产品及原辅材料、进出口贸易、房地产开发	C11	陈鹏飞	浙江省杭州市解放路 138 号	0571-87079526
600678	四川金顶(集团)股份有限公司	水泥、矿泉水、房地产、卫浴洁具	C61	陈建龙	四川省峨眉山市名山路东段	0833-5578301
600679	凤凰股份有限公司	自行车、机动车、健身车及相关产品	C75	陈国强	上海市宝山区杨泰路 189 号	021-65021787
600680	上海邮电通信设备股份有限公司	光纤通信设备、程控交换设备、自动化设备等	G81	鲍康荣	上海市宜山路 700 号	021-64834310
600681	万鸿集团股份有限公司	纸塑包装及辅料、包装印刷机械、广告设计等	L99	张海生	武汉市武昌武珞路 28 号长信大厦	027-88066666
600682	南京新街口百货商店股份有限公司	商品批发及零售	H11	李三宁	南京市中山南路 3 号	025-4717494
600683	银泰控股股份有限公司	商业批发及零售	H11	邱中伟	宁波市海曙区中山东路 238 号	0574-87092004
600684	广州珠江实业开发股份有限公司	土地开发、实业投资、物业管理	J01	郑暑平	广州市环市东路 362—366 号好世界广场 30 楼	020-83752408
600685	广州广船国际股份有限公司	船舶、集装箱、金属构件	C75	胡国良	广州市芳村大道南 40 号	020-81807839
600686	厦门汽车股份有限公司	大、中、轻型客车生产销售	C75	叶天捷	厦门市厦禾路 820 号帝豪大厦 27—28 层	0592-2962988
600687	浙江华盛达实业集团股份有限公司	计算机系统网络集成工程、计算机软、硬件	G87	袁建华	浙江德清县武康镇英溪北路 2 号	0571-85781573
600688	中国石化上海石油化工股份有限公司	原油加工、化工产品等	C41	陆益平	上海市金山卫纬二路	8621-57943143
600689	上海三毛企业(集团)股份有限公司	毛纺织品及服装	C13	倪志华	上海市浦东大道 1476 号	021-63059496
600690	青岛海尔股份有限公司	家用电器、注塑件等	C76	杨绵绵	青岛市崂山区海尔工业园内	0532-8938138
600691	四川林凤控股股份有限公司	电碳制品、机械密封、粉末冶金	C65	薛 科	四川自贡市东光路桌子山 22 号	0813-2600887
600692	上海亚通股份有限公司	内河客货运输、货物堆存和代理业务等	F07	郁 葱	上海市崇明县八一路 1 号	021-69692714
600693	福建东百集团股份有限公司	百货商业	H11	毕德才	福建福州市八一七北路 84 号	0591-87531724
600694	大商集团股份有限公司	商品零售兼批发、进出口业务等	H11	牛 钢	大连市中山区青三街 1 号	0411-83643215
600695	上海大江(集团)股份有限公司	畜、禽、水产加工	C01	雷黎光	上海市松江谷阳南路 26 号	021-57817571
600696	利嘉(上海)股份有限公司	卫生陶瓷产品	C61	陈隆基	福建泉州城东仕公岭	021-55155766
600697	长春欧亚集团股份有限公司	百货、五金交电、化工产品、食品	H11	曹和平	长春市工农大路 1128 号	0431-5620053
600698	济南轻骑摩托车股份有限公司	摩托车及零部件	C75	王利民	济南市和平路 34 号	0531-6599896
600699	辽源得亨股份有限公司	纺织化纤产品等	C47	孟祥杰	吉林辽源市福兴路 3 号	0437-3512077
600700	陕西煤航数码测绘(集团)股份有限公司	针织服装、五金交电、百货、烟酒副食	M	宋 理	西安市南新街 28 号	029-87216331
600701	哈尔滨工大高新技术产业开发股份有限公司	高新技术及产品的开发、生产	M	张大成	哈尔滨市南岗区护军街 40 号	0451-86269031，86269176
600702	四川沱牌曲酒股份有限公司	"沱牌曲酒"及其系列产品	C05	李家顺	四川射洪县柳树镇中街 149 号	0825-6766322
600703	天颐科技股份有限公司	食品加工、日用化工产品、房地产	C43	熊自强	湖北荆沙市临江路 1 号	0716-8328443
600704	浙江中大集团股份有限公司	进出口贸易	H21	陈继达	杭州市中大广场 A 座	0571-85777029
600705	北亚实业(集团)股份有限公司	铁路客运、货运、煤炭生产、电子及计算机产品开发	M	刘贵亭	哈尔滨市南岗区衡山路 30 号	0451-53600764
600706	长安信息产业(集团)股份有限公司	计算机产品开发生产	G85	蔡世杰	陕西省西安市友谊东路 41 号	029-82214266

续表 18 Continued 18

代码 Code	公司全称 Companies	主营业务范围 Fields	行业代码 Industries Code	董事长 Board Chairman	地 址 Address	电话 Telephone Number
600707	彩虹显示器件股份有限公司	彩色显像管开发与经营等	C55	马金泉	西安高新技术开发区西区	029-88311073
600708	上海海博股份有限公司	工业品加工、批发、零售	M	庄国蔚	上海市浦东北艾路 1638 号	021-52551620
600710	常林股份有限公司	专业机械设备制造、生产	C73	尚德鑫	常州市新区常澄路 55 号	0519-6752853
600711	厦门雄震集团股份有限公司	电热水器、防盗门、房地产等	M	陈 东	厦门市厦禾路 189 号银行中心 17 楼 6—8 单元	0592-2394735
600712	南宁百货大楼股份有限公司	商品零售与批发	H11	陈民群	南宁市朝阳路 39 号	0771-2610906，2098826
600713	南京医药股份有限公司	药品、医疗器械、化学试剂和玻璃仪器	C81	周耀平	南京市经济技术开发区(中山东路 486 号)	025-84552628
600714	青海金瑞矿业发展股份有限公司	铁合金产品的开发、销售	C65	王俊卿	青海省西宁市朝阳西路 112 号	0971-5509464
600715	松辽汽车股份有限公司	轻型越野客车、轻型客车制造	C75	刘兴堂	辽宁沈阳市苏家屯区白松路 22 号	024-89811610
600716	秦皇岛耀华玻璃股份有限公司	玻璃及其制品	C61	曹田平	河北秦皇岛市西港路	0335-3028173
600717	天津港股份有限公司	港口储运	F21	于汝民	天津市塘沽区新港二号路卡子门内	022-25702708
600718	沈阳东软软件股份有限公司	计算机软、硬件，机电一体化产品	G87	刘积仁	沈阳市和平区文化路 3 号巷 11 号	024-83665712
600719	大连热电股份有限公司	发电、供热、热电联产等	D01	于长敏	大连市沙河区香周路 210 号	0411-84438755
600720	甘肃祁连山水泥集团股份有限公司	水泥及其系列产品	C61	杨 皓	兰州市城关区酒泉路	0931-4900606
600721	新疆百花村股份有限公司	旅馆、餐饮、旅游、商品经销等	H11	林 敏	乌鲁木齐市中山路 141 号	0991-7792626
600722	沧州化学工业股份有限公司	化工原料、塑料制品、建筑材料、压力计等	C43	周振德	沧州市南环中路 18 号	0317-3030719
600723	北京市西单商场股份有限公司	商业百货等	H11	刘秀玲	北京市西城区西单北大街 120 号	010-66024984
600724	宁波富达股份有限公司	家用电器、电机产品等	C76	白小易	浙江余姚市阳明西路 355 号	0574-62814275
600725	云南云维股份有限公司	聚乙烯醇及其相关原料	C43	李剑秋	云南曲靖市沾益县花山镇	0874-3068588
600726	华电能源股份有限公司	电力生产、电厂检修、电力技术服务	D01	陈飞虎	哈尔滨市南岗区高新技术开发区 19 号楼 B 座	0451-82525998
600727	山东鲁北化工股份有限公司	磷铵、水泥、硫酸、溴素及溴系列产品	C43	冯久田	山东无棣县马山子镇	0543-6451265
600728	新太科技股份有限公司	海洋水产品捕捞、加工、计算机新产品研制	G87	张 毅	广州市天河高新技术产业开发区工业园建中路 51—53 号	020-85550260
600729	重庆百货大楼股份有限公司	商业百货零售	H11	龚小力	重庆市渝中区民权路 2 号	023-63711374
600730	中国高科集团股份有限公司	实业投资，发起设立各类科技风险投资基金等	M	冉茂平	上海市浦东新区金港路 501 号	021-52980809
600731	湖南海利化工股份有限公司	农药、化肥和化工产品	C43	王晓光	长沙市芙蓉中路二段 251 号	0731-5552484
600732	上海新梅置业股份有限公司	各类门座式起重机械、散货装卸机械、储装箱装卸机械等	C73	张静静	上海市浦东南路 3500 号	021-51005380
600733	成都前锋电子股份有限公司	电子仪器、燃气器具、医用仪器及有线电视网络工程等	G81	杨晓斌	成都市人民南路四段 1 号	028-86316709
600734	福建实达电脑集团股份有限公司	计算机及相关设备	G83	明德平	福州市经济技术开发区科技工业区 A 小区 C 号楼	0591-83725878
600735	山东兰陵陈香酒业股份有限公司	饮料酒、饮料、食品	C05	张兴华	山东临沂市罗庄区双月路 153 号	0539-8258002
600736	苏州新区高新技术产业股份有限公司	高新技术产品、市政基础设施的投资经营	J01	纪向群	苏州新区运河路 8 号	0512-68096283
600737	新疆屯河投资股份有限公司	农副产品、水泥、活性石灰	C01	胡建军	新疆昌吉市河滩北路 8 号	0994-2350079
600738	兰州民百(集团)股份有限公司	商业百货	H11	张 宏	兰州市中山路 368 号	0931-8435839
600739	辽宁成大股份有限公司	纺织品及服装的进出口业务	H21	尚书志	大连市中山区人民路 71 号	0411-82512731
600740	山西焦化股份有限公司	焦炭及相关化工产品	C41	潘得国	山西洪洞广胜寺镇	0357-6626012；6625471
600741	上海巴士实业(集团)股份有限公司	公共交通客运、出租汽车客运	K01	洪任初	上海市浦东南路 500 号	021-63848484
600742	长春一汽四环汽车股份有限公司	汽车改装、汽车零部件、汽车修理等	C75	滕铁骑	长春市普阳街 99 号	0431-7629105
600743	湖北幸福实业股份有限公司	服装、铝合金制品、电力，汽车运输等	M	刘道明	湖北潜江市张金镇幸福大道	0728-6641566

续表 19 Continued 19

代码 Code	公司全称 Companies	主营业务范围 Fields	行业代码 Industries Code	董事长 Board Chairman	地 址 Address	电话 Telephone Number
600744	湖南华银电力股份有限公司	电厂及其配套设施	D01	刘顺达	湖南长沙韶山路62号	0731-5388088
600745	湖北天华股份有限公司	服装鞋帽	C13	祁英杰	黄石市团城山6号小区	0714-6366161
600746	江苏索普化工股份有限公司	化工原料及产品	C43	宋勤华	江苏镇江市谏壁越河街50号	0511-3366244
600747	大连大显股份有限公司	电子产品及元器件	C55	刘秉强	大连市高新园区双D港辽河东路1号	0411-86459612
600748	上海实业发展股份有限公司	房地产、实业、商业贸易	C65	陈伟恕	上海市浦东南路1085号	021-54258748
600749	西藏圣地股份有限公司	多媒体综合业务	K34	欧阳旭	拉萨市林廓东路6号喜马拉雅饭店三层	0891-6339150
600750	江西江中药业股份有限公司	医药及医药包装材料	C81	廖礼村	江西省南昌市火炬大道88号	0791-8515742
600751	天津市海运股份有限公司	国际近洋集装箱运输	F07	宋兴庭	天津和平区吴家窑河沿路金泉里13号	022-23281780
600752	哈慈股份有限公司	医疗器械、电器机械、化工产品等	C81	李秀峰	哈尔滨市动力区通乡街169号	0451-55696922
600753	河南冰熊保鲜设备股份有限公司	制冷保鲜设备	C76	马 军	河南省民权县府后街22号	0370-8585698
600754	上海锦江国际酒店发展股份有限公司	宾馆、餐饮、食品加工、旅游等	K32	俞敏亮	上海市浦东浦电路389号12楼	021-63217132
600755	厦门国贸集团股份有限公司	进出口及代理进出口贸易	H21	何福龙	厦门市湖滨南路国贸大厦8—18层	0592-5898578
600756	山东浪潮齐鲁软件产业股份有限公司	索道运输、旅游及住宿、计算机软硬件	G87	王茂昌	山东泰安市虎山路中段	0531-5105606
600757	上海华源企业发展股份有限公司	服装和家用装饰纺织品	C13	倪学明	上海市浦东商城路660号	021-58796556
600758	辽宁金帝建设集团股份有限公司	土木建设工程、海外经济技术合作	E01	王志强	沈阳市沈河区青年大街118号	024-22870330
600759	海南华侨投资股份有限公司	工业和高科技产品、旅游等	M	王跃仁	海口市南航东路28号侨企大楼B座8楼	0898-66787220
600760	东安黑豹股份有限公司	农用运输车、肉类机械及其相关产品	C75	王 军	山东文登市龙山路107号	0631-8087751
600761	安徽合力股份有限公司	工程机械、铸锻件、热处理件	C73	张德进	合肥市望江路21号	0551-3648005
600762	衡阳市金荔科技农业股份有限公司	水泥、废旧物资回收、房地产、计算机网络、高科技农业	A01	刘作超	衡阳市解放路131号	0734-8709868
600763	中燕纺织股份有限公司	羽毛羽绒产品、皮革制品、针纺织品	C14	晏子牛	北京市平谷县北杨桥乡	010-64992893
600764	中电广通股份有限公司	石油化工、精细化工产品	G81	单 昶	北京市上地东路29号412室	010-63574758
600765	贵州力源液压股份有限公司	液压机械	C71	李 利	贵州贵阳市国家高新技术产业开发区	0851-6321009
600766	烟台华联发展集团股份有限公司	商品零售及批发、房地产、旅游等	H11	陈伟东	山东烟台南大街261号	0535-6626431
600767	运盛(上海)实业股份有限公司	城市基础设施开发及其配套服务	J01	李寿平	上海市青浦区朱家角镇(祥凝浜路168号)	021-62719804
600768	宁波富邦精业集团股份有限公司	公路货物运输、仓储等	F03	郑锦浩	宁波市药行街139号中国银行大厦20层	0574-87300929
600769	武汉祥龙电业股份有限公司	发电,供电,供热	D01	江涤清	武汉市洪山区葛化街化工路31号	027-87602482
600770	江苏综艺股份有限公司	服装、建材、煤炭、纺织原辅材料等	M	昝圣达	江苏通州市兴东镇黄金村	0513-6639999
600771	东盛科技股份有限公司	医药产品的生产批发	C81	郭家学	青海西宁市高新开发区	029-88330836
600772	中油龙昌(集团)股份有限公司	天然气管道运输等	F05	邱忠保	上海市中山南路28号久事大厦20层	021-63302552
600773	西藏金珠股份有限公司	进出口贸易、国内贸易、矿产品加工等	H21	董金江	西藏拉萨市北京中路182号	0891-6832913
600774	武汉市汉商集团股份有限公司	商业百货、批发零售	H11	张宪华	湖北武汉市汉阳大道134号	027-84843197
600775	南京熊猫电子股份有限公司	无线电通信设备、电子元器件、仪器仪表等	G81	李安建	南京市高新技术产业开发区05幢北侧1—2层	8625-84801442
600776	东方通信股份有限公司	移动通信、程控交换、网络终端产品	G81	郑国民	杭州市文三路398号	0571-88865251
600777	烟台新潮实业股份有限公司	纺织、有线电视电缆、建筑安装、娱乐及旅游等	C51	孙树刚	烟台市牟平区牟山路98号	0535-4259777
600778	新疆友好(集团)股份有限公司	商业综合经营、装饰工程施工	H11	马雍全	新疆乌鲁木齐市友好北路	0991-4541008

续表 20 Continued 20

代码 Code	公司全称 Companies	主营业务范围 Fields	行业代码 Industries Code	董事长 Board Chairman	地 址 Address	电话 Telephone Number
600779	四川全兴股份有限公司	抗生素原料药及各种制剂产品	C05	杨肇基	成都市金牛区全兴路 9 号	028-86252847
600780	山西通宝能源股份有限公司	电力、煤炭的生产销售	D01	常小刚	太原市高新技术产业开发区学府工业园区Ⅴ-6 区	0351-7032515
600781	上海民丰实业(集团)股份有限公司	纺织印染及加工	C11	关永进	上海市延安西路 300 号(静安大厦)12 楼	021-62499718
600782	新华金属制品股份有限公司	金属制品、有线电视传输线等	C69	熊小星	江西新余市铁焦路	0790-6460888
600783	山东鲁信高新技术产业股份有限公司	磨料磨具、硅碳棒制品、金刚石及金刚石制品等	C61	李功臣	山东淄博市高新技术产业开发区中路	0533-2980151
600784	鲁银投资集团股份有限公司	科技开发、生态农业、文化产业投资	M	李 玮	济南市经十路 128 号	0531-2024156
600785	银川新华百货商店股份有限公司	商业百货零售	H11	徐鸣凤	宁夏银川市新华东街 29 号	0951-4010058
600786	东方锅炉(集团)股份有限公司	电站锅炉、工业锅炉、石油化工容器和核能反应设备	C71	易兴旺	四川自贡市五星街黄桷坪路 150 号	0813-4735000
600787	中储发展股份有限公司	商品仓储运输	F21	洪水坤	天津市北辰经济开发区开发大厦	022-28010734
600788	西安达尔曼实业股份有限公司	珠宝,玉器,工艺美术品等	C99	许宗林	西安市建工路	029-87881851
600789	山东鲁抗医药股份有限公司	抗生素原料药及制剂	C81	章建辉	山东省工商行政管理局	0537-2983174
600790	浙江中国轻纺城集团股份有限公司	营业用房的开发管理等	M	茹关筠	浙江绍兴县柯桥镇鉴湖路 6 号	0575-4116158
600791	天创置业股份有限公司	日用百货、房地产	J01	王 琪	北京市复兴门南大街 2 号甲天银大厦 A 西 8 层	010-82273638
600792	云南马龙产业集团股份有限公司	磷化工产品、水泥等建材产品	C61	夏 蜀	云南曲靖市马龙县王家庄镇	0871-3018339
600793	宜宾纸业股份有限公司	新闻纸	C31	罗 云	四川宜宾市岷江西路 54 号	0831-3560668
600794	云南新概念保税科技股份有限公司	生物高新技术应用、电子商务、网络应用纸制品	C31	叶效良	云南大理市下关北郊	0871-3186316
600795	国电电力发展股份有限公司	电力、热力生产销售	D01	周大兵	大连市经济技术开发区黄海西路 4 号	010-58682200
600796	浙江钱江生物化学股份有限公司	生物农药、原料药	C85	马 炎	浙江海宁市硖石镇西山路 598 号	0573-7042800
600797	浙江浙大网新科技股份有限公司	羽毛、羽绒及羽绒制品、有线电视网络投资	G87	陈 纯	杭州市文二路 212 号	0571-87950500
600798	宁波海运股份有限公司	水上货物运输、交通基础设施	F07	徐炳祥	宁波市中马路 202 号	0574-87352405
600799	黑龙江省科利华网络股份有限公司	电子商务及计算机软件	G87	宋朝弟	黑龙江阿城市北环路 2 号	010-82899729
600800	天津环球磁卡股份有限公司	软件系统、网络集成、数据卡	C99	姜肃敌	天津空港物流加工区外环北路 1 号 2-A001 室	022-23264012
600801	华新水泥股份有限公司	水泥生产销售	C61	陈木森	湖北省黄石市	0714-6328310
600802	福建水泥股份有限公司	水泥、新型建材	C61	黄建民	福州市杨桥东路 118 号宏杨新城建福大厦	0591-87617751
600803	河北威远生物化工股份有限公司	生物化工、精细化工产品等	C43	杨 宇	石家庄市高新技术产业开发区新石北路 166 号	0311-5915898
600804	成都鹏博士科技股份有限公司	金属压延加工、计算机软件和通信产品	C65	杨学平	成都市高新西区创业中心	0755-83432853
600805	江苏悦达投资股份有限公司	拖拉机、农机具、工程机械、石油制品等	M	胡友林	江苏盐城市开放大道 78 号	0515-8202863
600806	交大昆机科技股份有限公司	数控、数显机床、精密测量设备等	C73	岳华峰	昆明市茨坝路 23 号	0871-5212410
600807	山东济南百货大楼(集团)股份有限公司	商业百货零售批发	H11	邢乐成	济南市泉城路 264 号	0531-6030094
600808	马鞍山钢铁股份有限公司	钢铁产品生产销售	C65	顾建国	安徽马鞍山市红旗中路 8 号	86-555-2888158
600809	山西杏花村汾酒厂股份有限公司	酒类生产销售	C05	郭双威	山西汾阳县杏花村镇	0358-7229381
600810	神马实业股份有限公司	化纤及制品	C47	张 健	河南平顶山建设路中段 63 号	0375-3921231
600811	东方集团股份有限公司	银行、房地产、基础设施建设	M	张宏伟	哈尔滨市南岗区花园街 235 号东方大厦 15 楼	0451-53666028
600812	华北制药股份有限公司	医药化工产品	C81	张千兵	石家庄市和平东路 388 号	0311-6219063
600814	杭州解百集团股份有限公司	商品零售批发	H11	周自力	杭州市上城区解放路 251 号	0571-87016888

续表 21　Continued 21

代码 Code	公司全称 Companies	主营业务范围 Fields	行业代码 Industries Code	董事长 Board Chairman	地　址 Address	电话 Telephone Number
600815	厦门工程机械股份有限公司	工程机械产品及配件、进出口贸易、房地产开发	C73	王昆东	厦门市厦禾路668号	0592-2115449
600816	安信信托投资股份有限公司	金融信托	I31	曲玉春	上海市控江路1553—1555号A座3楼301室	021-63410710
600817	上海宏盛科技发展股份有限公司	实业投资、国内贸易、电脑及高科技产品	M	龙长生	上海市浦东商城路618号	021-58765800
600818	上海永久股份有限公司	自行车及零部件	C75	顾觉新	上海市周家嘴路1357号	021-65136974
600819	上海耀华皮尔金顿玻璃股份有限公司	玻璃制品	C61	朱伯安	上海市浦东济阳路100号	58801177
600820	上海隧道工程股份有限公司	隧道工程和市政工程建设	E01	姜先赋	上海市浦东海徐路957号	021-65869999-5072
600821	天津劝业场(集团)股份有限公司	商业、各类物资的批发及零售	H11	刘树明	天津市和平区和平路290号	022-27304989
600822	上海物资贸易中心股份有限公司	生产资料批发零售	H21	陈伟宝	上海市东昌路东园一村139号201室	021-62168718
600823	上海世茂股份有限公司	日用百货、房地产	H11	许荣茂	上海市九江路619号23F	021-63526600
600824	上海益民百货股份有限公司	商业百货零售	H11	陈　圣	上海市淮海中路651号6楼	021-64339888
600825	华联超市股份有限公司	粮油及制品、日用百货零售	H11	汤　琪	上海市浦东张扬路655号	021-65431486
600826	上海兰生股份有限公司	进出口贸易、代理进出口业务等	H21	张黎明	上海市浦东新金桥路1566号	021-65446061
600827	上海友谊集团股份有限公司	商业零售及旅游	H11	王宗南	上海市商城路518号10楼	021-58792123
600828	成都人民商场(集团)股份有限公司	百货零售	H11	张　崃	成都市东御街19号	028-86665088
600829	哈尔滨哈药集团三精制药股份有限公司	医药制造	C61	姜林奎	哈尔滨市南岗区衡山路76号	0451-84683877
600830	宁波大红鹰实业投资股份有限公司	国内外贸易、生产加工、旅游服务等	H11	赵万兴	宁波市开明街130弄48号	0574-87315310
600831	陕西广电网络传媒股份有限公司	广播电视网络开发经营	L10	韩本毅	西安市太白南路363号影视大酒店副楼4、5层	029-87991255
600832	上海东方明珠(集团)股份有限公司	广播电视传输服务、旅游观光、房地产开发等	M	朱咏雷	上海市番禺路858号	58799306
600833	上海第一医药股份有限公司	医药产品销售	H11	盛小洪	上海市南京东路616号	021-63617711
600834	上海申通地铁股份有限公司	水厂建设和排管施工工程	D05	宋孝鏊	上海市浦电路489号	58308595
600835	上海机电股份有限公司	家用电器、电器机械	C76	王成明	上海市建平路2号	68547507
600836	上海界龙实业股份有限公司	包装、特种印刷等	C35	费钧德	上海宁海东路200号申鑫大厦16楼	021-63746888
600837	上海市都市农商社股份有限公司	商业、服务业、工业	H01	曹晓风	上海市浦东新区张扬路838号	021-63457858
600838	上海九百股份有限公司	日用百货零售	H11	黄　跃	上海市万航渡路50号	021-62569867
600839	四川长虹电器股份有限公司	视频产品、网络产品、家用电器	C55	赵　勇	四川绵阳市高新区绵兴东路35号	0816-2418132
600840	浙江新湖创业投资股份有限公司	有线电视付费点播系统、通讯设备等	H11	刘全民	杭州市体育场路479号7楼	0571-87055977
600841	上海柴油机股份有限公司	机电产品、柴油机及材料等	C71	陈龙兴	上海市浦东大道2748号	021-65745656
600842	上海中西药业股份有限公司	医药、农药等	C81	周德孚	上海市浦东江心沙路9号	021-56087135
600843	上工股份有限公司	缝制设备及零部件	C73	张　敏	上海市浦东罗山路1201号	021-68407700
600844	大盈现代农业股份有限公司	农业投资、办公用品	C37	廖德荣	上海市浦东川北公路807号	63185575
600845	上海宝信软件股份有限公司	计算机应用服务	G87	徐乐江	上海市张江高科技园区郭守敬路515号	021-50801155
600846	上海同济科技实业股份有限公司	工程总承包、研制开发高科产品、进出口业务等	M	钱　刚	上海市浦东栖山路33号	021-65985432
600847	重庆万里蓄电池股份有限公司	蓄电池及零部件	C76	诸一军	重庆市巴南区土桥苦竹坝号	010-62572098
600848	上海自动化仪表股份有限公司	自动化仪表、成套设备等	C78	肖宗义	上海市虹漕路41号	021-54260980
600849	上海市医药股份有限公司	医药及保健品	C81	钱　珊	上海市长阳路1568号	021-58999802
600850	上海华东电脑股份有限公司	计算机、电子元器件	G83	孙德炜	上海市桂林路418号	021-64362789
600851	上海海欣集团股份有限公司	玩具、服装等纺织品	C14	严镇博	上海市松江区洞泾镇长兴路688号	63917000-1832
600852	四川国际合作股份有限公司	工程建设、进出口贸易	E01	杨乃忠	成都市永兴巷15号	028-6520852

续表 22 Continued 22

代码 Code	公司全称 Companies	主营业务范围 Fields	行业代码 Industries Code	董事长 Board Chairman	地址 Address	电话 Telephone Number
600853	龙建路桥股份有限公司	钢材冶炼、路桥工程建设	E01	雷文峰	哈尔滨市南岗区长江路368号	0451-82281860
600854	江苏春兰制冷设备股份有限公司	日用电器生产销售	C76	张鸿志	江苏泰州市春兰工业园区春兰路1号	0523-6217958、6663663
600855	北京航天长峰股份有限公司	计算机软硬件、自动控制、机床数控系统等	C73	谢良贵	北京市海淀区永定路51号航天数控大楼	010-88219815
600856	长春百货大楼集团股份有限公司	商业百货零售	H11	林大湑	长春市人民大街1881号	0431-8965414
600857	哈工大首创科技股份有限公司	计算机应用及服务	G87	杨士勤	宁波市海曙区和义路45号	0574-87367060
600858	银座渤海集团股份有限公司	热电供应、酒店、建材、娱乐服务等	M	王仁泉	山东省济南市泺源大街中段	0531-6988888、6961088
600859	北京王府井百货(集团)股份有限公司	商业百货批发零售	H11	郑万河	北京市王府井大街255号	010-65125960
600860	北人印刷机械股份有限公司	印刷机械、锻压设备、包装机械	C73	朱武安	北京市北京经济技术开发区荣昌东街6号	010-67802565
600861	北京城乡贸易中心股份有限公司	国内商业、物资供销	H11	周和平	北京市海淀区复兴路甲23号	010-68296595
600862	南通纵横国际股份有限公司	数控机床、高级电子元器件等	C71	凌卫国	江苏南通市任港路23号	0513-5529362
600863	内蒙古蒙电华能热电股份有限公司	火力发电及供热	D01	乌若思	内蒙古呼和浩特市锡林南路218号	0471-6222388-8009
600864	哈尔滨岁宝热电股份有限公司	生产蒸汽、发电	D01	邢继军	哈尔滨市南岗区昆仑商城隆顺街27号	0451-82332828
600865	百大集团股份有限公司	商业百货零售批发	H11	董伟平	杭州市延安路546号	0571-85109129
600866	广东肇庆星湖生物科技股份有限公司	氨基酸、肌苷(酸)类生化产品和食品添加剂	C85	黄增麟	广东肇庆市工农北路67号	0758-2291123
600867	通化东宝药业股份有限公司	医药制造和保健品	C81	李一奎	吉林通化市东宝新村	0435-5088025
600868	广东梅雁企业(集团)股份有限公司	客货运输、建筑建材、商业等	M	杨钦欢	广东梅州市梅县雁洋镇	0753-2218286
600869	三普药业股份有限公司	医药制造	C81	蒋锡培	西宁市建国路88号	021-50543466
600870	厦门华侨电子股份有限公司	电视机、移动通信、计算机等电子产品	C55	郭则理	厦门市湖里大道22号	0592-5687203
600871	中国石化仪征化纤股份有限公司	化纤、化工产品	C47	傅兴堂	江苏仪征市	0514-3232997
600872	中炬高新技术实业(集团)股份有限公司	城市基础设施、房地产、进出口	M	谢力健	广东中山市中山火炬高技术产业开发区火炬大厦	0760-5599947
600873	五洲明珠股份有限公司	旅游饭店、商品贸易和房地产开发	K32	郭现东	西藏拉萨北京西路224号	0536-8363802
600874	天津创业环保股份有限公司	公用环保设施	K01	马白玉	天津市和平区贵州路45号	022-23930128
600875	东方电机股份有限公司	发电设备、控制设备	C76	朱元巢	四川德阳市黄河西路188号	0838-2409358
600876	洛阳玻璃股份有限公司	玻璃及其深加工制品	C61	郭晓寰	洛阳市西工区唐宫中路9号	86-379-3908588
600877	中国嘉陵工业股份有限公司(集团)	摩托车及摩托车配件	C75	靖 波	重庆市沙坪坝区双碑	023-65194095
600879	长征火箭技术股份有限公司	航天与运载火箭技术及配套装备	C73	王宗银	武汉经济技术开发区高科技园	027-85487719
600880	成都博瑞传播股份有限公司	信息传播、报刊发行	L20	孙旭军	成都市郫县唐昌镇南外街2号	028-87651183
600881	吉林亚泰(集团)股份有限公司	房地产开发、商贸	M	宋尚龙	长春市吉林大路1801号	0431-4956688
600882	山东大成农药股份有限公司	化学农药、基本化学原料等	C43	耿佃杰	山东省淄博市张店区洪沟路25号	0533-2111919
600883	云南博闻科技实业股份有限公司	计算机硬件、软件开发、水泥及其他建材	M	刘志波	云南省保山市汉庄镇黑石头	0875-2218496 7197370
600884	宁波杉杉股份有限公司	服装、针织品	C13	郑永刚	宁波市百丈路158号杉杉金贸大厦	0574-88208337
600885	武汉力诺工业股份有限公司	太阳能光热转化材料、化工涂料	C43	申英明	武汉市桥口区古田路17号	027-85497163
600886	国投华靖电力控股股份有限公司	能源投资、石油化工产品	D01	卜繁森	甘肃兰州市张苏滩575号	010-68096858
600887	内蒙古伊利实业集团股份有限公司	农畜产品加工、食品饮料	C03	郑俊怀	内蒙古呼和浩特市金川开发区金四路8号	0471-3601621，3388888
600888	新疆众和股份有限公司	铝、碳素及其相关业务	C67	刘 杰	新疆维吾尔自治区乌鲁木齐市喀什东路18号	0991-6689885

续表 23 Continued 23

代码 Code	公司全称 Companies	主营业务范围 Fields	行业代码 Industries Code	董事长 Board Chairman	地址 Address	电话 Telephone Number
600889	南京化纤股份有限公司	化学纤维、自来水、服装	C47	沈光宇	南京市高新技术开发区	025-85561011
600890	中房置业股份有限公司	摩托车及系列产品	C75	殷友田	北京市广安门外大街377号1号楼200房间	010-64218263
600891	哈尔滨秋林集团股份有限公司	商业百货批发零售	H11	蒋贤云	哈尔滨市南岗区东大直街319号	0451-53644632
600892	河北湖大科技教育发展股份有限公司	零售、批发、代销、联营、服务	C73	戴小兵	石家庄市中山东路51号	0311-6033034
600893	吉林华润生化股份有限公司	食品加工、仓储、包装	C01	乔世波	长春经济技术开发区仙台大街1717号	0431-5883118 5883022
600894	广州钢铁股份有限公司	冶金产品、焦炭化工产品	C65	陈嘉陵	广州市芳村区白鹤洞	020-81891212
600895	上海张江高科技园区开发股份有限公司	房地产、物业管理、高科技投资等	M	陈剑波	上海市浦东龙东大道200号	021-50800018
600896	中海(海南)海盛船务股份有限公司	海洋运输、房地产	F07	王大雄	海南海口市龙昆北路2号帝豪大厦25层	0898-68583985
600897	厦门机场发展股份有限公司	航空机场设施服务	F11	王倜傥	厦门高崎国际机场	0592-6022936
600898	三联商社股份有限公司	以文化用品为主的百货批发零售	H01	张继升	济南市历下区趵突泉北路12号	0531-3538506
600899	浙江信联股份有限公司	有线电视网络开发、服务	L20	王宏建	杭州上塘路68号	0571-85463080
600900	中国长江电力股份有限公司	电力生产、经营和投资	D01	李永安	北京市金融大街19号富凯大厦B座	010-58688890
600960	山东滨州渤海活塞股份有限公司	活塞、机械零部件	C75	李俊杰	山东滨州市	0543-3288868
600961	湖南株冶火炬金属股份有限公司	锌及锌基合金、工业硫酸	C67	李枝芳	湖南株洲市天元区滨江一村17栋208—209号	0733-8392172
600962	国投中鲁果汁股份有限公司	果蔬汁、饮料的生产、销售等	A01	刘学义	北京市丰台区科兴路7号	010-66579869
600963	岳阳纸业股份有限公司	纸浆、机制纸的制造、销售	C31	王祥	湖南岳阳市城陵矶洪家洲	0730-8590330
600965	河北福成五丰食品股份有限公司	禽畜养殖、屠宰、加工	A05	李福成	河北三河市燕郊经济技术开发区	010-61595607
600966	山东博汇纸业股份有限公司	造纸及纸制品	C31	杨延良	山东桓台县马桥镇工业路北首	0533-8538020
600967	包头北方创业股份有限公司	铁路车辆、专用车及配件、冶金机械	C75	陈学军	包头稀土高新技术产业开发区第一功能小区	0472-3117903
600969	湖南郴电国际发展股份有限公司	水电综合开发	D01	邓中华	湖南郴州市北湖区国庆南路36号	0735-2339232
600971	安徽恒源煤电股份有限公司	煤炭开采、洗选加工、销售	B01	汪永茂	安徽淮北市濉溪县刘桥镇	0557-3986204
600973	宝胜科技创新股份有限公司	电线电缆及附件	G81	徐伟强	江苏宝应县安宜镇苏中路1号	0514-8248877
600975	湖南新五丰股份有限公司	畜禽养殖、农业种植、农副产品、生物制品等	A05	张跃文	长沙市高新技术产业开发区麓谷基地麓龙路8号	0731-2295889
600976	武汉健民药业集团股份有限公司	中成药、保健品、医用材料、医疗器械	C81	鲍俊华	武汉市汉阳区鹦鹉大道484号	027-50537954
600978	广东省宜华木业股份有限公司	木家具、木地板等	C25	刘绍喜	广东汕头市澄海区莲下槐东工业区	0754-5100989
600979	四川广安爱众股份有限公司	电力、天然气、自来水生产供应	D01	罗庆红	四川广安市广安区渠江北路86号	0826-2983059
600980	北矿磁材科技股份有限公司	磁性材料、磁器件	C51	孙传尧	北京市丰台区科学城10D地块2号楼	010-67537184
600981	江苏省纺织品进出口集团股份有限公司	纺织品等的进出口	H21	陈树扬	南京市户部街15号	025-86648112
600982	宁波热电股份有限公司	电力电量、热量、灰渣的生产	D01	丁凯	宁波市经济技术开发区大港工业城	0574-86897103
600983	合肥荣事达三洋电器股份有限公司	洗衣机、微波炉等电器	C55	季学智	合肥高新技术产业开发区北区L-2号	0551-5310502
600984	陕西建设机械股份有限公司	建设机械成套设备、筑路机械成套设备	C73	高峰	西安市金花北路48号	029-82592297
600985	安徽雷鸣科化股份有限公司	民爆器材及原材料,精细化工产品、爆破工程	C43	张海龙	安徽淮北市东山路	0561-4948135
600986	科达集团股份有限公司	市政、公路、污水处理及给排水工程等	E01	刘双珉	山东广饶县大王经济技术开发区	0546-8301886
600987	浙江航民股份有限公司	纺织、印染及相关原辅材料	C11	朱重庆	杭州市萧山区瓜沥镇航民村	0571-82557359
600988	广州东方宝龙汽车工业股份有限公司	防弹运钞车等专用车辆	C75	杨龙江	广州增城市新塘镇宝龙路1号	020-82696008

续表 24 Continued 24

代码 Code	公司全称 Companies	主营业务范围 Fields	行业代码 Industries Code	董事长 Board Chairman	地 址 Address	电话 Telephone Number
600990	安徽四创电子股份有限公司	民用雷达整机及配套产品、微波通信	G81	吴曼青	合肥市高新技术产业开发区	0551-5315251
600991	湖南长丰汽车制造股份有限公司	轻型越野汽车及零部件	C75	李建新	长沙市经济技术开发区漓湘路1号	0731-2881959
600992	贵州钢绳股份有限公司	钢丝、钢绳产品及相关设备、材料	C69	黄忠渠	贵州遵义市桃溪路47号	0852-8419247
600993	武汉马应龙药业集团股份有限公司	中西药制造	C81	陈 平	武汉市武昌南湖周家湾100号	027-87389583
600995	云南文山电力股份有限公司	发电、供电、电站、电网设计、建设	D01	冯崇武	云南文山县建禾东路71号	0876-2123422
600997	开滦精煤股份有限公司	煤炭及伴生资源开采	B01	裴 华	河北唐山市新华东道70号东楼	0315-3026757
900929	上海锦江国际旅游股份有限公司	旅游	K34	宋超麒	上海市浦东杨高南路889号	021-63299090
900935	上海阳晨投资股份有限公司	工程机械、环保设施	C73	祝世寅	上海市桂箐路2号	021-63901001 63901800
900939	上海汇丽建材股份有限公司	建筑涂料、装潢材料	E05	徐泽宪	上海市浦东周浦康桥工业区	021-58705858/ 68731437
900948	内蒙古伊泰煤炭股份有限公司	原煤生产销售	B01	张东海	内蒙古鄂尔多斯市东胜区天骄北路伊泰大厦	0477-8565758
900949	浙江东南发电股份有限公司	开发经营发电厂、发电机组	D01	孙永森	杭州市延安路528号标力大厦	0571-85774569
900950	江苏新城房产股份有限公司	房地产、建材	J01	王振华	江苏常州市武进区湖塘镇人民东路158号	0519-8127288
900951	大化集团大连化工股份有限公司	碱及副产品	C43	刘平芹	大连市甘井子工兴路10号	0411-86893436
900953	华源凯马股份有限公司	内燃机、农用车、拖拉机及零部件	C75	傅伟民	上海市浦东张扬路655号	021-62034925
900956	黄石东贝电器股份有限公司	制冷压缩机、压缩机电机	C76	杨百昌	湖北黄石市铁山区武黄路5号	0714-5415858
900957	上海凌云实业发展股份有限公司	铝型材及幕墙	E05	郑介甫	上海市浦东东方路877号嘉兴大厦18楼	021-68402166

5-29 深圳证券交易所上市公司名录

List of Listed Companies in Shenzhen Stock Exchange

代码 Code	公司全称 Companies	主营业务范围 Fields	行业代码 Industries Code	董事长 Board Chairman	总经理 General Manager	地址 Address	电话 Telephone Number
000001	深圳发展银行股份有限公司	办理人民币存、贷、结算、汇兑业务	I01	蓝德彰	韦杰夫	广东省深圳市深南东路5047号	2088888
000002	万科企业股份有限公司	房地产、贸易及零售等	J01	王 石	郁 亮	广东省深圳市福田区梅林路63号	25606666
000004	深圳市北大高科技股份有限公司	汽车客货运输	F03	陈章良	张 华	广东省深圳市高新技术园北区	26826724
000005	深圳世纪星源股份有限公司	房地产、交通运输、商务咨询、软件等	M	丁 梵	丁 梵	广东省深圳市人民南路发展中心大厦13层	82207180
000006	深圳市振业(集团)股份有限公司	房地产及相关业务	J01	李永明	张发文	广东省深圳市宝安南路振业大厦29层	25863061
000007	深圳市赛格达声股份有限公司	房地产开发行业及旅游饮食行业的开发经营	J01	李成碧	吴爱国	深圳市华强北路现代之窗大厦20层	83239242
000008	广东亿安科技股份有限公司	电子通讯、数码科技、网络工程、生物工程等	G87	周瑞堂	殷 钢	广东省深圳市南山区内环路5号	26433484
000009	中国宝安集团股份有限公司	房地产、建材、商业、金融证券等	M	陈政立	陈政立	广东省深圳市笋岗东路1022号	25170296
000010	深圳市华新股份有限公司	纺织品及其原料	H21	王 健	王 健	深圳市福田区振兴路华美大厦西座	83276308
000011	深圳市物业发展(集团)股份有限公司	房地产及相关业务	M	田承刚	方一兵	广东省深圳市人民南路国贸大厦	82211020

续表 1　Continued 1

代码 Code	公司全称 Companies	主营业务范围 Fields	行业代码 Industries Code	董事长 Board Chairman	总经理 General Manager	地址 Address	电话 Telephone Number
000012	中国南玻集团股份有限公司	生产经营新型显示元器件和材料，新型电子元器件	C61	陈　潮	曾　南	广东省深圳蛇口工业六路一号	26860679
000014	沙河实业股份有限公司	房地产开发与销售	J01	吕　华	邓　勇	广东省深圳市南山区沙河商城七楼	26900498
000016	康佳集团股份有限公司	电视机、移动电话等家用电器	C55	任克雷	侯松容	广东省深圳特区华侨城康佳公司	26908667
000017	深圳中华自行车(集团)股份有限公司	自行车及其零配件	C75	章晓峰	刘林峰	广东省深圳市布新路 3008 号	25516998-301
000018	深圳中冠纺织印染股份有限公司	以棉布为主的纺织印染业务	C11	胡永峰	孙志平	深圳市人民南路房地产大厦十楼 C 座	82325084
000019	深圳市深宝实业股份有限公司	食品、饮料及相关业务	C05	曾　湃	曾　湃	广东省深圳市笋岗东路 1002 号	25507480
000020	深圳华发电子股份有限公司	生产销售彩电、印制电路板、注塑件等电子产品	C5	吴德华	张永成	广东省深圳市福田区华发北路 411 号	83352207
000021	深圳开发科技股份有限公司	计算机硬件、通讯设备等	G83	陈肇雄	谭　文	深圳市福田区彩田路 7006 号开发大厦	83275073
000022	深圳赤湾港航股份有限公司	港口装卸、散货灌包、保税仓储运输	F11	王　芬	郑少平	深圳市赤湾港石油大厦 11-13 楼	26694620
000023	深圳市天地(集团)股份有限公司	房地产	E01	杨玉科	刘满堂	广东省深圳市宝安南路天地大厦二楼	25581218
000024	招商局地产控股股份有限公司	房地产开发经营、公用事业(供应水和电)等	J01	孙承铭	林少斌	深圳南山区蛇口工业区新时代广场	26819616
000025	深圳市特力(集团)股份有限公司	金属加工机械、通用设备通用零件、磨具等	M	张瑞理	张瑞理(代)	广东省深圳市罗湖区水贝二路 56 号	25536888
000026	深圳市飞亚达(集团)股份有限公司	各类钟表及配件	C78	吴光权	徐东升	广东省深圳市南山区高新南一道	86013669
000027	深圳能源投资股份有限公司	能源的投资与开发	D01	杨海贤	毕建新	深圳市福田中心区深南中路 4001 号	83025119
000028	深圳一致药业股份有限公司	医药批发、零售等	C8101	郭　原	施金明	深圳市福田区八卦四路 15 号	25875195
000029	深圳经济特区房地产(集团)股份有限公司	房地产及物业管理	J01	邵志和	陈武华	广东省深圳市人民南路深房广场	82184788
000030	广东盛润集团股份有限公司	物业经营及管理	C99	杨奋勃	潘世明	深圳市罗湖区立新路 76 号东兴大厦	83617716
000031	深圳市宝恒(集团)股份有限公司	房地产开发经营和实业投资	J01	古焕坤	朱海彬	广东省深圳市宝安区湖滨路宝恒大厦	27754517
000032	深圳市桑达实业股份有限公司	电子、通讯产品、家用电器等	G81	佟保安	娄春明	广东省深圳市福田区振华路 78 号西	83268190
000033	深圳新都酒店股份有限公司	酒店、商场、餐厅等	K32	李聚全	闻心达	广东省深圳市春风路 1 号	82326536
000034	深圳市深信泰丰(集团)股份有限公司	通讯服务运营、数据与语音服务、通讯设施	M	肖水龙	王　迎	广东省深圳市宝安区宝城 23 区	27849181
000035	中国科健股份有限公司	移动通信设备、医疗设备等高科技产品	G81	侯自强	王海斌	深圳福田滨河路 5022 号联合广场 B 座	82940246，82900517
000036	华联控股股份有限公司	化纤及相关产品	C11	董炳根	徐笑东	广东省深圳市深南中路 20	62820000
000037	深圳南山热电股份有限公司	热电供应及有关工程承包	D01	刘德雨		广东省深圳市华侨城汉唐大厦 16-1	0755-26003683
000038	深圳大通实业股份有限公司	以电子产品为主的贸易业务，电容器、电子元器件	G8701	王　峰	王　峰	深圳市南山区华侨城东部工业区	83793793
000039	中国国际海运集装箱(集团)股份有限公司	干货集装箱制造	C69	李建红	麦伯良	广东省深圳市蛇口工业区金融中心	26802706

续表 2 Continued 2

代码 Code	公司全称 Companies	主营业务范围 Fields	行业代码 Industries Code	董事长 Board Chairman	总经理 General Manager	地址 Address	电话 Telephone Number
000040	深圳市鸿基(集团)股份有限公司	装卸运输、汽车配件等	M	邱瑞亨	邱瑞亨	深圳市罗湖区东门中路1011号	82367726/7540
000041	深圳本鲁克斯实业股份有限公司	系列磁记录产品	C8501	徐　敏	王长生	广东省深圳市南山南油中兴工业城	26068614，6068025
000042	深圳市长城地产(集团)股份有限公司	房地产	J01	马兴文	刘　勇	广东省深圳市福田区红荔路2010号	83789811
000043	深圳市南光(集团)股份有限公司	房地产、物业管理、服务业及国内贸易	M	吴光权	仇慎谦	广东省深圳市福田区深南中路68号	83689333
000045	深圳市纺织(集团)股份有限公司	纺织品及相关业务，农副产品、化工产品等。	C1	管同科	刘均厚	广东省深圳市福田区华强北路3号	83776043，83776342
000046	光彩建设集团股份有限公司	房地产及相关业务	J01	卢志强	李明海	广东省深圳市中心区福华一路商会	82985866，82985859
000048	深圳市康达尔(集团)股份有限公司	鸡禽、饲料等	C01	罗爱华	罗爱华	广东省深圳市深南东路1086号	25425020
000049	深圳市万山实业股份有限公司	房地产	J01	刘　其	冯大明	广东省深圳市罗湖区桂园路28号	82131421
000050	深圳天马微电子股份有限公司	液晶显示器及相关材料	C51	吴光权	刘瑞林	广东省深圳市深南中路中航苑	83790775
000053	深圳赤湾石油基地股份有限公司	码头和相关装卸服务、仓储等	B50	傅育宁	袁国成	广东省深圳市赤湾石油基地	26694211
000054	重庆建设摩托车股份有限公司	摩托车及其配件	C75	陈永强	邱林(代)	重庆市谢家湾正街47号	83780774
000055	方大集团股份有限公司	新型建筑材料	C69	熊建明	熊建明	广东省深圳市南山区西丽龙井方大厦	26788571
000056	深圳市国际企业股份有限公司	百货的零售与批发	H11	李锦全	宋胜军	广东省深圳市人民南路发展中心大厦	82285565
000057	深圳大洋海运股份有限公司	沿海、近远洋及港澳航区运输	F07	徐向红		广东省深圳市文锦中路7号深业大厦	83781732
000058	深圳赛格股份有限公司	电子产品及保税仓储业务	C51	张为民	王　楚	广东省深圳市福田区红荔路群星广场	83675017
000059	辽宁华锦通达化工股份有限公司	化学肥料及其他化工产品	C43	冯恩良	李万忠	广东省深圳市深南中路13号新城大厦	5855742
000060	深圳市中金岭南有色金属股份有限公司	铅锌精矿开采及冶炼，有色金属贸易等	C67	欧显华	张水鉴	广东省深圳市福田区深南大道6013号	83474800
000061	深圳市农产品股份有限公司	农产品的经营和管理	H01	陈少群	祝俊明	广东省深圳市布吉路1021号天乐大厦	25850936
000062	深圳华强实业股份有限公司	计算机软、硬件及网络、通信产品	M	梁光伟	方德厚	广东省深圳市深南中路华强路口	83030181
000063	中兴通讯股份有限公司	信息产业、通讯及电子设备、计算机系统的软硬件	G81	侯为贵	殷一民	深圳市高新技术产业园科技南路	26770282
000065	北方国际合作股份有限公司	铝型材、铝门窗、铝制品、建筑幕墙和室内外装饰工程设计、施工	E0115	王　晖	李建民	深圳市福田区天安数码城创新科技园区	83433922/3433389-661
000066	中国长城计算机深圳股份有限公司	电子计算机硬件、软件系统及配套零部件等	G83	卢　明	孙治成	深圳市南山区科技园长城计算机大厦	26631106
000068	深圳市赛格三星股份有限公司	彩色显像管、显示管玻璃的生产和销售	C51	张为民	李　炳	深圳市大工业区兰竹东路23号	89938888
000069	深圳华侨城控股股份有限公司	旅游业及与旅游配套的供水、供电、水电安装	K34	张整魁	刘平春	广东省深圳南山区华侨城办公大楼	26907666
000070	深圳市特发信息股份有限公司	通信材料(光纤预制棒、光纤、光缆)生产销售	C51	张俊林	张俊林	中国深圳市南山区科技工业园	26506649
000078	深圳市海王生物工程股份有限公司	生产、经营生物化学原料、制品、试剂等	C81	张思民	刘占军	深圳市南山区南油大道海王大厦	26416065

续表 3 Continued 3

代码 Code	公司全称 Companies	主营业务范围 Fields	行业代码 Industries Code	董事长 Board Chairman	总经理 General Manager	地址 Address	电话 Telephone Number
000088	深圳市盐田港股份有限公司	码头开发与经营，货物装卸与运输	F11	李选民	徐晓阳	深圳市盐田港海港大厦十九层	25290180
000089	深圳市机场股份有限公司	航空旅客运输过港服务、航空货物运输过港	F11	杨进军	崔绍先	深圳市宝安区黄田国际机场	27776331
000090	深圳市天健(集团)股份有限公司	市政工程、建筑施工和房地产开发。	E01	高振怀		广东省深圳市福田区红荔西路7058号	83928130
000096	深圳市广聚能源股份有限公司	石油制品及液化石油气经营，电力投资	H03	王建彬	仲澄溧	深圳市蛇口新街蛇口大厦6楼	26690988，6820615
000099	中信海洋直升机股份有限公司	为国内外用户提供勘探、开发海洋石油及其他服务	F09	李士林	李建一	深圳市南山区麒麟路21号	26971630，6971945
000100	TCL集团股份有限公司	多媒体电子、家电、通讯产品、IT等	C55	李东生	李东生	广东省深圳市蛇口工业大道中5号	26894118
000150	麦科特光电股份有限公司	照相机、数码相机、望远镜、多媒体投影器材	C78	许振东	李立新	深圳市南山区高新技术工业园南区	26972877
000151	中成进出口股份有限公司	成套设备与技术进出口、一般贸易和境外经营	K99	邹宝中	陈龙波	北京市安定门西滨河路9号	010-64218520
000152	山东航空股份有限公司	山东省内和经批准的由山东省始发至国内部分航空业务	F09	李俊海	曾国强	济南市历下区二环路18号	0531-5698678
000153	安徽丰原药业股份有限公司	各种药品、保健品的研制、开发、生产和销售	C81	张　成	朱　云	安徽省合肥市屯溪路168号	0565-6350985
000155	川化股份有限公司	化肥、化工产品的生产和销售	C43	苏重光	邹仲平	四川省成都市青白江区大弯镇	028-83308291
000156	湖南嘉瑞新材料集团股份有限公司	PU人造革、PVC人造革、PVC板材、农用塑料	C49	李　健	胡高洁	湖南省长沙市芙蓉中路海东青大厦	0731-4318808
000157	长沙中联重工科技发展股份有限公司	开发、生产、销售建筑业重大装备及新材料	C7	詹纯新	殷正富	长沙市银盆南路307号	0731-8928188
000158	石家庄常山纺织股份有限公司	纯棉纱线、涤棉混纺纱线、纯棉坯布等制造、销售	C11	韩希厚	汤彰明	河北省石家庄市和平东路183号	0311-6673856
000159	新疆国际实业股份有限公司	机电设备、化工产品等	H	丁治平	王　涛	新疆乌鲁木齐市黄河路1号恒昌大厦	0991-5854232
000160	承德帝贤针纺股份有限公司	针织休闲服装及部分合成丝的加工与销售	C11	王淑贤	石百年	河北省承德县下板城镇	0314-3115049
000168	广东雷伊(集团)股份有限公司	针、纺织品的生产、加工及销售	C1301	陈鸿成	陈鸿成	广东省深圳市福田区益田路江苏大厦	0755-82960823
000301	吴江丝绸股份有限公司	资产经营、纺织原料(皮棉除外)、针纺织品生产	C11	董东立	钱元新	江苏省吴江市盛泽镇舜新中路39号	0512-63558328
000400	许继电气股份有限公司	继电器、控制保护屏等	C76	王纪年	李富生	河南省许昌市建设路178号	0374-3212348
000401	唐山冀东水泥股份有限公司	硅酸盐水泥制造	C61	杜金弘	张增光	唐山市丰润区林荫路	0315-3083349/3244005
000402	金融街控股股份有限公司	房地产开发、物业管理、高科技及产品投资开发	J01	王功伟	刘世春	北京市西城区金融大街市19号	010-66573068
000403	三九宜工生化股份有限公司	生物化工，装载机及配件的生产、销售	C43	梅伟伶	黄鸿伟	深圳市福田区滨河路北联合广场A座	82910777
000404	华意压缩机股份有限公司	无氟压缩机及无氟电冰箱等	C73	符念平	余笑兵	江西省景德镇市新厂东路28号	0798-8441770-2215
000406	中国石化胜利油田大明(集团)股份有限公司	石油开采及化工、建材等	B03	薛万东	周长江	山东省东营市济南路228号	0546-8556533
000407	山东胜利股份有限公司	塑胶工业、国际贸易等	C49	王　鹏	雷宪军	山东省济南市黑虎泉西路139号	0531-6930581

续表 4 Continued 4

代码 Code	公司全称 Companies	主营业务范围 Fields	行业代码 Industries Code	董事长 Board Chairman	总经理 General Manager	地址 Address	电话 Telephone Number
000408	河北华玉股份有限公司	陶瓷制品、电线电缆、通讯产品	C61	路 联	曾 鸣	北京市西城区德外黄寺大街24号甲	010-82284572
000409	四通集团高科技股份有限公司	新产品、新技术、新设备、新材料的开发	C73	范敬孝	杨 磊	深圳市福田区车公庙劲松大厦13B	
000410	沈阳机床股份有限公司	金属切削、机床制造	C71	陈惠仁	耿洪臣	沈阳市铁西区北二东路10-1号	024-25876185
000411	浙江英特集团股份有限公司	药品、保健品、医疗器械、中成药和药材的生产	H1130	王先龙	宋建华	杭州市延安路508号	0571-85028752
000413	石家庄宝石电子玻璃股份有限公司	黑白显像管和黑白玻壳	C51	董庆祥	宋洪波	河北省石家庄市中山东路华清街2号	0311-6044705
000415	新疆汇通(集团)股份有限公司	计算机软件开发及应用,信息技术产品开发等	E01	钟碧城	杨天明	新疆乌鲁木齐市黄河路22号汇通大厦	0991-5852082
000416	青岛健特生物投资股份有限公司	保健药品、绿色食品行业投资、计算机领域	C0399	陈 青	丁斌业	山东省青岛市太平角六路十二号	0532-2857899
000417	合肥百货大楼集团股份有限公司	百货的零售与批发	H11	郑晓燕	郑晓燕	安徽省合肥市长江中路150号	0551-2686010
000418	无锡小天鹅股份有限公司	家用电器及零配件	C76	李石生	柴新建	中国江苏无锡惠钱路67号	0510-3704003
000419	长沙通程控股股份有限公司	百货的零售与批发	H11	周兆达	周兆达	长沙市枫林一路19号	0731-5534994
000420	吉林化纤股份有限公司	粘胶纤维、合成纤维及其深加工产品	C47	王进军	刘树甫	吉林省吉林市九站街516-1号	0432-3502331
000421	南京中北(集团)股份有限公司	汽车出租、长途客运	K01	薛乐群	郭试平	江苏省南京市通江路16号	025-86383614
000422	湖北宜化化工股份有限公司	化肥及化工产品的制造和销售	C43	蒋远华	王华雄	湖北省宜昌市东山大道102号	0717-6442268
000423	山东东阿阿胶股份有限公司	经营和销售医药、化工和轻工产品	C81	刘维志	章 安	山东省东阿县阿胶街78号	0635-3264128
000425	徐州工程机械科技股份有限公司	工程机械、建筑工程机械及其配件	C73	王 民	杨 勇	江苏省徐州市苏堤北路5号	0516-5753151
000426	赤峰大地基础产业股份有限公司	电力、热力生产和供应,房地产开发与经营	D	景树森	景树森	内蒙古赤峰市松山区西站大厦	0476-2216622
000428	湖南华天大酒店股份有限公司	酒店、餐饮、汽车出租等	K34	陈纪明	陈纪明	长沙市解放东路300号	0731-4442888
000429	广东省高速公路发展股份有限公司	高速公路、汽车专用公路、桥梁的建设施工等	F11	曹晓峰	霍燕滨	广东省广州市白云路85号	020-83731365
000430	张家界旅游开发股份有限公司	旅游及相关业务	K34	于立群	卜炎贵	长沙市芙蓉中路松桂园海东青大厦	0731-4312122-829
000468	南京普天通信股份有限公司	通信设备及器材、电子器材及家用电器生产销售	G81	黄志勤	励伟德	南京市秦淮区普天路1号	025-52409954
000488	山东晨鸣纸业集团股份有限公司	文化用纸的制造、销售	C31	陈洪国	尹同远	山东省寿光市圣城街595号	0536-2156488
000498	丹东化学纤维股份有限公司	粘胶短纤维、粘胶长丝、涤纶长丝、涤纶短纤维制造	C47	梁 健	赵向东	辽宁省丹东市振兴区纤维街58号	0415-6193718
000501	武汉武商集团股份有限公司	百货的零售与批发	H11	王冬生	刘江超	湖北省武汉市汉口解放大道688号	027-85714295
000502	恒大地产股份有限公司	房地产及工程承包	J01	李 钢	谈朝晖	海南省海口市国贸北路13号国安大厦	0898-66729955
000503	海虹企业(控股)股份有限公司	化纤、服装及房地产、投资业务等	M	曾塞外	康 健	海南省海口市滨海大道文华酒店	0898-68510496
000504	北京赛迪传媒投资股份有限公司	资讯、媒体、文化传播投资管理	L01	李 颖	赵明生	北京市海淀区中关村南大街1号	010-68710712-806
000505	海南珠江控股股份有限公司	房地产及相关业务	J01	郑 清	郑 清	海南省海口市滨海大道珠江广场	0898-68581972
000506	四川东泰产业(控股)股份有限公司	纸制品、井矿盐的生产和销售	C31	史文涛	胡杰平	上海市中山南一路1065号2801室	021-63034198
000507	珠海经济特区富华集团股份有限公司	房地产、化纤等	M	阎 前	盛建良	广东省珠海市拱北北岭工业区	0756-8286336
000509	同人华塑股份有限公司	软件开发及生产,生产、销售电子产品	A07	刘壮成	刘壮成	四川省成都市大业路39号大业大厦	028-86658666-1301

续表 5 Continued 5

代码 Code	公司全称 Companies	主营业务范围 Fields	行业代码 Industries Code	董事长 Board Chairman	总经理 General Manager	地址 Address	电话 Telephone Number
000510	四川金路集团股份有限公司	聚氯乙烯树脂、烧碱等化工产品	C43	何光昶	孙万章	四川省德阳市岷江西路二段57号	0838-2207936
000511	沈阳银基发展股份有限公司	基础设施开发与建设、旅游服务、宾馆经营	J01	沈志奇	林 平	辽宁省沈阳市沈河区青年大街109号	024-22958933
000512	厦门灿坤实业股份有限公司	家用电器、电子轻工产品等	C76	蔡渊松	杨文芳	厦门市湖里工业区兴隆路88号	0592-5681819
000513	丽珠医药集团股份有限公司	医药产品	C81	朱保国	萧思阳	广东省珠海市拱北桂花北路丽珠大厦	0756-8135993
000514	重庆渝开发股份有限公司	房地产及相关业务	J	刘永贤	张勋斌	重庆市渝中区曾家岩1号附1号	023-63856995
000515	攀钢集团重庆钛业股份有限公司	钛白粉及其副产品	C43	黄立人	陈新桂	重庆市巴南区走马二村51号	023-62551279
000516	西安解放集团股份有限公司	百货的零售与批发	H11	王 科	王爱萍	西安解放市场6号	029-87217131
000517	成功信息产业(集团)股份有限公司	通信设备和网络产品的开发、生产、销售	G81	陈 新	刘铁华	宁波市江东北路138号宁波金融大厦12AF	0574-27877369
000518	江苏四环生物股份有限公司	主要毛纺织产品用于提供服装面料,包括高档	C8501	汪建平	颜祖荫	江苏省江阴市滨江开发区定山路10号	0510-6408558
000519	成都银河动力股份有限公司	各型内燃机气缸套、铝活塞的生产销售	C71	夏传文	江 纯	四川省成都市新都区龙桥镇	028-83068899
000520	中国石化武汉凤凰股份有限公司	石油化工原料及产品的生产与销售,精细化工	C41	邹昆华	邹昆华	湖北省武汉市青山区长春路	027-86516722
000521	合肥美菱股份有限公司	电冰箱的研发制造和销售	C76	顾雏军	李士军	安徽省合肥市芜湖路48号	0551-2883122
000522	广州白云山制药股份有限公司	各种中西成药的研制、生产、销售	C81	夏泽民	齐兆基	广东省广州市白云区同和街云祥路	020-87063455
000523	广州市浪奇实业股份有限公司	"浪奇"和"高富力"等品牌的洗涤用品	C43	陈翔志	李 谨	广州市天河区黄埔大道东128号	020-82162933
000524	广州市东方宾馆股份有限公司	酒店及旅游业务	K32	黄克勤	刘敏军	广东省广州市流花路120号	020-86662791
000525	南京红太阳股份有限公司	油漆、涂料、包装品等	C43	杨寿海	芮中南	南京市汉中路89号金鹰国际商城	025-84785833
000526	厦门好时光实业股份有限公司	房地产开发与经营	M	田 青	李厚洋	广东省深圳市八卦二路旭飞城市大厦	82496129
000527	广东美的电器股份有限公司	空调、制冷设备等家用电器	C76	何享健	张河川	广东省顺德市北窖镇蓬莱路	0757-26338804
000528	广西柳工机械股份有限公司	装载机、挖掘机、推土机等	C73	王晓华	曾光安	广西柳州市柳太路1号	0772-3886509
000529	广东美雅集团股份有限公司	拉舍尔毛毯等纺织业务	C11	冯国良	曹 杰	广东鹤山市人民西路40号	0750-8888888
000530	大连冷冻机股份有限公司	制冷设备及配套业务	C71	张 和	张 和	大连市沙河口区西南路888号	0411-6538130
000531	广州恒运企业集团股份有限公司	电力、热力开发	D01	夏藩高	肖晨生	广州经济技术开发区西基路8号	020-82099511
000532	力合股份有限公司	电力生产及相关设备	D01	冯冠平	许楚镇	广东省珠海市唐家大学路101号	0756-3612810
000533	广东万家乐股份有限公司	燃气具、干式变压器、塑料机械等	C76	张少松	李 智	广东省顺德顺峰工业区	0757-22321232
000534	汕头电力发展股份有限公司	电力开发与供应	D01	黄振光	赵亚江	广东汕头市珠池路23号光明大厦B座	0754-8857382,885738
000535	猴王股份有限公司	焊接材料及设备、机械、电器等	C69	朱宇平	汪东林	湖北宜昌市夷陵路304号	0717-6359775
000536	闽东电机(集团)股份有限公司	电机系列产品	C76	刘捷明	戴 露	福建省福州市五一中路88号平安大厦	0591-3364248
000537	天津南开戈德股份有限公司	国内贸易和GD系列自动售货机、防伪检测仪	M	徐 鹏	尹积军	天津市河西区友谊路15号	022-28010550
000538	云南白药集团股份有限公司	制造和销售以白药为主的各类药品	C81	王明辉	王明辉	云南省昆明市二环西路222号	0871-8350538
000539	广东电力发展股份有限公司	电力建设	D01	潘 力	刘罗寿	广州市天河东路粤电广场26楼	020-85138082
000540	世纪中天投资股份有限公司	房地产及相关业务	M	鲁 石	田 茂	贵州省贵阳市云岩区吉祥路1号	010-68943811
000541	佛山电器照明股份有限公司	各类照明灯泡及相关器材	C76	钟信才	钟信才	广东省佛山市汾江北路15号	0757-82810239
000543	安徽省皖能股份有限公司	电力、节能及相关项目的投资与经营	D01	张绍仓	张绍仓	安徽省合肥市马鞍山路99号	0551-4672679

续表 6　Continued 6

代码 Code	公司全称 Companies	主营业务范围 Fields	行业代码 Industries Code	董事长 Board Chairman	总经理 General Manager	地址 Address	电话 Telephone Number
000544	白鸽(集团)股份有限公司	磨料磨具及相关业务	C61	刘先超	周林森	河南省郑州市华山路 78 号	0371-7198530
000545	吉林制药股份有限公司	原料药、医药中间体、中西药制剂	C81	张守斌	兰守庆	吉林省吉林市长春路 99 号	0432-5079887
000546	吉林轻工集团股份有限公司	房产租赁及房地产开发	J01	孙　健	李　丽	长春市建设街 81 号	0431-8523476
000547	神州学人集团股份有限公司	发电机及各类发电设备,计算机信息业务等	G8101	张荣刚	王　勇	福州市五一南路 67 号	0591-83260868
000548	湖南投资集团股份有限公司	城市基础设施和房地产建设、开发	K01	谭应求		长沙市芙蓉中路 508 号	0731-2327666
000549	湘火炬汽车集团股份有限公司	经营和销售火花塞、电热塞和机械密封件等	C75	张明久	聂新勇	湖南省株洲市红旗北路 3 号	0733-8450105
000550	江铃汽车股份有限公司	汽车合成及零配件等	C75	王锡高	卢水芳	江西省南昌市迎宾北大道 509 号	0791-5231889
000551	创元科技股份有限公司	经营国内贸易及本系统商品的进出口业务	C7	张志忠	曹　进	江苏省苏州市南门东二路 4 号	0512-68241551
000552	甘肃长风特种电子股份有限公司	家用电器	C76	顾地民	陈衣峰	甘肃省兰州市安宁区安宁西路 270 号	0931-7993712
000553	湖北沙隆达股份有限公司	农药的生产与销售	C43	张茂立	郑先海	湖北省荆州市北京东路 93 号	0716-8114595
000554	中国石化山东泰山石油股份有限公司	石油制品、工业生产资料、百货等	H03	冯东青	赵成岩	山东省泰安市东岳大街 104 号	0538-8265105
000555	深圳市太光电信股份有限公司	生产经营通信设备	G8101	王宜明	俞　翔	深圳市福田区泰然工业区 201 栋 2 楼	0755-26037327
000557	广夏(银川)实业股份有限公司	高新技术产品	C85	周敏敏	金爱军	宁夏银川市高新技术产业开发区 15 号	0951-5054984
000558	莱茵达置业股份有限公司	实业投资,房产租赁经营,房地产开发	J01	高继胜	陶　椿	辽宁省沈阳市苏家屯区红椿路 88 号	024-89191116
000559	万向钱潮股份有限公司	汽车零配件及汽车总成	C75	鲁冠球	周建群	浙江省萧山市宁围镇	0571-82832999
000560	昆明百货大楼(集团)股份有限公司	百货的零售与批发	H11	何道峰	袁永忠	昆明市东风西路 99 号	0871-3621681
000561	长岭(集团)股份有限公司	家用电器等	C76	李　强	卫阿唐	陕西宝鸡市清姜路 75 号	0917-3622253
000562	宏源证券股份有限公司	信托存贷款、委托存贷款、投资等	I21	田国立	刘丁平	新疆乌鲁木齐市建设路 2 号宏源大厦	0991-2301773
000563	陕西省国际信托投资股份有限公司	投资银行的一般业务	I31	孙志诚	刘承运	陕西省西安市环城东路南段 8 号	029-83239354
000564	西安民生集团股份有限公司	百货的零售与批发	H11	詹军道	高建平	陕西省西安市解放路 103 号	029-87481961
000565	重庆三峡油漆股份有限公司	油漆、合成树脂等	C43	苏中俊	苏中俊	重庆九龙坡区石坪桥正街 121 号	023-68825420
000566	海南海药股份有限公司	中西药	C81	许力宏	许力宏	海南省海口市龙昆北路 30 号	0898-66763225
000567	海南海德实业股份有限公司	信息产业、高新技术产业,电缆、光缆、通讯	M	纪道林	纪道林	海南省海口市滨海大道 67 号	0898-68535693
000568	泸州老窖股份有限公司	经营和销售泸州老窖系列类酒	C05	谢　明	张　良	四川省泸州市桂花街 46 号	0830-2292023
000569	攀钢集团四川长城特殊钢股份有限公司	钢冶炼、钢压延加工、机电设备等	C65	任德祚	王　政	四川省江油市江东路 195 号	0816-3645071
000570	常柴股份有限公司	柴油机及其配件	C71	张骏原	薛国俊	中国江苏常州市怀德中路 123 号	0519-6610041
000571	海南新大洲控股股份有限公司	摩托车及其零配件的生产与销售	C75	赵序宏	赵序宏	海南省海口市珠江广场帝豪大厦 19 楼	0898-66719966
000572	海南金盘实业股份有限公司	房地产及工业投资等	M	曲大利	胡　群	海南省海口市金盘工业区金盘路 21 号	0898-66822672
000573	东莞宏远工业区股份有限公司	房地产	M	陈　林	周明轩	广东省东莞市宏远工业区宏远大厦	0769-2412655

续表 7 Continued 7

代码 Code	公司全称 Companies	主营业务范围 Fields	行业代码 Industries Code	董事长 Board Chairman	总经理 General Manager	地址 Address	电话 Telephone Number
000576	江门甘蔗化工厂(集团)股份有限公司	浆板、机制纸、酒精等化工产品	C01	周　润	邹敦华	广东省江门市甘化路1号	0750-3277650
000578	青海数码网络投资(集团)股份有限公司	证券业务、铝制品的生产与销售	H21	钟小剑	张德雷	青海省西宁市五四大街39号	0971-6138725
000581	无锡威孚高科技股份有限公司	内燃机燃油系列产品等	C71	许良飞	韩江明	无锡市人民西路107号	0510-2719579
000582	北海新力实业股份有限公司	港口、运输、装卸、外轮代理等	F	冯大为	张凤伟	广西北海市海角路145号	0779-3922254
000583	四川托普软件投资股份有限公司	计算机软硬件开发,网络、通信等产品	G87	夏育新	夏育新	四川省成都市金牛区土桥工业开发区	028-7675467
000584	四川舒卡特种纤维股份有限公司	电子产品、通讯设备等	M	李峰林	程高潮	四川省成都市蜀都大道暑袜北三街	028-86757539
000585	东北电气发展股份有限公司	输变电成套设备	C76	瞿　林	张　斌	中国辽宁省沈阳市和平区太原南街	024-23527080
000586	四川汇源光通信股份有限公司	进出口业务、国外商品零售等	H21	朱开友	刘中一	四川省成都国家高新技术产业开发	028-87826077
000587	光明集团家具股份有限公司	家具及装饰材料	C25	马中文	周英年	黑龙江省伊春市伊春区青山西路118号	0458-3667082
000589	贵州轮胎股份有限公司	轮胎橡胶产品	C48	马世春	马世春	贵州省贵阳市百花大道41号	0851-4767826
000590	清华紫光古汉生物制药股份有限公司	“古汉养生精”系列产品及中成药等	C81	张喜民	李子实	湖南省衡阳市先锋路54号	0734-8239335
000591	重庆桐君阁股份有限公司	中成药及中药材	C81	雷　励	石晓艺	重庆市渝中区解放西路1号	023-89885208
000592	福建省昌源投资股份有限公司	房地产、工程承包及相关业务	J01	何尔涛	王小宁	福建省福州市东街123号航空大厦	0591-87621012
000593	四川宝光药业科技开发股份有限公司	百货的零售与批发	H11	杨先本	刘　毅	四川省成都市建设路55号	028-84312393
000594	内蒙古宏峰实业股份有限公司	黄金、白银、绵白糖等	B07	张亚光	李晓明	内蒙古赤峰市红山区红星南段2号	010-62795078
000595	西北轴承股份有限公司	各类滚动轴承	C71	李树明	李树明	银川市新市区北京西路	0951-2024242
000596	安徽古井贡酒股份有限公司	古井贡系列白酒	C0399	王　锋	王德杰	安徽省亳州市古井镇	0558-5710057
000597	东北制药集团股份有限公司	医药及其相关业务	C81	陈　钢	董增贺	沈阳市铁西区重工北街37号	024-25806963
000598	蓝星清洗股份有限公司	工业、民用清洗剂、精细化工产品等	C43	陆韶华	葛方明	北京市朝阳区北三环东路19号	010-64448671
000599	青岛双星股份有限公司	鞋、橡胶轮胎、铸造机械、橡塑机械、绣品等	C4801	汪　海	宋　新	青岛市贵州路5号海富楼三楼	0532-2657986
000600	河北建投能源投资股份有限公司	投资建设、经营管理以电力生产为主的能源项目	D0110	王永忠	王廷良	河北省石家庄市广安大街1号	0311-6672224
000601	广东韶能集团股份有限公司	电力、水泥及相关业务	D01	徐　兵	陈来泉	广东省韶关市惠民南路148号	0751-8153162
000602	广东金马旅游集团股份有限公司	通信及信息网络、计算机软硬件、自动化系统	G8501	李汝革	王　航	广东潮州市潮枫路旅游大厦四层	0768-2356005
000603	威达医用科技股份有限公司	医疗器械及其他设备	C73	魏兴毅	文民生	深圳市福田区深南中路1027号	0755-25987821
000605	四环药业股份有限公司	生物制药、中西药的研究开发、小容量注射剂	C8501	陈　军	陈　军	北京市西城区阜外大街3号	010-68003377-8808
000606	青海明胶股份有限公司	明胶系列产品	C43	赵　华	杨　公	青海省西宁市付东路13号	0971-8013495
000607	重庆华立控股股份有限公司	仪器仪表	C78	汪　诚	赵晓光	重庆市江北区建新北路76号	023-67752652
000608	广西阳光股份有限公司	房地产综合开发建设、基础设施投资	J01	唐　军	侯国民	北京市西城区西直门南大街成铭大厦	010-66183507
000609	北京燕化高新技术股份有限公司	石化催化剂、精细化工产品等	C43	王永健	孙正平	北京市房山区燕山迎风二里八号	010-69346820
000610	西安旅游(集团)股份有限公司	旅游商业、饮食供应、物资供销等	K34	蔡建新	王西定	陕西省西安市南二环西段27号	029-82065555

续表 8 Continued 8

代码 Code	公司全称 Companies	主营业务范围 Fields	行业代码 Industries Code	董事长 Board Chairman	总经理 General Manager	地址 Address	电话 Telephone Number
000611	内蒙古时代科技股份有限公司	工业自动化控制测试仪、计算机网络工程	C7805	王小兰	潘燕明	北京市海淀区上地西路28号	010-82684310
000612	焦作万方铝业股份有限公司	铝冶炼及加工	C67	金保庆	李东根	河南省焦作市塔南路160号	0391-3903793
000613	海南大东海旅游中心股份有限公司	酒店、旅游、娱乐等	K32	黎愿斌	吴元元	海南三亚市大东海滨海度假村	0898-88219921
000615	湖北金环股份有限公司	粘胶长丝系列产品	C47	林 魁	王卫民	湖北省襄樊市樊城区陈家湖	0710-2108234
000616	大连亿城集团股份有限公司	旅店、饮食、旅游等	J01	李 强	李 强	辽宁省大连市中山区中山路12号	0411-83633671
000617	济南柴油机股份有限公司	各类柴油机及配套设备	C71	马广悦	姜小兴	山东省济南市文化西路14号	0531-2965971
000618	吉林化学工业股份有限公司	石化产品及有机化工产品等	C43	于 力	施建勋	吉林省吉林市龙潭区龙潭大街9号	0432-3903651
000619	芜湖海螺型材科技股份有限公司	塑料型材、门窗等	C4905	郭景彬	纪勤应	安徽芜湖市经济技术开发区港湾路	0553-5840151
000620	黑龙江圣方科技股份有限公司	计算机软硬件开发、系统集成、网络工程	C41	唐 李	唐 李	西安市和平路22号盛唐国际大厦	029-87516002
000622	岳阳恒立冷气设备股份有限公司	制冷空调设备的制造、销售和安装	C73	覃 虹	黄新兆	湖南省岳阳市青年中路	0730-8245282
000623	吉林敖东药业集团股份有限公司	中成药	C81	李秀林	朱 雁	吉林省敦化市胜利南大街88号	0433-6224462
000625	重庆长安汽车股份有限公司	微型汽车及其发动机	C75	尹家绪	赵鲁川	重庆市江北区建新东路260号	023-67591049
000626	连云港如意集团股份有限公司	农副产品	M	李炳源	刘士君	连云港市新浦北郊路6号	0518-5153595
000627	湖北百科药业股份有限公司	化工产品的生产、销售，医药原料药、医用氧	C43	刘益谦	付永进	湖北省荆门市杨湾路132号	0724-2223218
000628	成都倍特发展集团股份有限公司	高新技术产品的开发、生产和销售	J01	周 强	方 兆	四川省成都市成都高新技术产业开发区	028-85199519
000629	攀枝花新钢钒股份有限公司	钢压延加工	C65	洪及鄙	孙仁孝	四川省攀枝花市东区大渡口街55号	0812-3393698，339288
000630	安徽铜都铜业股份有限公司	铜、金及银的冶炼等	C67	孟永范	汪仁发	安徽省铜陵市长江西路有色大院	2825029
000631	兰宝科技信息股份有限公司	塑料燃油箱、塑料保险杠、塑料制品	C7540	刘铁杲	赵炜邑	吉林省长春高新产业技术产业开发区	0431-5528289
000632	福建三木集团股份有限公司	基础设施建设施工、土地开发等	M	兰 隽	陈维辉	福建省福州市群众东路93号三木大厦	0591-3355146
000633	沈阳合金投资股份有限公司	铜镍合金材料、金属测温材料等	M	陈明理	傅 忠	沈阳市沈河区二纬路23号沈阳军区	024-31309633
000635	宁夏英力特化工股份有限公司	电石、电炭氮等化工产品	C43	秦江玉	任育杰	宁夏石嘴山市惠农区康乐路	0952-3312333
000636	广东风华高新科技股份有限公司	自产机电产品、成套设备及相关技术	C51	梁力平	曹伟建	广东省肇庆市西江北路风华电子工业区	0758-2850984
000637	茂名石化实华股份有限公司	石油化工产品	C41	姚志方	姚志方	广东省茂名市官渡路162号	0668-2276176
000638	中国辽宁国际合作(集团)股份有限公司	高科技工业、商业、娱乐业等	M	董荣生	熊政平	辽宁省沈阳市和平区中华路126号	024-23271740
000639	湖南金德发展股份有限公司	生产、销售新型化学建材及其他建筑材料	C6905	张 澎	段振宇	株洲市天元区长江北路333号	0733-2867187
000650	九江化纤股份有限公司	粘胶纤维的生产与销售	C47	余小华	邓新贵	江西省九江市纤维厂厂区	0792-8315675
000651	珠海格力电器股份有限公司	空调、干衣机等家用电器	C76	朱江洪	董明珠	珠海市前山金鸡西路6号	(0756)8614883-2416
000652	天津泰达股份有限公司	交通、能源、涤纶长丝、空气净化过滤材料	F11	刘惠文	吴树桐	天津市河东区十一经路81号	022-24138617-536
000655	山东淄博华光陶瓷股份有限公司	陶瓷及纸业等	C61	苏同强	徐鹏程	山东省淄博市张店区湖田镇湖光路	0533-2064314
000656	重庆东源产业发展股份有限公司	房地产开发、物业管理，制造、加工、销售钢材等	C6515	陈 凯	屈 波	重庆市江北区建新南路16号	023-89072381

续表 9 Continued 9

代码 Code	公司全称 Companies	主营业务范围 Fields	行业代码 Industries Code	董事长 Board Chairman	总经理 General Manager	地址 Address	电话 Telephone Number
000657	中钨高新材料股份有限公司	有色金属、稀有金属的生产与销售	C67	徐 兵	徐 唱	海南省海口市龙昆北路2号	0898-68581224
000659	珠海中富实业股份有限公司	饮料容器、瓶坯的制造	C49	黄乐夫	卢焕成	广东省珠海市湾仔镇第一工业区	0756-8821350
000661	长春高新技术产业(集团)股份有限公司	高新技术产品、基础设施建设等	C8	杨占民		长春市同志街64号火炬大厦	0431-5666367
000662	索芙特股份有限公司	进出口贸易、冷轧网带及深加工产品	M	梁国坚	邝健雄	广西梧州市新兴二路137号	0774-3863686
000663	福建省永安林业(集团)股份有限公司	林木(竹)的培育、采伐、收购和销售	A03	吴景贤	黄总河	福建省永安市燕江东路12号	0598-3614875
000665	武汉塑料工业集团股份有限公司	高科技工程塑料制品	C49	刘文彦	刘 琪	武汉市经济技术开发区沌阳大道15号	027-59405215
000666	经纬纺织机械股份有限公司	纺织机械及零配件	C73	张 杰	叶茂新	北京市朝阳区亮马桥路39号	010-84534132
000667	名流置业集团股份有限公司	资产管理,股权、产权的投资转让,投资策划	J01	刘道明	杨孝玉	云南昆明市国防路129号恒安写字楼	0871-3610134
000668	中国石化武汉石油(集团)股份有限公司	生产和销售石油及化工产品	H11	陈火军	刘 强	湖北省武汉市江汉区万松小区18栋	027-85757897
000669	吉林领先科技发展股份有限公司	通讯器材、软件、环保产品等	G81	李建新	张正国	吉林省吉林市高新区恒山西路104号	0432-4664051
000670	天发石油股份有限公司	石油液化气及油品的储运和销售	H11	苗泽春	武 杰	湖北省荆州市江汉北路106号	0716-8560320
000671	福建阳光实业发展股份有限公司	基础设施、电子产品及轻工业产品	M	林腾蛟	王 虹	福州市高桥路26号福建阳光假日大厦	0591-3314119,331374
000672	白银铜城商厦(集团)股份有限公司	农副产品、建筑材料等	H11	李再生	赵京龙	甘肃省白银市白银区五一街8号	0943-8223409
000673	大同水泥股份有限公司	水泥及熟料	C61	葛晋生	唐 高	山西省大同市矿区口泉五法路一号	0352-4042623
000676	河南思达高科技股份有限公司	仪器仪表和工业自动化设备	C78	冯井岗	刘双河	河南省郑州市经三路北段24号	0371-3812266-3408
000677	山东潍坊海龙股份有限公司	制盐、化纤用浆粕等	C47	逄奉建	逄奉建	山东省潍坊市寒亭区潍县北路555号	0536-7275007
000678	襄阳汽车轴承股份有限公司	汽车轴承及零部件	C75	高少兵	殷敬民	湖北省襄樊市襄城区轴承路1号	0710-3577215
000679	大连友谊(集团)股份有限公司	商业零售及酒店业务	H11	宋传远	杜善津	辽宁省大连市中山区七一街1号	0411-82802712
000680	山推工程机械股份有限公司	推土机、挖掘机等	C73	周庆庭	张秀文	山东省济宁市太白楼东路58号	0537-2909532
000681	远东实业股份有限公司	服装及床上用品等	C13	李晓卫	林旭辉	江苏省常州市新北区岷江路1号	0519-5131666
000682	烟台东方电子信息产业股份有限公司	计算机及相关业务	G87	梁贤久	丁振华	山东省烟台市世回尧路228号	0535-6582228
000683	内蒙古远兴天然碱股份有限公司	化工产品及其原料	C43	戴连荣	贺占海	内蒙古鄂尔多斯市东胜区	0477-8539874
000685	中山公用科技股份有限公司	商业、科技投资、信息服务业、电子商务	K01	郑钟强	黄焕明	广东省中山市兴中道18号财兴大厦	0760-8380023
000686	锦州经济技术开发区六陆实业股份有限公司	食用油、石油制品等	M	陈青松	杨晋平	辽宁省锦州市古塔区红星里9号	0416-4561247
000687	保定天鹅股份有限公司	粘胶纤维及其原辅材料	C47	王东兴	宋学明	河北省保定市纸厂路1号	0312-3322326/3326261
000688	朝华科技(集团)股份有限公司	电子计算机及电子网络服务器、微晶玻璃板材	G8701	张良宾	祝剑秋	重庆市高新区科园一路200号	023-68886881
000690	广东宝丽华实业股份有限公司	衬衫和西服等	M	宁远喜	林锦平	梅州市梅县华侨城香港花园	0753-2511298
000691	海南寰岛实业股份有限公司	酒店旅游业、畜牧养殖业、水产养殖业及房地产业	M	张燕瑾	刘小波	海南省海口市人民大道25号	0898-66255909
000692	沈阳惠天热电股份有限公司	供热及相关业务	D01	孙 杰	杨兆生	沈阳市沈河区热闹路47号	024-22928062

续表 10 Continued 10

代码 Code	公司全称 Companies	主营业务范围 Fields	行业代码 Industries Code	董事长 Board Chairman	总经理 General Manager	地址 Address	电话 Telephone Number
000693	成都聚友网络股份有限公司	各类网络及其设备、化纤产品的制造销售	L20	陈　健	程　竹	四川省成都市人民南路四段50号	028-86480069
000695	天津滨海能源发展股份有限公司	涂料及颜料	C43	张继光	范　勇	天津市开发区第十一大街27号	022-66203189
000697	咸阳偏转股份有限公司	偏转线圈及配套产品	C51	池维怀	池维怀	陕西省咸阳市渭阳西路70号	0910-3628567
000698	沈阳化工股份有限公司	化工产品及化工设备	C43	王大壮	梁会山	辽宁省沈阳市铁西区卫工北街46号	024-25553506
000699	佳木斯金地造纸股份有限公司	包装用纸及技术用纸	C31	帅建伦	付　平	黑龙江省佳木斯市光复路306号	0454-8375070
000700	江南模塑科技股份有限公司	汽车零部件、塑料制品、模具、塑钢门窗	C7505	陶　炜	曹克波	江苏省江阴市周庄镇长青路8号	0510-6242802
000701	厦门信达股份有限公司	信息业务	M	周昆山	陈淑照	福建省厦门市湖里信宏大厦二楼	0592-6021666
000702	湖南正虹科技发展股份有限公司	饲料及添加剂	C01	吴明夏	戴耀先	湖南省岳阳市屈原管理区营田镇	0730-5728010
000703	世纪光华科技股份有限公司	五金交电、机械产品、电子通讯产品等	G81	乔向明	赵育民	河南省郑州市建设西路187号	0371-7422266
000705	浙江震元股份有限公司	药品及医疗器械	H01	宋逸婷	陈利民	浙江省绍兴市解放北路289号	0575-5144161
000706	瓦房店轴承股份有限公司	轴承	C71	王路顺	邵　阳	辽宁省瓦房店市北共济街一段	0411-5509888-3373
000707	湖北双环科技股份有限公司	生产销售纯碱、氯化铵、烧碱;科技园开发	C43	吴党生	杨青山	湖北省应城市东马坊团结大道26号	0712-3591099
000708	大冶特殊钢股份有限公司	钢铁冶炼、金属制品等	C65	朱宪国	钱　刚	湖北省黄石市黄石大道316号	0714-6293836,629467
000709	唐山钢铁股份有限公司	钢铁冶炼及制品	C65	王天义	张永昌	河北省唐山市滨河路9号	0315-2702825
000710	成都天兴仪表股份有限公司	摩托车、汽车用仪器仪表	C75	文　武	李道友	四川省成都市外东十陵镇	028-84613721
000711	黑龙江天伦置业股份有限公司	网络与电子信息开发应用	K34	张　雄	张伟胜	黑龙江省哈尔滨市经济技术开发区	0451-82335442
000712	广东锦龙发展股份有限公司	织布、印染、化纤等	C11	杨志茂	朱颂东	广东省清远市新城八号区方正二街	0763-3369393
000713	合肥丰乐种业股份有限公司	农作物种子等	A01	吴大香	王春生	安徽省合肥市西七里塘樊洼路8号	0551-5326603
000715	中兴-沈阳商业大厦(集团)股份有限公司	国内一般商品百货的批发零售	H11	姚海星	刘芝旭	辽宁省沈阳市和平区太原北街86号	024-23836008
000716	广西斯壮股份有限公司	航空服务、旅游、无线寻呼等	M	韦清文	黄志平	广西南宁市桃源路63号信托大厦22楼	0771-5306588
000717	广东韶钢松山股份有限公司	钢铁生产及销售	C65	曾德新	黄旭明	广东省韶关市曲江县马坝	0751-8787265
000718	吉林纸业股份有限公司	造纸、进出口贸易等	C31	张孝中	高绍盛	吉林省吉林市林荫路9号	0432-2702983,270322
000719	焦作鑫安科技股份有限公司	碱及碳酸钙产品	C43	谢国胜	张风雷	河南省焦作市解放区环城北路28号	0391-2923487
000720	山东鲁能泰山电缆股份有限公司	电线、电缆的生产及销售	D0101	林铭山	赵启昌	山东省泰安市普照寺路5号	0538-8539812
000721	西安饮食服务(集团)股份有限公司	饮食业、服务业等	K30	刘龙宇	王一萌	陕西省西安市东大街298号	029-87232416
000722	湖南金果实业股份有限公司	农产品(除棉花)、干鲜果品、水产品、副食品	M	邱中伟	邓英杰	湖南省衡阳市金果路15号	0734-8211188
000723	福州天宇电气股份有限公司	输变电设备的制造和销售等	C76	尚衍国	谢世坤	福建省福州市新店南平路	0591-7916470
000725	京东方科技集团股份有限公司	电子产品及照明产品的生产和销售	C51	王东升	梁新清	北京市朝阳区酒仙桥路10号	010-64366264
000726	鲁泰纺织股份有限公司	生产销售棉涤纶纱、色织布、衬衣、服装	C11	刘石祯	刘石祯	山东省淄博市淄川区松龄东路81号	0533-5285166
000727	南京华东电子信息科技股份有限公司	电子及通信产品的生产及销售	C76	赵竟成	司云聪	南京市汉中路89号金鹰国际商城26楼	025-84700090

续表 11 Continued 11

代码 Code	公司全称 Companies	主营业务范围 Fields	行业代码 Industries Code	董事长 Board Chairman	总经理 General Manager	地址 Address	电话 Telephone Number
000728	北京化二股份有限公司	化工产品的生产和销售	C43	吕常钦	张玉秋	北京市朝阳区大郊亭	010-67758106
000729	北京燕京啤酒股份有限公司	啤酒及其产品的开发	C05	李福成	李福成	北京市顺义区双河路 9 号	010-89490729
000731	四川美丰化工股份有限公司	化工产品的生产和销售	C43	张晓彬	曾昌耀	四川省德阳市蓥华南路 10 号	0838-2304235
000732	福建三农集团股份有限公司	化学农药、化工产品、化工原料(除化学危险品)	C43	季年谊	刘永和	福建省福州市湖东路 298 号	0598-8238185
000733	中国振华(集团)科技股份有限公司	机械电子产品	C51	陈清洁	刘一凡	贵州省贵阳市新天大道 150 号	0851-6304901
000735	海口农工贸(罗牛山)股份有限公司	畜牧养殖、农副水产品加工、饲料加工、种植	A05	邓传明	谢　京	海南省海口市珠江广场帝豪大厦 9 楼	0898-68585617
000736	重庆国际实业投资股份有限公司	各类投资业务	C7	杨克勤	罗　敏	重庆市渝北区紫荆路 4 号 6 栋 2-1-B	023-67530016
000737	南风化工集团股份有限公司	无机盐、日用化工产品等	C43	张文成	王跃宣	山西省运城市解放路 294 号	0359-8967035
000738	南方摩托股份有限公司	摩托车、摩托车发动机及其派生产品的科研和生产	C75	王英杰	彭建武	湖南省株洲市董家(土段)	0733-8559515
000739	青岛普洛股份有限公司	医药行业投资,网络投资,股权投资管理	C8101	徐文荣	葛萌芽	青岛市市南区湛山一路 16 号	0532-3870898
000748	湖南计算机股份有限公司	中西文字符图形终端、网络终端、金融机具	G83	陈肇雄	高　雷	湖南省长沙市雨花路 161 号	0731-5559794
000750	桂林集琦药业股份有限公司	化学原料、保健品、制药机械、饲料及添加剂	C81	刘及响	胡建平	广西壮族自治区桂林市育才路 55 号	0773-5812938
000751	葫芦岛锌业股份有限公司	生产锌、锌深加工产品及硫酸、铟、镉等	C67	侯宝泉	吴明观	辽宁省葫芦岛市龙港区锌厂路 24 号	2104084
000752	西藏银河科技发展股份有限公司	生产、销售啤酒、饮料、饲料、养殖业,娱乐服务	C05	闫清江	于宏伟	成都市一环路南四段(高升桥东路)	028-85198132
000753	福建闽南(漳州)经济发展股份有限公司	陶瓷制品、建筑材料的生产、自来水生产与供给	F1101	庄道火	洪火木	漳州市芗城区工行大厦 8 楼	0596-2671753
000755	山西三维集团股份有限公司	生产销售化工及化纤产品等	C43	仝立祥	杨学英	山西省洪洞县赵城	0357-6663123
000756	山东新华制药股份有限公司	西药、化工原料、制药设备等	C81	贺　端	郭　琴	山东省淄博市高新技术产业开发区	0533-2287508
000757	四川方向光电股份有限公司	柴油机、三轮车、柴油发电机组等制造和销售	C71	穆　昕	刘汝泉	四川省内江市甜城大道	0832-2202757
000758	中国有色金属建设股份有限公司	有色金属行业内的工程承包	E01	张　健	王宏前	北京市海淀区复兴路戊 12 号	010-63955911
000759	武汉中百集团股份有限公司	百货的零售与批发	H11	汪爱群	张锦松	湖北省武汉市江汉区江汉路 129 号	027-82777083
000760	湖北博盈投资股份有限公司	汽车配件制造、销售	C75	管　琪	彭东阳	湖北省荆州市江津西路 288 号	0716-8270288
000761	本钢板材股份有限公司	钢铁冶炼、压延加工、产品销售	C65	李墨华	李墨华	辽宁省本溪市平山区人民路 16 号	0414-7827004
000762	西藏矿业发展股份有限公司	铬矿、硼矿、铅锌矿、锡矿、高岭土、铜矿	B05	肖永恩	拉巴次仁	成都市一环路东四段 10 号	028-84443517
000763	锦州石化股份有限公司	石油化工及焦炭产品、有机化学品及催化剂等	C41	吕文君	裴宏斌	辽宁省锦州市古塔区重庆路 2 号	0416-4159024
000765	武汉华信高新技术股份有限公司	百货、五金、交电、针纺织品等	H11	高甦平	赵从钊	武汉市江汉区建设大道 611 号	027-83661352
000766	通化金马药业集团股份有限公司	中西成药及相关产品	C81	刘立成	刘立成	吉林省通化市东昌区江南路 100-1 号	0435-3907298
000767	山西漳泽电力股份有限公司	火力发电	D01	孟振平	王清文	山西省太原市五一路 279 号	0351-3115120
000768	西安飞机国际航空制造股份有限公司	飞机航空零部件设计、试验、生产	C75	高大成	梁超军	陕西省西安市阎良区红安路一号	029-86846976
000769	大连菲菲澳家现代农业股份有限公司	生态农业、生态旅游业、房地产综合开发等	A0901	赵也飞	赵也飞	辽宁省大连市西岗区新开路 87 号	0411-83787883

续表 12 Continued 12

代码 Code	公司全称 Companies	主营业务范围 Fields	行业代码 Industries Code	董事长 Board Chairman	总经理 General Manager	地址 Address	电话 Telephone Number
000770	武汉锅炉股份有限公司	开发、生产及销售各类电站锅炉	C71	陈伯虎	向荣伟	湖北省武汉市武昌区武珞路586号	027-87652719
000771	杭州汽轮机股份有限公司	工业汽轮机的开发研究、设计、制造和销售	C71	聂忠海	严建华	浙江省杭州市石桥路357号	0571-85780198
000776	延边公路建设股份有限公司	公路、桥梁、隧道建设和经营	F11	郭仁堂	郭仁堂	吉林省延吉市河南街1号	0433-2810612
000777	中核苏阀科技实业股份有限公司	工业用阀门设计、制造、销售等	C71	孙 勤	陈鉴平	苏州市人民路2114号	010-68533037
000778	新兴铸管股份有限公司	离心球墨铸铁管、灰铁排水管、新型复合管材	C69	范英俊	刘明忠	河北省武安市上洛阳村北2672厂区	0310-5792011
000779	兰州三毛实业股份有限公司	生产销售精纺呢绒系列产品	C11	Charliech	蒋卫东	甘肃省兰州市西固区玉门街82号	0931-7551627
000780	内蒙古草原兴发股份有限公司	农作物种植业、其他农业，林业，牲畜饲养等	C01	张振武	金现龙	内蒙古自治区赤峰市平庄镇	0476-3514285
000782	广东新会美达锦纶股份有限公司	锦纶聚合、纺丝织造、印花、染整	C47	梁广义	梁湛潮(代)	广东省新会市会城镇江会路上浅口	0750-6107981
000783	石家庄炼油化工股份有限公司	石油化工产品加工	C41	毕建国	毕建国	河北省石家庄市高新技术产业开发区黄河大道151号	0311-5161160
000785	武汉中商集团股份有限公司	商品零售和批发	H11	严规方	熊佑良	湖北省武汉市武昌区中南路9号	027-87362507
000786	北新集团建材股份有限公司	纸面和装饰石膏板、轻钢龙骨等制造和销售	C61	曹江林	王 兵	北京市海淀区三里河路甲11号	010-88082395
000787	创智信息科技股份有限公司	数字技术、计算机软硬件的生产销售	G87	丁 亮	林惠春	湖南省长沙市高新技术产业开发区	0731-8909357
000788	西南合成制药股份有限公司	制造、销售原料药及制剂	C81	戴泽宇	戴泽宇	重庆市渝北区龙溪镇红金路34号	023-67505500
000789	江西万年青水泥股份有限公司	硅酸盐水泥	C61	魏新安	杨石根	江西省南昌市高新开发区	0793-3839868
000790	成都华神集团股份有限公司	高新技术产品开发生产和经营，中西成药生产和销售	C81	彭旭东	王天祥	成都市高新技术开发区天府大道	028-87739541
000791	西北永新化工股份有限公司	油漆、涂料、树脂、合成纸等的研制、开发	C43	魏其新	李小文	甘肃省兰州市东岗东路1205号	0931-8663061，486248
000792	青海盐湖钾肥股份有限公司	氯化钾产品的开发、生产、销售	C43	郑长山	方勤升	青海省格尔木市察尔汗	0979-8448121
000793	海南民生燃气(集团)股份有限公司	城市管道燃气设计、开发、施工等	M	朱德华	汪方怀	海南省海口市海甸四东路民生大厦	0898-66254650
000795	太原双塔刚玉股份有限公司	磨料磨具，棕刚玉块、棕刚玉砂	C61	杜建奎	董 良	太原市并州北路168号	0351-4935313
000796	宝鸡商场(集团)股份有限公司	百货、纺织品、摩托车、普通机械等	H11	魏存功	蔺 茂	陕西省宝鸡市经二路114号	0917-3249328
000797	中国武夷实业股份有限公司	承包国外工业、民用建筑工程和境内外资工程	E01	悦胜利	徐仲华	福建省福州市五四路89号置地广场	0591-7550798
000798	中水集团远洋股份有限公司	海洋捕捞	A07	刘身利	王 斌	北京市西单民丰胡同31号	010-88067461
000799	酒鬼酒股份有限公司	生产销售曲酒系列产品、陶瓷包装物、纸箱	C05	刘 虹	刘 虹	湖南省吉首市振武营酒鬼工业园	0743-8312079
000800	一汽轿车股份有限公司	开发、制造、销售小轿车、旅游车及其配件	C75	竺延风	张 磊	吉林省长春市高新技术产业开发区	0431-5781108
000801	四川湖山电子股份有限公司	电子音响设备、卫星电视接收系统、装饰件等	C55	廖建明	廖建明	四川省绵阳市长虹大道中段53号	0816-2312421
000802	北京京西风光旅游开发股份有限公司	旅游项目投资及管理等	K34	刘利华	王绍凯	北京市门头沟区石龙工业开发区	010-69800560
000803	四川金宇汽车城(集团)股份有限公司	纺织品，炼、印、染、丝织品制造等	C11	陈虹宇	陈密勇	四川省南充市顺庆区延安路380号	0817-2600868
000805	江苏炎黄在线物流股份有限公司	自行车及零部件、助力车、摩托车及零部件	G87	陆兆祥	陈 犀	江苏省常州市新区河海路96号	0519-5130805

续表 13 Continued 13

代码 Code	公司全称 Companies	主营业务范围 Fields	行业代码 Industries Code	董事长 Board Chairman	总经理 General Manager	地址 Address	电话 Telephone Number
000806	北海银河高科技产业股份有限公司	电子元器件生产、珍珠养殖及加工	C7610	潘　琦	姚国平	广西北海市广东南路银河科技大厦	0779-3202636
000807	云南铝业股份有限公司	重熔用铝锭及铝深加工产品的生产及销售等	C67	陈　智	田　永	云南省昆明市呈贡县	0871-7455858
000809	四川中汇医药(集团)股份有限公司	纺织、服装生产经营	C11	封　玮	张　沛	四川省成都市蜀西路30号	028-87511899
000810	华润锦华股份有限公司	纺纱、织布、纺织品制造、服装制造及销售	C11	傅春意	刘宏涛	四川省遂宁市遂州中路309号	0825-2287329
000811	烟台冰轮股份有限公司	制冷空调设备的制造、设计、安装等	C71	刘立新	杨恒坤	山东省烟台市芝罘区西山路80号	0535-6243558
000812	陕西金叶科教集团股份有限公司	印刷服务及开发、印刷物资批发零售等	C35	田晓康	荀继峰	陕西省西安市朱宏路1号	029-86246723
000813	新疆天山毛纺织股份有限公司	羊毛纱、羊毛衫、羊绒纱、羊绒衫的生产销售	C11	张自强	张自强	新疆乌鲁木齐市银川路1号	0991-4336069
000815	宁夏美利纸业股份有限公司	各类高、中、低档机制纸、纸板、加工纸的生产销售	C31	刘崇喜	刘　义	宁夏中卫县柔远地区	0953-7679334
000816	江苏江淮动力股份有限公司	柴油机及配件、柴油发电机组制造、销售	C71	朱瑞龙	胡尔广	江苏省盐城市环城西路213号	0515-8222889
000817	辽河金马油田股份有限公司	石油、天然气的勘探、开发和销售	B03	王春鹏	于洪坤	辽宁省盘锦市兴隆台区振兴街	0427-7298799\95
000818	锦化化工集团氯碱股份有限公司	烧碱、氯化苯、氯、聚氯乙烯等化工产品的制造销售	C43	陈世杰	付　野	辽宁省葫芦岛市连山区化工街	0429-2709065
000819	岳阳兴长石化股份有限公司	聚丙烯、甲醇、甜蜜素、塑料制品生产、销售	C41	王胜利	邓和平	湖南省岳阳市金鹗中路康特大厦	0730-8452837
000820	金城造纸股份有限公司	从事胶印书刊纸的生产与销售业务。	C31	柏　丹	柏　丹	辽宁省凌海市金城街	0416-2735084
000821	湖北京山轻工机械股份有限公司	纸箱、纸盒包装机械、印刷机械的制造、销售	C73	孙友元	李士发	湖北省京山县八里途开发区轻机园	0724-7221560
000822	山东海化股份有限公司	纯碱、工业溴及溴素、苦卤的生产、销售	C43	刘建华	韩星三	山东省潍坊海洋化工高新技术产业开发区	0536-5329931
000823	广东汕头超声电子股份有限公司	电子及通讯设备制造业	C51	李大淳	莫少山	广东省汕头市兴业路21号	0754-8627686
000825	山西太钢不锈钢股份有限公司	黑金属冶炼、不锈钢及其钢制品等的生产和销售	C65	陈川平	柴志勇	太原市尖草坪街2号	0351-3017702
000826	国投资源发展股份有限公司	磷化工和建材产品的开发、生产和销售	C43	文一波	杨建宇	湖北省宜昌市东山大道95号	0717-6319012
000827	大连长兴实业股份有限公司	多层线路板、计算机主板及外部设备控制板	C6101	黄跃刚	乔少辉	大连市中山区同兴街67号	0411-82656538
000828	东莞发展控股股份有限公司	高速公路的投资、建设、经营	F11	钟旭堆	陈桂芳	广东省东莞市东城区莞樟大道55号	0769-2903319
000829	江西赣南果业股份有限公司	水果种植、加工及销售,果业综合开发	A01	吴继光	黄绍文	江西省赣州市红旗大道20号	0797-8117002
000830	山东鲁西化工股份有限公司	尿素、碳酸氢铵等化肥的生产与销售	C43	张金成	焦延滨	山东省聊城市鲁化路68号	0635-8332286
000831	山西关铝股份有限公司	普通铝锭、铝材、铝制品、氧化铝粉等的生产	C67	许复活	王长科	山西省运城市解州镇新建路36号	0359-2825232
000832	黑龙江龙涤股份有限公司	聚酯切片、化学纤维系列产品、纺织品等	C47	赵瑞民	高旭光	黑龙江省阿城市和平街	0451-53715276
000833	广西贵糖(集团)股份有限公司	食糖、纸、酒精、碳酸钙、减水剂的制造、销售	C01	黄振标	黄家驹	广西贵港市幸福路100号	0775-4262889

续表 14 Continued 14

代码 Code	公司全称 Companies	主营业务范围 Fields	行业代码 Industries Code	董事长 Board Chairman	总经理 General Manager	地址 Address	电话 Telephone Number
000835	上海隆源双登实业股份有限公司	AFS集成快速制造系统、润滑油复合添加剂系列	M	王光友	李泉生	上海浦东浦东南路885号	021-58820181
000836	天津天大天财股份有限公司	计算机软件、硬件,信息系统集成,信息处理	G87	寇纪淞	寇纪淞	天津新技术产业园区华苑产业区	022-23080166
000837	陕西秦川机械发展股份有限公司	数控精密机床、塑料加工机械、液压系统	C71	龙兴元	胡　弘	陕西省宝鸡市姜谭路22号	0917-3670606
000838	蓝星石化科技股份有限公司	化工机械设备、普通机械、成套设备、金属制品	C73	蔡　挺	张　皓	四川省德阳市泰山南路230号	0838-2300511, 230051
000839	中信国安信息产业股份有限公司	卫星通讯、网络工程、信息传输、有线电视	G	李士林	秦永忠	北京市朝阳区关东店北街1号	010-65008037
000848	河北承德露露股份有限公司	杏仁露、果蔬汁、其他饮料、制罐、原辅材料等	C05	王宝林	王秋敏	河北省承德市双桥区翠桥路南6号	0314-2061585
000850	安徽华茂纺织股份有限公司	纯棉纱线、涤棉混纺纱线等的生产销售	C11	华冠雄	詹灵芝	安徽省安庆市纺织南路80号	0556-5516615
000851	大唐高鸿数据网络技术股份有限公司	磨料、耐火材料、进出口贸易业务	C61	付景林	付景林	北京海淀区花园路13号	010-82029859
000852	江汉石油钻头股份有限公司	石油天然气及各类地矿用钻头、设备及金刚石	C73	常子恒	梅敬民	湖北省武汉市东胡新技术开发区	027-87925236
000856	唐山陶瓷股份有限公司	日用陶瓷、卫生陶瓷、墙地砖、工业理化陶瓷	C61	陈　思	孙　靖	河北省唐山市路北区缸窖路110号	0315-3291354
000858	宜宾五粮液股份有限公司	酒类及相关辅助产品	C0399	王国春	陈　林	四川省宜宾市翠屏区岷江西路150号	0831-3553988
000859	安徽国风塑业股份有限公司	塑料建材、门窗、BOPP和PE塑料薄膜等	C49	郑忠勋	黄言勇	安徽省合肥市国家高新技术开发区	0551-5336168
000860	北京顺鑫农业股份有限公司	白酒生产与销售,肉食品加工与销售,良种繁育	A01	李维昌	李维昌	北京市顺义区站前街2号	010-69420860
000861	广东海印永业(集团)股份有限公司	炭黑、轻化产品系列的生产加工销售	C61	邵建明	邵建聪	广东省茂名市环市西路61号	0668-2111000
000862	吴忠仪表股份有限公司	自动调节阀及其附件、电动产品的制造与销售	C78	冯奇峰	冯奇峰	宁夏吴忠市利通区朝阳街67号	0953-3929057
000863	深圳和光现代商务股份有限公司	电子商用技术开发、电子商用设备等的研制和生产	G8705	吴　力	毕春斌	深圳市福田区滨河路北5022号	82900028
000866	中国石化扬子石油化工股份有限公司	原油化工	C41	戴厚良	戴厚良	南京市沿江工业开发区新华路777号	025-57787739
000868	安徽安凯汽车股份有限公司	客车、底盘生产与销售	C75	王志远	杨亚平	安徽省合肥市葛淝路1号	0551-4844713
000869	烟台张裕葡萄酿酒股份有限公司	以葡萄、苹果等为主要原料的葡萄酒、白兰地的生产销售	C05	孙利强	周洪江	山东省烟台市世回尧路174号	0535-6633656
000875	吉林电力股份有限公司	电力产品生产、上网销售	D01	徐元祥	马俊隆	吉林省长春市工农大路3088号	0431-5601991
000876	四川新希望农业股份有限公司	饲料、原料添加剂、饲料加工机械、农副产品	C01	刘永好	黄代云	四川省成都市新开街1号金竹大厦	028-82870899
000877	新疆天山水泥股份有限公司	水泥产品的生产和销售	C61	孙双锐	张丽荣	乌鲁木齐市北京南路钻石城11号	0991-3660950/8011
000878	云南铜业股份有限公司	以电解铜为主导产品的生产和销售	C67	邹韶禄	何云辉	云南省昆明市人民东路111号	0871-3125348
000880	山东巨力股份有限公司	农用三轮运输车及配件、农用四轮运输车及配件	C75	张卫东	张卫东	山东潍坊市长松路69号	0536-8185987
000881	中国大连国际合作(集团)股份有限公司	国内外工程承包、远洋运输及捕捞、劳务技术	M	朱明义	王新民	辽宁省大连市黄河路219号	0411-83780066

续表 15 Continued 15

代码 Code	公司全称 Companies	主营业务范围 Fields	行业代码 Industries Code	董事长 Board Chairman	总经理 General Manager	地址 Address	电话 Telephone Number
000882	北京华联商厦股份有限公司	商品批发、零售、联营贸易、进出口，物流配送	H	徐 勇	马 婕	北京市西城区阜成门外大街1号	010-68341188
000883	湖北三环股份有限公司	内燃机进排气门、气门座圈、汽车前桥	C75	舒 健	万家嗣	湖北省武汉市武珞路356号	027-87273368
000885	洛阳春都食品股份有限公司	西式、中式低温肉制品、中西式灌肠、清真食品等	C01	刘 亮		河南省洛阳市西工区春都路126号	0379-2312922
000886	海南高速公路股份有限公司	高等级公路的设计、施工、养护和管理	F11	邢福煌	陈 波	海口市机场路16号高速公路大楼	0898-66768394
000887	安徽飞彩车辆股份有限公司	农用机动运输车、链条、汽车覆盖件及其配件	C75	洪理芳	戴俭荣	安徽省宣州市宣南公路口	0563-5612568
000888	峨眉山旅游股份有限公司	旅游、索道运输、住宿、客运、餐饮、娱乐	K34	马元祝	夏体强	四川省峨眉山市名山南路41号	0833-5528075
000889	秦皇岛渤海物流控股股份有限公司	针纺织品、日用百货、电子商务、信息咨询	J01	魏 超	刘 宏	河北省秦皇岛市海港区河北大街14号	0335-3023349
000890	江苏法尔胜股份有限公司	钢丝、钢丝绳、电线电缆、仪器仪表等的制造	C69	周建松	刘礼华	江苏省江阴市通江北路203号	0510-6119890
000892	长丰通信集团股份有限公司	通信产业投资、通信设备制造、通信工程及技术	G85	胡宜东	胡宜东	重庆市渝中区五四路39号都市广场	023-63782945
000893	广州冷机股份有限公司	生产和销售制冷压缩机及其设备、中央空调设备	C76	魏长明	冯小伟	广州市白云区人和镇人和天街12号	020-86453838
000895	河南双汇投资发展股份有限公司	食品加工及销售,生物工程,畜牧养殖,化工	C01	张俊杰	李冠军	河南省漯河市双汇路1号双汇大厦	0395-2622616
000897	天津津滨发展股份有限公司	基础设施的开发、建设与经营	K01	唐建宇	江连国	天津经济技术开发区第一大街二号	022-66201301
000898	鞍钢新轧钢股份有限公司	生产销售冷轧薄板、线材及宽厚板	C65	刘 介	姚 林	辽宁省鞍山市铁东区南中华路396号	0412-6334293，672134
000899	江西赣能股份有限公司	火力发电,节能项目开发	D01	姚迪明	孙卫东	南昌高新技术产业开发区火炬大街	0791-8109899
000900	现代投资股份有限公司	高等级公路和桥梁的建设施工、收费管理和养护	F11	宋伟杰	傅安辉	湖南省长沙市芙蓉中路465-467号	0731-5558888
000901	航天科技控股集团股份有限公司	汽车电子组合仪表、车载计算机系统、工业机器人	C78	殷兴良	陈 军	哈尔滨市平房区哈平西路45号	0451-86781288
000902	中国服装股份有限公司	纺织服装类产品的科技开发、设计、生产销售	C13	方玉根	杨 峻	北京市建国路99号中服大厦20层	010-65816688-8234
000903	昆明云内动力股份有限公司	柴油机及机组的开发生产和销售	C71	段华生	肖豪恩	云南省昆明市穿金路715号	0871-5625802
000905	厦门港务发展股份有限公司	海沧大桥的投资建设,厦门大桥的经营维护	F11	吴来传	柯 东	福建省厦门市湖里区长岸路海天港	0592-5829955
000906	南方建材股份有限公司	生产、销售建筑材料及制品、建筑陶瓷、橡胶	H03	刘 平	李孟辉	湖南省长沙市五一大道341号	0731-4452516
000908	湖南天一科技股份有限公司	泵类产品及各种输变电设备、高科技项目	C71	彭深根	黄 奇	湖南省长沙国家高新技术产业开发区	0731-8902528
000909	数源科技股份有限公司	数字视音频产品、电子计算机及其设备等的制造销售	G81	章国经	章国经	浙江省杭州市西湖区教工路一号	0571-88271006
000910	大亚科技股份有限公司	生产铝箔复合纸、铝塑复合卡纸、聚丙烯线束	C31	陈兴康	王 颐	江苏省丹阳经济技术开发区	0511-6882222-2143
000911	南宁糖业股份有限公司	生产、加工、销售机制糖、酒精和文化用纸	C01	熊可模	熊可模	广西壮族自治区南宁市亭洪路48号	0771-4914317 4911576

续表 16 Continued 16

代码 Code	公司全称 Companies	主营业务范围 Fields	行业代码 Industries Code	董事长 Board Chairman	总经理 General Manager	地址 Address	电话 Telephone Number
000912	四川泸天化股份有限公司	化学肥料、原材料及日用化学品的生产销售	C43	任晓善	王敦伦	四川省泸州市纳溪区	0830-4122370
000913	浙江钱江摩托股份有限公司	摩托车及配件的生产、销售、研究、设计和开发	C75	陈筱根	王由法	浙江省温岭市太平街道万昌路	0576-6139218
000915	山东山大华特科技股份有限公司	山东大学国家大学科技园的开发建设	M	张兆亮	朱海群	山东省济南市经十路71号山东大学内	0531-5198006
000916	华北高速公路股份有限公司	投资开发、建设和经营收费公路	F11	刘长宽	董平如	北京经济技术开发区东环北路9号	010-58021999
000917	湖南电广传媒股份有限公司	影视节目制作、发行和销售	L10	龙秋云	彭　益	湖南省长沙市浏阳河大桥东	0731-4252080
000918	湖南亚华种业股份有限公司	农作物种子、种苗和畜禽良种的选育、繁殖	A09	邹定民	杨　恒	湖南省长沙市八一路539号	0731-2566572
000919	金陵药业股份有限公司	中西药原料和制剂、生化制品、医药包装制品	C81	倪忠翔	沈志龙	南京市中央路238号金陵药业大厦	025-83112711
000920	南方汇通股份有限公司	铁路运输货车大修与改造,铁路特种专用货车	C75	黄纪湘	黄纪湘	贵州省贵阳市都拉营	0851-44733396
000921	广东科龙电器股份有限公司	开发、制造电冰箱、空调、冷柜等电器产品	C76	顾雏军	刘从梦	广东省顺德市容桂镇容港路8号	0757-28362570
000922	阿城继电器股份有限公司	开发、制造、销售继电器及继电保护装置	C76	朱大萌	程　力	黑龙江省哈尔滨市南岗区赣水路19号	0451-87005508
000923	河北宣化工程机械股份有限公司	生产、经营、销售推土机、装载机、压路机及其相应产品	C73	王建军	周之胜	河北省张家口市宣化区东升路21号	0313-3186012
000925	浙江浙大海纳科技股份有限公司	单晶硅及其制品、半导体元器件的开发、制造	C99	薛卫国	周　军	浙江省杭州市滨江区创业路高新技术开发区	0571-87658066
000926	湖北福星科技股份有限公司	钢丝绳、钢丝系列产品等的生产和销售	C69	谭功炎	谭功炎	湖北省汉川市沉湖镇福星街1号	0712-8740018
000927	天津一汽夏利汽车股份有限公司	制造排气量为1000CC级和1300CC级夏利牌系列	C75	竺延风	许宪平	天津市西青区国防公路马庄南	022-23056032
000928	吉林碳素股份有限公司	碳素石墨制品的生产和销售	C61	李勇智	姜伯涛	吉林省吉林市和平街九号	0432-2749375
000929	兰州黄河企业股份有限公司	啤酒、生猪饲养、包装品、针纺织品、精细化工	C05	杨世江	牛东继	甘肃省兰州市庆阳路金运大厦22层	0931-8449054
000930	安徽丰原生物化学股份有限公司	生物工程的科研开发、有机酸及其他生物化工	C03	李荣杰	徐桦木	安徽省蚌埠市大庆路73号	0552-4926486
000931	北京中关村科技发展(控股)股份有限公司	高新技术和产品的开发销售,科技项目及其建设	K01	张贵林	段永基	北京市海淀区中关村南大街32号	010-62140037
000932	湖南华菱管线股份有限公司	生产与销售国家政策允许的钢坯、无缝钢管等	C6510	李效伟	谢大可	湖南省长沙市芙蓉中路二段111号	0731-2565960
000933	河南神火煤电股份有限公司	煤炭生产、销售,发供电,铁路专用线营运	B01	李孟臻	程乐团	河南省永城市新城区光明路	0370-5982722
000935	四川双马水泥股份有限公司	水泥生产、销售	C61	唐月明	邵柯夫	四川省江油市二郎庙镇	0816-3721405
000936	江苏华西村股份有限公司	纺织品、服装制造,国内贸易,热电站	C4705	包丽君	孙云丰	江苏省江阴市华西村	0510-6217149
000937	河北金牛能源股份有限公司	煤炭开采与经营	B01	刘庆法	刘建功	河北省邢台市中兴西大街191号	0319-2068312
000938	清华紫光股份有限公司	以扫描仪为核心的计算机业务,软件开发及销售	G87	徐井宏	李志强	北京市海淀区清华大学紫光大楼	010-62770008
000939	武汉凯迪电力股份有限公司	电力、新能源、化工、环保、计算机的开发研究	D01	潘庠生	潘庠生	湖北省武汉市东湖新技术开发区	027-67869010
000948	云南南天电子信息产业股份有限公司	开发、生产、销售计算机软件、硬件等	G87	郑志刚	雷　坚	昆明市环城东路455号	0871-3366327

续表 17 Continued 17

代码 Code	公司全称 Companies	主营业务范围 Fields	行业代码 Industries Code	董事长 Board Chairman	总经理 General Manager	地址 Address	电话 Telephone Number
000949	新乡化纤股份有限公司	粘胶纤维、合成纤维、硫酸钠的制造与销售	C47	陈玉林	徐方府	河南省新乡市北站区锦园路1号	0373-3978813
000950	重庆民丰农化股份有限公司	农药系列产品及农药中间体、铬盐系列产品的制造与销售	C43	袁代建	袁代建	重庆市沙坪坝区井口镇经济桥30号	023-65180666
000951	中国重型汽车集团济南卡车股份有限公司	家用洗衣机、商用洗衣机及配件的研制、生产	C75	王浩涛	于有德	山东省济南市市中区党家庄镇南首	0531-5587586
000952	湖北广济药业股份有限公司	生产经营医药原料药、兽药原料药、医药制剂等	C81	何 谧	胡电铃	湖北省武穴市江堤路1号	0713-6216068
000953	广西河池化工股份有限公司	尿素、复合肥、液体二氧化碳、甲酸、硫酸	C43	何元军	姜健生	广西壮族自治区河池市六甲镇	0778-2266832
000955	海南欣龙无纺股份有限公司	制造、销售各种无纺布及其深加工产品	C99	郭开铸	郭开铸	海南省海口市龙昆北路2号	0898-68581055
000956	中国石化中原油气高新股份有限公司	石油和天然气的勘探、开发、综合利用	B03	孔凡群	李洪海	河南省郑州市高新技术产业开发区	4893830
000957	中通客车控股股份有限公司	大中型客车的产销	C75	王庆福	李海平	山东省聊城市建设东路10号	0635-8322340
000958	石家庄东方热电股份有限公司	热力、电力的生产和销售	D01	李德时	李向东	河北省石家庄市建华南大街161号	0311-5053913
000959	北京首钢股份有限公司	钢铁冶炼、钢压延加工,铜冶炼及压延加工	C65	朱继民	钱 凯	北京市石景山区石景山路	68875155
000960	云南锡业股份有限公司	精锡、锡铅焊料系列产品及锡的深加工	C67	肖建明	皇甫智伟	昆明高新技术产业开发区	0873-83118622
000961	大连金牛股份有限公司	特殊钢材	C65	赵明远	刘 伟	辽宁省大连市甘井子区工兴路4号	0411-86672112-2198
000962	宁夏东方钽业股份有限公司	钽、铌、铍等稀有金属材料的生产与销售	C67	聂明亮	张宗国	宁夏石嘴山市大武口区冶金路119号	0952-2098561
000963	华东医药股份有限公司	药品、中药材、中成药、医疗器械、化学试剂	C81	李邦良	李邦良	杭州市莫干山路866号	0571-88172165
000965	天津水泥股份有限公司	水泥产品及新型建筑材料的生产与销售	C61	周宝泉	梁季平	天津市和平区贵州路4号龙通大厦9楼	022-23046661
000966	国电长源电力股份有限公司	电力、热力及相关设备生产及有关技术的开发	D01	刘彭龄	刘兴华	武汉市武昌区徐东大街351号	027-86778357
000967	浙江上风实业股份有限公司	研制、开发、生产通风机,风冷、水冷、空调设备等	C71	徐鑫祥	吴裕庆	浙江省上虞市上浦镇	0575-2360869
000968	太原煤气化股份有限公司	原煤、焦炭、精煤、中煤、煤气以及焦油产品的生产和销售	B01	王良彦	谷 泉	山西省太原市和平南路83号	0351-6040050
000969	安泰科技股份有限公司	新技术、新材料开发研究	C99	干 勇	才 让	北京海淀区学院南路76号	010-62188178
000970	北京中科三环高技术股份有限公司	稀土永磁材料及其应用产品、工业自动化设备	C67	王震西	王震西	北京市海淀区白石桥路3号友谊宾馆	010-68945729
000971	湖北迈亚股份有限公司	经编腈纶印花毛毯、精毛纺呢绒面料、服装销售	C11	叶金堂	杨建国	湖北省仙桃市勉阳大道131号	0728-3275828
000972	新疆中基实业股份有限公司	农业种植,畜禽养殖,农副产品等	A01	刘 一	文 勇	新疆乌鲁木齐市五星路17号	0991-8852972
000973	佛山塑料集团股份有限公司	各类塑料制品、粘胶制品、各类包装及印刷复合制品	C49	冯兆征	吴跃明	广东省佛山市汾江中路八十二号	0757-83988189
000975	南方科学城发展股份有限公司	水力发电、售电	K0199	辛向东	陈晓东	广州科学城彩频路广东软件科学园	020-61397318
000976	广东开平春晖股份有限公司	差别异型涤纶长丝、锦纶长丝及化纤产品生产	C11	罗 伟	梁灼平	广东省开平市长沙港口路10号	0750-2276949
000977	浪潮电子信息产业股份有限公司	计算机硬件、软件及系统集成的开发、生产	G83	孙丕恕	辛卫华	山东省济南市山大路224号	0531-5106242

续表 18 Continued 18

代码 Code	公司全称 Companies	主营业务范围 Fields	行业代码 Industries Code	董事长 Board Chairman	总经理 General Manager	地址 Address	电话 Telephone Number
000978	桂林旅游股份有限公司	漓江游览,旅游汽车客运、出租车和旅游观光业务	K34	陈青光	钟新民	广西省桂林市榕湖北路17号	0773-2863857
000979	安徽省科苑(集团)股份有限公司	生物工程、精细化工等领域的高新技术研究开发	C4360	吴立平	周润南	安徽省宿州市浍水路271号	0557-3920707
000980	黄山金马股份有限公司	汽车仪表、摩托车仪表、微电机等车用零部件	C78	应建仁	王献忠	安徽省黄山市歙县经济技术开发区	0559-6537803
000981	甘肃兰光科技股份有限公司	电子产品及通讯设备(不含卫星地面接收设施)	G	路有志	李济朝	深圳市福田区振华路56号兰光大厦	0755-83321515
000982	宁夏圣雪绒股份有限公司	羊绒及其制品的生产、加工和销售	C11	侯羽乾	侯羽乾	宁夏回族自治区银川市解放西街119号	0951-5046307
000983	山西西山煤电股份有限公司	煤炭生产、销售、洗选加工、发供电等	B01	李 仪	车树春	山西省太原市西矿街319号	03516127434
000985	大庆华科股份有限公司	聚丙烯、精制C5、C9石油树脂、精细化工产品	C43	万志强	张好宽	黑龙江省大庆高新技术产业开发区	0459-6291061
000986	佛山华新包装股份有限公司	生产及销售包装用途的高级纸品及纸包装制品	C3110	王 奇	谭尚辉	广东省佛山市季华路经华大厦20楼	0757-83981729
000987	广州友谊商店股份有限公司	百货零售、批发	H11	房向前	刘宏国	广东省广州市环市东路369号	020-83483216
000988	华工科技产业股份有限公司	以激光技术、计算机软件和系统集成技术的开发、研制	C57	王延觉	马新强	武汉市东湖高新技术开发区	027-87180181
000989	九芝堂股份有限公司	肝炎系列药和补血系列药的生产和销售	C81	余克建	朱锦伟	长沙市芙蓉中路一段129号	0731-4499759
000990	诚志股份有限公司	洗衣粉、牙膏、瑞贝克胃药和日化助洗剂的生产销售	C8501	荣泳霖	龙大伟	江西省南昌市经济技术开发区	0791-3826898
000992	山东省中鲁远洋渔业股份有限公司	外海、远洋捕捞、水产品养殖、加工、销售	A07	刘长锁	王兆安	山东省济南市和平路43号	0531-6553276
000993	福建闽东电力股份有限公司	水电开发、电力生产与销售	D01	周敦彬	刘宗廷	福建省宁德市环城路143号	0593-2096666,6666
000995	甘肃皇台酒业股份有限公司	酒类的酿造和销售	C05	张景发	屈平原	甘肃省武威市新建路55号	0935-6139893
000996	捷利实业股份有限公司	国际集装箱公路运输及对俄过境运输等	F	刘润红	费滨海	哈尔滨市南岗区红军街20号	0451-53608158
000997	福建新大陆电脑股份有限公司	计算机应用产品的研、产、销及服务	G8701	胡 钢	林学杰	福建省福州市马尾儒江大道1号	0591-3338178
000998	袁隆平农业高科技股份有限公司	以杂交水稻、杂交辣椒、瓜类为主的高科技农业	A01	伍跃时	颜卫彬	长沙市车站北路459号证券大厦	0731-2183880
000999	三九医药股份有限公司	营养滋补品及食品、生物食品、医疗器械、日化产品	C81	孙晓民	崔 军	广东省深圳市北环大道1028号	83360999-3692
001696	成都宗申热动力机械股份有限公司	开发、生产和销售各类摩托车发动机及零配件	C7510	左宗申	董兆民	重庆市巴南区炒油场宗申工业园	023-66372632
001896	河南豫能控股股份有限公司	火力发电、高新技术开发等	D01	李兴佳	郑 健	郑州高新技术产业开发区合欢街6号	0371-7984649
002001	浙江新和成股份有限公司	有机化工产品及饲料添加剂的生产、销售	C4330	胡柏藩	张方治	浙江省新昌县城关镇江北路4号	0575-6128136
002002	江苏琼花高科技股份有限公司	从事各种PVC片材和板材的研发、生产和销售	C4905	于在青	于在青	江苏省扬州市邗江区杭集镇曙光路	0514-7271301
002003	浙江伟星实业发展股份有限公司	纽扣、拉链、电镀业务,其他服装辅料销售	C99	章卡鹏	张三云	浙江省临海市花园工业区	0576-5125002
002004	重庆华邦制药股份有限公司	研发、生产和销售皮肤科、结核科及肿瘤科药品	C8105	张松山	潘明欣	重庆市歇台子南方花园科园四街55号	023-68600738

续表 19 Continued 19

代码 Code	公司全称 Companies	主营业务范围 Fields	行业代码 Industries Code	董事长 Board Chairman	总经理 General Manager	地址 Address	电话 Telephone Number
002005	广东德豪润达电气股份有限公司	小家电系列产品的研究、开发、制造及销售	C7620	王冬雷	王冬雷	广东省珠海市香洲区唐家湾镇	0756-3390237
002006	浙江精工科技股份有限公司	经营机电一体化的建筑、建材专用设备及轻纺产品	C7350	孙建江	邵志明	浙江省绍兴县柯桥镇柯西工业区	0575-4138692
002007	华兰生物工程股份有限公司	生产、销售自产的生物制品、血液制品	C8501	安　康	邹方霖	新乡市华兰大道甲2号	0373-5056902
002008	深圳市大族激光科技股份有限公司	激光加工设备的研发、制造及销售	C57	高云峰	周复正	深圳市南山区高新科技园北区	0755-83266282
002009	江苏天奇物流系统工程股份有限公司	自动化输送系统、自动化仓储系统	C7350	白开军	杨　雷	江苏省无锡市中山路343号	0510-2720289
002010	浙江传化股份有限公司	有机硅及有机氟精细化学品(不含危险品)	C4330	徐冠巨	应天根	杭州市萧山经济技术开发区	0571-82872991
002011	浙江盾安人工环境设备股份有限公司	中央空调主机及末端设备的研究开发、制造	C7110	姚新义	曹　俊	浙江诸暨市店口工业区	0571-87826722
002012	浙江凯恩特种材料股份有限公司	电子材料、纸及纸制品的制造、加工、销售	C3105	王白浪	朱春树	浙江省遂昌县凯恩路108号	0578-8128682
002013	湖北中航精机科技股份有限公司	高、中档汽车座椅调节机构和各类精机制品	C7505	朱熙成	王承海	湖北省襄樊市高新区江山南路	0710-3345045
002014	黄山永新股份有限公司	彩印复合包装产品和真空镀铝膜产品的生产销售	C4901	江继忠	鲍祖本	安徽省黄山市徽州区徽州东路188号	13705595888
002015	江苏霞客环保色纺股份有限公司	废弃聚酯的综合处理、有色聚酯纤维及色纺纱	C1101	赵方平	陈建忠	江阴市马镇镇东街39号	0510-6520126
002016	广东威尔医学科技股份有限公司	生殖健康领域医疗器械的开发、生产、销售	C7340	周曙光	周曙光	广东省珠海市南屏南湾大道西侧	0756-8681601
002017	东信和平智能卡股份有限公司	生产和销售移动通信用智能卡、非接触式智能卡等	C99	周忠国	周忠国	珠海市南屏科技工业园屏工中路8号	13702336957
002018	安徽华星化工股份有限公司	农药(凭许可证经营)、化工产品(不含危险品)	C4320	庆祖森	谢　平	安徽和县乌江镇	0565-5393908
002019	浙江鑫富生化股份有限公司	精细化工产品的研制、生产、销售及服务	C4301	过鑫富	殷杭华	浙江省临安市玲陇经济开发区	0571-63759205
002020	浙江京新药业股份有限公司	生产和销售喹诺酮类系列抗感染药物和心脑血管用药	C8105	吕　钢	吕　钢	浙江省新昌县青山工业区	0575-6176531
002021	中捷缝纫机股份有限公司	中、高档工业缝纫机的开发、生产和销售	C7320	蔡开坚	李瑞元	浙江省玉环县珠港镇陈屿北山村	0576-7378885
002022	上海科华生物工程股份有限公司	体外临床免疫诊断试剂、体外临床化学诊断试剂等	C8501	唐伟国	沙立武	上海市钦州北路1189号	021-64850088
002023	四川海特高新技术股份有限公司	航空机载电子、电气、机械设备的检测及维修	F1115	李再春	李再春	成都市高新区高朋大道21号	028-85131440
002024	苏宁电器连锁集团股份有限公司	综合家用电器的连锁销售和服务	H1150	张近东	孙为民	南京市淮海路68号苏宁电器大厦	025-84418888
002025	贵州航天电器股份有限公司	继电器和电连接器	C5110	曹　军	原维亮	贵州省遵义市新蒲镇	0852-8616273
002026	山东威达机械股份有限公司	生产和销售"孔雀"、"PEACOCK"牌系列钻夹	C6910	杨桂模	刘友财	山东省文登市葛山镇中韩路2号	(0631)8548288
002027	广州七喜电脑股份有限公司	PC整机和电脑配件的研发、生产及销售	G83	易贤忠	李　迅	广州市黄埔区云埔工业区埔南路63号	020-33376280

续表 20 Continued 20

代码 Code	公司全称 Companies	主营业务范围 Fields	行业代码 Industries Code	董事长 Board Chairman	总经理 General Manager	地址 Address	电话 Telephone Number
002028	上海思源电气股份有限公司	输配电设备的制造和服务	C7610	董增平	陈邦栋	上海市闵行区金都路 4399 号	021-64890467
002029	福建七匹狼实业股份有限公司	服装、服饰产品的设计、制造及销售	C1301	周连期	周少雄	福建省晋江市金井镇南工业区	13860191890
002030	中山大学达安基因股份有限公司	荧光 PCR 检测技术研究、开发和应用	C8501	何蕴韶	周新宇	广州市先烈中路 80 号汇华商贸大厦	020-22372307
002031	广东巨轮模具股份有限公司	制造和销售汽车子午线轮胎活络模具等	C7350	吴潮忠	洪惠平	广东省揭东经济开发试验区 5 号	0663-3271838
002032	浙江苏泊尔炊具股份有限公司	设计、生产、销售各种压力锅、铝制品炊具等	C6999	苏显泽	苏显泽	浙江玉环县大麦屿经济技术开发区	0571-86858778
002033	丽江玉龙旅游股份有限公司	经营旅游索道及其他相关配套服务	K34	王　云	刘晓华	丽江市福慧路丽江宾馆民族院	0888-5105981、13987
002034	浙江美欣达印染集团股份有限公司	全棉灯芯绒、纱卡的印染及后整理	C1105	单建明	沈建军	浙江省湖州市凤凰路 888 号	0572-2125388
002035	中山华帝燃具股份有限公司	生产、销售灶具、热水器、抽油烟机等产品	C6999	黄文枝	黄启均	广东省中山市小榄镇九州工业开发区	0760-2139192
002036	宁波宜科科技实业股份有限公司	黑炭衬和粘合衬系列产品的研制、开发、生产	C1199	石东明	张国君	宁波市鄞州区雅源南路 501 号	0574-88263738
002037	贵州久联民爆器材发展股份有限公司	民爆器材的研发、生产、销售，爆破工程施工	C43	杨胜利	吴成滨	贵州省贵阳市宝山北路 213 号	0851-6751504
002038	北京双鹭药业股份有限公司	基因工程和生化药物的研究开发、生产经营	C8501	徐明波	徐明波	北京市八大处高科技园中园路 9 号	010-88799370

数据来源：上海、深圳证券交易所
Source：Shanghai、Shenzhen Stock Exchange

主要统计指标解释

Definition and Explanation

1. **尚未流通股份**:指按照政策规定未能在证券交易所自动报价系统交易的上市公司股份。

Nonnegotiable shares: refer to the listed companies, shares that have not been traded in the Automatic Quotation System of Stock Exchange according to the rules of policy.

2. **已流通股份**:指已在证券交易所自动报价系统交易的上市公司股份。

Negotiable shares: refer to the listed companies' shares that have been traded in the Automatic Quotation System of Stock Exchange.

3. **国家股**:指按照《股份有限公司国有股权管理暂行办法》所设的国家股及其增量。

Stated-owed shares: refer to the stated-owed shares (stated—own shares was set in the light of the《Interim Measures on the Administration of State-owned shares issued by the Limited Companies》) and their added shares.

4. **境内法人股**:指发起人为境内法人时持有股份。

Domestics legal person's shares: refer to the sponsor's shares which were help by the domestics legal person.

5. **外资法人股**:指公司发起人为适用外资法律的法人(外商、港、澳、台商等)所持有的股份。

Foreign legal person's shares: refer to the sponsor's shares which were held by the foreign legal person. (Foreign legal persons include the merchants from overseas, HongKong, Macao and TaiWan etc)

6. **募集法人股**:指在《公司法》实施之前成立的定向募集公司所发行的、发起人以外的法人认购的股份。

Private placement of legal person's shares: refer to the shares issued by the private—raised companies which established before the enforcement of Company Law and subscribed by legal person outside the sponsor.

7. **内部职工股**:指在《公司法》实施之前成立的定向募集公司所发行的、在报告时尚未上市的内部职工股。

Staff shares: refer to the staff shares issued by the private—raised companies which established before the enforcement of Company Law and not was listed at the report time.

8. **主营业务收入**:指损益表及利益分配表中年度主营业务收入。

Accrued revenue: refer to the annual accrued revenues in the income statement and profit distribution statement.

9. **净利润**:指损益表及利润分配表中年度净利润或税后利润。

Net Profit: refer to the annual net profit or after-tax profit in the income statement and profit distribution statement.

10. **总资产**:指资产负债表中年末资产总计数。

Total assets: refer to the figures of total assets in the balance sheet at the end of the year.

11. **股东权益**:指资产负债表中股东权益年末数。

Shareholder's Equity：refer to the figures of shareholder's equity in the balance sheet at the end of the year.

12. **每股收益**＝∑净利润/∑年度末股本总数。

EPS＝∑ Net profit/∑ Stock capital at the end of year.

13. **每股净资产**＝∑年度末股东权益数/∑年度末股本总数。

Net assets per share＝∑ shareholder's equity at the end of the year/∑ stock capital at the end of the year.

14. **净资产收益率**＝∑净利润/∑年度末股本权益×100％。

Net assets ration＝∑ Net profit/∑ shareholder's equity at the end of year×100％.

15. **股东权益比例**＝∑年度末股东权益/∑年末资产总计数×100％。

Shareholder's right＝∑ shareholder's equity at the end of the year/∑ Total assets at the end of the year×100％.

六、登记结算

Securities Depository and Clearing

2004 年证券登记结算综述

Summary for Securities Depository and Clearing 2004

2004 年,中国证券登记结算公司(以下简称中国结算)深入开展证券登记结算法规制度建设,积极促进证券市场创新和发展,切实加强结算风险管理体系,努力深化技术系统管理与建设,证券登记结算主要业务量稳步增加,结算风险得到有效化解,为中国证券市场提供了安全、高效的登记结算服务。

一、开户代办点增多,为投资者管理的账户数增加。

截止到 2004 年底,沪市 A 股账户开户代办点 2865 个,比上年增加 151 个;深市 A 股账户开户代办点 3440 个,比上年增加 203 个。

截止到 2004 年底,中国结算共管理账户约 7215.74 万户,比上年增加约 234.51 万户,增长约 3.36%。2004 年为投资者新开立账户约 248.10 万户,较上年增加约 105.84 万户,同比增长约 74.4%。

二、登记存管的证券品种日益丰富、数量不断增加。

截止到 2004 年底,中国结算共登记存管 1640 只证券,比上年增加 117 只;登记存管的证券面值约为 12238.29 亿元,比上年增加 11.72%;登记存管证券总市值约为 41979 亿元,比上年减少约 11.27%;登记存管证券流通市值约为 16643.74 亿元,比上年减少约 7.97%。

三、处理的交易过户数量增加,结算总额较上年同期减少。

2004 年中国结算共处理的交易过户总笔数约为 8.79 亿笔,比上年增加 27.01%;过户总金额约 28.36 万亿元,比上年减少 6.27%;结算总额约为 29.49 万亿元,较上年同期减少 9.68%。

四、开放式基金登记结算业务有较大发展。

截止到 2004 年底,委托中国结算办理开放式基金业务的基金管理公司共 11 家,比上年增加 7 家;中国结算代理登记结算业务的开放式基金有 18 只,比上年增加 13 只;与中国结算开放式基金系统联网的销售代理人 54 家,比上年增加 32 家;中国结算为投资者管理的开放式基金账户数已达 82.64 万户,比上年增加约 70 多万户。

五、证券结算风险得到了有效化解。

2004 年中国结算积极配合证监会对德恒证券、恒信证券、汉唐证券、闽发证券、南方证券、新华证券等高风险证券公司进行了风险处置。通过一系列的风险管理措施,如对债券回购交易依法实施质押券转移占有,推出回购标准券折算率调整的新办法,对高风险证券公司严密监控,实施最低结算备付金比例调整,对部分新上市品种实施待交收制度等,证券结算系统的风险得到了有效控制和化解,保障了中国证券市场的安全、稳定运行。

2004 年证券登记结算业务量变化主要受以下因素影响：

第一，交易所市场证券品种增加。中国结算主要为交易所市场提供证券登记结算服务，因此随着交易所市场新股的发行、债券上市品种的增加，中国结算登记存管的证券数量和面值相应增加。

第二，交易所市场波动。中国结算登记存管的证券市值、处理的过户金额、结算总额等业务量受交易所市场波动影响较大。由于交易所市场价格、交易量的变化影响，2004 年登记存管证券的市值、结算总量呈现减少。

第三，新业务开展。买断式债券回购、交易所交易开放式基金（LOFs）、交易型开放式指数基金（ETF）等新业务的开展，带来业务量增加。据估算，目前中国结算近三成的开放式基金业务量是由于 LOFs 新业务的开展增加的。

第四，业务系统优化、服务质量提高也是中国结算业务量增长的原因之一。例如，国债跨市场转托管系统实现了相关业务电子化处理，改进了对跨市场参与人的服务，从而使国债跨市场转托管业务量大大提高；又如，开放式基金系统功能优化、业务收费标准降低、对外宣传力度增大，带来了开放式基金业务量增加。

6-1 1993—2004年投资者账户情况

Summary of Investors Accounts (1993—2004)

单位:万户 Unit: 10000

	1993年	1994年	1995年	1996年	1997年	1998年	1999年	2000年	2001年	2002年	2003年	2004年
全国 Total												
开户总数 Accounts Opening	835.17	1107.76	1294.19	2422.08	3480.26	4259.88	4810.63	6154.53	6965.90	7202.16	7344.41	7588.29
新增开户数 Newly Opening Accounts	561.40	272.59	186.43	1127.89	1058.18	779.62	550.74	1343.93	811.35	236.25	142.27	248.10
比例 Rate%	67.22	24.61	14.41	46.57	30.41	18.30	11.45	21.84	11.65	3.28	1.94	3.27
账户总数 Accounts								6123.24	6898.68	6841.84	6981.24	7215.74
账户数增加 Increase in Accounts									775.44	−56.84	139.40	240.04
上海 Shanghai												
开户总数 Accounts Opening	423.51	574.89	685.20	1207.87	1713.31	2006.57	2288.54	2966.99	3429.61	3566.61	3643.93	3787.22
新增开户数 Newly Opening Accounts	312.28	151.38	110.31	522.67	505.44	293.26	281.96	678.47	462.60	137.00	77.33	147.54
比例 Rate%	73.74	26.33	16.10	43.27	29.50	14.61	12.32	22.87	13.49	3.84	2.12	3.90
账户总数 Accounts								2958.47	3388.71	3513.51	3589.25	3731.22
账户数增加 Increase in Accounts									430.24	124.80	75.74	147.51
深圳 Shenzhen												
开户总数 Accounts Opening	411.66	532.87	608.99	1214.21	1766.95	2253.31	2522.09	3187.54	3536.29	3635.55	3700.48	3801.07
新增开户数 Newly Opening Accounts	249.12	121.21	76.12	605.22	552.74	486.36	268.78	665.46	348.75	99.25	64.94	100.56
比例 Rate%	60.52	22.75	12.50	49.84	31.28	21.58	10.66	20.88	9.86	2.73	1.75	2.65
账户总数 Accounts								3164.77	3509.97	3328.33	3391.99	3484.52
账户数增加 Increase in Accounts									345.20	−181.64	63.66	92.53

注:1. 账户总数=开户总数−销户总数(包括注销账户和被清理账户)。开户总数、账户总数和新增开户数包括A股账户、B股账户和封闭式基金账户。

2. 比例指新增开户数(新增账户数)占开户总数(账户总数)的比率。

3. 2002年由于对不规范账户进行了集中清理,致使账户总数比上年出现了减少。

4. 2004年对账户统计口径和方法进行了调整。

数据来源:中国证券登记结算公司

Source: China Securities Depository and Clearing Corporation Limited

6-2 2004年A股投资者账户情况

A-Share Investors Accounts Summary in 2004

单位:万户 Unit: 10000

	全国 Total	上海 Shanghai	深圳 Shenzhen
账户总数 Total Accounts	7055.48	3632.24	3423.24
机　构 Legal	33.96	19.23	14.73
个　人 Person	7021.52	3613.01	3408.51
新增开户数 Newly Opening Accounts	245.38	146.39	98.99
机　构 Legal	1.64	0.93	0.71
个　人 Person	243.74	145.46	98.28

注:本表A股投资者账户包括A股账户和封闭式基金账户

数据来源:中国证券登记结算公司

Source: China Securities Depository and Clearing Corporation Limited

6-3 2004年B股投资者账户情况
B-Share Investors Accounts Summary in 2004

单位:万户 Unit: 10000

	全国 Total	上海 Shanghai	深圳 Shenzhen
账户总数 Total Accounts	160.26	98.97	61.29
机　构 Legal	1.71	0.87	0.84
境内	0.02	0.00	0.02
境外	1.69	0.87	0.82
个　人 Person	158.55	98.10	60.45
境内	132.82	81.47	51.35
境外	25.73	16.63	9.10
新增开户数 Newly Opening Accounts	2.72	1.14	1.58
机　构 Legal	0.12	0.06	0.06
境内	0.00	0.00	0.00
境外	0.12	0.06	0.06
个　人 Person	2.60	1.08	1.52
境内	2.50	1.04	1.46
境外	0.10	0.04	0.06

数据来源:中国证券登记结算公司

Source: China Securities Depository and Clearing Corporation Limited

6-4 2004年上海证券交易所A股账户地区分布统计表
Regional Statistics of A-Share Investors Accounts in Shanghai Stock Exchange in 2004

单位:万户 Unit: 10000

地区 Area	本年末账户总数 Total in 2003	所占比例 Percent	本年新增开户数 Newly Opening Accounts	所占比例(%) Percent
安　徽	87.62	2.41	2.39	1.63
北　京	161.65	4.45	7.14	4.88
福　建	138.72	3.82	5.03	3.44
甘　肃	28.95	0.80	1.04	0.71
广　东	255.25	7.03	11.12	7.60
广　西	49.05	1.35	2.64	1.80
贵　州	16.68	0.46	0.69	0.47
海　南	41.75	1.15	0.72	0.49
河　北	86.14	2.37	3.40	2.32
河　南	111.64	3.07	4.39	3.00
黑龙江	101.37	2.79	3.21	2.19
湖　北	122.13	3.36	3.94	2.69
湖　南	95.46	2.63	3.09	2.11
吉　林	69.10	1.90	2.54	1.74
江　苏	338.50	9.32	9.25	6.32

续表 Continued

地区 Area	本年末账户总数 Total in 2003	所占比例 Percent	本年新增开户数 Newly Opening Accounts	所占比例(%) Percent
江 西	63.22	1.74	1.65	1.13
辽 宁	210.26	5.79	6.33	4.32
内蒙古	25.94	0.71	1.16	0.79
宁 夏	9.93	0.27	0.45	0.31
青 海	19.05	0.52	0.10	0.07
山 东	229.03	6.31	6.18	4.22
山 西	58.82	1.62	1.85	1.26
陕 西	85.32	2.35	2.44	1.67
上 海	460.86	12.69	11.14	7.61
深 圳	125.00	3.44	10.98	7.50
四 川	194.86	5.36	4.59	3.14
天 津	81.46	2.24	3.18	2.17
西 藏	2.06	0.06	0.07	0.05
新 疆	49.40	1.36	2.24	1.53
云 南	30.07	0.83	1.19	0.81
浙 江	186.97	5.15	5.95	4.06
重 庆	65.54	1.80	1.32	0.90
其 他	30.47	0.84	24.97	17.06
合 计	3632.27	100.00	146.38	100.00

注:本表 A 股投资者账户包括 A 股账户和封闭式基金账户

数据来源:中国证券登记结算公司

Source:China Securities Depository and Clearing Corporation Limited

6-5 2004 年上海证券交易所 B 股账户地区分布统计表

Regional Statistics of B-Share Investors Accounts in Shanghai Stock Exchange in 2004

单位:户

国家或地区 Area	账户总数 Total	比例(%)Percent
一、境内合计 Total of Local	939323	94.90
二、境外合计 Total of Overseas	48808	4.93
中国香港 Hongkong	14717	1.49
中国台湾 Taiwan	5848	0.59
中国澳门 Macao	709	0.07
新加坡 Singapore	1464	0.15
韩国 Korea	470	0.05
美国 USA	8932	0.90
英国 U.K	1513	0.15
日本 Japan	3524	0.36
马来西亚 Malaysia	315	0.03
印尼 Indonesia	82	0.01
其他国家或地区 Others	11234	1.14
三、其他 Others	1632	0.16

数据来源:中国证券登记结算公司

Source:China Securities Depository and Clearing Corporation Limited

6-6　2004年深圳证券交易所A股账户地区分布统计表
Regional Statistics of A-Share Investors Accounts in Shenzhen Stock Exchange in 2004

单位:万户　Unit:10000

地区 Area	本年末账户总数 Total in 2004	所占比例 Percent	本年新增开户数 Newly Opening Accounts	所占比例(%) Percent
安　徽	59.14	1.73	1.81	1.83
北　京	168.04	4.91	22.32	22.55
福　建	109.36	3.19	2.77	2.80
甘　肃	28.44	0.83	0.60	0.61
广　东	361.27	10.55	7.17	7.24
广　西	48.78	1.42	1.64	1.66
贵　州	16.98	0.50	0.76	0.77
海　南	51.00	1.49	0.99	1.00
河　北	75.96	2.22	1.94	1.96
河　南	101.56	2.97	2.79	2.82
黑龙江	85.03	2.48	1.89	1.91
湖　北	139.79	4.08	2.69	2.72
湖　南	112.19	3.28	2.24	2.26
吉　林	61.20	1.79	1.12	1.13
江　苏	293.34	8.57	6.34	6.41
江　西	49.61	1.45	1.23	1.24
辽　宁	166.24	4.86	3.16	3.19
内蒙古	23.42	0.68	0.58	0.59
宁　夏	9.80	0.29	0.27	0.27
青　海	15.04	0.44	0.12	0.12
山　东	176.32	5.15	4.22	4.26
山　西	55.42	1.62	1.15	1.16
陕　西	80.11	2.34	1.88	1.90
上　海	292.01	8.53	9.59	9.69
深　圳	292.95	8.56	7.11	7.18
四　川	183.28	5.35	3.64	3.68
天　津	66.67	1.95	1.20	1.21
西　藏	2.17	0.06	0.02	0.02
新　疆	46.10	1.35	0.81	0.82
云　南	27.12	0.79	0.91	0.92
浙　江	154.34	4.51	4.93	4.98
重　庆	70.42	2.06	1.00	1.01
其　他	0.10	0.00	0.08	0.08
合　计	3423.20	100.00	98.97	100.00

注:本表A股投资者账户包括A股账户和封闭式基金账户

数据来源:中国证券登记结算公司

Source:China Securities Depository and Clearing Corporation Limited

6-7 2004年深圳证券交易所B股账户地区分布统计表

Regional Statistics of B-Share Investors Accounts in Shenzhen Stock Exchange in 2004

单位:户

国家或地区 Area	账户总数 Total	比例(%)Percent
一、境内合计 Total of Local	513647	83.82
二、境外合计 Total of Oversea	90992	14.85
中国香港 Hongkong	75243	12.28
中国台湾 Taiwan	3219	0.53
中国澳门 Macao	3628	0.59
新加坡 Singapore	938	0.15
韩国 Korea	180	0.03
美国 USA	5237	0.85
英国 U.K	1288	0.21
日本 Japan	876	0.14
马来西亚 Malaysia	298	0.05
印尼 Indonesia	80	0.01
其他国家或地区 Others	5	0.00
三、其他 Others	8169	1.33

数据来源:中国证券登记结算公司

Source:China Securities Depository and Clearing Corporation Limited

6-8 2004年A股流通股托管市值地区分布

Regional Statistics of A-Share Negotiable Custodied Capitalization in 2004

地区 Area	A股托管市值 A-share Negotiable Custodied Capitalization(100000000)			比例(%)Percent
	合计 Total	上海 Shanghai	深圳 Shenzhen	
安　徽	169.40	104.41	64.98	1.53
北　京	1367.55	966.45	401.10	12.36
福　建	300.02	187.35	112.67	2.71
甘　肃	57.17	31.87	25.31	0.52
广　东	999.17	526.35	472.81	9.03
广　西	87.26	48.11	39.15	0.79
贵　州	30.83	13.52	17.31	0.28
海　南	39.83	21.32	18.50	0.36
河　北	160.10	91.42	68.69	1.45
河　南	222.31	131.30	91.00	2.01
黑龙江	178.57	118.19	60.38	1.61
湖　北	225.62	120.34	105.27	2.04
湖　南	187.37	90.11	97.26	1.69
吉　林	124.16	78.95	45.20	1.12
江　苏	617.45	409.04	208.41	5.58
江　西	104.16	62.91	41.25	0.94
辽　宁	332.84	204.07	128.77	3.01
内蒙古	44.01	27.08	16.93	0.40

续表 Continued

地区 Area	A股托管市值 A-share Negotiable Custodied Capitalization(100000000)			比例(%)Percent
	合计 Total	上海 Shanghai	深圳 Shenzhen	
宁 夏	18.63	8.12	10.51	0.17
青 海	10.05	3.84	6.20	0.09
山 东	339.37	215.47	123.90	3.07
山 西	101.64	61.82	39.82	0.92
陕 西	151.46	81.70	69.77	1.37
上 海	2340.40	1779.61	560.79	21.15
深 圳	1532.08	844.14	687.95	13.84
四 川	285.97	159.43	126.55	2.58
天 津	178.24	112.60	65.64	1.61
西 藏	2.18	1.16	1.03	0.02
新 疆	93.13	55.46	37.67	0.84
云 南	84.24	50.59	33.64	0.76
浙 江	531.31	371.64	159.68	4.80
重 庆	115.74	66.53	49.22	1.05
其 他	35.63	31.95	3.68	0.32
总 计	11067.91	7076.87	3991.03	100.00

注:沪市未办理指定交易的、深市暂不能识别地区的,归入其他。

数据来源:中国证券登记结算公司

Source:China Securities Depository and Clearing Corporation Limited

表6-9 2004年B股流通股托管市值地区分布

Regional Statistics of B-share Negotiable Custodied Capitalization in 2004

单位:万 Unit: 10000

	B股托管市值 B-share Negotiable Custodied Capitalization			比例(%) Percent
	合计(人民币 RMB)	上海(美元 USD)	深圳(港币 HKD)	
一、境内合计 Total of Local	6019499.94	326310.10	3123711.64	87.28
二、境外合计 Total of Oversea	856548.76	33953.33	541714.08	12.42
中国香港 Hongkong	775270.13	28802.83	505336.15	11.24
中国台湾 Taiwan	0.00	0.00	0.00	0.00
新加坡 Singapore	336.97	40.71	0.00	0.00
韩国 Korea	135.77	0.00	127.80	0.00
美国 USA	0.00	0.00	0.00	0.00
英国 U.K	0.00	0.00	0.00	0.00
日本 Japan	80805.88	5109.79	36250.13	1.17
马来西亚 Malaysia	0.00	0.00	0.00	0.00
印尼 Indonesia	0.00	0.00	0.00	0.00
其他 国家或地区 Others	0.00	0.00	0.00	0.00
三、其他 Others	21088.66	2468.04	621.93	0.31
合计 Total	6897137.37	362731.47	3666047.65	100.00

注:"其他"指没有指定结算会员所在地的

数据来源:中国证券登记结算公司

Source:China Securities Depository and Clearing Corporation Limited

七、期　　货

Futures

2004年期货市场监管综述

Summary for Futures Market Supervising in 2004

2004年我国期货市场运行总体平稳,新品种上市取得重大突破,交易规模进一步扩大,经济功能逐步显现,在国际市场上的影响力增强。期货市场规范发展进入了新的阶段。

一、2004年度期货市场的交易情况

2004年全国期货市场总交易量为3.06亿手,总交易金额为14.69万亿元,同比分别增长9.2%和35.6%,市场规模稳步扩大。从市场成交手数看,2004年期货市场的交易主要集中在大豆、豆粕和铜三个品种上。三个品种共成交20691万手,占全年期货市场总成交量的67.7%;从资金流向情况统计,铜、大豆、天然胶三个品种的总交易金额为10.7万亿元,占全年期货市场总交易金额的73.1%;从交易所情况看,三家期货交易所分别上市了新品种,即郑州商品交易所上市了棉花期货品种,上海期货交易所上市了燃料油期货品种,大连商品交易所上市了玉米和黄大豆2号期货品种。上海期货交易所和郑州商品交易所所占的份额与2003年相比分别增加1.5%和0.6%,达到57.4%和7.9%,大连商品交易所则从2003年的36.8%下降到34.7%。

2004年末期货经纪公司共有188家,期货经纪公司营业部339家,其中已开业的320家。期货经营机构资产总额219亿元,净资产总额73.9亿元,客户保证金余额133.2亿元,与2003年相比分别增长11.2%、2.2%和14.3%。2004年度期货公司利润总额1.1亿元,63%的公司盈利(以上经营数据是根据期货经营机构上报的未经审计的数据汇总,特此说明)。投资者(按交易所客户编码数统计)数量达37万余户,比2003年的34万余户增长了9.6%。

二、2004年度期货市场监管情况

2004年,期货市场监管工作从严格控制市场风险和切实保护投资者权益为出发点,大力加强基础制度建设,市场监管和市场建设取得了新的成绩。

(一)着力夯实市场发展基础,切实保护投资者合法权益

1. 在全面推广保证金封闭运行的基础上,为完善和构建更为安全的保证金存管制度,重点研究并初步制定了新的保证金安全存管方案。新的方案将对现有的保证金管理模式进行改革,做到银行管钱、公司管账、交易所管交易,配合相关的制度设计,确保客户保证金的安全。同时强化交易所、期货公司和结算银行的风险管理责任,切实保护投资者合法利益。

2. 为防范不可预见的风险对投资者特别是对中小投资者合法权益的侵害,加紧研究建立"期货市场投资者保障基金"。

3. 世界银行资助的期货市场"以净资本为核心的财务安全监管报表和指标体系"项目,明确了以净资本为核心的财务安全监控指标体系。该体系的建立和使用,对于动态监控期货公司财务安全,提高期货公司抗风险能力具有积极意义。

(二)适应市场发展变化需要,积极推进法规制度的修改完善

为了健全有利于期货市场稳定发展和投资者权益保护的法规体系,积极推动相关法规、规章和规范性文件的制定和修改工作,全面清理期货行政许可项目,积极推进依法行政。

1. 加快《期货交易管理暂行条例》修订工作步伐。多次召开座谈会、研讨会,与相关部门和单位积极主动地沟通、交换意见,努力争取有关方面的理解和支持。

2. 全面清理期货行政许可事项。全面清理期货审批项目,研究确定对现有项目保留、取消以及规范处理的意见,修改或起草各个项目的实施规则和公示材料。通过清理和调整,共取消或改变管理方式的行政审批项目14项。

3. 深入研究对境外期货业务管理办法进行修改完善。

4. 为适应期货市场快速发展与变化的需要,组织三家期货交易所对交易所现行的章程、规则及实施细则存在的问题进行了清理调查。

5. 在期货司法解释的基础上,继续推进期货民事审判制度的研究,加强监管部门及行业与司法机关的沟通和交流。

(三)抓住机遇,积极推动新品种开发上市

1. 推动燃料油、棉花和玉米期货的上市。为了推动新品种上市,我会与相关部委和地方政府进行反复沟通协调,不断了解现货市场改革进展情况;到相关品种的产区销区进行实地调研,全面了解现货市场情况及市场需求;督促各交易所做好合约设计、各项规则措施拟定及向市场公开征求意见等准备工作。经国务院同意,在6月至9月间先后实现了棉花、燃料油和玉米期货品种的挂牌交易。这是1997年清理整顿以来第一批新品种上市。

2. 为了控制棉花期货上市可能给农发行信贷企业带来的风险,组织农发行和供销总社棉麻局等单位制定了《国有涉棉企业期货套期保值业务管理制度指引》。

3. 对黄大豆2号合约可能引发的交割检验中的问题与国家质检局和大连商品交易所进行了深入细致的研究,经审核,黄大豆2号合约于12月挂牌上市交易。

4. 协调国家外汇管理局对沪港合作开发原油期货进行论证和探索。

(四)完善监管制度和机制,加强期货公司和高管人员监管

近年来,期货经纪机构财务状况和规范程度整体有较大好转,但在市场布局、合规运作和风险管理方面还存在不少问题。为了提高公司经营管理和风险控制水平,将完善监管制度和机制作为加强期货公司和高管人员监管工作重点。

1. 进一步完善期货经营机构的年检工作程序,制定工作指引,规范现场检查。

2. 加大对期货经纪公司"两金"检查力度,进行专项检查,去伪求真,摸清情况。

3. 下发了《加强证券公司等金融机构背景期货公司监管的通知》,推进防火墙的建立与有效运作,隔离风险。

4. 初步制定了辖区监管责任制度,进一步明确责任、合理分工。

5. 完善保证金封闭管理制度,出台《期货交易保证金封闭管理办法》及《保证金封闭管理现场检查指引》,为建立更完善的保证金存管制度奠定了基础。

6. 制定发布《期货经纪公司治理指引》,推进期货公司治理结构改善。

7. 继续贯彻实施以责任制为核心的高管人员监管体系,加强高管人员日常监管,严把任前关,增强高管人员的诚信和合规经营意识。

8. 妥善处置嘉陵期货经纪公司出现的风险,清退深海和汉唐期货经纪公司客户保证金。

(五)加强调研和与有关部委的沟通协调,稳步推进中国期货市场的对内对外开放

1. 为了适应市场发展变化需要,加强完善境外期货监管工作,稳步推进我国期货市场的对外开放,与国资委、商务部和外汇管理局共同研究修改《国有企业境外期货套期保值业务管理办法》。加大对持证企业的现场检查力度,对企业存在的问题做到及时发现、及时制止并要求企业及时整改。

2. 积极扩大境外期货业务许可证的颁发范围,联合国资委、商务部对第三批申请境外期货业务资格的企业进行实地调研考察。

3. 联合有关部委,对境外期货市场和场外交易市场进行了考察,对境内企业参与场外交易的需求和交易情况进行了调查,就场外交易的监管思路初步达成一致意见。

4. 与国家有关部委进行充分的交流和沟通,研究境外期货业务协作监管的途径,与各有关部门共同做好境外期货监管工作。对境外期货业务持证企业进行了业务培训。

5. 与发改委、商务部等部门进行沟通和协调后,在严控风险的前提下,拟试点允许国内期货经纪公司代理国内经国务院批准的进出口企业从事境外大豆期货交易。

6. 推动港资、澳资参股期货公司政策的推出并取得突破。

当前,我国宏观经济总体向好,实体经济持续快速发展,我国正处于发展期货市场的重大历史机遇期。2005 年我会将进一步贯彻落实《国务院关于推进资本市场改革开放和稳定发展的若干意见》精神,坚持稳步发展期货市场的指导思想,以维护市场安全平稳运行和投资者合法利益为基本立足点,夯实基础,健全法制,强化监管,促进市场功能发挥,积极推动期货市场规范运作,全面提高市场运行质量。

2004年上海期货市场综述

Summary for Shanghai Futures Market 2004

2004年，是我国期货市场发展取得重要突破的一年。在中国证监会的集中统一监管下，上海期货交易所认真贯彻《国务院关于推进资本市场改革开放和稳定发展的若干意见》的精神，扎实工作，较好地完成了计划预定的各项任务，市场保持平稳发展，风险控制水平进一步提高，产品和技术创新取得新的进展，内部管理得到强化，市场影响进一步扩大增强，各方面工作成效显著。

一、加强监管，改进服务，促进市场持续稳定发展

围绕2004年工作计划提出的"在规范基础上继续保持现有品种交易活跃，年成交总量保持与国民经济发展相适应的规模，促进经济功能的进一步体现"的目标，着眼服从和服务于国民经济全局，依法履行市场一线监管职能，坚持规范运作，严格控制风险，促进了市场的持续稳定发展，市场功能及辐射影响日益增强。全年累计成交期货合约8115万手，比上年增长1.2%；成交金额84326亿元，比上年增长39.3%，占全国市场份额上升到57%。其中铜期货成交合约、成交金额分别比上年增长90.3%、162.6%，铝期货成交合约、成交金额分别比上年增长216.8%、264.9%。客户开户数，市场积存交易资金量均有一定增长；同时，市场功能作用及影响也得到明显增强。一是灵敏反映市场供需状况变化，如中央宏观调控及加息政策出台后，市场对基础原材料的需求明显降温，期货价格及持仓迅速作出反应，成为调控效应的重要传导机制之一；二是随着市场规模的扩大和交易的活跃，市场流动性进一步提高，为企业规避风险提供了良好条件，燃料油期货的上市又增加了新的避险工具，套期保值业务同比增长22%；三是"上海价格"与国际行情互动，成为分析预测供需动向的重要视窗，对国际价格的影响力进一步增强，如十一前后，全球铜价持续上升，我所价格率先平缓下调，引领国际价格回落，减缓了国内企业在国际市场持有头寸承负的风险压力。

二、深入调研，注重实效，风险控制机制不断完善

上海期货交易所始终把控制风险和维护投资者合法权益作为重中之重，结合上市交易品种的特性，切实落实风险控制的各项规则制度，促进了风险控制长效机制的健全和突发风险应对预案的完善，保证了市场的平稳运行。一是着重抓住交易、结算、交割三个环节，以确保每日无负债运行和持仓规模适度、分布合理为主要目标的总体思路；二是按照全程控制风险的目标要求，把风险的动态跟踪、趋势分析、应对建议等责任按职能分解到各部门，再落实到各个岗位；三是加强交易动态跟踪监视和市场信息综合分析，并设立由所领导挂帅、主要业务部门负责人组成的风险控制工作小组，针对值得关注的动向、风险苗子等及时进行研究，未雨绸缪，强化防范措施。

三、精心筹备，平稳起步，实现新品上市初战告捷

按照中国证监会的部署，在上海市政府、石油部门及有关方面的大力支持下，通过积极努力，石油产品期货开发取得重大突破，2004年4月，中国证监会批复同意我所上市燃料油期货。燃料油期货上市4个多月来，交易运行平稳，价格波动与国内外相关市场行情关联密切，市场规模逐步扩大，截止年末，累计成交合约564万手，成交金额1237亿元，持仓量3.2万手；参与交易面涉及近180家会员的上

万个客户账户,日均成交合约、成交金额分别为 8 万手、18 亿元;单日最高成交 31 万手、70 亿元。燃料油期货受到国内外有关方面的高度关注和积极评价,为期货市场新品种的开发推出开了个好头。

四、顺应趋势,超前准备,推动市场创新持续深化

在加深对市场发展阶段特点认识的基础上,从适应持续健康发展趋势和满足市场需求出发,借鉴国内外期货市场发展的有益经验和科技进步的先进成果,结合具体情况深入调研,大胆探索,促进了制度、产品和技术等方面的创新,并取得积极的成果,在应对挑战、争取主动方面迈出了新的步子。一是在总结防范和化解风险实践经验基础上,针对品种特点,对风险控制制度、规则进行修改完善,对临近及进入交割月份合约交易保证金比例、进入交割月份合约持仓头寸的限量等作了新的调整细化;二是在燃料油期货成功上市基础上,进一步加紧了其他新品种的研究开发。专门成立金融期货开发工作组,加快以国债为突破口的金融期货的研究开发,股指期货开发也得到深化;结合铜期货交易基本成熟的实际,组织力量就铜期权交易进行深入研究及开发;顺应石油市场发展需求,积极推进原油及汽油、柴油等成品油期货的研究开发;从橡胶市场的实际情况出发,就引入 20 号天胶、优化天胶期货市场结构进行专题调研;三是技术创新取得新的成效。通过交易系统升级,性能容量成倍提高,每秒处理报单能力由原来的 100 笔提升到 200 笔,每天负荷成交量(按实测计)从原来的 100 万手提升到 200 万手;通过网络系统改造,进一步提高了系统运行的可靠性、可管理性,及早发现并排除隐患、控制故障扩散的能力进一步增强;构建新一代业务技术系统,在完成新系统技术咨询的基础上,开始规划构建方案,并陆续启动了仓单电子化管理、互联网模拟交易、风险控制系统改进、统计信息共享平台等项目。

五、增进交流,扩大合作,市场辐射影响日益增强

随着市场规模的扩大和功能的增强,国际同行对本所关注和重视程度进一步提高。我所抓住有利时机,充分利用各种资源,积极推进对外合作交流,开创了新的局面。一是成功举办国际性有色金属市场上海论坛,国内外同行反响热烈,并给予高度评价;二是国际交往和业务研讨交流活动进一步活跃。一年来,联合国贸易和发展会议秘书长、国际铜工业协会全球总裁、美国财长特使、智利矿业部长,英国国际石油交易所、新加坡交易所总裁,荷兰银行、摩根士丹利公司高层人士先后来所访问。我所领导应邀出席亚洲交易所联席会议、FIA 年会、亚洲橡胶大会、第三届世界铜工业大会、FOW 证券和衍生品年会,并在大会发言;三是与境外交易所的双边合作不断深化扩大。一方面,与境外交易所建立合作关系的对象增多,先后与伦敦金属交易所、巴西期货交易所、纽约商业交易所、悉尼期货交易所签订了合作谅解备忘录;另一方面,推进协议合作事项的逐步落实,信息交流和人员培训等项目业已启动,先后派出 3 批共 13 人次前往香港、巴西、芝加哥等交易所参加短期业务培训;引进芝加哥商业交易所 SPAN 系统的项目已基本完成;与香港交易所合作开发中东石油期货的项目循序推进;四是积极推动市场国际化进程。针对境外相关商品的贸易商、金融及投资机构等要求进入本市场的愿望十分迫切的新情况,我所借鉴证券市场对外开放的经验就开展期货 QFII 试点进行调研,同时,积极配合期货部开展"推进期货市场对外开放,争取大宗商品国际定价权"的课题研究。为适应国际化进程,我所开设了英文版网站,上网访问达万余人次;我所行情通过有关资讯公司向境外播发,用户涉及 28 个国家或地区的 250 个客户。

六、深化改革,强化管理,持续发展,基础不断夯实

在推动市场业务稳步发展的过程中,交易所始终把加强自我建设、促进自我完善摆在重要位置,以深化改革为抓手,通过思想教育、业务培训、制度落实等工作,进一步调动了员工的积极性,促进了队伍整体素质和工作效率的不断提高。(上海期货交易所)

2004年大连期货市场综述

Summary for Dalian Futures Market 2004

去年以来，我国期货市场认真贯彻落实《国务院关于推进资本市场改革开放和稳定发展的若干意见》精神，上市交易了四个新期货品种，市场运行稳健，经济功能日益显现，期货市场整体上实现了突破式发展。2004年，在中国证监会的领导下，在国家有关部委的大力支持协助下，大连商品交易所以科学的发展观指导工作，在品种开发、功能发挥、市场服务等方面都取得了重大进展。

一、规范稳健发展中的大连商品交易所

大连商品交易所成立十一年来，始终坚持规范运行，交易规模保持良好的增长势头。2004年，玉米、黄大豆2号两个新品种上市交易，市场规则制度安排日益完善，市场风险控制能力显著增强。

1. 交易规模持续增长

多年来，大连期货市场连续实现跨越式发展，交易规模连年增长。2004年，大商所累计成交期货合约17607万手，比去年同期增长17%；累计成交金额50969亿元，比去年同期增长28%；其中，黄大豆1号合约的交易量和交易金额分别为11468万手和35982亿元。2004年大商所共计交割粮食63万吨，交割金额20亿元。

2. 新品种成功上市，发展稳健

2004年9月22日，大商所上市玉米期货合约。玉米是世界最大的农产品期货品种，玉米期货上市对于振兴我国玉米产业、完善粮食市场体系、促进农民增收有着积极意义。2004年12月22日，大商所上市黄大豆2号期货合约，该合约涵盖全球三大主产区大豆，中国、美国、巴西产的非转基因大豆和转基因大豆都可以进入交割，能够有效规避压榨企业进口大豆风险。截至2004年底，新上市合约市场运行平稳、发展稳健，其中，玉米期货共成交1166万手，成交金额1353亿元；黄大豆2号期货共成交23万手，成交金额60亿元。市场反映良好。

3. 创新规则制度，完善市场机制

2004年，大商所进一步完善规则制度体系，针对品种不断增加以及市场管理的新变化，对交易规则及其相应管理制度进行了完善。交易所借鉴国际成熟期货市场经验，根据我国油脂加工带的特点及变化趋势，2004年在广东、华东和山东地区增设豆粕交割仓库，推行豆粕厂库交割和多点交割方式，有效地降低交割成本；对玉米、黄大豆2号、豆粕合约实行期转现制度，增强现货企业参与期货交易的灵活性；在玉米和黄大豆2号合约上引入散粮交割机制，以适应现货贸易习惯。

4. 市场管理和风险控制能力显著提高

2004年，国内国际大豆市场供求形势发生很大变化，国内大豆、豆粕期现货市场价格波动剧烈，涨跌停板频繁出现。为有效释放、化解市场风险，大商所及时采取有效措施，如扩大涨跌停板、加强市场稽查等，以市场化手段成功防范风险。

二、大连期货市场在我国农业产业发展中发挥积极作用

在市场规范平稳运行的基础上，大连期货市场功能得到有效发挥，在促进农民增收、保护农民利益、为油脂企业提供有效避险工具等方面，发挥了重要作用。

1. 利用大豆期货市场，促进农民增收

2004年3月，黑龙江省大豆种植户抓住国际大豆期货价格上涨时机，将即将播种的大豆通过期货市场提前卖出，提前锁定种植利润。2004年秋收后，大豆丰收价落，但年初在期货市场“先卖后种”的大豆种植户通过期货交易，很好地规避了大豆价格下跌的风险，实现了增收目标。2004年，黑龙江豆农通过利用大连期货市场卖粮、种粮，直接增加收入数亿元，对农民利用期货市场实现增收做了有益探索，央视新闻联播对此做了跟踪报道。

2. 相关企业积极利用期货交易规避风险

2004年5月起，国内进口大豆价格大幅下跌，进口大豆价格短期内跌幅达1000多元，国内油脂企业损失惨重。在这次大豆价格地震中，大豆期货市场为油脂企业提供了一条防范风险的有效途径，通过开展期货交易，一些大豆加工企业成功规避了进口大豆价格波动风险，保证了企业生产经营的正常进行。

三、大连商品交易所的工作思路

随着我国经济的持续快速发展和对外开放的不断深入，农产品、能源、金属等商品期货具有强大的发展潜力，期货市场正面临着难得的发展机遇。在这一新形势下，大商所要围绕市场规范发展、品种创新、市场服务等工作，树立并落实科学发展观，推动大商所持续稳定健康发展。

1. 树立科学发展观，促进市场健康发展

树立并落实科学发展观，结合期货市场工作实际，加深对市场发展规律的认识，探索促进市场可持续发展的有效途径，在正确发展观的指引下，保证市场稳健健康发展。

2. 推动品种创新，完善品种体系

继续完善大豆类期货品种链条，开发豆油期货和大豆期权，为企业提供完整的风险规避场所；在农产品期货市场不断完善的基础上，向工业品和能源产品领域突破；推动国债等金融类期货产品的研究开发。

3. 强化市场服务和培育工作，加大宣传推介力度

在交易品种增加、市场参与面广的新形势下，进一步强化市场一线服务功能，探索市场推介的新方式。玉米、大豆的产业链条长，涉及到贸易、油脂、饲料等多种行业，要针对不同行业的特点和需求，提供个性化服务，提高市场推介培训工作的深度和广度。

4. 提高市场运行质量，促进市场功能发挥

加强市场监管工作，防范化解市场风险。同时，根据市场发展情况，推动规则制度完善，进一步完善市场机制，增强市场自身平衡能力，提高运行效率和运行质量，促进市场功能更好地发挥。(大连商品交易所)

2004年郑州期货市场综述

Summary for Zhengzhou Futures Market 2004

2004年，在中国证监会正确领导下和广大会员大力支持下，郑州商品交易所(以下简称郑商所)各项工作取得明显成效：成交量4847万张，成交金额11640亿元，分别比上年增长－2.7%和46.2%；小麦期货市场交易促进农业种植结构的调整、增加农民收入等方面的积极作用进一步发挥；棉花期货成功上市，运行平稳，在发现未来价格、保护农民利益、服务流通改革、规范市场秩序方面开始发挥积极作用；新品种开发及技术创新工作取得新进展；基础性制度建设不断加强。

一、2004年活跃小麦、上市棉花、品种创新和诚信建设等项工作进展顺利

1. 克服困难，活跃小麦期货交易

2004年，由于小麦现货购销市场刚刚放开，国有粮食企业改制任务较重，市场主体交易谨慎，限制了市场规模的有效放大。针对出现的新情况、新问题，重点在市场开发形式和内容上求创新、重实效。利用电视、广播、报纸等新闻媒体，同时利用交易所网站、手机短信等先进技术手段做好信息下乡服务活动，在全国18个省20多个大中城市举办一系列小麦投资报告会、推介会，先后与江苏、安徽、山东、陕西、河南等省10多个地市的粮食部门合作举办期货套期保值知识培训班，侧重买期保值力量开发，全年参与接收仓单的会员达80家、投资者235个，超过了小麦期货上市以来的任何时期，市场结构日趋合理。

2. 棉花期货顺利上市，运行平稳

经过充分准备，棉花期货于6月1日顺利上市交易，成为自1998年我国期货市场清理整顿以来推出的第一个新品种。棉花期货上市前后，先后召开棉花期货培训班、推介会148场，参加培训人员5万多人次；编纂棉花宣传资料15种，共计15万字，发放约30万份；与各类媒体加强联系，大力宣传棉花期货；积极吸引棉花现货企业参与，鼓励和支持国有棉花企业根据自身实际情况，利用期货市场套期保值，涉棉企业开户数已达630家；支持“订单＋期货”的棉花产业化发展模式，进一步增强市场流动性。2004年棉花成交599万张，日均4万张。自第四季度以来，日均交易量30万吨，相当于美国纽约棉花成交量的60%左右。

3. 交割业务顺利进行

加强交割仓库监管，不断强化服务意识，确保交割货物全部按时入库，按时完成检验，按时注册成仓单。小麦仓库新发展1家，暂停交割业务2家，暂停入库业务5家。考察指定棉花交割仓库13家。全年共注册仓单23655张，其中强筋小麦仓单16155张，硬质小麦仓单6823张，棉花仓单677张；注销仓单64818张，其中强筋小麦仓单23505张，硬质小麦仓单41285张，棉花仓单28张。完成交割1012760吨，其中实物交割921510吨，期转现91250吨。

4. 白糖期货上市准备工作基本完成

在深入调研工作的基础上，再赴广东、广西、云南、上海等白糖主产、主销区实地调研8次，参加糖业会议6次，组织召开“白糖期货交易制度座谈会”5次。六易其稿，完成近6万字的《白糖期货

交易制度》,编写了近20万字的《白糖期货研究报告》。白糖期货上市准备工作基本完成。

5. 期权研究广度、深度上见成效

编写期权培训资料,推出期权网站,组织内部员工、会员单位和社会公众进行期权知识培训,多次进行期权模拟交易。举办期权做市商培训班并进行境外考察。针对期权开发中遇到的重点和难点问题,集中确定了9个课题,邀请北京大学等高校专家共同进行细化研究。经过深入研究讨论,制定了《期权交易管理办法》、《期权做市商管理办法》和《期权交易风险管理办法》,并组织国内外专家进行了充分论证。

6. 顺利进行了制度、技术创新

经多方协商沟通,配合中国纤维检验局制定了《期货交割棉公证检验实施办法(试行)》,为棉花期货交割工作顺利进行提供强有力的制度保证。因棉花流通情况十分复杂,多数人原都认为棉花仓单通用不可行。经深入研究,广泛征求意见,制订出棉花仓单通用管理办法,保持了农产品期货交割制度的一致性,便于投资者理解和操作。CF411、412两个交割月份的实践证明,棉花仓单通用办法科学、合理、可行。仓单质押贷款业务有益尝试。协助光大银行多次开办仓单质押贷款业务。为推广仓单质押贷款业务,建设银行提出了在交易所设立特别席位的申请。根据其特别席位的功能需求,制订出特别席位管理办法,待报理事会审议批准后实施。技术创新取得重大进展。完善交易所中、英文网站,新增手机短信调阅和网上模拟交易功能。升级交易系统和异地交易前置机系统,提高远程下单反馈速度。在不断升级、完善既有技术支撑系统的同时,四期系统开发工作基本完成。四期系统硬件设备已经到位,软件开发工作基本完成,进入系统联调和测试阶段,为打造国内一流的先进交易系统,更好地服务于期货交易多样化需求打下了坚实的技术基础。

二、郑州期货市场功能发挥明显,国际影响力逐步增强

1. 小麦期货促进种植结构调整、增加农民收入的作用进一步发挥,"公司+农户"和"订单+期货"的农业现代化经营模式进一步推广

实践证明,"公司+农户"和"订单+期货"的经营模式可以有效解决履约低的问题,效果良好。河南、河北、山东等小麦主产省及周边省份小麦产区纷纷推广。河南延津县2003年秋季麦播时,该县金粒麦业集团公司以高于市场0.05—0.06元/斤的价格,与农民签订优质小麦订单15万吨,2004年通过在期货市场卖出优质强筋小麦期货合约进行套期保值,切实增加了农民收入。

2. 粮食企业利用期货市场套期保值规避风险

面对小麦价格波动,参与期货套期保值的企业有效规避了风险。如邢台国家粮食储备库通过套期保值规避了小麦低价轮换出库后高价轮入的价差风险,避免了巨大的价差损失,保证了储备仓库正常业务的运行。一些参与买进套期保值面粉厂不仅规避了小麦价格上涨带来的成本增加的风险,而且从面粉价格上涨中获得了收益。在这些企业示范作用带动下,提高了粮食企业参与期货市场的积极性。2004年参与小麦期货交易的粮食企业达500多家,交割小麦100多万吨。

3. 棉花期货为保护棉农利益、促进棉农增收提供了价格信号

受2004年新收获棉花价格大幅下跌的影响,全国棉花收购价格在11000元/吨,国家收储价格11500元/吨。作为发现棉花远期价格的郑棉期货价格,一直在12500元/吨(折合籽棉约为2.6元/斤)一线上下波动,而且远期合约价格逐步走高。由于期货价格的"支撑"作用,通过价格传导机制,遏制了现货收购价格下跌,保护了种棉农民的利益,同时给广大种棉农民传递了一

个强有力的信号，2005 年可以稳定棉花种植面积。

4. 棉花期货市场促进了“棉花订单农业”的发展

目前，一些棉花经营企业已经开始通过期货市场尝试“订单＋期货”的经营模式。安徽省无为县的一个农业龙头企业，2004 年与农民签订了近万吨棉花收购订单，其中用 8000 吨卖到期货市场套期保值，实现了农业龙头企业与种棉农民共同受益。新疆生产建设兵团准备在 2005 年种棉时先以一个团场为突破口，发展棉花“订单＋期货”的产业化经营模式，再逐步推广到整个兵团，以逐步解决多年来兵团棉花生产中面临“价格”波动的市场风险。

5. 棉花期货市场为涉棉企业提供了风险管理工具

棉花期货上市后，部分涉棉企业通过期货市场对存货进行了价格“保险”，变被动适应为主动出击，取得了可观的经济效益。如湖南、山东、新疆的一些企业 2004 年 7 月份以来，面对棉花现货市场价格下跌的趋势，在期货市场做“卖期保值”，减少了企业亏损，取得了明显效果。2003 年很多涉棉企业以 18000 元/吨购进棉花（去年进口到岸价也在 16000 元/吨左右），由于 2004 年价格下跌（至 2004 年 8 月底，棉花现货价格已跌至 12500 元/吨，每吨下跌 5500 多元，同期进口棉花下跌得更多），拥有存货或进口棉花的企业损失惨重。这些企业的经营者感慨地说，如果早一点上市棉花期货，我们就不会亏损这么大了。

6. 棉花期货市场规范了现货市场秩序

目前，我国棉花现货市场在收购、加工、质量等方面比较混乱。以皮棉的源头——轧花环节为例，全国共有轧花企业约 12000 家，其中拥有资质的企业仅有 8000 家左右，加工能力 3000—4000 万吨（全球棉花正常年景产量 2100 万吨左右），相当于全国棉花总产量的 5—8 倍，混乱状况可见一斑。国家在规范棉花市场秩序方面出台了一系列文件，力度很大。棉花期货设计的基础是执行棉花质量和包装等国家标准，期货实物交割、棉花质量由中国纤维检验局实行公检，非正规生产厂家生产和质量达不到国家标准的皮棉无法进入期货市场。如果涉棉企业要利用期货市场卖出好价格，就必须规范生产、加工和购销行为。2004 年新棉花上市后，很多轧花厂已开始按国标生产皮棉，一些纺织企业在了解到期货交割棉的质量保证体系后，也开始进入期货市场，试图从期货市场买入棉花用于生产需要。

2004 年，是全面贯彻落实《国务院关于推进资本市场改革开放和稳定发展的若干意见》的第一年，郑州市场各项工作稳步推进，市场结构发生了积极变化，市场监管和创新发展工作取得了新进展，市场整体运行基本平稳，发展态势良好。在总结成绩的同时，应该看到市场规范发展中还存在很多困难和不足：小麦和棉花期货市场基础还比较薄弱，规模有待稳步扩大；市场运行质量不高，功能发挥还不够充分；基础性制度建设还需要完善，风险预警及控制水平也有待提高。

三、树立科学发展观，坚定不移地实现稳步发展

2004 年是郑商所实现稳步、持续、协调发展的一年。期货市场的积极作用已得到社会各界的基本认同，加快发展期货市场形成社会共识。国民经济持续健康发展，党中央、国务院确定的中部崛起和西部开发战略，为郑州期货市场发展创造了良好的宏观环境。金融改革、投资体制改革、国有企业改革不断深入，需要大力发展期货市场。各类社会资金保值增值的需求不断扩大，为郑州期货市场的发展提供了广阔的前景，郑商所 2005 年的发展目标是，市场规模同去年相比明显扩大，占全国份额大幅度提高，市场功能进一步发挥。（郑州商品交易所）

7-1 2004 年全国期货交易所交易品种一览表

交易所(Exchanges)	简称(Abbreviation)
大连商品交易所	大连商品(DCE)
上海期货交易所	上海期货(SHFE)
郑州商品交易所	郑商所(ZCE)

数据来源:上海期货交易所、大连商品交易所、郑州商品交易所
Source:SHFE、DCE、ZCE

7-2 2004 年农产品期货合约汇总

品种 Items	硬 麦	强 麦	一号棉花	绿 豆
交易单位 Trading Unit	10 吨/手	10 吨/手	5 吨/手	10 吨/手
报价单位 Exchange	元(人民币)/吨	元(人民币)/吨	元(人民币)/吨	元(人民币)/吨
最小变动价位 Tick	1 元/吨	1 元/吨	5 元/吨	2 元/吨
每日价格最大波动限制 Daily Price Limit	不超过上一交易日结算价±3%	不超过上一交易日结算价±3%	不超过上一交易日结算价±4%	每吨不高于或低于上一交易日结算价格的±120 元
合约交割月份 Contract Delivery Months	1、3、5、7、9、11	1、3、5、7、9、11	1、3、4、5、6、7、8、9、10、11、12	1、3、5、7、9、11
交易时间 Trading Time	每周一至五 Am 9:00—11:30 Pm 1:30—3:00	每周一至五 Am 9:00—11:30 Pm 1:30—3:00	每周一至五 Am 9:00—11:30 Pm 1:30—3:00	每周一至五 Am 9:00—11:30 Pm 1:30—3:00
最后交易日 Last Day of Trading	合约交割月份的倒数第七个交易日	合约交割月份的倒数第七个交易日	合约交割月份的第十个交易日	合约交割月份的倒数第七个交易日
交割日期 Delivery Date	合约交割月份的第一交易日至最后交易日	合约交割月份的第一交易日至最后交易日	合约交割月份的第十二交易日	合约交割月份的第一交易日至最后交易日
交割等级 Delivery Grade	符合 GB1351-1999 的二等硬冬白小麦及其替代品	符合 Q/ZSJ 001-2003 的二等优质强筋小麦及其替代品	符合 GB1103-1999 规定的 228B 级国产锯齿细绒白棉及其替代品	符合 GB10462-89 的二等杂绿豆及其替代品
交割地点 Delivery Local	交易所指定交割仓库	交易所指定交割仓库	交易所指定交割仓库	交易所指定交割仓库
保证金 Margin Requirements	合约价值的 5%	合约价值的 5%	合约价值的 7%	合约价值的 20%
交易手续费 Trading Fee	2 元/手(含风险准备金)	2 元/手(含风险准备金)	8 元/手(含风险准备金)	6 元/手(含风险准备金)
交割方式 Trading Form	实物分散交割	实物分散交割	实物集中交割	实物分散交割
交易代码 Trading Code	WT	WS	CF	GN
上市交易所 Listed Exchange	郑州商品交易所(ZCE)	郑州商品交易所(ZCE)	郑州商品交易所(ZCE)	郑州商品交易所(ZCE)

Items of Futures Exchanges in 2004

品种(Formal Items)
黄大豆一号、黄大豆二号、豆粕、玉米、啤酒大麦
铜、铝、天然橡胶、燃料油
强麦　硬麦　一号棉花　绿豆

Summary for Agricultural Product Contracts in 2004

黄大豆1号	豆　粕	玉　米	黄大豆2号	天然橡胶
手,10吨/手	手,10吨/手	手,10吨/手	手,10吨/手	5吨/手
大连商品交易所	大连商品交易所	大连商品交易所	大连商品交易所	元(人民币)/吨
1元/吨	1元/吨	1元/吨	1元/吨	5元/吨
上一交易日结算价的3%	上一交易日结算价的3%	上一交易日结算价的4%	上一交易日结算价的4%	不超过上一交易日结算价±3%
1、3、5、7、9、11	1,3,5,8,9,11	1,3,5,7,9,11	1,3,5,7,9,11	1、3、4、5、6、7、8、9、10、11月
每周一至周五9：00～11：30,13：30～15：00	每周一至周五9：00～11：30,13：30～15：00	每周一至周五上午9：00～11：30,下午13：30～15：00	每周一至周五上午9：00～11：30,下午13：30～15：00	上午9：00～11：30　下午1：30～3：00
合约月份第十个交易日	合约月份第十个交易日	合约月份第十个交易日	合约月份第10个交易日	合约交割月份的15日(遇法定假日顺延)
最后交易日后七日(遇法定节假日顺延)	滚动交割:交割月第一个交易日至第九个交易日 最后交割日:最后交易日后第4个交易日,遇法定节假日顺延	滚动交割:交割月第一个交易日至第九个交易日 最后交割日:最后交易日后第二个交易日	滚动交割:交割月第一个交易日至第九个交易日 最后交割日:最后交易日后第3个交易日	合约交割月份的16日至20日(遇法定节假日顺延)
具体内容见附表	标准品符合《大连商品交易所豆粕交割质量标准(F/DCE D001-2002)》中规定的标准品	符合《大连商品交易所玉米交割质量标准(FC/DCE D001-2004)》	符合《大连商品交易所黄大豆2号交割质量标准(FB/DCE D001-2004)》	标准品:1.国产一级标准橡胶(SCR5),质量符合国标GB/T8081～1999　2.进口3号烟胶片(RSS3),质量符合《天然橡胶等级的品质与包装国际标准(绿皮书)》(1979年版)。
大连商品交易所指定交割仓库	大连商品交易所指定交割仓库	大连商品交易所玉米指定交割仓库	大连商品交易所指定交割仓库	交易所指定交割仓库
合约价值的5%	合约价值的5%	合约价值的5%	合约价值的5%	合约价值的5%
4元/手	3元/手	不超过3元/手	不超过4元/手	不高于成交金额的万分之一点五(含风险准备金)
集中交割	实物交割	实物交割	实物交割	实物交割
A	M	C	B	RU
大连商品交易所	大连商品交易所	大连商品交易所	大连商品交易所	上海期货交易所

附表:黄大豆1号品质技术要求

交割等级		纯粮率最低指标%	种皮	杂质%	水分%	气味色泽
标准品	三等黄大豆	91.0		1.0	13.0	正常
替代品	一等黄大豆	96.0				
	二等黄大豆	93.5				
	四等黄大豆	88.5	黄色混有异色粒限度为5.0%			

[注]

1. 黄大豆:种皮为黄色,脐色为黄褐、淡褐、深褐、黑色或其他颜色,粒形一般为圆形、椭圆形或扁圆形;
2. 转基因大豆不得以标准品或替代品交割;
3. 标准品交割价=交割结算价;
4. 替代品交割价=交割结算价+替代品升贴水+质量差异升扣价;
5. 质量检验标准及方法按照GB5490～5539-85《粮食、油料及植物油脂检验》执行;
6. 卫生标准和动植物检疫项目按国家有关规定执行;
7. 水分、杂质允许范围见附表2;
8. 包装物具体要求详见大商所交割的有关规定;
9. 入库指标:粗脂肪酸价≤3.5、蛋白质溶解比率≥75;出库指标:粗脂肪酸价≤5、蛋白质溶解比率≥60。

数据来源:上海期货交易所、大连商品交易所、郑州商品交易所

Source:SHFE、DCE、ZCE

7-3 2004年金属期货合约汇总

Summary for Metal Product Contracts in 2004

品种 Items	阴极铜	铝
交易单位 Trading Unit	5吨/手	5吨/手
报价单位 Unit	元(人民币)/吨	元(人民币)/吨
最小变动价位 Tick	10元/吨	10元/吨
每日价格最大波动限制 Daily Price Limit	不超过上一交易日结算价±3%	不超过上一交易日结算价±3%
合约交割月份 Contract Delivery Months	1～12月	1～12月
交易时间 Trading Time	上午9:00～11:30 下午1:30～3:00	上午9:00～11:30 下午1:30～3:00
最后交易日 Last Day of Trading	合约交割月份的15日(遇法定假日顺延)	合约交割月份的15日(遇法定假日顺延)
交割日期 Delivery Date	合约交割月份的16日至20日(遇法定假日顺延)	合约交割月份的16日至20日(遇法定假日顺延)

续表　Continued

品种 Items	阴 极 铜	铝
交割品级 Delivery Grade	标准品：标准阴极铜，符合国标 GB/T467-1997 标准阴极铜规定，其中主成分铜加银含量不小于 99.95％ 替代品：1. 高纯阴极铜，符合国标 GB/T467-1997 高纯阴极铜规定； 2. LME 注册阴极铜，符合 BSEN 1978：1998 标准（阴极铜等级牌号 Cu-CATH-1）。	标准品：铝锭，符合国标 GB/T1196-2002 标准中 AL99.70 规定，其中铝含量不低于 99.70％ 替代品：LME 注册铝锭，符合 P1020A 标准
交割地点 Delivery Local	交易所指定交割仓库	交易所指定交割仓库
最低交易保证金 Margin Requirements	合约价值的 5％	合约价值的 5％
交易手续费 Trading Fee	不高于成交金额的万分之二（含风险准备金）	不高于成交金额的万分之二（含风险准备金）
交割方式 Trading Form	实物交割	实物交割
交易代码 Trading Code	CU	AL
上市交易所 Listed Exchange	上海期货交易所	上海期货交易所

数据来源：上海期货交易所、大连商品交易所、郑州商品交易所
Source：SHFE、DCE、ZCE

7-4　2004 年能源期货合约汇总
Summary for Energy Products Contracts in 2004

品种 Items	燃 料 油
交易单位 Trading Unit	10 吨/手
报价单位 Unit	元（人民币）/吨
最小变动价位 Tick	1 元/吨
每日价格最大波动限制 Daily Price Limit	上一交易日结算价±5％
合约交割月份 Contract Delivery Months	1—12 月（春节月份除外）
交易时间 Trading Time	上午 9：00—11：30　下午 1：30—3：00
最后交易日 Last Day of Trading	合约交割月份前一月份的最后一个交易日
交割日期 Delivery Date	最后交易日后连续五个工作日
交割品级 Delivery Grade	180CST 燃料油（具体质量规定见附件）或质量优于该标准的其他燃料油。
交割地点 Delivery Local	交易所指定交割地点
最低交易保证金 Margin Requirements	合约价值的 8％
交易手续费 Trading Fee	不高于成交金额的万分之二（含风险准备金）
交割方式 Trading Form	实物交割
交易代码 Trading Code	FU
上市交易所 Listed Exchange	上海期货交易所

数据来源：上海、大连、郑州期货交易所
Source：SHFE、CZCE、DCE

7-5 1993—2004 年全国期货市场概况

Market Reviews (1993—2004)

金额单位:亿元

项目 Items	1993	1994	1995	1996	1997	1998	1999	2000	2001	2002	2003	2004
全年总成交额 Total Trading Turnover	5521.99	31601.41	100565.30	84119.16	61170.66	36967.24	22343.01	16082.29	30144.98	39490.28	108396.59	146935.32
全年总成交量(万手) Total Trading Volume	890.69	12110.72	63612.07	34256.77	15876.32	10445.57	7363.91	5461.07	12046.35	13943.37	27992.43	30569.76
全年总实物交割额 Physical Delivery Amount			181.52	174.13	93.75	48.04	109.41	65.11	57.54	101.44	127.34	181.68
全年总实物交割量(万手) Physical Delivery Volume			83.09	78.33	38.18	20.56	16.12	8.40	64.85	141.16	129.54	31.32

数据来源:上海期货交易所、郑州商品交易所、大连商品交易所

Source:SHFE、ZCE、DCE

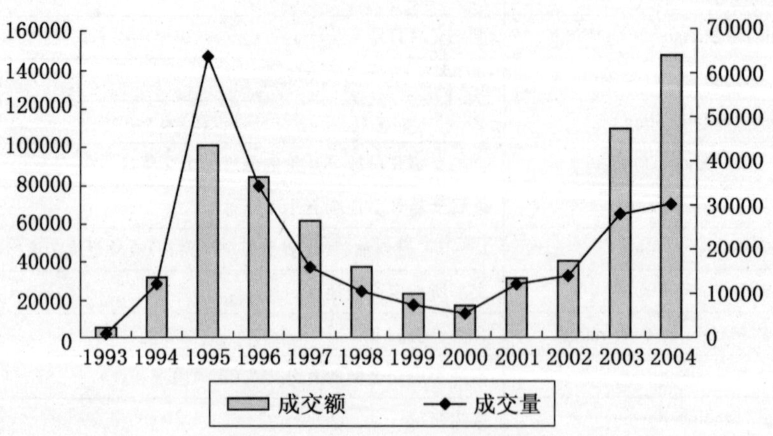

7-6　2004年全国期货交易分布概况

Futures Transaction Distribution of 2004

金额单位:亿元

	成交金额 Turnover	比重(%) % of Total	成交量 Trading Volume	比重(%) % of Total
农产品 Agricultural Products	77189.08	52.53	24390.42	79.79
金　属 Metal products	68509.21	46.63	5615.57	18.37
能源 Energy Products	1237.02	0.84	563.77	1.84
总计 Total	146935.32	100.00	30569.76	100.00

数据来源:上海期货交易所、大连商品交易所、郑州商品交易所
Source:SHFE、DCE、ZCE

7-7　2004年全国期货交易所会员情况

Statistics of Membership in 2004

交易所 Exchanges	会员总数 No. Of Members	经纪公司会员 Broker Members	非经纪公司会员 Nonbroker Members
大连商品交易所	197	185	12
上海期货交易所	224	184	40
郑州商品交易所	229	185	44

数据来源:上海期货交易所、大连商品交易所、郑州商品交易所
Source: SHFE、DCE、ZCE

7-8　2004年全国期货交易所市场概况

Futures Market Review 2004

金额单位:万元

交易所 Exchanges	期货品种 Trading Items	会员总数 No. Of Members	总成交额 Total Trading Turnover	总成交量 Total Trading Volume	总实物交割额 Physical Delivery Amount	总实物交割量 Physical Delivery Volume
大连商品交易所	5	197	509685329.80	176068306	201392.00	63228
上海期货交易所	4	224	843264193.49	81154746	1459401.10	157093
郑州商品交易所	4	229	116403645.11	48474548	155974.80	92841
合　计	13	650	1469353168.40	305697600	1816767.90	313162

数据来源:上海期货交易所、大连商品交易所、郑州商品交易所
Source:SHFE、DCE、ZCE

7-9 2004年农产品期货交易分布概况

Agricultural Products Transaction Distribution in 2004

金额单位:万元

品种 Items	成交金额 Turnover	比重(%)% of Total	成交量 Trading Volume	比重(%) % of Total
黄大豆1号	359822647.77	46.62	114681606	47.02
黄大豆2号	595632.91	0.08	228694	0.09
玉　米	13534925.13	1.75	11656090	4.78
豆　粕	135732123.99	17.58	49501916	20.30
天然橡胶	145801798.34	18.89	19361298	7.94
强　麦	43714165.41	5.66	23174538	9.50
硬　麦	34837655.18	4.51	19311918	7.92
一号棉花	37851824.51	4.90	5988092	2.46
合　计	771890773.25	100.00	243904152	100.00

数据来源:上海期货交易所、大连商品交易所、郑州商品交易所

Source:SHFE、DCE、ZCE

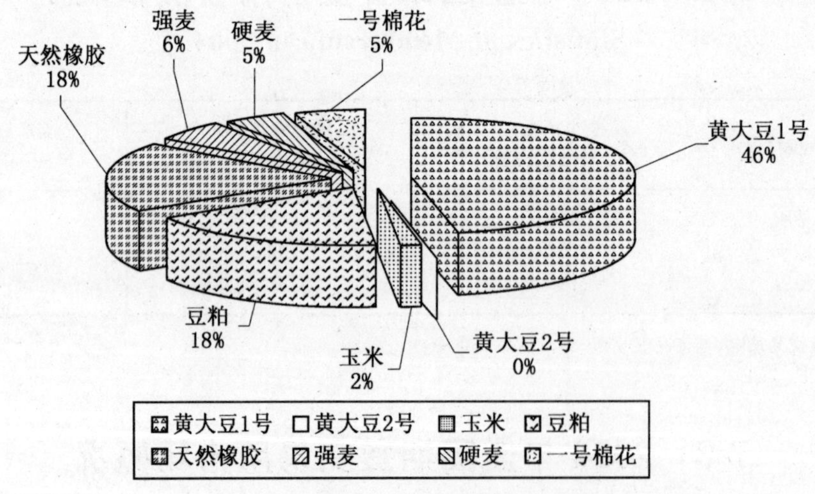

7-10 2004年金属期货交易分布概况

Metal Products Transaction Distribution in 2004

金额单位:万元

品种 Items	成交金额 Turnover	比重(%)% of Total	成交量 Trading Volume	比重(%) % of Total
铜	567854564.26	82.89	42496740	75.68
铝	117237583.58	17.11	13658998	24.32
总　计	685092147.84	100.00	56155738	100.00

数据来源:上海期货交易所、大连商品交易所、郑州商品交易所

Source:SHFE、DCE、ZCE

7-11　2004年能源期货交易分布概况

Energy Products Transaction Distribution in 2004

金额单位:万元

品种 Items	成交金额 Turnover	比重(%)% of Total	成交量 Trading Volume	比重(%) % of Total
燃料油	12370247.31	100.00	5637710	100.00
总　计	12370247.31	100.00	5637710	100.00

数据来源:上海、大连、郑州期货交易所

Source:SHFE、CZCE、DCE

7-12　2004年农产品期货交易情况

Transaction of Agricultural Product Futures in 2004

金额单位:万元

品种 Items	交易所 Exchange	合约 Contracts	年开盘价 Open Price	年最高价 High Price	最高价日 High Date	年最低价 Low Price	最低价日 Low Date	成交金额 Turnover	交易日数 Trading Days	日均成交金额 Daily Turnover
黄大豆1号	DCE	a200401	3190	3317	20040115	3010	20040105	13803.878	10	1380.3878
		a200403	3345	3749	20040303	3220	20040203	81356.82	43	1892.0191
		a200405	3399	3990	20040323	3244	20040203	18124740.504	88	205962.9603
		a200407	3368	4050	20040405	3070	20040713	675942.496	126	5364.6230
		a200409	3370	4100	20040405	2693	20040813	156635778.558	170	921386.9327
		a200411	3080	3705	20040405	2585	20040812	99591143.762	208	478803.5758
		a200501	3030	3626	20040405	2537	20040812	45409818.394	243	186871.6806
		a200503	3078	3638	20040324	2500	20041105	500182.772	243	2058.3653
		a200505	3157	3678	20040324	2513	20041018	38161357.852	243	157042.6249
		a200507	3170	3706	20040324	2510	20041105	333140.848	233	1429.7890
		a200509		3746	20040324	2540	20041109	186212.032	200	931.0602
		a200511	3000	3060	20040601	2424	20041014	59593.542	155	384.4745
		a200601		2685	20040721	2412	20040813	17429.526	117	148.9703
		a200603		2730	20040917	2430	20041028	23361.426	73	320.0195
		a200605	2415	2622	20041119	2415	20041115	8785.358	35	251.0102
黄大豆2号	DCE	b200503	2750	2750	20041222	2635	20041222	15261.456	8	1907.6820
		b200505	2630	2649	20041222	2566	20041229	476879.936	8	59609.9920
		b200507	2650	2650	20041222	2512	20041224	50424.052	8	6303.0065
		b200509	2600	2679	20041230	2562	20041230	17548.08	8	2193.5100
		b200511	2587	2610	20041222	2503	20041230	29587.172	8	3698.3965
		b200601	2610	2610	20041222	2486	20041229	5932.218	8	741.5273
玉米	DCE	c200501	1230	1235	20040922	1117	20041008	1067551.334	68	15699.2843
		c200503	1235	1235	20040922	1109	20041008	864521.93	68	12713.5578
		c200505	1230	1237	20040922	1116	20041008	8561454.844	68	125903.7477
		c200507	1240	1240	20040922	1132	20041008	2480277.306	68	36474.6663
		c200509	1330	1330	20040922	1153	20041008	402557.152	68	5919.9581
		c200511	1230	1230	20040922	1130	20040922	158562.562	68	2331.8024

续表 1　Continued 1

品种 Items	交易所 Exchange	合约 Contracts	年开盘价 Open Price	年最高价 High Price	最高价日 High Date	年最低价 Low Price	最低价日 Low Date	成交金额 Turnover	交易日数 Trading Days	日均成交金额 Daily Turnover
豆粕	DCE	m200401	2675	2809	20040107	2536	20040112	25609.218	10	2560.9218
		m200403	2758	3250	20040302	2606	20040203	167867.618	43	3903.8981
		m200405	2835	3657	20040319	2640	20040203	6064543.762	88	68915.2700
		m200408	2848	3789	20040405	2492	20040806	19972631.174	148	134950.2106
		m200409	2833	3783	20040405	2572	20040817	56658910.842	170	333287.7108
		m200411	2620	3452	20040324	2225	20041112	25238030.664	208	121336.6859
		m200501	2730	3330	20040325	2175	20041112	18820255.454	233	80773.6286
		m200503	2902	3309	20040405	2080	20041105	716603.476	200	3583.0174
		m200505	2608	2711	20040601	2114	20041108	7980353.744	155	51486.1532
		m200508		2554	20040902	2155	20040817	47371.258	95	498.6448
		m200509	2400	2465	20040916	2149	20041105	30115.534	73	412.5416
		m200511		2220	20041118	2119	20041122	9831.248	35	280.8928
强麦	ZCE	WS401	1581	1647	20040109	1581	20040102	6172.77	7	881.82
		WS403	1698	1759	20040304	1642	20040114	14887.16	50	297.74
		WS405	1795	1820	20040105	1573	20040513	595962.63	88	6772.30
		WS407	1780	1848	20040302	1460	20040628	46125.53	132	349.44
		WS409	1899	2229	20040405	1699	20040610	16583618.39	176	94225.10
		WS411	1904	2220	20040405	1582	20041101	8216401.96	214	38394.40
		WS501	2011	2246	20040402	1558	20041230	7515697.57	230	32676.95
		WS503	2176	2306	20040405	1570	20041228	1450177.69	187	7754.96
		WS505	1900	2030	20040601	1623	20041228	6750722.78	149	45306.86
		WS507	1970	1970	20040802	1598	20041228	864469.16	105	8233.04
		WS509	1810	1900	20041026	1648	20041228	1532193.35	61	25117.92
		WS511	1796	1796	20041201	1630	20041228	137736.42	23	5988.54
硬麦	ZCE	WT401	1511	1583	20040107	1468	20040112	11108.31	7	1586.90
		WT403	1580	1684	20040323	1507	20040113	20967.11	50	419.34
		WT405	1688	1718	20040105	1498	20040519	3046549.69	88	34619.88
		WT407	1679	1756	20040324	1400	20040706	73527.77	132	557.03
		WT409	1785	1995	20040323	1581	20040518	18628360.10	176	105842.96
		WT411	1792	2022	20040323	1518	20041029	7336323.11	214	34281.88
		WT501	1930	2088	20040323	1510	20041230	2358601.07	230	10254.79
		WT503	1950	2144	20040401	1542	20041221	1570640.35	187	8399.15
		WT505	1838	1908	20040601	1536	20041228	829411.21	149	5566.52
		WT507	1810	1850	20040805	1533	20041229	416520.28	105	3966.86
		WT509	1690	1790	20041014	1565	20041229	416635.11	61	6830.08
		WT511	1597	1697	20041201	1570	20041228	129011.07	23	5609.18
一号棉花	ZCE	CF411	16000	16000	20040601	12280	20040813	8420947.13	114	73867.96
		CF412	17150	17150	20040601	11845	20041022	928429.84	136	6826.69
		CF501	17000	17400	20040601	11850	20041025	15476649.23	149	103870.13
		CF503	17500	17500	20040601	12030	20041022	6494259.97	149	43585.64
		CF504	14200	14875	20040607	12120	20041225	3801055.98	149	25510.44
		CF505	14380	14950	20040604	12160	20041025	1725941.19	149	11583.50
		CF506	13000	13520	20040719	12300	20040819	930468.14	127	7326.52
		CF507	14000	14000	20040802	12300	20041118	39891.79	105	379.92
		CF508	13260	13530	20040906	12200	20041109	13273.22	83	159.92

续表 2　Continued 2

品种 Items	交易所 Exchange	合约 Contracts	年开盘价 Open Price	年最高价 High Price	最高价日 High Date	年最低价 Low Price	最低价日 Low Date	成交金额 Turnover	交易日数 Trading Days	日均成交金额 Daily Turnover
一号棉花		CF509	12800	13845	20041109	12500	20041214	19162.61	61	314.14
		CF510	13000	13165	20041202	12320	20041229	1629.40	45	36.21
		CF511	12500	13000	20041230	12500	20041209	116.04	23	5.05
天然橡胶	SHFE	ru0401	14080	14400	20040102	14000	20040114	27754.08	10	2775.41
		ru0403	14700	15900	20040227	13850	20040210	121930.52	44	2771.15
		ru0404	14700	15985	20040227	14070	20040213	119001.54	66	1803.05
		ru0405	15295	16150	20040225	13010	20040423	462935.18	83	5577.53
		ru0406	15580	16570	20040225	12995	20040423	2293042.25	104	22048.48
		ru0407	15930	17485	20040225	13300	20040519	62921181.63	127	495442.38
		ru0408	16115	17230	20040218	12055	20040518	59385038.47	148	401250.26
		ru0409	16070	17060	20040218	11900	20040906	12420440.30	170	73061.41
		ru0410	16150	16710	20040218	11790	20040813	468448.70	188	2491.75
		ru0411	16150	16880	20040105	12025	20040810	6063185.69	209	29010.46
		ru0501	15900	16550	20040218	11725	20041224	298674.75	232	1287.39
		ru0503	15780	15985	20040401	11870	20041228	1034224.22	190	5443.29
		ru0504	15500	15500	20040416	11790	20041228	122746.51	162	757.69
		ru0505	12750	13915	20040706	11700	20041228	43662.10	120	363.85
		ru0506	12800	13575	20041011	11500	20041229	15518.00	42	369.48
		ru0507	13650	13650	20040819	11590	20041228	3667.37	35	104.78
		ru0508	12600	12600	20041105	11350	20041229	295.85	12	24.65
		ru0509	12300	13290	20041108	12300	20041108	51.18	1	51.18

数据来源：上海期货交易所、大连商品交易所、郑州商品交易所

Source：SHFE、DCE、ZCE

7-13　2004年金属期货交易情况

Transaction of Metal Procuct Futures in 2004

金额单位：万元

品种 Items	交易所 Exchange	合约 Contracts	年开盘价 Open Price	年最高价 High Price	最高价日 High Date	年最低价 Low Price	最低价日 Low Date	成交金额 Turnover	交易日数 Trading Days	日均成交金额 Daily Turnover
铜	SHFE	cu0401	22700	23990	20040115	22380	20040102	187726.35	10	18772.64
		cu0402	22400	26500	20040213	22400	20040102	471818.01	24	19659.08
		cu0403	22600	30020	20040302	22550	20040102	978140.88	44	22230.47
		cu0404	22330	30000	20040302	22330	20040102	894839.69	67	13355.82
		cu0405	22750	30290	20040302	22720	20040102	1091689.84	84	12996.31
		cu0406	23000	30060	20040302	22850	20040102	2284091.71	105	21753.25
		cu0407	23200	30150	20040302	22920	20040102	5926486.26	127	46665.25
		cu0408	23400	30280	20040302	23160	20040429	38580453.26	149	258929.22
		cu0409	23500	30200	20040302	23110	20040518	88709865.53	171	518771.14
		cu0410	23470	32390	20041011	22970	20040518	154854566.24	188	823694.50

续表 Continued

品种 Items	交易所 Exchange	合约 Contracts	年开盘价 Open Price	年最高价 High Price	最高价日 High Date	年最低价 Low Price	最低价日 Low Date	成交金额 Turnover	交易日数 Trading Days	日均成交金额 Daily Turnover
铜	SHFE	cu0411	23740	32590	20041115	22970	20040518	76073180.98	204	372907.75
		cu0412	22720	31960	20041126	22720	20040217	53292738.53	204	261238.91
		cu0501	26000	30530	20041231	22840	20040518	75981057.49	182	417478.34
		cu0502	26210	29980	20041231	23900	20040728	42743808.02	115	371685.29
		cu0503	28210	29790	20040322	22860	20040518	21812710.54	174	125360.41
		cu0504	25380	28770	20041231	23270	20040520	3093555.94	102	30328.98
		cu0505	26190	28380	20041231	23590	20040611	666233.58	110	6056.67
		cu0506	24590	27940	20041231	23850	20040806	101437.92	83	1222.14
		cu0507	24000	27500	20041231	23210	20040820	28005.06	86	325.64
		cu0508	24000	27230	20041231	23610	20041029	20423.12	61	334.81
		cu0509	25800	27200	20041228	23280	20041015	34116.26	64	533.07
		cu0510	22760	26690	20041126	22760	20041019	23376.96	52	449.56
		cu0511	23980	26400	20041125	23980	20041119	4164.25	27	154.23
		cu0512	24410	27450	20041229	24410	20041229	77.84	2	38.92
铝	SHFE	al0401	15640	16480	20040112	15610	20040102	54766.44	10	5476.64
		al0402	15690	17770	20040210	15690	20040102	205227.50	24	8551.15
		al0403	15800	18080	20040218	15750	20040102	706769.02	44	16062.93
		al0404	15920	18250	20040218	15910	20040102	694880.54	67	10371.35
		al0405	16180	18500	20040419	15270	20040517	1260882.82	84	15010.51
		al0406	16310	18720	20040420	15010	20040518	1940275.73	105	18478.82
		al0407	16360	18970	20040419	14980	20040715	2584711.86	127	20352.06
		al0408	16570	19110	20040416	14700	20040728	10237690.15	149	68709.33
		al0409	16530	19290	20040420	14770	20040728	10896732.02	171	63723.58
		al0410	17000	19430	20040420	14920	20040726	44586196.10	179	249084.89
		al0411	17000	19550	20040419	14950	20040726	21115419.91	196	107731.73
		al0412	18020	19590	20040419	15000	20040726	8917226.35	213	41864.91
		al0501	18450	19600	20040419	15050	20040728	5642503.46	193	29235.77
		al0502	19890	19980	20040415	14990	20040519	4485304.42	145	30933.13
		al0503	19000	19960	20040415	14920	20040727	3322343.66	123	27010.92
		al0504	14700	16780	20041230	14700	20040727	363658.90	62	5865.47
		al0505	15900	16960	20041013	15480	20041111	125748.64	57	2206.12
		al0506	16300	17770	20040924	15620	20041202	1103.18	15	73.55
		al0507	15650	16800	20041228	15100	20041116	1164.17	13	89.55
		al0508	16300	16850	20041231	15950	20041222	1707.25	2	853.63
		al0510	16010	16310	20041101	15550	20041209	127.25	8	15.91
		al0511	15450	17250	20041210	15450	20041210	93144.21	1	93144.21

数据来源:上海期货交易所、大连商品交易所、郑州商品交易所
Source:SHFE、DCE、ZCE

7-14　2004 年农产品期货持仓情况
Open Positions of Agricultural Products in 2004

品种 Items	交易所 Exchange	合约 Contracts	最高持仓量 High Open Positions	最高持仓日期 Date of High Open Positions	最后持仓 Open Positions at the End	最后持仓日期 Date of Open Positions at the End	年末持仓 Open Position at the End of year
黄大豆1号	DCE	a200401	13274	20040102	11486	20040115	—
		a200403	10176	20040223	7562	20040312	—
		a200405	250632	20040114	50556	20040521	—
		a200407	11524	20040331	6048	20040714	—
		a200409	419728	20040324	10214	20040914	—
		a200411	411238	20040805	10226	20041112	—
		a200501	342294	20041019	—	—	84210
		a200503	4956	20041213	—	—	4442
		a200505	357354	20041215	—	—	320380
		a200507	4608	20041202	—	—	4014
		a200509	4382	20041216	—	—	4060
		a200511	1744	20041213	—	—	1690
		a200601	1366	20041203	—	—	1268
		a200603	366	20041028 20041029	—	—	64
		a200605	120	20041215 20041216 20041217 20041220 20041221 20041222 20041223 20041224 20041227 20041228 20041229 20041230 20041231	—	—	120
黄大豆2号	DCE	b200503	690	20041222	—	—	586
		b200505	30458	20041222	—	—	17604
		b200507	3102	20041222	—	—	2716
		b200509	2324	20041222	—	—	224
		b200511	42	20041223	—	—	24
		b200601	32	20041222	—	—	4
玉米	DCE	c200501	53326	20041008	—	—	1534
		c200503	34496	20041021	—	—	17308
		c200505	192004	20041215	—	—	136198
		c200507	37726	20041216	—	—	29950
		c200509	9098	20041214	—	—	5824
		c200511	3462	20041201	—	—	1924

续表 1　Continued 1

品种 Items	交易所 Exchange	合约 Contracts	最高持仓量 High Open Positions	最高持仓日期 Date of High Open Positions	最后持仓 Open Positions at the End	最后持仓日期 Date of Open Positions at the End	年末持仓 Open Position at the End of year
豆粕	DCE			20040105			
		m200401	13996	20040106	4140	20040115	—
		m200403	24796	20040102	0	20040312	—
		m200405	82856	20040204	0	20040521	—
		m200408	102246	20040324	0	20040813	—
		m200409	177648	20040610	1578	20040914	—
		m200411	102080	20040901	878	20041112	—
		m200501	177788	20040927	—	—	11768
		m200503	13316	20041012	—	—	3362
		m200505	85202	20041214	—	—	68938
		m200508	596	20041230	—	—	586
		m200509	242	20041231	—	—	242
		m200511	182	20041224	—	—	174
				20041227			
橡胶	SHFE	ru0401	8996	20040102	8118	20040115	0
		ru0403	7456	20040102	2664	20040315	0
		ru0404	5488	20040130	3066	20040415	0
		ru0405	19518	20040102	1846	20040517	0
		ru0406	51218	20040105	2644	20040615	0
		ru0407	143192	20040518	29608	20040715	0
		ru0408	89408	20040610	6878	20040816	0
		ru0409	28568	20040625	2412	20040915	0
		ru0410	1832	20040617	1072	20041015	0
		ru0411	53406	20040907	7150	20041115	0
		ru0501	4736	20041021	1354	20041231	1354
		ru0503	9686	20041028	9238	20041231	9238
		ru0504	2210	20041231	2210	20041231	2210
		ru0505	840	20041227	800	20041231	800
		ru0506	294	20041231	294	20041231	294
		ru0507	264	20041231	264	20041231	264
		ru0508	8	20041231	8	20041231	8
强麦	ZCE	WS401	8512	20040102	954	20040109	0
		WS403	734	20040102	20	20040304	0
		WS405	58820	20040105	224	20040520	0
		WS407	3312	20040102	4	20040705	0
		WS409	217858	20040420	16	20040921	0
		WS411	113810	20040701	104	20041119	0
		WS501	110958	20040920	15768	20041231	15768
		WS503	2454	20041229	2066	20041231	2066
		WS505	121748	20041220	116144	20041231	116144
		WS507	9926	20041220	6842	20041231	6842
		WS509	63330	20041231	63330	20041231	63330
		WS511	1570	20041222	776	20041231	776

续表 2　Continued 2

品种 Items	交易所 Exchange	合约 Contracts	最高持仓量 High Open Positions	最高持仓日期 Date of High Open Positions	最后持仓 Open Positions at the End	最后持仓日期 Date of Open Positions at the End	年末持仓 Open Position at the End of year
硬麦	ZCE	WT401	14728	20040102	918	20040109	0
		WT403	4022	20040226	74	20040309	0
		WT405	153688	20040105	40	20040520	0
		WT407	4244	20040102	4	20040712	0
		WT409	214232	20040206	108	20040921	0
		WT411	106636	20040528	186	20041119	0
		WT501	36782	20040906	3462	20041231	3462
		WT503	2736	20040812	842	20041231	842
		WT505	28564	20041229	26464	20041231	26464
		WT507	4456	20041109	302	20041231	302
		WT509	20190	20041228	19472	20041231	19472
		WT511	760	20041227	750	20041231	750
一号棉花	ZCE	CF411	20386	20040809	2004	20041111	0
		CF412	4018	20040722	776	20041213	0
		CF501	35984	20041020	1234	20041231	1234
		CF503	28052	20041126	12904	20041231	12904
		CF504	29642	20041231	29642	20041231	29642
		CF505	12220	20041231	12220	20041231	12220
		CF506	2012	20041229	1856	20041231	1856
		CF507	40	20041231	40	20041231	40
		CF508	6	20041126	6	20041231	6
		CF509	14	20041229	14	20041231	14
		CF510	106	20041215	6	20041231	6
		CF511	6	20041231	6	20041231	6

数据来源：上海期货交易所、大连商品交易所、郑州商品交易所
Source：SHFE、DCE、ZCE

7-15 2004 年金属期货持仓情况

Open Positions of Metal Products in 2004

品种 Items	交易所 Exchange	合约 Contracts	最高持仓量 High Open Positions	最高持仓日期 Date of High Open Positions	最后持仓 Open Positions at the End	最后持仓日期 Date of Open Positions at the End	年末持仓 Open Position at the End of year
铜	SHFE	cu0401	12732	20040102	7000	20040115	0
		cu0402	22610	20040102	11610	20040216	0
		cu0403	23330	20040106	6430	20040315	0
		cu0404	22288	20040102	6420	20040415	0
		cu0405	16964	20040102	4480	20040517	0
		cu0406	39466	20040102	8130	20040615	0
		cu0407	90720	20040102	8000	20040715	0
		cu0408	167842	20040108	3310	20040816	0
		cu0409	165398	20040322	2590	20040915	0
		cu0410	165248	20040608	6566	20041015	0
		cu0411	230428	20040728	1830	20041115	0
		cu0412	155554	20040915	7950	20041215	0
		cu0501	147234	20041117	42016	20041231	42016
		cu0502	138462	20041210	112258	20041231	112258
		cu0503	120322	20041231	120322	20041231	120322
		cu0504	30888	20041231	30888	20041231	30888
		cu0505	7830	20041231	7830	20041231	7830
		cu0506	1502	20041231	1502	20041231	1502
		cu0507	286	20041231	286	20041231	286
		cu0508	388	20041210	310	20041231	310
		cu0509	322	20041209	184	20041231	184
		cu0510	398	20041210	182	20041231	182
		cu0511	56	20041215	42	20041231	42
		cu0512	2	20041231	2	20041231	2

续表　Continued

品种 Items	交易所 Exchange	合约 Contracts	最高持仓量 High Open Positions	最高持仓日期 Date of High Open Positions	最后持仓 Open Positions at the End	最后持仓日期 Date of Open Positions at the End	年末持仓 Open Position at the End of year
铝	SHFE	al0401	5620	20040102	3360	20040115	0
		al0402	11816	20040102	7720	20040216	0
		al0403	18590	20040227	15920	20040315	0
		al0404	16540	20040415	16540	20040415	0
		al0405	12994	20040419	12340	20040517	0
		al0406	23990	20040105	11490	20040615	0
		al0407	22268	20040205	9040	20040715	0
		al0408	89318	20040225	9390	20040816	0
		al0409	87872	20040326	10420	20040915	0
		al0410	187122	20040419	6190	20041015	0
		al0411	85176	20040419	6590	20041115	0
		al0412	58230	20040917	7210	20041215	0
		al0501	29038	20041011	11676	20041231	11676
		al0502	22560	20041216	15858	20041231	15858
		al0503	37412	20041228	35524	20041231	35524
		al0504	8726	20041231	8726	20041231	8726
		al0505	3476	20041229	3412	20041231	3412
		al0506	14	20040917	6	20041231	6
		al0507	24	20041221	6	20041231	6
		al0510	2	20041217	2	20041217	2

数据来源：上海期货交易所、大连商品交易所、郑州商品交易所
Source：SHFE、DCE、ZCE

7-16 2004年农产品期货实物交割情况

品种 Items	交易所 Exchange	合约 Contract	交割量 Volume of Delivery	合约成交量 Trading Volume of Contract	最高持仓量 High Open Positions	最高持仓日期 Date of High Open Positions
黄大豆1号	DCE	a200401	5743	17254810	434326	20030923
		a200403	3781	893626	36674	20030926
		a200405	25278	37711736	373266	20031204
		a200407	3024	576382	19124	20031107
		a200409	5107	46451348	419728	20040324
		a200411	5113	34104032	411238	20040805
豆粕	DCE	m200401	6090	5267774	102022	20030924
		m200403	3249	2787758	61726	20031010
		m200405	4283	5123174	82856	20040204
		m200408	298	6364408	102246	20040324
		m200409	823	19731498	177648	20040610
		m200411	439	9870426	102080	20040901
橡胶	SHFE	ru0401	4079	3621598	88546	20030911
		ru0403	3262	3925738	63262	20030919
		ru0404	2130	1793540	35354	20031010
		ru0405	1232	4860440	60638	20031112
		ru0406	2100	5625860	75590	20031210
		ru0407	37003	8899828	143192	20040518
		ru0408	3439	8000572	89408	20040610
		ru0409	1617	1823996	28568	20040625
		ru0410	681	73790	1832	20040617
		ru0411	3975	966648	53406	20040907
强麦	ZCE	WS401	10482	7205096	136798	20031015
		WS403	435	380214	12440	20030407
		WS405	4111	2610498	84900	20031118
		WS407	256	167216	8886	20031117
		WS409	12459	8338880	217858	20040420
		WS411	11512	4358128	113810	20040701
硬麦	ZCE	WT401	17968	8683950	164836	20031022
		WT403	3416	1679194	16898	20030909
		WT405	8887	12165942	174774	20031114
		WT407	1160	288450	14312	20031117
		WT409	12089	10648860	214232	20040206
		WT411	8686	4154182	106636	20040528
一号棉花	ZCE	CF411	996	1301716	20386	20040809
		CF412	384	143880	4018	20040722

数据来源：上海期货交易所、大连商品交易所、郑州商品交易所
Source：SHFE、DCE、ZCE

Summary for Practical Delivery of Agricultural Products in 2004

金额单位:万元

交割金额 Amount of Delivery	合约成交金额 Turnover of Contract	结算价 Clearing Price	交割率(%)Delivery Rate		
			Ⅰ	Ⅱ	Ⅲ
18389	44697876.61	3202	0.07	2.64	0.08
13373	2447505.30	3537	0.85	20.62	1.09
87437	121769513.43	3459	0.13	13.54	0.14
9653	1896170.65	3192	1.05	31.63	1.02
14923	164706248.33	2922	0.02	2.43	0.02
13902	101583118.36	2719	0.03	2.49	0.03
16177	12205568.07	2657	0.23	11.94	0.27
10174	6820546.25	3160	0.23	10.53	0.30
13218	14344700.12	3036	0.17	10.34	0.18
768	20879941.29	2571	0.01	0.58	0.01
2365	56828086.82	2873	0.01	0.93	0.01
1013	25263263.20	2307	0.01	0.86	0.01
28726	24966157	14085	0.23	9.21	0.23
24441	28705576	14985	0.17	10.31	0.17
16353	13560617	15355	0.24	12.05	0.24
8415	37544846	13660	0.05	4.06	0.05
15692	42353007	14945	0.08	5.56	0.07
311473	70241718	16835	0.83	51.68	0.87
21760	59907633	12655	0.09	7.69	0.07
9932	12548521	12285	0.18	11.32	0.16
4251	505759	12485	1.85	74.35	1.68
24864	6070077	12510	0.82	14.89	0.82
16822.49	12105606.31	1598	0.29	15.32	0.28
745.91	663292.64	1753	0.23	6.99	0.22
6685.61	4844419.01	1590	0.31	9.68	0.28
381.23	296199.72	1510	0.31	5.76	0.26
21869.05	16933371.90	1771	0.30	11.44	0.26
18570.96	8234696.95	1617	0.53	20.23	0.45
27390.80	12566521.06	1480	0.41	21.80	0.44
5529.20	2465123.83	1680	0.41	40.43	0.45
13527.69	20588070.80	1498	0.15	10.17	0.13
1651.10	473711.58	1432	0.80	16.21	0.70
20069.33	19956739.42	1700	0.23	11.29	0.20
13479.38	7343854.45	1556	0.42	16.29	0.37
6934.65	8420947.13	13720	0.15	9.77	0.16
2317.44	928429.84	12025	0.53	19.11	0.50

7-17 2004年金属期货实物交割情况

品种 Items	交易所 Exchange	合约 Contract	交割量 Volume of Delivery	合约成交量 Trading Volume of Contract	最高持仓量 High Open Positions	最高持仓日期 Date of High Open Positions
铜	SHFE	cu0401	3500	1446886	126528	20030909
		cu0402	5805	1097560	116996	20031013
		cu0403	3215	1639614	187834	20031022
		cu0404	3210	1500925	163466	20031030
		cu0405	2240	1788000	172476	20031106
		cu0406	4065	2541558	152218	20031201
		cu0407	4000	2844176	164846	20031218
		cu0408	1655	3716678	167842	20040108
		cu0409	1295	6347320	165398	20040322
		cu0410	3275	12116004	165248	20040608
		cu0411	915	5882432	230428	20040728
		cu0412	3975	3942906	155554	20040915
铝	SHFE	al0401	1980	248888	19870	20031103
		al0402	4170	250840	22864	20031103
		al0403	7960	663510	51676	20031103
		al0404	8270	371796	28882	20031103
		al0405	6170	468250	25120	20031105
		al0406	5745	474498	23990	20040105
		al0407	4820	351376	22268	20040205
		al0408	5075	1142636	89318	20040225
		al0409	5460	1211358	87872	20040326
		al0410	3320	5142496	187122	20040419
		al0411	3850	2498470	85176	20040419
		al0412	3605	1069002	58230	20040917

数据来源：上海期货交易所、大连商品交易所、郑州商品交易所
Source：SHFE、DCE、ZCE

Summary for Practical Delivery of Metal Products in 2004

金额单位:万元

交割金额 Amount of Delivery	合约成交金额 Turnover of Contract	结算价 Clearing Price	交割率(%)Delivery Rate		
			Ⅰ	Ⅱ	Ⅲ
41738	13379155	23850	0.48	5.53	0.62
75987	10750215	26180	1.06	9.92	1.41
44978	16992974	27980	0.39	3.42	0.53
43255	16011419	26950	0.43	3.93	0.54
28157	19394632	25140	0.25	2.60	0.29
51626	27568529	25400	0.32	5.34	0.38
53860	32330381	26930	0.28	4.85	0.33
24130	46203190	29160	0.09	1.97	0.10
18875	89051346	29150	0.04	1.57	0.04
46914	154862701	28650	0.05	3.97	0.06
14805	76075856	32360	0.03	0.79	0.04
58452	53293003	29410	0.20	5.11	0.22
16097	1867716	16260	1.59	19.93	1.73
36050	1913656	17290	3.33	36.48	3.77
67939	5195545	17070	2.40	30.81	2.62
75050	2966615	18150	4.45	57.27	5.06
47663	3790332	15450	2.64	49.12	2.52
44179	3908485	15380	2.42	47.90	2.26
36174	2999140	15010	2.74	43.29	2.42
38849	10288004	15310	0.89	11.36	0.75
43789	10911990	16040	0.90	12.43	0.80
26394	44591355	15900	0.13	3.55	0.12
30126	21115451	15650	0.31	9.04	0.29
28407	8917226	15760	0.67	12.38	0.64

7-18 2004 年农产品期货合约月末结算价

Clearing Price of Agricultural Product Contracts in 2004

合约品种 Items	交易所 Exchanges	合约 Contracts	1月 Jan.	2月 Feb.	3月 Mar.	4月 Apr.	5月 May	6月 June	7月 July	8月 Aug.	9月 Sept.	10月 Oct.	11月 Nov.	12月 Dec.
黄大豆1号	DCE	a200401	3202											
		a200403	3264	3487	3537									
		a200405	3340	3624	3860	3633	3459							
		a200407	3358	3672	3907	3644	3307	3391	3192					
		a200409	3369	3700	3900	3667	3221	3474	2913	2865	2922			
		a200411	3078	3441	3546	3270	2955	2977	2736	2781	2815	2779	2719	
		a200501	3035	3395	3489	3218	2947	2914	2682	2732	2665	2626	2763	2893
		a200503	3067	3400	3484	3208	2963	2927	2678	2731	2623	2555	2600	2652
		a200505	3115	3435	3548	3288	3015	2982	2741	2778	2645	2578	2596	2612
		a200507	3095	3412	3553	3269	3024	2979	2730	2723	2628	2566	2589	2612
		a200509			3589	3323	3045	2973	2780	2788	2673	2606	2626	2638
		a200511					2998	2774	2658	2647	2571	2488	2527	2545
		a200601							2593	2570	2535	2486	2525	2541
		a200603									2545	2495	2523	2545
		a200605											2521	2555
黄大豆2号	DCE	b200503												2651
		b200505												2580
		b200507												2567
		b200509												2602
		b200511												2515
		b200601												2511
玉米	DCE	c200501									1138	1137	1131	1141
		c200503									1129	1126	1128	1139
		c200505									1138	1143	1149	1154
		c200507									1155	1161	1174	1172
		c200509									1164	1181	1183	1187
		c200511									1147	1172	1183	1191
豆粕	DCE	m200401	2671											
		m200403	2715	3018	3125									
		m200405	2763	3151	3569	3197	3078							
		m200408	2788	3190	3632	3186	2686	2828	2736	2692				
		m200409	2795	3147	3594	3179	2715	2872	2732	2748	2874			
		m200411	2645	2995	3296	2858	2616	2671	2427	2525	2544	2395	2307	
		m200501	2614	2909	3230	2804	2585	2607	2366	2448	2327	2238	2250	2317
		m200503			3217	2805	2567	2600	2367	2438	2275	2180	2167	2207
		m200505					2633	2614	2423	2464	2285	2209	2180	2175
		m200508								2502	2334	2227	2214	2204
		m200509									2342	2236	2225	2212
		m200511											2170	2156

续表 1　Continued 1

合约品种 Items	交易所 Exchanges	合约 Contracts	1月 Jan.	2月 Feb.	3月 Mar.	4月 Apr.	5月 May	6月 June	7月 July	8月 Aug.	9月 Sept.	10月 Oct.	11月 Nov.	12月 Dec.
橡胶	SHFE	ru0401	14085											
		ru0403	14945	15765	14985									
		ru0404	15185	15960	15055	15355								
		ru0405	15355	15970	15325	13770	13660							
		ru0406	15635	16185	15385	13940	14765	14945						
		ru0407	16175	17165	16190	14620	15810	16410	16835					
		ru0408	16245	17025	15670	13705	14070	14275	13665	12655				
		ru0409	16230	16530	15185	13455	13180	12575	12730	12360	12285			
		ru0410	16140	16125	14990	13355	12960	12555	12775	12270	12400	12485		
		ru0411	16110	15965	14925	13230	12930	12555	12860	12560	12560	12625	12510	
		ru0501	15880	16085	15410	13445	13125	12860	12940	12680	13110	13070	12740	11970
		ru0503			15580	13485	13080	12865	12915	12760	13260	13185	12770	12055
		ru0504				13410	13065	12820	12850	12625	13215	13295	12745	12000
		ru0505						13510	12800	12580	13105	13200	12630	11920
		ru0506								12885	13105	13250	12405	11720
		ru0507								12885	12885	12885	12505	11725
		ru0508											12280	11435
		ru0509											12795	12795
		ru0510												
		ru0511												
强麦	ZCE	WS401	1598											
		WS403	1692	1677	1753									
		WS405	1758	1749	1776	1640	1590							
		WS407	1784	1780	1821	1677	1610	1489	1510					
		WS409	1981	2075	2189	1936	1782	1786	1770	1747	1771			
		WS411	1975	2082	2179	1957	1855	1854	1829	1806	1770	1629	1617	
		WS501		2135	2220	2014	1914	1900	1893	1849	1824	1687	1646	1576
		WS503				2035	1937	1919	1914	1866	1840	1722	1688	1587
		WS505						1955	1965	1890	1853	1756	1726	1634
		WS507								1821	1757	1722	1697	1603
		WS509										1844	1772	1663
		WS511												1646
硬麦	ZCE	WT401	1480											
		WT403	1573	1585	1680									
		WT405	1641	1636	1701	1546	1498							
		WT407	1671	1658	1746	1598	1539	1442	1432					
		WT409	1867	1905	1968	1751	1669	1650	1652	1653	1700			
		WT411	1882	1947	1994	1819	1741	1711	1710	1703	1667	1565	1556	
		WT501		1992	2058	1888	1794	1762	1764	1746	1716	1607	1585	1545
		WT503				1922	1806	1778	1782	1767	1729	1638	1620	1551
		WT505						1813	1830	1784	1750	1663	1637	1561
		WT507								1732	1679	1629	1615	1539
		WT509										1750	1673	1572
		WT511												1577

续表 2　Continued 2

合约品种 Items	交易所 Exchanges	合约 Contracts	1月 Jan.	2月 Feb.	3月 Mar.	4月 Apr.	5月 May	6月 June	7月 July	8月 Aug.	9月 Sept.	10月 Oct.	11月 Nov.	12月 Dec.
一号棉花	ZCE	CF411						13355	13095	12525	13600	13630	13720	
		CF412						13245	12995	12505	13240	12120	12165	12025
		CF501						13290	12990	12630	13250	12250	12255	12115
		CF503						13155	13180	12650	13295	12345	12350	12325
		CF504						13100	13340	12580	13315	12470	12440	12470
		CF505						13655	12920	12650	13380	12535	12525	12625
		CF506							12965	12675	13120	12570	12610	12740
		CF507								12710	13100	13100	12705	12980
		CF508									12940	12940	12865	12895
		CF509										13310	13320	12675
		CF510											13000	12530
		CF511												12925

数据来源：上海期货交易所、大连商品交易所、郑州商品交易所
Source：SHFE、DCE、ZCE

7-19　2004年金属期货合约月末结算价

Clearing Price of Metal Product Contracts in 2004

合约品种 Items	交易所 Exchanges	合约 Contracts	1月 Jan.	2月 Feb.	3月 Mar.	4月 Apr.	5月 May	6月 June	7月 July	8月 Aug.	9月 Sept.	10月 Oct.	11月 Nov.	12月 Dec.
铜	SHFE	cu0401	23850											
		cu0402	24420	26180										
		cu0403	24460	29170	27980									
		cu0404	24530	29200	28510	26950								
		cu0405	24550	29150	28520	24370	25140							
		cu0406	24580	29150	28580	24020	26480	25400						
		cu0407	24680	29150	28530	23900	26280	26210	26930					
		cu0408	24800	29150	28570	23810	26250	25820	27420	29160				
		cu0409	24930	29190	28720	23720	26250	25400	26820	28510	29150			
		cu0410	25060	29210	28740	23770	26110	24980	26280	27640	30610	28650		
		cu0411	25280	29210	28760	23810	26130	24810	25810	26780	29900	28570	32360	
		cu0412	22060	29160	28730	23830	26080	24680	25490	26120	29180	27620	31790	29410
		cu0501		26620	28800	24050	26010	25250	25170	25650	28520	26480	30150	30280
		cu0502			26210	27450	27450	26620	24990	25300	28040	25690	29020	29720

续表　Continued

合约品种 Items	交易所 Exchanges	合约 Contracts	1月 Jan.	2月 Feb.	3月 Mar.	4月 Apr.	5月 May	6月 June	7月 July	8月 Aug.	9月 Sept.	10月 Oct.	11月 Nov.	12月 Dec.
铜	SHFE	cu0503			28970	23780	25560	24580	24930	24990	27650	25090	28320	29130
		cu0504				25160	23770	23880	24390	24690	27290	24670	27860	28610
		cu0505						24310	24410	24550	27010	24410	27570	28180
		cu0506								24300	26790	24080	27200	27830
		cu0507								24120	26330	23910	27000	27360
		cu0508									26140	23610	26610	27070
		cu0509									25700	23600	26360	26730
		cu0510										23450	26230	26430
		cu0511											25900	26060
		cu0512												25980
铝	SHFE	al0401	16260											
		al0402	16480	17290										
		al0403	16570	17410	17070									
		al0404	16710	17570	17350	18150								
		al0405	16810	17710	17510	16520	15450							
		al0406	16870	17940	17710	16610	15900	15380						
		al0407	16950	18030	17870	16660	16090	15330	15010					
		al0408	17030	18250	18050	16690	16160	15470	14820	15310				
		al0409	17030	18400	18200	16710	16180	15590	14900	15950	16040			
		al0410	17110	18430	18330	16820	16210	15720	15060	16010	16840	15900		
		al0411	17000	18420	18360	16860	16310	15790	15170	16070	16920	16070	15650	
		al0412		18500	18360	16940	16380	15820	15210	16110	17000	16040	15850	15760
		al0501		18450	18430	16980	16200	15880	15200	16140	17040	15920	15910	16300
		al0502			18520	17050	16200	15980	15300	16170	17040	15840	15980	16430
		al0503				17200	16350	16160	15380	16010	17040	15820	16020	16560
		al0504							15480	15160	15160	15830	16050	16610
		al0505								16100	15840	16090	16020	16620
		al0506								16050	17300	17300	16070	15900
		al0507									15700	15700	15510	16770
		al0508										16010		16750
		al0509												15640
		al0510											15580	15820
		al0511												16240
		al0512												

数据来源：上海期货交易所、大连商品交易所、郑州商品交易所

Source：SHFE、DCE、ZCE

7-20 2004 年农产品期货交割仓库明细

Summary Delivery Points of Agricultural products in 2004

品种 Items	交易所 Exchanges	交割仓库 Delivery Points	库容 Volume	地 址 Address	电话 Telephone No.
黄大豆 1号	大连商品	大连第一粮食储运工业公司(一粮库)	3.5万吨	大连市甘井子区金三角广场15号	0411-86600164、87601234
		大连市第二粮食储运工业公司(二粮库)	8万吨	大连市沙河口区尖山街101号	0411-84671766、84671333-210
		大连良运集团储运公司(良运库)	5万吨	大连市甘井子区华北路284号	0411-86601964
		大连商业转运公司(中转库)	4万吨	大连市甘井子区西北路870号	0411-86428342、86429043
		大连浙经乾元物资储运有限责任公司(吉祥库)	4.5万吨	大连市金州区站前街道双兴路20号	0411-87700006
		辽宁锦州驻大连湾国家粮食储备库(黑山库)	4万吨	大连湾毛营子村	0411-87601070、87602441
		大连龙跃仓库(龙跃库)	6万吨	大连市甘井子区大房身村	0411-87600912、87601445
		中粮辽宁粮油进出口公司大连储运贸易公司(辽粮库)	9万吨	大连市甘井子区西北路	0411-86429383、86428034
		黑龙江省粮油集团大连中转仓库(龙粮库)	6万吨	大连市甘井子区西北路867号	0411-86428877、86429161
		大连吉粮储运贸易有限公司(吉粮库)	3万吨	大连市甘井子区革镇堡	0411-86427207
		大连聚兴仓储有限公司(聚兴库)	6万吨	大连湾毛营子村	0411-87607221
		大连金信仓储库(金信库)	14万吨	中山区五五路12号	0411-86428112、86428620
		开发区湾港储运公司(和尚岛库)	8万吨	甘井子区大连湾镇新街四号	0411-82627613、82627612
		黑龙江省粮油物资公司大连开发区仓库(物资库)	4.5万吨	大连甘井子区后革镇堡	0411-86428537
		大连保税区华晨达国际工贸有限公司(前关库)	10万吨	大连市甘井子区前关村	0411-87114551
		大连北海储运有限责任公司(北海库)	10万吨	大连市甘井子区革镇堡棋盘村	0411-86428607、86428095、13940982726
		黑龙江农垦外贸大连仓储库(农垦库)	3万吨	大连市甘井子区毛营子村	0411-87605757、87605774
		辽宁大连粮贸国家粮食储备库(中粮贸库)	4万吨	大连市甘井子区大连湾镇后盐村	0411-86872223、86872111
		中国外运辽宁储运公司(外运库)	40万吨	大连市甘井子区后革镇革钢路	0411-86428425、86429564
		大连华农仓储有限公司(华农库)	6万吨	大连金州区石河镇北海村	0411-87260811、87260301
		大连北良港务有限公司(北良港)	5万吨	大连经济技术开发区北良港	0411-88998306
黄大豆 2号	大连商品	中粮辽宁粮油进出口公司大连储运贸易公司		大连市甘井子区西北路	0411-86429383、0411-86428034、13941127111

续表1 Continued 1

品种 Items	交易所 Exchanges	交割仓库 Delivery Points	库容 Volume	地 址 Address	电话 Telephone No.
黄大豆2号	大连商品	大连经济技术开发区湾港储运公司		大连湾港内	0411-82627613、0411-82627612、13609848267
		大连北良港务有限公司		大连经济技术开发区海青岛柳柴沟	0411-88998306、13332207100
		大连北海储运有限责任公司		大连市甘井子区革镇堡棋盘村	0411-86428095、86428607、13940982726
玉米	大连商品	吉林省粮油运销总公司		大连市甘井子区甘海路4号	0411-82121340、13804251470
		辽宁大连吴家国家粮食储备库		大连市金州区站前街道吴家村	0411-87700836-8012、13500770021
		大连北良港务有限公司		大连经济技术开发区海青岛柳柴沟	0411-88998306、13332207100
		大连北海储运有限责任公司		大连市甘井子区革镇堡棋盘村	0411-86428095、86428607
		营口港务集团有限公司		营口市鲅鱼圈区新港大路1号	0417-6269639、13304970579
		大连华腾物流有限公司		大连甘井子区革镇堡	0411-86458768、13591810492
		大连金禾仓储有限公司		大连甘井子区大连湾镇毛莹子村	0411-87602357、13842873678
		大连长通储运有限公司		大连甘井子区大连湾镇大连湾村	0411-82737111、13942090755
		大连经济技术开发区湾港储运公司		大连湾港内	0411-82627613、82627612、13609848267
豆粕	大连商品	江苏省江海粮油贸易公司张家港储运部		江苏张家港市中兴镇	0520-8382162
		江苏江阴中谷国家粮食储备库		江苏江阴市滨江开发区定山路2号	0510-6400777
		江苏南通粮油接运有限公司		江苏南通市任港路62号	0513-3508463
		江苏昆山国家粮食储备库		江苏昆山市明星路23号	0512-57557096
		浙江嘉善银粮国家粮食储备库		浙江嘉善市开源路298号	0573-4161294
		浙江乍浦中谷国家粮食储备库		浙江平湖市乍浦镇乍王路66号	0571-85068027
		江苏南通运河桥国家粮食储备库		南通市通吕运河三桥北东首	0513-5668018
		中国外运陆桥运输有限公司		江苏省连云港市墟沟中华东路18号	0518-2304438、2318394、2304036
		连云港中储物流中心		江苏省连云港市新浦海连东路147号	0518-5802978、5801337
		南京铁心桥国家粮食储备库		江苏省南京市雨花台区铁心桥镇关南村	025-52890972、52891674、13605152082
		深圳市赤湾码头有限公司		深圳赤湾港	0755-26817637
		东莞华农饲料蛋白开发有限公司		广东省东莞市麻涌镇新沙港科技工业园区	0769-8226777 8231000 13926836069
		东莞中谷油脂有限公司		广东省东莞市麻涌镇新沙港科技工业园区	0769-8824558 8823057 13829238830

续表 2 Continued 2

品种 Items	交易所 Exchanges	交割仓库 Delivery Points	库容 Volume	地 址 Address	电话 Telephone No.
豆粕	大连商品	(以下为豆粕厂库)			
		统一嘉吉(东莞)饲料蛋白科技有限公司		广东省东莞市麻涌镇新沙港科技工业园区	0769-8225888 转611;13609692196
		广州植之元油脂有限公司		广州市沿江中路296号江湾商业中心1501-06	13924079326
		东海粮油工业(张家港)有限公司		江苏省张家港市金港镇东海路1号	0512-58381018
		南通宝港油脂发展有限公司		江苏省南通市跃龙南路228号	0513-5718271、0513-5718272
		南京新港华农饲料蛋白有限公司		江苏省南京经济技术开发区新生圩港内	025-85804058、13776686999
		金光食品(宁波)有限公司		浙江省宁波市北仑区黄河北路1号	0574-86888188
		舟山中海粮油工业有限公司		浙江省舟山市临港工业区(老塘山)	0580-2260088、0580-2260066
		益海(连云港)粮油工业有限公司		江苏省连云港市墟沟大港路	0518-2387266、0518-2387208、0518-2387283
		黄海粮油工业(山东)有限公司		山东省日照市岚山港北	0633-2634001
		山东新良油脂有限公司		山东省日照市海滨五路南首新良路1号	0633-2216912
		龙口新龙食油有限公司		山东省龙口开发区新港路39号	0535-8857263、13905450348
天然橡胶	SHFE	上海长桥物流有限公司	20000	上海市老沪闵路1070号	021-64765262
		上海市化工轻工总公司桃浦仓储公司	16000	上海市南大路478号	021-62506616 转业务科
		中储发展股份有限公司(大场公司)	35000	上海市南大路137号	021-56680749
		上海期晟储运管理有限公司	40000	上海市闵行区剑川路2280号	021-64305295
		海南省海口港集团公司	18000	海南省海口市秀英码头海口港大厦3楼	0898-68652597
		海南新思科电子商务有限公司	16000	海南省海口市长流金盘永桂开发区永桂路9号	0898-66700097
		云南天然橡胶储运中心	30000	云南省昆明市东郊凉亭	0871-3914605
		山东储备物资管理局八三二处	22000	山东省青岛市城阳区京城路80号	0532-7756270
		山东省畜产进出口新程实业公司	18000	山东省青岛市李沧区长顺路15号	0532-4816601
		天津工艺品进出口(集团)公司艺达储运贸易公司	31000	天津市北辰区北仓道	022-26396540
强麦	ZCE	河南省粮食局第二直属库	不限	鹤壁太行路北段	0392-3338900
		河南国家粮食储备库	不限	郑州市郑汴路624号	0371-5811186
		山东济宁国家粮食储备库	不限	山东省济宁市车站西路67号	0537-2250416
		中央储备粮沈丘直属库	不限	河南省沈丘县纸店镇东关	0394-5677268
		陕西西瑞粮食储备库有限公司	不限	西安西站108专线	029-84416007
		河南新乡新华国家粮食储备库	不限	新乡市解放路425号	0373-2099231
		河北藁城永安国家粮食储备库	不限	河北藁城永安路18号	0311-8045090
		河北省粮食局直属机械化粮油储备库	不限	河北省元氏县城北	0311-4625272
		河南郑州中原国家粮食储备库	不限	郑州市城东路263号	0371-6831026
		河南延津中谷国家粮食储备库	不限	延津县火车站路1号	0373-7918341
		河北邢台国家粮食储备库	不限	邢台市中兴西大街36号	0319-2166015
		河北衡水和平路国家粮食储备库	不限	衡水市和平东路道岔街4号	0318-2057008
		荷泽市粮油中转储备库	不限	菏泽市人民南路43号	0530-5967760
		山东淄博国家粮食储备库	不限	山东省淄博市张店区洪沟路45号	0533-2070037

续表 3　Continued 3

品种 Items	交易所 Exchanges	交割仓库 Delivery Points	库容 Volume	地　址 Address	电话 Telephone No.
强麦	ZCE	潍坊市粮油储运公司	不限	潍坊市仓南街 9 号	0536-7665398
		徐州国家粮食储备库	不限	徐州市下淀路 174 号	0516-3643222
		天津市军粮城机米厂	不限	天津市东丽区军粮城大街 193 号	022-24360077
		安徽省粮食储备库(安徽省机械化粮库)	不限	合肥市望江西路 388 号	0551-5585137
		山东临清中谷国家粮食储备库	不限	山东省临清市工业园	0635-2433446
		河南濮阳皇甫国家粮食储备库	不限	河南濮阳市高新区黄河路西段	0393-4710258
		河南郑州兴隆国家粮食储备库	不限	郑州市南阳路北段粮仓路 1 号	0371-3757525
		南京铁心桥国家粮食储备库	不限	南京雨花台区铁心桥镇铁心村吴尚组	025-52890972
		北京大兴国家粮食储备库	不限	北京市大兴区黄村镇大庄路东	010-60281851
		中央储备粮西安大明宫直属库	不限	西安市北二环东段井上村	029-86717588
硬麦	ZCE	河南省粮食局第二直属库	不限	鹤壁太行路北段	0392-3338900
		河南国家粮食储备库	不限	郑州市郑汴路 624 号	0371-5811186
		山东济宁国家粮食储备库	不限	山东省济宁市车站西路 67 号	0537-2250416
		中央储备粮沈丘直属库	不限	河南省沈丘县纸店镇东关	0394-5677268
		陕西西瑞粮食储备库有限公司	不限	西安西站 108 专线	029-84416007
		河北省粮食局直属机械化粮油储备库	不限	河北省元氏县城北	0311-4625272
		河南郑州中原国家粮食储备库	不限	郑州市城东路 263 号	0371-6831026
		洛阳市粮食局第二仓库	不限	洛阳市春都路 158 号	0379-2315268
		河南延津中谷国家粮食储备库	不限	延津县火车站路 1 号	0373-7918341
		河北邢台国家粮食储备库	不限	邢台市中兴西大街 36 号	0319-2166015
		河北衡水和平路国家粮食储备库	不限	衡水市和平东路道岔街 4 号	0318-2057008
		潍坊市粮油储运公司	不限	潍坊市仓南街 9 号	0536-7665398
		徐州国家粮食储备库	不限	徐州市下淀路 174 号	0516-3643222
		杭州市粮食收储有限公司	不限	杭州市拱墅区储鑫路 58 号	0571-88016441
		江苏昆山国家粮食储备库	不限	江苏省昆山市明星路 23 号	0512-57596385
		天津市军粮城机米厂	不限	天津市东丽区军粮城大街 193 号	022-24360077
		重庆市上桥粮食中转库	不限	重庆市沙坪坝区华岩一村 51 号	023-65251178
		湖南长沙市芙蓉北路国家粮食储备库	不限	长沙市芙蓉北路 46 号	0731-4363389
		广西柳州国家粮食储备库	不限	广西柳州市柳太路 11-1 号	0772-3915275
		安徽省粮食储备库(安徽省机械化粮库)	不限	合肥市望江西路 388 号	0551-5585137
		山西阳曲国家粮食储备库	不限	太原市阳曲县城百家巷	0351-5521945
		浙江嘉善银粮国家储备库有限公司	不限	浙江省嘉善县开源路 298 号	0573-4163295
		中谷集团浙江粮油有限公司	不限	嘉兴港区乍浦镇乍王公路 66 号	0573-5582801
		武汉市第五粮库	不限	湖北省武汉市青山区建设一路一号	027-86537385
		湖北襄阳国家粮食储备库	不限	湖北省襄樊市襄阳区黄集镇黄石路 18 号	0710-2641494-8178
		湖北枣阳国家粮食储备库	不限	枣阳市兴隆集火车站	0710-6654171
		南京铁心桥国家粮食储备库	不限	南京市雨花台区铁心桥镇铁心村吴尚组	025-52890972
		江西樟树国家粮食储备库	不限	江西省樟树市药都北大道 15 号	0795-7880386
		河南郾城国家粮食储备库	不限	郾城县孟庙镇文明路 6 号	0395-6932099
一号棉花	ZCE	中国储备棉管理总公司漯河直属库	不限	漯河市孟南工业开发区纬三路东段	0395-3394663
		河南储备物资管理局四三二处	不限	河南省获嘉县史庄镇南	0373-4812402
		河南豫棉物流有限公司	不限	河南郑州管城区南曹乡小李庄火车站	0371-6711396
		菏泽市棉麻公司	不限	菏泽市长江路东段	0530-5336335
		衡水市棉麻总公司	不限	衡水市人民西路西段 98 号	0318-2140719
		湖北省棉花总公司中转储备库	不限	湖北省武汉市东西湖区余氏墩	027-83892760、62195571

续表 4 Continued 4

品种 Items	交易所 Exchanges	交割仓库 Delivery Points	库容 Volume	地 址 Address	电话 Telephone No.
一号棉花	ZCE	廊坊开发区中棉储运中心	不限	廊坊开发区云鹏道北	0316-6077161
		连云港新苏豫棉花储运有限公司	不限	连云港市新浦区沿新西路 16 号	0518-5445407
		南阳市棉花储运有限公司	不限	河南省南阳市光武西路万商街 9 号	0377-3293168
		芜湖市棉麻公司	不限	芜湖市褐山路 79 号	0553-5809370
		邢台邦力工贸购销中心	不限	邢台市顺义街 7 号	0319-2022244
		中国储备棉管理总公司青岛直属库	不限	青岛市城阳区仙山路中段	0532-4816703、4811393
		中国储备棉管理总公司徐州直属库	不限	江苏省徐州市铜山县新区二堡	0516-3409128

7-21 2004 年金属期货交割仓库明细

Summary Delivery Points of Metal products in 2004

品种 Items	交易所 Exchanges	交割仓库 Delivery Points	库容 Volume	地 址 Address	电话 Telephone No.
铜	SHFE	上海国储天威仓储有限公司	80000	上海市交通路 3965 号	021-62506994
		中储发展股份有限公司(吴淞公司)	92000	上海市铁山路 495 号	021-56123941
		中储发展股份有限公司(沪西公司)	196000	上海市曹杨路 2021 号	021-62163222
		上海外高桥保税区联合发展有限公司	8400	上海市浦东新区冰克路 500 号	021-58694758
		上海期晟储运有限公司	30000	上海市闵行区剑川路 2280 号	021-64305295
		上海京鸿实业有限公司	20000	上海市外高桥保税区荷丹路 68 号	021-50640027
铝	SHFE	上海国储天威仓储有限公司	26667	上海市交通路 3965 号	021-62506994
		中储发展股份有限公司(吴淞公司)	30667	上海市铁山路 495 号	021-56123941
		中储发展股份有限公司(沪西公司)	65333	上海市曹杨路 2021 号	021-62163222
		上海外高桥保税区联合发展有限公司	2800	上海市浦东新区冰克路 500 号	021-58694758
		上海期晟储运有限公司	10000	上海市闵行区剑川路 2280 号	021-64305295
		上海京鸿实业有限公司	6667	上海市外高桥保税区荷丹路 68 号	021-50640027
		广东储备物资管理局	13000	广东南海市盐步镇三眼桥货场西侧	0757-5760802
		中国有色金属广州供销运输公司	5850	广东南海市盐步镇三眼桥货场西侧三河东路虎榜段	0757-5785606
		南海市南储有色金属贸易有限公司	16000	广东南海市盐步镇三眼桥货场东侧	0757-5784323
		中金深圳仓储运输公司南海仓库	20000	南海市街边站机场路口	0757-6435311
		无锡中储物流有限公司	19525	无锡市锡沪路 183 号	0510-2407262

数据来源:上海期货交易所、大连商品交易所、郑州商品交易所
Source: SHFE、DCE、ZCE

主要统计指标解释
Definition and Explanation

1. 成交金额/成交量(Trading Turnover / Trading Volume)

成交金额/成交量为当年按双边计算的成交金额/量

Trading Turnover / Trading Volume refers to the cumulating value of this year and calculated on a bilateral basis.

2. 持仓量(Open Position)

各持仓量指标及按双边计算的持仓量

Open Position is calculated on bilateral basis.

3. 交割金额/交割量(Physical Delivery Amount / Physical Delivery Volume)

交割金额/交割量为按单边计算的交割金额/交割量

Physical Delivery Amount / Physical Delivery Volume is calculated on an unilateral basis.

4. 期货品种(Trading Items)

期货品种为当年年末的时点数

Trading Items refers to the trading item number of the end of going year.

5. 会员总数(No. of members)

会员总数为当年年末的时点数

No. of members refers to the member number of the end of going year.

6. 价格(Price)

各价格指标为品种可交易的最小实物单位的价格。

All kinds of price in this part are the price of basic trading unit.

7. 交易日数(Trading days)

农产品和建材及能源化工期货的交易日数为合约当年总数的挂牌天数，相应的日均成交金额为以挂牌天数平均的成交金额；金属期货的交易日数为实际有交易的天数，相应的日均成交金额为以实际交易天数的平均的成交金额。

Trading days of Agricultural products and Building materials, Energy & Chemical products are the days on which futures are able to be traded in this year Metal products trading days are days having futures trading.

8. 最后持仓(Open positions at the end)

最后持仓为合约当年最后一个交易日的持仓量。

Open positions at the end refers to the open positions on the last trading day of this year.

9. 最高持仓量(High Open Position)

最高持仓量为合约从挂牌开始至本年交易结束期间的最高持仓量。

High Open Positions is the highest open position from contract being listed to its last trading day of this year.

10. 合约成交金额/成交量(Trading Turnover / Trading Volume of Contract)

合约成交金额/成交量为合约从挂牌开始至本年交易结束期间的累计成交金额/成交量。

Trading Turnover / Trading Volume of contract is the contract cumulating trading turnover / volume from being listed to its last trading day of this year.

11. 交割率(Delivery Rate)

交割率Ⅰ = 单边交割量/合约单边成交量

Delivery Rate Ⅰ = Delivery volume bilateral basis / Trading volume of contract on bilateral basis.

交割率Ⅱ = 单边交割量/最高持仓量

Delivery Rate Ⅱ = Delivery volume bilateral basis / High Open Position on bilateral basis.

交割率Ⅲ = 单边交割金额/合约单边成交额

Delivery Rate Ⅲ = Delivery Turnover bilateral basis / Trading Turnover of contract on bilateral basis.

八、证券期货中介机构

Securities and Futures Intermediate Institutions

2004年证券机构监管综述

Summary for Securities Institutions Supervising in 2004

截至2004年12月底,全国共有证券公司133家。其中,具有保荐业务资格的公司70家,获得客户资产管理业务资格的公司71家,获得网上委托业务资格的公司108家,获得证券投资咨询资格的证券公司98家。全国共有证券营业部3075家,证券从业人员12万人,证券投资咨询机构116家。

2004年,因证券市场持续低迷,证券公司经营业绩继续下滑,资金和财务状况日趋严峻,流动性风险突出,整体上仍面临着较大的困难和风险。据证券公司财务月报,除新开业或停业整顿中的3家证券公司外,其余130家证券公司2004年12月末资产总额4045亿元,负债总额3082亿元,净资产963亿元,净资本648亿元,自营证券551亿元,客户交易结算资金1735亿元,受托资金369亿元。1—12月份,130家公司累计营业收入256.07亿元,累计营业支出358.7亿元,累计亏损101亿元。其中55家累计盈利13.74亿元,75家累计亏损114.74亿元。

2004年,证监会认真贯彻落实《国务院关于推进资本市场改革开放和稳定发展的若干意见》、年初全国证券期货监管工作会议的总体安排和8月份全国证券监管工作座谈会精神和具体要求,为推进证券公司规范发展和防范化解风险进行了不懈努力,做了大量工作。2004年证券机构监管工作主要包括:

一、全面展开证券公司摸底整改工作

摸清证券公司风险底数,是做好机构监管工作的基础。年中制定和发布的《关于摸清证券公司风险底数有关工作的指导意见》和工作方案,提出了重点对申请创新试点和提出审核事项的证券公司进行摸底,努力做到及时发现、及时报告、及时处理、及时整改,有效防范和化解证券公司风险的要求。9月份,证券公司摸底工作全面展开,36家派出机构全部提交并启动实施了《证券公司摸底整改工作方案》,具体落实了工作职责,明确了摸底对象,发出要求证券公司进行自查整改的通知。截至2004年年底,摸底工作进展比较顺利,大部分证券公司已提交自查整改报告,相关证监局已完成部分证券公司的检查。

二、推进客户交易结算资金独立存管

在认真研究现行存管制度及执行方面的经验教训的基础上,提出了客户交易结算资金独立存管的工作方案,制定《关于证券公司结算备付金账户分户管理的通知》、《关于加强客户交易结算资金监管工作的通知》和《创新试点类证券公司客户交易结算资金独立存管标准规范》等一系列规范性文件,督促证券公司对客户交易结算资金情况进行自查整改,通过账户核算体系分设、资金划拨及清算交收独立运作以及独立监控等措施,建立起有效的客户交易结算资金封闭运行的管理控制体系。

成立了由业内专家组成的客户交易结算资金评审工作组,并组织专家和相关派出机构监管人员对申请创新试点的证券公司提出的独立存管方案逐家进行了专项评审。截至2004年底,已有9家证券公司完成客户交易结算资金独立存管方案,30家证券公司正在抓紧制定方案,另有7家公

司正在制定第三方独立存管方案。三号令监控信息系统的升级改造工作也于2004年年底前完成。

三、进一步完善证券公司高管人员管理

在总结监管经验的基础上，进一步完善了证券公司高管人员有关规定，发布了《证券公司高级管理人员管理办法》以及《关于实施〈证券公司高级管理人员管理办法〉有关问题的通知》。新办法要求前移审核关口，严格任职条件，要求高管人员签署诚信经营承诺书，建立责任追究制度，保护诚信经营的高管人员，进一步加强持续动态监管，引入了"不适当人选"制度，增加了可快速反应的监管手段。

证监会还建设完善了证券公司高管人员管理数据库，将证券业已取得高管任职资格的现任高管的申请、审核和日常监管信息载入数据库中，加强了对高管人员管理。

四、推动证券公司的创新试点工作

为了促进证券公司在风险可控、可测、可承受的前提下进行金融创新与业务扩张，为开拓业务空间闯出一条新路子，证监会会同证券业协会发布了《关于推进证券业创新活动有关问题的通知》和《关于从事相关创新活动证券公司评审暂行办法》等。截至2004年12月31日，中信、光大、广发、长江证券等8家公司成为创新试点证券公司。

为配合推进行业的产品创新，制定了《关于证券公司开展集合资产管理业务有关问题的通知》等配套文件，并开始受理试点公司的创新产品申请。

五、进一步研究完善有关法律法规

证监会还研究《证券法》、《公司法》、《破产法》修改草案及《公司法》司法解释草案的有关规定，并提出修改意见；就结算备付金分户问题研究制定实施细则，参与研究国债买断式回购和标准券回购的业务规则和相关政策的调研工作；起草发布了关于证券公司开展集合资产管理业务有关问题的相关配套文件；会同人民银行和银监会，出台了《证券公司短期融资券管理办法》、《证券公司股票质押贷款管理办法》；重新修订了《证券公司债券管理暂行办法》。

六、妥善处置了南方、闽发、汉唐等8家证券公司风险

2004年以来，南方证券、闽发证券、汉唐证券、辽宁证券、德隆系证券公司等8家公司风险相继爆发。在此期间，证监会抽出大量人力，密切监控公司风险，积极采取措施，全力做好营业部的托管工作，及时妥善地处置和化解了风险，确保了社会稳定。

七、进一步落实辖区监管责任制，做好证券经营机构的日常监管工作

为落实2004年8月机构监管工作会议精神，证监会发布了《证券公司监管职责分工协作指引》，将12个重点任务40余项具体工作分解到处、落实到责任人，建立证券公司监管责任人的AB角，进一步落实证券公司辖区监管责任制，整合监管资源，增强监管合力，不断提高监管效率。

继续利用监管信息系统，编制证券公司财务分析月报，作好证券公司的非现场检查工作，并根据日常监管信息，对证券公司实行分类监管。

落实全国证券监管工作座谈会的工作部署，筹备了全国证券监管工作座谈会和证券公司业务规范发展工作座谈会，组织了四次机构监管业务和监管信息系统培训会，充分交流监管经验，明确了机构监管工作的思路和任务，取得了较好效果。

8-1 全国证券期货中介机构统计表

Sataistics of Securities & Futures Intermediate Institutions

机构 Institutions	1994 年	1995 年	1996 年	1997 年	1998 年	1999 年	2000 年	2001 年	2002 年	2003 年	2004 年
证券交易所 Stock Exchange	2	2	2	2	2	2	2	2	2	2	2
证券结算公司 Securities Trading Center	2	2	2	2	2	2	2	1	1	1	1
证券公司 Securities Company	91	97	94	90	90	90	100	109	127	133	133
证券营业部 Securities House	2262	N	2420	2412	2412	2412	2680	2700	2936	3020	3075
基金管理公司					6	10	10	15	21	34	35
期货交易所 Futures Exchange	14	14	14	14	3	3	3	3	3	3	3
期货经纪公司 Futures Brokerage	N	N	329	294	278	213	178	200	179	186	188

数据来源:中国证监会
Source: CSRC

8-2 2004 年证券经营机构 A 股交易金额排名表

Top 20 of Securities Companies by A Share Turnover in 2004

金额:亿元

序号 No.	上海			深圳		
	会员名称 Companies	交易金额 Turnover	比重%	会员名称 Companies	交易金额 Turnover	比重%
1	中国银河证券有限责任公司	3193.47	6.13	国泰君安证券股份有限公司	1791.18	5.84
2	国泰君安证券股份有限公司	3108.10	5.97	中国银河证券有限责任公司	1788.09	5.83
3	申银万国证券股份有限公司	2489.64	4.78	申银万国证券股份有限公司	1156.89	3.77
4	海通证券股份有限公司	2187.31	4.20	华夏证券股份有限公司	1039.84	3.39
5	华夏证券股份有限公司	1883.95	3.62	海通证券股份有限公司	1034.13	3.37
6	广发证券股份有限公司	1362.38	2.62	广发证券股份有限公司	1021.85	3.33
7	国信证券有限责任公司	1255.04	2.41	国信证券有限责任公司	912.87	2.97
8	南方证券股份有限公司	1157.15	2.22	招商证券股份有限公司	832.56	2.71
9	华泰证券有限责任公司	1116.82	2.14	南方证券股份有限公司	745.15	2.43
10	光大证券有限责任公司	1110.02	2.13	光大证券有限责任公司	691.37	2.25
11	招商证券股份有限公司	1001.34	1.92	广东证券股份有限公司	595.09	1.94
12	中信证券股份有限公司	950.78	1.83	华泰证券有限责任公司	559.93	1.82
13	天同证券有限责任公司	890.01	1.71	天同证券有限责任公司	524.09	1.71
14	汉唐证券有限责任公司	772.95	1.48	湘财证券有限责任公司	475.01	1.55
15	东方证券股份有限公司	701.11	1.35	中信证券股份有限公司	471.48	1.54
16	兴业证券股份有限公司	689.32	1.32	汉唐证券有限责任公司	415.60	1.35
17	联合证券有限责任公司	686.47	1.32	联合证券有限责任公司	396.55	1.29
18	湘财证券有限责任公司	668.45	1.28	兴业证券股份有限公司	392.94	1.28
19	金通证券股份有限公司	642.72	1.23	泰阳证券有限责任公司	372.06	1.21
20	广东证券股份有限公司	632.13	1.21	长城证券有限责任公司	363.32	1.18
合计	合　计	26499.17	50.88		15580.00	50.76

注:表中交易金额为双边计算
数据来源:上海、深圳证券交易所
Source: Shanghai、Shenzhen Stock Exchange

8-3 2004年证券经营机构B股交易金额排名表

Top 20 of Securities Companies by B Share Turnover in 2004

金额:亿元

序号 No.	上海			深圳		
	会员名称 Companies	交易金额 Turnover	比重%	会员名称 Companies	交易金额 Turnover	比重%
1	申银万国证券股份有限公司	68.16	14.39	国泰君安证券股份有限公司	83.75	8.11
2	国泰君安证券股份有限公司	35.17	7.42	广发证券股份有限公司	77.62	7.52
3	中国银河证券有限责任公司	30.56	6.45	国信证券有限责任公司	60.51	5.86
4	海通证券股份有限公司	30.17	6.37	招商证券股份有限公司	52.52	5.08
5	华夏证券股份有限公司	21.83	4.61	申银万国证券股份有限公司	48.73	4.72
6	广发证券股份有限公司	21.54	4.55	中国银河证券有限责任公司	47.57	4.61
7	南方证券股份有限公司	17.44	3.68	平安证券有限责任公司	41.77	4.04
8	中信证券股份有限公司	16.96	3.58	南方证券股份有限公司	41.70	4.04
9	方正证券有限责任公司	12.29	2.60	广东证券股份有限公司	35.30	3.42
10	华泰证券有限责任公司	11.50	2.43	海通证券股份有限公司	27.21	2.64
11	金通证券股份有限公司	9.61	2.03	光大证券有限责任公司	24.43	2.37
12	东方证券股份有限公司	9.27	1.96	大鹏证券有限责任公司	23.79	2.30
13	招商证券股份有限公司	8.89	1.88	联合证券有限责任公司	22.99	2.23
14	渤海证券有限责任公司	8.34	1.76	华夏证券股份有限公司	21.79	2.11
15	国信证券有限责任公司	8.24	1.74	广州证券有限责任公司	18.25	1.77
16	光大证券有限责任公司	7.06	1.49	中信证券股份有限公司	17.89	1.73
17	亚洲证券有限责任公司	6.95	1.47	巨田证券有限责任公司	16.67	1.61
18	大鹏证券有限责任公司	6.40	1.35	西南证券有限责任公司	15.02	1.45
19	摩根大通证券(远东)有限公司	6.14	1.30	蔚深证券有限责任公司	13.43	1.30
20	上海证券有限责任公司	5.84	1.23	中国国际金融有限公司	12.23	1.18
合计		342.35	72.26		703.17	68.08

注:表中交易金额为双边计算

数据来源:上海、深圳证券交易所

Source: Shanghai、Shenzhen Stock Exchange

8-4 2004年证券经营机构国债现货交易金额排名表

Top 20 of Securities Companies by Cash T-Bonds Turnover in 2004

金额:亿元

序号 No.	上海			深圳		
	会员名称 Companies	交易金额 Turnover	比重%	会员名称 Companies	交易金额 Turnover	比重%
1	中国银河证券有限责任公司	436.34	8.19	国信证券有限责任公司	1.51	15.27
2	海通证券股份有限公司	312.54	5.87	世纪证券有限责任公司	1.14	11.45
3	国泰君安证券股份有限公司	259.93	4.88	申银万国证券股份有限公司	1.04	10.45
4	中信证券股份有限公司	232.13	4.36	第一证券有限公司	0.82	8.23
5	申银万国证券股份有限公司	225.67	4.24	海通证券股份有限公司	0.49	4.95
6	中国民族证券有限责任公司	211.90	3.98	广东证券股份有限公司	0.41	4.17
7	华夏证券股份有限公司	200.48	3.76	广发证券股份有限公司	0.31	3.17
8	中银国际证券有限责任公司	177.43	3.33	中国银河证券有限责任公司	0.30	3.06
9	湘财证券有限责任公司	172.04	3.23	国泰君安证券股份有限公司	0.27	2.75
10	亚洲证券有限责任公司	162.69	3.06	天同证券有限责任公司	0.23	2.30
11	平安证券有限责任公司	149.45	2.81	华夏证券股份有限公司	0.18	1.79
12	中国国际金融有限公司	127.33	2.39	南方证券股份有限公司	0.14	1.41
13	天同证券有限责任公司	118.20	2.22	华泰证券有限责任公司	0.13	1.28
14	汉唐证券有限责任公司	117.86	2.21	汉唐证券有限责任公司	0.12	1.22
15	金信证券有限责任公司	100.30	1.88	中期证券经纪有限责任公司	0.12	1.18
16	光大证券有限责任公司	99.71	1.87	德邦证券有限责任公司	0.12	1.16
17	东方证券股份有限公司	86.89	1.63	招商证券股份有限公司	0.11	1.06
18	辽宁省证券公司	79.17	1.49	联合证券有限责任公司	0.10	1.04
19	招商证券股份有限公司	69.20	1.30	广东民安证券经纪有限责任公司	0.10	1.02
20	山西证券有限责任公司	64.81	1.22	西南证券有限责任公司	0.10	0.97
合计	合　计	3404.07	63.92		7.73	77.93

注:表中交易金额为双边计算

数据来源:上海、深圳证券交易所

Source: Shanghai、Shenzhen Stock Exchange

8-5 2004年证券经营机构国债回购交易金额排名表

Top 20 of Securities Companies by Turnover of T-Bond Repurchase in 2004

序号 No.	上海			深圳		
	会员名称 Companies	交易金额 Turnover	比重%	会员名称 Companies	交易金额 Turnover	比重%
1	中国银河证券有限责任公司	5110.14	6.75	海通证券股份有限公司	0.79	100.00
2	国泰君安证券股份有限公司	4533.79	5.99			
3	中信证券股份有限公司	4264.84	5.63			
4	海通证券股份有限公司	3890.76	5.14			
5	华夏证券股份有限公司	3721.00	4.92			
6	申银万国证券股份有限公司	2929.39	3.87			
7	世纪证券有限责任公司	2880.21	3.80			
8	天同证券有限责任公司	2252.47	2.98			
9	广发证券股份有限公司	2110.01	2.79			
10	湘财证券有限责任公司	2028.76	2.68			
11	汉唐证券有限责任公司	1842.76	2.43			
12	宏源证券股份有限公司	1565.82	2.07			
13	山西证券有限责任公司	1559.07	2.06			
14	北京证券有限责任公司	1543.52	2.04			
15	光大证券有限责任公司	1479.74	1.96			
16	中国国际金融有限公司	1348.49	1.78			
17	东方证券股份有限公司	1132.44	1.50			
18	东吴证券有限责任公司	1086.63	1.44			
19	兴业证券股份有限公司	1065.73	1.41			
20	北方证券有限责任公司	1062.90	1.40			
合计	合　计	47408.48	62.62		0.79	100.00

注：表中交易金额为双边计算

数据来源：上海、深圳证券交易所

Source：Shanghai、Shenzhen Stock Exchange

8-6 2004年证券营业部A股交易金额排名表

Top 20 of Securities Sale Departments by Turnover of A share in 2004

金额:亿元

序号 No.	上海			深圳		
	营业部名称 Securities House	交易金额 Turnover	比重%	会员名称 Companies	交易金额 Turnover	比重%
1	国信证券有限责任公司深圳红岭中路证券营业部	632.06	1.21	国信证券有限公司深圳红岭中路证券营业部	477.66	1.56
2	招商证券股份有限公司深圳振华路证券营业部	344.80	0.66	华泰证券有限责任公司南京大桥南路证券营业部	321.43	1.05
3	中国国际金融有限公司上海陆家嘴东路证券营业部	248.66	0.48	招商证券股份有限公司深圳振华路证券营业部	251.97	0.82
4	光大证券有限责任公司上海张杨路证券营业部	244.08	0.47	华西证券有限责任公司江油东大街证券营业部	214.27	0.70
5	汉唐证券有限责任公司深圳福星路证券营业部	208.47	0.40	兴业证券股份有限公司厦门兴隆路证券营业部	153.58	0.50
6	汉唐证券有限责任公司上海武进路证券营业部	160.79	0.31	广发证券股份有限公司上海石泉路营业部	139.71	0.46
7	国泰君安证券股份有限公司上海江苏路证券营业部	148.11	0.28	国信证券有限公司深圳红荔路证券营业部	104.62	0.34
8	华夏证券股份有限公司上海分公司哈密路证券营业部	145.47	0.28	西南证券有限责任公司重庆沧白路证券营业部	102.28	0.33
9	中国国际金融有限公司北京建国门外大街证券营业部	137.03	0.26	南京证券有限责任公司南京大钟亭证券营业部	101.79	0.33
10	申银万国证券股份有限公司上海银城东路营业部	136.37	0.26	广东证券股份有限公司顺德大良证券营业部	76.52	0.25
11	国泰君安证券股份有限公司总部	130.86	0.25	长城证券有限责任公司深圳振华路第二证券营业部	70.37	0.23
12	华泰证券有限责任公司无锡解放西路证券营业部	124.83	0.24	中国国际金融有限公司北京建国门外大街证券营业部	69.16	0.23
13	国泰君安证券股份有限公司北京知春路证券营业部	121.39	0.23	国泰君安证券股份有限公司深圳分公司	64.05	0.21
14	中富证券有限责任公司上海南京西路证券营业部	119.37	0.23	汉唐证券有限责任公司深圳红岭中路证券营业部	63.20	0.21
15	国泰君安证券股份有限公司上海福山路证券营业部	119.07	0.23	渤海证券有限责任公司天津气象台路证券营业部	63.16	0.21
16	东吴证券有限责任公司苏州石路证券营业部	116.68	0.22	光大证券有限责任公司东莞运河东一路证券营业部	62.84	0.20
17	西南证券有限责任公司北京北三环中路证券营业部	109.10	0.21	华夏证券股份有限公司南京淮海路证券营业部	62.34	0.20
18	广发证券股份有限公司广州环市东路证券营业部	108.48	0.21	民生证券有限责任公司成都岳府街证券营业部	62.30	0.20
19	兴业证券股份有限公司厦门兴隆路证券营业部	106.08	0.20	广东证券股份有限公司茂名市文明中路证券营业部	60.68	0.20
20	汉唐证券有限责任公司北京裕民路证券营业部	105.51	0.20	中国银河证券有限责任公司宁波解放南路证券营业部	60.18	0.20
合计	合计	3567.22	6.85		2582.11	8.41

注:表中交易金额为双边计算

数据来源:上海、深圳证券交易所

Source: Shanghai、Shenzhen Stock Exchange

8-7 2004年证券营业部国债现货交易金额排名表

Top 20 of Securities Sale Departments by Turnover of Cash T-Bonds in 2004

金额:亿元

序号 No.	上海			深圳		
	营业部名称 Securities House	交易金额 Turnover	比重%	会员名称 Companies	交易金额 Turnover	比重%
1	海通证券股份有限公司交易总部	163.41	3.07	世纪证券有限责任公司深圳福虹路证券营业部	1.13	11.36
2	中国民族证券有限责任公司北京太平桥大街证券营业部	157.45	2.96	国信证券有限公司深圳红岭中路证券营业部	0.94	9.50
3	平安证券有限责任公司国债部(非营业场所)	123.61	2.32	申银万国证券股份有限公司广州江南大道证券营业部	0.86	8.71
4	中银国际证券有限责任公司上海银城中路证券营业部	119.67	2.25	第一证券有限公司广州华利路证券营业部	0.81	8.19
5	华夏证券股份有限公司上海分公司哈密路证券营业部	79.06	1.48	国信证券有限公司北京三里河路证券营业部	0.55	5.53
6	国泰君安证券股份有限公司总部	74.29	1.40	广东证券股份有限公司三水西南证券营业部	0.27	2.74
7	中国国际金融有限公司上海陆家嘴东路证券营业部	67.20	1.26	海通证券股份有限公司杭州解放路证券营业部	0.21	2.16
8	中信证券股份有限公司总部(非营业场所)	63.75	1.20	广发证券股份有限公司广州农林下路证券营业部	0.19	1.91
9	中国国际金融有限公司北京建国门外大街证券营业部	55.83	1.05	天同证券有限责任公司上海东长治路证券营业部	0.11	1.06
10	辽宁省证券公司沈阳市府大路证券营业部	54.19	1.02	华泰证券有限责任公司南京大桥南路证券营业部	0.10	0.99
11	申银万国证券股份有限公司证券投资总部	51.65	0.97	德邦证券有限责任公司上海凉城路证券营业部	0.10	0.99
12	申银万国证券股份有限公司上海余姚路证券营业部	47.11	0.89	中期证券经纪有限责任公司沈阳光荣街证券营业部	0.10	0.97
13	中天证券有限责任公司沈阳北五马路证券营业部	46.96	0.88	西南证券有限责任公司上海定西路证券营业部	0.08	0.78
14	湘财证券有限责任公司深圳深南大道证券营业部	46.72	0.88	天同证券有限责任公司济南共青团路证券营业部	0.06	0.59
15	中信证券股份有限公司上海番禺路证券营业部	43.44	0.82	广东民安证券经纪有限责任公司广州环市东路证券营业部	0.06	0.57
16	金信证券有限责任公司上海长乐路证券营业部	37.37	0.70	国泰君安证券股份有限公司上海陆家嘴东路证券营业部	0.05	0.54
17	中信证券股份有限公司北京白家庄东里证券营业部	35.20	0.66	招商证券股份有限公司深圳振华路证券营业部	0.05	0.52
18	山西证券有限责任公司太原府西街营业部	35.14	0.66	汉唐证券有限责任公司北京裕民路证券营业部	0.05	0.48
19	中国银河证券有限责任公司固定收益部	35.13	0.66	联合证券有限责任公司长沙劳动西路证券交易营业部	0.05	0.47
20	中国银河证券有限责任公司南昌广场东路证券营业部	34.07	0.64	华夏证券股份有限公司长春人民大街证券营业部	0.04	0.43
合计	合　　计	1371.24	25.75		5.80	58.49

注:表中交易金额为双边计算

数据来源:上海、深圳证券交易所

Source: Shanghai、Shenzhen Stock Exchange

8-8 2004年证券营业部国债回购交易金额排名表

Top 20 of Securities Sale Departments by Turnover of T-Bond Repurchase in 2004

金额:亿元

序号 No.	上海			深圳		
	营业部名称 Securities House	交易金额 Turnover	比重%	会员名称 Companies	交易金额 Turnover	比重%
1	海通证券股份有限公司交易总部	1930.81	2.55	海通证券股份有限公司杭州解放路证券营业部	0.79	100.00
2	世纪证券有限责任公司深圳深南大道中证券营业部	1803.61	2.38			
3	中信证券股份有限公司总部(非营业场所)	1738.03	2.30			
4	宏源证券股份有限公司乌鲁木齐文艺路证券营业部	1206.16	1.59			
5	汉唐证券有限责任公司深圳福星路证券营业部	1029.11	1.36			
6	山西证券有限责任公司太原府西街营业部	994.07	1.31			
7	世纪证券有限责任公司深圳福虹路证券营业部	974.71	1.29			
8	北京证券有限责任公司北京北三环东路证券营业部	938.35	1.24			
9	东吴证券有限责任公司常熟颜港证券营业部	916.74	1.21			
10	中国国际金融有限公司北京建国门外大街证券营业部	778.69	1.03			
11	华夏证券股份有限公司上海分公司哈密路证券营业部	747.15	0.99			
12	华夏证券股份有限公司北京东直门南大街证券营业部	724.48	0.96			
13	国泰君安证券股份有限公司深圳爱国路证券营业部	648.01	0.86			
14	中信证券股份有限公司北京安外大街证券营业部	591.37	0.78			
15	国泰君安证券股份有限公司上海延平路证券营业部	539.45	0.71			
16	中信证券股份有限公司北京北三环中路证券营业部	498.96	0.66			
17	中国国际金融有限公司上海陆家嘴东路证券营业部	480.64	0.64			
18	甘肃证券有限责任公司兰州和政路证券营业部	480.12	0.63			
19	大通证券股份有限公司大连武汉街证券营业部	468.37	0.62			
20	申银万国证券股份有限公司上海兰溪路营业部	445.18	0.59			
合计	合 计	17934.01	23.69		0.79	100.00

注:表中交易金额为双边计算

数据来源:上海、深圳证券交易所

Source: Shanghai、Shenzhen Stock Exchange

8-9 2004年证券公司增资扩股情况

Summary for Expanding Capital of Securities Companies in 2004

序号 No.	公司名称 Companies	增资后注册资本 Capital After Expanding (亿元)(RMB100m)	备注 Memo
1	中信万通证券有限责任公司(万通证券有限责任公司)	8	
2	五矿证券经纪有限责任公司(深圳市金牛证券经纪有限责任公司)	1.6	
3	中国国际金融有限公司	1.25亿美元	
4	日信证券有限责任公司(内蒙古日信证券经纪有限责任公司)	6	
7	五洲证券有限公司(洛阳市证券公司)	5.12	
5	河北财达证券经纪有限责任公司	5.18	尚未完成
6	广东民安证券经纪有限责任公司	7.1	尚未完成
8	光大证券有限责任公司	30.48	尚未完成
9	山东省齐鲁证券经纪有限公司	8.12	尚未完成

数据来源:中国证监会

Source:CSRC

表8-10 2004年取得保荐资格的证券公司名单

Listed of Sponsors in 2004

序号 No.	公司名称 Sponsors	序号 No.	公司名称 Sponsors
1	广发证券股份有限公司	21	华安证券有限责任公司
2	光大证券有限责任公司	22	泰阳证券有限责任公司
3	国泰君安证券股份有限公司	23	广东证券股份有限公司
4	华夏证券股份有限公司	24	渤海证券有限责任公司
5	海通证券股份有限公司	25	华欧国际证券有限责任公司
6	西南证券有限责任公司	26	中关村证券股份有限公司
7	华泰证券有限责任公司	27	长江巴黎百富勤证券有限责任公司
8	国信证券有限责任公司	28	北京证券有限责任公司
9	中国银河证券有限责任公司	29	红塔证券股份有限公司
10	东北证券有限责任公司	30	大通证券股份有限公司
11	联合证券有限责任公司	31	闽发证券有限责任公司
12	申银万国证券股份有限公司	32	平安证券有限责任公司
13	中信证券股份有限公司	33	金元证券有限责任公司
14	南方证券股份有限公司	34	华龙证券有限责任公司
15	天同证券有限责任公司	35	宏源证券股份有限公司
16	长城证券有限责任公司	36	东吴证券有限责任公司
17	招商证券股份有限公司	37	天一证券有限责任公司
18	兴业证券股份有限公司	38	河北证券有限责任公司
19	东方证券有限责任公司	39	山西证券有限责任公司
20	大鹏证券有限责任公司	40	方正证券有限责任公司

续表 Continued

序号 No.	公司名称 Sponsors	序号 No.	公司名称 Sponsors
41	国联证券有限责任公司	56	万通证券有限责任公司
42	江南证券有限责任公司	57	中国民族证券有限责任公司
43	汉唐证券有限责任公司	58	中国科技证券有限责任公司
44	新疆证券有限责任公司	59	东莞证券有限责任公司
45	德邦证券有限责任公司	60	广州证券有限责任公司
46	中国国际金融有限公司	61	华鑫证券有限责任公司
47	恒泰证券有限责任公司	62	华林证券有限责任公司
48	中银国际证券有限责任公司	63	爱建证券有限责任公司
49	国元证券有限责任公司	64	南京证券有限责任公司
50	东海证券有限责任公司	65	上海证券有限责任公司
51	第一证券有限公司	66	第一创业证券有限责任公司
52	巨田证券有限责任公司	67	华西证券有限责任公司
53	金通证券股份有限公司	68	国盛证券有限责任公司
54	国海证券有限责任公司	69	中原证券股份有限公司
55	金信证券有限责任公司	70	航空证券有限责任公司

数据来源:中国证监会

Source: CSRC

8-11 2004 年取得外资股业务资格的证券经营机构名单

Listed of Oversea Business Qualified Foreign Securities Companies in 2004

序号 No.	公司名称 Companies	资格种类 Qualification
1	DBS 唯高达香港有限公司	经纪商、主承销商
2	ING 霸菱证券(香港)有限公司	经纪商、主承销商
3	百德能证券有限公司	经纪商、主承销商
4	宝来证券(香港)有限公司	经纪商、主承销商
5	倍利证券(香港)有限公司	主承销商
6	大福证券有限公司	经纪商、主承销商
7	大和证券住银资本市场(香港)有限公司	经纪商、主承销商
8	德意志证券亚洲有限公司	经纪商、主承销商
9	帝杰亚洲有限公司	经纪商、主承销商
10	东方惠嘉证券有限公司	经纪商、主承销商
11	东亚证券有限公司	经纪商
12	东洋证券亚洲有限公司	经纪商
13	东洋证券株式会社	经纪商、主承销商
14	发展证券香港有限公司	经纪商
15	法国巴黎百富勤融资有限公司	主承销商
16	法国巴黎百富勤证券有限公司	经纪商、主承销商
17	法国兴业证券(香港)有限公司	经纪商、主承销商
18	高盛(亚洲)有限责任公司	经纪商、主承销商
19	工商东亚证券有限公司	经纪商、主承销商
20	广利证券有限公司	经纪商
21	国际证券(香港)有限公司	经纪商

续表 Continued

序号 No.	公司名称 Companies	资格种类 Qualification
22	和升国际有限公司	经纪商、主承销商
23	荷银融资亚洲有限公司	主承销商
24	荷银证券亚洲有限公司	经纪商
25	亨泰证券有限公司	经纪商
26	恒生证券有限公司	经纪商
27	汇丰证券(亚洲)有限公司	经纪商、主承销商
28	汇富证券有限公司	经纪商、主承销商
29	极讯亚太有限公司	经纪商
30	加拿大怡东融资有限公司	主承销商
31	加怡证券经纪有限公司	经纪商
32	嘉诚证券有限公司	经纪商、主承销商
33	嘉佳证券有限公司	经纪商
34	建弘证券(亚洲)有限公司	经纪商、主承销商
35	京华山一国际(香港)有限公司	经纪商、主承销商
36	京华证券国际有限公司	经纪商、主承销商
37	凯基证券亚洲有限公司	经纪商、主承销商
38	乐金投资证券公司	经纪商、主承销商
39	里昂证券有限公司	经纪商、主承销商
40	摩根斯丹利添惠亚洲有限公司	经纪商
41	内藤证券株式会社	经纪商
42	培基证券有限公司	主承销商
43	群益证券(香港)有限公司	经纪商、主承销商
44	软库金汇投资服务有限公司	经纪商、主承销商
45	瑞士信贷第一波士顿(香港)有限公司	经纪商、主承销商
46	三星证券株式会社	经纪商、主承销商
47	顺隆证券行有限公司	经纪商
48	所罗门美邦香港有限公司	经纪商
49	万信证券有限公司	经纪商
50	吴玉钦证券(香港)有限公司	经纪商
51	新鸿基投资服务有限公司	经纪商、主承销商
52	新加坡大华亚洲(香港)有限公司	主承销商
53	新加坡发展亚洲融资有限公司	主承销商
54	新日本证券国际(香港)有限公司	经纪商、主承销商
55	信诚证券有限公司	经纪商
56	野村国际(香港)有限公司	经纪商、主承销商
57	怡富证券有限公司	经纪商、主承销商
58	英明证券有限公司	经纪商
59	元富证券(香港)有限公司	经纪商、主承销商
60	中银国际证券有限公司	经纪商
61	周生生证券有限公司	经纪商
62	大华继显(香港)有限公司	经纪商
63	东海东京证券公司	经纪商
64	中国国际金融香港有限公司	经纪商
65	美林远东有限公司	经纪商
66	摩根大通证券(亚太)有限公司	经纪商、主承销商

数据来源:中国证监会
Source:CSRC

8-12 2004年获得证券投资咨询业务资格的机构名单

Listed of Securities Investment Consulting Qualified Companies in 2004

序号 No.	地区 Area	机构名称 companies
1	北 京	北京清华紫光投资顾问有限公司
2	北 京	北京君之创证券投资咨询有限公司
3	北 京	北京京放投资管理顾问有限责任公司
4	北 京	和讯信息科技有限公司
5	北 京	中鼎信财务顾问(北京)有限公司
6	北 京	北京汇正财经顾问有限公司
7	北 京	北京新兰德证券投资咨询有限责任公司
8	北 京	北京东方高圣投资顾问有限公司
9	北 京	北京市海问投资咨询有限责任公司
10	北 京	北京中方信富投资管理咨询有限公司
11	北 京	北京中咨北方投资顾问有限公司
12	北 京	北京和君创业咨询有限公司
13	北 京	北京金美林投资顾问有限公司
14	北 京	天相投资顾问有限公司
15	北 京	北京中和应泰管理顾问有限公司
16	北 京	北京信鼎创富证券投资咨询有限公司
17	北 京	北京金昌投资咨询有限公司
18	北 京	北京群丰投资咨询有限公司
19	北 京	北京首放投资顾问咨询有限公司
20	北 京	北京盛世华商投资咨询有限公司
21	北 京	北京博星投资顾问有限公司
22	北 京	北京首证投资顾问有限公司
23	上 海	上海申银万国证券研究所有限公司
24	上 海	上海亚洲商务投资咨询有限公司
25	上 海	上海世基投资顾问有限公司
26	上 海	上海中广信息传播咨询有限公司
27	上 海	上海证联投资咨询服务有限责任公司
28	上 海	上海万国股市测评咨询有限公司
29	上 海	上海点津投资顾问有限公司
30	上 海	上海新兰德证券投资咨询顾问有限公司
31	上 海	上海证券综合研究有限公司
32	上 海	上海赛德投资咨询有限公司
33	上 海	上海金信证券研究所有限责任公司
34	上 海	上海金汇信息系统有限公司
35	上 海	上海万盛投资咨询有限公司
36	上 海	上海新世纪投资服务有限公司
37	上 海	上海市涌金理财顾问有限公司
38	上 海	上海君创财经顾问有限公司
39	上 海	上海益邦投资咨询有限公司
40	上 海	上海新资源证券咨询有限公司
41	上 海	上海夏商投资咨询有限公司
42	上 海	上海丰润投资顾问有限公司
43	上 海	上海荣正投资咨询有限公司
44	上 海	上海源润证券投资咨询有限公司
45	上 海	上海天力投资顾问有限公司
46	天 津	天津证券投资咨询有限公司
47	天 津	天津市中融投资咨询有限公司
48	山 西	山西广瑞投资财务顾问有限公司
49	沈 阳	沈阳渤海投资咨询顾问有限公司
50	沈 阳	沈阳世纪金龙投资咨询有限公司
51	大 连	大连北部资产经营有限公司
52	大 连	大连宝鼎咨询有限公司
53	吉 林	吉林省北方万盛投资管理顾问有限公司
54	黑龙江	黑龙江省容维投资顾问有限责任公司
55	黑龙江	哈尔滨新思路投资咨询有限公司
56	黑龙江	哈尔滨富淋投资咨询服务有限责任公司

续表 Continued

序号 No.	地区 Area	机构名称 companies
57	江 苏	江苏现代资产投资管理顾问有限公司
58	江 苏	江苏天鼎投资咨询有限公司
59	江 苏	无锡金百灵投资咨询有限公司
60	浙 江	宁波海顺投资咨询有限公司
61	浙 江	杭州新希望证券投资顾问有限公司
62	浙 江	杭州三元证券投资顾问有限公司
63	浙 江	浙江凡思达投资顾问有限公司
64	浙 江	浙江国金投资咨询有限公司
65	浙 江	浙江利捷企业策略咨询有限公司
66	安 徽	安徽华安新兴证券投资咨询有限责任公司
67	安 徽	安徽大时代投资咨询有限公司
68	福 建	福建省企业顾问有限公司
69	福 建	福建儒林信息技术发展有限公司
70	福 建	福建天信投资咨询顾问有限公司
71	福 建	厦门市鑫鼎盛证券投资咨询服务有限公司
72	福 建	厦门市新汇通投资咨询有限公司
73	福 建	厦门高能投资咨询有限公司
74	山 东	山东神光咨询服务有限责任公司
75	山 东	济南英大证券投资咨询有限责任公司
76	山 东	青岛安信投资顾问有限责任公司
77	山 东	青岛市大摩投资咨询有限责任公司
78	河 南	河南万国咨询开发有限公司
79	河 南	河南华证金融投资咨询有限公司
80	河 南	河南九鼎投资咨询有限公司
81	湖 北	武汉新兰德投资顾问有限公司
82	湖 南	湖南金证投资咨询顾问有限公司
83	湖 南	湖南运达投资管理顾问有限公司
84	湖 南	湖南证券研究所有限责任公司
85	广 东	广东科德投资顾问有限公司
86	广 东	广州市万隆证券咨询顾问有限公司
87	广 东	广州越声理财咨询有限公司
88	广 东	广州新升咨询顾问有限公司
89	广 东	珠海博众证券投资咨询有限公司
90	广 东	广州市运财行投资理财顾问有限公司
91	广 东	广东百灵信投资管理有限公司
92	广 东	广州博信投资咨询有限公司
93	深 圳	深圳市尊悦证券投资顾问有限公司
94	深 圳	深圳市周明海询商务投资顾问有限公司
95	深 圳	深圳新兰德证券投资咨询有限公司
96	深 圳	深圳市怀新企业投资顾问有限公司
97	深 圳	深圳华鼎财经资讯股份有限公司
98	深 圳	深圳市珞珈投资咨询有限公司
99	深 圳	深圳中证投资资讯有限公司
100	深 圳	深圳市股海观潮投资顾问有限公司
101	深 圳	深圳市智多盈投资顾问有限公司
102	深 圳	深圳市芙浪特证券投资顾问有限公司
103	海 南	海南精信资讯有限公司
104	海 南	海南港澳资讯产业股份有限公司
105	四 川	成都倍新投资咨询有限责任公司
106	四 川	成都银华投资资讯有限公司
107	四 川	成都汇阳投资顾问有限公司
108	重 庆	重庆成长财经顾问有限公司
109	重 庆	重庆博股通金证券投资咨询有限公司
110	重 庆	重庆东金管理顾问有限公司
111	云 南	昆明博闻证券投资咨询有限责任公司
112	陕 西	陕西巨丰投资资讯有限责任公司
113	陕 西	陕西融泰投资咨询有限公司
114	河 北	河北源达证券投资咨询有限公司
115	宁 夏	宁夏嘉信证券投资咨询有限公司
116	甘 肃	甘肃汉德投资咨询有限公司

数据来源：中国证监会

Source：CSRC

8-13　2004年外资证券类机构代表处名录

China Office of Foreign Securities Companies in 2004

序号 No.	地区 Area	机构名称 Name
1	上 海	乐金投资证券公司上海代表处
2	上 海	韩国现代证券公司上海代表处
3	上 海	三星证券公司上海代表处
4	上 海	韩华证券股份有限公司上海代表处
5	上 海	友利证券公司上海代表处
6	上 海	霸菱集团上海代表处
7	上 海	高盛(中国)有限责任公司上海代表处
8	上 海	摩根大通证券(亚太)有限公司上海代表处
9	上 海	贝尔斯登公司上海代表处
10	上 海	美林国际有限公司上海代表处
11	上 海	美国培基证券有限公司上海代表处
12	上 海	大和证券SMBC股份有限公司上海代表处
13	上 海	野村证券公司上海代表处
14	上 海	内藤证券公司上海代表处
15	上 海	倍利证券(香港)有限公司上海代表处
16	上 海	金鼎综合证券(维京)股份有限公司上海代表处
17	上 海	日盛嘉富证券国际有限公司上海代表处
18	上 海	元富证券(香港)有限公司上海代表处
19	上 海	建华证券(亚洲)有限公司上海代表处
20	上 海	元大京华证券(香港)有限公司上海代表处
21	上 海	群益国际控股有限公司上海代表处
22	上 海	宝来证券股份有限公司上海代表处
23	上 海	统一证券(香港)有限公司上海代表处
24	上 海	大华证券(香港)有限公司上海代表处
25	上 海	瑞银证券亚洲有限公司上海代表处
26	上 海	法国巴黎百富勤有限公司上海代表处
27	上 海	汇丰投资管理香港有限公司上海代表处
28	上 海	新鸿基投资服务有限公司上海代表处
29	上 海	唯高达香港有限公司上海代表处
30	上 海	花旗环球金融亚洲有限公司上海代表处
31	上 海	太丰行融资(亚洲)有限公司上海代表处
32	上 海	大福证券有限公司上海代表处
33	上 海	荷银证券亚洲有限公司上海代表处
34	上 海	里昂证券有限公司上海代表处
35	上 海	洛希尔中国控股有限公司上海代表处
36	上 海	荷银投资管理(亚洲)有限公司上海代表处
37	上 海	摩根士坦利添惠亚洲有限公司上海代表处
38	上 海	凯基证券亚洲有限公司上海代表处
39	上 海	恒生证券有限公司上海代表处
40	上 海	工商东亚融资有限公司上海代表处
41	上 海	香港上海汇丰银行有限公司(证券业务)上海代表处
42	上 海	汇富金融服务有限公司上海代表处
43	上 海	新加坡发展亚洲融资有限公司上海代表处
44	上 海	新加坡大华亚洲(香港)有限公司上海代表处
45	上 海	英国施罗德集团上海代表处

续表 Continued

序号 No.	地区 Area	机构名称 Name
46	上 海	巴克莱证券有限公司上海代表处
47	上 海	卓亚(企业融资)有限公司上海代表处
48	上 海	法国兴业证券(香港)有限公司上海代表处
49	上 海	瑞士信贷第一波士顿(香港)有限公司上海代表处
50	深 圳	香港新鸿基投资服务有限公司深圳代表处
51	深 圳	荷银证券亚洲有限公司深圳代表处
52	深 圳	摩根大通证券(亚太)有限公司深圳代表处
53	深 圳	里昂证券有限公司驻深圳代表处
54	深 圳	倍利证券(香港)有限公司深圳代表处
55	深 圳	凯基证券亚洲有限公司深圳代表处
56	深 圳	元富证券(香港)有限公司深圳代表处
57	北 京	美林国际有限公司北京代表处
58	北 京	花旗环球金融中国有限公司北京代表处
59	北 京	摩根士丹利添惠亚洲有限公司北京代表处
60	北 京	高盛(中国)有限责任公司北京代表处
61	北 京	雷曼兄弟公司北京代表处
62	北 京	贝尔斯登公司北京代表处
63	北 京	英国施罗德集团北京代表处
64	北 京	洛希尔中国控股有限公司北京代表处
65	北 京	里昂证券有限公司北京代表处
66	北 京	法国巴黎百富勤有限公司北京代表处
67	北 京	摩根大通证券(亚太)有限公司北京代表处
68	北 京	荷银融资亚洲有限公司北京代表处
69	北 京	瑞银证券亚洲有限公司北京代表处
70	北 京	香港上海汇丰银行有限公司(证券业务)北京代表处
71	北 京	瑞士信贷第一波士顿(香港)有限公司北京代表处
72	北 京	中银国际控股有限公司北京代表处
73	北 京	工商东亚金融控股有限公司北京代表处
74	北 京	汇富金融服务有限公司北京代表处
75	北 京	嘉诚亚洲有限公司北京代表处
76	北 京	三菱证券股份有限公司北京代表处
77	北 京	日兴柯迪证券股份有限公司北京代表处
78	北 京	大和证券 SMBC 股份有限公司北京代表处
79	北 京	道亨证券有限公司北京代表处
80	北 京	野村证券株式会社北京代表处
81	北 京	金鼎综合证券(香港)有限公司北京代表处
82	北 京	倍利证券(香港)有限公司北京代表处
83	北 京	元大京华证券股份有限公司北京代表处
84	北 京	新百利有限公司北京代表处
85	北 京	京华山一国际(香港)有限公司北京代表处
86	北 京	德意志银行股份有限公司(证券业务)北京代表处
87	广 州	宝来证券股份有限公司广州代表处

数据来源:中国证监会

Source:CSRC

8-14 2004年获得客户资产管理业务资格的证券公司名单

Listed of being entrusted Investment Qualified Companies in 2004

序号 No.	公司名称 Companies	序号 No.	公司名称 Companies
1	健桥证券股份有限公司	37	湘财证券有限责任公司
2	金信证券有限责任公司	38	中关村证券股份有限公司
3	东吴证券有限责任公司	39	华龙证券有限责任公司
4	华西证券有限责任公司	40	闽发证券有限责任公司
5	巨田证券有限责任公司	41	大通证券股份有限公司
6	南方证券有限责任公司	42	招商证券股份有限公司
7	广东证券股份有限公司	43	国元证券有限责任公司
8	国联证券有限责任公司	44	光大证券有限责任公司
9	山西证券有限责任公司	45	申银万国证券股份有限公司
10	联合证券有限责任公司	46	长江证券有限责任公司
11	上海证券有限责任公司	47	海通证券有限公司
12	华夏证券有限公司	48	中信证券股份有限公司
13	银河证券有限责任公司	49	广发证券股份有限公司
14	国都证券有限责任公司	50	华安证券有限责任公司
15	长城证券有限责任公司	51	中富证券有限责任公司
16	天同证券有限责任公司	52	汉唐证券有限责任公司
17	西南证券有限责任公司	53	新疆证券有限责任公司
18	渤海证券有限责任公司	54	东方证券有限责任公司
19	国信证券有限责任公司	55	中国国际金融有限公司
20	兴业证券股份有限公司	56	兴安证券有限责任公司
21	东北证券有限责任公司	57	东莞证券有限责任公司
22	万通证券有限责任公司	58	金通证券有限责任公司
23	大鹏证券有限责任公司	59	恒泰证券有限责任公司
24	西部证券股份有限公司	60	亚洲证券有限责任公司
25	国海证券有限责任公司	61	第一创业证券有限责任公司
26	天一证券有限责任公司	62	恒泰证券有限责任公司
27	西北证券有限责任公司	63	红塔证券股份有限公司
28	中国民族证券有限责任公司	64	金元证券有限责任公司
29	泰阳证券有限责任公司	65	财富证券有限责任公司
30	宏源证券股份有限公司	66	江南证券有限责任公司
31	广州证券有限责任公司	67	爱建证券有限责任公司
32	民生证券有限责任公司	68	中原证券股份有限公司
33	河北证券有限责任公司	69	南京证券有限责任公司
34	北京证券有限责任公司	70	世纪证券有限责任公司
35	国泰君安证券股份有限责任公司	71	中银国际证券有限责任公司
36	平安证券有限责任公司		

8-15 2004年证券公司名单

List of Securities Companies in 2004

序号 No.	所在地 Location	公司名称 Company	通信地址 Address	邮政编码 Zip Code	联系电话 Phone Number
1	北京	中国银河证券有限责任公司	北京市西城区金融大街35号国企大厦C座	100032	010-66568686
2	北京	北京证券有限责任公司	北京市海淀车公庄西路乙19号	100044	010-88018667
3	北京	中关村证券股份有限公司	北京海淀区中关村南大街32号中关村科技发展大厦B座二层	100029	010-82029888
4	北京	中国民族证券有限责任公司	北京市民族文化宫3楼	100031	010-66070716
5	北京	中国科技证券有限责任公司	北京市朝阳区北辰东路8号北京国际会议中心四层	100101	010-84973341
6	北京	民生证券有限责任公司	北京市西城区复兴门内大街158号远洋大厦第F13层	100031	010-66493978
7	北京	新时代证券有限责任公司	北京市朝阳区兴隆西街2号白云大厦7层	100025	010-85787958
8	北京	航空证券有限责任公司			
9	北京	首创证券有限责任公司	北京市东城区东中街东环广场B座4层	100027	010-64182436
10	北京	中国国际金融有限公司	北京市建国门外大街1号国贸2座28层	100045	010-65051166
11	北京	华夏证券股份有限公司	北京市东城区新中街68号	100027	010-65178899
12	长春	东北证券有限责任公司	长春市人民大街138-1号	130022	0431-5680126
13	长春	长财证券经纪有限责任公司	长春市珠江路35号	130051	0431-2942266
14	长沙	湘财证券有限责任公司	湖南省长沙市黄兴中路63号	410005	0731-4431720
15	长沙	泰阳证券有限责任公司	长沙市新建西路1号泰阳证券	410007	0731-5382233
16	长沙	恒信证券有限责任公司	湖南省长沙市韶山北路149号通程国际大酒店20层	410011	0731-4130661
17	长沙	财富证券有限责任公司	湖南省长沙市芙蓉中路466号金源大酒店南楼12层	410005	0731-5168030
18	常州	东海证券有限责任公司	常州市延陵西路59号常信大厦19楼	213003	0519-8121445
19	成都	华西证券有限责任公司	成都陕西街239号	610041	028-6150059
20	成都	四川省天风证券有限责任公司	成都市走马街55号友谊广场B座19楼	610021	028-6712462
21	成都	成都证券经纪有限公司	成都市东城根上街95号	610015	028-6690360
22	成都	和兴证券经纪有限责任公司	成都市人民南路二段十八号川信大厦10楼	610016	028-86200836
23	成都	川财证券经纪有限责任公司	四川省成都市中新街68号	610041	028-86583088
24	大连	大通证券股份有限公司	大连市中山区人民路24号	116001	0411-2539000
25	大同	大同证券经纪有限责任公司	山西省大同市大北街13号	030001	0351-4192813
26	东莞	东莞证券有限责任公司	广东省东莞市莞太路胜和大厦综合楼	523000	0769-2811890
27	福州	兴业证券股份有限公司	福州市湖东路99号	266022	0591-7609812
28	福州	闽发证券有限责任公司	福州五四路158号环球广场28-29层	350003	0591-7804428
29	福州	广发华福证券有限责任公司	福建省福州市华林路华林大厦10楼	350003	0591-7841160
30	广州	广发证券有限责任公司	广东省珠海市吉大海滨南路光大国际贸易中心26楼2611室	510075	020-87553601
31	广州	广东证券股份有限公司	广州市解放南路123号金汇大厦	510120	020-83270610
32	广州	广州证券有限责任公司	广州先烈中路69号东山广场五楼	510095	020-87322668
33	广州	万联证券有限责任公司	广州市东风东路836号东峻广场三座34-35楼	510080	020-87692828
34	广州	广东民安证券经纪有限责任公司	广东省广州市环市东路322号	510060	020-83889983
35	贵阳	华创证券经纪有限责任公司	贵州省贵阳市中华北路216号华创证券大厦	550001	0851-6856537
36	哈尔滨	兴安证券有限责任公司	哈尔滨市道里区通江街188号	150010	0451-4680917
37	哈尔滨	天元证券经纪有限责任公司	哈尔滨市香坊区珠江路50号	150036	0451-2357072
38	哈尔滨	江海证券经纪有限责任公司	哈尔滨道里区经纬街131号	150010	0451-4672927
39	海口	金元证券有限责任公司	海南省海口市龙昆北路2号帝豪大厦19层	570105	0898-68583069
40	海口	万和证券经纪有限责任公司	海口市海淀岛沿江一西路2号	570208	0898-66257596
41	海口	海南省证券有限责任公司	海口市龙昆北路2号珠江广场帝豪大厦23层	570105	0898-66779966
42	杭州	金通证券股份有限公司	杭州市凤起路108号国信房产大厦8-12层	310006	0571-85069370

续表 Continued 1

序号 No.	所在地 Location	公司名称 Company	通信地址 Address	邮政编码 Zip Code	联系电话 Phone Number
43	杭 州	金信证券有限责任公司	浙江省杭州市杭大路18号黄龙世纪广场A区7楼	310007	0571-87901958
44	杭 州	方正证券有限责任公司	浙江省杭州市平海路1号	310006	0571-87782228
45	杭 州	天和证券经纪有限公司	杭州市孝女路2-2号	310006	0571-87081799
46	杭 州	财通证券经纪有限责任公司	浙江省杭州市解放路111号	310009	0571-87828088
47	合 肥	国元证券有限责任公司	安徽合肥寿春路179号国元大厦	230001	0551-2619006
48	合 肥	华安证券有限责任公司	合肥市阜南路166号	230061	0551-5161666
49	呼和浩特	恒泰证券有限责任公司	内蒙古自治区呼和浩特市新城区东风路111号	010010	0471-4913998
50	呼和浩特	内蒙古日信证券经纪有限责任公司	内蒙古自治区呼和浩特市锡林南路40号	010020	0471-62922480
51	惠 州	联讯证券经纪有限责任公司	广东惠州下埔路14号	516001	0752-2119392
52	济 南	天同证券有限责任公司	山东省济南市泉城路180号	250011	0531-6015836
53	济 南	山东齐鲁证券经纪有限公司	济南经十路128号鲁银大厦4楼	250001	0531-2024128
54	江 门	华林证券有限责任公司	广东江门市港口路1号	529000	0750-3190998
55	锦 州	广发北方证券经纪有限责任公司	大连市中山区人民路72号2层	116001	0411-2827543
56	昆 明	红塔证券股份有限公司	昆明市北京路155号附1号红塔大厦7-11层	650011	0871-3577917
57	拉 萨	西藏证券经纪有限责任公司	西藏拉萨市北京中路101号	850000	0891-6830209
58	兰 州	华龙证券有限责任公司	兰州市静宁路138号	730030	0931-4890517
59	兰 州	甘肃证券有限责任公司	兰州市庆阳路285号民安大厦B-25层	730030	0931-8440209
60	辽 宁	中天证券有限责任公司	辽宁省沈阳市和平区北五马路47号	110002	024-62165256
61	洛 阳	洛阳证券公司	河南省洛阳市涧西区南昌路98号	471003	0379-4326964
62	南 昌	江南证券有限责任公司	南昌市象山北路208号	330008	0791-6776103
63	南 昌	国盛证券有限责任公司	江西省南昌市永叔路15号	330003	0791-6286910
64	南 京	华泰证券有限责任公司	江苏省南京市中山东路90号	210002	025-4457777
65	南 京	信泰证券有限责任公司	江苏省南京市长江路88号	210002	025-4784765
66	南 京	南京证券有限责任公司	南京市大钟亭8号	210008	025-3223622
67	南 宁	国海证券有限责任公司	广西南宁滨湖路46号	530021	0771-5539309
68	宁 波	天一证券有限责任公司	宁波市开明街417-427号	315000	0574-87285846
69	青 岛	万通证券有限责任公司	青岛市市南区东海路28号	266022	0532-5022316
70	上 海	海通证券股份有限公司	上海淮海中路98号	200021	021-53830716
71	上 海	申银万国证券股份有限公司	上海市常熟路171号	200031	021-54031888
72	上 海	光大证券有限责任公司	上海浦东南路528号证券大厦南塔16楼	200120	021-68816518
73	上 海	东方证券股份有限公司	上海市浦东大道720号	200120	021-50367888
74	上 海	国泰君安证券股份有限公司	上海市延平路135号	200042	021-62580818
75	上 海	上海证券有限责任公司	上海市九江路111号	200002	021-63238360
76	上 海	中银国际证券有限责任公司	上海市浦东银城中路200号中银大厦39号	200120	021-68604866
77	上 海	亚洲证券有限责任公司	上海市浦东新区源深路279号	200135	021-58521113
78	上 海	爱建证券有限责任公司	上海市复兴东路673号	200010	021-63341879
79	上 海	北方证券有限责任公司	上海市浦东南路500号国家开发银行大厦13层	200120	021-58885126
80	上 海	中富证券有限责任公司	上海市静安区南京西路1468号中欣大厦17层	200040	021-62476666
81	上 海	上海远东证券有限公司	上海市浦东南路256号华夏银行大厦5楼	200120	021-51150511
82	上 海	上海久联证券经纪有限责任公司	上海市曹杨路430号	200063	021-62445098
83	上 海	富成证券经纪有限公司	上海市普陀区常德路1261号	200122	021-58315533
84	上 海	华欧国际证券有限责任公司	上海市银城东路139号华能联合大厦1楼	200120	021-68865411
85	上 海	长江巴黎百富勤证券有限责任公司	上海市浦东新区世纪大道88号金茂大厦4901		
86	深 圳	大鹏证券有限责任公司	深圳市深南东路5002号地王大厦8、9楼	518008	0755-82463388
87	深 圳	国信证券有限责任公司	深圳市红岭中路1012号国信证券大厦	518001	0755-82133283
88	深 圳	中信证券股份有限公司	深圳市湖贝路1030号海龙王大厦	518029	0755-82485232
89	深 圳	招商证券股份有限公司	广东省深圳市益田路江苏大厦A座38-44楼	518026	0755-82943128

续表 Continued 2

序号 No.	所在地 Location	公司名称 Company	通信地址 Address	邮政编码 Zip Code	联系电话 Phone Number
90	深　圳	长城证券有限责任公司	深圳市深南大道6008号特区报业大厦14、16、17层	518034	0755-83516153
91	深　圳	第一创业证券有限责任公司	广东省深圳市罗湖区笋岗路12号中民时代广场B座25、26层	528000	0757-3201367
92	深　圳	平安证券有限责任公司	深圳市八卦三路平安大厦三楼	518029	0755-82262888
93	深　圳	南方证券股份有限公司	深圳市嘉宾路4028号太平洋商贸大厦25层	518001	0755-82138025
94	深　圳	国都证券有限责任公司	深圳市福田区华强北路赛格广场45楼018、02-04	518024	0755-83462238
95	深　圳	华鑫证券有限责任公司	深圳市深业大厦二十五层	518010	0755-82081520
96	深　圳	汉唐证券有限责任公司	深圳市华桥城汉唐大厦24-25层	518053	0755-86934587
97	深　圳	世纪证券有限责任公司	深圳市深南大道7088号招商银行大厦40-42层	518040	0755-83195024
98	深　圳	中山证券有限责任公司	深圳市福田区益田路江苏大厦B座15层		0760-8300572
99	深　圳	深圳金牛证券经纪有限责任公司	深圳市华富路海外装饰大厦A座11楼	518031	0755-83343496
100	深　圳	众成证券经纪有限公司	福田区百花四路长怡花园A座二层	518028	0755-83619500
101	深　圳	蔚深证券有限责任公司	深圳市福田区振华路飞亚达大厦九楼	518041	0755-83241583
102	深　圳	联合证券有限责任公司	深圳市深南东路5047号深圳发展银行大厦24层	518001	0755-82492118
103	深　圳	巨田证券有限责任公司	深圳市福田区彩田南路证券大厦21楼	518033	0755-82990007
104	沈　阳	德邦证券有限责任公司	沈阳市沈河市小西路49号	110013	024-22916456
105	沈　阳	沈阳诚浩证券经纪有限责任公司	辽宁省沈阳市沈河区北站路105号	110013	024-22523611
106	沈　阳	辽宁证券有限责任公司	沈阳市和平区总站路81号	110013	024-22528150
107	石家庄	河北证券有限责任公司	河北省石家庄裕华东路81号冶金大厦15层	050011	0311-6989683
108	石家庄	河北财达证券经纪有限责任公司	河北省石家庄市裕华西路158号燕山大酒店24层	050000	0311-7010748
109	苏　州	东吴证券有限责任公司	江苏省苏州市十梓街298号	215006	0512-65582016
110	苏　州	中期证券经纪有限责任公司	江苏省苏州市干将西路1296号		0512-8270782
111	太　原	山西证券有限责任公司	山西省太原市迎泽大街282号	030001	0351-4034317
112	天　津	渤海证券有限责任公司	天津市天津经济技术开发区第一大街29号	300061	022-28356565
113	天　津	天津一德证券经纪有限责任公司	天津市河西区浦口道25号	300042	022-23025969
114	乌鲁木齐	宏源证券股份有限公司	新疆乌鲁木齐建设路2号宏源大厦八楼	830002	0991-2301773
115	乌鲁木齐	新疆证券有限责任公司	新疆乌鲁木齐市解放北路1号通宝大厦4楼	830002	0991-2839727
116	无　锡	国联证券有限责任公司	江苏省无锡市县前东街8号	214001	0510-2737919
117	武　汉	长江证券有限责任公司	湖北省武汉市江汉区新华下路特8号	430015	027-65799775
118	武　汉	武汉证券有限责任公司	湖北省武汉市沿江大道130号	430000	027-82857177
119	西　安	西部证券有限责任公司	西安市东新街232号陕西信托大厦17层	710004	029-7406082
120	西　安	健桥证券股份有限公司	陕西省西安市高新一路2号开发银行大厦16层、23层	710075	029-8377300
121	西　安	陕西开源证券经纪有限责任公司	西安市南四府街11号	710002	029-7625481
122	西　安	西安华弘证券经纪有限责任公司	陕西省西安市太白北路3号	710068	029-7279655
123	西　宁	昆仑证券有限责任公司	西宁市五四大街39号	810000	0971-6138725
124	西　宁	三江源证券经纪有限公司	青海省西宁市解放路12号	810000	0917-8214372
125	厦　门	厦门证券有限责任公司	厦门市莲前西路2号莲富大厦17楼	361009	0592-5161816
126	银　川	西北证券有限责任公司	宁夏银川市民族北街15号	750004	0951-6024610
127	云　南	太平洋证券有限责任公司	云南省昆明市青年路389号志远大厦18层	650021	
128	郑　州	中原证券股份有限公司	河南省郑州市经三路15号广汇国际贸易大厦	450000	0371-5585609
129	重　庆	西南证券有限责任公司	重庆市渝中区临江支路2号合景国际大厦A幢	400010	023-63786464
130	重　庆	德恒证券有限责任公司	重庆市渝中区中山三路161号中山大厦	400015	023-63618830
131	珠　海	第一证券有限公司	广东省珠海市情侣南路259号	519000	0756-2121663

数据来源：中国证监会

Source：CSRC

8-16 2004年期货经纪公司名单

List of Futures Brokers in 2004

序号 No.	所在地 Location	公司名称 Broker	通信地址 Address	邮政编码 Zip Code	联系电话 Phone Number
1	安 徽	安徽安泰期货经纪有限公司	安徽省合肥市芜湖路168号同济大厦11层	230001	0551-2870103
2	安 徽	安徽安兴期货经纪有限公司	安徽省合肥市淮河路246号4层	230001	0551-2627324
3	安 徽	安徽华物期货经纪有限责任公司	安徽省合肥市芜湖路260号	230061	0551-2862590
4	北 京	百福期货经纪有限公司	朝阳区惠新西街9号	100029	010-64892835
5	北 京	北京首创期货经纪有限责任公司	朝阳区北辰东路8号亚运村1号门	100101	010-84973080
6	北 京	北京天星期货经纪有限公司	朝阳区安立路68号阳光广场写字楼D-372	100101	010-64968250
7	北 京	方圆期货经纪有限公司	北京市东城区东四十条68号平安发展大厦305、306室	100083	010-82884051
8	北 京	冠通期货经纪有限公司	海淀区知春路118号知春大厦10层1001室	100086	010-62576923
9	北 京	华煜期货经纪有限公司	北京市海淀区复兴路20号	100036	010-68227065
10	北 京	寰宇期货经纪有限公司	北京市海淀区花园路2号	100083	010-62388810
11	北 京	金宝期货经纪有限公司	北京朝阳区安外大街安定路5号	100029	010-64435958
12	北 京	金鹏期货经纪有限公司	西城区复兴门内金融街27号	100032	010-66211418
13	北 京	京都期货经纪有限公司	朝阳区安外胜古南里甲34号林木种子公司综合业务楼	100029	010-64422683
14	北 京	经易期货经纪有限公司	西城区百万庄北街6号	100037	010-68331566
15	北 京	中诚期货经纪有限责任公司	北京市海淀区中关村南大街11号证券大厦405室	100020	010-65886086
16	北 京	天成期货经纪有限责任公司	西城区金融大街33号通泰大厦座5层	100082	010-88067045
17	北 京	五矿海勤期货经纪有限公司	东城区南大街6号东方花园饭店写字楼四层401、402、407	100027	010-64172853
18	北 京	一德期货经纪有限公司	西直门北大街1号北京物资开发办公楼三层	100088	010-62231980
19	北 京	银建期货经纪有限责任公司	丰台区芳古园一区29号楼	100078	010-87611499
20	北 京	中钢期货经纪有限公司	朝阳区亚运村汇园公寓K座903室，辰运大厦2层	100101	010-84976685
21	北 京	中国中期期货经纪有限公司	朝阳区麦子店西路3号新恒基国际大厦15层	100016	010-64630960
22	北 京	中粮期货经纪有限公司	和平里东街民旺乙19号凯达大厦	100013	010-64275983
23	北 京	格林期货经纪有限公司	北京市西城区金融大街27号投资广场B座20层	450008	0371-5614391
24	大 连	渤海期货经纪有限公司	大连市沙河口区会展路18号会展中心西区355室	116023	0411-4807555
25	大 连	大连北方期货经纪有限责任公司	大连市沙河口区会展路18号会展中心东区365室	116023	0411-2735207
26	大 连	大连良运期货经纪有限公司	大连市中山区五五路12号良运酒店603室	116001	0411-2128587
27	大 连	大连万恒期货经纪有限公司	大连市沙河口区会展路18号会展中心东区332室	116023	0411-4806632
28	大 连	辽粮期货经纪有限公司	大连市沙河口区会展路18号会展中心西区321室	116023	0411-4807321
29	大 连	辽宁中期期货经纪有限公司	大连市中山区同兴街10号万泰大厦15层	116001	0411-2820786
30	甘 肃	甘肃陇达期货经纪有限公司	兰州市城关区皋兰路1号工贸大厦10层	730030	0931-8894182

续表 Continued 1

序号 No.	所在地 Location	公司名称 Broker	通信地址 Address	邮政编码 Zip Code	联系电话 Phone Number
31	广 东	长城伟业期货经纪有限公司	广州市先烈东路65号东山广场东楼11层	510095	020-87321869
32	广 东	东莞市华联期货经纪有限公司	广东省东莞市南城路嘉裕六号楼二楼	523000	0769-2333133
33	广 东	广东宝利华期货经纪有限公司	广东省南海市南海大道67-12号	528200	0757-6231222
34	广 东	广东集成利期货经纪有限公司	广东省佛山市轻工三路13号纺织大厦5楼	528000	0757-2964031
35	广 东	广东南金期货经纪有限公司	广州市天河北路689号光大银行大厦20A1、B1室	510630	020-38731388
36	广 东	广东省寰球期货经纪有限公司	广东省广州市天河北路571号二楼	510120	020-38460266-825
37	广 东	广东泰峰期货经纪有限公司	广东省中山市中山三路怡华大厦西座八楼	528403	0760-8880999-808
38	广 东	广发期货经纪有限公司	广州市寺右新马路111-115号18楼、22楼	510600	020-87555888
39	广 东	华南期货经纪有限公司	广州市天河区体育西路111号建和中心大厦15楼	510620	020-38792830
40	广 东	江南期货经纪有限公司	广东省东莞市南城区宏远花园牡丹阁二楼期货公司	523087	0769-2414151
41	广 东	民安期货经纪有限公司	广州市体育西路57号10楼	510630	020-85565602
42	广 东	南海市海通期货经纪有限公司	南海佛平二路112号12楼	528200	0757-6334983
43	广 东	南粤期货经纪有限公司	广东省南海市黄岐区广佛路34号	528248	0757-5923989
44	广 东	神通期货经纪有限公司	广州市东风中路268号广州交易广场21层03-06单元	510180	020-87161919
45	广 东	中天期货经纪有限公司	广州市解放南路123号金汇大厦6楼	510120	020-83270510
46	海 南	海南海证期货经纪有限公司	海口市海秀路104号金天龙大厦4楼	570000	0898-66753275
47	海 南	海南金海岸期货经纪有限公司	海口市国贸大道45号银通中心20层	570125	0898-68537961
48	海 南	海南深海期货经纪有限公司	海口市大同路32号	570102	0898-66725533
49	海 南	海南星海期货经纪有限公司	海口市蓝天路6号名人城5层	570206	0898-66779162
50	海 南	金元期货经纪有限公司	海口市国贸大道中衡大厦H层	570125	0898-68535334
51	海 南	万汇期货经纪有限公司	海口市大同路38号海口国际商业大厦1106室	570102	0898-66713169
52	河 北	河北恒银期货经纪有限公司	石家庄市新华路355号西商务楼二、三层	050051	0311-7036568
53	河 南	汉唐期货经纪有限公司	郑州市未来大道69号未来公寓301、307、308	450008	0371-5612411
54	河 南	河南万达期货经纪有限公司	郑州市红专路97号省粮贸大厦6层	450008	0371-5996108
55	河 南	河南正鑫期货经纪有限公司	郑州市金水花园东区76栋3A,3B	450008	0371-5615195
56	河 南	河南中期期货经纪有限公司	郑州市未来大道69号未来大厦19层	450008	0371-5614215
57	河 南	豫粮期货经纪有限公司	郑州市纬四路东段未来公寓1807号	450008	0371-5611030
58	黑龙江	大通期货经纪有限公司	哈尔滨南岗区西大直街118号01号楼6层	150001	0451-86230471
59	黑龙江	黑龙江北亚期货经纪有限公司	哈尔滨市南岗区红军街26号北亚大厦	150001	0451-53604077
60	黑龙江	黑龙江三力期货经纪有限责任公司	黑龙江省哈尔滨市道里区中央大街185号金谷大厦	150010	0451-84698737
61	黑龙江	黑龙江省龙兴期货经纪有限公司	哈尔滨市道外区大新街269号	150020	0451-88305523
62	黑龙江	黑龙江省天琪期货经纪有限公司	哈尔滨市南岗区赣水路41号	150036	0451-55649751
63	黑龙江	黑龙江延伸期货经纪有限公司	哈尔滨市香坊区中山路93号保利大厦二楼	150036	0451-82393141
64	湖 北	湖北楚天期货经纪有限公司	武汉市汉口南京路金丰大酒店6楼B座	430014	027-82776171
65	湖 北	长江期货经纪有限公司	武汉市武昌区梅苑小区120栋	430071	027-87121449
66	湖 北	湖北省金龙期货经纪有限公司	武汉市洪山区武珞路679号	430070	027-87870406

续表 Continued 2

序号 No.	所在地 Location	公司名称 Broker	通信地址 Address	邮政编码 Zip Code	联系电话 Phone Number
67	湖　北	美尔雅期货经纪有限公司	武汉市江汉北路8号金茂大楼展厅四楼	430022	027-58725715
68	湖　北	武汉天立期货经纪有限公司	武汉市江汉区新华下路25号	430015	027-85767735
69	湖　南	湖南大有期货经纪有限责任公司	湖南省长沙市芙蓉中路海东青大厦三、四楼	410011	0731-4317777
70	湖　南	湖南金信期货经纪有限公司	湖南省长沙市芙蓉中路29号隆华金属大厦8楼	410005	0731-2258815
71	湖　南	湖南泰阳期货经纪有限公司	湖南省长沙市芙蓉北路538号泰阳证券大厦二楼	410008	0731-4314829
72	湖　南	湖南湘正期货经纪有限责任公司	湖南省长沙市五一中路11号艺信大厦	410011	0731-4420698
73	吉　林	长春金路期货经纪有限公司	长春市北安路74号	130061	0431-8969369
74	吉　林	吉林金昌期货经纪有限责任公司	长春市解放大路90号物资集团后楼5楼	130021	0431-5676173
75	吉　林	天富期货经纪有限公司	长春市长春大街156号	130041	0431-8993623
76	吉　林	天鸿期货经纪有限公司	长春市解放大路90号物资集团前楼5楼	130021	0431-5678864
77	江　苏	道通期货经纪有限公司	南京广州路188号苏宁环球大厦5层02座	210024	025-3276958
78	江　苏	建证期货经纪有限责任公司	常州延陵西路57-61号	213003	0519-8110858
79	江　苏	江苏东华期货经纪有限公司	南京王府大街63号5楼	210004	025-4208666
80	江　苏	江苏弘业期货经纪有限公司	南京中华路50号弘业大厦9楼	210001	025-6629418
81	江　苏	江苏期望期货经纪有限公司	南京长江路99号长江贸易大楼20层	210005	025-4516888
82	江　苏	江苏苏物期货经纪有限公司	南京中山北路283号江苏物资大厦3楼	210003	025-3426594
83	江　苏	江苏文峰期货经纪有限责任公司	南通市环城南路128耗飞马大厦三层	226001	0513-5529853
84	江　苏	苏州中辰期货经纪有限公司	苏州因果巷1号	215005	0512-67701920
85	江　苏	通宝期货经纪有限公司	苏州三香路120号万盛大厦二楼	215004	0512-68272106
86	江　苏	无锡国联期货经纪有限公司	无锡梁溪路28号东2-4楼	214061	0510-5805769
87	江　苏	新纪元期货经纪有限责任公司	徐州彭成路93号泛亚大厦3楼	221003	0516-3441121
88	江　苏	宜兴华证期货经纪有限公司	江苏省宜兴市人民中路135号华证大厦6楼	214200	0510-7961160
89	江　西	江西瑞奇期货经纪有限公司	江西省南昌市东湖区省政府大院南一路5号省粮食局副楼	330046	0791-6290346
90	辽　宁	鞍山五环期货经纪有限公司	鞍山市铁东区南胜利路8号	114002	0412-5530669
91	辽　宁	辽宁汇鑫期货经纪有限公司	沈阳市和平区和平北大街93号	110002	024-22830718
92	辽　宁	沈阳建业期货经纪有限公司	沈阳市和平区和平北大街78号甲鸿运大厦15层	110001	024-23260941
93	辽　宁	新中鞍期货经纪有限公司	鞍山市铁西区人民路39号	114001	0412-8521945
94	内　蒙	五洋期货经纪有限公司	呼和浩特新城乌云区乌兰恰特东街15号	10050	0471-6953892
95	宁　波	宁波杉立期货经纪有限公司	宁波市百丈路158号杉杉经贸大厦三楼	315040	0574-87717999
96	青　岛	弘信期货经纪有限公司	山东省青岛市福州路6号	266071	0532-5776952
97	青　岛	青岛国大期货经纪有限公司	山东省青岛市香港中路6号B座423室	266071	0532-5919088
98	青　岛	青岛金友期货经纪有限公司	山东省青岛市市南区中山路31号	266001	0532-2965074
99	青　海	财富期货经纪有限公司	西宁市城中区南大街17号	810000	0971-8235900
100	山　东	鲁能金穗期货经纪有限公司	济南市泺源大街3号良友富临大酒店5楼	250063	0531-6980748
101	山　东	齐鲁期货经纪有限公司	济南市泉城路180号齐鲁国际大厦5楼	250011	0531-6017798
102	山　东	三隆期货经纪有限公司	济南市泺源大街22号中银大厦32楼	250100	0631-5680039
103	山　东	山东蓬达期货经纪有限公司	烟台市芝罘区西南河路176号6楼	264000	0535-6600125
104	山　东	山东泉鑫期货经纪有限公司	济南市英贤大街19号吉华大厦7、8楼	250012	0531-6910199
105	山　东	万杰鼎鑫期货经纪有限公司	淄博市张店区共青团路48号	255039	0533-2161171
106	山　东	烟台中州期货经纪有限公司	烟台市南大街118号文化宫大厦16、17层	264000	0535-6692348
107	山　西	山西和合期货经纪有限公司	太原市菜园东街2号	030012	0351-7342558

续表 Continued 3

序号 No.	所在地 Location	公司名称 Broker	通信地址 Address	邮政编码 Zip Code	联系电话 Phone Number
108	山 西	山西三立期货经纪有限公司	太原市开化寺街 181 号	030002	0351-4061688
109	山 西	山西物产期货经纪有限公司	太原市迎泽西大街新矿院路 10 号	030006	0351-6091999
110	山 西	山西中辉期货经纪有限公司	太原市新建路 95 号乡海大厦 16 层	030002	0351-8225066
111	山 西	晟鑫期货经纪有限公司	阳泉市德胜东街 23 号	045000	0353-2032367
112	陕 西	陕西省长安期货经纪有限公司	西安市和平路 99 号金鑫国际大厦 7 层	710001	029-7206163
113	陕 西	迈科期货经纪有限公司	西安市南大街粉巷 3 号西北中央大厦 5 层	710001	029-7276601
114	陕 西	西安智德期货经纪有限公司	西安市南二环路蓝溪科技大厦 9 层	710065	029-8220991
115	上 海	东航期货经纪有限责任公司	上海市凯旋路 3131 号 6 楼	200233	021-54071133
116	上 海	华高期货经纪有限公司	上海市延安中路 841 号 1001 室	200030	021-53966501
117	上 海	上海大陆期货经纪有限公司	上海市南京西路 1168 号中信泰富广场 2704B-2705	200041	021-52928888
118	上 海	上海东方期货经纪有限责任公司	上海市松林路 300 号期货大厦 1604 室	200122	021-68401568
119	上 海	上海东亚期货经纪有限公司	上海市松林路 300 号 2203 室	200063	021-68400937
120	上 海	上海黄海期货经纪有限公司	上海市番禺路 1 号 3 楼	200052	021-62255233
121	上 海	上海金城期货经纪有限公司	上海市中山北路 2550 号 1705 室	200063	021-62570000 转 1706
122	上 海	上海金鹏期货经纪有限公司	上海市浦东南路 379 号金穗大厦 11 层	200120	021-68869210
123	上 海	上海金源期货经纪有限责任公司	上海市浦电路 500 号期货大厦 35 层	200122	021-68401079
124	上 海	上海久恒期货经纪有限公司	上海市浦东世纪大道 1500 号 12 楼	200122	021-68416559
125	上 海	上海久联期货经纪有限公司	上海市延安西路 895 号 22 楼 E、F 座	200050	021-62107381
126	上 海	上海良茂期货经纪有限公司	上海市打浦路 198 号	200023	021-63027929
127	上 海	上海南都期货经纪有限责任公司	上海市浦东南路 855 号世界广场 10 楼	200120	021-58369648
128	上 海	上海普民期货经纪有限公司	上海市中山北路 2550 号 8 楼	200063	021-62571591
129	上 海	上海实友期货经纪有限公司	上海市威海路 48 号 7 楼	200003	021-53857272
130	上 海	上海外高桥期货经纪有限公司	上海市松林路 300 号期货大厦 2003 室	200122	021-68402755
131	上 海	上海万向期货经纪有限公司	上海市浦东银城东路 139 号 7 楼	200120	021-68866986
132	上 海	上海永大期货经纪有限公司	上海市中山北路 2550 号 1819 室	200063	021-62578154
133	上 海	上海浙石期货经纪有限公司	上海市松林路 300 号期货大厦 2605 室	200122	021-68401493
134	上 海	上海中财期货经纪有限公司	上海市浦东银城东路 139 号 23 楼	200063	021-68866688
135	上 海	上海中期期货经纪有限公司	上海市中山北路 2000 号中期大厦 17 楼	200063	021-62034218 转 103
136	上 海	正大期货经纪有限公司	上海市银城东路 139 号华能联合大厦 33 楼	200120	021-68864663
137	上 海	中谷期货经纪有限公司	上海市松林路 300 号期货大厦 1804 室	200122	021-68401373
138	上 海	中信期货经纪有限责任公司	上海市浦东大道 1085 号中信五牛城 3 楼	200135	021-58521166
139	上 海	浦发期货经纪有限公司	上海市虹口区中山北一路 1250 号底层	300050	021-55392181、55392178
140	深 圳	东银期货经纪有限公司	深圳市福田区深南中路 2068 号华能大厦 23 楼	518031	0755-83662533
141	深 圳	金瑞期货经纪有限公司	深圳市福虹路 9 号世贸广场 A 座 38 楼	518033	0755-83662122
142	深 圳	深圳金汇期货经纪有限公司	深圳市深南大道 6013 号中国有色大厦18 楼	518010	0755-82138677
143	深 圳	深圳金牛期货经纪有限公司	上海市浦东新区松林路 300 号上海期货大厦 3103 室	518031	0755-83200909
144	深 圳	深圳鹏鑫期货经纪有限公司	深圳市深南中路电子科技大厦 A 座 7 层	518031	0755-83781159
145	深 圳	深圳实达期货经纪有限责任公司	深圳市上步南路锦锋大厦 12 楼 B 座	518031	0755-83753915
146	深 圳	深圳市平安期货经纪有限公司	深圳市福田区振华路设计大厦 13 和 15 楼	518020	0755-83786040
147	深 圳	深圳新基业期货经纪有限公司	深圳市振兴路 405 栋 6 层西侧	518031	0755-83251399

续表 Continued 4

序号 No.	所在地 Location	公司名称 Broker	通信地址 Address	邮政编码 Zip Code	联系电话 Phone Number
148	深　圳	中国国际期货经纪有限公司	深圳市福田区现代之窗大厦20层	518028	0755-83281819
149	深　圳	神华期货经纪有限公司	深圳市振兴西路4号华匀大厦二楼	518028	0755 83256948
150	深　圳	中航期货经纪有限公司	深圳市福田区振兴路113号新欣大厦503室	518028	0755-83363709
151	四　川	成都倍特期货经纪有限公司	成都市一环路南3段47号南方大厦6楼	610017	028-85559977
152	四　川	成都大业期货经纪有限公司	成都市盐市口大业路39号	610016	028-86651273
153	四　川	天意期货经纪有限责任公司	成都市顺城大街306号8楼	610016	021-52989366
154	四　川	成都瑞达期货经纪有限公司	成都市顺城大街308号冠城广场5楼	610017	028-86528303
155	四　川	冠华期货经纪有限公司	成都市顺城大街308号冠城广场7楼A-F座	610016	028-86510609
156	四　川	四川嘉陵期货经纪有限责任公司	四川省成都市滨江中路19号富景楼二楼	610016	028-86723276
157	四　川	四川天元期货经纪有限公司	成都市走马街68号锦城大厦16楼	610016	028-86713663
158	天　津	科信期货经纪有限公司	天津市河西区天津宾馆北园2层小楼东侧	300061	022-28363361
159	天　津	和融期货经纪有限责任公司	天津市河西区气象台路100号	300201	022-28010616
160	天　津	天津金谷期货经纪有限公司	天津市和平区卫津路73号嘉利大厦2704-2708	300041	022-27126872
161	天　津	鑫国联期货经纪有限公司	天津市河西区卫津南路21号新经龙大厦南楼四层	300060	022-23525309
162	天　津	津投期货经纪有限公司	天津市河西区马场道59号国际经济贸易中心A座9层	300000	022-85589968
163	厦　门	厦门国贸期货经纪有限公司	厦门市湖滨南路388号国贸大厦18楼	361004	0592-5161888转1139
164	新　疆	新疆汇和期货经纪有限公司	新疆乌鲁木齐人民路131号	830001	0991-2833918
165	新　疆	新疆璐通期货经纪有限公司	新疆乌鲁木齐人民路130号兴亚大厦20层	830001	0991-2848356
166	新　疆	新疆天利期货经纪有限公司	新疆乌鲁木齐西北路85号古海大厦3层	830091	0991-4541825
167	新　疆	新天期货经纪有限公司	新疆乌鲁木齐解放北路128号天际大厦3层	830002	0991-2331305
168	云　南	滨海期货经纪有限公司	昆明市东风西路280号文贸大厦	650031	0871-5319984
169	云　南	云晨期货经纪有限公司	昆明市人民东路111号	650032	0871-3135960
170	云　南	云商日盛期货经纪有限公司	昆明市青年路387号华一广场大楼17楼	650021	0871-3628017
171	浙　江	浙江大地期货经纪有限公司	杭州延安路511号元通大厦12楼	310006	0571-85103151
172	浙　江	浙江大越期货经纪有限责任公司	绍兴市解放北路186号	312000	0575-5120663
173	浙　江	浙江金达期货经纪有限公司	杭州体育场路426(省金属公司9楼)	310006	0571-85058002
174	浙　江	浙江金迪期货经纪有限公司	杭州市文晖路108号浙江出版物资大厦16楼	310004	0571-85343553
175	浙　江	浙江良时期货经纪有限公司	杭州市河东路83号朝晖7区1号	310014	0571-85330630
176	浙　江	浙江南华期货经纪有限责任公司	杭州文三路20号省建工大厦2号楼	310012	0571-88385371
177	浙　江	浙江省永安期货经纪有限公司	杭州市潮王路208号浙江协作大厦6-8楼	310005	0571-88388190
178	浙　江	浙江天地期货经纪有限公司	杭州市平海路1号浙江证券大厦11层	310009	0571-87782186
179	浙　江	浙江天马期货经纪有限公司	杭州市庆春路155号中财发展大厦6楼	310003	0571-87044620
180	浙　江	浙江新华期货经纪有限公司	杭州市凤起路108号16楼	310003	0571-85783578
181	浙　江	浙江新世纪期货经纪有限公司	杭州体育场路335号	310006	0571-85155690
182	浙　江	浙江中大期货经纪有限公司	杭州市中大广场六号八楼	310003	0571-85777049
183	重　庆	大华期货经纪有限公司	重庆市渝中区较场口88号得意世界18楼	400010	023-63798299
184	重　庆	华夏期货经纪有限公司	重庆市渝中区中山三路107号皇冠大厦11楼	400015	023-63610929
185	重　庆	西南期货经纪有限公司	重庆市渝中区中山三路168号中安大厦9楼	400015	023-63638734
186	重　庆	重庆港九期货经纪有限公司	重庆市渝中区中山三路131号希尔顿大厦13楼	400015	023-89039859
187	重　庆	重庆先融期货经纪有限公司	重庆市渝中区邹容路141-155号邹容广场A座14楼	400010	023-63799139

数据来源：中国证监会

Source：CSRC

8-17 2004 年基金管理公司名单

List of Securities Investment Funds Management Corp. in 2004

序号 No.	所在地 Location	公司名称 Company	通信地址 Address	邮政编码 Zip Code
1	北 京	华夏基金管理有限公司	北京市西城区金融大街 33 号通泰大厦 A 座 15 号	100032
2	广 州	金鹰基金管理有限公司	广州市沿江中路 298 号江湾商业大厦 22 楼	510100
3	广 州	广发基金管理有限公司	广州市寺右新马路 111-115 号五羊新城广场 22 楼	510600
4	上 海	国泰基金管理有限公司	上海市浦东世纪大道 1600 号浦项商务广场	200122
5	上 海	华安基金管理有限公司*	中国上海浦东南路 360 号 38 楼	200120
6	上 海	嘉实基金管理有限公司	北京建国门北大街 8 号华润大厦 8 号	100005
7	上 海	富国基金管理有限公司	上海市浦东新区世纪大道 88 号金茂大厦32 层	200121
8	上 海	银河基金管理有限公司	上海市浦东南路 500 号国家开发银行大厦 26 层	200120
9	上 海	湘财合银基金管理有限公司	北京西三环北路 11 号为公商务中心 E 座	100089
10	上 海	天同基金管理有限公司	上海市浦东新区源深路 273 号	200135
11	上 海	华宝兴业基金管理有限公司	上海市浦东新区世纪大道 88 号金茂大厦48 楼	
12	上 海	国联安基金管理有限公司	上海市浦东新区世纪大道 88 号金茂大厦46 楼	200121
13	上 海	海富通基金管理有限公司	上海市浦东新区世纪大道 88 号金茂大厦 3701 楼	200121
14	上 海	长信基金管理有限公司	上海市浦东新区世纪大道 1600 号浦项商务广场 16 楼	200122
15	上 海	泰信基金管理有限公司	上海市浦东新区银城中路 200 号中银大厦	200120
16	上 海	天治基金管理有限公司	上海市复兴西路 159 弄	200031
17	上 海	兴业基金管理有限公司	上海浦东张杨路 500 号时代广场 20 楼	200122
18	上 海	申万巴黎基金管理公司		
19	上 海	国联基金管理公司		
20	上 海	光大保德信基金管理公司		
21	上 海	上投摩根富林明基金管理公司		
22	上 海	东方基金管理公司	海淀区中关村东路 99 号	100080
23	上 海	中银国际基金管理公司		
24	上 海	东吴基金管理公司	上海市浦东源深路 279 号	200135
25	深 圳	南方基金管理有限公司	深圳市福田区深南大道 4009 号投资大厦 7 层	518026
26	深 圳	博时基金管理有限公司*	深圳市福田区深南大道 7088 号招商银行大厦 29 层	518040
27	深 圳	鹏华基金管理有限公司	深圳市深南东路 5047 号发展银行大厦 27 层	518001
28	深 圳	长盛基金管理有限公司	北京市朝阳区北三环东路 8 号静安中心 2271	100028
29	深 圳	大成基金管理有限公司*	深圳市深南大道 7088 号招商银行大厦 32 层	518040
30	深 圳	银华基金管理有限公司	深圳市深南大道 6008 号特区报业大厦 19 层	518034
31	深 圳	宝盈基金管理有限公司*	深圳市深南中路 6008 号报业大厦 15 层	518034
32	深 圳	融通基金管理有限公司*	深圳市福田区民田路 10 号中海大厦 8 层	518026
33	深 圳	长城基金管理有限公司	深圳市深南中路 2066 号华能大厦 25 层	518031
34	深 圳	中融基金管理有限公司*	深圳市福田区深南大道 4009 号投资大厦 3 层	518026
35	深 圳	招商基金管理有限公司	深圳市深南大道 7088 号招商银行大厦 28 楼	518040
36	深 圳	巨田基金管理公司	深圳福田区滨河大道 5020 号证券大厦 4 楼	518033
37	深 圳	景顺长城基金管理有限公司	深圳深南中路 1093 号中信城市广场中信大厦 16 楼	
38	深 圳	中信基金管理有限公司	北京朝阳新源南路 6 号京城大厦 24 层	100004
39	深 圳	诺安基金管理有限公司	深圳市深南大道 4013 号兴业银行大厦 19-20 层	518048
40	深 圳	华富基金管理公司		
41	天 津	天弘基金管理有限公司	天津市河西区围堤道 125 号天信大厦	300074
42	重 庆	新世纪基金管理有限公司	北京市海淀区三里河路 49 号钓鱼台酒店东楼 485、486 室	100045
43	珠 海	易方达基金管理有限公司	广东省广州市天河区体育西路 189 号城建大厦 28 层	510620

数据来源：中国证监会
Source：CSRC

附　录

Appendix

上海证券交易所收费标准

The Standard Cost and Fee in Shanghai Stocks Exchange

业务分类			收费项目	收费明细	最终收费对象
A股开户	个人/纸卡		开户费	40元/户	投资者交开户代理机构10元/户，交登记结算公司30元/户
	机构账户			400元/户	投资者交开户代理机构50元/户，交登记结算公司350元/户
A股补开户	补打原卡			10元/户	投资者交开户代理机构
	补开新户			同新开户	同开户
基金账户开户				5元/户	投资者交开户代理机构
A股交易			佣　金	小于或等于成交金额的0.3%，起点：5元	投资者交证券商
			过户费	成交面额的0.1%，起点1元（双向）	投资者交登记结算公司
			印花税	成交金额的0.1%（双向）	投资者交税务机关
A股非交易过户	非流通股份协议转让过户		过户费	股票面额的0.1%，起点100元；超过500万股的部分，股票面额的0.01%（双向）。	投资者交登记结算公司
			印花税	股票价款总额的0.1%（双向）	投资者交税务机关
	法人股东歇业变更过户		过户费	股票面额的0.1%，起点100元；超过500万股的部分，股票面额的0.01%（双向）	投资者交登记结算公司
			印花税	股票面额的0.1%（双向）	投资者交税务机关
	公证过户、结算会员申报的司法过户		手续费	10元/户	投资者交结算单位
			过户费	股票面额的0.1%，个人账户起点1元，机构账户起点10元（双向）	投资者交结算单位、登记结算公司各50%
			印花税	成交金额的0.1%（双向）	投资者交税务机关
	司法协助执行过户	非流通股	过户费	股票面额的0.1%，起点100元；超过500万股的部分，股票面额的0.01%（双向）	投资者交登记结算公司
			印花税	成交金额的0.1%（双向）	投资者交税务机关
		流通股	过户费	股票面额的0.1%；超过500万股的部分，股票面额的0.01%；个人账户起点1元，机构账户起点10元（双向）	投资者交登记结算公司
			印花税	成交金额的0.1%（双向）	投资者交税务机关
		国债	过户费	面额的0.015%（双向）	投资者交登记结算公司
			印花税	免收	投资者交税务机关
		基金	过户费	免收	投资者交登记结算公司
			印花税	免收	投资者交税务机关

续表 Continued

业务分类		收费项目	收费明细	最终收费对象
证券质押		手续费	面额的0.1%,超过500万元的部分,面额的0.01%	申请方交登记结算公司
B股开户	个人	开户费	19美元/户	投资者交开户代理机构4美元/户,交登记结算公司15美元/户
	机构		85美元/户	投资者交开户代理机构10美元/户,交登记结算公司75美元/户
	更换结算会员		2美元(目前没有收)	投资者交登记结算公司
B股/B股权证交易		佣金	小于或等于成交金额的0.3%,起点:1美元	投资者交证券商
		结算费	成交金额的0.05%(双向)	投资者交登记结算公司
		印花税	成交金额的0.1%(双向)	投资者交税务机关
B股非交易过户费	遗产继承或馈赠	过户费	30美元/笔	过入方交登记结算公司
		印花税	过户市值的0.1%(按过户当日开盘价计算,若无开盘价,按上日收盘价计算)(双向)	过入方交税务机关
	其他	过户费	30美元/笔(零股转让:1美元/笔)	过入方交登记结算公司
证券投资基金		佣金	小于或等于成交金额的0.3%,起点:5元	投资者交证券商
债券		佣金	不超过成交金额的0.1 %,起点:5元	投资者交证券商
国债回购		佣金	成交金额的0.0025%(1天),起点:5元	投资者交证券商
			成交金额的0.0050%(2天)	
			成交金额的0.0075%(3天)	
			成交金额的0.0100%(4天)	
			成交金额的0.0125%(7天)	
			成交金额的0.025%(14天)	
			成交金额的0.05%(28天)	
			成交金额的0.075%(28天以上)	
企业债券回购		佣金	成交金额的0.0025%(1天)	投资者交证券商
			成交金额的0.0075%(3天)	
			成交金额的0.0125%(7天)	
债券转托管		手续费	面值0.01%	转出方交登记结算公司
查询	交易记录	查询费	20元/年	投资者交查询单位(登记结算公司或结算单位)
	账户余额		机构50元/户、个人20元/户	投资者交查询单位(登记结算公司或结算单位)

涉及证券发行人的费用:

业务分类			收费项目	收费明细	最终收费对象
新股首发和增发	A股	国家股、国有法人股	证券登记费	面值的0.01%	发行人交登记公司
		其他非流通股份		面值的0.1%	发行人交登记公司
		流通股		面值的0.1%	发行人交登记公司
	B股			0.5美元/户	发行人交登记公司
	基金			暂免	发行人交登记公司
	企业债券(含可转债)			面值的0.01%	发行人交登记公司
A股换股、吸收合并,可转债强制性转股			证券登记费	面值的0.1%	发行人交登记公司
证券补登记费			法人股、内部职工股(A股)	面值的0.1%	发行人交登记公司
配股	A股	国家股、国有法人股	证券登记费	面值的0.01%	发行人交登记公司
		其他非流通股份		面值的0.1%	发行人交登记公司
		流通股		面值的0.1%	发行人交登记公司
	B股			0.5美元/户	发行人交登记公司
	基金扩募			暂免	发行人交登记公司
送股和公积金转增股	A股	国家股、国有法人股	证券登记费	面值的0.01%	发行人交登记公司
		其他非流通股份		面值的0.1%	发行人交登记公司
		流通股		面值的0.1%	发行人交登记公司
	B股			0.5美元/户	发行人交登记公司
分红派息和兑息兑付	A股流通股		手续费	派现总额的0.3%	发行人交登记公司
	B股			派现总额的0.01%,最低1000美元	发行人交登记公司
	基金			派现总额的0.3%	发行人交登记公司
	国债兑息			派息额的0.05%	发行人交登记公司
	国债兑付			兑付额的0.05%	发行人交登记公司
	企业债券(含可转债)兑息			派息额的0.005%	发行人交登记公司
	企业债券(含可转债)兑付			兑付额的0.05%	发行人交登记公司
数据拷盘费				100元/磁盘	发行人交登记公司
证券查询证明				100元/份	发行人交登记公司
联网服务费				1000元/年	发行人交登记公司
股东名册查询	A股、基金		查询费	300元/次(100名以内),500元/次(100名及以上)	发行人交登记公司
					发行人交登记公司
	B股		查询费	300元/次	发行人交登记公司

涉及会员单位的费用：

业务分类	收费项目	收费明细	最终收费对象
A股交易	经手费	成交金额的0.011%（双向）	结算单位交上交所
	证管费	成交金额的0.004%（双向）	结算单位交证监机构
债券（国债、企业债券、金融债券及可转换公司债券）	经手费	成交金额的0.004%（双向）	结算单位交上交所
	证管费	成交金额的0.001%（双向）	结算单位交证监机构
债券回购	经手费	对应回购品种标准佣金的5%（双向）	结算单位交上交所
证券投资基金	经手费	成交金额的0.0045%（双向）	结算单位交上交所
	证管费	成交金额的0.004%（双向）	结算单位交证监机构
B股/B股权证交易	经手费	成交金额的0.026%（双向）	结算单位交上交所
	证管费	成交金额的0.004%（双向）	结算单位交证监机构
可转债券认购	经手费	成交金额的0.01%	“非主承销商”交上交所
新股认购	经手费	成交金额的0.012%	“非主承销商”交上交所
投资基金认购	经手费	成交金额的0.0085%	“非主承销商”交上交所
配股、转配股	经手费	成交金额的0.012%（双向）	结算单位交上交所
投资基金配售	经手费	成交金额的0.0085%（双向）	结算单位交上交所
席位清算	清算保证金	20万元/第一个席位，增加席位：5万元/个	结算单位存登记结算公司
国债、国债回购	证券结算风险基金	成交金额的0.001%（双向）	结算单位交证券结算风险基金，由登记结算公司管理
A股、基金		成交金额的0.003%（双向）	
B股风险共同基金	基本结算会员	20万美元	结算会员存登记结算公司
	一般结算会员	5万美元	结算会员存登记结算公司
汇入款项	汇款费	4美元/笔	通过花旗银行划款的结算单位交花旗银行
汇出款项		6美元/笔	通过花旗银行划款的结算单位交花旗银行
B股修改错误交易的非交易过户	手续费	30美元/笔	错误方交登记结算公司
修改结算会员代码费	手续费	10美元/笔，每个ORDER最高不超过50美元	错误方交登记结算公司

上证 50ETF 申购、赎回及交易费用表
The Standard Cost and Fee of 50ETF in Shanghai Stocks Exchange

证券品种	收费项目	费率	计算对象	备注
ETF 申购、赎回	申购、赎回佣金	≤0.5%	申购、赎回份额	投资者交证券公司
	经手费	0		结算单位交上证所,在 ETF 挂牌上市后的前三年,免收申购、赎回经手费
	证管费	0		
	证券结算风险基金	0		
	成份股过户费	0.03%	股票过户面额	登记结算公司向投资者收取,但该笔费用应包括在投资者向证券公司支付的申购、赎回佣金中,即投资者只需支付申购、赎回佣金,不需要再行支付成份股过户费
	席位年费	0.15 元	每笔申报	对于每笔交易超额流量,由证券公司上交上证所
ETF 交易	交易佣金	≤0.3%	成交金额起点:5 元	投资者交证券公司
	经手费	0.00%	成交金额(双向)	结算单位交上证所
	证管费	0.00%	成交金额(双向)	结算单位交证监机构
	证券结算风险基金	0.00%	成交金额(双向)	结算单位交证券结算风险基金,由登记结算公司管理
	席位年费	0.15 元	每笔申报	对于每笔交易超额流量,由证券公司上交上证所

深圳证券交易所收费标准

The Standard Cost and Fee in Shenzhen Stocks Exchange

收 费 项 目	收 费 标 准	备 注
1. A股、基金、债券的交易和清算		
(1) A股/A股权证		
佣　金	不得高于成交金额的0.3%，也不得低于代收的证券交易监管费和证券交易所手续费，起点5元	投资者交券商
印花税	成交金额的0.2%	投资者交税务机关
交易经手费	成交金额的0.01425%	券商交深交所
证券交易监管费	成交金额的0.0045%	券商交证监机构
(2) 国债现货		
佣　金	不超过成交金额的0.1%	投资者交券商
交易经手费	成交金额100万以下(含100万)的0.1元/笔 成交金额100万以上的10元/笔	券商交深交所
(3) 企业债现货		
佣　金	不超过成交金额的0.1%	投资者交券商
交易经手费	成交金额的0.004%	券商交深交所
证券交易监管费	成交金额的0.001%	券商交证监机构
(4) 国债回购		
佣　金	1天按不超过成交金额的0.002%收取 2天按不超过成交金额的0.003%收取 3天按不超过成交金额的0.005%收取 4天按不超过成交金额的0.006%收取 7天按不超过成交金额的0.01%收取 14天按不超过成交金额的0.02%收取 28天按不超过成交金额的0.04%收取 63天按不超过成交金额的0.05%收取 91天按不超过成交金额的0.06%收取 182天按不超过成交金额的0.07%收取 273天按不超过成交金额的0.07%收取	投资者交券商
交易经手费	成交金额100万以下(含100万)的0.1元/笔 成交金额100万以上的1元/笔 反向交易不再收取	券商交深交所
(5) 企业债回购		
佣　金	1天按不超过成交金额的0.002%收取 2天按不超过成交金额的0.003%收取 3天按不超过成交金额的0.005%收取 4天按不超过成交金额的0.006%收取 7天按不超过成交金额的0.01%收取	投资者交券商
(6) 可转换债券		
佣　金	不超过成交金额的0.1%	投资者交券商
交易经手费	成交金额的0.005%	券商交深交所
证券交易监管费	成交金额的0.001%	券商交证监机构
(7) 证券投资基金		
佣　金	不得高于成交金额的0.3%，也不得低于代收的证券交易监管费和证券交易所手续费，起点5元	投资者交券商

续表 Continued

收 费 项 目	收 费 标 准	备 注
交易经手费	成交金额的0.01046425%	券商交深交所
证券交易监管费	成交金额的0.00328575%	券商交证监机构
(8) 大宗交易		
A股的经手费	按集中竞价交易方式下A股交易经手费率标准下浮30%收取	
B股、基金的经手费	按集中竞价交易方式下同品种的费率标准下浮50%收取	
债券、回购的经手费	按集中竞价交易方式下同品种的费率标准收取	
(9) 清算保证金	第一个席位50万元,合并席位25万元	券商交深交所
2. B股交易和清算		
B股/B股权证交易		
佣 金	不得高于成交金额的0.3%,也不得低于代收的证券交易监管费和证券交易所手续费,起点5港元	投资者交券商
印花税	成交金额的0.2%	投资者交税务机关
交易经手费	成交金额的0.0296%	券商交深交所
证券管理费	成交金额的0.0045%	券商交证监机构
结算费	成交金额的0.05%,最高不超过500港元	投资者交登记公司
3. 上市费用		
(1) 股票		
上市初费	3万元	
上市月费	5000万元股本以下500元, 每增加1000万元股本增收100元, 上限2500元	
(2) 证券投资基金		
上市初费	3万元	
上市月费	5000元	
(3) 企业债/转债		
上市初费	上市总额的0.01%,不超过3万元	
上市月费	1亿元以下500元,每增加2000万元增收100元,上限2000元	
4. 席位管理费		
席位管理费	(该会员或机构各席位的年交易类申报笔数总和－该会员或机构享有的年免费申报笔数)×每笔交易类申报收费单价＋(该会员或机构各席位的年非交易类申报笔数总和－该会员或机构享有的年免费申报笔数)×每笔非交易类申报收费单价 起点2万元人民币	会员或机构交深交所

注:经手费和证券交易监管费是包含于佣金之中的。从2005年1月24日起,印花税降至0.1%。

中国证监会派出机构通讯录

Compact List of CSRC Regional Offices

机构名称 Offices	机构地址 Address	邮政编码 Zip Code	电话 Phone
天津证监局	天津市和平区大理道98号	300050	022-23132267
河北证监局	石家庄市中华南大街85号	050071	0311-7882264
山西证监局	太原市迎泽大街163号	030001	0351-4085891
内蒙古证监局	呼和浩特市赛罕区东风路8号农发行大厦12层	010015	0471-4688863
辽宁证监局	沈阳市和平区十一纬路12号	110003	024-22899877
吉林证监局	长春市解放大路84号(交通大厦18、19层)	130021	0431-5679006
黑龙江证监局	哈尔滨市香坊区珠江路56号	150036	0451-82357006
大连证监局	大连市西岗区黄河路219号外经贸大厦七层	116011	0411-3780088-8718
上海证监局	上海建国西路319号	200031	021-64716776
江苏证监局	南京市云南路31-1苏建大厦23层	210008	025-4575515
浙江证监局	杭州市体育场路429号(天和大厦)10楼	310006	0571-88473371
宁波证监局	宁波市药行街139号中国银行15层	315010	0574-87196666-1507
山东证监局	济南市黑虎泉西路139号胜利大厦6层	250011	0531-6106965
安徽证监局	合肥市蒙城路109号安徽地税大厦17层	230001	0551-5100866
河南证监局	郑州市纬四路东段19号广发大厦7层	450008	0371-5600126
青岛证监局	青岛市东海西路39号世纪大厦23层	266071	0532-5798502
湖北证监局	武昌区洪山路62号8栋7楼	430071	027-87302001
湖南证监局	长沙市车站北路329号证券大厦	410001	0731-2180282
江西证监局	江西省府大院南一路5号省粮食局三楼	330046	0791-6286471
广东证监局	广州市解放南路123号金汇大厦23楼	510120	020-83270717
福建证监局	福州市五四路119号嘉信大厦11层	350001	0591-7828190
广西证监局	广西南宁市桃源路67号广西石油大厦12、14楼	530021	0771-5333745
厦门证监局	厦门市湖滨南路388号国贸大厦6层	361004	0592-5165631
深圳证监局	深圳市福田区笋岗西路体育大厦东座	518028	0755-83260816
海南证监局	海口市南宝路36号国托大厦8层	570206	0898-66515231
四川证监局	成都市洗面桥街26号	610041	028-85555903
贵州证监局	贵州省贵阳市中华北路18号银海大厦北楼五层	550001	0851-6904175
云南证监局	云南省昆明市北京路577号	650051	0871-5197256
西藏证监局	西藏自治区拉萨市中和国际城滨河广场东	850000	0891-6873076
陕西证监局	西安市含光路南段28号嘉翔大楼5层	710065	029-88212809
甘肃证监局	兰州市城关区秦安路81号	730030	0931-8851612
青海证监局	西宁市解放路14号	810000	0971-8233497
宁夏证监局	宁夏银川市兴庆区上海东路9号金源大厦11、12楼	750004	0951-6736403
新疆证监局	乌鲁木齐市民主路40号附2号金新信托大厦5层	830002	0991-2826046
北京证监局	西城区北礼士路甲10号	100044	010-68330826
重庆证监局	重庆市渝中区临江支路2号合景大厦26层	400015	023-89031986

2004年中国证券市场大事记

Events for China Securities Market in 2004

一月

2日,中国证监会和深圳市政府联合颁发公告,对南方证券实施行政接管。

2日,中国证监会发布通知,规定首批保荐代表人及保荐机构产生的程序和条件。

7日,作为国内证券市场首家通过吸收合并子公司实现集团整体上市的案例,TCL集团采用现金网上申购方式公开发行5.9亿股流通股。同时,TCL集团为吸收合并TCL通讯,向2004年1月6日收市后登记在册的TCL通讯全体流通股股东发行404,395,944股流通股。换股于2004年1月13日完成,TCL通讯股票也在同日终止上市。

12日,中国证监会发出《关于规范上市公司实际控制权转移行为有关问题的通知》。

14日,深圳证券交易所在深圳与伦敦证券交易所签署了合作谅解备忘录。

二月

1日,国务院发出《国务院关于推进资本市场改革开放和稳定发展的若干意见》。

1日,《证券公司客户资产管理业务试行办法》生效。

4日,中国银监会正式发布《金融机构衍生产品交易业务管理暂行办法》。

5日,国务院国有资产监督管理委员会、财政部日前公布《企业国有产权转让管理暂行办法》,对企业国有产权转让行为的决策、批准及交易的操作程序等进行了规范。

10日,全国银行、证券、保险工作会议在北京召开,温家宝总理在会上强调,要正确认识当前经济、金融形势,充分发挥金融在宏观调控中的重要作用,促进经济平稳较快发展。积极推进金融改革,加强金融监管,整顿金融秩序,加快信用体系建设。

10日—12日,全国证券期货监管工作会议在京召开。中国证监会党委书记、主席尚福林在会上做了题为《抓住机遇,开拓进取,努力开创资本市场改革和发展新局面》的工作报告。

25日,证监会发出《关于做好股份有限公司终止上市后续工作的指导意见》,提出了进一步完善市场退出机制和切实保护投资者的合法权益的总体要求,并对上市公司终止上市后保护股东权益、转让股份、资产重组和申请再次上市等事宜提出指导性规范意见。

三月

1日,中国证券监督管理委员会各派出机构统一正式更名为"中国证券监督管理委员会××监管局"。中国证券监督管理委员会各稽查局名称不变。

2日,中国证监会近日核准了中信、海通、长城3家证券公司发行公司债券的申请。这标志着我国公司债券市场的发展迈出了重要的一步。本次核准发行的债券规模共计不超过42.3亿元,其中中信证券不超过10亿元,海通证券不超过30亿元,长城证券不超过2.3亿元。

4日,沪、深交易所和中国证券登记结算公司日前分别拟定了《证券上市协议》和《证券登记及服务协议》的补充协议，约定了上市公司股票终止上市后进入"代办股份转让系统"的相关事宜。

10日，国嘉实业发布公告称，公司委托申银万国代办转让公司原在上证所挂牌交易的流通股份，转让将于3月17日开始。国嘉实业成为平移机制出台后首家登陆三板市场交易的退市公司。

21日，中国证监会日前颁行了《期货经纪公司治理准则》。

四月

16日，中国证监会下发《关于进一步打击以证券期货投资为名进行违法犯罪活动的紧急通知》，要求各地证监局要进一步加强辖区内监管工作，严厉打击各地非法证券期货经营活动。投资者诉广夏(银川)实业股份有限公司ST银广夏虚假陈述民事赔偿案件，已由银川市中级人民法院人民法院正式受理。这意味着中国证券市场证券民事赔偿第一案终于进入司法程序。

24日，开庭至今将近三年的"亿安科技股价操纵案"有了重大进展。操纵股价的广东亿安集团有限公司被广州市中级人民法院认定构成单位犯罪，法院一审判决亿安集团罚金4.7亿元。数额如此巨大的罚款在处罚经济犯罪方面还是首次。

五月

6日，中国证券登记结算公司(中国结算)向交易所债市的结算参与机构，发出《关于加强债券回购业务结算风险管理的通知》，明确了回购欠库处理与到期违约处罚程序，强调将对债券业务回购量大、持续进行滚动回购业务操作的参与机构进行重点监控。

17日，经国务院批准，中国证监会正式发出批复，同意深圳证券交易所在主板市场内设立中小企业板块，并核准了中小企业板块实施方案。

20日，经中国证监会批准，深圳证券交易所发布《深圳证券交易所中小企业板块交易特别规定》、《深圳证券交易所中小企业板块上市公司特别规定》、《深圳证券交易所中小企业板块证券上市协议》，自发布之日起施行。

27日，深圳证券交易所中小企业板块启动仪式在深圳举行。全国人大常委会副委员长成思危、中国证监会主席尚福林及全国政协、国务院有关部委的领导，中国证监会，广东省、深圳市领导出席了启动仪式。此举意味着停滞了近4年的深圳新股发行开始全面启动。

六月

1日，《中华人民共和国证券投资基金法》正式实施。

1日，棉花期货在郑商所上市交易。

25日，中小企业板块首次上市仪式在深交所举行。新和成、江苏琼花、伟星股份、华邦制药、德豪润达、精工科技、华兰生物和大族激光成为首批在中小企业板块上市交易的上市公司。

28日，中国银监会、中国证监会、中国保监会就三部门在监管分工合作方面的事宜达成备忘录，以明确各自在金融监管方面的职责，促进三部门协调配合，避免监管真空和重复监管，提高监管效率，鼓励金融创新。

30日，证监会发布《中国证券监督管理委员会行政许可实施程序规定(试行)》，于7月1日起正式施行。

七月

7日，经国务院同意，中国证监会日前正式批准上交所推出交易型开放式指数基金(ETF)。与上交所ETF同步,深交所主推的LOF产品也通过了国务院和证监会的许可。

20日,比尔及梅林达—盖茨基金会(Bill & Melinda Gates Foundation)QFII资格日前获中国证监会批准。该基金会2003年底资金总额达240亿美元。这是第一家以基金会名义获批QFII资格的境外机构。

27日,因未能在存续期内发行A股,茂炼转债28日正式停止交易并自行摘牌。27日是茂炼转债最后一个交易日,最终收于120.95元。收市后登记在册的全体茂炼转债持有人将收到2004年利息款和赎回资金。

八月

11日,中国证监会批复同意联想控股等四家公司出资组建北京高华证券有限责任公司,并原则同意设立后的高华证券与高盛(亚洲)有限公司设立一家外资参股证券公司。高华证券的获准设立,意味着"高盛进入中国"计划的正式启动。

11日,中国证监会发布《关于规范境内上市公司所属企业到境外上市有关问题的通知》,对境内上市公司所属企业到境外上市的条件、信息披露的要求及财务顾问职责等做出规定。

12日,中国证监会发布《关于推进证券业创新活动有关问题的通知》。《通知》指出,鼓励证券公司根据市场需要和自身实际进行业务创新、经营方式创新和组织创新,在推进创新的起步阶段,要先行试点,逐步推开;要对从事相关创新活动试点的证券公司设定一定的标准,并先行评审。

12日,《企业年金管理指引》在京发布。劳动与社会保障部近期还将会同有关部门颁布金融机构资格认定办法,并开始强制性个人账户管理办法的研究以及着手制定企业年金监管办法。

16日,中国证监会与中国人民银行日前联合发布实施《货币市场基金管理暂行规定》,对货币市场基金应投资的金融工具、投资组合比例等作出了详细规定。

16日,经国务院同意,中国证监会批准大连商品交易所上市玉米期货品种。这是自1998年中国期货市场清理整顿以来推出的首个粮食期货品种,也是国内现货规模最大的粮食期货品种。

18日,全国证券监管工作座谈会日前在京召开。中国证监会主席尚福林指出,今后一个阶段机构监管工作的总体思路是:紧紧抓住宏观经济良性运行和证券市场稳定发展的重要机遇,以完善制度,形成机制,加强防范,打击违法违规活动为目标,采取综合治理的措施,以防为主,防治结合,风险处置、日常监管和推进行业发展三管齐下,促进证券公司规范持续稳定发展。

18日,中国证监会日前作出《关于同意深圳证券交易所发行并交易开放式基金的批复》,并批准了《深圳证券交易所上市开放式基金业务规则》。

23日,国内首只通过LOF平台发行的开放式基金　　南方积极配置基金刊登招幕说明书、份额发售公告,将自8月24日起,通过南方基金管理公司的直销网点、银行及券商代销网点公开发售,还将通过深圳证券交易所挂牌发售。

25日,燃料油期货合约在上海期货交易所上市交易。中国证监会主席尚福林出席上市仪式致辞时表示,要按照规范起步、稳步推进、严格控制风险、逐步积累经验的原则,扎扎实实地做好市场监管和服务工作,促进燃料油期货这一新品种的健康发育,推动市场的平稳发展。

26日,中国银行股份有限公司在京成立,由国有独资商业银行整体改制为国家控股的股份制商业银行。中国银行股份有限公司注册资本1863.9亿元,折1863.9亿股。中央汇金投资有限责任公司代表国家持有中国银行股份有限公司100%股权,依法行使中国银行股份有限公司出资人的权利和义务。

30 日，中国证监会发布《关于首次公开发行股票试行询价制度若干问题的通知》(征求意见稿)，对首次公开发行股票询价的程序、定价机制及发行方式等作出了新的规范，并公开征求意见。

九月

3 日，鉴于德恒证券有限责任公司、恒信证券有限责任公司、中富证券有限责任公司、汉唐证券有限责任公司严重违规经营，为了维护证券市场稳定，保护投资者和债权人合法权益，中国证监会决定自即日收市时起委托中国华融资产管理公司对德恒证券、恒信证券和中富证券托管经营；委托中国信达资产管理公司对汉唐证券托管经营。

7 日，中国证监会发出《关于对证券公司结算备付金账户进行分户管理的通知》。《通知》要求各证券公司全力做好备付金分户准备工作，并自 10 月 1 日起向结算公司报送席位指定情况和自营业务使用的账户。

21 日，由中国建设银行改制设立的中国建设银行股份有限公司在北京创立。21 日，公司成立大会在京举行。

16 日，中国共产党十六届四中全会 16—19 日在京召开。全会听取了和讨论了胡锦涛同志受中央政治局委托作的工作报告，审议通过了《中共中央关于加强党的执政能力建设的决定》；全会决定，胡锦涛任中共中央军事委员会主席。

22 日，玉米期货合约在大连商品交易所正式挂牌上市。中国证监会主席尚福林等出席了玉米期货上市揭幕仪式。

十月

18 日，鉴于闽发证券有限责任公司严重违规经营，根据国家有关规定，证监会决定即日起委托中国东方资产管理公司对其托管经营。

23 日，全国社保基金理事会确定增加易方达、招商、国泰基金管理有限公司和中国国际金融有限公司为 2004 年社保基金投资管理人。此前已有南方、博时、华夏、鹏华、长盛和嘉实六家机构获此资格。

24 日，经国务院批准，中国保监会联合中国证监会正式发布《保险机构投资者股票投资管理暂行办法》，自即日起施行。

25 日，中国证监会受理光大证券上报的国内第一个合规集合资产管理计划——光大阳光集合资产管理计划。

28 日，中国人民银行决定从 10 月 29 日起上调金融机构存贷款基准利率，金融机构一年期存款基准利率由现行的 1.98%提高到 2.25%，一年期贷款基准利率由现行的 5.31%提高到 5.58%；放宽人民币贷款利率浮动区间，允许人民币存款利率下浮。

十一月

1 日，中共中央政治局常委、国务院副总理黄菊同志考察深交所，并主持召开了资本市场改革发展座谈会。

4 日，央行，财政部、银监会、证监会联合发布《个人债权及客户证券交易结算资金收购意见》。

5 日，央行、银监会、证监会联合发布修订后的《证券公司股票质押贷款管理办法》。

9 日，劳动保障部与中国证监会联合发出《关于企业年金基金证券投资有关问题的通知》，就企业年金基金证券投资的开户、结算等事宜作出规定。《企业年金基金证券投资登记结算业务指南》同时发布。

9日,经商中国证监会,最高人民法院发布《关于冻结、扣划证券交易结算资金有关问题的通知》。通知明确,人民法院办理涉及证券交易结算资金的案件,应根据资金的不同性质区别对待,明示六种情形下证券交易结算资金不得冻结、扣划。

23日,经中国证监会核准,上交所和中国证券登记结算公司同时发布《交易型开放式指数基金业务实施细则》和《交易型开放式指数基金登记结算业务实施细则》,自发布之日起实施。另外,经证监会批准,上证50ETF22日获准发售。

23日,经中国证监会核准,上交所和中国证券登记结算公司同时发布《国债买断式回购交易实施细则》和《国债买断式回购结算业务实施细则》,自发布之日起实施。上交所推出2004年记账式(十期)国债开展买断式回购交易,该国债自12月6日上市之日起,可用于买断式回购交易。

30日,经中国证监会核准,中国证券登记结算公司发布《结算备付金管理办法》。

十二月

5日,中央经济工作会议3日至5日在京举行,胡锦涛、温家宝作重要讲话。

5日,深交所发布《深圳证券交易所上市开放式基金主交易商业务指引》,即日起实施。

6日,上交所发布《上海证券交易所证券投资基金上市规则(2004年修订)》,即日起实施。

7日,证监会发布《关于加强社会公众股股东权益保护的若干规定》。

7日,证监会发布《关于首次公开发行股票试行询价制若干问题的通知》及配套文件。

8日,中国证券登记结算有限责任公司发布《上市公司股东大会网络投票业务实施细则》和《网络服务投资者身份验证业务实施细则》。

16日,深沪交易所与中国证券登记结算公司发布《上市公司非流通股股份转让业务办理规则》。

28日,深沪交易所分别发布《上市公司股东大会网络投票实施细则》,标志着交易所为上市公司股东大会提供网络投票系统的服务正式启动。

28日,上交所发布公告,将于2005年首个交易日正式对外发布上证红利指数。该指数以2004年12月31日为基日,基点1000点,指数代码000015。

后　记
Postscript

在本书的编制过程中，我们得到了中国证监会领导的关心和指导，得到了会内外有关单位的大力支持和配合。他们是：中国证监会市场监管部、发行监管部、上市公司监管部、基金监管部、机构监管部、期货监管部、国际合作部、中国人民银行调查统计司、中国银行业监督管理委员会统计部、国家统计局国民经济核算司、综合司、上海证券交易所、深圳证券交易所、中国证券登记结算公司、上海期货交易所、大连商品交易所和郑州商品交易所。上海第一财经传媒有限公司和学林出版社在本书的编辑、出版及发行过程中给了我们大力的支持。我们在此对上述单位表示衷心的感谢。

参加本书编写的人员有：

谢　庚　欧阳泽华　朱树山　何龙灿　彭　杰　刘连起　王　佳　赵　然
辛志运　余　薇　鲁素英　张文红　赵春萍　赵小平　陆　澍　费永建
刘　俊　汤劲松　李　斌　周　晓　高　斌　申　兵　叶　青　徐庆雯
王　爽　王永红

中国证券监督管理委员会
2005 年 5 月